教师招聘考试专用教材

中学数学

山香教师招聘考试命题研究中心　主编

图书在版编目(CIP)数据

教师招聘考试专用教材. 中学数学 / 山香教师招聘考试命题研究中心主编. -- 北京 : 首都师范大学出版社, 2022.12

ISBN 978-7-5656-7259-0

Ⅰ. ①教… Ⅱ. ①山… Ⅲ. ①中学数学课-教学法-中学教师-聘用-资格考试-自学参考资料 Ⅳ. ①G451.1

中国版本图书馆 CIP 数据核字(2022)第 204824 号

教师招聘考试专用教材

ZHONGXUE SHUXUE

中学数学

山香教师招聘考试命题研究中心 主编

策划编辑 张文强

责任编辑 杨林玉 曹亮亮 封面设计 山香教育

首都师范大学出版社出版发行

地 址 北京市海淀区西三环北路 105 号

邮 编 100048

咨询电话 010-68418523(总编室) 010-68982468(发行部)

网 址 http://cnupn.cnu.edu.cn

印 刷 河南黎阳印务有限公司

经 销 全国新华书店

版 次 2022 年 12 月第 1 版

印 次 2023 年 1 月第 2 次印刷

开 本 889mm×1194mm 1/16

印 张 31.5

字 数 595 千

定 价 59.00 元

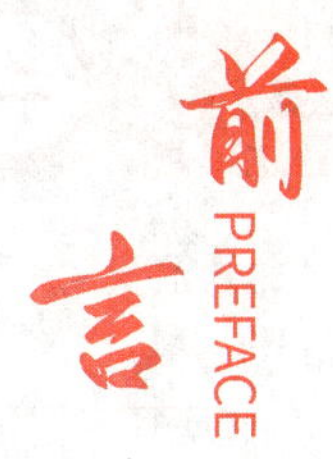

近年来，教师招聘考试难度越来越大。一方面，随着教师招聘考试的“火热”及考生对招教考试不断探索，笔试分数的差距不断缩小；另一方面，教师招聘考试试题的难度和灵活性在不断增强。获得一套实用性强的教辅显得尤为重要。

学科专业知识作为各地市教师招聘考试的必考内容，其具有内容多、复习难、要求高的特点。鉴于此，山香教育结合多年研究成果和教学反馈，深入分析制约考生得高分的因素，对教材进行精心编排，旨在帮助考生通过阅读和学习能够收到理想的备考效果。

3大特色 破解学科专业知识

特色1 立足真题考情 归纳核心考点

考情最能体现命题人的思想。通过对考情与真题的分析梳理，整理出各部分的考点分布规律、命题特点和解题方法，以此作为教材的核心内容，做到“考什么，讲什么”。再对教材内容进行分析整理，通过文字、表格等的结合，知识结构清晰明了，同时通过“考点再拔高”整个知识体系成为一个闭环，帮助考生快速高效学习，做到真正的“字斟句酌，精益求精”。

特色2 融合教学经验 传授解题技法

考生要想在选拔性考试中顺利“圆梦”，途径只有一个：考高分。每一道题的正误都决定着笔试是否能够通过。在这样的情形下，考生只有掌握每一道题的核心知识和答题方法，才能从众多竞争者中脱颖而出，顺利“吃面”。

本书的编写摈弃了简单枯燥的说教模式，倡导大家进行互动式学习，融合山香老师多年教学经验，通过“考法大揭秘”“小香有话说”“真题面对面”等多模块设计，做到“有讲、有解、有练”，讲学练相结合，帮助考生快速掌握知识。

特色3 微课视频助学 强化巩固提升

鉴于文字讲解的局限性，本书针对重难点知识配备了微课视频，由山香名师进行视频讲解，实现“读”和“讲”的完美结合。同时，本书设置“达标测评”栏目，甄选典型试题，探索考试真谛，即学即测，实现图书与考试的零距离。

愿诸君能够善用山香图书这件“利器”，在即将到来的教师招聘考试中打好有准备之战。预祝大家在有限的时间内选择最恰当、最有效的方法备考，早日走上心目中的三尺讲台！

山香图书研发部

说　明

★：标星的知识点为重要考点，星星越多重要程度越高，最高为三颗星。

黑体字：知识点中需要重点掌握的词语。

波浪线：复习时需要重点掌握的句子。

红色句子：比画波浪线的句子更重要，需要着重掌握。

使用图解

思维导图
- 梳理知识脉络
- 勾勒认知地图

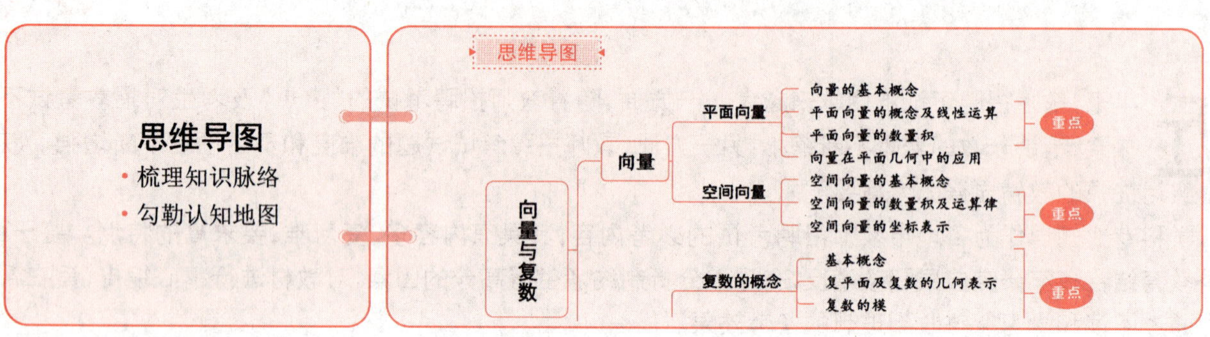

考向分析

本章属于高中阶段数学的重要内容，包括较多重难点，需要考生理解、掌握并应用。本章是教师招聘考试中的必考章节，现对本章考向分析如下：

高频考点	常考题型	能力要求	考查热度
映射	填空	理解	★
函数的基本概念	单选	理解	★
分段函数	单选	理解	★★

考向分析
- 探究命题规律
- 精准预测考向

核心考点
- 立足真题考情
- 归纳核心考点

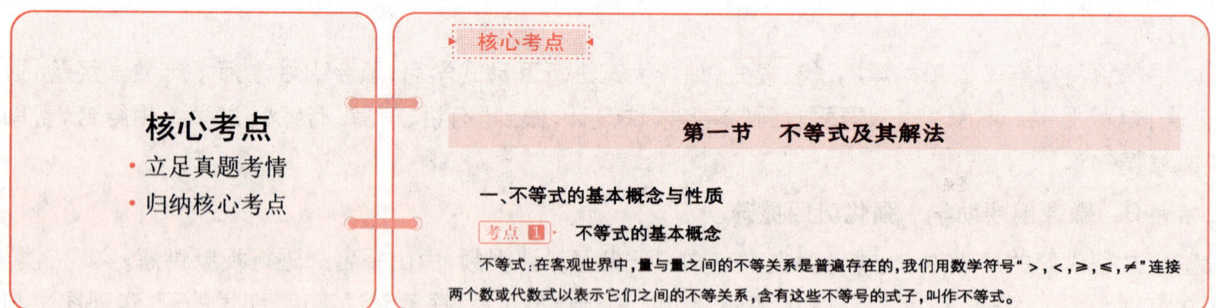

核心考点

第一节　不等式及其解法

一、不等式的基本概念与性质

考点 1　不等式的基本概念

不等式：在客观世界中，量与量之间的不等关系是普遍存在的，我们用数学符号“ >，<，⩾，⩽，≠”连接两个数或代数式以表示它们之间的不等关系，含有这些不等号的式子，叫作不等式。

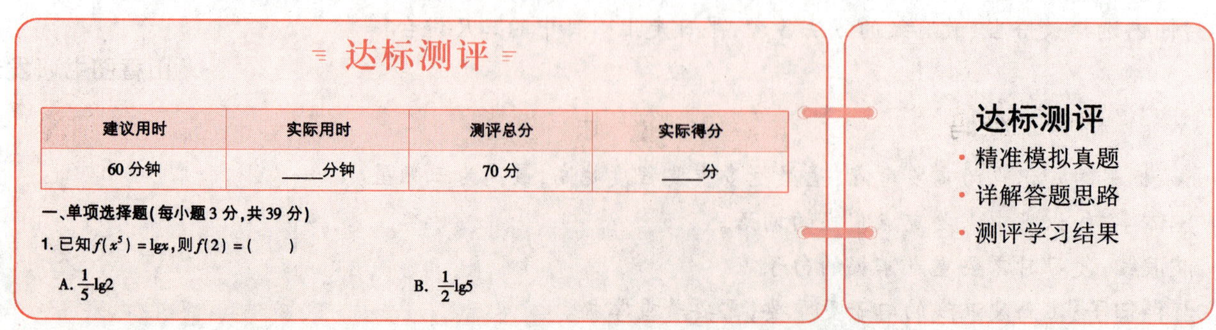

达标测评

建议用时	实际用时	测评总分	实际得分
60 分钟	____分钟	70 分	____分

一、单项选择题（每小题 3 分，共 39 分）

1. 已知 $f(x^5)=\lg x$，则 $f(2)=$（　　）

A. $\frac{1}{5}\lg 2$　　B. $\frac{1}{2}\lg 5$

达标测评
- 精准模拟真题
- 详解答题思路
- 测评学习结果

真题面对面

- 再现历年真题
- 还原考场体验

真题面对面

1. [2022 江西高中数学,单,1 分]在$\triangle ABC$中,$\cos^2\frac{B}{2}=\frac{a+c}{2c}$($a,b,c$分别为角$A,B,C$的对边),则$\triangle ABC$的形状为(　　)

A. 等边三角形　　B. 直角三角形

C. 等腰三角形　　D. 等腰直角三角形

答案:B。因为$\cos^2\frac{B}{2}=\frac{a+c}{2c}$,所以$2\cos^2\frac{B}{2}-1=2\cdot\frac{a+c}{2c}-1=\frac{a}{c}$,即$\cos B=\frac{a}{c}$,所以$\triangle ABC$为直角三角形。

重难点解读

在解答复数问题时,要学会从整体的角度出发去分析和求解。如果遇到复数就设未知复数为$a+bi(a,b\in\mathbf{R})$,有时会给问题的解答省去不必要的麻烦和运算上的困难。比如在实数中我们经常用到$x^2=|x|^2$,有时因为这种代换产生巧解,但在复数域中它是不成立的,在学习中要辨析数集由实数集扩展到复数集后一些运算及性质是否仍然适用。

小香有话说

- 重难点解读
- 易错点提示
- 易混点辨析

考法大揭秘

- 掌握解题方法
- 明晰思路技巧

考法大揭秘

指数式、对数式的大小比较

指数式、对数式的大小,常利用函数的单调性或中间值进行比较,要根据具体式子的特点,选择恰当的函数,有时还需要借助幂函数比较,注意要先化简转化,再比较大小。

考点再拔高

用函数的对称性判断函数的周期性

(1)如果函数$f(x)(x\in D)$在定义域内有两条对称轴$x=a,x=b(a<b)$,则函数$f(x)$是周期函数,且周期$T=2(b-a)$(不一定是最小正周期,下同)。

(2)如果函数$f(x)(x\in D)$在定义域内有两个对称中心$A(a,0),B(b,0)(a<b)$,那么函数$f(x)$是周期函数,且周期$T=2(b-a)$。

(3)如果函数$f(x)(x\in D)$在定义域内有一条对称轴$x=a$和一个对称中心$B(b,0)(a\neq b)$,那么函数$f(x)$是周期函数,且周期$T=4|b-a|$。

考点再拔高

- 开阔考生视野
- 完善知识体系

视频二维码

- 山香名师录播
- 助力视频学习

考点 3 · 分式方程

1. 分式方程的定义

分母中含有未知数的方程叫作分式方程。

2. 解分式方程的步骤

(1)方程的两边都乘最简公分母,化成整式方程;(2)解这个整式方程;(3)验根并作答。

目　录

CONTENTS

高效备考从扫码开始……

扫码听讲的4个理由

1. 海量真题免费刷！
2. 参加模考体验佳！
3. 时政打卡天天有！
4. 备考咨询专业答！

考情分析与解读

第一部分　中学（附小学）数学专业知识

第十一章 计数原理与概率统计

第二部分 高等数学专业知识

第一章 极限与连续

第二章 微积分与级数

第三章 线性代数

第四章 空间解析几何

第三部分　中学数学课程与教学论

第一章　数学课程标准概述

第二章　中学数学教学知识

第三章　中学数学教学设计与技能

第四章　中学数学教学评价

索引

考法大揭秘索引

专家微课视频索引

(扫描正文中下列知识点处的二维码,即可获取专家微课视频)

教师招聘考试
考情分析与解读

考情分析

教师招聘考试是由各省、区、市教育部门或人事部门统一组织的教师竞争上岗考试，是一种公开选拔优秀教师的新型录用制度。近年来，福建、江西、四川、广西等省（或自治区）在全省（或自治区）范围内实行统考，其他省、区、市教师招聘考试也在逐渐走向正规化、专业化。

从各地教师招聘考试公告来看，考试的科目分为公共科目和专业科目两种。公共科目考试内容以教育学、心理学、教育心理学、教育法律法规等相关知识为主；专业科目的考试内容主要为数学学科相关专业基础知识及学科课程与教学论。

我们在深入研究各省、市、地区教师招聘考试中学数学真题的基础上，总结了教师招聘考试的命题特点，并结合教师招聘考试的发展变化情况，帮助大家从整体上认识教师招聘考试，把握考试方向，提升学习效率。

题型解读

从各省、市、地区教师招聘考试中学数学的考试大纲及考试要求可以看出，教师招聘考试出题范围和内容比较灵活，所考查的内容与难度也不尽相同。综合各省、市、地区近几年的考试真题来看，最常涉及的题型主要是单项选择题、填空题、解答题、案例分析题与教学设计题等。以下分别对这五种题型进行具体介绍。

一、单项选择题

单项选择题是中学数学教师招聘考试的主要题型之一，考查考生对所学知识的掌握程度和辨别分析能力。题干在情境设计和设问上多种多样，部分题目的选项也往往似是而非，迷惑性较强，稍有疏忽就会选错。每题只有一个正确的选项，其他选项或者不合题意，或者错误。要求考生把四个选项进行仔细分析、比较，选出正确且最符合题意的一项。

1. 有关中学（附小学）数学专业知识的单选题

真题示例 »

［2022 江西初中数学］下列式子中计算正确的是（　　）

A. $2a+3b=5ab$　　　　B. $(m-2)^2=m^2-4$

C. $a^3 \cdot a^4 = a^{12}$

D. $(x-1)(x+2) = x^2 + x - 2$

[答案]D。A 项中,$2a+3b=2a+3b$;B 项中,$(m-2)^2=m^2+4-4m$;C 项中,$a^3 \cdot a^4 = a^7$;D 项正确。

题型分析:中学(附小学)数学专业知识是中学数学教师招聘考试的主要内容,从历年真题分析来看,单项选择题考查的中学数学内容占比较大,知识点分布全面,试题难度适中,考生备考时要全面复习中学知识,不能有遗漏,同时通过一定量的练习来掌握常用的数学解题技巧。

2. 有关高等数学专业知识的单选题

真题示例 »

[2022 山西特岗]已知$f(x)$为偶函数,且$\int_0^2 f(x)\mathrm{d}x = 4$,则$\int_{-2}^{2}(2f(x) + x\mathrm{e}^{|x|})\mathrm{d}x = $(　　)

A. 0

B. 4

C. 8

D. 16

[答案]D。设$g(x) = x\mathrm{e}^{|x|}$,则$g(-x) = -x\mathrm{e}^{|-x|} = -x\mathrm{e}^{|x|} = -g(x)$,所以$g(x)$为奇函数,由定积分的性质可知$\int_{-2}^{2} x\mathrm{e}^{|x|}\mathrm{d}x = 0$。因为$f(x)$为偶函数,所以$\int_{-2}^{2}(2f(x) + x\mathrm{e}^{|x|})\mathrm{d}x = \int_{-2}^{2} 2f(x)\mathrm{d}x + \int_{-2}^{2} x\mathrm{e}^{|x|}\mathrm{d}x = 4\int_0^2 f(x)\mathrm{d}x + 0 = 4 \times 4 = 16$。

题型分析:高等数学专业知识在中学数学教师招聘考试中有所涉及,所涉及的题量大小因地区的不同而有所不同,有些市、县的教师招聘考试试题中并不涉及高等数学课程内容的考查,而有些地区会考查少量的题目,有些地区则重点考查高等数学课程内容,如山东潍坊。建议考生根据所在地区的实际考情合理安排对这部分内容的复习。从考查高等数学专业知识的各市、县历年真题分析来看,考查的知识点牢牢立足于考纲的要求,主要涉及"数学分析""高等代数""解析几何"等方面的知识。大部分试题难度不大,考生在复习时要对基本概念、基础知识掌握扎实、准确。

3. 有关中学数学课程与教学论的单选题

真题示例 »

[2022 安徽统考] 数学课程内容是实现课程目标的重要载体。《义务教育数学课程标准》(2011 年版)在课程理念中指出,课程内容的组织需要重视过程、直观以及(　　)

A. 直接经验

B. 学生现实

C. 整体设计

D. 知识关联

[答案]A。《义务教育数学课程标准》(2011 年版)在课程理念中指出,课程内容的组织要重视过程,处理好过程与结果的关系;要重视直观,处理好直观与抽象的关系;要重视直接经验,处理好直接经验与间接经验的关系。

题型分析：中学数学课程与教学论的相关知识是教师招聘考试的常考内容，考生在备考时要熟记《义务教育数学课程标准》和《普通高中数学课程标准》(2017 年版 2020 年修订)的相关内容，熟悉课程与教学论的相关知识，重点内容需要识记与理解。

二、填空题

填空题是不要求给出解答过程，将结论直接写出的“求解题”。它本身没有备选答案可供选择，这就避免了选择项所起的暗示或干扰的作用，也杜绝了考生存在能猜中答案的侥幸心理。从这个角度看，填空题能够考查考生的真实水平。

1. 有关数学专业知识的填空题

真题 示例 »

[2022 浙江杭州] 在$\triangle ABC$中，$BC=2$，$\angle BAC=60°$，则$S_{\triangle ABC}$最大为________。

[答案] $\sqrt{3}$。设$\triangle ABC$的内角A,B,C所对的边分别为a,b,c，则$S_{\triangle ABC}=\frac{1}{2}bc\sin 60°=\frac{\sqrt{3}}{4}bc$，又由余弦定理可得$\cos\angle BAC=\cos 60°=\frac{b^2+c^2-a^2}{2bc}\Rightarrow b^2+c^2=4+bc$，又因为$b^2+c^2\geqslant 2bc\Rightarrow bc\leqslant 4$，当且仅当$b=c$时等号成立，所以$S_{\triangle ABC}\leqslant\frac{\sqrt{3}}{4}\times 4=\sqrt{3}$。

题型分析：解答填空题时，由于不要求写出解题过程，只要求填写结果，所以所填结果是判断解题正确与否的唯一标准，为此在做填空题时，要弄清概念，明白算理，正确表达，最终将准确的结论填写上。

2. 有关中学数学课程与教学论的填空题

真题 示例 »

[2022 安徽统考]《普通高中数学课程标准》(2017 年版 2020 年修订)在预备知识“集合”的学业要求中明确指出：“初步学会用三种语言表达数学研究对象，并能进行转换。”上述论述中的“三种语言”分别为自然语言、________、符号语言。

[答案] 图形语言。《普通高中数学课程标准》(2017 年版 2020 年修订)在预备知识“集合”的学业要求中明确指出：初步学会用三种语言(自然语言、图形语言、符号语言)表达数学研究对象，并能进行转换。

题型分析：此类题目考查较直接，从中学数学课程与教学论或心理学的角度，考查一些具有重要意义的语句或概念。解答此类题目时，可通过题干中的信息，捕捉题目中的关键词来快速准确地敲定答案，要求考生不仅要熟练掌握课程与教学论的相关知识，而且在书写答案时，需要字迹工整、准确，不能出现书写上的错误。

三、解答题

解答题是考查数学专业知识、思想方法和综合解题能力的综合性题目，对考生的整体数学专业素养要求较高。

真题示例 »

[2022 江西高中数学] 如图，在四棱锥 $P-ABCD$ 中，平面 $PAD\perp$ 平面 $ABCD$，平面 $PCD\perp$ 平面 $ABCD$。

(1) 证明：$PD\perp$ 平面 $ABCD$；

(2) 若 E 为 PC 的中点，$DE\perp PC$，四边形 $ABCD$ 为菱形，且 $\angle BAD=60^\circ$，求二面角 $D-BE-C$ 的余弦值。

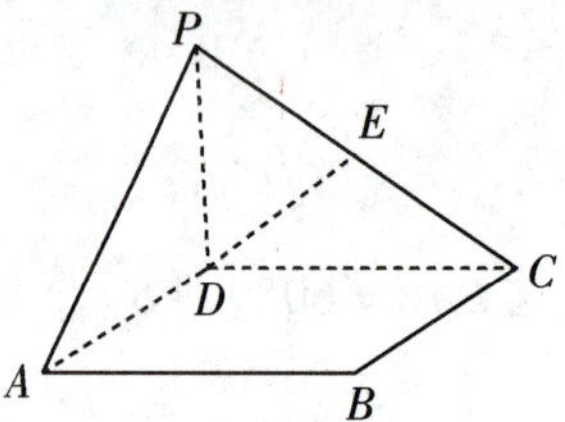

[答案] (1) 证明：过点 B 作 $BF\perp CD$ 于点 F，过点 B 作 $BG\perp AD$ 于点 G，因为平面 $PCD\perp$ 平面 $ABCD$，平面 $PCD\cap$ 平面 $ABCD=CD$，$BF\subset$ 平面 $ABCD$，$BF\perp CD$，所以 $BF\perp$ 平面 PCD，所以 $BF\perp PD$，同理可得 $BG\perp PD$，又因为 $BG\cap BF=B$，所以 $PD\perp$ 平面 $ABCD$。

(2) 以 D 为原点，DC，DP 所在的直线分别为 y 轴，z 轴建立如图所示的空间直角坐标系。

因为 $DE\perp PC$，E 为 PC 的中点，所以 $PD=DC$，可设 $PD=2$，则 $D(0,0,0,)$，$B(\sqrt{3},1,0)$，$E(0,1,1)$，$C(0,2,0)$，$\overrightarrow{BE}=(-\sqrt{3},0,1)$，$\overrightarrow{DB}=(\sqrt{3},1,0)$，$\overrightarrow{BC}=(-\sqrt{3},1,0)$。设 $\boldsymbol{m}=(x,y,z)$ 为平面 BDE 的一个法向量，则 $\begin{cases}\boldsymbol{m}\cdot\overrightarrow{BE}=0,\\ \boldsymbol{m}\cdot\overrightarrow{DB}=0,\end{cases}$ 即 $\begin{cases}-\sqrt{3}x+z=0,\\ \sqrt{3}x+y=0,\end{cases}$ 令 $x=1$，得 $y=-\sqrt{3}$，$z=\sqrt{3}$，所以平面 BDE 的一个法向量 $\boldsymbol{m}=(1,-\sqrt{3},\sqrt{3})$。

同理可得平面 BEC 的一个法向量 $\boldsymbol{n}=(1,\sqrt{3},\sqrt{3})$，所以 $\cos\langle\boldsymbol{m},\boldsymbol{n}\rangle=\dfrac{\boldsymbol{m}\cdot\boldsymbol{n}}{|\boldsymbol{m}||\boldsymbol{n}|}=\dfrac{1}{7}$，又因为二面角 $D-BE-C$ 为钝角，所以二面角 $D-BE-C$ 的余弦值为 $-\dfrac{1}{7}$。

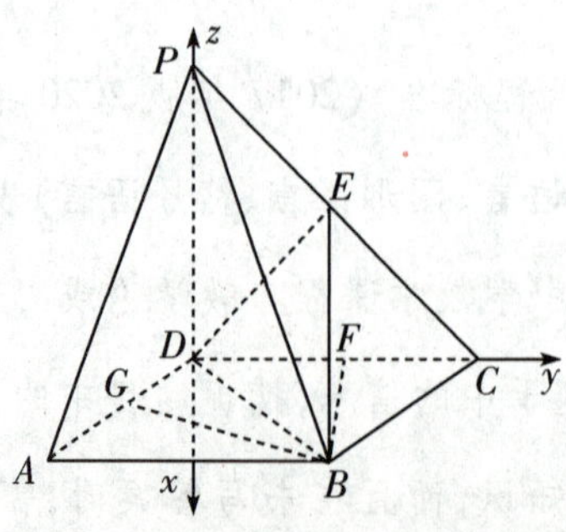

题型分析：对于解答题，首先要审题，即全面审视题目的所有条件和答题要求，以求正确、全面理解题

意，在整体上把握试题的特点、结构，以利于解题方法的选择和解题步骤的设计。答题时要注意条理清晰、字迹工整。

考生在备考过程中，要在理解基本概念、定理、公式的基础上多加练习。练习时要注重独立思考，认真审题，并尝试写出解答过程，最后再和参考答案做分析对比，查找自己在解题过程中的思路是否正确，解答过程是否有遗漏。

四、案例分析题

案例分析题是给出材料，然后提出问题，在问题中要求考生阅读分析给定的资料，依据一定的理论知识，或做出决策，或做出评价，或提出具体的解决问题的方法或意见等。案例分析题属于综合性题目，需要考生具有较高层次的认知目标。案例分析题不仅能考查考生对知识的了解程度，而且能考查考生理解、运用知识，以及综合、分析、评价等方面的能力。

真题示例 »

[2022 安徽统考]阅读以下关于完全平方公式(某数学教科书七年级下册)的教学素材。

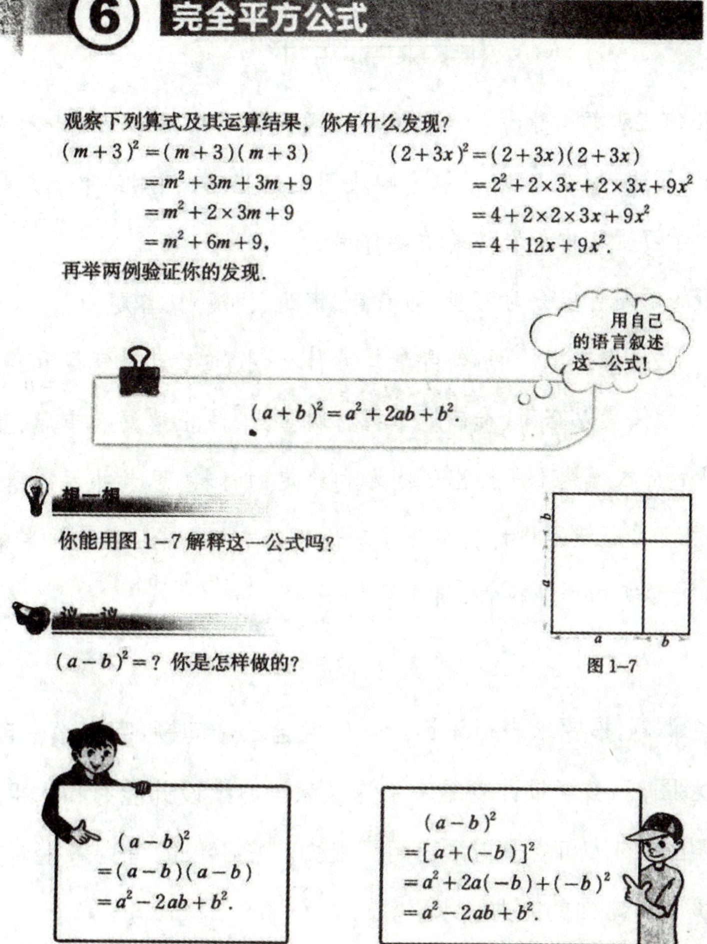

(1)分析上述素材的编排意图；

(2)根据上述素材，设计一个图形解释完全平方公式$(a-b)^2=a^2-2ab+b^2$；

(3)《义务教育数学课程标准》(2011年版)指出，在数学课程中，应当注重发展学生的数感、符号意识、空间观念、几何直观、数据分析观念、运算能力、推理能力和模型思想。利用以上素材中的想一想栏目，可以重点发展学生以上8个核心词中的哪一个？并对该核心词进行简要概述。

[参考答案](1)①复习旧知识，在旧知识中发现规律进而探索新知识。

②利用图形，直观形象地对公式进行解释说明，学生在思考中认识到转化的数学思想，并进一步对公式进行理解。

③列出形式不同，但实质相同的式子进行计算，让学生在探索中深入理解完全平方公式，认识到利用公式作答的简便性。

(2)

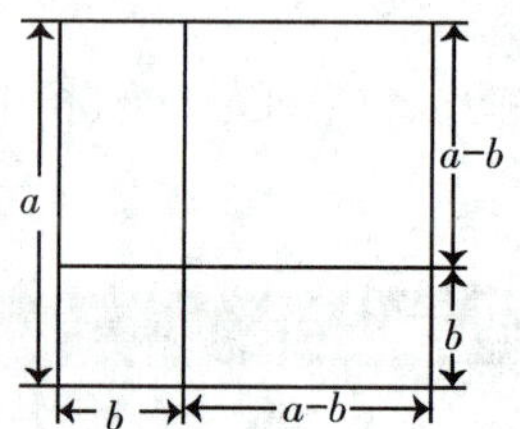

(3)重点发展学生的几何直观核心素养。几何直观主要是指利用图形描述和分析问题。借助几何直观可以把复杂的数学问题变得简明、形象，有助于探索解决问题的思路，预测结果。几何直观可以帮助学生直观地理解数学，在整个数学学习过程中都发挥着重要作用。

题型分析：案例分析题的解题可以分为四步，即看点、审题、找规则、答题。

看点，要求考生先看题干，再看提出的问题，弄清楚考什么，找准考点是解题和得分的关键。看点，重在准确、明晰。审题，逐字逐句地阅读以全面、准确地掌握材料重点，防止遗漏。审题，重在快速、全面、准确和理解。找规则，考生在审题后应根据题干所提出的问题和给定的材料，思考并罗列所要考查的知识点，根据罗列的知识点找出一般规则。答题就是将材料事实与理论进行有机契合，要做到完整准确，简明扼要，答题过程中一定要答到要点，同时要采用专业语言，简洁明了。

五、教学设计题

教学设计就是给出一个课题，按要求进行设计。一般包含三个问题：写出教学目标，写出教学重点、难点，写出教学过程(及设计意图)。教学设计题是考生课堂教学方案设计能力和水平的集中体现，属于综合性题目，需要考生具有较高层次的认知能力与语言组织能力。它不仅能考查考生对知识的掌握程度，而且能考查考生在课堂教学方案设计方面的能力和水平。

真题示例》

[2022年6月浙江杭州]《普通高中数学课程标准》(2017年版2020年修订)将“二次函数与一元二次方程、不等式”作为高中数学预备知识,旨在帮助学生用一元二次函数认识一元二次方程和一元二次不等式,理解函数、方程和不等式之间的联系,体会数学的整体性。

请你针对高中教科书人教A版,数学必修第一册(2019版)中“2.3 二次函数与一元二次方程、不等式”第一课时的教学内容,写出该节课的教学设计。(教学设计必须有教学目标、重难点和简要教学过程部分)

[参考答案]教学目标:

①熟练掌握一元二次不等式的解法,理解三个“二次”之间的关系。

②借助二次函数图象,数形结合地理解三个“二次”之间的关系,学会借助已有经验,有意识地进行降维处理(将解一元二次不等式问题转化为一元一次不等式组问题)。

③通过一元二次函数、一元二次方程、不等式三者关系的探究过程,提升学生数学抽象、数学运算与直观想象的核心素养。

教学重点:一元二次函数与一元二次方程的关系,利用二次函数图象求一元二次方程的实数根和不等式的解集。

教学难点:一元二次方程根的情况和二次函数图象与x轴位置关系的联系,数形结合思想的应用。

教学过程:

一、导入

师:在初中,我们从一次函数的角度看一元一次方程、一元一次不等式,发现了三者之间的内在联系,可以利用函数观点把它们统一起来,而且利用这种联系可以很好地解决相关问题。对于二次函数、一元二次方程和一元二次不等式,是否也有这样的联系呢?

二、新知探究

(一)一元二次不等式的定义

问题1:园艺师打算在绿地上用栅栏围一个矩形区域种植花卉。若栅栏的长度是24 m,围成的矩形区域的面积要大于20 m^2,则这个矩形的边长为多少m?

答案:①设矩形的一边长为x m,另一边长为y m,可以得到$x+y=12$,$xy>20$,消元可得$(12-x)x>20$,其中$0<x<12$。

师:(追问1)同学们看我们刚才计算得出的这个式子$(12-x)x>20$,即$x^2-12x+20<0$,与一元一次不等式相比,有什么相同点和不同点?你能再举出一些类似的不等式吗?

生:相同点是都只含有一个未知数,不同点是一元一次不等式中未知数的最高次数是1,而不等式x^2-

$12x+20<0$ 中未知数的最高次数是2。

师:(追问2)类比一元一次不等式的定义,你能给这类不等式起个名字吗?并试着给出它的定义及其一般形式。

师生共同总结:含有一个未知数,并且未知数的最高次数为2的不等式叫作一元二次不等式。

师:一元二次不等式的一般形式:$ax^2+bx+c>0$ 或者 $ax^2+bx+c<0$,其中 a,b,c 为常数,且$a\neq0$。

(二)探究一元二次不等式的解法

问题2:在初中,我们学习了从一次函数的观点看一元一次方程、一元一次不等式的思想方法,那么这三者之间的关系是什么?(PPT出示一次函数、一元一次方程与一元一次不等式的关系图)

问题3:类似地,能否从二次函数的观点看一元二次不等式,进而得到一元二次不等式的求解方法呢?以函数 $y=x^2-12x+20$ 为例。

追问1:点 P 为函数 $y=x^2-12x+20$ 图象上的一点,当点 P 的纵坐标为0时,如何求点 P 的横坐标?

师生归纳:解方程 $x^2-12x+20=0$ 方程的实数根就是点 P 的横坐标。

追问2:一元二次方程 $x^2-12x+20=0$ 的实数根与二次函数 $y=x^2-12x+20$ 有什么关系?这个结论推广到一般的二次函数,该怎么叙述?(提示:自己先尝试叙述,然后阅读教科书第50页最后一段,进行修正)

师生归纳:一元二次方程 $x^2-12x+20=0$ 的实数根就是二次函数 $y=x^2-12x+20$ 图象与 x 轴交点的横坐标。

师生共同总结得出:一般地,一元二次方程 $ax^2+bx+c=0(a\neq0)$ 的实数根就是二次函数 $y=ax^2+bx+c$ $(a\neq0)$ 图象与 x 轴交点的横坐标。

对于二次函数 $y=ax^2+bx+c(a\neq0)$,我们把使 $ax^2+bx+c=0(a\neq0)$ 的实数 x 叫作二次函数 $y=ax^2+bx+c(a\neq0)$ 的零点,即二次函数 $y=x^2-12x+20$ 的两个零点为$x_1=2,x_2=10$。

追问3:二次函数 $y=x^2-12x+20$ 的两个零点将 x 轴分成三段,每一段(零点除外)对应的函数图象有什么特点?函数值有什么特点?

学生回答后,教师归纳总结。

追问4:根据二次函数 $y=x^2-12x+20$ 的图象,不等式 $x^2-12x+20<0$ 与 $x^2-12x+20>0$ 的解集分别是什么?

追问5:"问题1"中矩形的边长应该是多少米?

问题4:求解一元二次不等式 $x^2-12x+20<0$ 与 $x^2-12x+20>0$ 的方法,可以推广到求一般的一元二次不等式 $ax^2+bx+c>0(a>0)$ 和 $ax^2+bx+c<0(a>0)$ 的解集吗?

对于一般的一元二次方程 $ax^2+bx+c=0(a>0)$、一元二次不等式 $ax^2+bx+c>0(a>0)$ 与相应的函数 $y=ax^2+bx+c(a>0)$ 之间是否也具有类似的关系?请完成表格。(PPT出示二次函数与一元二次方程、不

等式的解的对应关系的表格内容)

(三)应用举例

例1.求下列不等式的解集。

(1)$x^2-5x+6>0$;(2)$9x^2-6x+1>0$;(3)$-x^2+2x-3>0$。

追问1:求解不等式$ax^2+bx+c>0(a>0)$或$ax^2+bx+c<0(a>0)$的依据是什么?步骤是什么?(3)题与(1)(2)题有何不同?如何转化为(1)(2)题。

例2.已知一元二次不等式$ax^2+bx+c<0$的解集$\{x|x<-3$或$x>5\}$,则$ax^2+bx+c>0$的解集为________。

追问2:如何利用“三个二次”的关系求解?你能画出不等式对应的函数简图吗?

三、归纳小结

问题5:这节课我们学习了一元二次不等式,回答下列问题,总结本节课的学习。

(1)我们是如何研究解一元二次不等式的?在这个过程中体现了哪些数学思想方法?

(2)解一元二次不等式$ax^2+bx+c>0(a\neq0)$的步骤是什么?

四、课后作业,巩固知识

对不同层次的学生分层次布置作业。

题型分析:教学目标包含三维教学目标,答题时要一一列举。教学目标的表述并不是随意书写的,具有一定的规范和要求。答卷时,注意教学目标要全面。知识与技能、过程与方法、情感态度与价值观三维目标要均衡。教学目标要明确、具体、恰当。要防止教学目标“高大全”,有的甚至是“假大空”,目标远大空洞,形同虚设。

教学中的重点是指在学习中那些贯穿全局、带动全面、应用广泛、对学生认知结构起核心作用、在进一步学习中起基础作用和纽带作用的内容。通常教材中的定义、定理、公式、法则、数学思想方法等都是教学的重点。

教学中的难点是指学生接受起来比较困难的知识点。在数学中,一般而言,概念课的难点常是“对定义的理解”;原理课(定理、公式、性质)的难点通常是相应原理的证明(推导)或原理的形成过程及其运用;应用题的教学难点是分析应用题的数量关系,掌握正确解法。

教学过程要紧紧围绕教学内容、目的、要求、重难点和学生的实际情况去精心安排。不同的教学任务和目的,应有不同的教学安排,不同的课型也应有不同的教学过程。教学过程中的各个具体环节都应有明确的目的,环节与环节之间的衔接要自然流畅,环环相扣,形成一个有机的整体。

备考策略

1. 做好备考计划,合理划分备考阶段

复习时间或长或短,总会有一定的时间段,为此,必须将其划分成不同阶段,反复进行复习,并针对不同阶段的特点安排复习任务,制订复习计划,按部就班,有条不紊,确保备考顺利进行。随着参加教师招聘考试人数的增加,竞争压力也越来越大,要想在教师招聘考试中脱颖而出,制订有效的备考计划是很有必要的。根据备考计划提高复习效率,合理规划时间,确保顺利"圆梦"。

2. 结合个人实际,对薄弱环节有所侧重

教师招聘考试是具有竞争力的考试,对数学学科专业知识素养要求较高。对于考生来说,最好是能拿到高分,要想在有效的时间里拿到高分,就要根据自己的实际情况,有针对性地进行复习,对于自己比较模糊、容易忘记的知识模块进行着重复习,从而节约时间,提高复习效率。

3. 合理利用时间,强化训练

根据考试时间,整体复习规划精确到月份,对于数学科目的考试,要掌握解题方法,强化训练,熟悉方法和知识点的运用,合理利用时间,提高做题效率和正确率。

第一部分

中学(附小学)数学专业知识

内容导学

本部分为全书的第一部分，共十一章，对教师招聘考试中的中学（附小学）数学专业知识进行了主次分明、逻辑清晰的讲解。

本部分内容为教师招聘考试中的重点考查内容，常以选择题、填空题与解答题的形式进行考查。考生在备考复习本部分内容时，可采取以下复习策略：

①细致梳理教材内容，掌握基本概念、基本性质、重要公式定理；

②结合自身学习特点，借助例题、“真题面对面”，把握重点知识；借助“考法大揭秘”掌握解题技巧和数学思想方法；

③通过“达标测评”进行巩固训练，注意控制好答题时间，提高答题速度与质量。

第一章 实数、代数式与方程

思维导图

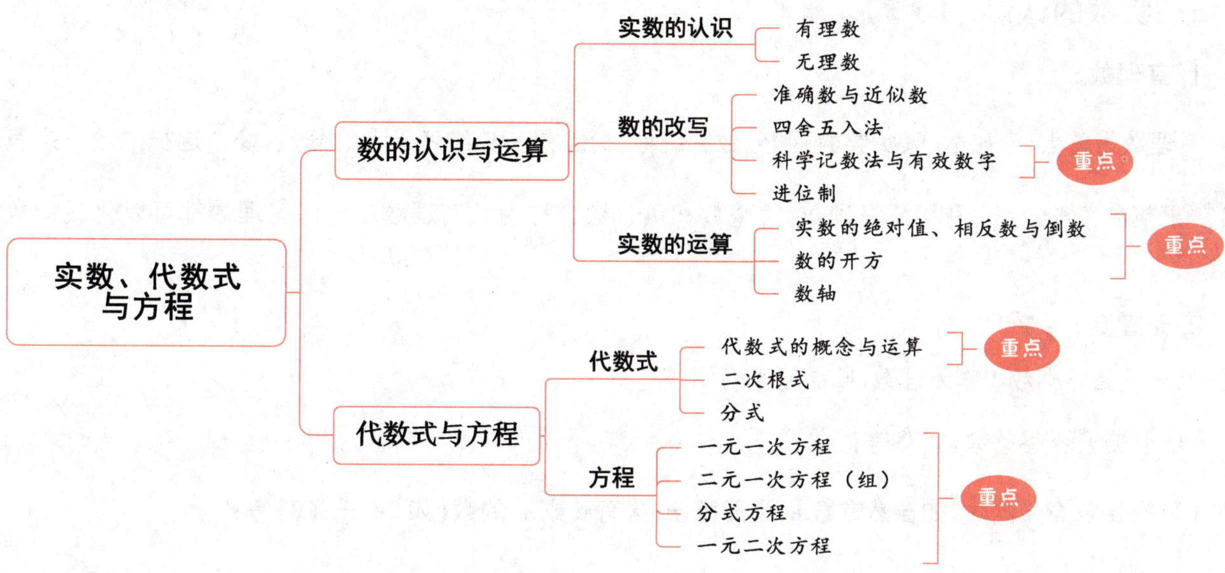

考向分析

本章属于小学与初中数学的基础内容，各省、市教师招聘考试对本章内容均有考查，旨在考查考生的抽象能力、推理能力和运算能力。特点为内容多、识记性知识多，现对本章考向分析如下：

高频考点	常考题型	能力要求	考查热度
不同实数的辨析	单选	识记	★★
科学记数法	单选	识记、应用	★
进位制的换算	填空	识记	★★
数轴的应用	单选	识记、应用	★★
整式的运算	单选、填空	识记、应用	★★★
二次根式的计算	单选	识记	★★★
方程组的求解	单选	识记	★
一元二次方程的求解	填空	掌握	★★

核心考点

第一节　数的认识与运算

一、实数的认识 【单选】 ★★

1. 有理数

有理数为整数(正整数、0、负整数)和分数的统称(分数是指传统意义上的分数,像$\frac{\pi}{4}$这样的数不是有理数)。正整数和正分数合称为正有理数,负整数和负分数合称为负有理数。一切有理数都可以化成分数的形式。

2. 无理数

无限不循环小数叫作无理数,归纳起来有四类:

(1)开方开不尽的数,如$\sqrt{3}$等;

(2)有特定意义的数,如自然常数 e,圆周率 π,含有 e 或 π 的数(如 2e,$\frac{\pi}{4}+2$)等;

(3)有特定结构的数,如 0.1010010001…等;

(4)某些三角函数,如 sin60°等。

真题面对面

[2018 湖南湘潭,单,2 分]π,$\frac{22}{7}$,$-\sqrt{3}$,3.1416,$0.\dot{3}$ 中,无理数的个数是(　　)

A. 2 个　　B. 3 个

C. 4 个　　D. 5 个

答案:A。$\frac{22}{7}$,3.1416 和 $0.\dot{3}$ 是有理数,π 和 $-\sqrt{3}$ 是无理数,故选 A。

二、数的改写

考点 1　准确数与近似数

一个较大的多位数,为了读写方便,常常把它改写成用“万”或“亿”作单位的数,有时还可以根据需要,省略这个数某一位后面的数,写成近似数。例如,把 1 254 300 000 改写成以“万”作单位的数是 125 430 万;改写成以“亿”作单位的数是 12.543 亿。

一个表示某量的数,它与这个量的准确值相差不大时,称为这个量的近似数,即与实际接近的数。例如,1 302 490 015 省略亿后面的尾数是 13 亿。

第一部分

考点 2 四舍五入法

要省略的尾数的最高位上的数小于等于 4 时，就把尾数去掉；如果尾数最高位上的数大于等于 5，就把尾数舍去，并向它的前一位进 1。例如，345 900 省略万后面的尾数约是 35 万。4 725 097 420 省略亿后面的尾数约是 47 亿。

易错点提示

(1) 同样大小的数，精确度不同，有效数字不同，如 1.56 和 1.560，前者有效数字为 1，5，6 而后者为 1，5，6，0。

(2) 用科学记数法形式表示的近似数，精确度需要将其恢复成原数确定。

考点 3 科学记数法与有效数字 【单选】 ★

1. 科学记数法

一般地，把一个数表示成 $a\times10^n$ 的形式，其中 $1\leqslant|a|<10$，n 是整数，这种记数的方法叫作科学记数法。

2. 近似数与有效数字

一个近似数，四舍五入到哪一位，就说这个近似数精确到哪一位。这时，从左边第一个不是 0 的数字起到精确到的数位止，所有的数字都叫作这个数的有效数字。

真题面对面

1. [2021 安徽统考，单，4 分] 327 000 000 用科学记数法表示为(　　)

A. 327×10^6　　B. 32.7×10^7

C. 3.27×10^8　　D. 0.327×10^9

答案： C。一般地，把一个数表示成 $a\times10^n$ 的形式，其中 $1\leqslant|a|<10$，n 是正整数，这种记数的方法叫作科学记数法。$327\ 000\ 000=3.27\times10^8$，故选 C。

2. [2021 山西晋中介休，单，2 分] 起重机将质量为 6.5 吨的货物沿竖直方向提升了 2 米，则起重机提升货物所做的功，用科学记数法表示为(　　)($g=10$ N/kg)

A. 1.3×10^6 J　　B. 13×10^5 J

C. 13×10^4 J　　D. 1.3×10^5 J

答案： D。把一个数表示成 a 与 10 的 n 次幂相乘的形式($1\leqslant|a|<10$，a 不为分数形式，n 为整数)，这种记数法叫作科学记数法。故物体提升货物所做的功 $W=Gh=mgh=6.5\times10^3\ \text{kg}\times10\ \text{N/kg}\times2\ \text{m}=1.3\times10^5\ \text{J}$。

考点 4 进位制 【填空】 ★★

进位制是人们为了计数和运算方便而约定的计数系统。约定满二进一，就是二进制；满八进一，就是八进制；满十进一，就是十进制；等等。即"满 k 进一"就是 k 进制，k 进制的基数就是 k，k 进制数是由 $0\sim k-1$ 之间的数字构成的，因此 k 进制需要用 k 个数字表示。十进制计数法就是采取逢十进一的法则进行计数的方法。例如，1995 就是由 1 个一千、9 个一百、9 个十和 5 个一组成，因此，1995 这个数就可以写成 $1995=1\times$

$1000+9\times100+9\times10+5$。

注:若一个数为十进制数,其基数可以省略不写;若是其他进位制的数,在没有特别说明的前提下,其基数必须写出,常在数的右下角标明基数,例如,二进制数 101 表示为 $101_{(2)}$。

进制数与十进制数之间的转化

(1)将十进制数转化为 k 进制数的方法是**除 k 取余法**。即:用 k 连续去除这个数或所得的商,一直到商为 0 为止,然后把每次所得的余数倒过来排成一个数,就是相应的 k 进制数。例如,十进制数 30 转化为二进制数:

除数	被除数/商	余数
2	30	
2	15	0
2	7	1
2	3	1
2	1	1
	0	1

把上式中各步所得的余数从下到上排列,得到 $30=11110_{(2)}$。

又如,十进制数 100 转化为八进制数,用类似的方法得到 $100=144_{(8)}$。

除数	被除数/商	余数
8	100	
8	12	4
8	1	4
	0	1

(2)将一个 k 进制数转化为十进制数的方法:先将该 k 进制数写成不同数位上的数字与基数的幂的乘积之和的形式,再计算等式右边的值,就得到相应的十进制数。即:$a_n a_{n-1}\cdots a_1 a_{0(k)}=a_n k^n+a_{n-1}k^{n-1}+\cdots+a_1k^1+a_0k^0$。$(0<a_n<k,0\leqslant a_{n-1},\cdots,a_1,a_0<k)$

例如,$11110_{(2)}=1\times2^4+1\times2^3+1\times2^2+1\times2^1+0=30$;又如 $144_{(8)}=1\times8^2+4\times8^1+4\times8^0=100$。

(3)小数之间的进位制转化。在这里以二进制与十进制小数的转化为例。

①十进制小数转化为二进制小数

一般需要将十进制小数的整数部分与小数部分分开处理。

整数部分计算方法:除 2 取余法。

小数部分计算方法:**乘 2 取整法**。即用 2 乘十进制纯小数部分,所得积的小数点左边的数字(0 或 1)作为二进制表示法中的数字。

具体操作步骤如下:

A. 第一次乘法所得的整数部分为最高位;

B. 将第一次的结果去掉整数部分后再乘 2 得到第二位数字;

C. 如此循环继续，直到余下的纯小数部分为 0 或者满足所要求的精度为止；

D. 最后将每次得到的整数部分(0 或 1)按先后顺序从左到右排列即可得到对应的二进制小数。

a. 纯小数的转化。

[例]将十进制小数 0.6875 转化为二进制小数。

答案：$0.6875\times2=1.375$(取 1)，$(1.375-1)\times2=0.75$(取 0)，$0.75\times2=1.5$(取 1)，$(1.5-1)\times2=1$(取 1)，$1-1=0$(结束)，由上可得 $0.6875_{(10)}=0.1011_{(2)}$。

b. 带有整数部分小数的转化。此种情况下，转化过程中需要运算步骤比较多时，转化的结果要根据精度的要求进行。

[例]将十进制小数 211.213 转化为二进制小数，小数部分精确到小数点后四位。

答案：整数部分 $211_{(10)}=11010011_{(2)}$，

小数部分：$0.213\times2=0.426$(取 0)，$0.426\times2=0.852$(取 0)，$0.852\times2=1.704$(取 1)，$(1.704-1)\times2=1.408$(取 1)，

由上可知 $211.213_{(10)}=11010011.0011_{(2)}$。

②二进制小数转化为十进制小数

小数点前面的数，2 的幂与整数情况下的转化一样，是从 $0\sim n-1$；小数点后面的数，2 的幂是从 $-1\sim-n$。

例如，$1101.1011_{(2)}=1\times2^3+1\times2^2+0\times2^1+1\times2^0+1\times2^{-1}+0\times2^{-2}+1\times2^{-3}+1\times2^{-4}=8+4+0+1+\frac{1}{2}+0+\frac{1}{2^3}+\frac{1}{2^4}=13+0.5+0.125+0.0625=13.6875$。

真题面对面

1. [2019 浙江统考，填空，3 分]若 $8_{(10)}=1000_{(2)}$，则 $0.25_{(10)}=$________$_{(2)}$。

答案：0.01。$0.25\times2=0.5$(取 0)，$0.5\times2=1$(取 1)，$1-1=0$(结束)，则 $0.25_{(10)}=0.01_{(2)}$。

2. [2017 湖南长沙，填空，4 分]二进制是计算机技术中广泛采用的一种数制，二进制数要用 0 和 1 两个数码来表示，其进位规则是“逢二进一”，则十进制数 86 转换为二进制数为________。

答案：$1\,010\,110_{(2)}$。十进制数化成二进制数的方法：除以 2 取余数，然后倒排所有余数。如图：

除数	商	余数
2	86	
2	43	0
2	21	1
2	10	1
2	5	0
2	2	1
2	1	0
	0	1

所以转化成二进制数为 $1\,010\,110_{(2)}$。

第一部分

三、实数的运算

考点 1 实数的绝对值、相反数与倒数

1. 绝对值

在数轴上，一个数的绝对值就是表示该数的点与原点间的距离。

正数的绝对值是它本身，负数的绝对值是它的相反数，0 的绝对值是 0。

2. 相反数

绝对值相等，只有符号不同的两个数互为相反数，0 的相反数是 0。从数轴上看，互为相反数的两个数所对应的点关于原点对称。

3. 倒数

如果实数 a 与 b 互为倒数，则有 $ab=1(a,b$ 都不为 $0)$，反之亦成立。

倒数等于其本身的数是 1 与 -1，而 0 没有倒数。

考点 2 数的开方

	平方根	算术平方根	立方根
定义	如果一个数的平方等于 a，那么这个数叫作 a 的平方根	正数 a 的正的平方根，叫作 a 的算术平方根	如果一个数的立方等于 a，那么这个数叫作 a 的立方根（三次方根）
符号表示	$\pm\sqrt{a}(a\geqslant 0)$	$\sqrt{a}(a\geqslant 0)$	$\sqrt[3]{a}$
性质	一个正数有两个平方根，它们互为相反数；0 的平方根是 0；负数没有平方根	一个正数有一个算术平方根；0 的算术平方根是 0，负数没有算术平方根	正数有一个正的立方根；负数有一个负的立方根；0 的立方根是 0
联系	平方根与算术平方根：(1)具有包含关系：平方根包含算术平方根，算术平方根是平方根的一种。(2)存在条件相同：平方根和算术平方根都只有非负数才有。(3)0 的平方根、算术平方根均为 0。 平方根与立方根：(1)都与相应的乘方运算互为逆运算；(2)0 的平方根与立方根都是 0		

考点 3 数轴 【单选】 ★★

规定了原点、正方向和单位长度的直线叫作数轴，原点、正方向和单位长度是数轴的三要素。

它满足以下要求：

(1)在直线上任取一个点表示 0，这个点叫作原点；

(2)通常规定直线上从原点向右（或上）为正方向，从原点向左（或下）为负方向；

(3)选取适当的长度为单位长度，直线上从原点向右，每隔一个单位长度取一个点，依次表示 1（向右 1 个单位长度），2（向右 2 个单位长度），3（向右 3 个单位长度），……；从原点向左，用类似方法依次表示 -1（向左 1 个单位长度），-2（向左 2 个单位长度），-3（向左 3 个单位长度），……

除 0 外，互为相反数的两个数在数轴上对应的点分别位于原点两侧，且到原点的距离相等。

数轴上两点的距离，就是这两点对应数的差的绝对值。

真题面对面

1. [2021 江西，单，1 分] 如果 $4+\sqrt{5}$ 与 $4-\sqrt{5}$ 的小数部分分别是 m，n，那么 $m+n-1$ 的值为（　　）

A. 7　　B. 1　　C. 0　　D. -1

答案：C。由 $2<\sqrt{5}<3$，得 $6<4+\sqrt{5}<7$，则 $4+\sqrt{5}$ 的小数部分 $m=4+\sqrt{5}-6=\sqrt{5}-2$。由 $-3<-\sqrt{5}<-2$ 得 $1<4-\sqrt{5}<2$，则 $4-\sqrt{5}$ 的小数部分 $n=4-\sqrt{5}-1=3-\sqrt{5}$，故 $m+n-1=\sqrt{5}-2+3-\sqrt{5}-1=0$。

2. [2021 广东广州天河区，单，1.47 分] 已知在数轴上，实数 m 对应的点位于原点左侧 $2\sqrt{11}$ 个单位，实数 n 对应的点位于原点右侧 $4\sqrt{3}$ 个单位，则 $|m+n|$ 的计算结果为（　　）

A. $m+n$　　B. $-m+n$　　C. $-m-n$　　D. $m-n$

答案：A。由题意可知实数 $m=-2\sqrt{11}$，$n=4\sqrt{3}$，因为 $n^2=48>m^2=44$，所以 $|n|>|m|$，则 $n>-m$，故 $|m+n|=m+n$。

第二节　代数式与方程

一、代数式

考点 1　代数式的概念与运算

1. 代数式的基本概念

对变数字母仅限于有限次代数运算（加、减、乘、除、乘方、开方）的解析式称为代数式。例如，$2(a+b)c$，$\frac{3x^2+5x+1}{3x+2}$，$x\cos x$ 等都是代数式。单独的一个数或字母也称为代数式。其分类如下：

- 代数式
  - 有理式
    - 整式
      - 单项式：对变数字母仅限于乘法（乘方）运算或没有变数字母的代数式
      - 多项式：几个单项式的和
    - 分式：含有除法运算并且除式中含有变数字母的有理式
  - 无理式：化简后含有关于对变数字母的式子开方运算的代数式

2. 整式的运算　【单选、填空】　★★★

整式的运算	运算法则
幂的运算	$a^m\cdot a^n=a^{m+n}$；$(a^m)^n=a^{mn}$；$(ab)^n=a^nb^n$；$a^m\div a^n=a^{m-n}(a\neq0)$；$a^0=1(a\neq0)$；$a^{-n}=\frac{1}{a^n}(a\neq0)$

续表

整式的运算	运算法则
加减法 (实质合并同类项)	①合并同类项的法则:同类项的系数相加减,所得的结果作为系数,字母和字母的指数不变; ②去括号时注意括号前边是"-"号的要变号
乘法	①单项式×单项式:系数、字母分别相乘; ②单项式×多项式:根据分配律用单项式去乘多项式中的每一项,再把所得的积相加; ③多项式×多项式:先用一个多项式的每一项乘另一个多项式中的每一项,再把所得的积相加
因式分解	①$a^2-b^2=(a+b)(a-b)$; ②$a^2\pm 2ab+b^2=(a\pm b)^2$; ③$a^3+b^3=(a+b)(a^2-ab+b^2)$; ④$a^3-b^3=(a-b)(a^2+ab+b^2)$; ⑤$a^3\pm 3a^2b+3ab^2\pm b^3=(a\pm b)^3$

真题面对面

1. [2022 安徽统考,单,4 分]若 $a,b\in\mathbf{R}$,$4a^3-ab^2+3b^3=0$,则 $a+b=$(　　)

A. -1　　B. 0　　C. 1　　D. 2

答案:B。$4a^3-ab^2+3b^3=3a^3+3b^3+a^3-ab^2=3(a^3+b^3)+a(a^2-b^2)=3(a+b)(a^2+b^2-ab)+a(a-b)(a+b)=(a+b)[3(a^2+b^2-ab)+a(a-b)]=(a+b)(4a^2-4ab+3b^2)=(a+b)\cdot[(2a-b)^2+2b^2]=0$,则 $a+b=0$ 或 $(2a-b)^2+2b^2=0$,当 $(2a-b)^2+2b^2=0$ 时,$\begin{cases}2a-b=0,\\ b=0,\end{cases}$ 即 $a=b=0$,所以 $a+b=0$。

2. [2021 江西,单,1 分]如果 a,b,c 满足 $a^2+2b^2+2c^2-2ab-2bc-6c+9=0$,则 abc 等于(　　)

A. 9　　B. 27　　C. 54　　D. 81

答案:B。$a^2+2b^2+2c^2-2ab-2bc-6c+9=(a^2-2ab+b^2)+(b^2-2bc+c^2)+(c^2-6c+9)=(a-b)^2+(b-c)^2+(c-3)^2=0$,$\therefore (a-b)^2=0,(b-c)^2=0,(c-3)^2=0$,故 $a=b,b=c,c=3$,即 $a=b=c=3$,故 $abc=27$。

考点 2 二次根式 【单选】 ★★★

1. 二次根式的基本概念

定义:式子$\sqrt{a}\,(a\geqslant 0)$叫作二次根式,其中 a 叫作被开方数。

性质:①$\sqrt{a}\,(a\geqslant 0)$是非负数;②$(\sqrt{a})^2=a\,(a\geqslant 0)$;③$\sqrt{a^2}=|a|$。

满足以下两个条件的二次根式叫作**最简二次根式**:

(1)被开方数的因数是整数,因式是整式;

(2)被开方数中不含有开得尽方的整数或整式。

几个二次根式化成最简二次根式后,如果被开方数相同,那么这几个二次根式叫作同类二次根式。

注:①一个二次根式不能叫同类二次根式,至少两个二次根式才有可能称为同类二次根式。要判断几个根式是不是同类二次根式,需先把非最简二次根式化成最简二次根式,然后判断。

②不论几个二次根式是否为最简二次根式,都有:a. 若被开方数相同,必为同类二次根式;b. 经过一步或几步变形,若被开方数相同,必为同类二次根式。

③几个二次根式能合并的条件是能化为同类二次根式。

2. 二次根式的性质

(1) $(\sqrt{a})^2=a(a\geqslant 0)$;

(2) $\sqrt{a^2}=|a|=\begin{cases}a, a\geqslant 0,\\ -a, a<0。\end{cases}$

3. 二次根式的运算法则

(1)加减法:二次根式相加减,先把各个二次根式化成最简二次根式,再合并同类二次根式。

(2)乘法:$\sqrt{ab}=\sqrt{a}\cdot\sqrt{b}(a\geqslant 0, b\geqslant 0)$。

(3)除法:$\sqrt{\frac{a}{b}}=\frac{\sqrt{a}}{\sqrt{b}}(a\geqslant 0, b>0)$。

(4)混合运算:二次根式的混合运算顺序与实数的混合运算顺序一样,先乘方,后乘除,最后加减,有括号的先算括号内的。

真题面对面

[2020 江西初中,单,1 分]计算:$(\sqrt{2}+1)^{2020}(\sqrt{2}-1)^{2021}+(\sqrt{2}+1)^0-\sqrt{27}\times\sqrt{\frac{1}{3}}=($ $)$

A. 3　　　　B. $\sqrt{2}$

C. $\sqrt{2}-3$　　　　D. -2

答案:C。$(\sqrt{2}+1)^{2020}(\sqrt{2}-1)^{2021}+(\sqrt{2}+1)^0-\sqrt{27}\times\sqrt{\frac{1}{3}}=[(\sqrt{2}+1)(\sqrt{2}-1)]^{2020}(\sqrt{2}-1)+1-\sqrt{27\times\frac{1}{3}}=\sqrt{2}-1+1-3=\sqrt{2}-3$。

考点 3 分式

A,B 表示两个整式,$A\div B$ 就可以表示成$\frac{A}{B}$的形式,如果 B 中含有字母,且 $B\neq 0$,式子$\frac{A}{B}$就叫作分式,A,B 分别叫作分式的分子和分母。

分式的基本性质:分式的分子与分母都乘(除以)同一个不等于零的整式,分式的值不变。

真题面对面

[2018 浙江杭州,单,3 分]已知 $x+\frac{1}{x}-\sqrt{5}=0$,则 $|x^{16}-46x^{8}-6x^{4}-3x^{2}|=$(　　)

A. 1　　B. 2　　C. 3　　D. 4

答案:C。由 $x+\frac{1}{x}-\sqrt{5}=0$ 可得 $x^{2}+\frac{1}{x^{2}}=3$①$\Rightarrow x^{4}-3x^{2}+1=0$②,将①平方后得 $x^{4}+\frac{1}{x^{4}}=7$③$\Rightarrow x^{8}-7x^{4}+1=0$④,将③平方后得 $x^{8}+\frac{1}{x^{8}}=47\Rightarrow x^{16}-47x^{8}+1=0$,则 $|x^{16}-46x^{8}-6x^{4}-3x^{2}|=|x^{16}-47x^{8}+1+x^{8}-1-6x^{4}-3x^{2}|=|x^{8}-1-6x^{4}-3x^{2}|=|x^{8}-7x^{4}+1+x^{4}-1-3x^{2}-1|=|x^{4}-3x^{2}+1-1-2|=3$,故选 C。

二、方程　【单选、填空】

考点 1　一元一次方程

只含有一个未知数,并且含有未知数的式子都是整式,未知数的次数都是 1,这样的方程叫作一元一次方程。

方程的解:使方程左右两边相等的未知数的值,叫作方程的解,也叫作方程的根。

解方程:求方程的解的过程叫作解方程。

考点 2　二元一次方程(组)　★

含有两个未知数,并且所含未知数的项的次数都是 1 的整式方程叫作二元一次方程。

含有两个未知数,并且所含未知数的项的次数都是 1 的整式方程组叫作二元一次方程组。

二元一次方程组的常用解法为消元法,分为代入消元法和加减消元法。"消元"即减少未知数的个数,使多元方程最终转化为一元方程,再解出未知数。

真题面对面

[2020 江西初中,单,1 分]已知方程组 $\begin{cases}2x-y=4,\\x+2y=7,\end{cases}$ 则 $x-y$ 的值为(　　)

A. 1　　B. −1　　C. 0　　D. 5

答案:A。由方程组 $\begin{cases}2x-y=4,\\x+2y=7,\end{cases}$ 消去 x 得 $5y=10$,解得 $\begin{cases}x=3,\\y=2,\end{cases}$ 则 $x-y=1$。

考点 3　分式方程

分式方程

1. 分式方程的定义

分母中含有未知数的方程叫作分式方程。

2. 解分式方程的步骤

(1)方程的两边都乘最简公分母,化成整式方程;(2)解这个整式方程;(3)验根并作答。

增根：在分式方程化为整式方程的过程中，若整式方程的根使最简公分母为0，那么这个根叫作原分式方程的增根。

验根方法：把整式方程的根代入原方程，若原方程的分母不为0，则不是增根；若为0，则是增根。

考点4 一元二次方程 ★★

1. 一元二次方程的定义

只含有一个未知数，并且未知数的最高次数是2的整式方程叫作一元二次方程。

2. 一元二次方程的几种形式

(1)一般式：$ax^2+bx+c=0$(a,b,c均为实数，且$a\neq0$)。

(2)配方式：$a\left(x+\frac{b}{2a}\right)^2=\frac{b^2-4ac}{4a}$。

(3)两根式：$a(x-x_1)(x-x_2)=0$。

考法大揭秘

一元二次方程的解法

1. 直接开平方法

可变形为$(x+a)^2=b(b\geq0)$的方程可用直接开平方法求解，即$x+a=\sqrt{b}$或$x+a=-\sqrt{b}$，所以$x_1=-a+\sqrt{b}$，$x_2=-a-\sqrt{b}$。

2. 因式分解法

如果一元二次方程可化成$A\cdot B=0$的形式，且A,B都是含有未知数的一次式，那么就可以转化成两个一元一次方程来求解。用这样的思想来解一元二次方程的方法叫作因式分解法。

3. 配方法

通过配方把一元二次方程$ax^2+bx+c=0(a\neq0)$变形为$a\left(x+\frac{b}{2a}\right)^2=\frac{b^2-4ac}{4a}$的形式，再利用直接开平方法求解的方法叫作配方法。

4. 公式法

利用求根公式求出一元二次方程解的方法，叫作公式法。

一元二次方程$ax^2+bx+c=0(a\neq0)$是否有实根，取决于“b^2-4ac”的符号，于是将$\Delta=b^2-4ac$叫作一元二次方程根的判别式。

当$\Delta=b^2-4ac>0$时，方程有两个不相等的实数根$x_{1,2}=\frac{-b\pm\sqrt{b^2-4ac}}{2a}$；

当$\Delta=b^2-4ac=0$时，方程有两个相等的实数根$x=-\frac{b}{2a}$；

当$\Delta=b^2-4ac<0$时，方程无实数根。

根与系数的关系(韦达定理)：$x_1+x_2=-\frac{b}{a}$，$x_1x_2=\frac{c}{a}$。

真题面对面

[2022 浙江杭州,填空,4 分]已知 $x^2-7x+1=0$ 两根 x_1,x_2,则 $x_1^{\ 2}+x_2^{\ 2}=$______。

答案:47。由题意可得 $x_1+x_2=7,x_1x_2=1$,则 $x_1^{\ 2}+x_2^{\ 2}=(x_1+x_2)^2-2x_1x_2=49-2=47$。

达标测评

建议用时	实际用时	测评总分	实际得分
50 分钟	____分钟	88 分	____分

一、单项选择题(每小题 3 分,共 36 分)

1. 若 $M=3x^2-8xy+9y^2-4x+6y+13$(x,y 是实数),则 M 的值一定是(　　)

A. 零　　B. 负数　　C. 正数　　D. 整数

2. 若单项式 $a^{m-1}b^2$ 与 $\frac{1}{2}a^2b^n$ 的和仍是单项式,则 n^m 的值是(　　)

A. 3　　B. 6　　C. 8　　D. 9

3. 下列计算正确的是(　　)

A. $2a+3a=6a$　　B. $(-3a)^2=6a^2$　　C. $(x-y)^2=x^2-y^2$　　D. $3\sqrt{2}-\sqrt{2}=2\sqrt{2}$

4. 如图,四个实数 m,n,p,q 在数轴上对应的点分别为 M,N,P,Q,若 $n+q=0$,则 m,n,p,q 四个实数中,绝对值最大的一个是(　　)

P　Q　M　N　x

A. p　　B. q　　C. m　　D. n

5. 据某市旅游统计局统计,2018 年该市共接待境内外游客约 4231 万人次。数据 4231 万用科学记数法表示为(　　)

A. 4.231×10^3　　B. 4.231×10^6　　C. 4.231×10^7　　D. 4.231×10^8

6. 下列各式分解因式后,可表示为一次因式乘积的是(　　)

A. $x^3-9x^2+27x-27$　　B. $x^3-x^2+27x-27$　　C. $x^4-x^3+27x-27$　　D. $x^3-3x^2+9x-27$

7. 下列说法中,正确的个数为(　　)

① 0 是最小的实数;

②数轴上所有的点都表示实数;

③两个无理数的和仍然是无理数;

④ $-\frac{1}{27}$ 的立方根是 $\pm\frac{1}{3}$;

⑤任何实数都有两个互为相反数的平方根。

A. 0 个　　B. 1 个　　C. 2 个　　D. 3 个

8. 如下图所示，数轴上表示 1，$\sqrt{2}$ 两数的对应点分别为点 A，B，点 B 关于点 A 的对称点为点 C，则点 C 所表示的数是(　　)

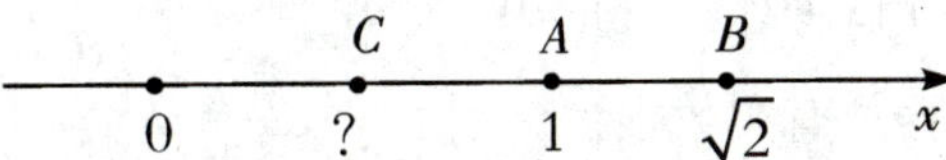

A. $\sqrt{2}-1$　　B. $1-\sqrt{2}$　　C. $\sqrt{2}-2$　　D. $2-\sqrt{2}$

9. 下列二次根式中，与 $\sqrt{a}$ 是同类二次根式的是(　　)

A. $\sqrt{2a}$　　B. $\sqrt{3a^2}$　　C. $\sqrt{a^3}$　　D. $\sqrt{a^4}$

10. 若 $mn\neq1$，且满足 $3m^2+2014m+7=0$，$7n^2+2014n+3=0$，则 $\frac{m}{n}=$ (　　)

A. $\frac{3}{7}$　　B. -1　　C. $\frac{7}{3}$　　D. $-\frac{507}{3}$

11. 若关于 x 的一元二次方程 $ax^2+2x-5=0$ 有且仅有一根在 0 与 1 之间(不含 0 和 1)，则 a 的取值范围是(　　)

A. $a<3$　　B. $a>3$　　C. $a<-3$　　D. $a>-3$

12. 若关于 x 的方程 $\frac{2}{x-2}+\frac{x+m}{2-x}=2$ 的解为正数，则 m 的取值范围是(　　)

A. $m<6$　　B. $m>6$　　C. $m<6$ 且 $m\neq0$　　D. $m>6$ 且 $m\neq8$

二、填空题(每小题 3 分，共 12 分)

13. 已知 $x=2m+n+2$ 和 $x=m+2n$ 时，多项式 x^2+4x+6 的值相等，且 $m-n+2\neq0$，则当 $x=3(m+n+1)$ 时，多项式 x^2+4x+6 的值等于________。

14. m，n 是方程 $x^2-2008x+2009=0$ 的两根，则代数式 $(m^2-2007m+2009)(n^2-2007n+2009)$ 的值是________。

15. 小成每周末要到距离家 5 千米的体育馆打球，他骑自行车前往体育馆比乘汽车多用 10 分钟，乘汽车的速度是骑自行车速度的 2 倍。设骑自行车的速度为 x 千米/时，根据题意列方程为________。

16. 将二进制小数 10.01 转化为十进制数后是________。

三、解答题(每小题 8 分，共 40 分)

17. 先化简，再求值：$\left(\frac{x+1}{x-2}-1\right)\div\frac{x^2-2x}{x^2-4x+4}$，其中 $x=\sqrt{3}$。

18. 已知 $\frac{x+3}{x+2}=\frac{1}{\sqrt{3}+\sqrt{2}+1}$，求 $\frac{x-3}{2x-4}\div\left(\frac{5}{x-2}-x-2\right)$ 的值。

19. 计算 $\left(\frac{1}{3}\right)^{-1}-(2019+\sqrt{2})^0+(-2)^2\times\sqrt{\frac{1}{16}}+\frac{1}{\sqrt{2}-1}$。

第一部分

20. 在关于 x,y 的二元一次方程组 $\begin{cases}x+2y=a,\\2x-y=1\end{cases}$ 中。

(1)若 $a=3$,求方程组的解;

(2)若 $S=a(3x+y)$,当 a 为何值时,S 有最值?

21. 已知关于 x 的方程 $kx^2-(3k-1)x+2(k-1)=0$。

(1)求证:无论 k 为何实数,方程总有实数根;

(2)若此方程有两个实数根 x_1,x_2,且 $|x_1-x_2|=2$,求 k 的值。

参考答案及解析

一、单项选择题

1. C [解析]$M=3x^2-8xy+9y^2-4x+6y+13=(x^2-4x+4)+(y^2+6y+9)+2(x^2-4xy+4y^2)=(x-2)^2+(y+3)^2+2(x-2y)^2>0$,故 M 的值一定是正数。

2. C [解析]∵ 单项式 $a^{m-1}b^2$ 与 $\frac{1}{2}a^2b^n$ 的和仍是单项式,∴ 单项式 $a^{m-1}b^2$ 与 $\frac{1}{2}a^2b^n$ 是同类项,∴ $m-1=2$,$n=2$,解得 $m=3$,$n=2$,∴ $n^m=2^3=8$。

3. D [解析]A 项,$2a+3a=5a$,错误;B 项,$(-3a)^2=9a^2$,错误;C 项,$(x-y)^2=x^2+y^2-2xy$,错误;D 项,$3\sqrt{2}-\sqrt{2}=2\sqrt{2}$,正确。

4. A [解析]∵ $n+q=0$,∴ n 和 q 互为相反数,则数 0 对应的点在线段 NQ 的中点处,且 $0<m<n$,$p<q<0$,∴ 绝对值最大的点表示的数是 p。

5. C [解析]4231 万 $=42\ 310\ 000=4.231\times10^7$。

6. A [解析]$x^3-9x^2+27x-27=(x^3-27)-9x(x-3)=(x-3)(x^2+3x+9)-9x(x-3)=(x-3)(x^2-6x+9)=(x-3)^3$,故选项 A 正确;$x^3-x^2+27x-27=x^2(x-1)+27(x-1)=(x-1)(x^2+27)$,故选项 B 错误;$x^4-x^3+27x-27=x^3(x-1)+27(x-1)=(x-1)(x^3+27)=(x-1)(x+3)(x^2-3x+9)$,故选项 C 错误;$x^3-3x^2+9x-27=x^2(x-3)+9(x-3)=(x-3)(x^2+9)$,故选项 D 错误。故选 A。

7. B [解析]①没有最小的实数,有绝对值最小的实数,是零;③两个互为相反数的无理数的和是零,为有理数;④负数的立方根仍为负数,是单值;⑤负数没有平方根。故只有②是正确的,故选 B。

8. D [解析]由题意知 $|AC|=|AB|$,所以 $|AC|=\sqrt{2}-1$,$|OC|=1-(\sqrt{2}-1)=2-\sqrt{2}$,所以点 C 所表示的数

为$2-\sqrt{2}$。

9. C [解析]判断两个二次根式是否是同类二次根式时，应先将它们都化为最简二次根式，再看被开方数是否相同。由题意知，$a\geqslant 0$。选项 A 显然已经是最简二次根式；选项 B，$\sqrt{3a^2}=\sqrt{3}a$；选项 C，$\sqrt{a^3}=a\sqrt{a}$；选项 D，$\sqrt{a^4}=a^2$，只有 C 项的被开方数与$\sqrt{a}$的相同，故选 C。

10. C [解析]设$x=\frac{1}{n}$，则方程$7n^2+2014n+3=0$可转化为$\frac{7}{x^2}+\frac{2014}{x}+3=0$，整理得$3x^2+2014x+7=0$，因为$mn\neq 1$，则与题中关于$m$的方程相比较可知，$m$，$x$是同一方程的两个解，即$\frac{m}{n}=mx=\frac{7}{3}$。

11. B [解析]若$a=0$，则$2x-5=0$，$x=\frac{5}{2}$，这个根不在 0 与 1 之间；若$a\neq 0$，有且仅有一根在 0 与 1 之间，即在$(0,1)$区间内函数$y=ax^2+2x-5$和x轴只有一个交点，所以$x=0$和$x=1$时，函数值一正一负，$x=0$时，$y=-5$，$x=1$时，$y=a-3$，所以$a-3<0$，解得$a>3$。综上$a>3$，选 B。

12. C [解析]原分式方程化简得$2-x-m=2(x-2)$，解得$x=2-\frac{m}{3}$，由题意可知，$2-\frac{m}{3}>0$，解得$m<6$，$\because x=2$是原方程的增根，可得$2-\frac{m}{3}\neq 2$，解得$m\neq 0$。故选 C。

二、填空题

13. 3 [解析]由题意可知，$x=2m+n+2$和$x=m+2n$时，二次函数$y=x^2+4x+6$的值相等，则可求得抛物线的对称轴为$x=\frac{2m+n+2+m+2n}{2}=\frac{3m+3n+2}{2}$，又二次函数$y=x^2+4x+6$的对称轴为直线$x=-2$，故可得出$\frac{3m+3n+2}{2}=-2$，化简得$m+n=-2$，所以当$x=3(m+n+1)=3\times(-2+1)=-3$时，$x^2+4x+6=3$。

14. 2009 [解析]$\because m$，n是方程$x^2-2008x+2009=0$的两根，$\therefore m^2-2008m+2009=0$，$n^2-2008n+2009=0$，$mn=2009$，$\therefore (m^2-2007m+2009)(n^2-2007n+2009)=(m^2-2018m+2019+m)(n^2-2018n+2019+n)=mn=2009$。

15. $\frac{5}{x}-\frac{5}{2x}=\frac{1}{6}$ [解析]设骑自行车的速度为x千米/时，那么乘汽车的速度为$2x$千米/时，根据“他骑自行车前往体育馆比乘汽车多用 10 分钟”，列出方程：$\frac{5}{x}-\frac{5}{2x}=\frac{1}{6}$。

16. 2.25 [解析]转化为十进制数后为$1\times 2^1+0\times 2^0+0\times 2^{-1}+1\times 2^{-2}=2+0+0+0.25=2.25$。

三、解答题

17. [解析]$\left(\frac{x+1}{x-2}-1\right)\div\frac{x^2-2x}{x^2-4x+4}=\frac{3}{x-2}\div\frac{x^2-2x}{x^2-4x+4}=\frac{3}{x-2}\times\frac{(x-2)^2}{x(x-2)}=\frac{3}{x}$，将$x=\sqrt{3}$代入，可得原式$=\frac{3}{x}=\frac{3}{\sqrt{3}}=\sqrt{3}$。

18. [解析]$\frac{x-3}{2x-4}\div\left(\frac{5}{x-2}-x-2\right)=\frac{x-3}{2x-4}\div\left[\frac{5}{x-2}-(x+2)\right]=\frac{x-3}{2x-4}\div\left[\frac{5}{x-2}-\frac{x^2-4}{x-2}\right]=\frac{x-3}{2(x-2)}\div\frac{9-x^2}{x-2}=$

$\frac{x-3}{2(x-2)}\cdot\frac{x-2}{(3-x)(3+x)}=-\frac{1}{2(x+3)}$，把$\frac{1}{x+3}$看成一个整体，求出$\frac{1}{x+3}$的值即可代入上式求值，由$\frac{x+3}{x+2}=\frac{1}{\sqrt{3}+\sqrt{2}+1}$得$\frac{x+2}{x+3}=1-\frac{1}{x+3}=\sqrt{3}+\sqrt{2}+1$，所以$\frac{1}{x+3}=-(\sqrt{3}+\sqrt{2})$。所以原式$=-\frac{1}{2(x+3)}=-\frac{1}{2}\cdot\frac{1}{x+3}=-\frac{1}{2}\cdot[-(\sqrt{3}+\sqrt{2})]=\frac{\sqrt{3}+\sqrt{2}}{2}$。

19. [解析]原式$=3-1+4\times\frac{1}{4}+\sqrt{2}+1=\sqrt{2}+4$。

20. [解析](1)$a=3$时，原方程组转化为$\begin{cases}x+2y=3,\\2x-y=1,\end{cases}$解得$\begin{cases}x=1,\\y=1。\end{cases}$

(2)方程组$\begin{cases}x+2y=a①,\\2x-y=1②,\end{cases}$①+②得$3x+y=a+1$，$\therefore S=a(a+1)=a^2+a=\left(a+\frac{1}{2}\right)^2-\frac{1}{4}$，$\therefore$当$a=-\frac{1}{2}$时，$S$有最小值。

21. [解析](1)证明：①当$k=0$时，方程是一元一次方程，有实数根；

②当$k\neq0$时，方程是一元二次方程，$\because\Delta=[-(3k-1)]^2-4k\cdot2(k-1)=k^2+2k+1=(k+1)^2\geq0$，此时方程至少有一个实数根。

$\therefore$综上，无论k为何实数，方程总有实数根。

(2)由根与系数的关系，得$x_1+x_2=\frac{3k-1}{k}$，$x_1x_2=\frac{2(k-1)}{k}$，

$\because|x_1-x_2|=2$，$\therefore(x_1-x_2)^2=4$，即$(x_1+x_2)^2-4x_1x_2=4$，故$\left(\frac{3k-1}{k}\right)^2-\frac{8(k-1)}{k}=4$，整理得$3k^2-2k-1=0$，解得$k_1=1$，$k_2=-\frac{1}{3}$，经检验，$k_1=1$，$k_2=-\frac{1}{3}$都满足题意，故$k=1$或$-\frac{1}{3}$。

测评结果建议

亲爱的考生：

利用阶段测试，可以巩固复习成果，同时起到查漏补缺的效果，实现高效备考的目标。针对不同的测评成绩及时调整备考策略，是我们探索出的一套行之有效的备考方法。

以下应对方案适用于各章末尾的“达标测评”，期望您“对号入座”，科学备考。假如您的正确率在70%以下，说明目前您的基础知识还不达标，掌握得不太全面，建议您静下心来，保持空杯心态，若能结合山香教育“基础精讲班”系列网课协同复习，会为您的考编之路打下更加坚实的基础；假如您的正确率在70%到90%之间，建议您再抓一下关键考点，若能结合山香教育全能备考“提升篇”系列图书协同复习，会使您的学习效率事半功倍；假如您的正确率在90%以上，那么恭喜您测评基本达标，建议您保持学霸的学习模式，开启下一章的学习。小香祝您早日圆梦！

——山香教育

第二章　集合与简易逻辑

思维导图

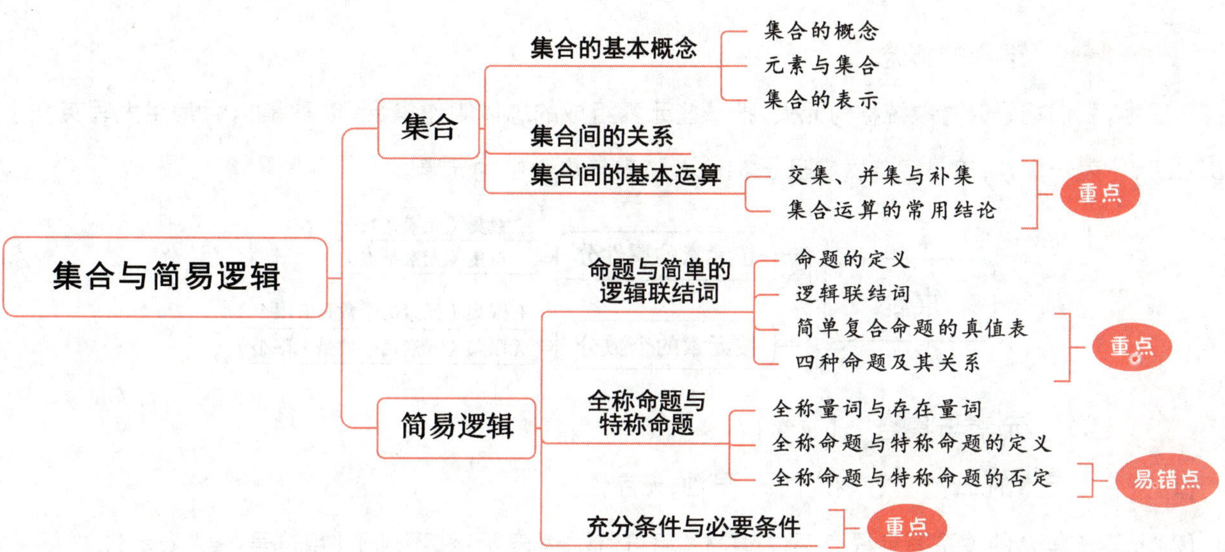

考向分析

本章属于高中阶段数学的基本内容，考查的知识以及解题方法较为固定，是教师招聘考试中的常考内容，现对本章考向分析如下：

高频考点	常考题型	能力要求	考查热度
元素与集合	单选	识记	★
集合间的关系	单选	识记、理解	★★
集合间的运算	单选	掌握	★★★
命题的判断	单选	识记、理解	★★
全称命题与特称命题	单选	识记、理解	★★
充分条件与必要条件	单选	掌握	★★★

核心考点

第一节　集　合

一、集合的基本概念

考点 1 集合的概念

一般地，我们把研究对象统称为元素，把一些元素组成的总体叫作集合(简称集)，通常用大写英文字母 $A,B,C,D,\cdots$ 表示集合，用小写英文字母 $a,b,c,d,\cdots$ 表示集合中的元素。

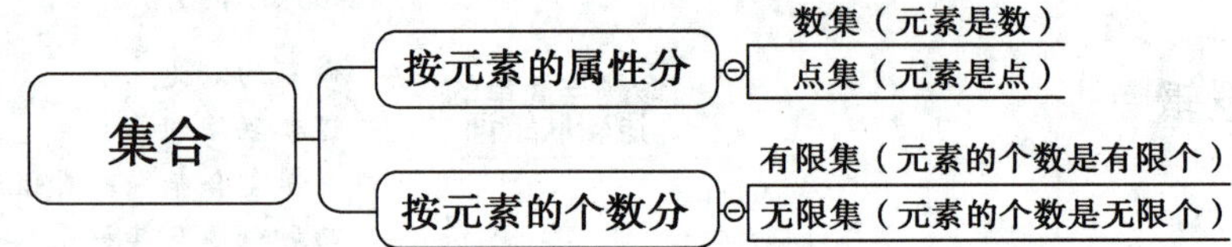

考点 2 元素与集合 【单选】 ★

(1)集合中元素的三个特性:确定性、互异性、无序性。

(2)元素与集合的关系有且只有两种:属于(用符号"$\in$"表示)和不属于(用符号"$\notin$"表示)。

考点 3 集合的表示

集合的表示方法有三种:列举法、描述法和图示法。

一般地，表示有限集合常用列举法;表示无限集合常用描述法;描述抽象集合常用 Venn 图法。

常用数集及其符号表示:

名称	非负整数集(自然数集)	正整数集	整数集	有理数集	实数集	复数集
符号	$\mathbf{N}$	$\mathbf{N}^*$ 或 $\mathbf{N}_+$	$\mathbf{Z}$	$\mathbf{Q}$	$\mathbf{R}$	$\mathbf{C}$

二、集合间的关系 【单选】 ★★

关系＼表示		自然语言	符号语言
集合间的基本关系	子集	集合 A 中任意一个元素都是集合 B 中的元素	$A\subseteq B$ 或 $B\supseteq A$
	真子集	集合 A 是集合 B 的子集，并且 B 中至少有一个元素不属于 A	$A\subsetneqq B$ 或 $B\supsetneqq A$
	相等	集合 A 中的每一个元素都是集合 B 中的元素，集合 B 中的每一个元素也都是集合 A 中的元素	$A\subseteq B$ 且 $B\subseteq A\Leftrightarrow A=B$

续表

关系＼表示	自然语言	符号语言
空集	空集是任何集合的子集	$\varnothing\subseteq A$
	空集是任何非空集合的真子集	$\varnothing\subsetneqq B$ 且 $B\supsetneqq\varnothing$

注：有限集的子集个数公式：设有限集 A 中有 n 个元素，则 A 的子集有 2^n 个，其中真子集的个数是 2^n-1，非空子集的个数为 2^n-1，非空真子集的个数为 2^n-2。

三、集合间的基本运算 【单选】 ★★★

	交集	并集	补集
定义	由所有属于集合 A 且属于集合 B 的元素组成的集合叫作 A 与 B 的交集。记作 $A\cap B$，即 $A\cap B=\{x\mid x\in A$ 且 $x\in B\}$	由所有属于集合 A 或属于集合 B 的元素组成的集合叫作 A 与 B 的并集。记作 $A\cup B$，即 $A\cup B=\{x\mid x\in A$ 或 $x\in B\}$	对于全集 U 的一个子集 A，由全集 U 中所有不属于 A 的元素组成的集合叫作 U 中子集 A 的补集（或余集）。记作 $\complement_U A$，即 $\complement_U A=\{x\mid x\in U$ 且 $x\notin A\}$
Venn 图示	A　B	A　B	A
集合运算的常用结论	(1) 若 $A\subseteq B$，$B\subseteq A$，则 $A=B$；若 $A\subseteq B$，$B\subseteq C$，则 $A\subseteq C$； (2) $\varnothing\subseteq A$，若 $A\neq\varnothing$，则 $\varnothing\subsetneqq A$； (3) $A\cap A=A$，$A\cap\varnothing=\varnothing$； (4) $A\cup A=A$，$A\cup B=B\cup A$，$A\cup\varnothing=A$； (5) $A\cap\complement_U A=\varnothing$，$A\cup\complement_U A=U$； (6) $(A\cap B)\subseteq A\subseteq(A\cup B)$，$(A\cap B)\subseteq B\subseteq(A\cup B)$； (7) $\complement_U(A\cap B)=\complement_U A\cup\complement_U B$； (8) 若 $A\subseteq B$，则 $A\cap B=A$，$A\cup B=B$		

考法大揭秘

解答集合题目的方法

1. 求集合的交、并、补时，一般先化简集合，再由交、并、补的定义求解；

2. 一般地，集合元素为离散型时用 Venn 图表示；集合元素为连续型（即为不等式形式）时用数轴表示，用数轴表示时要注意端点的取舍。

真题面对面

1. [2022 山西特岗,单,3 分]设 $A=\{x\mid y=\log_2(x-1)\}$,$B=\{x\mid y=x^{-1}\}$,则 $A\cap B=$(　　)

A. $(1,+\infty)$　　B. $[1,+\infty)$　　C. $(0,+\infty)$　　D. $\mathbf{R}$

答案:A。集合 $A=\{x\mid x-1>0\}=\{x\mid x>1\}$,集合 $B=\{x\mid x\neq 0\}$,故 $A\cap B=\{x\mid x>1\}$。

2. [2022 江西高中数学,单,1 分]已知集合 $A=\{x\mid x<2\}$,$B=\{x\mid 3-2x>0\}$,则(　　)

A. $A\cap B=\left\{x\middle|x<\frac{3}{2}\right\}$　　B. $A\cap B=\varnothing$

C. $A\cup B=\left\{x\middle|x<\frac{3}{2}\right\}$　　D. $A\cup B=\mathbf{R}$

答案:A。$B=\{x\mid 3-2x>0\}=\left\{x\middle|x<\frac{3}{2}\right\}$,$A\cap B=\left\{x\middle|x<\frac{3}{2}\right\}$,$A\cup B=\{x\mid x<2\}$,故选 A。

第二节　简易逻辑

一、命题与简单的逻辑联结词 【单选】 ★★

考点 1 命题的定义

可以判断真假的语句叫作命题。不含逻辑联结词的命题叫作简单命题,由简单命题与逻辑联结词构成的命题叫作复合命题。

逻辑联结词

考点 2 逻辑联结词

逻辑联结词	定义
或	一般地,用逻辑联结词"或"把命题 p 和命题 q 联结起来,就得到一个新命题,记作"$p\vee q$",读作"p 或 q"
且	一般地,用逻辑联结词"且"把命题 p 和命题 q 联结起来,就得到一个新命题,记作"$p\wedge q$",读作"p 且 q"
非	一般地,对一个命题 p 否定,就得到一个新命题,记作"$\neg p$",读作"非 p"或"p 的否定"

考点 3 简单复合命题的真值表

p	q	$p\wedge q$	$p\vee q$	$\neg p$
真	真	真	真	假
假	真	假	真	真
真	假	假	真	假
假	假	假	假	真

记忆口诀:"p 或 q"有真则真;"p 且 q"有假则假;"非 p"与 p 真假相反。

考点 4 四种命题及其关系

1. 四种命题

命题	表述形式
原命题	若 p,则 q
逆命题	若 q,则 p
否命题	若¬ p,则¬ q
逆否命题	若¬ q,则¬ p

注:否命题与命题的否定的区别:否命题是对原命题"若 p 则 q"既否定其条件,又否定其结论;命题 p 的否定即¬ p,只否定命题的结论。

2. 四种命题的关系图

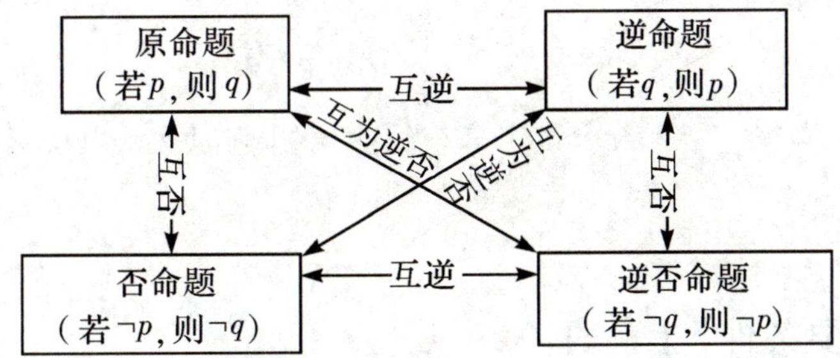

3. 四种命题的真假关系

(1)两个命题互为逆否命题,它们有相同的真假性;

(2)两个命题互为逆命题或互为否命题,它们的真假性没有关系。

真题面对面

[2021 江西,单,1 分]命题 p:"若 $x^2<1$,则 $x<1$"的逆命题为 q,则 p 与 q 的真假性为( )

A. p 真,q 真　　B. p 真,q 假　　C. p 假,q 真　　D. p 假,q 假

答案:B。若 $x^2<1$,则 $-1<x<1$,则命题 p 为真命题,命题 p 的逆命题 q 为:若 $x<1$,则 $x^2<1$,在 $x<-1$ 时显然不成立,则命题 q 为假命题,故选 B。

二、全称命题与特称命题 【单选】 ★★

1. 全称量词与存在量词

名称	含义	常见量词	符号
全称量词	表示整体或全部	所有、一切、任意、全部、每一个等	∀
存在量词	表示个别或一部分	存在一个、至少一个、有些、某些等	∃

2. 全称命题与特称命题的定义

(1)含有全称量词的命题叫作全称命题。其形式为对 M 中任意的 x,有 $p(x)$ 成立,记作 $\forall x\in M,p(x)$。

(2)含有存在量词的命题叫作特称命题。其形式为存在 M 中的一个 x,使 $p(x)$ 成立,记作 $\exists x_0\in M,p(x_0)$。

3. 全称命题与特称命题的否定

(1)全称命题的否定是特称命题。其形式为全称命题 $p:\forall x\in M,p(x)$,它的否定 $\neg p:\exists x_0\in M,\neg p(x_0)$。

(2)特称命题的否定是全称命题。其形式为特称命题 $p:\exists x_0\in M,p(x_0)$,它的否定 $\neg p:\forall x\in M,\neg p(x)$。

真题面对面

[2021 广东广州天河区,单,1.47 分]已知命题 $p:\exists x\in \mathbf{R},2x^3+x^2=3$,命题 $q:\forall x\in(0,+\infty)$,$\log_8 x>\log_9 x$,则下列命题中为真命题的是( )

A. $\neg p\vee q$

B. $p\wedge q$

C. $p\vee q$

D. $\neg p\wedge q$

答案:C。当 $x=1$ 时,$2x^3+x^2=3$,命题 p 成立;当 $0<x<1$ 时,$\log_8 x<\log_9 x$,命题 q 不成立。所以真命题是 C 项。

三、充分条件与必要条件 【单选】 ★★★

充分条件:若 $p\Rightarrow q$,则 p 是 q 的充分条件。

必要条件:若 $q\Rightarrow p$,则 p 是 q 的必要条件。

充分不必要条件:若 $p\Rightarrow q$,且 $q\nRightarrow p$,则 p 是 q 的充分不必要条件。

必要不充分条件:若 $q\Rightarrow p$,且 $p\nRightarrow q$,则 p 是 q 的必要不充分条件。

充要条件:若 $p\Leftrightarrow q$,则 p 是 q 的充要条件。

既不充分也不必要条件:若 $p\nRightarrow q$,且 $q\nRightarrow p$,则 p 是 q 的既不充分也不必要条件。

考法大揭秘

充分条件、必要条件的三种判定方法

1. 利用定义判断:直接判断"若 p,则 q""若 q,则 p"的真假。在判断时,确定条件是什么,结论是什么。

2. 从集合的角度判断:利用集合中的包含思想判定。抓住"以小推大"的技巧,即小范围推得大范围,即可解决充分必要性的问题。

3. 利用等价转化法:条件和结论带有否定性词语的命题,常转化为其逆否命题来判断真假。

真题面对面

1. [2022 江西高中数学,单,1 分]命题:存在 $x_0\in\mathbf{R}$, $|x_0|-2\leqslant 0$ 的否定是(　　)

A. 不存在 $x_0\in\mathbf{R}$, $|x_0|-2\leqslant 0$

B. 存在 $x_0\in\mathbf{R}$, $|x_0|-2>0$

C. 对任意 $x\in\mathbf{R}$, $|x|-2>0$

D. 对任意 $x\in\mathbf{R}$, $|x|-2\leqslant 0$

答案:C。命题"存在 $x_0\in\mathbf{R}$, $|x_0|-2\leqslant 0$"的否定是"对任意 $x\in\mathbf{R}$, $|x|-2>0$"。特称命题 p: $\exists x_0\in M, p(x_0)$,它的否定是 $\neg p$: $\forall x\in M, \neg p(x)$。

2. [2022 山西特岗,单,3 分]设 m,n 为实数,则"$0.1^m>0.1^n$"是"$\lg\frac{1}{m}<\lg\frac{1}{n}$"的(　　)

A. 充分不必要条件

B. 必要不充分条件

C. 充要条件

D. 既不充分又不必要条件

答案:D。$0.1^m>0.1^n\Rightarrow m<n$, $\lg\frac{1}{m}<\lg\frac{1}{n}\Rightarrow\frac{1}{m}<\frac{1}{n}$,且 $m>0,n>0\Rightarrow 0<n<m$,而 $m<n$ 和 $0<n<m$ 不能互相推出,故前者是后者的既不充分又不必要条件。

达标测评

建议用时	实际用时	测评总分	实际得分
20 分钟	______分钟	33 分	______分

一、单项选择题(每小题 3 分,共 24 分)

1. 已知集合 $A=\{x|x^2-3x+2=0,x\in\mathbf{R}\}$, $B=\{x|0<x<5,x\in\mathbf{N}\}$,则满足条件 $A\subseteq C\subseteq B$ 的集合 C 的个数为(　　)

A. 1　　B. 2　　C. 3　　D. 4

2. 已知集合 $A=\{1,a,a^2,4\}$,集合 $B=\{1,2,4\}$,且 $B\subseteq A$,则 $a=$(　　)

A. ± 2　　B. 2　　C. $\pm\sqrt{2}$　　D. $\sqrt{2}$

3. 若 $A=\{(x,y)\,|\,|x+3|+\sqrt{y-1}=0\}$, $B=\{-3,1\}$,则必有(　　)

A. $A\cap B=\varnothing$

B. $A\supseteq B$

C. $A\subseteq B$

D. $A=B$

4. 如图所示的 Venn 图中,A,B 为非空集合,定义集合 $A\otimes B$ 为阴影部分对应的集合,若 $x,y\in\mathbf{R}$, $A=\{x|y=$

$\sqrt{2x-x^2}\}$，$B=\{y|y=3^x,x>0\}$，则 $A\otimes B$ 为（　　）

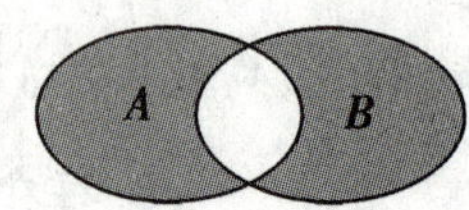

A. $\{x|0<x<2\}$　　B. $\{x|1<x<2\}$

C. $\{x|0\leqslant x\leqslant 1$ 或 $x\geqslant 2\}$　　D. $\{x|0\leqslant x\leqslant 1$ 或 $x>2\}$

5. 已知 $p:m-1<x<m+1$，$q:(x-2)(x-6)<0$，且 q 是 p 的必要不充分条件，则实数 m 的取值范围是（　　）

A. $3<m<5$　　B. $3\leqslant m\leqslant 5$　　C. $m>5$ 或 $m<3$　　D. $m>5$ 或 $m\leqslant 3$

6. 已知全集 $U=\mathbf{R}$，集合 $A=\{x|2<x<4\}$，$B=\{x|x^2-x-6\leqslant 0\}$，则 $A\cap\complement_{\mathbf{R}}B$ 等于（　　）

A. $(1,2)$　　B. $(3,4)$　　C. $(5,6)$　　D. $(1,2)\cup(3,4)$

7. 下列命题正确的是（　　）

A. 命题 p："存在 $x\in\mathbf{R}$，$\sin x+\cos x=\sqrt{3}$"，则 $\neg p$ 是假命题

B. "$a=1$"是"函数 $f(x)=\cos^2 ax-\sin^2 ax$ 的周期 $T=\pi$"的充分必要条件

C. 命题"存在 $x\in\mathbf{R}$，使得 $x^2+x+1=0$"的否定是"对任意 $x\in\mathbf{R}$，$x^2+x+1\geqslant 0$"

D. 命题"若 $\tan\alpha\neq 1$，则 $\alpha\neq\frac{\pi}{4}$"的逆否命题是真命题

8. "$|x-1|<2$ 成立"是"$x(x-3)<0$ 成立"的（　　）

A. 充分不必要条件　　B. 必要不充分条件

C. 充要条件　　D. 既不充分也不必要条件

二、填空题（每小题 3 分，共 9 分）

9. 已知集合 $A=\{x|x^2-4mx+2m+6=0\}$，$B=\{x|x<0\}$，若 $A\cap B\neq\varnothing$，则实数 m 的取值范围是________。

10. 设关于 x 的方程 $x^2+px-12=0$，$x^2+qx+r=0$ 的解集分别为 A，B，且 $A\neq B$，$A\cup B=\{-3,4\}$，$A\cap B=\{-3\}$，则 p，q，r 的值分别为________、________、________。

11. 设 $A=\{x|x^2-3x+2=0\}$，$B=\{x|x^2-ax+2=0\}$，若 $A\cup B=A$，则由实数 a 的值组成的集合为________。

参考答案及解析

一、单项选择题

1. D　［解析］由题意知，$A=\{1,2\}$，$B=\{1,2,3,4\}$，又 $A\subseteq C\subseteq B$，所以集合 C 的情况有 $\{1,2\}$，$\{1,2,3\}$，$\{1,2,4\}$，$\{1,2,3,4\}$ 共 4 种。

2. C　［解析］因为 $B\subseteq A$，所以 $a=2$ 或 $a^2=2$，即 $a=2$ 或 $\pm\sqrt{2}$。因为集合具有互异性，当 $a=2$ 时，$a^2=4$，集合 A 中有相同的元素，故排除 $a=2$，所以选 C。

3. A　［解析］$A=\{(x,y)||x+3|+\sqrt{y-1}=0\}=\{(-3,1)\}$，是一个点集，而集合 B 是一个数集，两个集合

所包含的元素属性不同，所以 $A\cap B=\varnothing$。

4. D　[解析]由题意可知 $A\otimes B=\complement_{A\cup B}(A\cap B)$，$A=\{x\mid y=\sqrt{2x-x^2}\}=\{x\mid 2x-x^2\geqslant 0\}=\{x\mid 0\leqslant x\leqslant 2\}$，$B=\{y\mid y=3^x,x>0\}=\{y\mid y>1\}$，则 $A\cup B=[0,+\infty)$，$A\cap B=(1,2]$，则 $A\otimes B=\complement_{A\cup B}(A\cap B)=\{x\mid 0\leqslant x\leqslant 1$ 或 $x>2\}$。

5. B　[解析]$\because p:m-1<x<m+1$，$q:2<x<6$，且 q 是 p 的必要不充分条件，$\therefore$ 由 p 能推出 q，而 q 推不出 p，$\therefore\begin{cases}m-1\geqslant 2,\\ m+1\leqslant 6,\end{cases}$ 解得 $3\leqslant m\leqslant 5$。

6. B　[解析]$B=\{x\mid x^2-x-6\leqslant 0\}=\{x\mid -2\leqslant x\leqslant 3\}$，$\complement_{\mathbf{R}}B=(-\infty,-2)\cup(3,+\infty)$，$A\cap\complement_{\mathbf{R}}B=(3,4)$。故选 B。

7. D　[解析]选项 A，由于 $\sin x+\cos x=\sqrt{2}\sin\left(x+\frac{\pi}{4}\right)\leqslant\sqrt{2}$，因此命题 p 为假命题，故 $\neg p$ 是真命题，错误；选项 B，$\because f(x)=\cos^2ax-\sin^2ax=\cos 2ax$，$\therefore$ 由 $T=\frac{2\pi}{|2a|}=\frac{\pi}{|a|}=\pi$，解得 $a=\pm 1$，因此“$a=1$”是“函数 $f(x)=\cos^2ax-\sin^2ax$ 的周期 $T=\pi$”的充分不必要条件，错误；选项 C，命题“存在 $x\in\mathbf{R}$，使得 $x^2+x+1=0$”的否定是“对任意 $x\in\mathbf{R}$，$x^2+x+1\neq 0$”，错误。D 项正确。

8. B　[解析]$|x-1|<2\Rightarrow -1<x<3$，$x(x-3)<0\Rightarrow 0<x<3$，$\{x\mid 0<x<3\}\subsetneqq\{x\mid -1<x<3\}$，由此可知“$|x-1|<2$ 成立”是“$x(x-3)<0$ 成立”的必要不充分条件。

二、填空题

9. $\{m\mid m\leqslant -1\}$　[解析]若 $A=\varnothing$，则方程无解，$\Delta=(-4m)^2-4(2m+6)<0$，解得 $-1<m<\frac{3}{2}$。若方程 $x^2-4mx+2m+6=0$ 的两根 x_1,x_2 均非负，则 $\begin{cases}\Delta=(-4m)^2-4(2m+6)\geqslant 0,\\ x_1+x_2=4m\geqslant 0,\\ x_1x_2=2m+6\geqslant 0\end{cases}\Rightarrow m\geqslant\frac{3}{2}$，$\therefore A\cap B=\varnothing$ 时，实数 m 的取值范围为 $\{m\mid m>-1\}$，取补集为 $\{m\mid m\leqslant -1\}$，即为所求。

10. $-1;6;9$　[解析]由 $A\cap B=\{-3\}$，可知方程 $x^2+px-12=0$ 有根 -3，故有 $(-3)^2-3p-12=0$，即 $3p=-3$，$\therefore p=-1$，此时 $A=\{x\mid x^2-x-12=0\}=\{-3,4\}$，又 $A\neq B$，$A\cup B=\{-3,4\}$，$A\cap B=\{-3\}$，可知方程 $x^2+qx+r=0$ 只能有重根 -3，即这个方程为 $(x+3)^2=0$，即 $x^2+6x+9=0$，故 $q=6$，$r=9$。

11. $\{3\}\cup\{a\mid -2\sqrt{2}<a<2\sqrt{2}\}$　[解析]由 $A\cup B=A$，可知 $B\subseteq A$，$A=\{1,2\}$，$\therefore B$ 可为 $\{1,2\}$，$\{1\}$，$\{2\}$，$\varnothing$。当 $B=\{1,2\}=A$ 时，显然 $a=3$；当 $B=\{1\}$ 或 $\{2\}$ 时，方程 $x^2-ax+2=0$ 有等根，而由韦达定理知 $x_1\cdot x_2=2$，故等根为 $-\sqrt{2}$ 或 $\sqrt{2}$，故 $B\neq\{1\}$，且 $B\neq\{2\}$；当 $B=\varnothing$ 时，方程 $x^2-ax+2=0$ 无实根，故 $\Delta=a^2-8<0$，得 $-2\sqrt{2}<a<2\sqrt{2}$。故所求 a 的集合为 $\{3\}\cup\{a\mid -2\sqrt{2}<a<2\sqrt{2}\}$。

第三章 函 数

思维导图

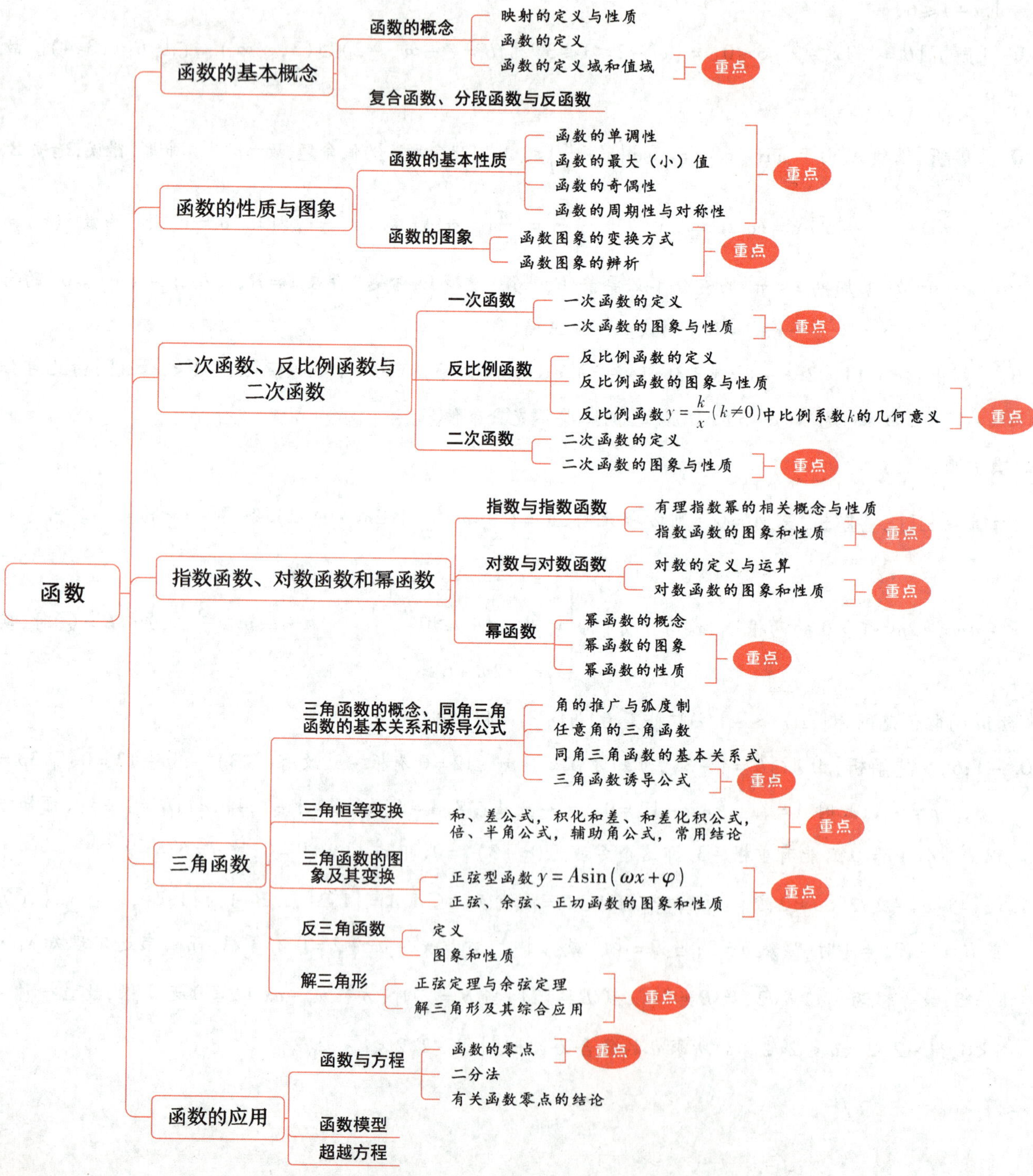
函数
函数的基本概念
函数的概念
映射的定义与性质
函数的定义
函数的定义域和值域
重点
复合函数、分段函数与反函数
函数的性质与图象
函数的基本性质
函数的单调性
函数的最大（小）值
函数的奇偶性
函数的周期性与对称性
重点
函数的图象
函数图象的变换方式
函数图象的辨析
重点
一次函数、反比例函数与二次函数
一次函数
一次函数的定义
一次函数的图象与性质
重点
反比例函数
反比例函数的定义
反比例函数的图象与性质
反比例函数$y=\frac{k}{x}(k\neq0)$中比例系数k的几何意义
重点
二次函数
二次函数的定义
二次函数的图象与性质
重点
指数函数、对数函数和幂函数
指数与指数函数
有理指数幂的相关概念与性质
指数函数的图象和性质
重点
对数与对数函数
对数的定义与运算
对数函数的图象和性质
重点
幂函数
幂函数的概念
幂函数的图象
幂函数的性质
重点
三角函数
三角函数的概念、同角三角函数的基本关系和诱导公式
角的推广与弧度制
任意角的三角函数
同角三角函数的基本关系式
三角函数诱导公式
重点
三角恒等变换
和、差公式，积化和差、和差化积公式，
倍、半角公式，辅助角公式，常用结论
重点
三角函数的图象及其变换
正弦型函数$y=A\sin(\omega x+\varphi)$
正弦、余弦、正切函数的图象和性质
重点
反三角函数
定义
图象和性质
解三角形
正弦定理与余弦定理
解三角形及其综合应用
重点
函数的应用
函数与方程
函数的零点
重点
二分法
有关函数零点的结论
函数模型
超越方程

考向分析

本章属于高中阶段数学的重要内容，包括较多重难点，需要考生理解、掌握并应用。本章是教师招聘考试中的必考章节，现对本章考向分析如下：

高频考点	常考题型	能力要求	考查热度
映射	填空	理解	★
函数的基本概念	单选	理解	★
分段函数	单选	理解	★★
反函数	单选	识记、理解	★★
函数的性质	单选、填空、解答	掌握	★★★
函数的图象	单选、填空	掌握	★★★
一次函数、反比例函数与二次函数	单选、填空、解答	掌握	★★★
指数函数、对数函数和幂函数的图象与性质	单选	理解	★★★
指数式、对数式的大小比较	单选	理解	★★
三角函数诱导公式	单选	理解	★★
三角恒等变换	单选	掌握	★★
三角函数的图象及其变换	单选	掌握	★★
解三角形	单选、填空解答	掌握、应用	★★★
函数的零点	单选、解答	掌握	★★
函数模型问题	解答	应用	★

第一部分

核心考点

第一节　函数的基本概念

一、函数的概念

考点 1　映射　【填空】 ★

1. 映射的定义

设 A,B 是两个非空集合，如果按照某一个确定的对应关系 f，使得对 A 中的任意一个元素 a，在 B 中都有

唯一确定的元素 b 与之对应，则称对应 $f:A\to B$ 为从集合 A 到集合 B 的映射。

2. 映射的性质

(1)任意性；(2)有序性；(3)存在性；(4)唯一性；(5)封闭性。

注：映射可以有一对一，多对一，但不能有一对多，也不能一对无、多对多。

考点 2 函数的基本概念 【单选】 ★

1. 函数的定义

设 A,B 是非空的数集，如果按照某种确定的对应关系 f，使得对于集合 A 中的任意一个数 x，在集合 B 中都有唯一确定的数 $f(x)$ 和它对应，称 $f:A\to B$ 是从集合 A 到集合 B 的一个函数，记作 $y=f(x)$，$x\in A$。

第一部分

2. 函数的定义域和值域

在函数 $y=f(x)$，$x\in A$ 中，x 叫作自变量，x 的取值范围 A 叫作函数的定义域，与 x 的值相对应的 y 值叫作函数值，函数值的集合 $\{f(x)\mid x\in A\}$ 叫作函数的值域。

(1)函数的三要素：定义域、对应关系和值域。

(2)函数的表示法：常用方法有解析法、图象法和列表法。

真题面对面

[2022 江西高中数学，单，1 分]函数 $f(x)=\sqrt{2^x-1}+\frac{1}{x-2}$ 的定义域为(　　)

A. $[0,2)$

B. $(2,+\infty)$

C. $[0,2)\cup(2,+\infty)$

D. $(1,2)\cup(2,+\infty)$

答案：C。求函数 $f(x)$ 的定义域，根号下不为负数，分母不为 0，由题意可得 $\begin{cases}2^x-1\geqslant 0,\\ x-2\neq 0,\end{cases}$ 解得 $x\geqslant 0$ 且 $x\neq 2$。故选 C。

考法大揭秘

函数值域的求法

求函数值域，应根据解析式的结构特点，选择适当的方法，常用的方法有：

1. 观察法

函数解析式结构简单，可直接看出其单调性或某一部分的范围的，可结合不等式求出其值域。

2. 配方法

能够转化为二次函数(注意完全平方项是否为零)形如 $y=ax^2+bx+c(a\neq 0)$ 或 $F(x)=a[f(x)]^2+bf(x)+c(a\neq 0)$ 这一类的函数，结合二次函数的相关性质，求出其值域。

3. 换元法

通过换元把一个复杂函数变为简单函数，其题型特征是函数解析式中含有根式，解题时要注意换元后新元的取值范围。

[例]求 $y=x+4+\sqrt{9-x^2}$ 的值域。

答案：由题意知函数的定义域为 $[-3,3]$，令 $x=3\cos\theta$，$\theta\in[0,\pi]$，则 $y=3\cos\theta+4+3\sin\theta=3\sqrt{2}\sin\left(\theta+\frac{\pi}{4}\right)+4$，因为 $0\leqslant\theta\leqslant\pi$，所以 $\frac{\pi}{4}\leqslant\theta+\frac{\pi}{4}\leqslant\frac{5\pi}{4}$，则 $-\frac{\sqrt{2}}{2}\leqslant\sin\left(\theta+\frac{\pi}{4}\right)\leqslant1$，所以 $1\leqslant y\leqslant3\sqrt{2}+4$，即函数的值域为 $[1,3\sqrt{2}+4]$。

4. 分离常数法

根据分式的分子、分母的结构特点，分离出一个常数后再通过观察或配方等其他方法易得函数值域。

[例]求 $y=\frac{5x-1}{4x+2}$，$x\in[-3,-1]$ 的值域。

答案：由 $y=\frac{5x-1}{4x+2}$ 可得 $y=\frac{10x-2}{8x+4}=\frac{5(2x+1)-5-2}{4(2x+1)}=\frac{5(2x+1)-7}{4(2x+1)}$，因为 $x\in[-3,-1]$，所以 $2x+1\neq0$，所以 $y=\frac{5}{4}-\frac{7}{4(2x+1)}$，因为 $-3\leqslant x\leqslant-1$，所以 $\frac{7}{20}\leqslant-\frac{7}{4(2x+1)}\leqslant\frac{7}{4}$，所以 $\frac{8}{5}\leqslant y\leqslant3$，即函数的值域为 $[\frac{8}{5},3]$。

5. 单调性法

如果函数在某区间上是单调递增（或递减）的，那么在该区间两端点处函数取得最值。对于常见的一次函数、二次函数、三角函数、指数函数、对数函数以及 $y=\frac{cx+d}{ax+b}$ 型函数，可先确定其单调性，然后求最值。

[例]已知函数 $f(x)=5-\log_3x$，$x\in(3,27]$，则 $f(x)$ 的值域是（　　）

A. $(2,4]$　　B. $[2,4)$　　C. $[-4,4)$　　D. $(6,9]$

答案：B。当 $x\in(3,27]$ 时，函数 $f(x)=5-\log_3x$ 单调递减，又 $f(3)=4$，$f(27)=2$，故 $f(x)$ 的值域是 $[2,4)$。

6. 数形结合法

对于容易画出图象的函数可画出图象，从图象上读出值域。

7. 不等式法

借助均值不等式 $a+b\geqslant2\sqrt{ab}\,(a,b>0)$ 求函数的值域。用不等式求值域时，要注意均值不等式的使

第一部分

用条件“一正、二定、三相等”。

[例]求 $y=\log_3x+\log_x3-1$ 的值域。

答案：将 $y=\log_3x+\log_x3-1$ 变形得 $y=\log_3x+\frac{1}{\log_3x}-1$，①当 $y=\log_3x>0$，即 $x>1$ 时，$y=\log_3x+\frac{1}{\log_3x}-1\geqslant2-1=1$，当且仅当 $\log_3x=1$，即 $x=3$ 时取等号；②当 $y=\log_3x<0$，即 $0<x<1$ 时，$y=\log_3x+\frac{1}{\log_3x}-1\leqslant-2-1=-3$，当且仅当 $\log_3x=-1$，即 $x=\frac{1}{3}$ 时取等号。综上所述，原函数的值域为 $(-\infty,-3]\cup[1,+\infty)$。

二、复合函数、分段函数与反函数

考点1 复合函数

一般地，对于两个函数 $y=f(u)$ 和 $u=g(x)$，如果通过变量 u，y 可以表示成 x 的函数，那么称这个函数为函数 $y=f(u)$ 和 $u=g(x)$ 的复合函数，记作 $y=f(g(x))$，其中 $y=f(u)$ 叫作复合函数 $y=f(g(x))$ 的外层函数，$u=g(x)$ 叫作 $y=f(g(x))$ 的内层函数。

考点2 分段函数 【单选】 ★★

在函数的定义域中，对于自变量 x 的不同取值范围，有着不同的对应关系，这样的函数通常称为分段函数，如函数 $f(x)=\begin{cases}x+4, x\geqslant0,\\-2x+3, x<0\end{cases}$ 就是分段函数。

真题面对面

[2019 天津静海区，单，2 分]已知函数 $f(x)=\begin{cases}(a-1)x+4-2a, x<1,\\1+\log_2x, x\geqslant1,\end{cases}$ 若 $f(x)$ 的值域为 $\mathbf{R}$，则实数 a 的取值范围是(　　)

A. $(1,2]$　　　　B. $(-\infty,2]$

C. $(0,2]$　　　　D. $[2,+\infty)$

答案：A。当 $x\geqslant1$ 时，$f(x)=1+\log_2x\geqslant1$，且在 $[1,+\infty)$ 上单调递增，故要使 $f(x)$ 的值域为 $\mathbf{R}$，只需 $\begin{cases}a-1>0,\\a-1+4-2a\geqslant1,\end{cases}$ 解得 $1<a\leqslant2$。

考点3 反函数 【单选】 ★★

1. 反函数的定义

一般地，如果函数 $y=f(x)$ 的对应关系 f 是从函数的定义域到值域上的一一对应，那么由对应关系 f 的

"逆"对应关系 f^{-1} 所确定的函数叫作函数 $y=f(x)$ 的反函数。反函数 $y=f^{-1}(x)$ 的定义域、值域分别为原函数 $y=f(x)$ 的值域、定义域。

2. 互为反函数的函数图象的性质

①函数 $y=f(x)$ 的图象和它的反函数 $y=f^{-1}(x)$ 的图象关于直线 $y=x$ 对称。

②若函数 $y=f(x)$ 上有一点 (a,b)，则 (b,a) 必在其反函数的图象上。

③一个函数与它的反函数在相应区间上单调性一致。

④函数存在反函数的充要条件是函数的定义域与值域一一映射；严格增(减)的函数一定有严格增(减)的反函数。

3. 求函数 $y=f(x)$ 的反函数的一般步骤

①反解，由 $y=f(x)$ 解出 $x=f^{-1}(y)$，写出 y 的取值范围；

②互换 x,y，得 $y=f^{-1}(x)$；

③写出完整结论(一定要有反函数的定义域)。

注：求分段函数的反函数，应分段逐一求解。分段函数的反函数也是分段函数。

第二节　函数的性质与图象

一、函数的基本性质 【单选、填空、解答】 ★★★

考点 1 函数的单调性

1. 函数单调性的定义

一般地，设函数 $f(x)$ 的定义域为 I，如果对于定义域 I 内某个区间 D 上的任意两个自变量的值 x_1,x_2，

	增函数	减函数
定义	当 $x_1<x_2$ 时，都有 $f(x_1)<f(x_2)$，那么就说函数 $f(x)$ 在区间 D 上是增函数	当 $x_1<x_2$ 时，都有 $f(x_1)>f(x_2)$，那么就说函数 $f(x)$ 在区间 D 上是减函数
图象描述	自左向右看，图象是上升的	自左向右看，图象是下降的

2. 单调区间的定义

如果函数 $y=f(x)$ 在区间 D 上是增函数或减函数，那么就说函数 $y=f(x)$ 在这一区间具有(严格的)单

调性，区间 D 叫作 $y=f(x)$ 的单调区间。

3. 复合函数的单调性

复合函数的单调性

复合函数 $y=f(g(x))$ 的单调性应根据外层函数 $y=f(t)$ 和内层函数 $t=g(x)$ 的单调性判断，遵循“同增异减”的原则。即内外层函数单调性一致时，复合函数 $f(g(x))$ 在区间上单调递增，反之单调递减。

考法大揭秘

函数单调性的常用判断方法

1. 定义法：取值——作差——变形——定号——判断，要注意函数的定义域。
2. 图象法：作出函数图象，从图象上直观判断。
3. 复合函数遵循“同增异减”原则。
4. 性质法：增 + 增 = 增，减 + 减 = 减，增 − 减 = 增，减 − 增 = 减。
5. 导数法。

真题面对面

1. [2021 山东青岛，单，2.5 分] 函数 $f(x)=\log_3(x^2-2x-8)$ 的单调递增区间是(　　)

A. $(-\infty,-2)$　　B. $(-\infty,-1)$

C. $(1,+\infty)$　　D. $(4,+\infty)$

答案：D。由 $x^2-2x-8>0$ 可得 $x<-2$ 或 $x>4$，由复合函数的单调性可得，函数 $f(x)=\log_3(x^2-2x-8)$ 的单调递增区间为 $(4,+\infty)$。

2. [2021 广东广州天河区，单，1.47 分] 已知函数 $f(x)=x^2-2x-3$，若函数 $g(x)=-\sqrt{f(x)}$，则函数 $g(x)$ 的单调递增区间为(　　)

A. $(-\infty,-1]$　　B. $[3,+\infty)$

C. $[-1,3]$　　D. $(-\infty,-1]\cup[3,+\infty)$

答案：A。因为函数 $g(x)=-\sqrt{f(x)}$，所以函数 $g(x)$ 的单调递增区间即为函数 $f(x)\geqslant 0$ 时的单调递减区间，当 $f(x)\geqslant 0$ 时，$f(x)=x^2-2x-3$ 的递减区间为 $(-\infty,-1]$，故选 A。

考点 2　函数的最大(小)值

名称	定义	几何意义
函数的最大值	一般地，设函数 $y=f(x)$ 的定义域为 I，如果存在实数 M 满足： (1) 对于任意的 $x\in I$，都有 $f(x)\leqslant M$； (2) 存在 $x_0\in I$，使得 $f(x_0)=M$，那么称 M 是函数 $y=f(x)$ 的最大值	函数的最大值对应图象最高点的纵坐标

第一部分

名称	定义	几何意义
函数的最小值	一般地,设函数 $y=f(x)$ 的定义域为 I,如果存在实数 m 满足: (1)对于任意的 $x\in I$,都有 $f(x)\geqslant m$; (2)存在 $x_0\in I$,使得 $f(x_0)=m$,那么称 m 是函数 $y=f(x)$ 的最小值	函数的最小值对应图象最低点的纵坐标

考点 3 函数的奇偶性

		偶函数	奇函数
定义	条件	对于函数 $f(x)$ 的定义域内任意一个 x,都有	
		$f(-x)=f(x)$	$f(-x)=-f(x)$
	结论	$f(x)$ 是偶函数	$f(x)$ 是奇函数
图象特征		图象关于 y 轴对称	图象关于原点对称

考法大揭秘

函数奇偶性的判定方法及应用

1. 函数奇偶性的判定方法

(1)定义法:确定定义域 —定义域关于原点对称→ 否→非奇非偶函数;是→计算 $f(-x)$ —确定 $f(x)$ 与 $f(-x)$ 的关系→ $\begin{cases} f(x)=f(-x),偶函数, \\ f(x)=-f(-x),奇函数。\end{cases}$

注:对于分段函数,在计算 $f(-x)$ 时,要将 $-x$ 代入它所属的函数段内。

(2)利用性质判定函数的奇偶性

在公共定义域内有:奇 ± 奇 = 奇,偶 ± 偶 = 偶,奇 × 奇 = 偶,偶 × 偶 = 偶,奇 × 偶 = 奇。

[例]下列函数中,既是偶函数又在区间 $(-\infty,0)$ 上单调递增的是(　　)

A. $f(x)=2^{-x}$　　B. $f(x)=x^2+1$

C. $f(x)=\dfrac{1}{x^2}$　　D. $f(x)=x^3$

答案:C。A 项,$f(-x)=2^x$,$f(-x)\neq f(x)$,$-f(x)\neq f(-x)$,所以是非奇非偶函数;B 项,$f(-x)=(-x)^2+1=x^2+1=f(x)$,所以是偶函数,但在区间 $(-\infty,0)$ 上单调递减;C 项,$f(-x)=f(x)$,所以是偶函数,且在区间 $(-\infty,0)$ 上单调递增;D 项,$f(-x)=(-x)^3=-x^3=-f(x)$,所以是奇函数。故选 C。

第一部分

2. 函数奇偶性的应用

奇函数在两个对称的区间上具有相同的单调性，偶函数在两个对称的区间上具有相反的单调性。

[例1]已知函数 $f(x)$ 是定义在 $\mathbf{R}$ 上的奇函数，当 $x>0$ 时，$f(x)=x^2+2x$，若 $f(2-a^2)>f(a)$，则实数 a 的取值范围是(　　)

A. $(-1,2)$　　B. $(-2,1)$

C. $(-\infty,1)\cup(2,+\infty)$　　D. $(-\infty,-2)\cup(1,+\infty)$

答案：B。当 $x>0$ 时，$f(x)=x^2+2x$ 在 $(0,+\infty)$ 上单调递增，又因为 $f(x)=x^2+2x$ 是定义在 $\mathbf{R}$ 上的奇函数，根据奇函数的对称区间的单调性可知，$f(x)$ 在 $(-\infty,0)$ 上单调递增，当 $x<0$ 时，$-x>0$，$f(-x)=x^2-2x=-f(x)$，则 $f(x)=-x^2+2x$，所以 $f(x)$ 在 $\mathbf{R}$ 上为单调递增函数，因为 $f(2-a^2)>f(a)$，所以 $2-a^2>a$，解得 $-2<a<1$。故选 B。

[例2]已知函数 $y=f(x)$ 在区间 $(-\infty,0)$ 内单调递增，且 $f(-x)=f(x)$，若 $a=f(\log_{\frac{1}{2}}3)$，$b=f(2^{-1.2})$，$c=f(\frac{1}{2})$，则 a,b,c 的大小关系为(　　)

A. $a>c>b$　　B. $b>c>a$

C. $b>a>c$　　D. $a>b>c$

答案：B。易知 $f(x)$ 为偶函数，因为 $a=f(\log_{\frac{1}{2}}3)=f(-\log_2 3)=f(\log_2 3)$，且 $\log_2 3>\frac{1}{2}$，$0<2^{-1.2}<2^{-1}=\frac{1}{2}$，所以 $\log_2 3>\frac{1}{2}>2^{-1.2}>0$。又 $f(x)$ 在区间 $(-\infty,0)$ 内单调递增，且 $f(x)$ 为偶函数，所以 $f(x)$ 在区间 $(0,+\infty)$ 内单调递减，所以 $f(\log_{\frac{1}{2}}3)<f(\frac{1}{2})<f(2^{-1.2})$，即 $b>c>a$。

真题面对面

1. [2022 安徽统考，单，4 分]以下哪个函数既是奇函数，又是定义域内的增函数(　　)

A. $y=e^x-1$　　B. $y=\ln|x|$

C. $y=\tan x$　　D. $y=x^3+x$

答案：D。A 项，令 $y=f(x)=e^x-1$，而 $y=f(-x)=e^{-x}-1\neq -f(x)=-e^x+1$，且 $f(-x)\neq f(x)$，故该函数既不是奇函数也不是偶函数；B 项，令 $y=f(x)=\ln|x|$，$f(-x)=\ln|-x|=\ln|x|=f(x)$，定义域关于 y 轴对称，是偶函数；C 项，$y=\tan x$ 既是奇函数也是周期函数，且在 $(-\frac{\pi}{2}+k\pi,\frac{\pi}{2}+k\pi)$，$k\in\mathbf{Z}$ 上单调递增；D 项，$y=f(x)=x^3+x$，$f(-x)=(-x)^3-x=-x^3-x=-f(x)$，定义域关于原点对称，$f'(x)=3x^2+1>0$，则该函数在定义域上单调递增，故选 D。

2. [2021 广东广州花都区,单,2.5 分]设$f(x)$是定义在 **R** 上的奇函数,当 $x\geqslant 0$ 时,$f(x)=5^x+3x+a$(a 为常数),则$f(-2)=$(　　)

A. 5　　　　B. -5

C. 30　　　　D. -30

答案:D。因为函数$f(x)$是定义在 **R** 上的奇函数,所以$f(0)=1+a=0$,解得 $a=-1$,故当 $x\geqslant 0$ 时,$f(x)=5^x+3x-1$,$f(-2)=-f(2)=-(25+6-1)=-30$。

3. [2021 广东广州天河区,单,1.47 分]已知函数$f(x)$为奇函数,且当 $x\in(-2,0)$时,$f(x)=ax-\ln(-x)\left(a<-\frac{1}{2}\right)$;当 $x\in(0,2)$时,$f(x)$的最大值为-1,则实数 a 的值为(　　)

A. -1　　　　B. $-\frac{\mathrm{e}}{2}$

C. $-\mathrm{e}$　　　　D. $-\frac{3\mathrm{e}}{2}$

答案:A。已知函数$f(x)$为奇函数,当 $x\in(0,2)$时,$f(-x)=a(-x)-\ln x=-f(x)$,即 $f(x)=ax+\ln x$,则 $f'(x)=a+\frac{1}{x}$。令$f'(x)=0$,则 $x=-\frac{1}{a}$。因为 $a<-\frac{1}{2}$,所以 $0<-\frac{1}{a}<2$,当 $0<x<-\frac{1}{a}$时,$f(x)$递增,当$-\frac{1}{a}<x<2$ 时,$f(x)$递减,故$f(x)$在 $x=-\frac{1}{a}$处取得最大值,为-1,代入函数$f(x)$得,$a\cdot\left(-\frac{1}{a}\right)+\ln\left(-\frac{1}{a}\right)=-1+\ln\left(-\frac{1}{a}\right)=-1$,则有 $\ln\left(-\frac{1}{a}\right)=0$,故$a=-1$。

4. [2021 江西,单,1 分]下列函数中,既是偶函数又在区间$(0,+\infty)$上单调递增的是(　　)

A. $y=\frac{1}{x}$　　　　B. $y=|x|-1$

C. $y=\lg x$　　　　D. $y=\left(\frac{1}{2}\right)^{|x|}$

答案:B。A 项,$y=\frac{1}{x}$是奇函数,且在$(0,+\infty)$上单调递减,不符合;B 项,$y=|x|-1$ 在$(0,+\infty)$上单调递增,是偶函数,符合;C 项,$y=\lg x$ 是非奇非偶函数,且在$(0,+\infty)$上单调递增,不符合;D 项,$y=\left(\frac{1}{2}\right)^{|x|}$是偶函数,在$(0,+\infty)$上单调递减,不符合。故选 B。

考点 4　函数的周期性与对称性

1. 函数的周期性

(1)定义

对于函数$f(x)$,如果存在一个非零常数 T,使得当 x 取定义域内的每一个值时,都有$f(x+T)=f(x)$,那么函数$f(x)$就叫作周期函数,T 叫作这个函数的周期。

(2)判定

对$f(x)$定义域内任一自变量x的值：

①若$f(x+a)=f(x)$，则$T=a(a>0)$；

②若$f(x+a)=-f(x)$，则$T=2a(a>0)$；

③若$f(x+a)=\frac{1}{f(x)}$，则$T=2a(a>0)$；

④若$f(x+a)=-\frac{1}{f(x)}$，则$T=2a(a>0)$。

真题面对面

第一部分

1. [2022 山西特岗，单，3 分]已知$f(x)$是定义在$\mathbf{R}$上的奇函数，$\forall x\in\mathbf{R}$，都有$f(2-x)=f(x)$。当$x\in[-1,0]$时，$f(x)=\left(\frac{1}{2}\right)^x-1$，则$f(2022)+f(2023)=($　　$)$

A. -2　　B. 0

C. 1　　D. 2

答案：C。$f[2-(x+2)]=f(x+2)=f(-x)=-f(x)$，则$f(x+4)=-f(x+2)=f(x)$，则函数$f(x)$的周期为 4，又$\because f(x)$为奇函数，且当$x\in[-1,0]$时，$f(x)=\left(\frac{1}{2}\right)^x-1$，则$f(0)=0$，$f(-1)=1$，故$f(2022)+f(2023)=f(2)+f(3)=-f(0)+f(-1)=1$。

2. [2021 江苏淮安，单，3 分]若$f(x)$是定义在$\mathbf{R}$上的奇函数，且$f\left(x+\frac{5}{2}\right)+f(x)=0$，则$f(2019)+f(2020)+f(2021)=($　　$)$

A. -3　　B. 2

C. 0　　D. -2

答案：C。因为$f(x)$是定义在$\mathbf{R}$上的奇函数，则$f(-x)=-f(x)$，$f(0)=0$，又因为$f\left(x+\frac{5}{2}\right)+f(x)=0$，即$f\left(x+\frac{5}{2}\right)=-f(x)$，则$f\left(x+\frac{5}{2}+\frac{5}{2}\right)=f(x+5)=-f\left(x+\frac{5}{2}\right)=f(x)$，所以$f(x)$的周期为 5。$f(2019)+f(2020)+f(2021)=f(-1)+f(0)+f(1)=0$。

3. [2019 江苏扬州，填空，4 分]设函数$f(x)$是以 4 为周期的奇函数，当$x\in[-1,0]$时，$f(x)=2^x$，则$f(\log_2 20)=$________。

答案：$-\frac{4}{5}$。$\because 4=\log_2 16<\log_2 20<\log_2 32=5$，$\therefore 4-\log_2 20\in(-1,0)$。又$\because f(x)$是以 4 为周期的奇函数，$\therefore f(\log_2 20)=f(\log_2 20-4)=-f(4-\log_2 20)=-2^{4-\log_2 20}=-\frac{2^4}{2^{\log_2 20}}=-\frac{16}{20}=-\frac{4}{5}$。

4. [2019 内蒙古鄂尔多斯东胜区,填空,2 分]$f(x)$是定义在 $\mathbf{R}$ 上的函数,且$f(x+2)=-\frac{1}{f(x)}$,$2\leqslant x\leqslant 3$ 时,$f(x)=x$,则$f\left(-\frac{11}{2}\right)=$________。

答案:$\frac{5}{2}$。由题意得,$f(x)=-\frac{1}{f(x+2)}=f(x+4)$,所以函数$f(x)$是以 4 为周期的周期函数,又当$2\leqslant x\leqslant 3$ 时,$f(x)=x$,则$f\left(-\frac{11}{2}\right)=f\left(-\frac{11}{2}+8\right)=f\left(\frac{5}{2}\right)=\frac{5}{2}$。

2. 函数的对称性

(1)若$f(a+x)=f(b-x)$,则$f(x)$的图象关于直线$x=\frac{a+b}{2}$对称;

(2)若$f(a+x)+f(a-x)=2c$,则$f(x)$的图象关于点(a,c)对称。

考点再拔高

▼ 用函数的对称性判断函数的周期性

(1)如果函数$f(x)(x\in D)$在定义域内有两条对称轴$x=a$,$x=b(a<b)$,则函数$f(x)$是周期函数,且周期$T=2(b-a)$(不一定是最小正周期,下同)。

(2)如果函数$f(x)(x\in D)$在定义域内有两个对称中心$A(a,0)$,$B(b,0)(a<b)$,那么函数$f(x)$是周期函数,且周期$T=2(b-a)$。

(3)如果函数$f(x)(x\in D)$在定义域内有一条对称轴$x=a$和一个对称中心$B(b,0)(a\neq b)$,那么函数$f(x)$是周期函数,且周期$T=4|b-a|$。

二、函数的图象 【单选、填空】★★★

考点1 函数图象的变换方式

1. 函数图象的平移变换

$$y=f(x)\xrightarrow[a<0,\text{左移}|a|\text{个单位}]{a>0,\text{右移}a\text{个单位}}y=f(x-a);$$

$$y=f(x)\xrightarrow[b<0,\text{下移}|b|\text{个单位}]{b>0,\text{上移}b\text{个单位}}y=f(x)+b。$$

2. 函数图象的伸缩变换

$$y=f(x)\xrightarrow[\omega>1,\text{纵坐标不变,横坐标缩短为原来的}\frac{1}{\omega}\text{倍}]{0<\omega<1,\text{纵坐标不变,横坐标伸长为原来的}\frac{1}{\omega}\text{倍}}y=f(\omega x);$$

$$y=f(x)\xrightarrow[0<A<1,\text{横坐标不变,纵坐标缩短为原来的}A\text{倍}]{A>1,\text{横坐标不变,纵坐标伸长为原来的}A\text{倍}}y=Af(x)。$$

第一部分

3. 函数图象的对称变换

$y=f(x)\xrightarrow{\text{关于 }x\text{ 轴对称}}y=-f(x)$；

$y=f(x)\xrightarrow{\text{关于 }y\text{ 轴对称}}y=f(-x)$；

$y=f(x)\xrightarrow{\text{关于原点对称}}y=-f(-x)$。

4. 函数图象的翻折变换

$y=f(x)\xrightarrow[\text{将 }y\text{ 轴右边的图象翻折到左边去}]{\text{去掉 }y\text{ 轴左边图，保留 }y\text{ 轴右边图}}y=f(|x|)$；

$y=f(x)\xrightarrow[\text{将 }x\text{ 轴下方的图象翻折到上方去}]{\text{保留 }x\text{ 轴上方图}}y=|f(x)|$。

考点 2 函数图象的辨析

1. 根据函数解析式确定图象

常从以下几个角度进行判断、排除：

(1)由函数的定义域，判断图象的左右位置；由函数值域，判断函数图象的上下位置。

(2)由函数的单调性，判断图象的变化趋势。

(3)由函数的奇偶性，判断图象的对称性。

(4)由函数的周期性，判断图象的循环往复。

[例]函数 $f(x)=\left(x+\frac{1}{x}\right)\ln|x|$ 的图象的大致形状为(　　)

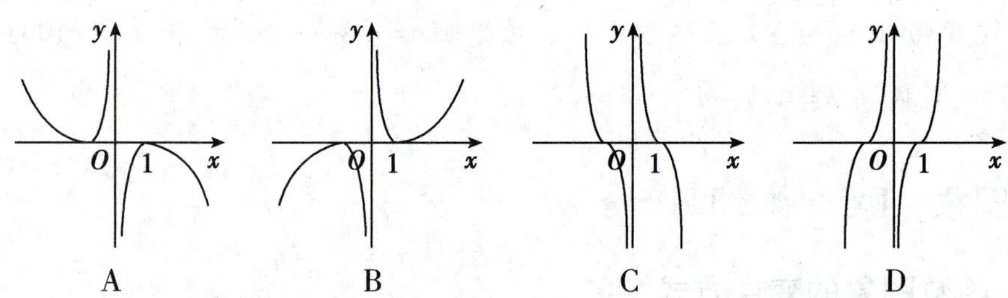

答案：D。$f(-x)=\left(-x-\frac{1}{x}\right)\ln|-x|=-\left(x+\frac{1}{x}\right)\ln|x|=-f(x)$，故 $f(x)$ 为奇函数，图象关于原点对称，当 $x=2$ 时，$f(2)=\left(2+\frac{1}{2}\right)\ln|2|=\frac{5}{2}\ln2>0$，故可排除 A、C；当 $x=\frac{1}{2}$ 时，$f\left(\frac{1}{2}\right)=\frac{5}{2}\ln\frac{1}{2}<0$，故可排除 B。故选 D。

2. 知图辨式

对于给定的函数图象，找出相应的解析式，常用的方法有：

(1)定性分析法：定性分析函数的图象，从图象的左右、上下分布范围得出函数的定义域与值域(最值)；由图象的上升(或下降)的趋势，得出函数的单调性；由图象形态分析函数的奇偶性、周期性；由图象与 x 轴的交点得出零点。

(2)定量计算法:通过某特殊值的图象特征,联想相关函数模型,利用这些函数模型来分析解决问题。

真题面对面

[2020 江苏宿迁宿城区,填空,3 分]函数 $y=x+\frac{3}{x}$ 的图象如图所示,则下列说法正确的是________。(填序号)

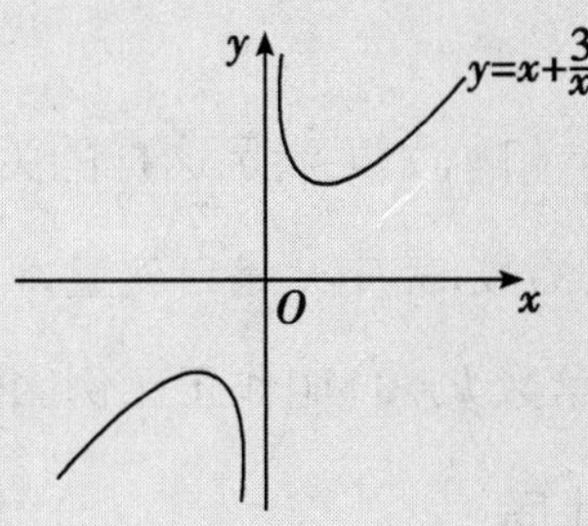

①该函数图象是轴对称图形;②该函数图象是中心对称图形;③当 $x>0$ 时,函数有最小值;④点(1,4)在函数图象上;⑤当 $x<1$ 或 $x>3$ 时,$y>4$。

答案:②③④。因为函数$y=x+\frac{3}{x}$为奇函数,图象关于原点对称,为中心对称图形,故①错,②对;当 $x>0$ 时,$y=x+\frac{3}{x}\geqslant 2\sqrt{x\cdot\frac{3}{x}}=2\sqrt{3}$(当且仅当 $x=\sqrt{3}$ 时,等号成立),故③对;将点(1,4)代入函数 $y=x+\frac{3}{x}$,可知成立,故④对;当 $x<1$ 时,取 $x=-1$,易知此时 $y<0$,故⑤错误。故正确的是②③④。

3. 两个函数图象在同一坐标系中的识别

对于两个或多个函数图象在同一坐标系中的识别,核心在于找到函数图象的共性和特征,识别时需对几个基本初等函数的图象了如指掌,根据它们在相同参数下所对应的不同情况对每个选项逐一分析,推断出合理的图象位置关系,排除相互矛盾的位置关系,得出正确选项。

真题面对面

[2020 山东威海高新区,单,1.02 分]函数 $y=-kx+b$ 与 $y=\frac{k}{x}(k<0,b>0)$,则这两个函数在同一坐标系中的大致走向是(　　)

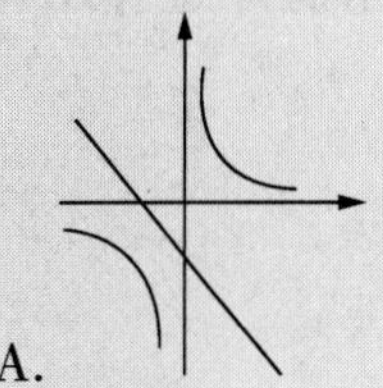
A.

B.

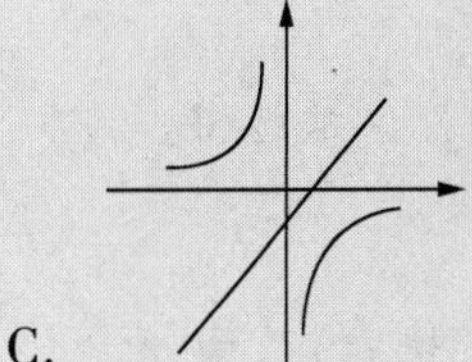
C.

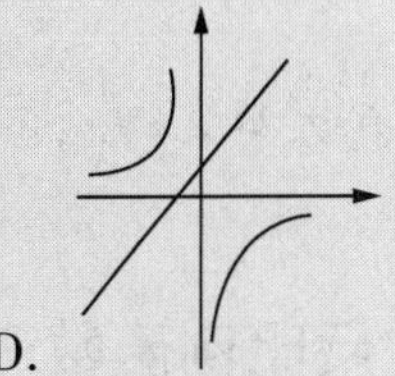
D.

答案:D。$y=\frac{k}{x}(k<0)$,其图象过第二、四象限,一次函数 $y=-kx+b$,$-k>0$,$b>0$,则其图象过第一、二、三象限,结合图象可知选 D。

第三节　一次函数、反比例函数与二次函数

一、一次函数 【单选】 ★

考点 1 一次函数的定义

在某一个变化过程中，设有两个变量 x 和 y，如果满足这样的关系：$y=kx+b$（k 为一次项系数且 $k\neq0$，b 为任意常数），那么我们就说 y 是 x 的一次函数，其中 x 是自变量，y 是因变量（又称一次函数）。

特别地，当 $b=0$ 时，一次函数 $y=kx$（常数 $k\neq0$）叫作正比例函数。

考点 2 一次函数的图象与性质

（1）一次函数 $y=kx+b$（$k\neq0$）的图象是恒过点 $(0,b)$ 的一条直线，正比例函数的图象是一条恒过原点的直线。

（2）一次函数 $y=kx+b$ 图象的性质：

$$\begin{cases} k>0\begin{cases} b>0\text{，图象过第一、二、三象限，} \\ b=0\text{，图象过第一、三象限，} \\ b<0\text{，图象过第一、三、四象限，} \end{cases} \\ k<0\begin{cases} b>0\text{，图象过第一、二、四象限，} \\ b=0\text{，图象过第二、四象限，} \\ b<0\text{，图象过第二、三、四象限。} \end{cases} \end{cases}$$

真题面对面

［2021 江西，单，1 分］已知一次函数 $y=kx+3$ 的图象经过点 A，且 y 随着 x 的增大而减小，则点 A 的坐标可以是（　　）

A. $(-1,2)$　　　　B. $(1,-2)$

C. $(2,3)$　　　　D. $(3,4)$

答案：B。因为 y 随着 x 的增大而减小，所以 $k<0$，A 项，将 $(-1,2)$ 代入 $y=kx+3$，得 $k=1$，不满足题意；B 项，同理将 $(1,-2)$ 代入得 $k=-5$，满足题意；C 项，将 $(2,3)$ 代入得 $k=0$，不满足题意；D 项，将 $(3,4)$ 代入得 $k=\frac{1}{3}$，不满足题意。故选 B。

二、反比例函数 【单选、填空】 ★★

考点 1 反比例函数的定义

一般地，形如 $y=\frac{k}{x}$（k 是常数，$k\neq0$）的函数叫作反比例函数，其定义域为 $\{x\mid x\neq0\}$。

考点 2 反比例函数的图象与性质

反比例函数	$y=\frac{k}{x}(k\neq0)$	
k 的符号	$k>0$	$k<0$
图象		
x,y 的取值范围	$x\neq0,y\neq0$	$x\neq0,y\neq0$
位置	第一、三象限	第二、四象限
增减性	每一个象限内，y 随 x 的增大而减小	每一个象限内，y 随 x 的增大而增大
渐近性	反比例函数的图象无限地接近 x,y 轴，但永远达不到 x,y 轴	
对称性	反比例函数的图象是关于原点成中心对称的图形，也是轴对称图形	

真题面对面

[2021 江西，单，1 分]设 $A(x_1,y_1)$，$B(x_2,y_2)$ 是反比例函数 $y=-\frac{2}{x}$ 图象上的任意两点，且 $y_1<y_2$，则 x_1,x_2 可能满足的关系是(　　)

A. $x_1>x_2>0$　　B. $x_1<0<x_2$　　C. $x_2<0<x_1$　　D. $x_2<x_1<0$

答案：C。易知该反比例函数在第二、四象限，且在每个象限内 y 随 x 的增大而增大，又∵ $y_1<y_2$，∴ 当 A,B 两点都在第二象限内时，$x_1<x_2<0$；当 A,B 两点都在第四象限时，$0<x_1<x_2$；当 A 在第四象限内，B 在第二象限内时，$x_2<0<x_1$，故选 C。

考点 3 反比例函数 $y=\frac{k}{x}(k\neq0)$ 中比例系数 k 的几何意义

分类	推导过程	图形
矩形的面积	如图，过双曲线上任意一点 P 作 x 轴、y 轴的垂线 PM,PN，垂足分别为 M,N，所得矩形 $PMON$ 的面积 $S=PM\cdot PN=\lvert y_1\rvert\cdot\lvert x_1\rvert=\lvert x_1y_1\rvert$，又因为 $y=\frac{k}{x}$，所以 $x_1y_1=k$，所以 $S=\lvert k\rvert$	$P(x_1,y_1)$, N, M, O, x, y, F, $E(x_2,y_2)$
三角形的面积	如图，过双曲线上任意一点 E 作 $EF\perp y$ 轴于点 F，连结 EO，则 $S_{\triangle EOF}=\frac{\lvert x_2y_2\rvert}{2}=\frac{\lvert k\rvert}{2}$	

第一部分

真题面对面

1. [2021 广东广州天河区,单,1.47 分]反比例函数 $y=\frac{k}{x}(k\neq0)$ 的图象经过点 $M(1,2)$,以点 M 为端点的射线与该反比例函数的图象在第三象限交于点 $N(-1,a)$,点 P 的坐标为 $(0,4)$,则 $\triangle PMN$ 的周长为(　　)

A. $4\sqrt{5}$　　　　B. $\sqrt{37}+\sqrt{29}$

C. $\sqrt{37}+3\sqrt{5}$　　　　D. $\sqrt{29}+4\sqrt{5}$

答案:C。将点 $M(1,2)$ 代入反比例函数 $y=\frac{k}{x}(k\neq0)$,得 $k=2$,即反比例函数的解析式为 $y=\frac{2}{x}$,当 $x=-1$ 时,$y=a=-2$,即点 $N(-1,-2)$,则 $\triangle PMN$ 的周长为 $PM+PN+MN=\sqrt{1^2+2^2}+\sqrt{1^2+6^2}+\sqrt{2^2+4^2}=3\sqrt{5}+\sqrt{37}$。

2. [2021 广东广州白云区,填空,1.47 分]已知双曲线 $y=\frac{k}{x}$ 经过 $A(3,\frac{20}{3})$,$B(-5,m)$ 两点,经过 A,B 两点的直线与 x 轴交于点 C,过 A 点作 x 轴的垂线,垂足为 D,经过 B 点作 y 轴的垂线,垂足为 E,则四边形 $BCDE$ 的周长为________。

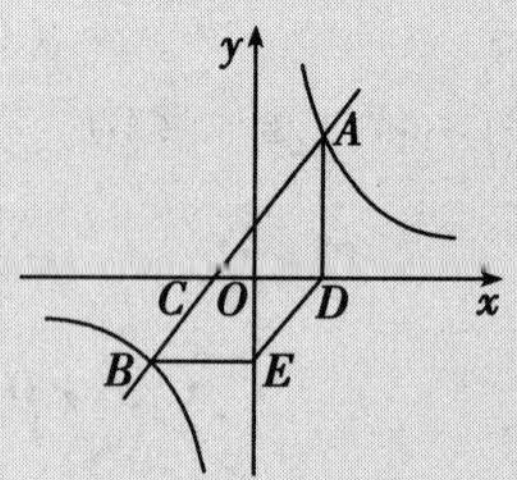

答案:20。因为双曲线 $y=\frac{k}{x}$ 经过 $A(3,\frac{20}{3})$,所以 $k=3\times\frac{20}{3}=20$,即 $y=\frac{20}{x}$,当 $x=-5$ 时,$y=\frac{20}{-5}=-4=m$,所以 $B(-5,-4)$,则 $k_{AB}=\frac{\frac{20}{3}-(-4)}{3-(-5)}=\frac{4}{3}$,故直线 AB 的方程为 $y+4=\frac{4}{3}(x+5)$,即 $4x-3y+8=0$,则 $C(-2,0)$,$D(3,0)$,$E(0,-4)$,所以 $BC=\sqrt{(-5+2)^2+(-4-0)^2}=5$,$DE=\sqrt{3^2+4^2}=5$,$CD=5$,$BE=5$,故四边形 $BCDE$ 的周长为 $5+5+5+5=20$。

三、二次函数

考点 1　二次函数的定义

形如 $y=ax^2+bx+c$(a,b,c 是常数,$a\neq0$)的函数叫作二次函数。二次函数的图象是抛物线。

考点 2　二次函数的图象与性质　【单选、填空、解答】　★★★

1. 二次函数解析式的三种形式

(1)一般式:$f(x)=ax^2+bx+c(a\neq0)$。

(2)顶点式:$f(x)=a(x-m)^2+n(a\neq0)$,顶点坐标为(m,n)。

(3)零点式:$f(x)=a(x-x_1)(x-x_2)(a\neq0)$,$x_1,x_2$为$f(x)$的零点。

2. 二次函数的图象与性质

	$f(x)=ax^2+bx+c(a>0)$	$f(x)=ax^2+bx+c(a<0)$
图象		
定义域	**R**	**R**
值域	$\left[\frac{4ac-b^2}{4a},+\infty\right)$	$\left(-\infty,\frac{4ac-b^2}{4a}\right]$
单调性	在$\left[-\frac{b}{2a},+\infty\right)$上单调递增;在$\left(-\infty,-\frac{b}{2a}\right]$上单调递减	在$\left(-\infty,-\frac{b}{2a}\right]$上单调递增;在$\left[-\frac{b}{2a},+\infty\right)$上单调递减
奇偶性	当$b=0$时为偶函数,当$b\neq0$时为非奇非偶函数	
顶点	$\left(-\frac{b}{2a},\frac{4ac-b^2}{4a}\right)$	
对称性	图象关于直线$x=-\frac{b}{2a}$成轴对称	

3. 函数图象的平移

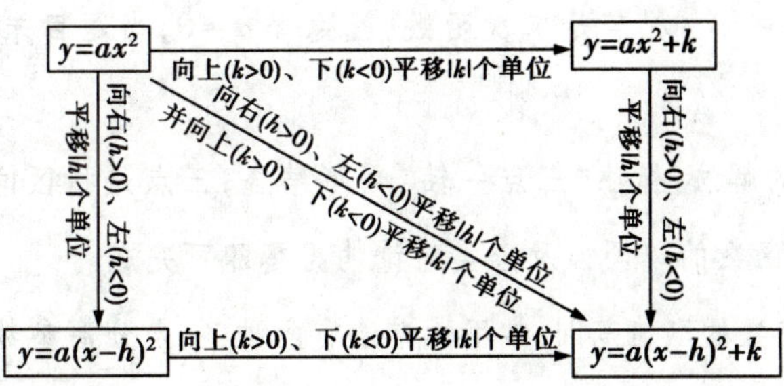

4. 二次函数图象的有关结论

(1)抛物线$y=ax^2+bx+c(a\neq0)$中常数a,b,c的作用

①a决定开口方向及开口大小,a的绝对值越大,开口越小。

②b和a共同决定抛物线的对称轴$x=-\frac{b}{2a}$的位置:

a. 当$b=0$时,对称轴为y轴。b. a,b同号时,对称轴在y轴左侧;a,b异号时,对称轴在y轴右侧。

③c的大小决定抛物线与y轴交点的位置:

a. $c=0$,抛物线经过原点;b. $c>0$,抛物线与y轴交于正半轴;c. $c<0$,抛物线与y轴交于负半轴。

(2)抛物线 $y=ax^2+bx+c(a\neq0)$ 与坐标轴的交点

①抛物线 $y=ax^2+bx+c$ 与 y 轴交于点 $(0,c)$。

②抛物线 $y=ax^2+bx+c$ 与 x 轴的交点:

a. 当 $\Delta=b^2-4ac>0$ 时,抛物线与 x 轴有两个交点,设为 $A(x_1,0)$,$B(x_2,0)$ $(x_1\neq x_2)$,这两点间的距离 $|AB|=|x_2-x_1|=\dfrac{\sqrt{b^2-4ac}}{|a|}=\dfrac{\sqrt{\Delta}}{|a|}$,且 $x_1+x_2=-\dfrac{b}{a}$,$x_1x_2=\dfrac{c}{a}$。

b. 当 $\Delta=b^2-4ac=0$ 时,抛物线与 x 轴有一个交点。

c. 当 $\Delta=b^2-4ac<0$ 时,抛物线与 x 轴无交点:当 $a>0$ 时,图象落在 x 轴的上方,无论 x 为任何实数,都有 $y>0$;当 $a<0$ 时,图象落在 x 轴的下方,无论 x 为任何实数,都有 $y<0$。

有关二次函数的解题策略

1. 二次函数解析式的求法

根据已知条件确定二次函数解析式,一般用待定系数法,方法如下:

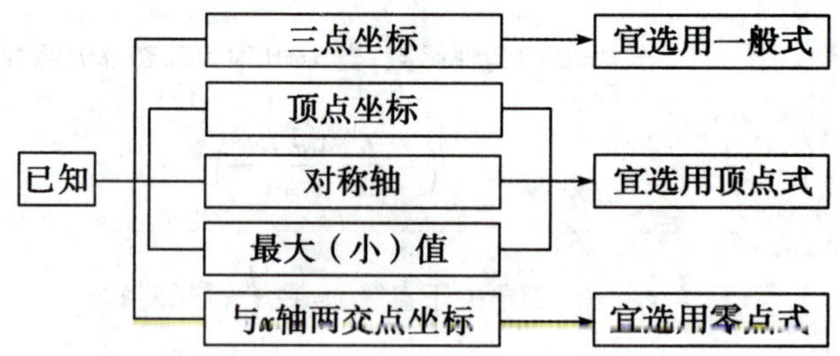

2. 二次函数图象与性质的应用

(1)对于函数 $f(x)=ax^2+bx+c$,若是二次函数,就隐含 $a\neq0$,当题目未说明是二次函数时,分 $a=0$ 和 $a\neq0$ 两种情况讨论。

(2)二次函数最值问题的解法:抓住"三点一轴"数形结合,三点是指区间两个端点和中点,一轴指的是对称轴,结合配方法,根据函数的单调性及分类讨论的思想即可完成。

(3)由不等式恒成立求参数的取值范围,常用的方法有两种:一是分离参数法,转化为求函数最值问题,其依据是 $a\geqslant f(x)$ 恒成立 $\Leftrightarrow a\geqslant f(x)_{\max}$,$a\leqslant f(x)$ 恒成立 $\Leftrightarrow a\leqslant f(x)_{\min}$;二是判别式法,转化依据是 $f(x)=ax^2+bx+c>0(a\neq0)$ 恒成立的充要条件是 $\begin{cases}a>0,\\ \Delta<0,\end{cases}$ $f(x)=ax^2+bx+c<0(a\neq0)$ 恒成立的充要条件是 $\begin{cases}a<0,\\ \Delta<0。\end{cases}$

(4)注意数形结合思想的应用,尤其是给定区间上的二次函数最值问题,先"定性"(作草图),再"定量"(看图求解)。

3. 利用一元二次方程与二次函数的关系解题

二次函数 $f(x)=ax^2+bx+c=0(a>0)$ 的零点分布情况:

零点的分布(m,n,p 为常数)	$f(x)=ax^2+bx+c(a>0)$的图象	满足的条件
$x_1<x_2<m$	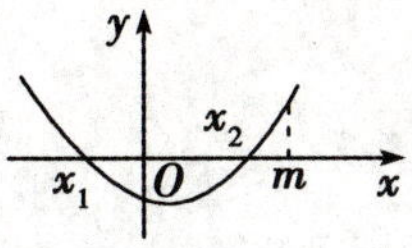	$\begin{cases}\Delta>0,\\-\dfrac{b}{2a}<m,\\f(m)>0\end{cases}$
$m<x_1<x_2$	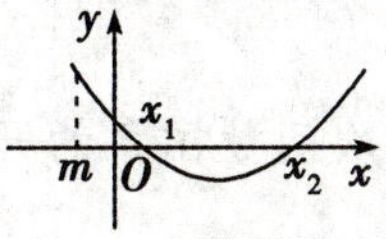	$\begin{cases}\Delta>0,\\-\dfrac{b}{2a}>m,\\f(m)>0\end{cases}$
$x_1<m<x_2$	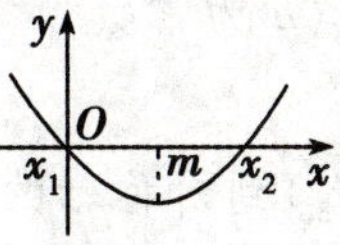	$f(m)<0$
$m<x_1<x_2<n$	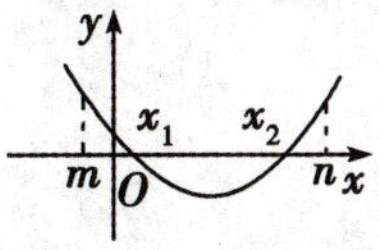	$\begin{cases}\Delta>0,\\m<-\dfrac{b}{2a}<n,\\f(m)>0,\\f(n)>0\end{cases}$
$m<x_1<n<x_2<p$	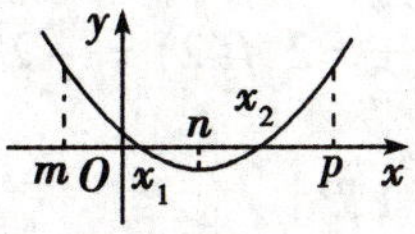	$\begin{cases}f(m)>0,\\f(n)<0,\\f(p)>0\end{cases}$
只有一根在(m,n)之间	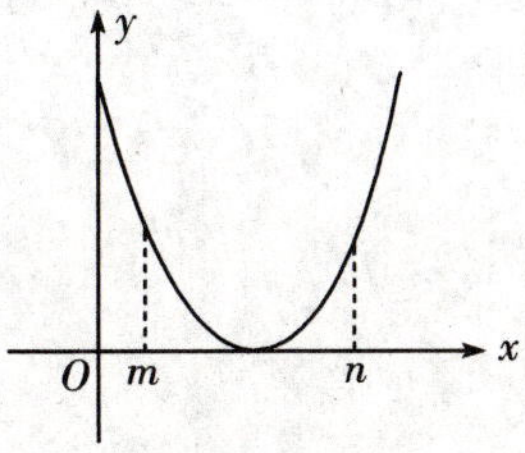	$\begin{cases}\Delta=0,\\m<-\dfrac{b}{2a}<n\end{cases}$
	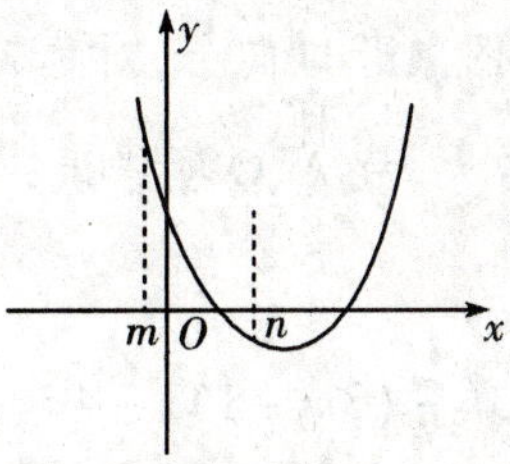 或 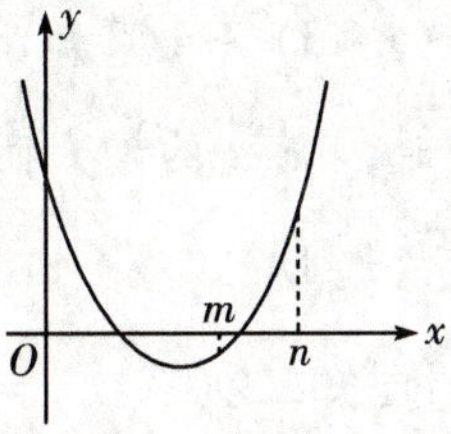	$f(m)\cdot f(n)<0$
	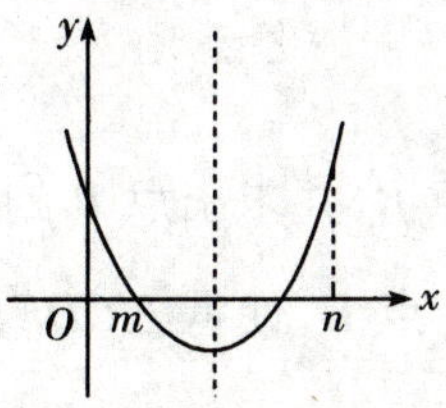 或 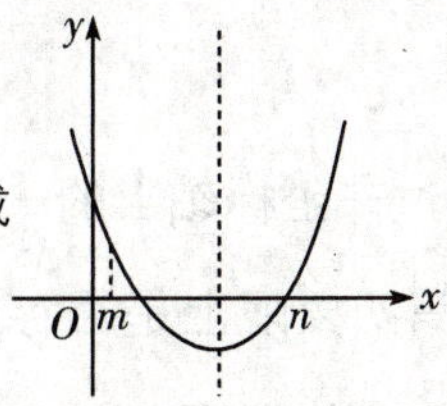	$\begin{cases}f(m)=0,\\m<-\dfrac{b}{2a}<\dfrac{m+n}{2}\end{cases}$ 或$\begin{cases}f(n)=0,\\\dfrac{m+n}{2}<-\dfrac{b}{2a}<n\end{cases}$

真题面对面

1. [2022 浙江杭州,单,3 分]已知$(-1,y_1)$,$(1,m)$,$(2,y_2)$,$(3,n)$,$(4,y_3)$在二次函数$y=x^2+ax$(a为常数)的图象上,若$mn<0$,则(　　)

A. $y_2<y_1<y_3$　　　　B. $y_2<y_3<y_1$

C. $y_3<y_2<y_1$　　　　D. $y_1<y_2<y_3$

答案:A。$\because y=x^2+ax$(a为常数),$\therefore$二次函数图象的开口向上,对称轴为直线$x=-\frac{a}{2}$,且经过原点,$\because$点$(1,m)$,$(3,n)$在二次函数$y=x^2+ax$(a为常数)的图象上,且$mn<0$,$\therefore m<0,n>0$,$\frac{1}{2}<-\frac{a}{2}<\frac{3}{2}$,$\because$点$(2,y_2)$到对称轴的距离最近,点$(4,y_3)$到对称轴的距离最远,$\therefore y_2<y_1<y_3$。

2. [2022 江西高中数学,单,1 分]已知函数$f(x)=-x^2+4x$,$x\in[m,5]$的值域是$[-5,4]$,则实数m的取值范围是(　　)

A. $(-1,2)$　　　　B. $[-1,2]$

C. $(2,5)$　　　　D. $[2,5)$

答案:B。函数$f(x)$的对称轴为$x=-\frac{4}{-2}=2$,$f(2)=-2^2+4\times2=4$,$f(5)=-5^2+4\times5=-5$,$2-(5-2)=-1$,所以实数m的取值范围为$[-1,2]$。

3. [2021 江西,单,1 分]关于二次函数$y=2(x-3)^2-4$的图象,下列叙述正确的是(　　)

A. 顶点坐标为$(-3,-4)$

B. 与y轴的交点坐标为$(0,-4)$

C. 当$x\geqslant3$时,y随x的增大而减小

D. 最小值是$y=-4$

答案:D。由二次函数$y=2(x-3)^2-4$可知,该图象开口向上,对称轴为直线$x=3$,顶点坐标为$(3,-4)$,有最小值,为-4,当$x\geqslant3$时,y随x的增大而增大,故A、C项错误;令$x=0$,则$y=14$,抛物线与y轴的交点为$(0,14)$,B项错误。故选D。

4. [2021 江西,解答,10 分]已知二次函数$y=mx^2-(3m-1)x-4m+1$与x轴有两个不同的交点A,D(D在A的右边),与y轴交于点C。

(1)求m的取值范围;

(2)证明:该二次函数一定经过非坐标轴上的一点B,并求出点B的坐标;

(3)当$m=1$时,二次函数在第四象限上是否存在点E,使得$\triangle CDE$的面积最大,若存在,求出点E的坐标和面积的最大值;若不存在,请说明理由。

答案：(1)由已知条件，得$\begin{cases}m\neq 0,\\ [-(3m-1)]^2-4m(-4m+1)>0,\end{cases}$即$\begin{cases}m\neq 0,\\ (5m-1)^2>0,\end{cases}$所以$m$的取值范围为$\left\{m\mid m\neq 0\text{ 且 }m\neq \frac{1}{5}\right\}$。

(2)$y=mx^2-(3m-1)x-4m+1=mx^2-3mx+x-4m+1=(x+1)[m(x-4)+1]$，当$x=4$时，无论$m$为何值，$y=5$，且点$(4,5)$为非坐标轴上的点，因此点$B$为$(4,5)$。

(3)存在。当$m=1$时，$y=x^2-2x-3$，要使第四象限上存在一点E，使得$\triangle CED$面积最大，则可以连结CD，作平行于线段CD的直线l，使得直线l与二次函数$y=x^2-2x-3$相切，则切点就是所求点E，如图所示：

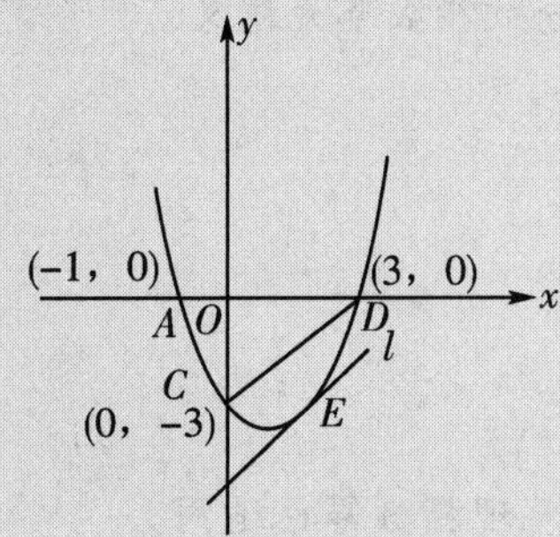

线段CD所在的直线为$y=x-3$，设直线l为$y=x+b$，因为$y=x^2-2x-3$的导数为$y'=2x-2$，所以令$2x-2=1$，则$x=\frac{3}{2}$，将$x=\frac{3}{2}$代入$y=x^2-2x-3$，解得$y=-\frac{15}{4}$，因此点E为$\left(\frac{3}{2},-\frac{15}{4}\right)$，所以点$E$到直线$CD$的距离$d=\frac{\left|\frac{3}{2}+\frac{15}{4}-3\right|}{\sqrt{1^2+1^2}}=\frac{9\sqrt{2}}{8}$，此时面积最大，为$S=\frac{1}{2}\cdot CD\cdot d=\frac{1}{2}\cdot 3\sqrt{2}\cdot\frac{9\sqrt{2}}{8}=\frac{27}{8}$。

第四节　指数函数、对数函数和幂函数

一、指数与指数函数

考点 1　有理指数幂的相关概念与性质

1. n 次方根的概念

概念	符号	备注
如果$x^n=a$，那么x叫作a的n次方根	——	$n>1,n\in\mathbf{N}$
当n为奇数时，正数的n次方根是一个正数，负数n次方根是一个负数	$\sqrt[n]{a}$	0 的n次方根是 0
当n为偶数时，正数a的n次方根有两个，它们互为相反数	$\pm\sqrt[n]{a}(a>0)$	负数没有偶次方根

第一部分

2. 指数幂的重要公式与运算性质

(1)两个重要公式

①$\sqrt[n]{a^n}=\begin{cases}a, n=2k+1(k\in\mathbf{N}_+),\\ |a|, n=2k(k\in\mathbf{N}_+);\end{cases}$

②$(\sqrt[n]{a})^n=a$(a 必须使$\sqrt[n]{a}$有意义)。

(2)分数指数幂

①$a^{\frac{m}{n}}=\sqrt[n]{a^m}(a>0,m,n\in\mathbf{N}_+,n>1)$;

②$a^{-\frac{m}{n}}=\frac{1}{a^{\frac{m}{n}}}=\frac{1}{\sqrt[n]{a^m}}(a>0,m,n\in\mathbf{N}_+,n>1)$。

注:0 的正分数指数幂等于 0,0 的负分数指数幂无意义。

(3)有理数指数幂的运算性质

①$a^ra^s=a^{r+s}(a>0,r,s\in\mathbf{Q})$;

②$(a^r)^s=a^{rs}(a>0,r,s\in\mathbf{Q})$;

③$(ab)^r=a^rb^r(a>0,b>0,r\in\mathbf{Q})$。

注:上述有理指数幂的运算性质对于无理指数幂也适用。

考点 2 指数函数的图象和性质 【单选】★★★

一般地,形如 $y=a^x(a>0$,且 $a\neq1)$ 的函数叫作指数函数,其中 x 是自变量,定义域是 $\mathbf{R}$。

	$a>1$	$0<a<1$
图象	y (0,1) O x	y (0,1) O x
性质	定义域为 $\mathbf{R}$,值域为 $(0,+\infty)$	
	过定点 $(0,1)$	
	当 $x>0$ 时,$y>1$; 当 $x<0$ 时,$0<y<1$	当 $x>0$ 时,$0<y<1$; 当 $x<0$ 时,$y>1$
	在 $\mathbf{R}$ 上是增函数	在 $\mathbf{R}$ 上是减函数
	底数越大,函数图象在第一象限越靠近 y 轴	底数越小,函数图象在第一象限越靠近 x 轴

续表

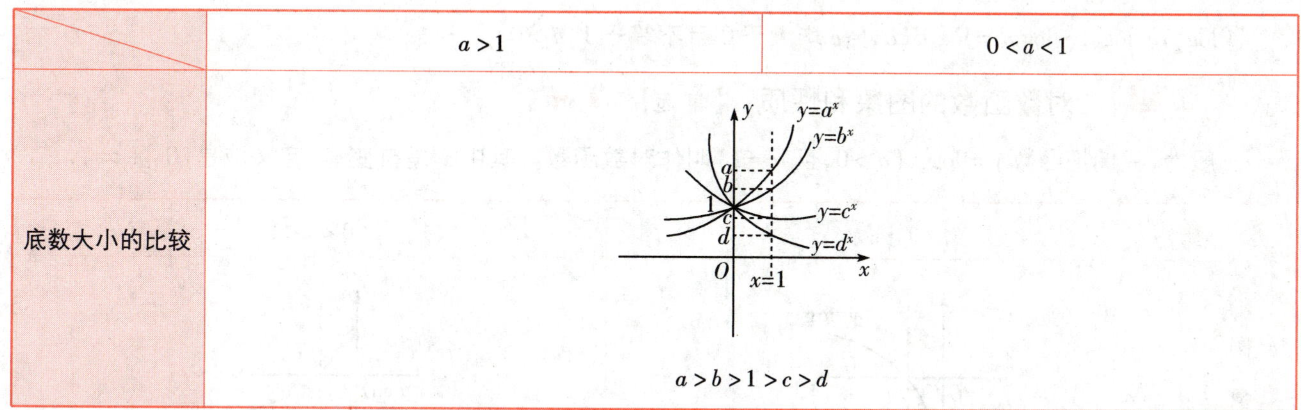

	$a>1$	$0<a<1$
底数大小的比较	$a>b>1>c>d$	

[例]设$\frac{1}{5}<\left(\frac{1}{5}\right)^{b}<\left(\frac{1}{5}\right)^{a}<1$,那么(　　)

A. $b^b<b^a<a^a$　　B. $a^a<b^a<a^b$　　C. $a^b<b^a<a^a$　　D. $a^b<a^a<b^a$

答案:D。$\because \frac{1}{5}<\left(\frac{1}{5}\right)^{b}<\left(\frac{1}{5}\right)^{a}<\left(\frac{1}{5}\right)^{0}$,$\therefore 1>b>a>0$,所以 $a^b<a^a$,且 $a^a<b^a$,所以 $a^b<a^a<b^a$。

二、对数与对数函数

考点 1 对数的定义与运算

1. 对数的定义

一般地,如果 $a^x=N(a>0$,且 $a\neq1)$,那么数 x 叫作以 a 为底 N 的对数,记作 $x=\log_a N$,其中 a 叫作对数的底数,N 叫作真数。

常用对数:通常以 10 为底的对数叫作常用对数,并把 $\log_{10}N$ 记作 $\lg N$。

自然对数:以无理数 $e=2.718\cdots$为底的对数叫作自然对数,并把 $\log_e N$ 记作 $\ln N$。

负数和零没有对数。

2. 对数的运算

(1)对数的运算法则

如果 $a>0$,且 $a\neq1$,$M>0$,$N>0$,那么

①$\log_a(M\cdot N)=\log_a M+\log_a N$;

②$\log_a\left(\frac{M}{N}\right)=\log_a M-\log_a N$;

③$\log_a M^n=n\log_a M(n\in\mathbf{R})$。

(2)对数运算的重要公式

①换底公式:$\log_a b=\frac{\log_c b}{\log_c a}$($a,c$ 均大于 0 且不等于 1,$b>0$);

②$\log_{a^m}b^n=\frac{n}{m}\log_a b$($a,b$ 均大于 0 且不等于 1,$m\neq0$,$n\in\mathbf{R}$);

③$\log_a b \cdot \log_b a = 1$($a,b$ 均大于 0 且不等于 1);

④$\log_a b \cdot \log_b c \cdot \log_c d = \log_a d$($a,b,c$ 均大于 0 且不等于 1,$d>0$)。

考点 2 对数函数的图象和性质 【单选】 ★★

一般地,我们把函数 $y=\log_a x$($a>0$,且 $a\neq 1$)叫作对数函数。其中 x 是自变量,定义域是$(0,+\infty)$。

	$a>1$	$0<a<1$
图象	$y=\log_a x$	$y=\log_a x$
图象特征与性质	图象都在 y 轴的右侧,定义域是$(0,+\infty)$;值域是 $\mathbf{R}$	
	过定点$(1,0)$	
	图象上升,为增函数	图象下降,为减函数
	若 $0<x<1$,则 $y<0$;若 $x>1$,则 $y>0$	若 $0<x<1$,则 $y>0$;若 $x>1$,则 $y<0$
	底数越大,函数图象在第一象限越靠近 x 轴	底数越小,函数图象在第一象限越靠近 y 轴
底数大小的比较	$y=\log_b x$,$y=\log_a x$,$y=\log_d x$,$y=\log_c x$ $a>b>1>c>d$	
与指数函数的关系	指数函数 $y=a^x$($a>0$ 且 $a\neq 1$)与对数函数 $y=\log_a x$($a>0$ 且 $a\neq 1$)互为反函数,它们的图象关于直线 $y=x$ 对称	
	$y=a^x$,$y=x$,$y=\log_a x$	$y=a^x$,$y=x$,$y=\log_a x$

考法大揭秘

指数式、对数式的大小比较

指数式、对数式的大小,常利用函数的单调性或中间值进行比较,要根据具体式子的特点,选择恰当的函数,有时还需要借助幂函数比较,注意要先化简转化,再比较大小。

指数式、对数式的大小比较

真题面对面

1. [2022 山西特岗,单,3 分]设 $a=\log_2 0.6$, $b=\sin 2$, $c=\left(\frac{2}{5}\right)^{-\frac{1}{3}}$,则 a,b,c 的大小关系为(　　)

A. $a<b<c$

B. $b<a<c$

C. $b<c<a$

D. $a<c<b$

答案:A。$a<0$, $0<b<1<c$,故 $a<b<c$。

2. [2022 江西高中数学,单,1 分]已知 $a=\log_3\frac{7}{2}$, $b=\left(\frac{1}{4}\right)^{\frac{1}{3}}$, $c=\log_{\frac{1}{3}}\frac{1}{5}$,则 a,b,c 的大小关系为(　　)

A. $a>b>c$

B. $b>a>c$

C. $c>b>a$

D. $c>a>b$

答案:D。$a=\log_3\frac{7}{2}>1$, $0<b=\left(\frac{1}{4}\right)^{\frac{1}{3}}<1$, $c=\log_{\frac{1}{3}}\frac{1}{5}=\log_3 5>\log_3\frac{7}{2}=a$,所以 $b<a<c$。

三、幂函数 【单选】 ★★

考点 1 幂函数的概念

形如 $y=x^a(a\in\mathbf{R})$ 的函数称为幂函数,其中 x 是自变量,a 为常数。只有完全具备这种形式的函数才是幂函数。

考点 2 幂函数的图象

在同一平面直角坐标系下,五个常见幂函数 $y=x$, $y=x^{\frac{1}{2}}$, $y=x^2$, $y=x^{-1}$, $y=x^3$ 的图象如下:

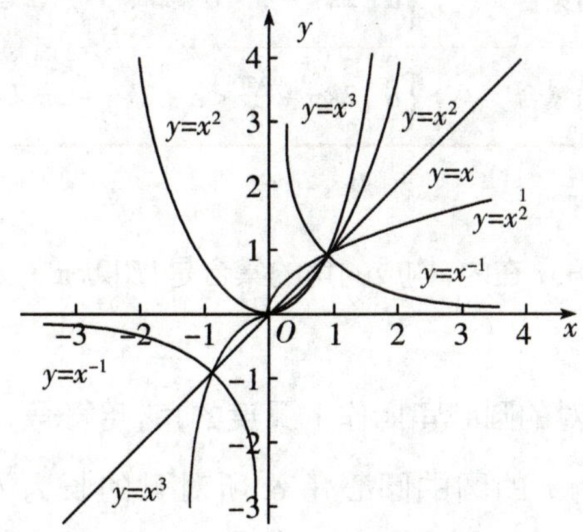

考点 3 幂函数的性质

(1)所有的幂函数 $y=x^a(a\in\mathbf{R})$ 在 $(0,+\infty)$ 上都有定义,即在第一象限内任一幂函数都有图象,并且图象恒过定点 $(1,1)$。

(2)当 $a<0$ 时,幂函数 $y=x^a$ 在 $(0,+\infty)$ 上是减函数,图象下凹,向上与 y 轴正半轴无限接近,向右与 x

轴正半轴无限接近，并称 x 轴、y 轴是它们的渐近线；

(3) 当 $a>0$ 时，幂函数 $y=x^{a}$ 的图象恒过 $(1,1)$，$(0,0)$，并且在 $(0,+\infty)$ 上是增函数。

真题面对面

[2022 安徽统考，单，4 分] 已知 $a=2^{0.5}$，$b=0.5^{2}$，$c=\log_{2}8$，则 a,b,c 的大小关系为（　　）

A. $a<b<c$　　B. $b<a<c$

C. $c<b<a$　　D. $b<c<a$

答案：B。$a=2^{0.5}=\sqrt{2}>1$，$b=0.5^{2}=\frac{1}{4}<1$，$c=\log_{2}8=\log_{2}2^{3}=3$，故 $b<a<c$。

第一部分

第五节　三角函数

一、三角函数的概念、同角三角函数的基本关系和诱导公式

考点 1　角的推广与弧度制

1. 象限角

角的顶点与坐标原点重合，角的始边落在 x 轴的正半轴上。这时，角的终边落在第几象限，就把这个角称为第几象限角。如果终边落在坐标轴上，就认为这个角不属于任何象限。

第一象限角的集合	$\left\{\alpha \mid 2k\pi<\alpha<\frac{\pi}{2}+2k\pi,k\in\mathbf{Z}\right\}$
第二象限角的集合	$\left\{\alpha \mid 2k\pi+\frac{\pi}{2}<\alpha<2k\pi+\pi,k\in\mathbf{Z}\right\}$
第三象限角的集合	$\left\{\alpha \mid 2k\pi+\pi<\alpha<2k\pi+\frac{3\pi}{2},k\in\mathbf{Z}\right\}$
第四象限角的集合	$\left\{\alpha \mid 2k\pi+\frac{3\pi}{2}<\alpha<2k\pi+2\pi,k\in\mathbf{Z}\right\}$

2. 终边相同的角

所有与角 α 终边相同的角，连同角 α 在内，构成的角的集合是 $\{\beta|2k\pi+\alpha,k\in\mathbf{Z}\}$ 或 $\{\beta|k\cdot360^{\circ}+\alpha,k\in\mathbf{Z}\}$。

3. 弧度制

(1) 定义：长度等于半径的弧所对的圆心角叫作 1 弧度的角，用符号 rad 表示，读作弧度。

(2) 角 α 的弧度数：如果半径为 r 的圆的圆心角 α 所对弧的长为 l，那么角 α 的弧度数的绝对值是 $|\alpha|=\frac{l}{r}$。

(3) 角度与弧度的换算：$1^{\circ}=\frac{\pi}{180}\text{rad}$，$1\text{rad}=\left(\frac{180}{\pi}\right)^{\circ}$。

(4) 扇形面积公式：$S=\frac{1}{2}l\cdot r=\frac{1}{2}|\alpha|r^{2}$（其中 l 为扇形弧长，α 为圆心角，r 为扇形半径）。

考点2 任意角的三角函数

1. 定义

设直角坐标系中任意角 α 终边上异于原点的任一点的坐标为 (x,y)，它与原点的距离为 $r=\sqrt{x^2+y^2}\ (r>0)$。

三角函数	定义	定义域
$f(x)=\sin\alpha$	$\frac{y}{r}$	$\mathbf{R}$
$f(x)=\cos\alpha$	$\frac{x}{r}$	$\mathbf{R}$
$f(x)=\tan\alpha$	$\frac{y}{x}$	$\left\{\alpha \mid \alpha\neq\frac{\pi}{2}+k\pi,k\in\mathbf{Z}\right\}$
$f(x)=\cot\alpha$	$\frac{x}{y}$	$\{\alpha \mid \alpha\neq k\pi,k\in\mathbf{Z}\}$

常见特殊角的三角函数值

	0°	15°	30°	45°	60°	75°	90°	180°	270°
$\sin\alpha$	0	$\frac{\sqrt{6}-\sqrt{2}}{4}$	$\frac{1}{2}$	$\frac{\sqrt{2}}{2}$	$\frac{\sqrt{3}}{2}$	$\frac{\sqrt{6}+\sqrt{2}}{4}$	1	0	−1
$\cos\alpha$	1	$\frac{\sqrt{6}+\sqrt{2}}{4}$	$\frac{\sqrt{3}}{2}$	$\frac{\sqrt{2}}{2}$	$\frac{1}{2}$	$\frac{\sqrt{6}-\sqrt{2}}{4}$	0	−1	0
$\tan\alpha$	0	$2-\sqrt{3}$	$\frac{\sqrt{3}}{3}$	1	$\sqrt{3}$	$2+\sqrt{3}$	—	0	—
$\cot\alpha$	—	$2+\sqrt{3}$	$\sqrt{3}$	1	$\frac{\sqrt{3}}{3}$	$2-\sqrt{3}$	0	—	0

2. 不同象限中三角函数的符号

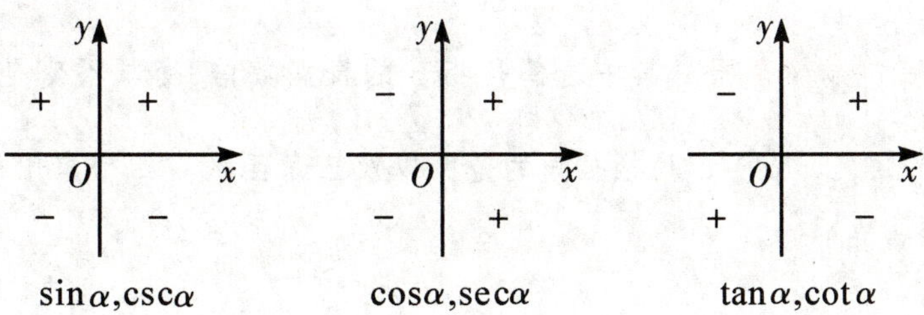

记忆有妙招

记忆口诀：一全正、二正弦、三正(余)切、四余弦。

[例]若 $\sin\alpha\cdot\tan\alpha<0$，且 $\frac{\cos\alpha}{\tan\alpha}<0$，则角 α 是(　　)

A. 第一象限角　　B. 第二象限角

C. 第三象限角　　D. 第四象限角

答案：C。由 $\sin\alpha \cdot \tan\alpha<0$ 可知 $\sin\alpha$，$\tan\alpha$ 异号，从而角 α 为第二或第三象限角；由 $\frac{\cos\alpha}{\tan\alpha}<0$ 可知 $\cos\alpha$，$\tan\alpha$ 异号，从而角 α 为第三或第四象限角。综上，角 α 为第三象限角。

考点 3 同角三角函数的基本关系式

(1)倒数关系：$\sin\alpha \cdot \csc\alpha=1$，$\cos\alpha \cdot \sec\alpha=1$，$\tan\alpha \cdot \cot\alpha=1$。

(2)商数关系：$\tan\alpha=\frac{\sin\alpha}{\cos\alpha}$，$\cot\alpha=\frac{\cos\alpha}{\sin\alpha}$。

(3)平方关系：$\sin^2\alpha+\cos^2\alpha=1$，$1+\tan^2\alpha=\sec^2\alpha$，$1+\cot^2\alpha=\csc^2\alpha$。

[例]已知 $\sin\alpha-\cos\alpha=\frac{4}{3}$，则 $\sin\alpha\cos\alpha=($　　$)$

A. $-\frac{7}{9}$　　B. $-\frac{7}{18}$　　C. $\frac{7}{18}$　　D. $\frac{7}{9}$

答案：B。将 $\sin\alpha-\cos\alpha=\frac{4}{3}$ 的两边进行平方，得 $\sin^2\alpha-2\sin\alpha\cos\alpha+\cos^2\alpha=\frac{16}{9}$，即 $\sin\alpha\cos\alpha=-\frac{7}{18}$。故选 B。

考点 4 三角函数诱导公式 【单选】 ★★

公式	一	二	三	四	五	六
角	$2k\pi+\alpha(k\in\mathbf{Z})$	$\pi+\alpha$	$-\alpha$	$\pi-\alpha$	$\frac{\pi}{2}-\alpha$	$\frac{\pi}{2}+\alpha$
正弦	$\sin\alpha$	$-\sin\alpha$	$-\sin\alpha$	$\sin\alpha$	$\cos\alpha$	$\cos\alpha$
余弦	$\cos\alpha$	$-\cos\alpha$	$\cos\alpha$	$-\cos\alpha$	$\sin\alpha$	$-\sin\alpha$
正切	$\tan\alpha$	$\tan\alpha$	$-\tan\alpha$	$-\tan\alpha$	$\cot\alpha$	$-\cot\alpha$

记忆有妙招

口诀：奇变偶不变，符号看象限。其中奇偶是指 $\frac{\pi}{2}$ 的奇偶数倍，变与不变是指三角函数名称的变化，若变，则是正弦变余弦，正切变余切；根据角的范围以及三角函数在四个象限的正负，判断新三角函数的符号。(将 α 看作锐角)

真题面对面

1. [2022 江西高中数学，单，1 分]已知点 M 在角 θ 终边的反向延长线上，且 $|OM|=2$，则 M 的坐标为(　　)

A. $(2\cos\theta,2\sin\theta)$　　B. $(2\sin\theta,2\cos\theta)$

C. $(-2\cos\theta,-2\sin\theta)$　　D. $(-2\sin\theta,-2\cos\theta)$

答案：C。因为角 θ 终边上点的坐标为 $(k\cos\theta,k\sin\theta)$，$k>0$，所以角 θ 终边的反向延长线上点的坐标为 $(-k\cos\theta,-k\sin\theta)$，$k>0$，因为 $|OM|=2$，所以点 M 的坐标为 $(-2\cos\theta,-2\sin\theta)$。故选 C。

2. [2021 年 5 月山西特岗，单，3 分] 若 $\cos\left(\alpha-\frac{\pi}{3}\right)=\frac{4}{5}$，则 $\sin\left(\alpha+\frac{\pi}{6}\right)=(\quad)$

A. $\frac{4}{5}$　　B. $\frac{3}{5}$　　C. $\pm\frac{4}{5}$　　D. $\pm\frac{3}{5}$

答案：A。$\sin\left(\alpha+\frac{\pi}{6}\right)=\sin\left(\frac{\pi}{2}+\alpha-\frac{\pi}{3}\right)=\cos\left(\alpha-\frac{\pi}{3}\right)=\frac{4}{5}$。

二、三角恒等变换 【单选】 ★★

1. 和、差公式

$\cos(\alpha+\beta)=\cos\alpha\cos\beta-\sin\alpha\sin\beta$,

$\cos(\alpha-\beta)=\cos\alpha\cos\beta+\sin\alpha\sin\beta$,

$\sin(\alpha+\beta)=\sin\alpha\cos\beta+\cos\alpha\sin\beta$,

$\sin(\alpha-\beta)=\sin\alpha\cos\beta-\cos\alpha\sin\beta$,

$\tan(\alpha+\beta)=\frac{\tan\alpha+\tan\beta}{1-\tan\alpha\tan\beta}$,

$\tan(\alpha-\beta)=\frac{\tan\alpha-\tan\beta}{1+\tan\alpha\tan\beta}$。

2. 积化和差、和差化积公式

积化和差公式：$\sin\alpha\cos\beta=\frac{1}{2}[\sin(\alpha+\beta)+\sin(\alpha-\beta)]$；$\cos\alpha\sin\beta=\frac{1}{2}[\sin(\alpha+\beta)-\sin(\alpha-\beta)]$；

$\cos\alpha\cos\beta=\frac{1}{2}[\cos(\alpha+\beta)+\cos(\alpha-\beta)]$；$\sin\alpha\sin\beta=-\frac{1}{2}[\cos(\alpha+\beta)-\cos(\alpha-\beta)]$。

和差化积公式：$\sin\alpha+\sin\beta=2\sin\frac{\alpha+\beta}{2}\cos\frac{\alpha-\beta}{2}$；$\sin\alpha-\sin\beta=2\cos\frac{\alpha+\beta}{2}\sin\frac{\alpha-\beta}{2}$；

$\cos\alpha+\cos\beta=2\cos\frac{\alpha+\beta}{2}\cos\frac{\alpha-\beta}{2}$；$\cos\alpha-\cos\beta=-2\sin\frac{\alpha+\beta}{2}\sin\frac{\alpha-\beta}{2}$。

3. 倍、半角公式

$\sin2\alpha=2\sin\alpha\cos\alpha$；$\cos2\alpha=\cos^2\alpha-\sin^2\alpha=2\cos^2\alpha-1=1-2\sin^2\alpha$；$\tan2\alpha=\frac{2\tan\alpha}{1-\tan^2\alpha}$。

$\sin\frac{\alpha}{2}=\pm\sqrt{\frac{1-\cos\alpha}{2}}$；$\cos\frac{\alpha}{2}=\pm\sqrt{\frac{1+\cos\alpha}{2}}$；$\tan\frac{\alpha}{2}=\pm\sqrt{\frac{1-\cos\alpha}{1+\cos\alpha}}=\frac{1-\cos\alpha}{\sin\alpha}=\frac{\sin\alpha}{1+\cos\alpha}$。

4. 辅助角公式

$a\sin\alpha+b\cos\alpha=\sqrt{a^2+b^2}\sin(\alpha+\beta)$。其中，$\cos\beta=\frac{a}{\sqrt{a^2+b^2}}$，$\sin\beta=\frac{b}{\sqrt{a^2+b^2}}$。

5. 几个常用结论

(1) 两角和与差的正切公式的变形

$\tan\alpha+\tan\beta=\tan(\alpha+\beta)(1-\tan\alpha\tan\beta)$；

$\tan\alpha - \tan\beta = \tan(\alpha - \beta)(1 + \tan\alpha\tan\beta)$。

(2)其他常用变形

$$\sin 2\alpha = \frac{2\sin\alpha\cos\alpha}{\sin^2\alpha + \cos^2\alpha} = \frac{2\tan\alpha}{\tan^2\alpha + 1};$$

$$\cos 2\alpha = \frac{\cos^2\alpha - \sin^2\alpha}{\cos^2\alpha + \sin^2\alpha} = \frac{1 - \tan^2\alpha}{1 + \tan^2\alpha};$$

$$1 \pm \sin\alpha = \left(\sin\frac{\alpha}{2} \pm \cos\frac{\alpha}{2}\right)^2;$$

$$(\sin\alpha + \cos\alpha)^2 + (\sin\alpha - \cos\alpha)^2 = 2。$$

三角函数式的求值方法

1. 给角求值

①化为特殊角的三角函数值;

②化为正负相消的项,消去求值;

③化简分子、分母,使出现公约数,然后约分求值。

2. 给值求值

解题的关键在于"变角",如$\alpha = (\alpha + \beta) - \beta$,$2\alpha = (\alpha + \beta) + (\alpha - \beta)$等,把待求三角函数值的角用含已知角的式子表示出来,求解时要注意角的范围的讨论。

3. 给值求角

实质上可转化为"给值求值"问题,先求所求角的某一三角函数值,再利用该三角函数值并结合所求角的范围求得角的大小。

[例]已知$\alpha - \beta = \frac{\pi}{6}$,$\tan\alpha - \tan\beta = 3$,则$\cos(\alpha + \beta)$的值为(　　)

A. $\frac{1}{2} + \frac{\sqrt{3}}{2}$　　　　B. $\frac{1}{2} - \frac{\sqrt{3}}{2}$

C. $\frac{1}{3} + \frac{\sqrt{3}}{2}$　　　　D. $\frac{1}{3} - \frac{\sqrt{3}}{2}$

答案:D。由$\tan\alpha - \tan\beta = 3$,得$\frac{\sin\alpha}{\cos\alpha} - \frac{\sin\beta}{\cos\beta} = 3$,即$\frac{\sin\alpha\cos\beta - \cos\alpha\sin\beta}{\cos\alpha\cos\beta} = 3$,所以$\sin(\alpha - \beta) = 3\cos\alpha\cos\beta$,又$\alpha - \beta = \frac{\pi}{6}$,所以$\cos\alpha\cos\beta = \frac{1}{6}$,而$\cos(\alpha - \beta) = \cos\alpha\cos\beta + \sin\alpha\sin\beta = \frac{\sqrt{3}}{2}$,所以$\sin\alpha\sin\beta = \frac{\sqrt{3}}{2} - \frac{1}{6}$,故$\cos(\alpha + \beta) = \cos\alpha\cos\beta - \sin\alpha\sin\beta = \frac{1}{6} - \left(\frac{\sqrt{3}}{2} - \frac{1}{6}\right) = \frac{1}{3} - \frac{\sqrt{3}}{2}$。

真题面对面

1. [2020 山西忻州,单,3 分]已知 $\sin\left(\frac{\pi}{4}-x\right)=\frac{3}{5}$,则 $\sin 2x$ 的值为(　　)

A. $\frac{3}{5}$　　B. $\frac{4}{5}$　　C. $\frac{12}{25}$　　D. $\frac{7}{25}$

答案:D。由题意知,$1-2\sin^2\left(\frac{\pi}{4}-x\right)=\cos\left(\frac{\pi}{2}-2x\right)=\sin 2x=1-2\times\left(\frac{3}{5}\right)^2=\frac{7}{25}$。

2. [2020 山西特岗,单,3 分]已知 $\sin\alpha=-\frac{2\sqrt{5}}{5}$,$\sin\beta=\frac{\sqrt{10}}{10}$,$\alpha\in\left(\pi,\frac{3\pi}{2}\right)$,$\beta\in\left(0,\frac{\pi}{2}\right)$,则 $\alpha-\beta=$(　　)

A. $\frac{5\pi}{4}$　　B. $\frac{7\pi}{6}$　　C. $\frac{3\pi}{4}$或$\frac{5\pi}{4}$　　D. $\frac{5\pi}{6}$或$\frac{7\pi}{6}$

答案:A。由题意可知,$\cos\alpha=-\frac{\sqrt{5}}{5}$,$\cos\beta=\frac{3\sqrt{10}}{10}$,$\alpha-\beta\in\left(\frac{\pi}{2},\frac{3\pi}{2}\right)$,则 $\sin(\alpha-\beta)=\sin\alpha\cos\beta-\cos\alpha\sin\beta=-\frac{2\sqrt{5}}{5}\times\frac{3\sqrt{10}}{10}+\frac{\sqrt{5}}{5}\times\frac{\sqrt{10}}{10}=-\frac{\sqrt{2}}{2}$,故 $\alpha-\beta=\frac{5\pi}{4}$。

三、三角函数的图象及其变换 【单选】 ★★

考点 1 正弦型函数 $y=A\sin(\omega x+\varphi)$

一般地,正弦型函数 $y=A\sin(\omega x+\varphi)$(其中 A,ω,φ 都是常数,且 $A\neq0,\omega\neq0$)是周期为 $T=\frac{2\pi}{|\omega|}$ 的函数,$|A|$ 称为振幅,φ 称为初相,$|\omega|$ 称为角频率,$\frac{1}{T}$ 称为频率。

由 $y=\sin x$ 的图象变换出 $y=A\sin(\omega x+\varphi)$ $(A>0,\omega>0)$ 的图象一般有两种方法:

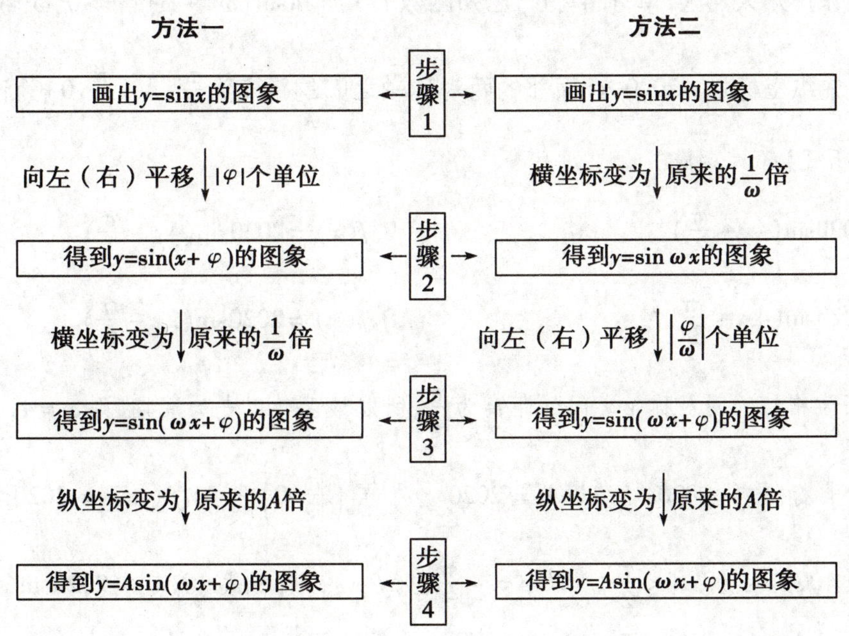

第一部分

考法大揭秘

确定 $y=A\sin(\omega x+\varphi)+b(A>0,\omega>0)$ 中参数的方法

1. 求 A,b：确定函数的最大值 M 和最小值 m，则 $A=\dfrac{M-m}{2}$，$b=\dfrac{M+m}{2}$。

2. 求 ω：确定函数的周期 T，则可得 $\omega=\dfrac{2\pi}{T}$。

3. 求 φ：

(1) 代入法：把图象上的一个已知点代入（此时 A,ω,b 已知）或代入图象与直线 $y=b$ 的交点求解（此时要注意交点是在上升区间还是在下降区间）。

(2) 五点法：确定 φ 值时，往往以寻找"五点法"中的某一个点为突破口。具体如下：

"第一点"（即图象上升时与 x 轴的交点）处 $\omega x+\varphi=0$；"第二点"（即图象的"峰点"）处 $\omega x+\varphi=\dfrac{\pi}{2}$；"第三点"（即图象下降时与 x 轴的交点）处 $\omega x+\varphi=\pi$；"第四点"（即图象的"谷点"）处 $\omega x+\varphi=\dfrac{3\pi}{2}$；"第五点"处 $\omega x+\varphi=2\pi$。

真题面对面

1. [2022 浙江杭州，单，3 分] 函数 $f(x)=\sin\left(2x+\dfrac{\pi}{4}\right)$，$x\in\mathbf{R}$ 的最小正周期是（　　）

A. 2π　　B. π　　C. $\dfrac{\pi}{2}$　　D. $\dfrac{\pi}{4}$

答案：B。最小正周期 $T=\dfrac{2\pi}{2}=\pi$。

2. [2021 广东广州天河区，单，1.47 分] 已知函数 $f(x)=A\sin(\omega x+\varphi)\ (A>0,\omega>0,|\varphi|<\dfrac{\pi}{2})$，该函数图象最低点的纵坐标是 -2020，且相邻的两对称轴之间的距离为 $\dfrac{\pi}{4}$，点 $(\dfrac{\pi}{12},0)$ 为该函数图象上一点，则 $f(x)$ 的解析式为（　　）

A. $f(x)=2020\sin(4x+\dfrac{\pi}{3})$　　B. $f(x)=2020\sin(4x-\dfrac{\pi}{3})$

C. $f(x)=2020\sin(4x+\dfrac{5\pi}{3})$　　D. $f(x)=2020\sin(2x-\dfrac{\pi}{6})$

答案：B。因为相邻的两对称轴之间的距离为 $\dfrac{\pi}{4}$，所以该函数以 $\dfrac{\pi}{2}$ 为周期，则 $\omega=4$，又因为该函数图象最低点的纵坐标是 -2020，所以 $A=2020$。将点 $\left(\dfrac{\pi}{12},0\right)$ 代入 $f(x)=2020\sin(4x+\varphi)=2020\sin\left(\dfrac{\pi}{3}+\varphi\right)=0$，又因为 $|\varphi|<\dfrac{\pi}{2}$，所以 $\varphi=-\dfrac{\pi}{3}$，则 $f(x)$ 的解析式为 $f(x)=2020\sin(4x-\dfrac{\pi}{3})$。

考点 2 正弦、余弦、正切函数的图象和性质($k\in\mathbf{Z}$)

函数		$y=\sin x$	$y=\cos x$	$y=\tan x$
一周期简图				
定义域		$\mathbf{R}$	$\mathbf{R}$	$\left\{x \mid x\neq k\pi+\frac{\pi}{2}\right\}$
值域		$[-1,1]$	$[-1,1]$	$\mathbf{R}$
最小正周期		2π	2π	π
奇偶性		奇函数	偶函数	奇函数
单调性	增区间	$\left[2k\pi-\frac{\pi}{2},2k\pi+\frac{\pi}{2}\right]$	$[2k\pi+\pi,2k\pi+2\pi]$	$\left(k\pi-\frac{\pi}{2},k\pi+\frac{\pi}{2}\right)$
	减区间	$\left[2k\pi+\frac{\pi}{2},2k\pi+\frac{3\pi}{2}\right]$	$[2k\pi,2k\pi+\pi]$	——
对称性	对称轴	$x=k\pi+\frac{\pi}{2}$	$x=k\pi$	——
	对称中心	$(k\pi,0)$	$\left(k\pi+\frac{\pi}{2},0\right)$	$\left(\frac{k\pi}{2},0\right)$
最大值		$x=2k\pi+\frac{\pi}{2}$时,$y_{max}=1$	$x=2k\pi$ 时,$y_{max}=1$	——
最小值		$x=2k\pi-\frac{\pi}{2}$时,$y_{min}=-1$	$x=2k\pi-\pi$ 时,$y_{min}=-1$	——

考法大揭秘

三角函数的性质问题

1. 判断三角函数的奇偶性

(1)定义法:利用函数奇偶性的定义求解。

(2)公式法:

由 $y=\sin x$ 是奇函数和 $y=\cos x$ 是偶函数拓展出以下重要结论:

①若 $y=A\sin(\omega x+\varphi)$ 为奇函数,则 $\varphi=k\pi(k\in\mathbf{Z})$;若 $y=A\sin(\omega x+\varphi)$ 为偶函数,则 $\varphi=k\pi+\frac{\pi}{2}(k\in\mathbf{Z})$。

②若 $y=A\cos(\omega x+\varphi)$ 为奇函数，则 $\varphi=k\pi+\frac{\pi}{2}(k\in\mathbf{Z})$；若 $y=A\cos(\omega x+\varphi)$ 为偶函数，则 $\varphi=k\pi\ (k\in\mathbf{Z})$。

(3)导数法：偶函数的导函数一定是奇函数，奇函数的导函数一定是偶函数。

2. 三角函数的周期性

(1)函数 $y=A\sin(\omega x+\varphi)+b(A>0,\omega>0)$，$y=A\cos(\omega x+\varphi)+b(A>0,\omega>0)$，$y=A\tan(\omega x+\varphi)+b(A>0,\omega>0)$ 的周期分别为 $\frac{2\pi}{\omega},\frac{2\pi}{\omega},\frac{\pi}{\omega}$；

(2)函数 $y=|A\sin(\omega x+\varphi)|(A>0,\omega>0)$，$y=|A\cos(\omega x+\varphi)|(A>0,\omega>0)$ 的周期都为 $\frac{\pi}{\omega}$；

(3)函数 $y=|A\sin(\omega x+\varphi)+b|(A>0,\omega>0)$，$y=|A\cos(\omega x+\varphi)+b|(A>0,\omega>0)$ 的周期都为 $\frac{2\pi}{\omega}$；

(4) $y=\sin|x|$ 是一个偶函数，但没有周期性；$y=\cos|x|=\cos x$，最小正周期为 2π。

3. 求三角函数的单调区间

首先将函数化为 $y=A\sin(\omega x+\varphi)+b(A>0,\omega>0)$ 或 $y=A\cos(\omega x+\varphi)+b(A>0,\omega>0)$ 的形式。

(1) $y=A\sin(\omega x+\varphi)+b(A>0,\omega>0)$，则令 $-\frac{\pi}{2}+2k\pi\leqslant\omega x+\varphi\leqslant\frac{\pi}{2}+2k\pi(k\in\mathbf{Z})$，解出单调递增区间；令 $\frac{\pi}{2}+2k\pi\leqslant\omega x+\varphi\leqslant\frac{3\pi}{2}+2k\pi(k\in\mathbf{Z})$，解出单调递减区间。

(2) $y=A\cos(\omega x+\varphi)+b(A>0,\omega>0)$，则令 $-\pi+2k\pi\leqslant\omega x+\varphi\leqslant 2k\pi(k\in\mathbf{Z})$，解出单调递增区间；令 $2k\pi\leqslant\omega x+\varphi\leqslant\pi+2k\pi(k\in\mathbf{Z})$，解出单调递减区间。

4. 求三角函数的对称性

(1)定义法

首先将函数化为 $y=A\sin(\omega x+\varphi)+b(A>0,\omega>0)$ 或 $y=A\cos(\omega x+\varphi)+b(A>0,\omega>0)$ 的形式。

① $y=A\sin(\omega x+\varphi)+b(A>0,\omega>0)$，令 $\omega x+\varphi=\frac{\pi}{2}+k\pi(k\in\mathbf{Z})$，可解出对称轴；令 $\omega x+\varphi=k\pi(k\in\mathbf{Z})$，可解出对称中心。

② $y=A\cos(\omega x+\varphi)+b(A>0,\omega>0)$，令 $\omega x+\varphi=k\pi(k\in\mathbf{Z})$，可解出对称轴；令 $\omega x+\varphi=\frac{\pi}{2}+k\pi(k\in\mathbf{Z})$，可解出对称中心。

(2)函数值判断法

若 x 值对应的函数值为 $\pm A+b$（或 b），则可以确定是对称轴（或对称中心）。

注：这种方法适用于在小题中快速判断三角函数的对称轴和对称中心。

真题面对面

1. [2022 安徽统考,单,4 分]已知函数$f(x)=1-2\sin^2 x$,则(　　)

A. $f(x)$的图象关于$x=\frac{\pi}{4}$对称

B. $f(x)$的图象关于点$\left(\frac{\pi}{2},0\right)$中心对称

C. $f(x)$在$\left(0,\frac{\pi}{3}\right)$上单调递减

D. $f(x)$在$\left(\frac{\pi}{4},\frac{7\pi}{12}\right)$上单调递减

答案:C。A 项,$f(x)=1-2\sin^2 x=\cos 2x$,令$2x=k\pi$,即$x=\frac{k\pi}{2}$,$k\in\mathbf{Z}$,故$f(x)$的图象关于直线$x=\frac{k\pi}{2}$,$k\in\mathbf{Z}$对称,所以 A 项错误;B 项,令$2x=k\pi+\frac{\pi}{2}$,即$x=\frac{k\pi}{2}+\frac{\pi}{4}$,$k\in\mathbf{Z}$,故$f(x)$的图象关于点$\left(\frac{k\pi}{2}+\frac{\pi}{4},0\right)$,$k\in\mathbf{Z}$中心对称,故 B 项错误;C 项,令$2x\in[2k\pi,2k\pi+\pi]$,$k\in\mathbf{Z}$,即$x\in\left[k\pi,k\pi+\frac{\pi}{2}\right]$,$k\in\mathbf{Z}$时,$f(x)$单调递减,因为当$k=0$时,$f(x)$在$\left(0,\frac{\pi}{2}\right)$上单调递减,而$0<\frac{\pi}{4}<\frac{\pi}{3}<\frac{\pi}{2}<\frac{7\pi}{12}$,所以 C 项正确,D 项错误。

2. [2022 江西高中数学,单,1 分]若$\left[\frac{\pi}{8},0\right]$是函数$f(x)=\sin\omega x+\cos\omega x$图象的一个对称中心,则$\omega$的取值可以是(　　)

A. 2

B. 4

C. 6

D. 8

答案:C。$f(x)=\sin\omega x+\cos\omega x=\sqrt{2}\left(\frac{\sqrt{2}}{2}\sin\omega x+\frac{\sqrt{2}}{2}\cos\omega x\right)=\sqrt{2}\sin\left(\omega x+\frac{\pi}{4}\right)$,由题意知当$\omega x+\frac{\pi}{4}=k\pi$,$x=\frac{k\pi}{\omega}-\frac{\pi}{4\omega}$,$k\in\mathbf{Z}$时,因为$\left[\frac{\pi}{8},0\right]$是函数$f(x)$的一个对称中心,$k$为整数,所以$\omega$的取值可能是6。

3. [2020 安徽统考,单,4 分]设函数$f(x)=\sqrt{3}\cos^2 x+\sin x\cos x-1$,以下说法正确的是(　　)

A. $f(x)$的最小正周期是2π

B. $f(x)$的最大值是$\sqrt{3}$

C. $f(x)$的一个单调递增区间为$\left[-\frac{5\pi}{12},\frac{\pi}{12}\right]$

D. $f(x)$图象的一条对称轴方程为$x=\frac{\pi}{6}$

答案:C。$f(x)=\sqrt{3}\cos^2 x+\sin x\cos x-1=\frac{\sqrt{3}}{2}\cos 2x+\frac{1}{2}\sin 2x+\frac{\sqrt{3}}{2}-1=\sin\left(2x+\frac{\pi}{3}\right)+\frac{\sqrt{3}}{2}-1$。$f(x)$的最小正周期是$\frac{2\pi}{2}=\pi$,A 项错误;$f(x)$的最大值是$1+\frac{\sqrt{3}}{2}-1=\frac{\sqrt{3}}{2}$,B 项错误;当$2k\pi-\frac{\pi}{2}\leqslant 2x+\frac{\pi}{3}\leqslant 2k\pi+\frac{\pi}{2}$,即$k\pi-\frac{5\pi}{12}\leqslant x\leqslant k\pi+\frac{\pi}{12}(k\in\mathbf{Z})$时,$f(x)$单调递增,C 项正确;$f(x)$图象的对称轴方程为$2x+\frac{\pi}{3}=k\pi+\frac{\pi}{2}$,即$x=\frac{k\pi}{2}+\frac{\pi}{12}(k\in\mathbf{Z})$,则$x=\frac{\pi}{6}$不是$f(x)$图象的对称轴,D 项错误。

四、反三角函数

1. 反三角函数的定义

①反正弦函数：正弦函数 $y=\sin x$ 在 $\left[-\frac{\pi}{2},\frac{\pi}{2}\right]$ 上的反函数，叫作反正弦函数，记作 $y=\arcsin x$。

②反余弦函数：余弦函数 $y=\cos x$ 在 $[0,\pi]$ 上的反函数，叫作反余弦函数，记作 $y=\arccos x$。

③反正切函数：正切函数 $y=\tan x$ 在 $\left(-\frac{\pi}{2},\frac{\pi}{2}\right)$ 上的反函数，叫作反正切函数，记作 $y=\arctan x$。

④反余切函数：余切函数 $y=\cot x$ 在 $(0,\pi)$ 上的反函数，叫作反余切函数，记作 $y=\operatorname{arccot} x$。

2. 反三角函数的图象和性质

函数	$y=\arcsin x$	$y=\arccos x$	$y=\arctan x$	$y=\operatorname{arccot} x$
定义域	$[-1,1]$	$[-1,1]$	$\mathbf{R}$	$\mathbf{R}$
值域	$\left[-\frac{\pi}{2},\frac{\pi}{2}\right]$	$[0,\pi]$	$\left(-\frac{\pi}{2},\frac{\pi}{2}\right)$	$(0,\pi)$
图象				
单调性	单调递增	单调递减	单调递增	单调递减
奇偶性	奇函数	不具有奇偶性	奇函数	不具有奇偶性

五、解三角形 【单选、填空、解答】★★★

考点 1 正弦定理与余弦定理

定理	正弦定理	余弦定理
内容	$\frac{a}{\sin A}=\frac{b}{\sin B}=\frac{c}{\sin C}=2R$（$R$ 为 $\triangle ABC$ 外接圆半径）	$a^2=b^2+c^2-2bc\cos A$， $b^2=a^2+c^2-2ac\cos B$， $c^2=a^2+b^2-2ab\cos C$
变形形式	$a=2R\sin A, b=2R\sin B, c=2R\sin C$， $\sin A=\frac{a}{2R}, \sin B=\frac{b}{2R}, \sin C=\frac{c}{2R}$， $a:b:c=\sin A:\sin B:\sin C$， $a\sin B=b\sin A$，$b\sin C=c\sin B$，$a\sin C=c\sin A$， $\frac{a+b+c}{\sin A+\sin B+\sin C}=2R$	$\cos A=\frac{b^2+c^2-a^2}{2bc}$， $\cos B=\frac{a^2+c^2-b^2}{2ac}$， $\cos C=\frac{a^2+b^2-c^2}{2ab}$

续表

定理	正弦定理	余弦定理
使用条件	①两角一边求边； ②两边一对角求角	①三边求角； ②两边一角求边

考点2 解三角形及其综合应用

1. 在△ABC中，已知a，b和$\angle A$，解三角形时解的情况

	$\angle A$为锐角				$\angle A$为钝角或直角	
图形						
关系式	$a < b\sin A$	$a = b\sin A$	$b\sin A < a < b$	$a \geqslant b$	$a > b$	$a \leqslant b$
解的个数	无解	一解	两解	一解	一解	无解

[例]在△ABC中，若$a=18$，$b=24$，$\angle A=45°$，则此三角形有(　　)

A. 无解　　B. 两解　　C. 一解　　D. 解的个数不确定

答案：B。$\because A=45°$，$B=24$，$\therefore b\sin A=24\times\frac{\sqrt{2}}{2}=12\sqrt{2}\approx17$，则有$b\sin A < a < b$，所以此三角形有两解。

2. 三角形常用面积公式

(1)$S=\frac{1}{2}a\cdot h_a$(h_a表示边a上的高)；

(2)$S=\frac{1}{2}ab\sin C=\frac{1}{2}ac\sin B=\frac{1}{2}bc\sin A$；

(3)$S=\frac{1}{2}r(a+b+c)$(r为三角形内切圆半径)；

(4)$S_{\triangle ABC}=\frac{abc}{4R}$($R$为三角形外接圆半径)。

考法大揭秘

解三角形的解题方法

1. 应用正弦、余弦定理的解题技巧

(1)求边：利用公式$a=\frac{b\sin A}{\sin B}$，$b=\frac{a\sin B}{\sin A}$，$c=\frac{a\sin C}{\sin A}$或其他相应变形公式求解；

(2)求角：先求出正弦值，再求角，即利用公式$\sin A=\frac{a\sin B}{b}$，$\sin B=\frac{b\sin A}{a}$，$\sin C=\frac{c\sin A}{a}$或其他相应变形公式求解；

(3)已知两边和夹角或已知三边可利用余弦定理求解;

(4)利用式子的特点转化:如出现 $a^2+b^2-c^2=\lambda ab$ 形式用余弦定理,如等式两边是关于边或角的正弦的齐次式用正弦定理。

2. 与三角形面积有关问题的常见类型及解题策略

(1)求三角形的面积。对于公式 $S=\frac{1}{2}ab\sin C=\frac{1}{2}ac\sin B=\frac{1}{2}bc\sin A$,一般是已知哪一个角就使用含哪个角的公式;

(2)已知三角形的面积解三角形。与面积有关的问题,一般要利用正弦定理或余弦定理进行边和角的互化。

3. 利用正弦、余弦定理判断三角形形状的两种思路

(1)"角化边":利用正弦、余弦定理把已知条件转化为只含边的关系,通过因式分解、配方等得出边的相应关系,从而判断三角形的形状。

(2)"边化角":利用正弦、余弦定理把已知条件转化为只含内角的三角函数间的关系,通过三角函数恒等变形,得出内角的关系,从而判断出三角形的形状,此时要注意应用 $\angle A+\angle B+\angle C=\pi$ 这个结论。

注:在这两种解法的等式变形中,一般两边不要约去公因式,应移项提取公因式,以免漏解。

真题面对面

1. [2022 江西高中数学,单,1 分]在 $\triangle ABC$ 中,$\cos^2\frac{B}{2}=\frac{a+c}{2c}$($a,b,c$ 分别为角 A,B,C 的对边),则 $\triangle ABC$ 的形状为(　　)

A. 等边三角形　　　　B. 直角三角形

C. 等腰三角形　　　　D. 等腰直角三角形

答案:B。因为 $\cos^2\frac{B}{2}=\frac{a+c}{2c}$,所以 $2\cos^2\frac{B}{2}-1=2\cdot\frac{a+c}{2c}-1=\frac{a}{c}$,即 $\cos B=\frac{a}{c}$,所以 $\triangle ABC$ 为直角三角形。

2. [2021 年安徽特岗,单,2 分]已知 a,b,c 分别是 $\triangle ABC$ 三个内角 A,B,C 所对的边,且 $(a+b)(\sin A-\sin B)=(c-b)\sin C$,则 $\angle A=$(　　)

A. $\frac{\pi}{6}$　　　　B. $\frac{\pi}{3}$

C. $\frac{2}{3}\pi$　　　　D. $\frac{5}{6}\pi$

答案:B。$\because (a+b)(\sin A-\sin B)=(c-b)\sin C$,$\therefore$ 由正弦定理得 $(a+b)(a-b)=(c-b)c$,即 $b^2+c^2-a^2=bc$,由余弦定理得 $\cos A=\frac{b^2+c^2-a^2}{2bc}=\frac{bc}{2bc}=\frac{1}{2}$,又 $\because 0<\angle A<\pi$,$\therefore \angle A=\frac{\pi}{3}$。

3. [2021 广东广州天河区,单,1.47 分]已知在等腰△ABC 中,三边分别为 $a,b,c,a=3$ 且 $bc=a^2-b^2-c^2$,则△ABC 的面积为(　　)

A. $\frac{\sqrt{3}}{2}$　　　　B. $\frac{3\sqrt{3}}{4}$

C. $\frac{\sqrt{3}}{4}$　　　　D. $\sqrt{3}$

答案:B。已知 $bc=a^2-b^2-c^2$,由余弦定理得,$a^2=b^2+c^2-2bc\cos A$,即 $-2bc\cos A=bc$,所以 $\cos A=-\frac{1}{2}$,又 $\angle A\in(0,\pi)$,故 $\angle A=120°$。因为△ABC 为等腰三角形,所以 $\angle B=\angle C=(180°-120°)\times\frac{1}{2}=30°$,由正弦定理 $\frac{a}{\sin A}=\frac{b}{\sin B}=\frac{c}{\sin C}$,得 $\frac{3}{\sin 120°}=\frac{b}{\sin 30°}=\frac{c}{\sin 30°}=2\sqrt{3}$,则 $b=c=\sqrt{3}$,故△ABC 的面积为 $\frac{1}{2}bc\sin A=\frac{3\sqrt{3}}{4}$。

4. [2021 河南许昌,填空,3 分]在△ABC 中,$\angle B=120°$,$AB=4$,$\angle A$ 的角平分线 AD 交 BC 于点 D,且 $AD=2\sqrt{6}$,则 $AC=$________。

答案:$4\sqrt{3}$。在△ABD 中,$\because$ $\angle B=120°$,$AB=4$,$AD=2\sqrt{6}$,$\therefore$ 由正弦定理得 $\frac{4}{\sin\angle ADB}=\frac{2\sqrt{6}}{\sin 120°}$,$\therefore \sin\angle ADB=\frac{\sqrt{2}}{2}$,故 $\angle ADB=45°$,又$\because AD$ 是 $\angle A$ 的角平分线,$\therefore \angle BAC=2\times(180°-120°-45°)=30°$,$\therefore \angle C=180°-120°-30°=30°=\angle BAC$,则△$ABC$ 是等腰三角形,$BC=AB=4$,所以 $AC=\sqrt{16+16-2\times4\times4\times\cos 120°}=4\sqrt{3}$。

第六节　函数的应用

一、函数与方程

考点 1　函数的零点　【单选、解答】★★

1. 函数零点的定义

对于函数 $y=f(x)$,我们把使 $f(x)=0$ 成立的实数 x 叫作 $y=f(x)$ 的零点。

2. 三个等价关系

方程 $f(x)=0$ 有实数根⇔函数 $y=f(x)$ 的图象与 x 轴有交点⇔函数 $y=f(x)$ 有零点。

3. 函数零点的判定(零点存在性定理)

如果函数 $y=f(x)$ 在区间 $[a,b]$ 上的图象是一条连续不断的曲线,并且有 $f(a)\cdot f(b)<0$,那么函数 $y=f(x)$ 在区间 (a,b) 内有零点,即存在 $c\in(a,b)$,使得 $f(c)=0$,这个 c 也就是 $f(x)=0$ 的根。

考点 2 二分法

1. 二分法的定义

对于在区间$[a,b]$上连续不断且$f(a)\cdot f(b)<0$的函数$y=f(x)$，通过不断地把函数$y=f(x)$的零点所在的区间一分为二，使区间的两个端点逐步逼近零点，进而得到零点近似值的方法叫作二分法。

2. 用二分法求函数$y=f(x)$零点近似值的步骤

第一步，确定区间$[a,b]$，验证$f(a)\cdot f(b)<0$，给定精确度ε。

第二步，求区间(a,b)的中点x_1。

第三步，计算$f(x_1)$：

①若$f(x_1)=0$，则x_1就是函数的零点；

②若$f(a)\cdot f(x_1)<0$，则令$b=x_1$(此时零点$x_0\in(a,x_1)$)；

③若$f(x_1)\cdot f(b)<0$，则令$a=x_1$(此时零点$x_0\in(x_1,b)$)。

第四步，判断是否达到精确度ε，即若$|a-b|<\varepsilon$，则得到零点近似值a(或b)。否则重复第二、第三、第四步。

命题点拨

函数的零点这一知识在考试中常见的考查形式：给出某一函数，让考生利用函数的性质判断其零点；或是给出某一难以直接画出图象的函数，让考生通过分离，转化为两个容易画出图象的函数，进而转化为求这两函数的交点问题进行求解。

考点 3 有关函数零点的结论

1. 若连续不断的函数$f(x)$在定义域上是单调函数，则$f(x)$至多有一个零点。

2. 连续不断的函数，其相邻两个零点之间的所有函数值保持同号。

3. 连续不断的函数图象通过零点时，函数值可能变号，也可能不变号。

考法大揭秘

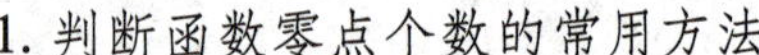

函数零点个数及所在区间的判断方法

函数零点个数及所在区间判断方法

1. 判断函数零点个数的常用方法

(1)解方程法：令$f(x)=0$，如果有解，一般有几个解就有几个零点。

(2)利用零点存在性定理：利用该定理不仅要求函数在$[a,b]$上的图象是连续的曲线，且$f(a)\cdot f(b)<0$，还必须结合函数的图象和性质(如单调性、奇偶性、周期性、对称性)才能确定函数有多少个零点。

(3)数形结合法：转化为两个函数图象的交点的个数问题，有几个交点就有几个零点。

2. 判断函数零点所在区间的常用方法

(1)利用零点存在性定理，使用该定理的首要条件是函数在某一闭区间上的图象是连续的。

(2)数形结合法：画出函数的图象，用估算的方法确定区间。

真题面对面

1. [2022 山西特岗，填空，3 分]已知函数$f(x)=\begin{cases}|\log_2 x|,0<x<2,\\ \sin\left(\dfrac{\pi}{4}x\right),2\leqslant x\leqslant 10,\end{cases}$若存在实数$x_1,x_2,x_3,x_4$，满足$x_1<x_2<x_3<x_4$，且$f(x_1)=f(x_2)=f(x_3)=f(x_4)$，则$\dfrac{x_3+x_4}{x_1x_2}$的值为________。

答案:12。函数的图象如图所示,其中$0<x_1<1<x_2<2<x_3<x_4$,且x_3,x_4关于$x=6$对称,$\because f(x_1)=f(x_2)$,$\therefore -\log_2x_1=\log_2x_2$,所以$\log_2x_1x_2=0$,$\therefore x_1x_2=1$,$\because f(x_3)=f(x_4)$,$\therefore x_3+x_4=12$,故$\frac{x_3+x_4}{x_1x_2}=12$。

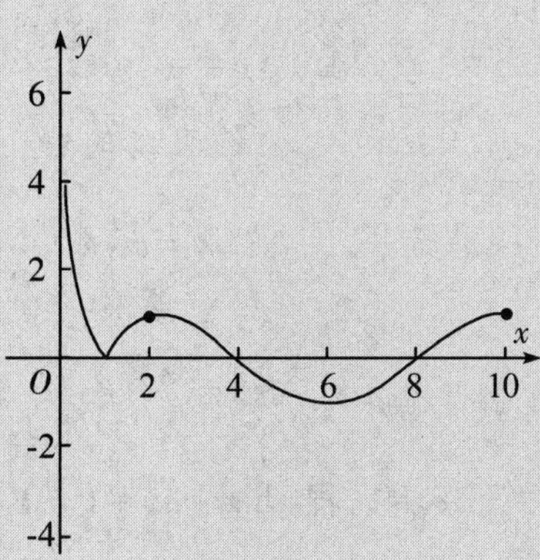

2. [2019 湖北,单,2 分]函数$f(x)=3\ln x-x$零点的个数为(　　)

A. 1　　　　B. 2

C. 3　　　　D. 4

答案:B。由题意可知,$f(x)$的定义域为$(0,+\infty)$,$f'(x)=\frac{3}{x}-1$。令$f'(x)>0$,得$0<x<3$,令$f'(x)<0$,可得$x>3$,故函数$f(x)$在$(0,3)$上单调递增,在$(3,+\infty)$上单调递减,故$f(x)_{\max}=f(3)=3\ln3-3>0$,又$f(1)=-1<0$,$f(e^2)=6-e^2<0$,因此$f(x)$在$(1,3)$和$(3,e^2)$上各有一个零点。

考法大揭秘

由函数零点求参数的取值范围

利用函数零点求参数的取值范围时,常利用方程求解,但当方程的根不易甚至不能求出时,可构造两个函数,利用数形结合法,结合函数的图象进行求解。

真题面对面

1. [2020 天津南开区,单,2 分]已知定义域为 **R** 的函数$g(x)$,当$x\in(-1,1]$时,$g(x)=\begin{cases}\frac{1}{x+1}-1,-1<x\leqslant0,\\x^2-3x+2,0<x\leqslant1,\end{cases}$且$g(x+2)=g(x)$,对$x\in\mathbf{R}$恒成立,若函数$f(x)=g(x)-m(x+1)$在区间$[-1,5]$内有6个零点,则实数$m$的取值范围是(　　)

A. $\left(\frac{2}{5},\frac{2}{3}\right)$　　　　B. $\left(-\infty,\frac{2}{5}\right]\cup\left(\frac{2}{3},+\infty\right)$

C. $\left[\frac{2}{5},\frac{2}{3}\right)$　　　　D. $\left[\frac{2}{5},\frac{2}{3}\right]$

答案:C。由 $g(x+2)=g(x)$ 可知,函数 $g(x)$ 的周期为2,由题意知,函数 $g(x)$ 的图象如图所示,函数 $f(x)=g(x)-m(x+1)$ 在区间 $[-1,5]$ 内有6个零点,则可知函数 $g(x)$ 与直线 $y=m(x+1)$ 在区间 $[-1,5]$ 内有6个不同的交点,因为直线 $y=m(x+1)$ 恒过点 $(-1,0)$,由图象可得,过点 $(-1,0)$ 与 $(4,2)$ 的直线的斜率为 $\frac{2}{5}$,过 $(-1,0)$ 与 $(2,2)$ 的直线的斜率为 $\frac{2}{3}$,故直线 $y=m(x+1)$ 的斜率 m 的取值范围为 $\left[\frac{2}{5},\frac{2}{3}\right)$。

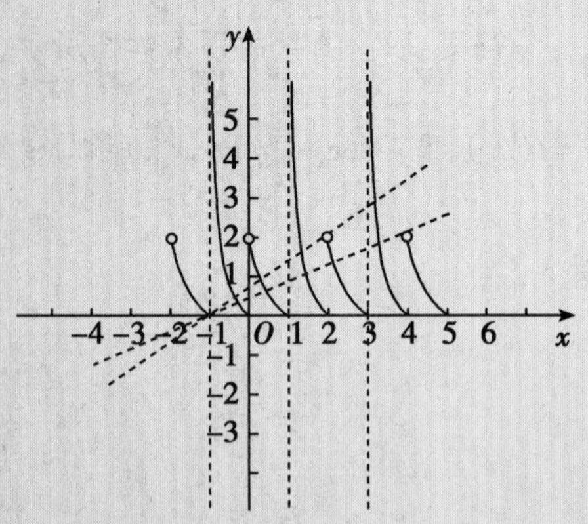

第一部分

2.[2019重庆巴南区,单,4分]关于 x 的方程 $x\ln x-ax+1=0$ 在区间 $\left[\frac{1}{e},e\right]$ 上有两个不等实根,则实数 a 的取值范围是(　　)

A. $(1,+\infty)$　　B. $(1,e-1]$

C. $\left[1+\frac{1}{e},e-1\right]$　　D. $\left(1,1+\frac{1}{e}\right]$

答案:D。因为 $x\ln x-ax+1=0$,所以 $a=\frac{1}{x}+\ln x$,令 $f(x)=\frac{1}{x}+\ln x$,若关于 x 的方程 $x\ln x-ax+1=0$ 在区间 $\left[\frac{1}{e},e\right]$ 上有两个不等实根,则 $f(x)=\frac{1}{x}+\ln x$ 与 $y=a$ 在区间 $\left[\frac{1}{e},e\right]$ 上有两个不相同的交点,$f'(x)=\frac{1}{x}-\frac{1}{x^2}$,令 $f'(x)=0$,解得 $x=1$。当 $x\in\left[\frac{1}{e},1\right)$ 时,$f'(x)<0$,此时 $f(x)$ 单调递减;当 $x\in(1,e]$ 时,$f'(x)>0$,此时 $f(x)$ 单调递增,所以 $f(x)$ 在 $\left[\frac{1}{e},e\right]$ 上存在最小值 $f(1)=1$,又 $f\left(\frac{1}{e}\right)=-1+e$,$f(e)=1+\frac{1}{e}$,且 $-1+e>1+\frac{1}{e}$,所以实数 a 的取值范围是 $\left(1,1+\frac{1}{e}\right]$。故选D。

二、函数模型 【解答】 ★

1. 常见的函数模型

常见的函数模型有一次函数模型、二次函数模型、指数函数模型、对数函数模型、分段函数模型等。

2. 常解决的几类应用题

(1)几何问题;(2)利润最大、费用最省问题;(3)复利问题;(4)变化率问题;(5)物理问题。

3. 用函数模型解应用题的基本步骤

(1)审题:弄清题意,分清条件和结论,理顺数量关系,初步选择数学模型。

(2)建模:将自然语言转化为数学语言,将文字语言转化为符号语言,利用数学知识,建立相应的数学模型。

(3)解模:求解数学模型,得出数学结论。

(4)还原:将数学问题还原为实际问题。

注:(1)求解应用性问题时,首先要弄清题意,分清条件和结论,抓住关键词和量,理顺数量关系,然后将文字语言转化成数学语言,建立相应的数学模型;(2)求解应用性问题时,不仅要考虑函数本身的定义域,还要结合实际问题理解自变量的取值范围。

真题面对面

[2019 山东东营,解答,10 分]一家企业有 1254 名员工,为满足办公需求,要求某工厂为其生产 A、B 两种型号办公桌椅 500 套,一套 A 型桌椅(一桌两椅)需木料 $0.5\ m^3$,一套 B 型桌椅(一桌三椅)需木料 $0.7\ m^3$,工厂现有库存木料 $302\ m^3$。

(1)有多少种生产方案;

(2)现把生产的全部桌椅运往甲公司进行销售,已知 A 型桌椅 150 元/套,生产成本 100 元,运费 2 元,B 型桌椅 200 元/套,生产成本 120 元,运费 4 元。求总利润 y(元)与生产 A 型桌椅 x(套)之间的关系式,并确定总利润最少的方案和最少的总利润(利润 = 售价 - 生产成本 - 运费)。

答案:(1)设生产 A 型桌椅 x 套,则生产 B 型桌椅 $(500-x)$ 套,由题意可列不等式 $\begin{cases}0.5x+0.7(500-x)\leqslant 302,\\ 2x+3(500-x)\geqslant 1254,\\ 0\leqslant x\leqslant 500, x\in\mathbf{N},\end{cases}$ 解得 $240\leqslant x\leqslant 246, x\in\mathbf{N}$,所以 x 有 7 个整数解,分别为 240,241,242,243,244,245,246,共有 7 种生产方案。

(2)销售一套 A 型桌椅的利润为 $150-100-2=48$(元);销售一套 B 型桌椅的利润为 $200-120-4=76$(元),则总利润为 $y=48x+76(500-x)=38\,000-28x$,当 $x=246$ 时,利润最少,因此生产 A 型桌椅 246 套,B 型桌椅 254 套时获得的利润最少,$y_{\min}=38\,000-28\times 246=31\,112$(元)。

三、超越方程 【填空】 ★

考点 1 超越方程的概念

超越方程是等号两边至少有一个含有未知数的初等超越函数式的方程。如对数函数、反三角函数、指数函数等就属于初等超越函数。非超越函数则称为代数函数,代数函数的例子有多项式和平方根函数等。

考点 2 初等超越方程的解法

超越方程一般没有解析解,而只有数值解或近似解,只有特殊的超越方程才可以求出解析解来。求解初等超越方程的近似解的方法有很多,图象法可以形象地对方程的解做定性的分析,或者直接根据初等超越函数的解析式,列出方程组进行求解。

①形如 $a^{f(x)}=a^{g(x)}\ (a>0, a\neq 1)$ 的方程,可转为 $f(x)=g(x)$ 求解;

②形如 $a^{f(x)}=b^{g(x)}\ (a>0, b>0, a\neq 1, b\neq 1)$ 的方程,可转为对数形式求解;

③形如 $a^{2x}+b\cdot a^{x}+c=0$ 的方程,可以用换元法求解。

真题面对面

[2019 安徽,填空,4 分]设函数$f(x)=4^x-2^{1+x}-8$,则$A=\{x\in(-4,4)|f(x)>0\}$的区间长度为________。

答案:2。$f(x)=4^x-2^{1+x}-8=2^{2x}-2\cdot 2^x-8$,令$t=2^x$,当$x\in(-4,4)$时,$t\in\left(\frac{1}{16},16\right)$,则原函数转化为$f(t)=t^2-2t-8=(t+2)(t-4)$,则函数$f(t)>0$时,$t\in(4,16)$,即$x\in(2,4)$,故$A=\{x\in(-4,4)|f(x)>0\}$的区间长度为2。

第一部分

达标测评

建议用时	实际用时	测评总分	实际得分
60 分钟	_____分钟	70 分	_____分

一、单项选择题(每小题 3 分,共 39 分)

1. 已知$f(x^5)=\lg x$,则$f(2)=($　　$)$

A. $\frac{1}{5}\lg 2$　　B. $\frac{1}{2}\lg 5$

C. $\frac{1}{3}\lg 2$　　D. $\frac{1}{2}\lg 3$

2. 函数$y=\sqrt{x}\ln(1-x)$的定义域是(　　)

A. $(0,1)$　　B. $[0,1)$

C. $(0,1]$　　D. $[0,1]$

3. 若函数$f(x)=\sin 2x-2\sin^2 x\sin 2x(x\in\mathbf{R})$,则$f(x)$是(　　)

A. 最小正周期为π的偶函数　　B. 最小正周期为π的奇函数

C. 最小正周期为2π的偶函数　　D. 最小正周期为$\frac{\pi}{2}$的奇函数

4. 已知函数$f(x)$是定义在实数集$\mathbf{R}$上的不恒为零的偶函数,且对任意实数x都有$xf(x+1)=(1+x)\cdot f(x)$,则$f\left(\frac{5}{2}\right)$的值是(　　)

A. 0　　B. $\frac{1}{2}$

C. 1　　D. $\frac{5}{2}$

5. 如图所示，在菱形 $ABOC$ 中，$\angle A=60°$，它的一个顶点 C 在反比例函数 $y=\frac{k}{x}$ 的图象上，若将菱形向下平移2个单位，点 A 恰好落在函数图象上，则反比例函数的解析式为(　　)

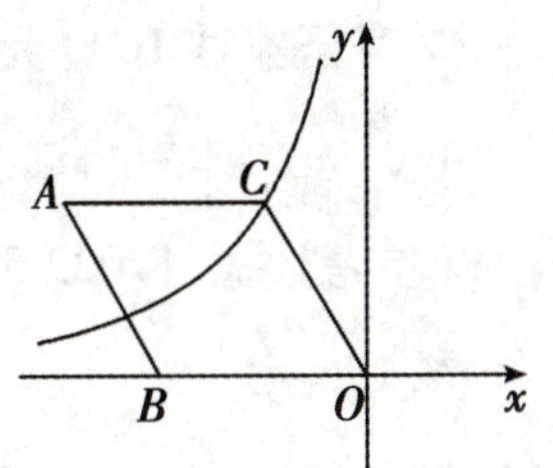

A. $y=-\frac{3\sqrt{3}}{x}$

B. $y=-\frac{\sqrt{3}}{x}$

C. $y=-\frac{3}{x}$

D. $y=\frac{3}{x}$

6. 已知 $a>0$ 且 $a\neq1$，函数 $y=\log_a x, y=a^x, y=x+a$ 在同一坐标系中的图象可能是(　　)

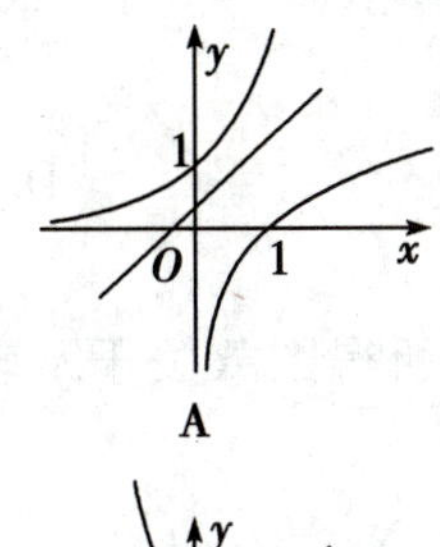

A

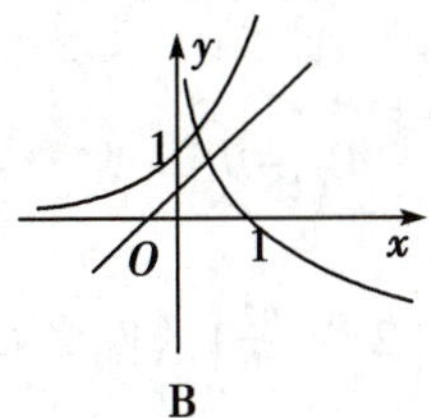

B

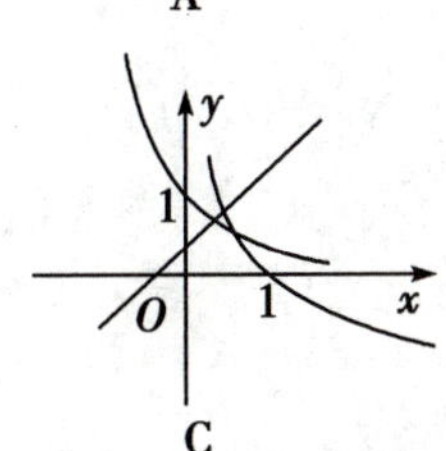

C

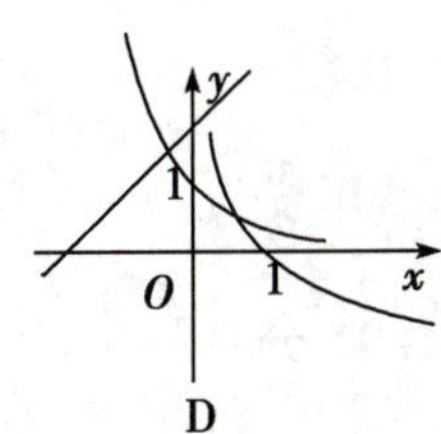

D

7. 已知二次函数 $y=ax^2+bx+c(a\neq0)$ 的图象如图所示，对称轴 $x=-\frac{1}{2}$，下列结论正确的是(　　)

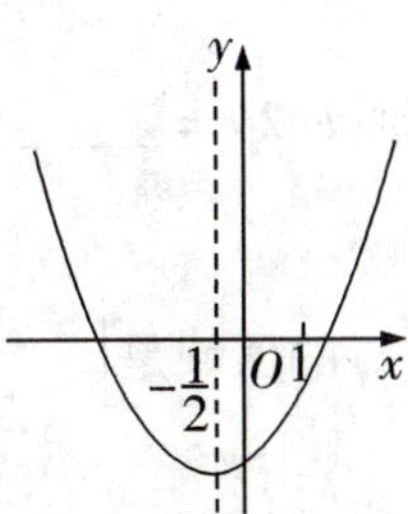

A. $abc>0$

B. $2b+c>0$

C. $4a+c<2b$

D. $a+b=0$

8. 若函数 $f(x)=\log_2(x+1)$ 的图象与函数 $y=g(x)$ 的图象关于原点对称，则(　　)

A. $g(x)=\log_2(1-x)$

B. $g(x)=-\log_2(x+1)$

C. $g(x)=-\log_2(x-1)$

D. $g(x)=-\log_2(1-x)$

9. 定义在 **R** 上的函数 $y=f(x)$ 既是奇函数又是周期函数，若函数 $y=f(x)$ 的最小正周期是2，且当 $x\in(0,1)$ 时，$f(x)=\log_{\frac{1}{2}}(1-x)$，则 $f(x)$ 在区间(1,2)上是(　　)

A. 增函数且 $f(x)>0$

B. 增函数且 $f(x)<0$

C. 减函数且 $f(x)>0$

D. 减函数且 $f(x)<0$

10. 复利是一种计算利息的方法，即把前一期的利息和本金加在一起算作本金，再计算下一期的利息。某同学有压岁钱1000元，存入银行，年利率为2.25%，若放入微信零钱通或者支付宝的余额宝，年利率可达4.01%。如果将这1000元选择合适方式存满5年，可以多获利息（　　）

（参考数据：$1.0225^5=1.118$，$1.0401^5=1.217$）

A. 176元　　B. 100元　　C. 77元　　D. 99元

11. 若函数 $f(x)=x^2-2mx+m^2-1$ 在区间 $[0,1]$ 上恰有一个零点，则 m 的取值范围为（　　）

A. $[-1,0]\cup[1,2]$　　B. $[-2,-1]\cup[0,1]$

C. $[-1,1]$　　D. $[-2,2]$

12. $\triangle ABC$ 的内角 A,B,C 所对的边分别为 a,b,c，已知 $b=\sqrt{7}$，$c=4$，$\cos B=\frac{3}{4}$，则 $\triangle ABC$ 的面积等于（　　）

A. 9　　B. -9　　C. $3\sqrt{7}$　　D. $\frac{3\sqrt{7}}{2}$

13. 若将函数 $f(x)=2\sin\left(2x+\frac{\pi}{3}\right)$ 的图象向右平移 φ 个单位，所得图象关于 y 轴对称，则 φ 的最小正值是（　　）

A. $\frac{5\pi}{12}$　　B. $\frac{\pi}{3}$　　C. $\frac{2\pi}{3}$　　D. $\frac{5\pi}{6}$

二、填空题（每小题3分，共15分）

14. 若函数 $f(x)=\log_a\left(x+\frac{a}{x}-4\right)$（$a>0$ 且 $a\neq1$）的值域为 $\mathbf{R}$，则实数 a 的取值范围是________。

15. $4\cos50^\circ-\tan40^\circ=$________。

16. 若 $\tan\left(\frac{\pi}{2}-\theta\right)=4\cos(2\pi-\theta)$，$|\theta|<\frac{\pi}{2}$，则 $\tan2\theta=$________。

17. 已知函数 $f(x)=\begin{cases}x^2+x,\ -2\leqslant x\leqslant c,\\ \frac{1}{x},c<x\leqslant3,\end{cases}$ 若 $f(x)$ 的值域是 $\left[-\frac{1}{4},2\right]$，则实数 c 的取值范围是________。

18. 已知函数 $f(x)=\begin{cases}|\ln|x||,x\neq0,\\ 0,x=0,\end{cases}$ 则方程 $f^2(x)-f(x)=0$ 的不相等实根的个数为________。

三、解答题（每小题8分，共16分）

19. 设函数 $f(x)=\frac{1}{2}\sin x+\frac{\sqrt{3}}{2}\cos x,x\in\mathbf{R}$。

（1）求函数 $f(x)$ 的最小正周期和值域；

（2）记 $\triangle ABC$ 的内角 A,B,C 所对的边分别为 a,b,c，若 $f(A)=\frac{\sqrt{3}}{2}$，且 $a=\frac{\sqrt{3}}{2}b$，求角 C 的值。

20. 定义在 $\mathbf{R}$ 上的增函数 $y=f(x)$ 对任意 $x,y\in\mathbf{R}$ 都有 $f(x+y)=f(x)+f(y)$。

（1）求证：$f(x)$ 为奇函数；

（2）若 $f(k\cdot3^x)+f(3^x-9^x-2)<0$ 对任意 $x\in\mathbf{R}$ 恒成立，求实数 k 的取值范围。

参考答案及解析

一、单项选择题

1. A　[解析]令 $x^5=2$,则 $x=2^{\frac{1}{5}}$,$\therefore f(2)=\lg 2^{\frac{1}{5}}=\frac{1}{5}\lg 2$。

2. B　[解析]由题意得 $\begin{cases}x\geqslant 0,\\1-x>0,\end{cases}$ 解得 $0\leqslant x<1$,故选 B。

3. D　[解析]$f(x)=\sin 2x-2\sin^2 x\sin 2x=\sin 2x(1-2\sin^2 x)=\sin 2x\cos 2x=\frac{1}{2}\sin 4x$,所以函数 $f(x)$ 的最小正周期 $T=\frac{2\pi}{4}=\frac{\pi}{2}$,是奇函数。故选 D。

4. A　[解析]若 $x\neq 0$,则有 $f(x+1)=\frac{1+x}{x}f(x)$,又 $f(x)$ 是偶函数,取 $x=-\frac{1}{2}$,则 $f\left(\frac{1}{2}\right)=f\left(-\frac{1}{2}+1\right)=\frac{1-\frac{1}{2}}{-\frac{1}{2}}f\left(-\frac{1}{2}\right)=-f\left(-\frac{1}{2}\right)=-f\left(\frac{1}{2}\right)$,由此得 $f\left(\frac{1}{2}\right)=0$,所以 $f\left(\frac{5}{2}\right)=f\left(\frac{3}{2}+1\right)=\frac{5}{3}f\left(\frac{3}{2}\right)=\frac{5}{3}f\left(\frac{1}{2}+1\right)=5f\left(\frac{1}{2}\right)=0$。

5. A　[解析]过点 C 作 $CD\perp x$ 轴于点 D,设菱形的边长为 a,在 $\mathrm{Rt}\triangle CDO$ 中,$OD=a\cdot\cos 60^\circ=\frac{1}{2}a$,$CD=a\cdot\sin 60^\circ=\frac{\sqrt{3}}{2}a$,则 $C\left(-\frac{1}{2}a,\frac{\sqrt{3}}{2}a\right)$,$A\left(-\frac{3}{2}a,\frac{\sqrt{3}}{2}a\right)$,点 A 向下平移 2 个单位后的对应坐标为 $\left(-\frac{3}{2}a,\frac{\sqrt{3}}{2}a-2\right)$,则 $\begin{cases}\frac{\sqrt{3}}{2}a=\frac{k}{-\frac{1}{2}a},\\\frac{\sqrt{3}}{2}a-2=\frac{k}{-\frac{3}{2}a},\end{cases}$ 解得 $\begin{cases}a=2\sqrt{3},\\k=-3\sqrt{3},\end{cases}$ $\therefore$ 反比例函数的解析式为 $y=-\frac{3\sqrt{3}}{x}$。

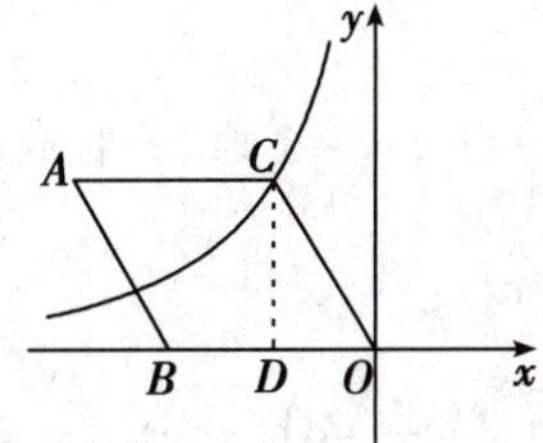

6. C　[解析]$\because$ 函数 $y=a^x$ 与 $y=\log_a x$ 互为反函数,$\therefore$ 它们的图象关于直线 $y=x$ 对称,排除 B 项;再由函数 $y=a^x$ 的图象过点 $(0,1)$,$y=\log_a x$ 的图象过点 $(1,0)$,以及 $y=a^x$ 与 $y=\log_a x$ 在不同象限图象对应的 a 的大小,可知只有 C 项正确。

第一部分

7. C [解析]$\because$抛物线开口向上,$\therefore a>0$。$\because$抛物线与 y 轴交于负半轴,$\therefore c<0$。$\because$ 对称轴 $x=-\dfrac{b}{2a}=-\dfrac{1}{2}$,$\therefore a=b>0$,$\therefore a+b>0$,$abc<0$,$\therefore$ A、D 两项错误。当 $x=1$ 时,$a+b+c=2b+c<0$,B 项错。$\because$ 对称轴为 $x=-\dfrac{1}{2}$,函数与 x 轴的一个交点的取值范围为 $x_1>1$,$\therefore$ 与 x 轴的另一个交点的取值范围为 $x_2<-2$,$\therefore$ 当 $x=-2$时,$4a-2b+c<0$,即$4a+c<2b$,C 项对。

8. D [解析]设 $Q(x,y)$ 是函数 $y=g(x)$ 的图象上的任意一点,其关于原点对称的点 $P(-x,-y)$,因为点 $P(-x,-y)$ 在函数 $f(x)=\log_2(x+1)$ 的图象上,所以 $-y=\log_2(-x+1)$,所以 $y=-\log_2(1-x)$,即 $g(x)=-\log_2(1-x)$。

9. B [解析]当 $x\in(-1,0)$ 时,$-x\in(0,1)$,有$f(-x)=\log_{\frac{1}{2}}[1-(-x)]=\log_{\frac{1}{2}}(1+x)$,$\because f(x)$是定义在 $\mathbf{R}$ 上的奇函数,$\therefore$ 当 $x\in(-1,0)$ 时,$f(-x)=-f(x)=\log_{\frac{1}{2}}(1+x)$,可得 $f(x)=\log_{\frac{1}{2}}(1+x)^{-1}=\log_{\frac{1}{2}}\dfrac{1}{1+x}$,又 $\because f(x)$的最小正周期是 2,$\therefore f(x)$在区间$(1,2)$上的单调性、值域与$f(x)$在区间$(-1,0)$上的单调性、值域相同,由 $t=\dfrac{1}{1+x}$在区间$(-1,0)$上是减函数,得 $t=\dfrac{1}{1+x}>1$,结合$0<\dfrac{1}{2}<1$,可得$\log_{\frac{1}{2}}\dfrac{1}{1+x}<0$,且$f(x)$在区间$(1,2)$上是增函数。故选 B。

10. D [解析]由题意,1000 元钱存入银行,年利率为 2.25%,若在银行存放 5 年,可得金额为 $S_1=1000(1+2.25\%)^5=1118$ 元,即利息为 $1118-1000=118$ 元;若放入微信零钱通或者支付宝的余额宝时,利率可达 4.01%,若存放 5 年,可得金额为 $S_1=1000(1+4.01\%)^5=1217$ 元,即利息为 $1217-1000=217$ 元,所以将这 1000 元选择合适方式存满 5 年,可以多获利息 $217-118=99$ 元。

11. A [解析]令 $f(x)=x^2-2mx+m^2-1=0$,可得 $x_1=m-1$,$x_2=m+1$,$\because$ 函数 $f(x)=x^2-2mx+m^2-1$ 在区间$[0,1]$上恰有一个零点,$\therefore 0\leqslant m-1\leqslant 1$ 或 $0\leqslant m+1\leqslant 1$,$\therefore 1\leqslant m\leqslant 2$ 或 $-1\leqslant m\leqslant 0$。

12. D [解析]根据余弦定理知,$\cos B=\dfrac{a^2+16-7}{8a}=\dfrac{3}{4}$,解得 $a=3$。因为$\angle B$ 为$\triangle ABC$ 的内角,所以 $\sin B=\sqrt{1-\cos^2B}=\dfrac{\sqrt{7}}{4}$,所以 $S_{\triangle ABC}=\dfrac{1}{2}ac\sin B=\dfrac{1}{2}\times 3\times 4\times\dfrac{\sqrt{7}}{4}=\dfrac{3\sqrt{7}}{2}$。

13. A [解析]将函数 $f(x)$ 的图象向右平移 φ 个单位,得 $g(x)=2\sin\left[2(x-\varphi)+\dfrac{\pi}{3}\right]$。由 $g(x)$ 的图象关于 y 轴对称知,$-2\varphi+\dfrac{\pi}{3}=\dfrac{\pi}{2}+k\pi\ (k\in\mathbf{Z})$,当 $k=-1$ 时,φ 取最小正值,为$\dfrac{5\pi}{12}$。

二、填空题

14. $(0,1)\cup(1,4]$ [解析]$\because$ 函数$f(x)=\log_a\left(x+\dfrac{a}{x}-4\right)(a>0$ 且 $a\neq 1)$的值域为 $\mathbf{R}$,$\therefore x+\dfrac{a}{x}-4$ 能取遍所有的正数,又当 $x>0$ 时,$x+\dfrac{a}{x}-4\geqslant 2\sqrt{a}-4$,当 $x<0$ 时,$x+\dfrac{a}{x}-4\leqslant -2\sqrt{a}-4$,$\therefore$ 要满足题意,需 $2\sqrt{a}-4\leqslant 0$,解得 $0<a\leqslant 4$。故实数 a 的取值范围是$(0,1)\cup(1,4]$。

15. $\sqrt{3}$ [解析] $4\cos 50° - \tan 40° = \dfrac{4\cos 50°\cos 40° - \sin 40°}{\cos 40°} = \dfrac{4\cos 50°\sin 50° - \sin 40°}{\cos 40°} = \dfrac{2\sin 100° - \sin 40°}{\cos 40°} = \dfrac{2\sin 60°\cos 40° + 2\cos 60°\sin 40° - \sin 40°}{\cos 40°} = \dfrac{\sqrt{3}\cos 40° + \sin 40° - \sin 40°}{\cos 40°} = \sqrt{3}$。

16. $\dfrac{\sqrt{15}}{7}$ [解析] $\tan\left(\dfrac{\pi}{2} - \theta\right) = \cot\theta = \dfrac{\cos\theta}{\sin\theta} = 4\cos\theta$，解得 $\sin\theta = \dfrac{1}{4}$ 或 $\cos\theta = 0$，因为 $|\theta| < \dfrac{\pi}{2}$，所以舍去 $\cos\theta = 0$，即 $\sin\theta = \dfrac{1}{4}$，则 $\tan\theta = \dfrac{\sqrt{15}}{15}$，$\tan 2\theta = \dfrac{2\tan\theta}{1 - \tan^2\theta} = \dfrac{\sqrt{15}}{7}$。

17. $\left[\dfrac{1}{2}, 1\right]$ [解析] 如图所示，根据题意 $f(x)$ 的值域为 $\left[-\dfrac{1}{4}, 2\right]$，可知该分段函数的最大值为 2。作直线 $y = 2$，两段函数分别与其交于 A, B, C 三点，则三点所对应的 x 值分别为 $\dfrac{1}{2}, 1, -2$。根据图象可知，当 $\dfrac{1}{2} \leqslant c \leqslant 1$ 时，$f(x)$ 的最大值为 2。经验证，此时 $f(x)$ 的值域是 $\left[-\dfrac{1}{4}, 2\right]$。故 c 的取值范围是 $\left[\dfrac{1}{2}, 1\right]$。

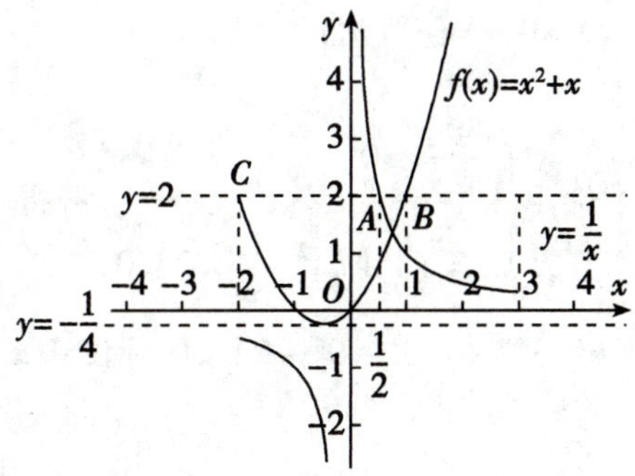

18. 7 [解析] 由方程 $f^2(x) - f(x) = 0$ 可解出 $f(x) = 0$ 或 $f(x) = 1$，方程 $f^2(x) - f(x) = 0$ 的不相等实根的个数即两个函数 $f(x) = 0$ 和 $f(x) = 1$ 的所有不相等的根的个数的和，如图，由于 $y = 1$ 的图象与函数 $f(x)$ 的图象的交点有 4 个，$y = 0$ 的图象与函数 $f(x)$ 的图象的交点有 3 个，故方程 $f^2(x) - f(x) = 0$ 有 7 个不相等实根。

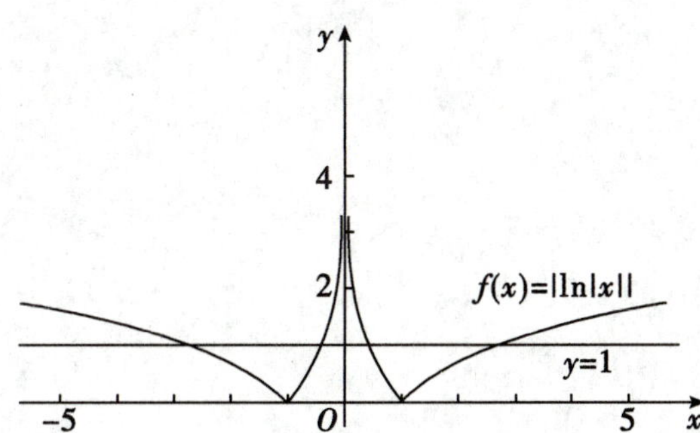

三、解答题

19. [解析] (1) 由 $f(x) = \dfrac{1}{2}\sin x + \dfrac{\sqrt{3}}{2}\cos x = \sin\left(x + \dfrac{\pi}{3}\right)$ 知，$f(x)$ 的最小正周期 $T = \dfrac{2\pi}{1} = 2\pi$，值域为 $[-1, 1]$。

(2) 根据题意知 $f(A) = \sin\left(A + \dfrac{\pi}{3}\right) = \dfrac{\sqrt{3}}{2}$，$\because \angle A \in (0, \pi)$，$\therefore \angle A + \dfrac{\pi}{3} = \dfrac{2\pi}{3}$，则 $\angle A = \dfrac{\pi}{3}$。根据正弦定理知，

$\frac{a}{\sin A}=\frac{\frac{\sqrt{3}}{2}b}{\frac{\sqrt{3}}{2}}=\frac{b}{\sin B}$,解得$\angle B=\frac{\pi}{2}$,进而可知,$\angle C=\frac{\pi}{6}$。

20. [解析](1)令$x=y=0$,得$f(0+0)=f(0)+f(0)$,即得$f(0)=0$。

令$y=-x$,得$f(x-x)=f(x)+f(-x)$。又$f(0)=0$,则有$f(x)+f(-x)=0$,

即$f(x)=-f(-x)$恒成立,$\therefore f(x)$为奇函数。

(2)$\because f(x)$在$\mathbf{R}$上是增函数,又由(1)知$f(x)$是奇函数,

$\therefore f(k\cdot 3^x)<-f(3^x-9^x-2)=f(-3^x+9^x+2)$,

$\therefore k\cdot 3^x<-3^x+9^x+2$,即$3^{2x}-(1+k)3^x+2>0$对任意$x\in\mathbf{R}$成立。

令$t=3^x$,问题等价于关于t的一元二次不等式$t^2-(1+k)t+2>0$对任意$t>0$恒成立。

令$g(t)=t^2-(1+k)t+2$,其对称轴为$t=\frac{k+1}{2}$,$g(t)$恒过点$(0,2)$,

当$\frac{k+1}{2}<0$,即$k<-1$时,$g(0)=2>0$,符合题意;

当$\frac{k+1}{2}\geqslant 0$时,$g(t)>0$恒成立等价于$\begin{cases}\frac{k+1}{2}\geqslant 0,\\ \Delta=(1+k)^2-4\times 2<0,\end{cases}$解得$-1\leqslant k<-1+2\sqrt{2}$。

综上所述,当$k<-1+2\sqrt{2}$时,$f(k\cdot 3^x)+f(3^x-9^x-2)<0$对任意$x\in\mathbf{R}$恒成立。

第四章　不等式

第一部分

思维导图

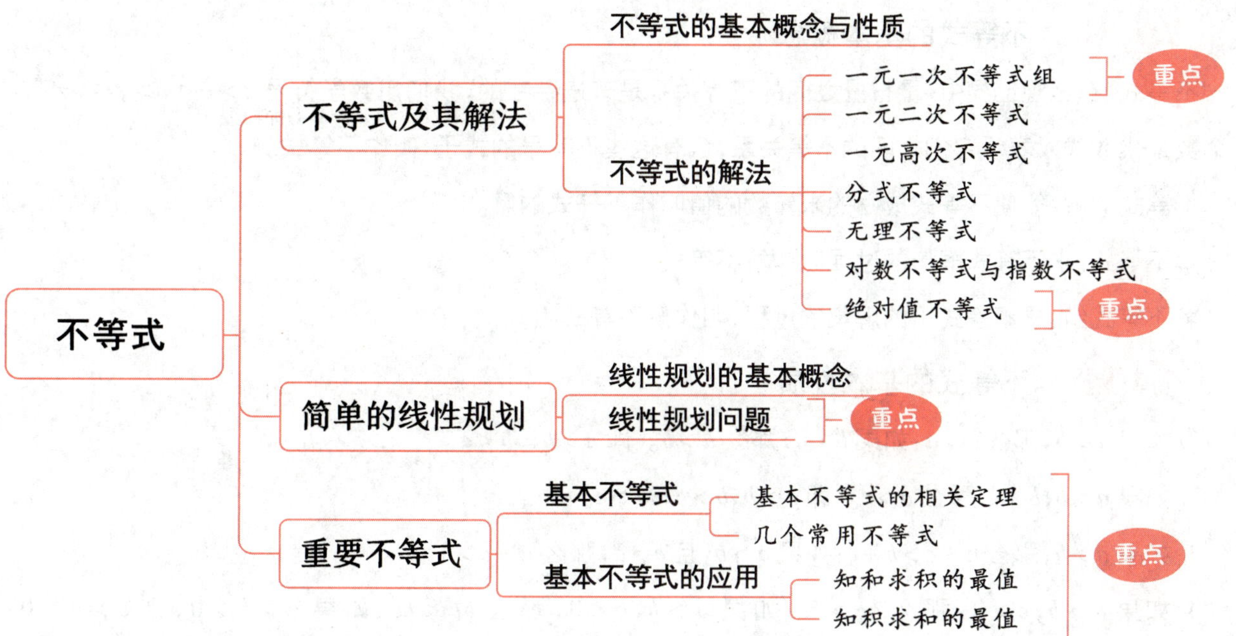

考向分析

本章属于高中阶段数学的基本内容，考查的知识以及解题方法较为固定，是教师招聘考试中的常考章节，要求考生掌握其常用的解题技巧。现对本章考向分析如下：

高频考点	常考题型	能力要求	考查热度
不等式的解法	单选、解答	应用	★
线性规划问题及其解法	单选	应用	★★
基本不等式	单选、填空	掌握	★★★

核心考点

第一部分

第一节 不等式及其解法

一、不等式的基本概念与性质

考点1 不等式的基本概念

不等式:在客观世界中,量与量之间的不等关系是普遍存在的,我们用数学符号“$>$,$<$,$\geqslant$,$\leqslant$,$\neq$”连接两个数或代数式以表示它们之间的不等关系,含有这些不等号的式子,叫作不等式。

不等式的解:能使不等式成立的未知数的值叫作不等式的解。

解不等式:求不等式解集的过程叫作解不等式。

解不等式组:求不等式组的解集的过程,叫作解不等式组。

考点2 不等式的基本性质

1. 如果 $a>b$,那么 $b<a$;如果 $b<a$,那么 $a>b$。即 $a>b\Leftrightarrow b<a$。

2. 如果 $a>b$,$b>c$,那么 $a>c$。即 $a>b$,$b>c\Rightarrow a>c$。

3. 如果 $a>b$,那么 $a+c>b+c$;如果 $a>b$,且 $c>d$,那么 $a+c>b+d$。

4. 如果 $a>b$,$c>0$,那么 $ac>bc$;如果 $a>b$,$c<0$,那么 $ac<bc$;如果 $a>b>0$,且 $c>d>0$,那么 $ac>bd$。

5. 如果 $a>b>0$,$n\in\mathbf{N}_+$,且 $n>1$,那么 $a^n>b^n$。

6. 如果 $a>b>0$,$n\in\mathbf{N}_+$,且 $n>1$,那么 $\sqrt[n]{a}>\sqrt[n]{b}$。

二、不等式的解法 【单选、解答】★

考点1 一元一次不等式组

不等式组($a<b$)	数轴表示	解集	口诀
$\begin{cases}x>a,\\x>b\end{cases}$	a b	$x>b$	同大取大
$\begin{cases}x<a,\\x<b\end{cases}$	a b	$x<a$	同小取小
$\begin{cases}x>a,\\x<b\end{cases}$	a b	$a<x<b$	大小小大中间找

不等式组($a<b$)	数轴表示	解集	口诀
$\begin{cases}x<a,\\x>b\end{cases}$		无解	大大小小解不了

注:(1)用数轴表示不等式的解集,应记住下面的规律:大于向右画,小于向左画,有等号的画实心圆点,无等号的画空心圆圈。

(2)求不等式组的解集,可以在数轴上先画出各个不等式的解集,则公共部分即为不等式组的解集。公共部分也就是各不等式解集在数轴上的重合部分。

真题面对面

1. [2021 江西,单,1 分]若关于 x 的不等式组$\begin{cases}x>4,\\x<m\end{cases}$无解,则 m 的取值范围是(　　)

A. $m>4$　　B. $m<4$

C. $m\geqslant4$　　D. $m\leqslant4$

答案:D。若使原不等式组无解,则 $m\leqslant4$。

2. [2018 江西,单,3 分]不等式$\frac{x+1}{2}>\frac{2x+2}{3}-1$ 的大于 1 的整数解的个数是(　　)

A. 1 个　　B. 2 个

C. 3 个　　D. 4 个

答案:C。解不等式$\frac{x+1}{2}>\frac{2x+2}{3}-1$ 得 $x<5$,大于 1 的整数解有 2,3,4,共 3 个。

考点 2　一元二次不等式

	$\Delta>0$	$\Delta=0$	$\Delta<0$
$y=ax^2+bx+c$ ($a>0$)的图象	y, x_1, O, x_2, x	y, O, $x_1=x_2$, x	y, O, x
$ax^2+bx+c=0$ 的根	$x=x_1$ 或 $x=x_2$	$x_1=x_2=-\frac{b}{2a}$	无实根
$ax^2+bx+c>0$ 的解集	$x<x_1$ 或 $x>x_2$	$\left\{x \mid x\neq-\frac{b}{2a}\right\}$	$\mathbf{R}$

	$\Delta>0$	$\Delta=0$	$\Delta<0$
$ax^2+bx+c<0$ 的解集	$\{x\mid x_1<x<x_2\}$	$\varnothing$	$\varnothing$

考点 3 一元高次不等式

解简单的一元高次不等式，主要是通过分析函数图象解决，常称为穿针引线法或数轴标根法，步骤如下：

(1)将$f(x)$最高次项系数化为正；

(2)将$f(x)$分解为若干个一次因式的积或二次不可分解因式的积，然后求出$f(x)=0$的解，并在数轴上标出；

(3)自数轴正方向起，用曲线从右至左、自上而下依次由各解穿过数轴；

用曲线经各解穿数轴时，遵循“奇过偶不过”的原则，即遇到含x的项是奇次幂就穿过，偶次幂穿而不过，例如用穿针引线法解不等式$(x-a)(x-b)^2(x-c)\geqslant 0(c>b>a)$时，作图如下：

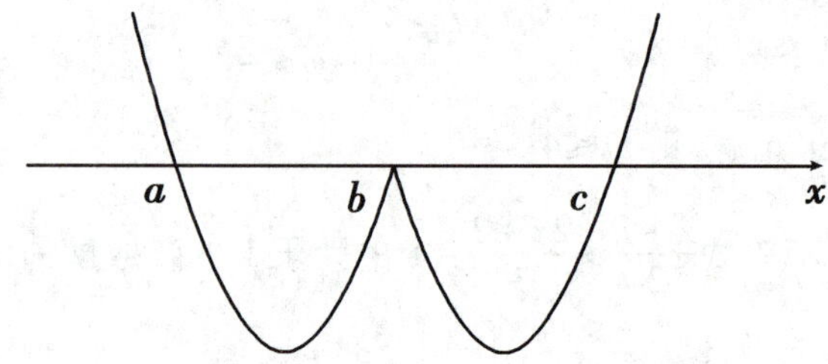

(4)记数轴上方为正，下方为负，根据不等号写出解集。

在用穿针引线法求解高次不等式的过程中要注意：区间端点是否能取到；各因式中的最高次项系数必须为正。

考点 4 分式不等式

$$\frac{f(x)}{g(x)}>0\Leftrightarrow\begin{cases}f(x)>0,\\g(x)>0\end{cases}\text{或}\begin{cases}f(x)<0,\\g(x)<0\end{cases}\Leftrightarrow f(x)\cdot g(x)>0;$$

$$\frac{f(x)}{g(x)}<0\Leftrightarrow\begin{cases}f(x)>0,\\g(x)<0\end{cases}\text{或}\begin{cases}f(x)<0,\\g(x)>0\end{cases}\Leftrightarrow f(x)\cdot g(x)<0;$$

$$\frac{f(x)}{g(x)}\geqslant 0\Leftrightarrow\begin{cases}f(x)\geqslant 0,\\g(x)>0\end{cases}\text{或}\begin{cases}f(x)\leqslant 0,\\g(x)<0\end{cases}\Leftrightarrow f(x)\cdot g(x)\geqslant 0\text{，且 }g(x)\neq 0;$$

$$\frac{f(x)}{g(x)}\leqslant 0\Leftrightarrow\begin{cases}f(x)\geqslant 0,\\g(x)<0\end{cases}\text{或}\begin{cases}f(x)\leqslant 0,\\g(x)>0\end{cases}\Leftrightarrow f(x)\cdot g(x)\leqslant 0\text{，且 }g(x)\neq 0\text{。}$$

注：解分式不等式$\frac{f(x)}{g(x)}>a(a\neq 0)$时，一定要注意先移项再通分求解。

考点5 无理不等式

1. 定义

无理不等式一般是指根号下含有未知数的不等式。

2. 无理不等式的类型

(1) $\sqrt{f(x)}>\sqrt{g(x)}\Leftrightarrow\begin{cases}f(x)\geqslant 0,\\g(x)\geqslant 0,\\f(x)>g(x);\end{cases}$

(2) $\sqrt{f(x)}>g(x)\Leftrightarrow\begin{cases}f(x)\geqslant 0,\\g(x)\geqslant 0,\\f(x)>[g(x)]^2\end{cases}$ 或 $\begin{cases}f(x)\geqslant 0,\\g(x)<0;\end{cases}$

(3) $\sqrt{f(x)}<g(x)\Leftrightarrow\begin{cases}f(x)\geqslant 0,\\g(x)>0,\\f(x)<[g(x)]^2。\end{cases}$

考点6 对数不等式与指数不等式

当 $a>1$ 时，$a^{f(x)}>a^{g(x)}\Leftrightarrow f(x)>g(x)$；

当 $0<a<1$ 时，$a^{f(x)}>a^{g(x)}\Leftrightarrow f(x)<g(x)$；

当 $a>1$ 时，$\log_a f(x)>\log_a g(x)\Leftrightarrow\begin{cases}g(x)>0,\\f(x)>g(x);\end{cases}$

当 $0<a<1$ 时，$\log_a f(x)>\log_a g(x)\Leftrightarrow\begin{cases}f(x)>0,\\f(x)<g(x)。\end{cases}$

考点7 绝对值不等式

1. 绝对值的运算性质

(1) $|a\cdot b|=|a|\cdot|b|$；

(2) $\left|\dfrac{a}{b}\right|=\dfrac{|a|}{|b|}(b\neq 0)$；

(3) $||a|-|b||\leqslant|a\pm b|\leqslant|a|+|b|$；

(4) $|a-c|\leqslant|a-b|+|b-c|$（当且仅当 $(a-b)(b-c)\geqslant 0$ 时，取等号）；

(5) $|a_1+a_2+a_3+\cdots+a_n|\leqslant|a_1|+|a_2|+|a_3|+\cdots+|a_n|(n\in\mathbf{N}_+)$。

2. 含绝对值不等式的解法

(1) $|f(x)|<g(x)\Leftrightarrow -g(x)<f(x)<g(x)$，且 $g(x)>0$；

(2) $|f(x)|>g(x)\Leftrightarrow\begin{cases}g(x)\geqslant 0,\\f(x)>g(x)\text{或}f(x)<-g(x),\end{cases}$ 或 $g(x)<0$；

(3) $|f(x)|<|g(x)| \Leftrightarrow f^2(x)<g^2(x)$;

(4)含有多个绝对值符号的不等式可用“按零点分区间讨论”的方法来解。

真题面对面

[2022 江西高中数学,单,1 分]不等式 $|x|(1-2x)>0$ 的解集为( )

A. $(-\infty,0)\cup\left(0,\frac{1}{2}\right)$　　B. $\left(-\infty,\frac{1}{2}\right)$

C. $\left(\frac{1}{2},+\infty\right)$　　D. $\left(0,\frac{1}{2}\right)$

答案:A。因为 $|x|\geqslant 0$,且 $|x|(1-2x)>0$,解得 $x<\frac{1}{2}$ 且 $x\neq 0$,所以不等式 $|x|(1-2x)>0$ 的解集为 $(-\infty,0)\cup\left(0,\frac{1}{2}\right)$。

第二节　简单的线性规划

一、线性规划的基本概念

名称	定义
约束条件	变量 x,y 满足的条件
线性约束条件	由 x,y 的一次不等式(方程)组成的不等式(方程)组
目标函数	欲求最大值或最小值涉及变量 x,y 的解析式
线性目标函数	目标函数是关于 x,y 的一次函数解析式
可行解	满足约束条件的解 (x,y)
可行域	约束条件对应的二元一次不等式(组)表示的平面区域(或其内部的部分点),即所有可行解组成的集合
最优解	使目标函数取得最大值或最小值的可行解。最优解可能唯一存在,且一般会出现在可行域边界处,也可能存在无穷多个,还有可能没有
线性规划问题	在线性约束条件下求线性目标函数的最值问题

注:利用线性规划求最值问题时,要充分理解目标函数的几何意义,如直线的斜率、两点间的距离、点到直线的距离、过已知两点的直线的斜率等。

二、线性规划问题 【单选】 ★★

线性规划问题一般用图解法求解,其步骤如下:

(1)根据题意,设出变量 x,y;

(2)找出线性约束条件;

(3) 确定线性目标函数 $z=f(x,y)$；

(4) 画出可行域(即各约束条件所示区域的公共区域)；

(5) 利用线性目标函数作平行直线系 $f(x,y)=t$(t 为参数)；

(6) 观察图形，找到直线 $f(x,y)=t$ 在可行域上使 t 取得要求的最值的位置，以确定最优解，给出答案。

考法大揭秘

求目标函数 $z=ax+by$ 的最值的解法

1. 画：在平面直角坐标系中，画出可行域和直线 $ax+by=0$。

2. 移：将 $z=ax+by(b\neq0)$ 变形为 $y=-\frac{a}{b}x+\frac{z}{b}$，则求 z 的最值可看成求直线 $y=-\frac{a}{b}x+\frac{z}{b}$ 在 y 轴上的截距 $\frac{z}{b}$ 的最值，将直线 $y=-\frac{a}{b}x+\frac{z}{b}$ 进行平移，在可行域中观察使 $\frac{z}{b}$ 最大或最小时直线 $y=-\frac{a}{b}x+\frac{z}{b}$ 所经过的点。

3. 求：求出使 $\frac{z}{b}$ 取得最值的点的坐标 (x_0,y_0)。

4. 代入解答：将点 (x_0,y_0) 代入 $z=ax+by$，得出正确答案。

真题面对面

[2020 山东威海环翠区，单，2.5 分] 已知 x,y 满足约束条件 $\begin{cases}x-y\geqslant0,\\2x+y-3\leqslant0,\\y\geqslant0,\end{cases}$ 则 $z=x+y$ 的最大值为(　　)

A. $\frac{9}{4}$　　B. 2　　C. 3　　D. 4

答案：B。由约束条件画出可行域如图中阴影部分所示，当动直线 $x+y-z=0$ 过点 $(1,1)$ 时，z 取得最大值，$z_{max}=2$。

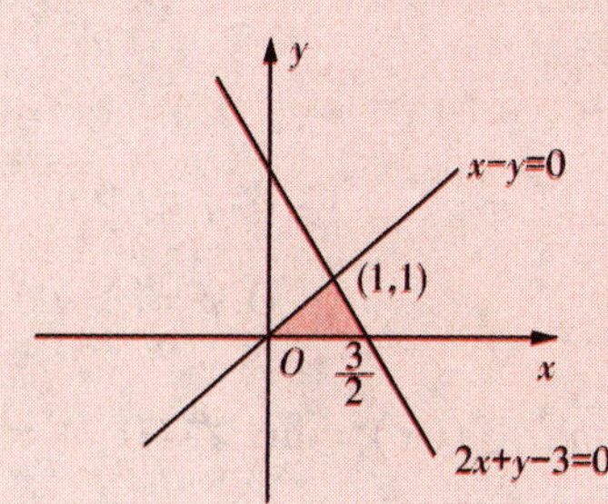

第三节 重要不等式

一、基本不等式 【单选、填空】 ★★★

基本不等式

考点 1 基本不等式的相关定理

定理 1：如果 $a,b\in\mathbf{R}$，那么 $a^2+b^2\geqslant 2ab$，当且仅当 $a=b$ 时，等号成立。

定理 2：如果 $a,b>0$，那么 $\frac{a+b}{2}\geqslant\sqrt{ab}$，当且仅当 $a=b$ 时，等号成立。

这里 a,b 均为正数，我们称 $\frac{a+b}{2}$ 为 a,b 的算术平均数，$\sqrt{ab}$ 为 a,b 的几何平均数，两个正数的算术平均数不小于(即大于或等于)它们的几何平均数。

当两个正数的和一定时，其乘积有最大值；当两个正数的乘积一定时，其和有最小值。

定理 3：如果 $a,b,c\in\mathbf{R}_+$，那么 $\frac{a+b+c}{3}\geqslant\sqrt[3]{abc}$，当且仅当 $a=b=c$ 时，等号成立。

此定理可以推广到 n 个正数 $a_1,a_2,\cdots,a_n$，$\frac{a_1+a_2+\cdots+a_n}{n}\geqslant\sqrt[n]{a_1a_2\cdots a_n}$，当且仅当 $a_1=a_2=\cdots=a_n$ 时，等号成立。

定理 4：$\frac{n}{\frac{1}{a_1}+\frac{1}{a_2}+\cdots+\frac{1}{a_n}}\leqslant\sqrt[n]{a_1a_2\cdots a_n}\leqslant\frac{a_1+a_2+\cdots+a_n}{n}\leqslant\sqrt{\frac{a_1^2+a_2^2+\cdots+a_n^2}{n}}$（$a_1,a_2,\cdots,a_n\in\mathbf{R}_+$，当且仅当 $a_1=a_2=\cdots=a_n$ 时，不等式取等号，这几个数依次为调和平均数、几何平均数、算术平均数、平方平均数）。

真题面对面

[2019 天津滨海新区，单，3 分] 设 $f(x)=\ln x$，$0<a<b$，若 $p=f(\sqrt{ab})$，$q=f\left(\frac{a+b}{2}\right)$，$r=\frac{1}{2}(f(a)+f(b))$，则下列关系式中正确的是(　　)

A. $q=r<p$　　　　B. $q=r>p$

C. $p=r<q$　　　　D. $p=r>q$

答案：C。$\because 0<a<b$，$\therefore\frac{a+b}{2}>\sqrt{ab}$，又 $f(x)=\ln x$ 在 $(0,+\infty)$ 上为增函数，故 $q=f\left(\frac{a+b}{2}\right)>p=f(\sqrt{ab})$。$\because p=f(\sqrt{ab})=\ln\sqrt{ab}=\ln(ab)^{\frac{1}{2}}=\frac{1}{2}(\ln a+\ln b)$，$r=\frac{1}{2}(f(a)+f(b))=\frac{1}{2}(\ln a+\ln b)$，故 $p=r$，则 $p=r<q$，选 C。

考点 2 几个常用不等式

1. 几个基本不等式的常用变形

(1) $ab\leqslant\left(\frac{a+b}{2}\right)^2\leqslant\frac{a^2+b^2}{2}$;

(2) $abc\leqslant\left(\frac{a+b+c}{3}\right)^3$;

(3) 如果 $a,b\in\mathbf{R}_+$，则 $\sqrt{\frac{a^2+b^2}{2}}\geqslant\frac{a+b}{2}\geqslant\sqrt{ab}\geqslant\frac{2}{\frac{1}{a}+\frac{1}{b}}$。

2. 柯西不等式

柯西不等式(二维形式)：若 a,b,c,d 都是实数，则 $(a^2+b^2)\cdot(c^2+d^2)\geqslant(ac+bd)^2$，当且仅当 $ad=bc$ 时，等号成立。

柯西不等式(向量形式)：设 $\boldsymbol{\alpha},\boldsymbol{\beta}$ 是两个向量，则 $|\boldsymbol{\alpha}\cdot\boldsymbol{\beta}|\leqslant|\boldsymbol{\alpha}||\boldsymbol{\beta}|$，当且仅当 $\boldsymbol{\beta}$ 是零向量或存在实数 k，使 $\boldsymbol{\alpha}=k\boldsymbol{\beta}$ 时，等号成立。

柯西不等式(三角不等式)：设 $x_1,y_1,x_2,y_2\in\mathbf{R}$，那么 $\sqrt{x_1^2+y_1^2}+\sqrt{x_2^2+y_2^2}\geqslant\sqrt{(x_1-x_2)^2+(y_1-y_2)^2}$，当且仅当 $x_1y_2=y_1x_2$ 时，等号成立。

柯西不等式的一般形式：设 $a_1,a_2,\cdots,a_n,b_1,b_2,\cdots,b_n$ 是实数，则 $(a_1^2+a_2^2+\cdots+a_n^2)(b_1^2+b_2^2+\cdots+b_n^2)\geqslant(a_1b_1+a_2b_2+\cdots+a_nb_n)^2$，当且仅当 $b_i=0(i=1,2,\cdots,n)$ 或存在一个实数 k，使得 $a_i=kb_i(i=1,2,\cdots,n)$ 时，等号成立。

3. 贝努利不等式

对任意整数 $n\geqslant0$ 和任意实数 $x>-1$，有 $(1+x)^n\geqslant1+nx$ 成立；如果 $n\geqslant0$，且 n 是偶数，则不等式对任意实数 x 都成立。

可以看到在 $n=0,1$ 或 $x=0$ 时等号成立，而对任意正整数 $n\geqslant2$ 和任意实数 $x\geqslant-1$，且 $x\neq0$，有严格不等式：$(1+x)^n>1+nx$。

二、基本不等式的应用

基本不等式的应用主要包含求最值或范围、证明不等式等几方面。

1. 知和求积的最值

和定积最大。若 $x,y>0$，则有 $x+y\geqslant2\sqrt{xy}$，若和 $x+y=S$(定值)，则当 $x=y$ 时，积 xy 有最大值 $\frac{1}{4}S^2$。

重难点解读

小香有话说

利用基本不等式求最值需满足的三个条件：

(1)“一正”就是各项必须为正数；(2)“二定”就是要求和的最小值，必须把构成和的二项之积转化成定值；要求积的最大值，必须把构成积的因式的和转化成定值；(3)“三相等”即检验等号成立的条件，判断等号能否取到，只有等号成立，才能利用基本不等式求最值。

第一部分

2. 知积求和的最值

积定和最小。若 $x,y>0$，则有 $x+y\geqslant 2\sqrt{xy}$，若积 $xy=P$（定值），则当 $x=y$ 时，和 $x+y$ 有最小值 $2\sqrt{P}$。

注：(1) 若 $x>0$，则 $x+\frac{1}{x}\geqslant 2$（当且仅当 $x=1$ 时取“=”）；若 $x<0$，则 $x+\frac{1}{x}\leqslant -2$（当且仅当 $x=-1$ 时取“=”）。

(2) 若 $ab>0$，则 $\frac{a}{b}+\frac{b}{a}\geqslant 2$（当且仅当 $a=b$ 时取“=”）；若 $ab\neq 0$，则 $\left|\frac{a}{b}+\frac{b}{a}\right|\geqslant 2$，即 $\frac{a}{b}+\frac{b}{a}\geqslant 2$ 或 $\frac{a}{b}+\frac{b}{a}\leqslant -2$（当且仅当 $a=b$ 时取“=”）。

第一部分

真题面对面

1. [2021 山西晋中介休，填空，2 分] 已知 $2a+b=1$，$a>0$，$b>0$，则 $\frac{1}{a}+\frac{1}{b}$ 的最小值为________。

答案：$2\sqrt{2}+3$。$\frac{1}{a}+\frac{1}{b}=\left(\frac{1}{a}+\frac{1}{b}\right)\times(2a+b)=\frac{b}{a}+\frac{2a}{b}+3\geqslant 2\sqrt{\frac{b}{a}\cdot\frac{2a}{b}}+3=2\sqrt{2}+3$，当且仅当 $\frac{b}{a}=\frac{2a}{b}$ 即 $b=\sqrt{2}a$ 时等号成立，此时 $a=\frac{2-\sqrt{2}}{2}$，$b=\sqrt{2}-1$，所以 $\frac{1}{a}+\frac{1}{b}$ 的最小值为 $2\sqrt{2}+3$。

2. [2019 江苏扬州，填空，4 分] 实数 x,y 满足 $x>y>0$，且 $\log_2 x+\log_2 y=1$，则 $\frac{x^2+y^2}{x-y}$ 的最小值是________。

答案：4。$\because x>y>0$，$\log_2 x+\log_2 y=\log_2 xy=1$，$\therefore xy=2$，且 $x-y>0$。$\therefore \frac{x^2+y^2}{x-y}=\frac{(x-y)^2+2xy}{x-y}=(x-y)+\frac{4}{x-y}\geqslant 2\sqrt{(x-y)\cdot\frac{4}{x-y}}=4$，当且仅当 $(x-y)=\frac{4}{x-y}$，即 $x=\sqrt{3}+1$，$y=\sqrt{3}-1$ 时取等号，故 $\frac{x^2+y^2}{x-y}$ 的最小值为 4。

达标测评

建议用时	实际用时	测评总分	实际得分
20 分钟	______分钟	35 分	______分

一、单项选择题(每小题 3 分,共 12 分)

1. 若 $b<a<0$,则下列不等式:① $|a|>|b|$;② $a+b<ab$;③ $\frac{b}{a}+\frac{a}{b}>2$;④ $\frac{a^2}{b}<2a-b$ 中正确的不等式有(　　)

A. 1 个　　B. 2 个　　C. 3 个　　D. 4 个

2. 关于 x 的不等式 $-2x+a\geqslant 2$ 的解集如图所示,则 a 的值是(　　)

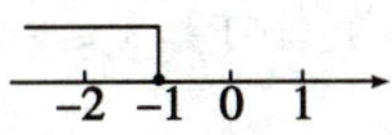

A. 0　　B. 2　　C. -2　　D. -4

3. 已知关于 x 的不等式组 $\begin{cases}x>-1,\\x<m\end{cases}$ 的整数解共有 3 个,则 m 的取值范围是(　　)

A. $[2,3]$　　B. $(2,3]$

C. $[3,4)$　　D. $[3,4]$

4. 若 $a<b<0$,则下列不等式不成立的是(　　)

A. $\frac{1}{a}>\frac{1}{b}$　　B. $\frac{1}{a-b}>\frac{1}{b}$

C. $\sqrt{-a}>\sqrt{-b}$　　D. $|a|>-b$

二、填空题(每小题 3 分,共 15 分)

5. 若不等式 $-2\leqslant x^2-2ax+6\leqslant 2$ 恰有一解,则实数 a 的值为________。

6. 用 12 厘米的铁丝可以围成很多长方形,得到最大面积是________平方厘米。

7. 已知 $a>0,b>0,a+b=2$,则 $y=\frac{1}{a}+\frac{4}{b}$ 的最小值为________。

8. 设 x,y,z 为正数,且 $2^x=3^y=5^z$,则 $2x,3y,5z$ 的大小关系是________。

9. 函数 $f(x)=\sqrt{2x-1}+\sqrt{6-3x}$ 的最大值为________。

10. 已知实数 x,y 满足约束条件 $\begin{cases}x\geqslant 0,\\x+y-3\geqslant 0,\\x-2y\leqslant 0,\end{cases}$ 则 $z=x+2y$ 的取值范围是________。

三、解答题(本大题共 8 分)

11. 已知 $a,b,c,d\in\mathbf{R}$,求证:$ac+bd\leqslant\sqrt{(a^2+b^2)(c^2+d^2)}$。

参考答案及解析

一、单项选择题

1. C [解析]因为 $b<a<0$,所以 $|b|>|a|$,所以①是错误的;因为 $b<a<0$,所以 $a+b<0,ab>0$,故 $a+b<ab$,所以②是正确的;因为 $b<a<0$,所以 $\frac{b}{a}>0,\frac{a}{b}>0,\therefore\frac{b}{a}+\frac{a}{b}\geqslant2$,当且仅当 $a=b$ 时取等号,$\because b<a$,$\therefore$ 等号不成立,$\therefore\frac{b}{a}+\frac{a}{b}>2$,故③是正确的;$\because\frac{a^2}{b}-2a+b=\frac{(a-b)^2}{b}<0$,$\therefore\frac{a^2}{b}<2a-b$,所以④是正确的。故选 C。

2. A [解析]$\because -2x+a\geqslant2$,$\therefore x\leqslant\frac{a-2}{2}$,又由数轴可知 $x\leqslant-1$,$\therefore\frac{a-2}{2}=-1$,$a=0$。

3. B [解析]不等式组 $\begin{cases}x>-1,\\x<m\end{cases}$ 的解集是 $-1<x<m$,又其共有 3 个整数解,则这 3 个整数解只能是 0,1,2,故 m 的取值范围是 $2<m\leqslant3$。

4. B [解析]因为 $a<b<0$,所以 $\frac{1}{a}-\frac{1}{b}=\frac{b-a}{ab}>0$,A 正确;取 $a=-4,b=-2$,此时 $\frac{1}{a-b}>\frac{1}{b}$ 不成立,故 B 不正确;因为 $-a>-b>0$,所以 $\sqrt{-a}>\sqrt{-b}$,$|a|=-a>-b$,故 C、D 正确。因此选 B。

二、填空题

5. ±2 [解析]要使不等式 $-2\leqslant x^2-2ax+6\leqslant2$ 恰有一解,只需 $x^2-2ax+6=2$ 有唯一解,则 $\Delta=(-2a)^2-4\times4=0$,解得 $a=\pm2$。

6. 9 [解析]当周长一定时,围成的图形是正方形时,面积最大,围成的正方形的边长为 3 厘米,则面积为 9 平方厘米。

7. $\frac{9}{2}$ [解析]$\because a>0,b>0,a+b=2$,$\therefore\frac{a+b}{2}=1$,$\therefore y=\frac{1}{a}+\frac{4}{b}=\left(\frac{1}{a}+\frac{4}{b}\right)\left(\frac{a+b}{2}\right)=\frac{1}{2}+\frac{b}{2a}+\frac{2a}{b}+2\geqslant\frac{5}{2}+2\sqrt{\frac{b}{2a}\cdot\frac{2a}{b}}=\frac{9}{2}$,当且仅当 $\frac{b}{2a}=\frac{2a}{b}$ 时,等号成立。

8. $3y<2x<5z$ [解析]x,y,z 为正数,令 $2^x=3^y=5^z=k>1$,$\lg k>0$,则 $x=\frac{\lg k}{\lg2},y=\frac{\lg k}{\lg3},z=\frac{\lg k}{\lg5}$,$\therefore 3y=\frac{\lg k}{\lg\sqrt[3]{3}},2x=\frac{\lg k}{\lg\sqrt{2}},5z=\frac{\lg k}{\lg\sqrt[5]{5}}$,$\because\sqrt[3]{3}=\sqrt[6]{9}>\sqrt[6]{8}=\sqrt{2}$,$\sqrt{2}=\sqrt[10]{32}>\sqrt[10]{25}=\sqrt[5]{5}$,$\therefore\lg\sqrt[3]{3}>\lg\sqrt{2}>\lg\sqrt[5]{5}>0$,$\therefore 3y<2x<5z$。

9. $\frac{\sqrt{30}}{2}$ [解析]由题意知,$x\in\left[\frac{1}{2},2\right]$ 且 $f(x)>0$,所以 $f(x)=\sqrt{2}\cdot\sqrt{x-\frac{1}{2}}+\sqrt{3}\cdot\sqrt{2-x}\leqslant$

$\sqrt{[(\sqrt{2})^2+(\sqrt{3})^2]\cdot\left[\left(\sqrt{x-\frac{1}{2}}\right)^2+(\sqrt{2-x})^2\right]}=\sqrt{5\times\frac{3}{2}}=\frac{\sqrt{30}}{2}$，当且仅当 $\sqrt{2}\cdot\sqrt{2-x}=\sqrt{3}\cdot\sqrt{x-\frac{1}{2}}$，即 $x=\frac{11}{10}$ 时，取等号。

10. $[4,+\infty)$ ［解析］根据题意画出可行域（如图阴影部分所示），其中 $A(0,3)$，$B(2,1)$，将 $z=x+2y$ 在可行域内移动可知，其在点 B 取得最小值，最小值为 $z=2+2\times1=4$。因为直线 $y=-\frac{1}{2}x+\frac{z}{2}$ 在 y 轴上的截距能无限增大，所以 z 的取值范围为 $[4,+\infty)$。

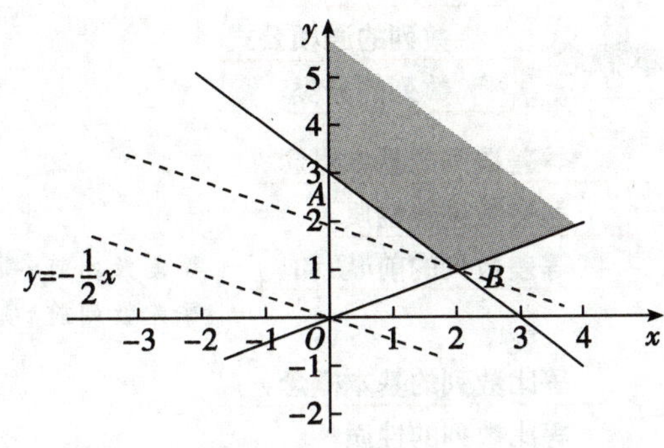

三、解答题

11. ［解析］分析法证明如下：

①当 $ac+bd\leqslant0$ 时，显然成立。

②当 $ac+bd\geqslant0$ 时，欲证原不等式成立，

只需证 $(ac+bd)^2\leqslant(a^2+b^2)(c^2+d^2)$，

即证 $a^2c^2+2abcd+b^2d^2\leqslant a^2c^2+a^2d^2+b^2c^2+b^2d^2$，

即证 $2abcd\leqslant b^2c^2+a^2d^2$，

即证 $0\leqslant(bc-ad)^2$，

因为 $a,b,c,d\in\mathbf{R}$，所以上式恒成立，

综合①②可知，原不等式成立。

第五章　数　列

思维导图

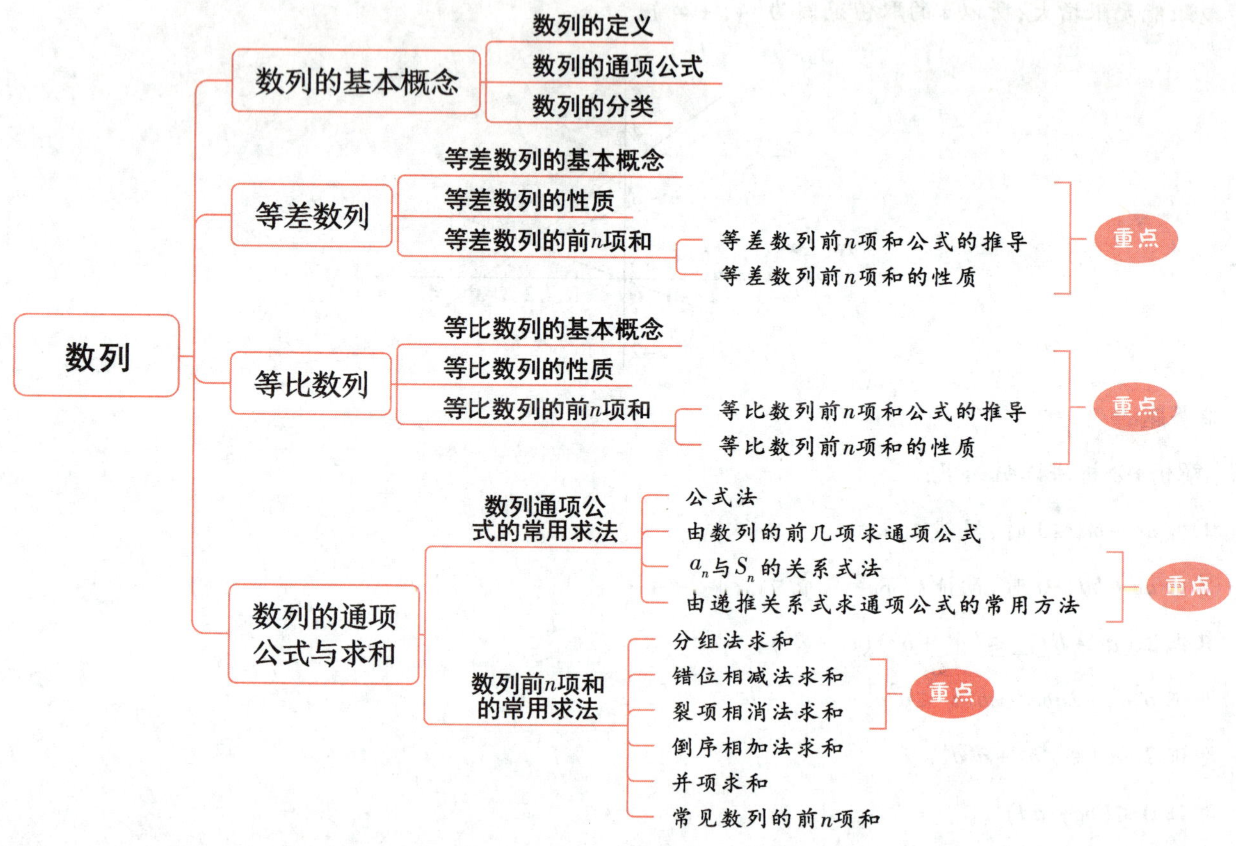

考向分析

本章属于高中阶段数学的重要内容，是教师招聘考试中的常考章节，要求考生有良好的计算能力并熟练掌握数列相关解题方法。现对本章考向分析如下：

高频考点	常考题型	能力要求	考查热度
等差数列的性质	单选	掌握	★
等差数列的前 n 项和	单选、解答	掌握	★★
等比数列的性质	单选	掌握、应用	★★
等比数列的前 n 项和	单选、解答	掌握、应用	★★
数列通项公式的常用求法	解答	掌握、应用	★★★
数列前 n 项和的常用求法	解答	掌握、应用	★★★

核心考点

第一节　数列的基本概念

一、数列的定义

按照一定顺序排列的一列数称为数列，数列中的每一个数叫作这个数列的项。

二、数列的通项公式

1. 通项公式

如果数列$\{a_n\}(n\in\mathbf{N}_+)$的第 n 项与序号 n 之间的关系可以用一个公式 $a_n=f(n)$ 来表达，那么这个公式叫作这个数列的通项公式。

2. 递推公式

如果已知数列$\{a_n\}$的第一项（或前几项），且从第二项（或某一项）开始的任意一项 a_n 与它的前一项 a_{n-1}（或前几项）间的关系可以用一个公式来表示，那么这个公式就叫作这个数列的递推公式。

已知数列$\{a_n\}$的前 n 项和为 S_n，则 $a_n=\begin{cases}S_1, n=1,\\ S_n-S_{n-1}, n\geqslant 2。\end{cases}$

真题面对面

1. [2022 江西高中数学，单，1 分]已知数列$\{a_n\}$的前 n 项和为 S_n，且 $a_1=2$，$a_{n+1}=S_n+1(n\in\mathbf{N}^*)$，则 $S_5=$（　　）

A. 31　　B. 37　　C. 42　　D. 47

答案：D。因为 $a_{n+1}=S_n+1(n\in\mathbf{N}^*)$，所以 $a_n=S_{n-1}+1$，$S_n-S_{n-1}=a_n=a_{n+1}-a_n$，所以$\frac{a_{n+1}}{a_n}=2$，$n\geqslant 2$，因为 $a_1=S_1=2$，$a_2=S_1+1=3$，$a_3=S_2+1=a_1+a_2+1=6$，所以数列$\{a_n\}$的通项公式是 $a_n=\begin{cases}3\cdot 2^{n-2}, n\geqslant 2,\\ 2, n=1,\end{cases}$ $S_5=2+\frac{3(1-2^{5-1})}{1-2}=47$。

2. [2019 河南许昌禹州，单，1.5 分]在数列$\{a_n\}$中，若对任意的 $n\in\mathbf{N}_+$ 均有 $a_n+a_{n+1}+a_{n+2}$ 为定值，且 $a_7=2$，$a_9=3$，$a_{98}=4$，则数列$\{a_n\}$的前 100 项的和 $S_{100}=$（　　）

A. 132　　B. 299　　C. 68　　D. 99

答案：B。根据题意，易知数列$\{a_n\}$从首项开始每 3 项为一个循环，即有 $a_1=a_4=a_7=\cdots=a_{100}=2$，$a_2=a_5=a_8=\cdots=a_{98}=4$，$a_3=a_6=a_9=\cdots=a_{99}=3$，所以 $S_{100}=33(a_1+a_2+a_3)+a_{100}=33(2+4+3)+2=299$。故选 B。

第一部分

三、数列的分类

分类依据	类型	满足条件
项数	有穷数列	项数有限
	无穷数列	项数无限
单调性	递增数列	$a_{n+1}>a_n(n\in\mathbf{N}_+)$
	递减数列	$a_{n+1}<a_n(n\in\mathbf{N}_+)$
	常数列	$a_{n+1}=a_n(n\in\mathbf{N}_+)$
	摆动数列	从第二项起，有些项大于它的前一项，有些项小于它的前一项
周期性	$\forall n\in\mathbf{N}_+$，存在常数 $k(k\in\mathbf{N}_+)$，使得 $a_{n+k}=a_n$	

第二节　等差数列

一、等差数列的基本概念

定义：一般地，如果一个数列从第 2 项起，每一项与它的前一项的差都等于同一个常数，那么这个数列叫作等差数列，这个常数叫作等差数列的公差，公差通常用字母 d 表示。

递推公式：$a_n-a_{n-1}=d(n\geqslant 2,n\in\mathbf{N}_+)$ 或者 $a_{n+1}-a_n=d(n\geqslant 1,n\in\mathbf{N}_+)$。公差 d 可以为正数、负数或零。

等差数列的通项公式：$a_n=a_1+(n-1)d$，或 $a_n=a_m+(n-m)d$，其中 a_n,a_m 必须是数列中的项。

等差中项：如果三个数 x,A,y 组成等差数列，那么 A 叫作 x 和 y 的等差中项，且 $A=\frac{x+y}{2}$。

二、等差数列的性质 【单选】 ★

(1)若 $k+l=m+n(k,l,m,n\in\mathbf{N}^*)$，则 $a_k+a_l=a_m+a_n$。

(2)若 $\{a_n\}$ 是等差数列，公差为 d，则 $\{a_{2n}\}$ 也是等差数列，公差为 $2d$。

(3)若 $\{a_n\}$，$\{b_n\}$ 是等差数列，则 $\{pa_n+qb_n\}$ 也是等差数列。

(4)若 $\{a_n\}$ 是等差数列，公差为 d，则 $a_k,a_{k+m},a_{k+2m},\cdots(k,m\in\mathbf{N}^*)$ 是公差为 md 的等差数列。

考法大揭秘

等差数列的判定方法

(1)定义法：$a_{n+1}-a_n=d$(常数)$\Leftrightarrow\{a_n\}$ 是等差数列。

(2)中项公式法：$2a_{n+1}=a_n+a_{n+2}(n\in\mathbf{N}_+)\Leftrightarrow\{a_n\}$ 是等差数列。

(3)通项公式法：$a_n=pn+q$(p,q 为常数)$\Leftrightarrow\{a_n\}$ 是等差数列。

(4)前 n 项和公式法：$S_n=An^2+Bn$(A,B 为常数)$\Leftrightarrow\{a_n\}$ 是等差数列。

[例1]已知数列$\{a_n\}$满足$2a_n+(n-1)a_{n-1}=na_n+a_1(n\in\mathbf{N}_+,且\ n\geqslant2)$,证明:数列$\{a_n\}$为等差数列。

答案:$\because 2a_n+(n-1)a_{n-1}=na_n+a_1(n\geqslant2)$,$\therefore 2a_{n+1}+na_n=(n+1)a_{n+1}+a_1(n\geqslant2)$,两式相减并整理得$(n-1)a_{n+1}=(2n-2)a_n-(n-1)a_{n-1}$,$\therefore a_{n+1}+a_{n-1}=2a_n$,$n\geqslant2$,由等差数列的性质知,数列$\{a_n\}$为等差数列。

[例2]各项均不为0的数列$\{a_n\}$满足$\frac{a_{n+1}(a_n+a_{n+2})}{2}=a_{n+2}a_n$,证明:数列$\left\{\frac{1}{a_n}\right\}$是等差数列。

答案:依题意得,$a_{n+1}a_n+a_{n+1}a_{n+2}=2a_{n+2}a_n$,两边同时除以$a_na_{n+1}a_{n+2}$,可得$\frac{1}{a_{n+2}}+\frac{1}{a_n}=\frac{2}{a_{n+1}}$,故数列$\left\{\frac{1}{a_n}\right\}$是等差数列。

第一部分

真题面对面

[2022 江西高中数学,单,1 分]已知$x>1,y>1$,且$\lg x,2,\lg y$成等差数列,则$x+y$有(　　)

A. 最小值 20　　B. 最小值 200

C. 最大值 20　　D. 最大值 200

答案:B。因为$\lg x,2,\lg y$成等差数列,所以$\lg x+\lg y=2\times2=4$,即$\lg xy=2\times2=4$,$xy=10000$,由基本不等式可得,$x+y\geqslant2\sqrt{xy}=200$,当$x=y=100$时,等式成立。故选B。

三、等差数列的前 *n* 项和　【单选、解答】　★★

考点 1　等差数列前 *n* 项和公式的推导

设等差数列$\{a_n\}$的前n项和为S_n,则$S_n=a_1+a_2+a_3+\cdots+a_n$,

而$a_2=a_1+d,a_3=a_1+2d,\cdots,a_n=a_1+(n-1)d$,

故$S_n=a_1+(a_1+d)+(a_1+2d)+\cdots+[a_1+(n-1)d]$①,

再把项的顺序反过来,S_n又可以表示为

$S_n=a_n+(a_n-d)+(a_n-2d)+\cdots+[a_n-(n-1)d]$②。

①+②,得$2S_n=(a_1+a_n)+(a_1+a_n)+\cdots+(a_1+a_n)=n(a_1+a_n)$,

所以$S_n=\frac{n(a_1+a_n)}{2}$,

还可以变形为$S_n=na_1+\frac{n(n-1)}{2}d$。

考点 2　等差数列前 *n* 项和的性质

(1)等差数列前n项和公式为$S_n=\frac{n(a_1+a_n)}{2}$,或$S_n=na_1+\frac{n(n-1)}{2}d$,也可以表示为$S_n=An^2+Bn$。

(2) $S_n, S_{2n}-S_n, S_{3n}-S_{2n}, \cdots$仍成等差数列。

(3) 在等差数列$\{a_n\}$中，$a_1>0, d<0$，则S_n存在最大值；若$a_1<0, d>0$，则S_n存在最小值。

(4) 若$\{a_n\}$，$\{b_n\}$都为等差数列，S_n, T_n分别为它们的前n项和，则$\frac{a_m}{b_m}=\frac{S_{2m-1}}{T_{2m-1}}$。

真题面对面

1. [2022 江西高中数学，单，1 分] 设S_n是等差数列$\{a_n\}$的前n项和，若$\frac{a_6}{a_5}=\frac{9}{11}$，则$\frac{S_{11}}{S_9}=($　　$)$

A. 1　　B. 2　　C. 4　　D. 6

答案：A。因为数列$\{a_n\}$是等差数列，由等差数列的性质可得$\frac{S_{11}}{S_9}=\frac{11\times\left(\frac{a_1+a_{11}}{2}\right)}{9\times\left(\frac{a_1+a_9}{2}\right)}=\frac{11\times a_6}{9\times a_5}=1$。

2. [2021 广东广州花都区，解答，9 分] 已知正项等差数列$\{a_n\}$满足$a_1=1, {a_2}^2-3a_2-10=0$。

(1) 求数列$\{a_n\}$的通项公式；

(2) 设数列$\{a_n\}$的前n项和为S_n，$b_n=\frac{S_n}{n+c}$，$c=-\frac{1}{2}$，求数列$\{b_n\}$的前n项和T_n。

答案：(1) 设等差数列$\{a_n\}$的公差为d，则$d>0$，$a_2=a_1+d$。由题意得$(a_1+d)^2-3(a_1+d)-10=0$，即$(1+d)^2-3(1+d)-10=0$，解得$d_1=4, d_2=-3$（舍去）。故$a_n=a_1+(n-1)d=1+4(n-1)=4n-3$。

(2) 根据等差数列的前n项和公式得$S_n=na_1+\frac{n(n-1)}{2}d=2n^2-n$，则$b_n=\frac{2n^2-n}{n-\frac{1}{2}}=2n$，所以数列$\{b_n\}$是以 2 为首项，以 2 为公差的等差数列，则$T_n=nb_1+\frac{n(n-1)}{2}\cdot d=n^2+n$。

第三节　等比数列

一、等比数列的基本概念

(1) 定义：一般地，如果一个数列从第 2 项起，每一项与它的前一项的比都等于同一个常数，那么这个数列叫作等比数列，这个常数叫作等比数列的公比，公比通常用字母$q(q\neq0)$表示，$q=\frac{a_n}{a_{n-1}}(n\geqslant2, n\in\mathbf{N}_+)$或者$q=\frac{a_{n+1}}{a_n}(n\geqslant1, n\in\mathbf{N}_+)$。

(2) 通项公式：$a_n=a_1q^{n-1}$，或$a_n=a_m\cdot q^{n-m}(n,m\in\mathbf{N}^*)$。

(3) 等比中项：如果a, G, b成等比数列，则G叫作a和b的等比中项，即$\frac{G}{a}=\frac{b}{G}\Rightarrow G^2=ab$。

二、等比数列的性质 【单选】 ★★

(1)若 $k+l=m+n(k,l,m,n\in\mathbf{N}^*)$,则 $a_k\cdot a_l=a_m\cdot a_n$。

(2)若$\{a_n\}$,$\{b_n\}$(项数相同)是等比数列,则 $\left\{\frac{1}{a_n}\right\}$,$\{a_n^2\}$,$\{a_n\cdot b_n\}$,$\left\{\frac{a_n}{b_n}\right\}$仍是等比数列。

(3)在等比数列$\{a_n\}$中,等距离取出若干项也构成一个等比数列,即 $a_n,a_{n+k},a_{n+2k},a_{n+3k},\cdots$为等比数列,公比为 q^k。

[例]已知等比数列$\{a_n\}$中,$a_2=1$,则其前 3 项的和 S_3 的取值范围是(　　)

A. $(-\infty,-1]$　　B. $(-\infty,0)\cup(1,+\infty)$

C. $[3,+\infty)$　　D. $(-\infty,-1]\cup[3,+\infty)$

答案:D。因为等比数列$\{a_n\}$中,$a_2=1$,设公比为 q,所以 $S_3=a_1+a_2+a_3=a_2\left(1+q+\frac{1}{q}\right)=1+q+\frac{1}{q}$,当$q>0$时,$S_3=1+q+\frac{1}{q}\geqslant 1+2\sqrt{q\cdot\frac{1}{q}}=3$;当 $q<0$ 时,$S_3=1-\left(-q-\frac{1}{q}\right)\leqslant 1-2\sqrt{(-q)\cdot\left(-\frac{1}{q}\right)}=-1$。综上,知 S_3 的取值范围是$(-\infty,-1]\cup[3,+\infty)$,故选项 D 正确。

真题面对面

[2022 江西高中数学,单,1 分]已知各项均为正数的等比数列$\{a_n\}$中,a_4 与 a_{14}的等比中项为 $2\sqrt{2}$,则 $2a_7+a_{11}$的最小值为(　　)

A. 16　　B. 8　　C. 4　　D. $2\sqrt{2}$

答案:B。因为数列$\{a_n\}$为各项均为正数的等比数列,设等比数列的公比为 q,所以 $a_4a_{14}={a_1}^2q^{16}=(a_1q^8)^2=(2\sqrt{2})^2$,由基本不等式可得,$2a_7+a_{11}\geqslant 2\sqrt{2a_7\cdot a_{11}}=2\sqrt{2{a_1}^2q^{16}}=2\sqrt{2a_4\cdot a_{14}}=2\sqrt{2\times(2\sqrt{2})^2}=8$,当且仅当 $2a_7=a_{11}=4$ 时成立。

三、等比数列的前 *n* 项和 【单选、解答】 ★★

考点 1 等比数列前 *n* 项和公式的推导

①当 $q=1$ 时,$S_n=na_1$;

②(错位相减法)当 $q\neq 1$ 时,由数列的前 n 项和定义,得

$S_n=a_1+a_2+\cdots+a_n=a_1+a_1q+\cdots+a_1q^{n-1}$,

$qS_n=a_1q+a_1q^2+\cdots+a_1q^n$,

两式相减,得$(1-q)S_n=a_1-a_1q^n=a_1(1-q^n)$,

所以 $S_n=\frac{a_1(1-q^n)}{1-q}$。

综上，$S_n=\begin{cases}na_1, q=1,\\ \dfrac{a_1(1-q^n)}{1-q}, q\neq 1。\end{cases}$

考点 2 等比数列前 *n* 项和的性质

(1) 等比数列的前 n 项和为 $S_n=\begin{cases}na_1, q=1,\\ \dfrac{a_1(1-q^n)}{1-q}, q\neq 1,\end{cases}$ 也可以表示为 $S_n=k-k\cdot q^n$，这里 q 为公比，且 $q\neq 0$，$q\neq 1$，$k=\dfrac{a_1}{1-q}$。

(2) $S_n, S_{2n}-S_n, S_{3n}-S_{2n}, \cdots$ 仍成等比数列。

考法大揭秘

等比数列的判定方法

(1) 定义法：$\dfrac{a_{n+1}}{a_n}=q$（q 是不为 0 的常数，$n\in\mathbf{N}_+$）$\Leftrightarrow\{a_n\}$ 是等比数列。

(2) 通项公式法：$a_n=cq^n$（c,q 均是不为 0 的常数，$n\in\mathbf{N}_+$）$\Leftrightarrow\{a_n\}$ 是等比数列。

(3) 中项公式法：$a_{n+1}^2=a_n\cdot a_{n+2}$（$a_n\times a_{n+1}\times a_{n+2}\neq 0, n\in\mathbf{N}_+$）$\Leftrightarrow\{a_n\}$ 是等比数列。

(4) 前 n 项和公式法：$S_n=\dfrac{a_1}{q-1}q^n-\dfrac{a_1}{q-1}=kq^n-k$（$k=\dfrac{a_1}{q-1}$ 是不为零的常数，且 $q\neq 0, q\neq 1$）$\Leftrightarrow\{a_n\}$ 是等比数列。

[例] 在数列 $\{a_n\}$ 中，$a_1=1, a_{n+1}=2a_n+1$，证明：数列 $\{a_n+1\}$ 是等比数列。

答案：$\because a_{n+1}=2a_n+1$，$\therefore a_{n+1}+1=2a_n+2=2(a_n+1)$，则 $\dfrac{a_{n+1}+1}{a_n+1}=2$，又 $a_1=1$，$\therefore a_1+1=2$，故数列 $\{a_n+1\}$ 是首项为 2，公比为 2 的等比数列。

真题面对面

[2022 山西特岗，单，3 分] 有一首童谣："玲珑塔上琉璃灯。沙弥点灯向上行，首层掌灯共三盏，明灯层层更倍增。小僧掌灯到塔顶，心中默数灯几重。玲珑塔上灯火数，三百八十一盏明。灯映湖心点点红，但问塔顶几盏灯？"童谣中的玲珑塔的顶层灯的盏数为（　　）

A. 96　　B. 144　　C. 192　　D. 231

答案：C。由条件可得玲珑塔的灯的盏数从首层到顶层为等比数列，则可列方程求玲珑塔的顶层灯的盏数。设其首层为 a_1，公比 q，顶层为 a_n，前 n 项和为 S_n。由已知可得 $a_1=3, q=2, S_n=381$，由等比数列的前 n 项和公式可得 $S_n=\dfrac{a_1-a_nq}{1-q}=\dfrac{3-2a_n}{1-2}=2a_n-3=381$，所以 $a_n=192$，故玲珑塔的顶层灯的盏数为 192，故选 C。

第四节　数列的通项公式与求和

一、数列通项公式的常用求法 【解答】 ★★★

考点 1 公式法

已知或根据题目的条件能够推出数列$\{a_n\}$为等差或等比数列，则根据数列的通项公式$a_n=a_1+(n-1)d$或$a_n=a_1q^{n-1}(q\neq0)$进行求解。

真题面对面

[2022 浙江杭州，解答，8 分] 已知$\{a_n\}$为等差数列，$\{b_n\}$为等比数列，且$b_2=3,b_3=9,a_1=b_1,a_{14}=b_4$。

(1)求$\{b_n\}$的通项公式；

(2)求$\{a_n\}$的前 n 项和 S_n。

答案：(1)由$b_2=3,b_3=9\Rightarrow q=3$，则$b_n=b_2q^{n-2}=3\times3^{n-2}=3^{n-1}$。

(2)由题意$a_1=b_1=1,a_{14}=b_4=27\Rightarrow a_1+13d=27\Rightarrow1+13d=27\Rightarrow d=2\Rightarrow a_n=a_1+(n-1)d=2n-1$，

故$S_n=a_1+a_2+\cdots+a_n=\dfrac{n(a_1+a_n)}{2}=\dfrac{n(1+2n-1)}{2}=n^2$。

考点 2 由数列的前几项求通项公式

1. 分式形式的数列，分别求分子、分母的通项，较复杂的还要考虑分子、分母的关系；

2. 若第 n 项和第 $n+1$ 项正负交错，那么符号用$(-1)^n$或$(-1)^{n+1}$或$(-1)^{n-1}$来调控；

3. 对于较复杂数列的通项公式，其项与序号之间的关系不容易发现，需要将数列各项的结构形式加以变形，可使用添项、通分、分割等方法，将数列的各项分解成若干个常见数列对应项的“和”“差”“积”“商”后再进行归纳。

[例] 写出下面数列的一个通项公式：

(1)3,33,333,3333,…；

(2)3,5,7,9,…。

答案：(1)将数列各项改写为$\dfrac{9}{3},\dfrac{99}{3},\dfrac{999}{3},\dfrac{9999}{3},\cdots$，分母都是 3，而分子分别是$10-1,10^2-1,10^3-1,10^4-1,\cdots$，所以$a_n=\dfrac{1}{3}(10^n-1)$。

(2)各项式减去 1 后为正偶数，所以$a_n=2n+1$。

第一部分

考点 3 a_n与S_n的关系式法

1. 含S_n与a_n关系的问题的求解思路

根据所求结果的不同要求，将问题向不同的两个方向转化：一是利用$a_n=S_n-S_{n-1}(n\geqslant 2)$转化为只含$S_n,S_{n-1}$的关系式，再求解；二是利用$S_n-S_{n-1}=a_n(n\geqslant 2)$转化为只含$a_n$的关系式，再求解。

2. 已知S_n求a_n的三个步骤

(1)先利用$a_1=S_1$求出a_1；

(2)用$n-1$替换S_n中的n得到一个新的关系，利用$a_n=S_n-S_{n-1}(n\geqslant 2)$便可求出当$n\geqslant 2$时$a_n$的表达式；

(3)注意检验a_1是否可以与$n\geqslant 2$的表达式合并。

[例]已知数列$\{a_n\}$的前n项和S_n满足$a_{n+1}=\frac{1}{3}S_n$，其中$a_1=1$，求a_n。

答案：由题意知$S_n=3a_{n+1}$，$\therefore S_{n-1}=3a_n(n\geqslant 2)$，两式相减得$a_n=S_n-S_{n-1}=3a_{n+1}-3a_n$，则$4a_n=3a_{n+1}$，即$\frac{a_{n+1}}{a_n}=\frac{4}{3}(n\geqslant 2)$，又$a_2=\frac{1}{3}S_1=\frac{1}{3}a_1$不适合上式，$\therefore$数列$\{a_n\}$从第二项起是以$\frac{4}{3}$为公比的等比数列，$a_n=a_2\cdot\left(\frac{4}{3}\right)^{n-2}=\frac{1}{3}\left(\frac{4}{3}\right)^{n-2}(n\geqslant 2)$，$\therefore a_n=\begin{cases}1, n=1,\\ \frac{1}{3}\left(\frac{4}{3}\right)^{n-2}, n\geqslant 2。\end{cases}$

考点 4 由递推关系式求通项公式的常用方法

1. 累加法

当数列$\{a_n\}$中有$a_n-a_{n-1}=f(n)$，$n\in\mathbf{N}_+$，即第n项与第$n-1$项的差是个有“规律”的数时，就可以用累加法。$a_n=(a_n-a_{n-1})+(a_{n-1}-a_{n-2})+\cdots+(a_2-a_1)+a_1(n\geqslant 2)$。

2. 累乘法

它与累加法类似，当数列$\{a_n\}$中有$\frac{a_n}{a_{n-1}}=f(n)$，$n\in\mathbf{N}_+$，即第n项与第$n-1$项的商是个有“规律”的数时，就可以用累乘法。$a_n=\frac{a_n}{a_{n-1}}\cdot\frac{a_{n-1}}{a_{n-2}}\cdot\cdots\cdot\frac{a_2}{a_1}\cdot a_1(n\geqslant 2)$。

[例]在数列$\{a_n\}$中，$a_1=1$，$(n+1)a_{n+1}=na_n$，求a_n的表达式。

答案：由$(n+1)a_{n+1}=na_n$，得$\frac{a_{n+1}}{a_n}=\frac{n}{n+1}$，$\therefore a_n=\frac{a_n}{a_{n-1}}\cdot\frac{a_{n-1}}{a_{n-2}}\cdot\cdots\cdot\frac{a_2}{a_1}\cdot a_1=\frac{n-1}{n}\cdot\frac{n-2}{n-1}\cdot\cdots\cdot\frac{2}{3}\cdot\frac{1}{2}\cdot 1=\frac{1}{n}$。又$a_1=1$符合此式，故$a_n=\frac{1}{n}(n\geqslant 1$，且$n\in\mathbf{N}_+)$。

二、数列前 n 项和的常用求法 【解答】★★★

1. 分组法求和

(1)步骤

第一步　定通项公式：即根据已知条件求出数列的通项公式；

第二步　巧拆分：即根据通项公式特征，将其分解为几个可以直接求和的数列；

第三步　分别求和：即分别求出各个数列的和；

第四步　组合：即把拆分后每个数列的和进行组合，可求得原数列的和。

(2)使用条件

①若 $a_n=b_n\pm c_n$，且$\{b_n\}$，$\{c_n\}$为等差或等比数列，可采用分组法求$\{a_n\}$的前 n 项和；

②通项公式为 $a_n=\begin{cases}b_n, n\text{ 为奇数},\\ c_n, n\text{ 为偶数}\end{cases}$ 的数列，其中数列$\{b_n\}$，$\{c_n\}$是等比或等差数列，可采用分组法求和。

[例]数列$\{a_n\}$的通项公式为 $a_n=2n-1$，若 $b_n=a_n+q^{a_n}(q>0)$，求数列$\{b_n\}$的前 n 项和 S_n。

答案：由 $a_n=2n-1$ 得 $b_n=2n-1+q^{2n-1}$，

当 $q>0$ 且 $q\neq1$ 时，$S_n=[1+3+5+7+\cdots+(2n-1)]+(q^1+q^3+q^5+q^7+\cdots+q^{2n-1})=n^2+\dfrac{q(1-q^{2n})}{1-q^2}$；当 $q=1$ 时，$b_n=2n$，则 $S_n=n(n+1)$，所以 $S_n=\begin{cases}n(n+1), q=1,\\ n^2+\dfrac{q(1-q^{2n})}{1-q^2}, q>0\text{ 且 }q\neq1。\end{cases}$

2. 错位相减法求和

(1)步骤

第一步　巧拆分：即根据通项公式将已知式分解为等差数列和等比数列乘积的形式；

第二步　确定等差、等比数列的通项公式；

第三步　构差式：即写出 S_n 的表达式，然后两边同时乘等比数列的公比得到另外一个式子(前 n 项和 $S_n=\cdots$①，$qS_n=\cdots$②)，两式作差(①－②)；

第四步　求和：根据差式的特征准确求和。

(2)使用条件

等差数列×等比数列(或者$\dfrac{\text{等差数列}}{\text{等比数列}}$)；

或者一次函数×指数函数(或者$\dfrac{\text{一次函数}}{\text{指数函数}}$)。

(等差数列的通项公式类似于关于 n 的一次函数，等比数列的通项公式类似于指数函数)

[例]已知$\{a_n\}$是各项均为正数的等比数列，且 $a_1+a_2=6$，$a_1a_2=a_3$。

(1)求数列$\{a_n\}$的通项公式；

(2)$\{b_n\}$为各项非零的等差数列，其前 n 项和为 S_n，已知 $S_{2n+1}=b_nb_{n+1}$，求数列$\left\{\dfrac{b_n}{a_n}\right\}$的前 n 项和 T_n。

答案：(1)设$\{a_n\}$的公比为 $q(q>0)$，由题意知 $a_1(1+q)=6$，$a_1^2q=a_1q^2$，又 $a_n>0$，解得 $a_1=2$，$q=2$，所以 $a_n=2^n$。

(2)由题意知 $S_{2n+1}=\dfrac{(2n+1)(b_1+b_{2n+1})}{2}=(2n+1)b_{n+1}$，又 $S_{2n+1}=b_nb_{n+1}$，且 $b_{n+1}\neq0$，所以 $b_n=2n+1$，

令 $c_n=\frac{b_n}{a_n}$，则 $c_n=\frac{2n+1}{2^n}$，因此 $T_n=c_1+c_2+\cdots+c_n=\frac{3}{2}+\frac{5}{2^2}+\frac{7}{2^3}+\cdots+\frac{2n-1}{2^{n-1}}+\frac{2n+1}{2^n}$，又 $\frac{1}{2}T_n=\frac{3}{2^2}+\frac{5}{2^3}+\frac{7}{2^4}+\cdots+\frac{2n-1}{2^n}+\frac{2n+1}{2^{n+1}}$，两式相减得 $\frac{1}{2}T_n=\frac{3}{2}+\left(\frac{1}{2}+\frac{1}{2^2}+\frac{1}{2^3}+\cdots+\frac{1}{2^{n-1}}\right)-\frac{2n+1}{2^{n+1}}$，即 $T_n=3+\left(1+\frac{1}{2}+\frac{1}{2^2}+\frac{1}{2^3}+\cdots+\frac{1}{2^{n-2}}\right)-\frac{2n+1}{2^n}=3+\frac{1-\frac{1}{2^{n-1}}}{1-\frac{1}{2}}-\frac{2n+1}{2^n}$，所以 $T_n=5-\frac{2n+5}{2^n}$。

3. 裂项相消法求和

（1）步骤

第一步 定通项公式：即根据已知条件求出数列的通项公式；

第二步 巧裂项：即根据通项公式特征准确裂项，将其表示为两项之差的形式；

第三步 消项求和：即把握消项的规律，准确求和。

（2）使用特征

①分式：分母可以写成两个因式相乘；②检验：检验是否可以裂项。

（3）常见的裂项相消方法如下：

①$\frac{1}{n(n+k)}=\frac{1}{k}\left(\frac{1}{n}-\frac{1}{n+k}\right)$；②$\frac{1}{n(n+1)(n+2)}=\frac{1}{2}\left[\frac{1}{n(n+1)}-\frac{1}{(n+1)(n+2)}\right]$；③$\frac{1}{\sqrt{n}+\sqrt{n+k}}=\frac{1}{k}(\sqrt{n+k}-\sqrt{n})$；④$\log_a\left(1+\frac{1}{n}\right)=\log_a(n+1)-\log_a n$；⑤$\frac{2^n}{(2^n-1)(2^{n+1}-1)}=\frac{1}{2^n-1}-\frac{1}{2^{n+1}-1}$。（$k$ 为非零常数）

[例] $a_n=2n$，$b_n=\frac{1}{(n+1)a_n}$，求数列 $\{b_n\}$ 的前 n 项和 T_n。

答案：$\because a_n=2n$，$b_n=\frac{1}{(n+1)a_n}$，$\therefore b_n=\frac{1}{2n(n+1)}=\frac{1}{2}\left(\frac{1}{n}-\frac{1}{n+1}\right)$，

$\therefore T_n=\frac{1}{2}\left(1-\frac{1}{2}+\frac{1}{2}-\frac{1}{3}+\cdots+\frac{1}{n}-\frac{1}{n+1}\right)=\frac{1}{2}\left(1-\frac{1}{n+1}\right)=\frac{n}{2n+2}$，故数列 $\{b_n\}$ 的前 n 项和 $T_n=\frac{n}{2n+2}$。

4. 倒序相加法求和

一个数列 $\{a_n\}$，如果与首末两项等距的两项之和等于首末两项之和，可采用把数列正着写和倒着写再相加来求和，例如等差数列前 n 项和公式的推导方法。

5. 并项求和

将某些具有特殊性质的项放在一起先求和，再整体求和。

6. 常见数列的前 n 项和

（1）$1+2+3+\cdots+n=\frac{n(n+1)}{2}$；

(2) $2+4+6+\cdots+2n=n^2+n$;

(3) $1+3+5+\cdots+(2n-1)=n^2$;

(4) $1^2+2^2+3^2+\cdots+n^2=\frac{1}{6}n(n+1)(2n+1)$。

真题面对面

[2022 山西特岗,解答,8 分]已知数列$\{a_n\}$是等差数列,$\{b_n\}$是等比数列,且 $a_1=b_1=1$,$b_3=2b_2$,$a_4+1=b_4$。

(1)求数列$\{a_n\}$,$\{b_n\}$的通项公式;

(2)设 $c_n=(a_n+1)b_n$,求数列$\{c_n\}$的前 n 项和 S_n。

答案:(1)$\because \{b_n\}$为等比数列且 $b_3=2b_2$,所以 $q=2$,而 $b_1=1$,$\therefore b_n=2^{n-1}$,$\because a_4+1=b_4$,$\therefore a_1+3d+1=2^{4-1}=8$,$\therefore 3d=8-2=6$,$\therefore d=2$,$\therefore a_n=1+2(n-1)=2n-1$。

(2)由(1)知,$c_n=2n\cdot 2^{n-1}=n\cdot 2^n$,

$S_n=1\times 2^1+2\times 2^2+3\times 2^3+\cdots+n\cdot 2^n$①,

$2S_n=1\times 2^2+2\times 2^3+3\times 2^4+\cdots+n\cdot 2^{n+1}$②,

①-②得 $-S_n=1\times 2^1+2^2+2^3+\cdots+2^n-n\cdot 2^{n+1}=\frac{2-2^{n+1}}{1-2}-n\cdot 2^{n+1}=2^{n+1}-2-n\cdot 2^{n+1}=(1-n)2^{n+1}-2$,

$\therefore S_n=(n-1)2^{n+1}+2$。

达标测评

建议用时	实际用时	测评总分	实际得分
50 分钟	______分钟	71 分	______分

一、单项选择题(每小题 3 分,共 30 分)

1. 设$\{a_n\}$是公比为正数的等比数列,若 $a_3=4$,$a_5=16$,则数列$\{a_n\}$的前 5 项和为(　　)

A. 41　　B. 15　　C. 32　　D. 31

2. 设 S_n是等差数列$\{a_n\}$的前 n 项和,若$\frac{a_5}{a_3}=\frac{5}{9}$,则$\frac{S_9}{S_5}=$(　　)

A. 1　　B. -1　　C. 2　　D. $\frac{1}{2}$

3. 在数列$\{a_n\}$中，$a_3=3$，$a_9=27$，其通项公式是项数 n 的一次函数，则数列$\{a_n\}$的通项公式为(　　)

A. $a_n=4n-1$　　B. $a_n=2n+1$

C. $a_n=4n-9$　　D. $a_n=6n-3$

4. 记数列$\{a_n\}$的前 n 项和为 S_n，若 $a_3=108$，且$(n+1)a_{n+1}-3(n+2)a_n=0$，则(　　)

A. $a_1=8$　　B. $a_8=3^{11}$

C. $S_n=(n+1)\cdot 3^n$　　D. $S_5=2004$

5. 各项均为正数的等比数列$\{a_n\}$的前 n 项和为 S_n，若 $S_n=2$，$S_{3n}=14$，则 S_{4n}等于(　　)

A. 80　　B. 26　　C. 30　　D. 16

6. 已知等差数列$\{a_n\}$的前 n 项和为 S_n，$S_9=-18$，$S_{13}=-52$，$\{b_n\}$为等比数列，且 $b_5=a_5$，$b_7=a_7$，则 $b_{15}=$(　　)

A. 64　　B. 128　　C. -64　　D. -128

7. 已知各项均为正数的等比数列$\{a_n\}$中，$a_1a_2a_3=5$，$a_7a_8a_9=10$，则 $a_4a_5a_6$等于(　　)

A. $4\sqrt{2}$　　B. 6　　C. 7　　D. $5\sqrt{2}$

8. 设$\{a_n\}$是等比数列，公比 $q=2$，S_n为$\{a_n\}$的前 n 项和，记 $T_n=\dfrac{17S_n-S_{2n}}{a_{n+1}}(n\in\mathbf{N}_+)$，设 T_{n_0}为数列$\{T_n\}$的最大项，则 $n_0=$(　　)

A. 2　　B. 3　　C. 4　　D. 5

9. 若 a，b 是函数$f(x)=x^2-px+q(p>0,q>0)$的两个不同的零点，且 a，b，-2 这三个数可适当排序后成等差数列，也可适当排序后成等比数列，则 $p+q$ 的值等于(　　)

A. 6　　B. 7　　C. 8　　D. 9

10. 若等比数列$\{a_n\}$的各项均为正数，且 $a_{10}a_{11}+a_9a_{12}=2e^5$，则 $\ln a_1+\ln a_2+\cdots+\ln a_{20}=$(　　)

A. 10　　B. 50　　C. -50　　D. 20

二、填空题(每小题 3 分，共 9 分)

11. 数列$\{a_n\}$不是常数列，满足 $a_1=\dfrac{1}{4}$，$a_5=\dfrac{1}{8}$，且 $a_1a_2+a_2a_3+\cdots+a_na_{n+1}=na_1a_{n+1}$对任何的正整数 n 都成立，则$\dfrac{1}{a_1}+\dfrac{1}{a_2}+\cdots+\dfrac{1}{a_{50}}$的值为________。

12. 已知数列$\{a_n\}$是公差不为 0 的等差数列，$\{b_n\}$是等比数列，其中 $a_1=3$，$b_1=1$，$a_2=b_2$，$3a_5=b_3$，若存在常数 u，v 对任意正整数 n 都有 $a_n=3\log_u b_n+v$，则 $u+v=$________。

13. 设各项都是正数的等比数列$\{a_n\}$，S_n为其前 n 项和，$S_{10}=10$，$S_{30}=70$，那么 $S_{40}=$________。

三、解答题(每小题 8 分，共 32 分)

14. 设数列$\{a_n\}$的前 n 项和为 S_n。已知 $a_1=1$，$S_{n+1}=4a_n+2$。

(1)设 $b_n=a_{n+1}-2a_n$，证明数列$\{b_n\}$是等比数列；

(2)求数列$\{a_n\}$的通项公式。

15. 已知$\{a_n\}$是等比数列,前 n 项和为 $S_n(n\in\mathbf{N}_+)$,且$\frac{1}{a_1}-\frac{1}{a_2}=\frac{2}{a_3}$,$S_6=63$。

(1)求$\{a_n\}$的通项公式;

(2)若对任意的 $n\in\mathbf{N}_+$,b_n是$\log_2a_n$和$\log_2a_{n+1}$的等差中项,求数列$\{(-1)^nb_n^2\}$的前$2n$ 项和。

16. 已知各项都为正数的数列$\{a_n\}$满足 $a_1=1$,$a_n^2-(2a_{n-1}-1)a_n-2a_{n-1}=0(n\geqslant2,n\in\mathbf{N}_+)$,数列$\{b_n\}$满足 $b_1=1$,$b_1+\frac{1}{2}b_2+\frac{1}{3}b_3+\cdots+\frac{1}{n}b_n=b_{n+1}-1(n\in\mathbf{N}_+)$。

(1)求$\{a_n\}$,$\{b_n\}$的通项公式;

(2)求数列$\{a_n\cdot b_n\}$的前 n 项和 T_n。

17. 已知在数列$\{a_n\}$中,$a_1=1$,前 n 项和 $S_n=\frac{n+2}{3}a_n$。

(1)求 a_2,a_3;

(2)求$\{a_n\}$的通项公式。

参考答案及解析

一、单项选择题

1. D [解析]由于 $a_3=4$,$a_5=16$,则 $q^2=\frac{a_5}{a_3}=\frac{16}{4}=4$,又$\{a_n\}$是公比为正数的等比数列,则 $q=2$,$\because a_3=4$,$\therefore a_1=1$,$\therefore$ 数列$\{a_n\}$的前 5 项和 $S_5=\frac{1\times(1-2^5)}{1-2}=2^5-1=31$。故选 D。

2. A [解析]因为$\frac{a_5}{a_3}=\frac{5}{9}$,所以$\frac{S_9}{S_5}=\frac{9a_5}{5a_3}=\frac{9}{5}\times\frac{5}{9}=1$。故选 A。

3. C [解析]设数列的通项公式为 $a_n=kn+b$,则根据题意可得$\begin{cases}3k+b=3,\\9k+b=27,\end{cases}$解得$\begin{cases}k=4,\\b=-9。\end{cases}$则数列$\{a_n\}$的通项公式为 $a_n=4n-9$。

4. D [解析]依题意,$\frac{a_{n+1}}{n+2}-3\cdot\frac{a_n}{n+1}=0$,故$\left\{\frac{a_n}{n+1}\right\}$是公比为 3 的等比数列,而 $a_3=108$,且$3a_3-12a_2=0$,解得 $a_2=27$,又 $2a_2-9a_1=0$,解得 $a_1=6$,A 项错误;由上可知$\frac{a_n}{n+1}=3^n$,即 $a_n=(n+1)\cdot3^n$,C 项错误;$a_8=9\cdot3^8=3^{10}$,B 项错误;由通项公式可知 $a_4=405$,$a_5=1458$,因此 $S_5=a_1+a_2+a_3+a_4+a_5=6+27+108+405+1458=2004$,选项 D 正确。

5. C [解析]$\frac{S_{3n}}{S_n}=\frac{14}{2}=\frac{1-q^{3n}}{1-q^n}$,解得 $q^n=2$。所以$S_{4n}=S_n\cdot\frac{1-q^{4n}}{1-q^n}=30$,故选 C。

6. C [解析]由等差数列前 n 项和公式得,$S_9=\frac{9}{2}(a_1+a_9)=9a_5=-18$,$S_{13}=\frac{13}{2}(a_1+a_{13})=13a_7=-52$,解得 $a_5=-2$,$a_7=-4$,所以 $b_5=a_5=-2$,$b_7=a_7=-4$,设数列$\{b_n\}$的公比为 q,则有$q^2=2$,则 $b_{15}=b_7\cdot q^8=$

第一部分

$-4\times16=-64$。

7. D [解析]$\because\{a_n\}$为等比数列,$\therefore a_1a_2a_3,a_4a_5a_6,a_7a_8a_9$也成等比数列,$\therefore(a_4a_5a_6)^2=(a_1a_2a_3)(a_7a_8a_9)=5\times10$,又$\{a_n\}$各项均为正数,$\therefore a_4a_5a_6=5\sqrt{2}$。

8. A [解析]设等比数列的首项为a_1,则$a_n=a_12^{n-1}$,$S_n=\dfrac{a_1(1-2^n)}{1-2}=a_1(2^n-1)$,$T_n=\dfrac{17S_n-S_{2n}}{a_{n+1}}=\dfrac{17a_1(2^n-1)-a_1(2^{2n}-1)}{a_1\cdot2^n}=\dfrac{17\times2^n-2^{2n}-16}{2^n}=17-\left(2^n+\dfrac{16}{2^n}\right)\leqslant17-2\sqrt{2^n\times\dfrac{16}{2^n}}=9$,当且仅当$2^n=\dfrac{16}{2^n}$,即$n=2$时等号成立。所以$n_0=2$,本题选A。

9. D [解析]由题意得$\begin{cases}a+b=p>0,\\ab=q>0,\end{cases}$则$\begin{cases}a>0,\\b>0。\end{cases}$不妨设$a<b$,则$a,b,-2$这三个数适当排序后成等差数列时,$a$为等差中项,$a,b,-2$这三个数适当排序后成等比数列时,$-2$必为等比中项,则$\begin{cases}-2+b=2a,\\ab=(-2)^2,\end{cases}$解得$\begin{cases}a=1,\\b=4,\end{cases}$所以$\begin{cases}p=5,\\q=4,\end{cases}$故$p+q=9$。

10. B [解析]因为$\{a_n\}$为等比数列,所以可得$a_{10}a_{11}=a_9a_{12}=a_1a_{20}=e^5$,于是$\ln a_1+\ln a_2+\cdots+\ln a_{20}=\ln(a_1a_2\cdots a_{20})$,而$a_1a_2\cdots a_{20}=(a_1a_{20})^{10}=e^{50}$,因此$\ln a_1+\ln a_2+\cdots+\ln a_{20}=\ln e^{50}=50$。

二、填空题

11. 1425 [解析]因为$a_1a_2+a_2a_3+\cdots+a_na_{n+1}=na_1a_{n+1}$,所以当$n\geqslant2$时,$a_1a_2+a_2a_3+\cdots+a_{n-1}a_n=(n-1)a_1a_n$,两式相减可得$a_na_{n+1}=na_1a_{n+1}-(n-1)a_1a_n$,即$\dfrac{1}{a_1}=\dfrac{n}{a_n}-\dfrac{n-1}{a_{n+1}}$,则$\dfrac{1}{a_1}=\dfrac{n+1}{a_{n+1}}-\dfrac{n}{a_{n+2}}$,则$\dfrac{n}{a_n}-\dfrac{n-1}{a_{n+1}}=\dfrac{n+1}{a_{n+1}}-\dfrac{n}{a_{n+2}}$,即$\dfrac{1}{a_n}+\dfrac{1}{a_{n+2}}=\dfrac{2}{a_{n+1}}$,即数列$\left\{\dfrac{1}{a_n}\right\}$是等差数列,又由$a_1=\dfrac{1}{4}$,$a_5=\dfrac{1}{8}$可得数列$\left\{\dfrac{1}{a_n}\right\}$的公差$d=1$,则$\dfrac{1}{a_{50}}=53$,则$\dfrac{1}{a_1}+\dfrac{1}{a_2}+\cdots+\dfrac{1}{a_{50}}=\dfrac{50\times(4+53)}{2}=1425$。

12. 6 [解析]设数列$\{a_n\}$的公差为d,数列$\{b_n\}$的公比为q,$\because a_1=3,b_1=1,a_2=b_2,3a_5=b_3$,$\therefore a_2=3+d=b_2=q$,$3a_5=3(3+4d)=b_3=q^2$,解方程得$q=3$或$q=9$。当$q=3$时,$d=0$,不符合题意,故舍去;当$q=9$时,$d=6$。所以$a_n=3+(n-1)\times6=6n-3$,$b_n=q^{n-1}=9^{n-1}$,$\because a_n=3\log_u b_n+v=\log_u(9^{3n-3})+v$,$\therefore 6n-3-v=\log_u(9^{3n-3})$,当$n=1$时,有$3-v=\log_u1=0$,$\therefore v=3$,当$n=2$时,有$12-3-3=\log_u9^3$,$\therefore u^6=9^3$,则$u=3$,$\therefore u+v=6$。

13. 150 [解析]依题意,知等比数列$\{a_n\}$的公比$q>0$,数列$S_{10},S_{20}-S_{10},S_{30}-S_{20},S_{40}-S_{30}$成等比数列,因此有$(S_{20}-S_{10})^2=S_{10}(S_{30}-S_{20})$,即$(S_{20}-10)^2=10(70-S_{20})$,解得$S_{20}=-20$或$S_{20}=30$,又$S_{20}>0$,因此$S_{20}=30$,则$S_{20}-S_{10}=20,S_{30}-S_{20}=40,S_{40}-S_{30}=80$,故$S_{40}=150$。

三、解答题

14. [解析](1)由$a_1=1$及$S_{n+1}=4a_n+2$,得$a_1+a_2=4\times a_1+2=6$,$a_2=5$,则$b_1=a_2-2a_1=3$。

由 $S_{n+1}=4a_n+2$①,

当 $n\geqslant 2$ 时,有 $S_n=4a_{n-1}+2$②,

①-②得 $a_{n+1}=4a_n-4a_{n-1}$,

可化为 $a_{n+1}-2a_n=2(a_n-2a_{n-1})$。

又 $b_n=a_{n+1}-2a_n$,则 $b_n=2b_{n-1}$,故 $\{b_n\}$ 是首项为 $b_1=3$,公比为 2 的等比数列。

(2)由(1)可得 $b_n=a_{n+1}-2a_n=3\cdot 2^{n-1}$,

则 $\frac{a_{n+1}}{2^{n+1}}-\frac{a_n}{2^n}=\frac{3}{4}$。

$\therefore$ 数列 $\left\{\frac{a_n}{2^n}\right\}$ 是首项为 $\frac{1}{2}$,公差为 $\frac{3}{4}$ 的等差数列,

$\therefore \frac{a_n}{2^n}=\frac{1}{2}+(n-1)\times\frac{3}{4}=\frac{3}{4}n-\frac{1}{4}$,

$\therefore a_n=(3n-1)\cdot 2^{n-2}$。

15. [解析](1)设 $\{a_n\}$ 的公比为 q,则由 $\frac{1}{a_1}-\frac{1}{a_2}=\frac{2}{a_3}$ 可得 $\frac{1}{a_1}-\frac{1}{a_1q}=\frac{2}{a_1q^2}$,

即 $1-\frac{1}{q}=\frac{2}{q^2}$,解得 $q=2$ 或 $q=-1$,

若 $q=-1$,则 $S_6=0$,不符合题意,$\therefore q=2$,

$\therefore S_6=\frac{a_1(1-2^6)}{1-2}=63$,解得 $a_1=1$,

$\therefore a_n=2^{n-1}(n\in\mathbf{N}_+)$。

(2)$\because b_n$ 是 $\log_2 a_n$ 和 $\log_2 a_{n+1}$ 的等差中项,

$\therefore b_n=\frac{1}{2}(\log_2 a_n+\log_2 a_{n+1})=\frac{1}{2}(\log_2 2^{n-1}+\log_2 2^n)=n-\frac{1}{2}$,

$\therefore b_{n+1}-b_n=1, b_1=\frac{1}{2}$。

$\therefore \{b_n\}$ 是以 $\frac{1}{2}$ 为首项,1 为公差的等差数列。

设数列 $\{(-1)^n b_n^2\}$ 的前 $2n$ 项和为 T_{2n},则 $T_{2n}=(-b_1^2+b_2^2)+(-b_3^2+b_4^2)+\cdots+(-b_{2n-1}^2+b_{2n}^2)=[(b_2+b_1)(b_2-b_1)+(b_4+b_3)(b_4-b_3)+\cdots+(b_{2n}+b_{2n-1})(b_{2n}-b_{2n-1})]=b_1+b_2+b_3+\cdots+b_{2n-1}+b_{2n}=\frac{b_1+b_{2n}}{2}\times 2n=\frac{\frac{1}{2}+2n-\frac{1}{2}}{2}\times 2n=2n^2$。

16. [解析](1)将 $a_n^2-(2a_{n-1}-1)a_n-2a_{n-1}=0$ 变形可得 $(a_n-2a_{n-1})(a_n+1)=0$,

即有 $a_n=2a_{n-1}$ 或 $a_n=-1$,

又数列 $\{a_n\}$ 各项均为正数,则有 $a_n=2a_{n-1}(n\geqslant 2)$,

第一部分

当 $n=2$ 时，$a_2^2-(2a_1-1)a_2-2a_1=0$，解得 $a_2=2$ 或 -1（舍去），则 $\frac{a_2}{a_1}=2$，

故数列 $\{a_n\}$ 是首项为 $a_1=1$，公比为 2 的等比数列，则 $a_n=2^{n-1}(n\in\mathbf{N}_+)$。

由题意知，当 $n=1$ 时，$b_1=b_2-1$，故 $b_2=2$，

当 $n\geqslant2$ 时，$b_1+\frac{1}{2}b_2+\frac{1}{3}b_3+\cdots+\frac{1}{n-1}b_{n-1}=b_n-1$①，

$b_1+\frac{1}{2}b_2+\frac{1}{3}b_3+\cdots+\frac{1}{n}b_n=b_{n+1}-1$②，

②－①得，$\frac{1}{n}b_n=b_{n+1}-b_n$，整理得 $\frac{b_n}{n}=\frac{b_{n+1}}{n+1}$，

$\therefore \frac{b_n}{n}=\frac{b_{n-1}}{n-1}=\cdots=\frac{b_1}{1}=1$，

$\therefore b_n=n$。

(2) 由(1)知，$a_n\cdot b_n=n\cdot2^{n-1}$，

因此，$T_n=1+2\cdot2+3\cdot2^2+\cdots+n\cdot2^{n-1}$，

$2T_n=1\cdot2+2\cdot2^2+3\cdot2^3+\cdots+n\cdot2^n$，

两式作差得，$-T_n=1+2+2^2+2^3+\cdots+2^{n-1}-n\cdot2^n=-1+(1-n)2^n$，

$\therefore T_n=(n-1)2^n+1(n\in\mathbf{N}_+)$。

17. [解析] (1) 由 $S_2=\frac{4}{3}a_2$，得 $3(a_1+a_2)=4a_2$，解得 $a_2=3a_1=3$，由 $S_3=\frac{5}{3}a_3$，得 $3(a_1+a_2+a_3)=5a_3$，解得 $a_3=\frac{3}{2}(a_1+a_2)=6$。

(2) 由题设知 $a_1=1$，当 $n\geqslant2$ 时，有 $S_n-S_{n-1}=a_n=\frac{n+2}{3}a_n-\frac{n+1}{3}a_{n-1}$，整理得 $a_n=\frac{n+1}{n-1}a_{n-1}$，于是 $a_1=1$，$a_2=\frac{3}{1}a_1$，$a_3=\frac{4}{2}a_2$，…，$a_{n-1}=\frac{n}{n-2}a_{n-2}$，$a_n=\frac{n+1}{n-1}a_{n-1}$，将以上 n 个等式两端分别相乘，整理得 $a_n=\frac{n(n+1)}{2}$，当 $n=1$ 时，$a_1=1$ 也符合上式。综上，$\{a_n\}$ 的通项公式 $a_n=\frac{n(n+1)}{2}$，$n\in\mathbf{N}_+$。

第六章　向量与复数

第一部分

思维导图

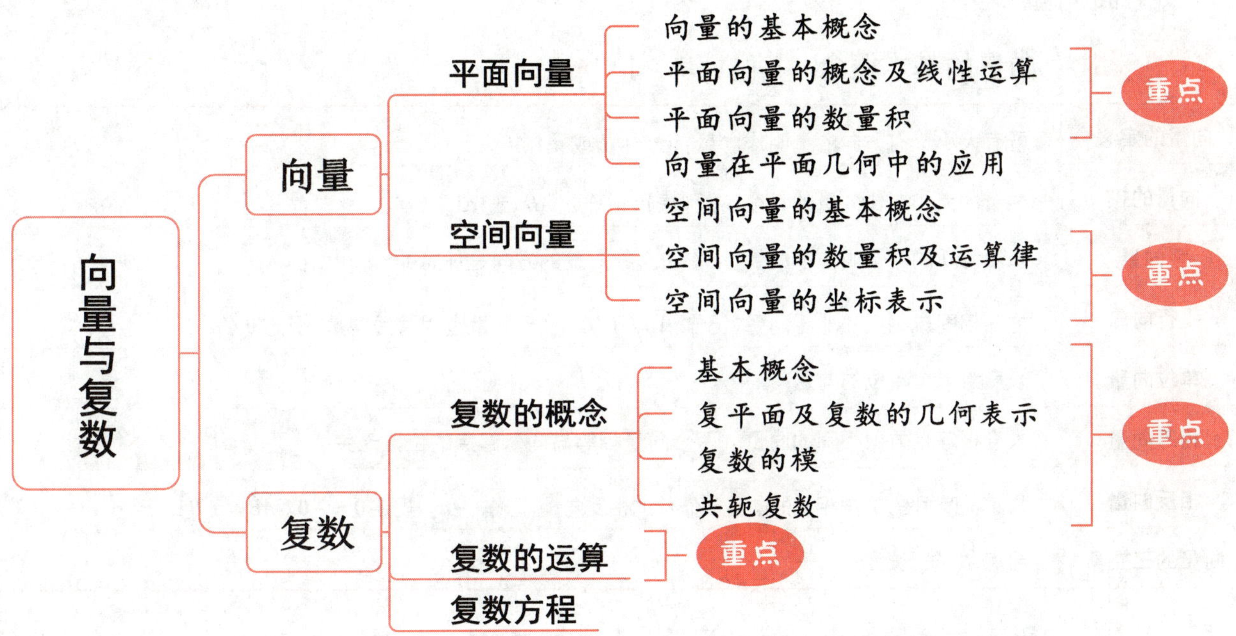

考向分析

本章属于高中阶段数学的基本内容，在多省、市均有所涉及，要求考生识记并理解相关概念，重点掌握其对应的解题方法。现对本章考向分析如下：

高频考点	常考题型	能力要求	考查热度
平面向量的基本概念	单选、填空	理解	★
平面向量的相关运算	单选、填空	理解	★
平面向量的数量积	单选	掌握	★★★
平面向量在平面几何中的应用	单选	掌握	★
空间向量的坐标表示及其应用	单选、填空、解答	掌握	★★
复数的基本概念	单选、填空	掌握	★★
复数的模	单选、填空	理解	★★
共轭复数	单选	识记	★
复数的运算	单选、填空	掌握	★★

核心考点

第一节　向　量

一、平面向量

考点1　向量的基本概念　【单选、填空】 ★

向量的定义	既有大小又有方向的量叫作向量，记作：$\overrightarrow{AB}$或 $\boldsymbol{a}$
向量的模	向量的大小叫作向量的长度（或称模），记作：$\|\overrightarrow{AB}\|$或$\|\boldsymbol{a}\|$
零向量	长度为 0 的向量叫作零向量，记作：$\boldsymbol{0}$。零向量的方向是任意的
平行向量	方向相同或相反的非零向量，记作：$\overrightarrow{AB}/\!/\overrightarrow{CD}$。平行向量也叫共线向量，规定 $\boldsymbol{0}/\!/\boldsymbol{a}$
单位向量	长度为 1 个单位的向量
相等向量	长度相等且方向相同的向量。两个向量相等与向量起点的位置无关
相反向量	与 $\boldsymbol{a}$ 长度相等、方向相反的向量叫作 $\boldsymbol{a}$ 的相反向量，记作：$-\boldsymbol{a}$。规定 $\boldsymbol{0}=-\boldsymbol{0}$。$\overrightarrow{AB}=-\overrightarrow{BA}$
向量的三要素	起点、方向、长度

考点2　平面向量的概念及线性运算　【单选、填空】 ★

1. 向量的线性运算

	定义	运算法则	运算律/几何意义	重要结论
向量的加法	求两个向量和的运算	三角形法则： 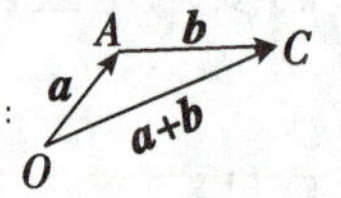 平行四边形法则：（当两向量平行时，此法则不适用） 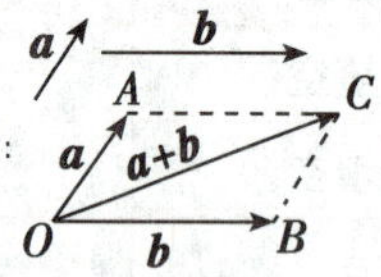	交换律：$\boldsymbol{a}+\boldsymbol{b}=\boldsymbol{b}+\boldsymbol{a}$ 结合律：$(\boldsymbol{a}+\boldsymbol{b})+\boldsymbol{c}=\boldsymbol{a}+(\boldsymbol{b}+\boldsymbol{c})$	对任意向量，$\boldsymbol{0}+\boldsymbol{a}=\boldsymbol{a}+\boldsymbol{0}$；围成一周始、终相接的向量的和为 $\boldsymbol{0}$
向量的减法	求两个向量差的运算	三角形法则： 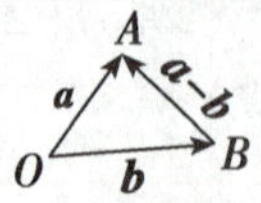 平行四边形法则： 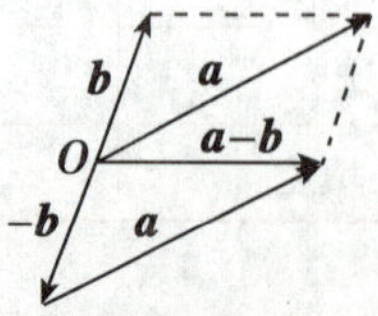	$\boldsymbol{a}-\boldsymbol{b}$ 可以表示为从向量 $\boldsymbol{b}$ 的终点指向向量 $\boldsymbol{a}$ 的终点的向量，这就是向量减法的几何意义	$-(-\boldsymbol{a})=\boldsymbol{a}$；$\boldsymbol{a}+(-\boldsymbol{a})=\boldsymbol{0}$；$\boldsymbol{a}+(-\boldsymbol{b})=\boldsymbol{a}-\boldsymbol{b}$（即向量 $\boldsymbol{a}$ 加上 $\boldsymbol{b}$ 的相反向量叫作 $\boldsymbol{a}$ 与 $\boldsymbol{b}$ 的差）

续表

	定义	运算法则	运算律/几何意义	重要结论
向量的数乘	实数 λ 和向量 $\boldsymbol{a}$ 的乘积是一个向量，记作 $\lambda\boldsymbol{a}$	规定：$\|\lambda\boldsymbol{a}\|=\|\lambda\|\|\boldsymbol{a}\|$ 当 $\lambda>0$ 时，$\lambda\boldsymbol{a}$ 的方向与 $\boldsymbol{a}$ 的方向相同； 当 $\lambda<0$ 时，$\lambda\boldsymbol{a}$ 的方向与 $\boldsymbol{a}$ 的方向相反； 当 $\lambda=0$ 时，$\lambda\boldsymbol{a}=\boldsymbol{0}$	结合律：$\lambda(\mu\boldsymbol{a})=(\lambda\mu)\boldsymbol{a}$ 分配律：$(\lambda+\mu)\boldsymbol{a}=\lambda\boldsymbol{a}+\mu\boldsymbol{a}$；$\lambda(\boldsymbol{a}+\boldsymbol{b})=\lambda\boldsymbol{a}+\lambda\boldsymbol{b}$ （λ,μ 是实数）	数乘向量是把向量 $\boldsymbol{a}$ 沿着 $\boldsymbol{a}$ 的方向或 $\boldsymbol{a}$ 的反方向放大或缩小 $\|\lambda\|$ 倍

真题面对面

［2022 江西高中数学，单，1 分］已知 O 是正方形 $ABCD$ 的中心。若 $\overrightarrow{DO}=\lambda\overrightarrow{AB}+\mu\overrightarrow{AC}$，其中 $\lambda,\mu\in\mathbf{R}$，则 $\frac{\lambda}{\mu}=$（　　）

A. -2

B. $-\sqrt{2}$

C. $-\frac{1}{2}$

D. $\sqrt{2}$

答案：A。因为 $\overrightarrow{DO}=\lambda\overrightarrow{AB}+\mu\overrightarrow{AC}$，所以 $\frac{1}{2}\overrightarrow{DB}=\frac{1}{2}(\overrightarrow{DC}+\overrightarrow{DA})=\frac{1}{2}(\overrightarrow{AB}-\overrightarrow{AD})=\frac{1}{2}\overrightarrow{AB}-\frac{1}{2}\overrightarrow{AD}=\lambda\overrightarrow{AB}+\mu\overrightarrow{AC}=\lambda\overrightarrow{AB}+\mu(\overrightarrow{AB}+\overrightarrow{AD})=(\lambda+\mu)\overrightarrow{AB}+\mu\overrightarrow{AD}$，解得 $\lambda=1,\mu=-\frac{1}{2}$，所以 $\frac{\lambda}{\mu}=\frac{1}{-\frac{1}{2}}=-2$。

2. 平面向量的基本定理及坐标表示

（1）平面向量基本定理

如果 $\boldsymbol{e}_1,\boldsymbol{e}_2$ 是同一平面内的两个不共线向量，那么对于这一平面内的任意向量 $\boldsymbol{a}$，有且只有一对实数 λ_1,λ_2，使 $\boldsymbol{a}=\lambda_1\boldsymbol{e}_1+\lambda_2\boldsymbol{e}_2$。其中，不共线的向量 $\boldsymbol{e}_1,\boldsymbol{e}_2$ 叫作表示这一平面内所有向量的一组基底。

（2）平面向量的正交分解

把一个向量分解为两个互相垂直的向量，叫作把向量正交分解。

（3）平面向量的坐标表示

①在平面直角坐标系中，分别取与 x 轴、y 轴方向相同的两个单位向量 $\boldsymbol{i},\boldsymbol{j}$ 作为基底，对于平面内的一个向量 $\boldsymbol{a}$，有且只有一对实数 x,y，使得 $\boldsymbol{a}=x\boldsymbol{i}+y\boldsymbol{j}$，把有序数对 (x,y) 叫作向量 $\boldsymbol{a}$ 的坐标，记作 $\boldsymbol{a}=(x,y)$，其中 x 叫作 $\boldsymbol{a}$ 在 x 轴上的坐标，y 叫作 $\boldsymbol{a}$ 在 y 轴上的坐标；

②设 $\overrightarrow{OA}=x\boldsymbol{i}+y\boldsymbol{j}$，则向量 $\overrightarrow{OA}$ 的坐标 (x,y) 就是终点 A 的坐标，即若 $\overrightarrow{OA}=(x,y)$，则点 A 坐标为 (x,y)，反之亦成立（O 为坐标原点）。

3. 平面向量的坐标运算

运算	公式
向量的加法、减法	设 $\boldsymbol{a}=(x_1,y_1),\boldsymbol{b}=(x_2,y_2)$，则 $\boldsymbol{a}+\boldsymbol{b}=(x_1+x_2,y_1+y_2),\boldsymbol{a}-\boldsymbol{b}=(x_1-x_2,y_1-y_2)$

续表

运算	公式
向量的数乘	设 $\boldsymbol{a}=(x,y)$，$\lambda\in\mathbf{R}$，则 $\lambda\boldsymbol{a}=(\lambda x,\lambda y)$
向量坐标的求法	设 $O(0,0)$，$A(x_1,y_1)$，$B(x_2,y_2)$，则$\overrightarrow{OA}=(x_1,y_1)$，$\overrightarrow{AB}=(x_2-x_1,y_2-y_1)$

真题面对面

[2022 江西高中数学，单，1 分]已知向量 $\boldsymbol{a}=(2,1)$，$\boldsymbol{b}=(-3,4)$，$\boldsymbol{c}=(1,m)$，若实数 λ 满足 $\boldsymbol{a}+\boldsymbol{b}=\lambda\boldsymbol{c}$，则 $\lambda+m$ 等于(　　)

A. -7　　B. -6

C. -1　　D. 6

答案：B。$\boldsymbol{a}+\boldsymbol{b}=(-1,5)=\lambda\boldsymbol{c}=(\lambda,\lambda m)$，解得 $\lambda=-1$，$m=-5$。$\lambda+m=-6$。

4. 向量共线的坐标表示

若 $\boldsymbol{a}=(x_1,y_1)$，$\boldsymbol{b}=(x_2,y_2)$，则 $\boldsymbol{a}/\!/\boldsymbol{b}\Leftrightarrow x_1y_2-x_2y_1=0$，特别地，若 $x_2,y_2\neq0$，则 $\boldsymbol{a}/\!/\boldsymbol{b}\Leftrightarrow\frac{x_1}{x_2}=\frac{y_1}{y_2}$。

5. 三点共线定理

若$\overrightarrow{OA}$，$\overrightarrow{OB}$是平面内不共线的向量，则存在实数 λ_1，λ_2使得$\overrightarrow{OC}=\lambda_1\overrightarrow{OA}+\lambda_2\overrightarrow{OB}$，则当 $\lambda_1+\lambda_2=1$ 时，A，B，C 三点共线，特别地，当 $\lambda_1=\lambda_2=\frac{1}{2}$时，$C$ 是线段 AB 的中点。

6. 定比分点

(1)定比分点的定义

有向线段 l 上的一点 P，将 l 上的有向线段$\overrightarrow{P_1P_2}$分成两条有向线段$\overrightarrow{P_1P}$和$\overrightarrow{PP_2}$，$\overrightarrow{P_1P}$和$\overrightarrow{PP_2}$数量的比叫作点 P 分$\overrightarrow{P_1P_2}$所成的比，通常用字母 λ 来表示这个比值，即 $\lambda=\frac{\overrightarrow{P_1P}}{\overrightarrow{PP_2}}$，点 P 叫作$\overrightarrow{P_1P_2}$的定比分点。

(2)定比分点的坐标公式

$P_1(x_1,y_1)$，$P_2(x_2,y_2)$，$P(x,y)$，$\lambda=\frac{\overrightarrow{P_1P}}{\overrightarrow{PP_2}}$，则 $x=\frac{x_1+\lambda x_2}{1+\lambda}$，$y=\frac{y_1+\lambda y_2}{1+\lambda}(\lambda\neq-1)$。

线段$\overrightarrow{P_1P_2}$的中点 P 的坐标为$\left(\frac{x_1+x_2}{2},\frac{y_1+y_2}{2}\right)$。

考点 3　平面向量的数量积　【单选】　★★★

1. 两个向量的夹角

(1)定义

已知两个非零向量 $\boldsymbol{a}$ 和 $\boldsymbol{b}$，作$\overrightarrow{OA}=\boldsymbol{a}$，$\overrightarrow{OB}=\boldsymbol{b}$，则 $\angle AOB=\theta$ 叫作向量 $\boldsymbol{a}$ 与 $\boldsymbol{b}$ 的夹角。

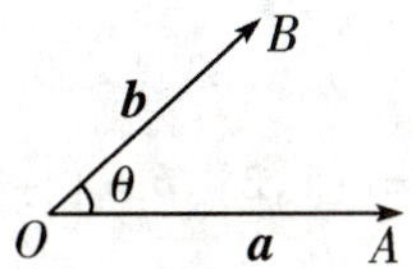

(2)范围

向量夹角 θ 的范围是$[0,\pi]$,$\boldsymbol{a}$ 与 $\boldsymbol{b}$ 同向时,夹角 $\theta=0°$;$\boldsymbol{a}$ 与 $\boldsymbol{b}$ 反向时,夹角 $\theta=180°$。

(3)向量垂直

若向量 $\boldsymbol{a}$ 与 $\boldsymbol{b}$ 的夹角是 $90°$,则 $\boldsymbol{a}$ 与 $\boldsymbol{b}$ 垂直,记作 $\boldsymbol{a}\perp\boldsymbol{b}$。

2. 平面向量的数量积

(1)数量积的定义

设 $\boldsymbol{a}$ 及 $\boldsymbol{b}$ 是具有共同始点的两个非零向量,其夹角 θ 满足 $0°\leqslant\theta\leqslant180°$,这里 θ 用$\langle\boldsymbol{a},\boldsymbol{b}\rangle$表示,我们把 $|\boldsymbol{a}||\boldsymbol{b}|\cos\langle\boldsymbol{a},\boldsymbol{b}\rangle$ 叫作向量 $\boldsymbol{a}$ 和 $\boldsymbol{b}$ 的数量积(或内积),记作 $\boldsymbol{a}\cdot\boldsymbol{b}$,即 $\boldsymbol{a}\cdot\boldsymbol{b}=|\boldsymbol{a}||\boldsymbol{b}|\cos\langle\boldsymbol{a},\boldsymbol{b}\rangle$。这里 $|\boldsymbol{b}|\cos\langle\boldsymbol{a},\boldsymbol{b}\rangle$ 叫作向量 $\boldsymbol{b}$ 在向量 $\boldsymbol{a}$ 方向上的投影。

(2)向量数量积的性质

①如果 $\boldsymbol{e}$ 是单位向量,则 $\boldsymbol{a}\cdot\boldsymbol{e}=\boldsymbol{e}\cdot\boldsymbol{a}=|\boldsymbol{a}|\cos\langle\boldsymbol{a},\boldsymbol{e}\rangle$。

②$\boldsymbol{a}\perp\boldsymbol{b}\Leftrightarrow\boldsymbol{a}\cdot\boldsymbol{b}=0$。

③$\cos\langle\boldsymbol{a},\boldsymbol{b}\rangle=\dfrac{\boldsymbol{a}\cdot\boldsymbol{b}}{|\boldsymbol{a}||\boldsymbol{b}|}=\dfrac{x_1x_2+y_1y_2}{\sqrt{x_1^2+y_1^2}\cdot\sqrt{x_2^2+y_2^2}}$。

④$\boldsymbol{a}\cdot\boldsymbol{a}=\boldsymbol{a}^2=|\boldsymbol{a}|^2=x^2+y^2$,或$|\boldsymbol{a}|=\sqrt{\boldsymbol{a}\cdot\boldsymbol{a}}=\sqrt{\boldsymbol{a}^2}=\sqrt{x^2+y^2}$。

⑤$\boldsymbol{a}\cdot\boldsymbol{b}\leqslant|\boldsymbol{a}||\boldsymbol{b}|$。

(3)向量数量积的运算律

①$\boldsymbol{a}\cdot\boldsymbol{b}=\boldsymbol{b}\cdot\boldsymbol{a}$。

②$\lambda(\boldsymbol{a}\cdot\boldsymbol{b})=(\lambda\boldsymbol{a})\cdot\boldsymbol{b}=\boldsymbol{a}\cdot(\lambda\boldsymbol{b})$。

③$(\boldsymbol{a}+\boldsymbol{b})\cdot\boldsymbol{c}=\boldsymbol{a}\cdot\boldsymbol{c}+\boldsymbol{b}\cdot\boldsymbol{c}$。

考法大揭秘

平面向量数量积的三种运算方法

1. 当已知向量的模和夹角时,可利用定义法求解,即 $\boldsymbol{a}\cdot\boldsymbol{b}=|\boldsymbol{a}||\boldsymbol{b}|\cos\langle\boldsymbol{a},\boldsymbol{b}\rangle$。

2. 当已知向量的坐标时,可利用坐标法求解,即若 $\boldsymbol{a}=(x_1,y_1)$,$\boldsymbol{b}=(x_2,y_2)$,则 $\boldsymbol{a}\cdot\boldsymbol{b}=x_1x_2+y_1y_2$。

3. 利用数量积的几何意义求解。

注:解决涉及平面几何图形的向量数量积的运算问题时,可先利用向量的加、减运算或数量积的运算律化简后再运算。但一定要注意向量的夹角与已知平面几何图形中的角的关系是相等还是互补。

真题面对面

[2020 山西特岗,单,3 分]已知向量 $\boldsymbol{a}=(1,2)$,$\boldsymbol{b}=(-7,1)$,则 $\boldsymbol{b}$ 在 $\boldsymbol{a}$ 方向上的投影为( )

A. $-\frac{\sqrt{2}}{2}$

B. $\frac{\sqrt{2}}{2}$

C. $\sqrt{5}$

D. $-\sqrt{5}$

答案:D。设向量 $\boldsymbol{a}$ 与 $\boldsymbol{b}$ 的夹角为 θ,$\because \boldsymbol{a}\cdot\boldsymbol{b}=|\boldsymbol{a}|\cdot|\boldsymbol{b}|\cos\theta$,$\therefore \boldsymbol{b}$ 在 $\boldsymbol{a}$ 方向上的投影为 $|\boldsymbol{b}|\cos\theta=\frac{\boldsymbol{a}\cdot\boldsymbol{b}}{|\boldsymbol{a}|}=\frac{-5}{\sqrt{5}}=-\sqrt{5}$。

考点 4 向量在平面几何中的应用 【单选】 ★

(1)证明线线平行或点共线问题,常用共线向量定理:

若 $\boldsymbol{a}=(x_1,y_1)$,$\boldsymbol{b}=(x_2,y_2)$,则 $\boldsymbol{a}/\!/\boldsymbol{b}\Leftrightarrow\boldsymbol{a}=\lambda\boldsymbol{b}\Leftrightarrow x_1y_2-x_2y_1=0$。$(\boldsymbol{b}\neq\boldsymbol{0})$

(2)证明垂直问题,利用下列运算性质:

若 $\boldsymbol{a}=(x_1,y_1)$,$\boldsymbol{b}=(x_2,y_2)$,$\boldsymbol{a}\perp\boldsymbol{b}\Leftrightarrow\boldsymbol{a}\cdot\boldsymbol{b}=0\Leftrightarrow x_1x_2+y_1y_2=0$。

(3)求夹角问题,利用夹角公式:

若 $\boldsymbol{a}=(x_1,y_1)$,$\boldsymbol{b}=(x_2,y_2)$,二者之间夹角为 θ,则 $\cos\theta=\frac{\boldsymbol{a}\cdot\boldsymbol{b}}{|\boldsymbol{a}||\boldsymbol{b}|}=\frac{x_1x_2+y_1y_2}{\sqrt{x_1^2+y_1^2}\cdot\sqrt{x_2^2+y_2^2}}$。

(4)求线段的长度可以用向量的模的计算公式:

若 $\boldsymbol{a}=(x,y)$,则 $|\boldsymbol{a}|=\sqrt{\boldsymbol{a}^2}=\sqrt{x^2+y^2}$;

若 $A(x_1,y_1)$,$B(x_2,y_2)$,则 $|AB|=|\overrightarrow{AB}|=\sqrt{(x_2-x_1)^2+(y_2-y_1)^2}$。

真题面对面

[2022 江西高中数学,单,1 分]若两个非零向量 $\boldsymbol{a}$,$\boldsymbol{b}$ 满足 $|\boldsymbol{a}+\boldsymbol{b}|=|\boldsymbol{a}-\boldsymbol{b}|=2|\boldsymbol{b}|$,则向量 $\boldsymbol{a}+\boldsymbol{b}$ 与 $\boldsymbol{a}$ 的夹角为( )

A. $\frac{5\pi}{6}$

B. $\frac{2\pi}{3}$

C. $\frac{\pi}{3}$

D. $\frac{\pi}{6}$

答案:D。因为 $|\boldsymbol{a}+\boldsymbol{b}|=|\boldsymbol{a}-\boldsymbol{b}|=2|\boldsymbol{b}|$,两边平方得 $\boldsymbol{a}^2+\boldsymbol{b}^2+2\boldsymbol{a}\cdot\boldsymbol{b}=\boldsymbol{a}^2+\boldsymbol{b}^2-2\boldsymbol{a}\cdot\boldsymbol{b}=4\boldsymbol{b}^2$,所以向量 $\boldsymbol{a}$ 与向量 $\boldsymbol{b}$ 垂直,$\boldsymbol{a}^2=3\boldsymbol{b}^2$,$\boldsymbol{a}\cdot\boldsymbol{b}=0$,$|\boldsymbol{a}|=\sqrt{3}|\boldsymbol{b}|$,所以 $\cos\langle\boldsymbol{a}+\boldsymbol{b},\boldsymbol{a}\rangle=\frac{(\boldsymbol{a}+\boldsymbol{b})\cdot\boldsymbol{a}}{|\boldsymbol{a}+\boldsymbol{b}||\boldsymbol{a}|}=\frac{\boldsymbol{a}^2+\boldsymbol{a}\cdot\boldsymbol{b}}{2|\boldsymbol{a}||\boldsymbol{b}|}=\frac{3\boldsymbol{b}^2}{2\cdot\sqrt{3}\boldsymbol{b}^2}=\frac{\sqrt{3}}{2}$,所以向量 $\boldsymbol{a}+\boldsymbol{b}$ 与 $\boldsymbol{a}$ 的夹角为 $\frac{\pi}{6}$。

二、空间向量 【单选、填空、解答】★★

考点1 空间向量的基本概念

1. 单位正交基底

若空间一个基底的三个基向量互相垂直，且长度都为1，则这个基底叫作单位正交基底，通常用$\{\boldsymbol{i},\boldsymbol{j},\boldsymbol{k}\}$表示。

2. 空间直角坐标系的建立

过空间定点O作三条互相垂直的数轴，它们都以O为原点，具有相同的单位长度。这三条数轴分别称为x轴（横轴）、y轴（纵轴）、z轴（竖轴），统称为坐标轴。各轴之间的顺序要求符合右手法则，即以右手握住z轴，让右手的四指从x轴的正向以90度的直角转向y轴的正向，这时大拇指所指的方向就是z轴的正向。这样的三个坐标轴构成的坐标系称为空间直角坐标系。

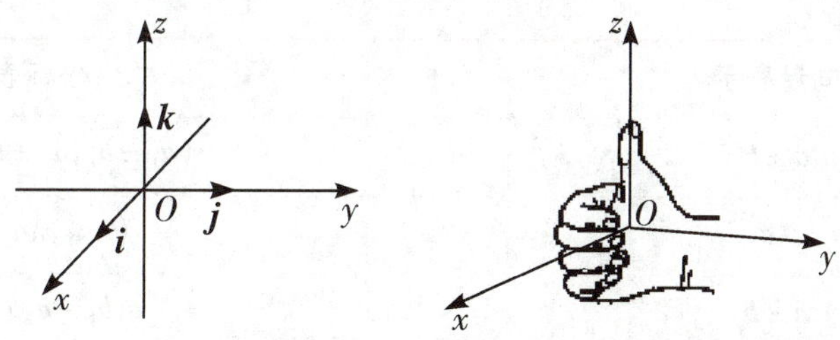

3. 空间向量的坐标表示

在空间直角坐标系$O-xyz$中，以$\{\boldsymbol{i},\boldsymbol{j},\boldsymbol{k}\}$为单位正交基底，对空间任一点$A$，对应向量$\overrightarrow{OA}$，存在唯一一组有序实数组$x,y,z$，使$\overrightarrow{OA}=x\boldsymbol{i}+y\boldsymbol{j}+z\boldsymbol{k}$，则在空间直角坐标系中，点$A$的坐标为$(x,y,z)$，向量$\overrightarrow{OA}$的坐标为$(x,y,z)$。

4. 共面向量及空间向量基本定理

(1) 共面向量

通常把平行于同一平面的向量叫作共面向量。

共面向量定理：如果两个向量$\boldsymbol{a},\boldsymbol{b}$不共线，则向量$\boldsymbol{p}$与向量$\boldsymbol{a},\boldsymbol{b}$共面的充要条件是存在有序实数对$(x,y)$，使得$\boldsymbol{p}=x\boldsymbol{a}+y\boldsymbol{b}$。

共面向量定理的推论：空间一点P位于平面MAB内的充要条件是存在有序实数对(x,y)，使$\overrightarrow{MP}=x\overrightarrow{MA}+y\overrightarrow{MB}$，或对于空间任一点$O$，有$\overrightarrow{OP}=\overrightarrow{OM}+x\overrightarrow{MA}+y\overrightarrow{MB}$。

(2) 空间向量的基本定理

如果向量$\boldsymbol{e}_1,\boldsymbol{e}_2,\boldsymbol{e}_3$是空间三个不共面的向量，$\boldsymbol{a}$是空间任一向量，那么存在唯一一组实数$\lambda_1,\lambda_2,\lambda_3$，使得$\boldsymbol{a}=\lambda_1\boldsymbol{e}_1+\lambda_2\boldsymbol{e}_2+\lambda_3\boldsymbol{e}_3$，空间中不共面的三个向量$\boldsymbol{e}_1,\boldsymbol{e}_2,\boldsymbol{e}_3$叫作这个空间的一个基底。

考点2 空间向量的数量积及运算律

1. 数量积及相关概念

(1) 两向量的夹角

已知两个非零向量$\boldsymbol{a},\boldsymbol{b}$，在空间任取一点$O$，作$\overrightarrow{OA}=\boldsymbol{a}$，$\overrightarrow{OB}=\boldsymbol{b}$，则$\angle AOB$叫作向量$\boldsymbol{a}$与$\boldsymbol{b}$的夹角，记作

$\langle \boldsymbol{a},\boldsymbol{b}\rangle$，其范围是 $0\leqslant\langle \boldsymbol{a},\boldsymbol{b}\rangle\leqslant\pi$，若 $\langle \boldsymbol{a},\boldsymbol{b}\rangle=\frac{\pi}{2}$，则称 $\boldsymbol{a}$ 与 $\boldsymbol{b}$ 互相垂直，记作 $\boldsymbol{a}\perp\boldsymbol{b}$。

(2)两向量的数量积

已知空间两个非零向量 $\boldsymbol{a},\boldsymbol{b}$，则 $|\boldsymbol{a}||\boldsymbol{b}|\cos\langle \boldsymbol{a},\boldsymbol{b}\rangle$ 叫作向量 $\boldsymbol{a},\boldsymbol{b}$ 的数量积，记作 $\boldsymbol{a}\cdot\boldsymbol{b}$，即 $\boldsymbol{a}\cdot\boldsymbol{b}=|\boldsymbol{a}||\boldsymbol{b}|\cos\langle \boldsymbol{a},\boldsymbol{b}\rangle$。

2. 空间向量数量积的运算律

(1)结合律：$(\lambda\boldsymbol{a})\cdot\boldsymbol{b}=\lambda(\boldsymbol{a}\cdot\boldsymbol{b})$；

(2)交换律：$\boldsymbol{a}\cdot\boldsymbol{b}=\boldsymbol{b}\cdot\boldsymbol{a}$；

(3)分配律：$\boldsymbol{a}\cdot(\boldsymbol{b}+\boldsymbol{c})=\boldsymbol{a}\cdot\boldsymbol{b}+\boldsymbol{a}\cdot\boldsymbol{c}$。

考点 3 空间向量的坐标表示

设 $\boldsymbol{a}=(a_1,a_2,a_3)$，$\boldsymbol{b}=(b_1,b_2,b_3)$。

		向量表示	坐标表示
线性运算		$\boldsymbol{a}\pm\boldsymbol{b}$	$(a_1\pm b_1,a_2\pm b_2,a_3\pm b_3)$
		$\lambda\boldsymbol{a}$	$(\lambda a_1,\lambda a_2,\lambda a_3)$
数量积		$\boldsymbol{a}\cdot\boldsymbol{b}$	$a_1b_1+a_2b_2+a_3b_3$
共线		$\boldsymbol{a}=\lambda\boldsymbol{b}(\boldsymbol{b}\neq\boldsymbol{0},\lambda\in\mathbf{R})$	$a_1=\lambda b_1,a_2=\lambda b_2,a_3=\lambda b_3$
垂直		$\boldsymbol{a}\cdot\boldsymbol{b}=0(\boldsymbol{a}\neq\boldsymbol{0},\boldsymbol{b}\neq\boldsymbol{0})$	$a_1b_1+a_2b_2+a_3b_3=0$
模		$\vert\boldsymbol{a}\vert$	$\sqrt{a_1^2+a_2^2+a_3^2}$
夹角		$\langle\boldsymbol{a},\boldsymbol{b}\rangle(\boldsymbol{a}\neq\boldsymbol{0},\boldsymbol{b}\neq\boldsymbol{0})$	$\cos\langle\boldsymbol{a},\boldsymbol{b}\rangle=\frac{a_1b_1+a_2b_2+a_3b_3}{\sqrt{a_1^2+a_2^2+a_3^2}\cdot\sqrt{b_1^2+b_2^2+b_3^2}}$

真题面对面

1. [2019 湖南特岗，单，4 分]已知空间三点 $A(1,0,-3)$，$B(0,0,-2)$，$C(0,1,-3)$，则 $\angle ABC$ 的大小为(　　)

A. $\frac{\pi}{2}$　　B. $\frac{\pi}{3}$　　C. $\frac{\pi}{4}$　　D. $\frac{\pi}{6}$

答案：B。$\overrightarrow{AB}=(-1,0,1)$，$\overrightarrow{BC}=(0,1,-1)$，$\overrightarrow{AC}=(-1,1,0)$，$\because|\overrightarrow{AB}|=|\overrightarrow{BC}|=|\overrightarrow{AC}|$，$\therefore\triangle ABC$ 为等边三角形，$\therefore\angle ABC=\frac{\pi}{3}$。

2. [2019 江苏扬州，填空，4 分]若向量 $\boldsymbol{a}=(\lambda,0,-1)$，$\boldsymbol{b}=(2,5,\lambda^2)$，且 $\boldsymbol{a}\perp\boldsymbol{b}$，则 $\lambda=$________。

答案：0 或 2。$\because\boldsymbol{a}\perp\boldsymbol{b}$，$\therefore\boldsymbol{a}\cdot\boldsymbol{b}=2\lambda-\lambda^2=0$，解得 $\lambda_1=0$，$\lambda_2=2$。

第二节　复　数

一、复数的概念

考点 1　基本概念【单选、填空】★★

1. 复数的定义

形如 $a+bi(a,b\in\mathbf{R})$ 的数叫作复数，a 叫作复数的实部，b 叫作复数的虚部，i 叫作虚数单位。全体复数构成的集合叫作复数集，通常用大写字母 $\mathbf{C}$ 表示，即 $\mathbf{C}=\{z|z=a+bi,a,b\in\mathbf{R}\}$，显然实数集是复数集的真子集，即 $\mathbf{R}\subsetneqq\mathbf{C}$，复数集是实数集的扩充。

$$\text{复数 } a+bi(a,b\in\mathbf{R}),\begin{cases}\text{若 } b=0,\text{是实数；}\\ \text{若 } b\neq0,\text{是虚数}\begin{cases}\text{若 } a=0,\text{是纯虚数，}\\ \text{若 } a\neq0,\text{是非纯虚数。}\end{cases}\end{cases}$$

真题面对面

[2021 江苏淮安，单，3 分]复数 $1-i$ 的实部为(　　)

A. $-i$　　　　B. i

C. -1　　　　D. 1

答案：D。1 为实部，-1 为虚部，故选 D。

2. 复数集与其他数集之间的关系

$\mathbf{N}\subsetneqq\mathbf{Z}\subsetneqq\mathbf{Q}\subsetneqq\mathbf{R}\subsetneqq\mathbf{C}$。

3. i 与 −1 的关系

i 就是 -1 的一个平方根，即方程 $x^2=-1$ 的一个根，方程 $x^2=-1$ 的另一个根是 $-i$。

4. 复数相等

如果两个复数 $a+bi$ 与 $c+di$ 的实部与虚部分别相等，即 $a=c,b=d$，我们就说这两个复数相等，记作$a+bi=c+di$。

两个实数可以比较大小，但两个复数，如果不全是实数，就不能比较大小，只能说相等或不相等。

5. 复数的三角形式

对任一非零复数 z，令 $x=r\cos\theta,y=r\sin\theta$，则 z 可表示为 $z=r(\cos\theta+i\sin\theta)$，此式称为复数 z 的三角形式。当 $z=0$ 时，$r=0$。

6. 复数的指数形式

根据欧拉公式 $e^{i\theta}=\cos\theta+i\sin\theta$，复数 z 可表示为$z=re^{i\theta}$，此式称为复数的指数形式。

考点 2 复平面及复数的几何表示

用直角坐标系来表示复数的平面叫作复平面，在复平面内，x 轴叫作实轴，y 轴叫作虚轴，x 轴单位是 1，y 轴单位是 i。

每一个复数，对应着平面直角坐标系中唯一的一个点（一个向量）；反过来，平面直角坐标系中每一个点（每一个向量），也对应着唯一的有序实数对，唯一确定一个复数。这样我们通过有序实数对，可以建立复数 $z=a+bi(a,b\in\mathbf{R})$ 和点 $Z(a,b)$（向量$\overrightarrow{OZ}$）之间的一一对应关系，点 $Z(a,b)$ 或向量$\overrightarrow{OZ}$是复数的几何表示。

真题面对面

[2019 四川宜宾，填空，4 分] 在复平面内，复数$\frac{2i}{1-i}$对应的点到原点的距离为________。

答案：$\sqrt{2}$。$\frac{2i}{1-i}=-1+i$，$-1+i$ 在复平面内对应的点为 $(-1,1)$，其到原点的距离为 $\sqrt{1^2+(-1)^2}=\sqrt{2}$。

考点 3 复数的模 【单选、填空】 ★★

向量$\overrightarrow{OZ}$的模 r 叫作复数 $z=a+bi(a,b\in\mathbf{R})$ 的模，记作 $|z|$ 或 $|a+bi|$，则 $r=|z|=|a+bi|=\sqrt{a^2+b^2}$，显然 $r\geqslant0$。

虚数单位 i 的模是 1，纯虚数 ai 的模为 $|a|$。

复数模的几何意义：$|z|=|\overrightarrow{OZ}|$，即点 $Z(a,b)$ 到原点 O 的距离。一般地，$|z_1-z_2|$ 即为复平面内点 Z_1 到 Z_2 的距离。

复平面内两点间的距离公式：设 $z_1=x_1+y_1i$，$z_2=x_2+y_2i$，则 $|\overrightarrow{Z_2Z_1}|=|z_1-z_2|=|(x_1-x_2)+(y_1-y_2)i|=\sqrt{(x_1-x_2)^2+(y_1-y_2)^2}$。

考点 4 共轭复数 【单选】 ★

当两个复数的实部相等，虚部互为相反数时，称这两个复数互为共轭复数。

实数的共轭复数是其本身，互为共轭复数的两个复数对应的点关于实轴对称，且它们的模相等。

共轭复数的性质：

设复数 $z=a+bi$，则 $|z|=|\bar{z}|$；$z\cdot\bar{z}=|z|^2=|\bar{z}|^2$；$z+\bar{z}=2a$；$z-\bar{z}=2bi$；$\overline{z_1+z_2}=\bar{z}_1+\bar{z}_2$；$\overline{z_1-z_2}=\bar{z}_1-\bar{z}_2$；$\overline{z_1\cdot z_2}=\bar{z}_1\cdot\bar{z}_2$；$\overline{\left(\frac{z_1}{z_2}\right)}=\frac{\bar{z}_1}{\bar{z}_2}(z_2\neq0)$；$z=\bar{z}\Leftrightarrow z\in\mathbf{R}$；$z=-\bar{z}(z\neq0)\Leftrightarrow z$ 为纯虚数。

真题面对面

1. [2022 江西高中数学，单，1 分] 复数$\frac{2}{1-i}$（i 为虚数单位）的共轭复数是（　　）

A. $1+i$　　B. $1-i$　　C. $-1+i$　　D. $-1-i$

答案：B。$\frac{2}{1-i}=\frac{2(1+i)}{(1-i)(1+i)}=1+i$，所以复数$\frac{2}{1-i}$(i 为虚数单位)的共轭复数是 $1-i$。

2. [2021 安徽，单，4 分]若复数 z 满足 $z(1-i)=2i$（i 是虚数单位），则 z 的共轭复数是(　　)

A. $-1-i$

B. $-1+i$

C. $1+i$

D. $1-i$

答案：A。$z=\frac{2i}{1-i}=\frac{2i(1+i)}{(1-i)(1+i)}=-1+i$，$\bar{z}=-1-i$。故选 A。

二、复数的运算 【单选、填空】★★

设 $z_1=a+bi$，$z_2=c+di$，$a,b,c,d\in\mathbf{R}$，则

复数的加法	$z_1+z_2=(a+c)+(b+d)i$
复数的减法	$z_1-z_2=(a-c)+(b-d)i$
复数的乘法	$z_1\cdot z_2=(ac-bd)+(ad+bc)i$
复数的除法	$\frac{z_1}{z_2}=\frac{a+bi}{c+di}=\frac{(a+bi)(c-di)}{c^2+d^2}=\frac{ac+bd}{c^2+d^2}+\frac{bc-ad}{c^2+d^2}i$
复数 i 的乘方	对任意的 $n\in\mathbf{N}_+$，$i^1=i$，$i^2=-1$，$i^3=-i$，$i^4=1$，…，$i^{4n+1}=i$，$i^{4n+2}=-1$，$i^{4n+3}=-i$，$i^{4n+4}=1$

注：①复数的加法与乘法满足交换律与结合律。②复数集对四则运算具有封闭性。③复数加法的几何意义：设$\overrightarrow{OZ_1}$，$\overrightarrow{OZ_2}$分别与复数 $z_1=a+bi$，$z_2=c+di$ 对应，且$\overrightarrow{OZ_1}$，$\overrightarrow{OZ_2}$不共线，以$\overrightarrow{OZ_1}$，$\overrightarrow{OZ_2}$为邻边画平行四边形 OZ_1ZZ_2，则其对角线$\overrightarrow{OZ}$所表示的向量就是复数$z_1+z_2=(a+c)+(b+d)i$ 对应的向量。

真题面对面

[2022 山西特岗，单，3 分]已知 i 为虚数单位，则复数$\frac{1+i}{2-i}$=(　　)

A. $\frac{3}{5}+\frac{1}{5}i$

B. $\frac{3}{5}+\frac{2}{5}i$

C. $\frac{1}{5}+\frac{3}{5}i$

D. $\frac{1}{5}-\frac{2}{5}i$

答案：C。$\frac{1+i}{2-i}=\frac{(1+i)(2+i)}{(2-i)(2+i)}=\frac{1}{5}+\frac{3}{5}i$。

重难点解读

在解答复数问题时，要学会从整体的角度出发去分析和求解。如果遇到复数就设未知复数为 $a+bi(a,b\in\mathbf{R})$，有时会给问题的解答省去不必要的麻烦和运算上的困难。比如在实数中我们经常用到 $x^2=|x|^2$，有时因为这种代换产生巧解，但在复数域中它是不成立的，在学习中要辨析数集由实数集扩展到复数集后一些运算及性质是否仍然适用。

三、复数方程

1. 实系数方程 $ax^2+bx+c=0(a\neq0)$ 在复数范围内求根

当判别式 $\Delta>0$ 时，有一对实根 $x_{1,2}=\dfrac{-b\pm\sqrt{b^2-4ac}}{2a}$；

当判别式 $\Delta=0$ 时，有一对相等实根 $x_{1,2}=-\dfrac{b}{2a}$；

当判别式 $\Delta<0$ 时，有一对共轭虚根 $x_{1,2}=\dfrac{-b\pm \mathrm{i}\sqrt{4ac-b^2}}{2a}$。

注：若 a,b,c 不全为实数时，不能用 Δ 与 0 的关系判断方程根的存在情况，但仍可用求根公式求方程的根，韦达定理也成立。

第一部分

2. 复数方程转化为实数方程求解

设未知数 $z=x+y\mathrm{i}(x,y\in\mathbf{R})$，利用两复数实部与实部相等，虚部与虚部相等，将复数方程转化为实数方程，或利用复数的几何意义，将复数方程转化为实数方程。

真题面对面

[2017 湖南长沙，单，3 分]为使方程 $x^2+(a+2\mathrm{i})x+3+a\mathrm{i}=0$（i 是虚数单位）至少有一个实数根，则实数 a 的取值为（　　）

A. $a\geqslant4$　　B. $a\leqslant-4$　　C. $a\geqslant4$ 或 $a\leqslant-4$　　D. $a=\pm2\sqrt{3}$

答案：D。设 x_0 是方程的一个实根，即 $x_0^2+(a+2\mathrm{i})x_0+3+a\mathrm{i}=0$，整理得 $x_0^2+ax_0+3+(2x_0+a)\mathrm{i}=0$，由复数相等的充要条件可得 $\begin{cases}x_0^2+ax_0+3=0,\\2x_0+a=0,\end{cases}$ 解得 $x_0=\pm\sqrt{3}$，则 $a=\pm2\sqrt{3}$。

达标测评

建议用时	实际用时	测评总分	实际得分
30 分钟	______分钟	36 分	______分

一、单项选择题（每小题 3 分，共 27 分）

1. 已知向量 $\boldsymbol{a}$ 表示"向东航行 1 km"，向量 $\boldsymbol{b}$ 表示"向北航行 $\sqrt{3}$ km"，则向量 $\boldsymbol{a}+\boldsymbol{b}$ 表示（　　）

A. 向东北方向航行 2 km　　B. 向北偏东 30°方向航行 2 km

C. 向北偏东 60°方向航行 2 km　　D. 向东北方向航行$(1+\sqrt{3})$ km

2. 已知两个单位向量 $\boldsymbol{e}_1,\boldsymbol{e}_2$ 的夹角为 θ,则下列结论不正确的是(　　)

A. $\boldsymbol{e}_1$ 在 $\boldsymbol{e}_2$ 方向上的投影为 $\cos\theta$　　B. $\boldsymbol{e}_1\cdot\boldsymbol{e}_2=1$

C. $\boldsymbol{e}_1^2=\boldsymbol{e}_2^2$　　D. $(\boldsymbol{e}_1+\boldsymbol{e}_2)\perp(\boldsymbol{e}_1-\boldsymbol{e}_2)$

3. 已知 $\boldsymbol{a},\boldsymbol{b}$ 均为单位向量,它们的夹角为 60°,那么 $|\boldsymbol{a}+3\boldsymbol{b}|=$(　　)

A. $\sqrt{7}$　　B. $\sqrt{10}$　　C. $\sqrt{13}$　　D. 4

4. 对任意向量 $\boldsymbol{a},\boldsymbol{b}$,下列关系式中不恒成立的是(　　)

A. $|\boldsymbol{a}\cdot\boldsymbol{b}|\leqslant|\boldsymbol{a}||\boldsymbol{b}|$　　B. $|\boldsymbol{a}-\boldsymbol{b}|\leqslant||\boldsymbol{a}|-|\boldsymbol{b}||$

C. $(\boldsymbol{a}+\boldsymbol{b})^2=|\boldsymbol{a}+\boldsymbol{b}|^2$　　D. $(\boldsymbol{a}+\boldsymbol{b})\cdot(\boldsymbol{a}-\boldsymbol{b})=\boldsymbol{a}^2-\boldsymbol{b}^2$

5. 有下列命题:

① $\boldsymbol{a}=(x_1,y_1)$,$\boldsymbol{b}=(x_2,y_2)$,若 $\boldsymbol{a}/\!/\boldsymbol{b}$,则 $x_1y_2-x_2y_1=0$;

②若 $\boldsymbol{a}\cdot\boldsymbol{b}=\boldsymbol{b}\cdot\boldsymbol{c}$,则 $\boldsymbol{a}=\boldsymbol{c}$;

③向量 $\boldsymbol{a},\boldsymbol{b}$ 不共线,则向量 $\boldsymbol{a}+\boldsymbol{b}$ 与向量 $\boldsymbol{a}-\boldsymbol{b}$ 必不共线;

④向量 $\boldsymbol{a},\boldsymbol{b}$ 共线的充要条件是有且仅有一个实数 λ,使 $\boldsymbol{b}=\lambda\boldsymbol{a}$;

⑤$\boldsymbol{a},\boldsymbol{b}$ 为非零向量,若 $\boldsymbol{a}$ 与 $\boldsymbol{b}$ 的夹角为钝角,则 $\boldsymbol{a}\cdot\boldsymbol{b}<0$。

其中正确命题的个数为(　　)

A. 2　　B. 3　　C. 4　　D. 5

6. 已知向量 $\boldsymbol{a},\boldsymbol{b}$ 满足 $|\boldsymbol{a}|=1$,$\boldsymbol{a}\cdot\boldsymbol{b}=-1$,则 $\boldsymbol{a}\cdot(2\boldsymbol{a}-\boldsymbol{b})=$(　　)

A. 4　　B. 3　　C. 2　　D. 0

7. 已知向量 $\boldsymbol{a}=(-1,2)$,$\boldsymbol{b}=(m,1)$,若向量 $\boldsymbol{a}+\boldsymbol{b}$ 与 $\boldsymbol{a}$ 垂直,则 $m=$(　　)

A. 1　　B. 7　　C. 2　　D. -2

8. 若复数 z 满足 $z\cdot\mathrm{i}=1+\mathrm{i}$(i 是虚数单位),则 z 的共轭复数是(　　)

A. $-1-\mathrm{i}$　　B. $1+\mathrm{i}$　　C. $-1+\mathrm{i}$　　D. $1-\mathrm{i}$

9. 复数 $\left(\frac{1-\mathrm{i}}{1+\mathrm{i}}\right)^{10}$ 的值是(　　)

A. -1　　B. 1　　C. 32　　D. -32

二、填空题(每小题 3 分,共 9 分)

10. 已知在直角梯形 $ABCD$ 中,$\angle ADC=90°$,$AD=2$,$BC=1$,P 是腰 DC 上的动点,则 $|\overrightarrow{PA}+3\overrightarrow{PB}|$ 的最小值为________。

11. 已知平面向量 $\overrightarrow{AC}=(1,2)$,$\overrightarrow{BD}=(-2,2)$,则 $\overrightarrow{AB}\cdot\overrightarrow{CD}$ 的最小值为________。

12. 已知 $\boldsymbol{a},\boldsymbol{b},\boldsymbol{c}$ 均为单位向量,且 $\boldsymbol{a}\perp\boldsymbol{b}$,则 $(\boldsymbol{a}+\boldsymbol{b}+\boldsymbol{c})\cdot\boldsymbol{c}$ 的最大值为________。

参考答案及解析

一、单项选择题

1. B [解析]如图，作$\overrightarrow{OA}=\boldsymbol{a}$，$\overrightarrow{OB}=\boldsymbol{b}$，则$\overrightarrow{OC}=\boldsymbol{a}+\boldsymbol{b}$，所以$|\overrightarrow{OC}|=\sqrt{3+1}=2$，且$\sin\angle BOC=\frac{1}{2}$，所以$\angle BOC=30°$，因此$\boldsymbol{a}+\boldsymbol{b}$表示向北偏东30°方向航行2 km。

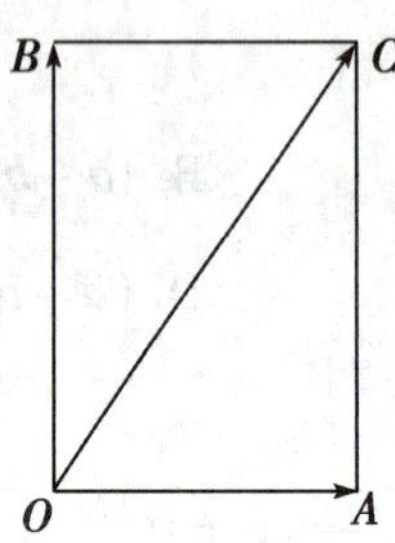

2. B [解析]$\boldsymbol{e}_1$在$\boldsymbol{e}_2$方向上的投影为$|\boldsymbol{e}_1|\cos\theta$，即$\cos\theta$，所以A项正确；$\boldsymbol{e}_1\cdot\boldsymbol{e}_2=|\boldsymbol{e}_1||\boldsymbol{e}_2|\cos\theta=\cos\theta$，所以B项错误；因为$|\boldsymbol{e}_1|=|\boldsymbol{e}_2|$，所以$\boldsymbol{e}_1^2=\boldsymbol{e}_2^2$，所以C项正确；$(\boldsymbol{e}_1+\boldsymbol{e}_2)\cdot(\boldsymbol{e}_1-\boldsymbol{e}_2)=\boldsymbol{e}_1^2-\boldsymbol{e}_2^2=0$，即$(\boldsymbol{e}_1+\boldsymbol{e}_2)\perp(\boldsymbol{e}_1-\boldsymbol{e}_2)$，所以D项正确。故选B。

3. C [解析]$|\boldsymbol{a}+3\boldsymbol{b}|^2=(\boldsymbol{a}+3\boldsymbol{b})^2=\boldsymbol{a}^2+6\boldsymbol{a}\cdot\boldsymbol{b}+9\boldsymbol{b}^2=1+6\times1\times1\times\cos60°+9=13$，$\therefore|\boldsymbol{a}+3\boldsymbol{b}|=\sqrt{13}$。

4. B [解析]选项A，$|\boldsymbol{a}\cdot\boldsymbol{b}|=|\boldsymbol{a}||\boldsymbol{b}|\cdot|\cos<\boldsymbol{a},\boldsymbol{b}>|\leqslant|\boldsymbol{a}|\cdot|\boldsymbol{b}|$，故A项正确；由平面向量的运算法则知，选项C，D正确；选项B，当$\boldsymbol{b}=-\boldsymbol{a}\neq\boldsymbol{0}$时，$|\boldsymbol{a}-\boldsymbol{b}|>||\boldsymbol{a}|-|\boldsymbol{b}||$，故B项不一定成立。

5. B [解析]对于①，$\because\boldsymbol{a}/\!/\boldsymbol{b}$，$\therefore\exists$非零常数$\lambda$，使得$\boldsymbol{a}=\lambda\boldsymbol{b}$，$\therefore x_1=\lambda x_2$，$y_1=\lambda y_2$，$\therefore\lambda x_1y_2=\lambda x_2y_1$，$\therefore x_1y_2-x_2y_1=0$；对于②，由$\boldsymbol{a}\cdot\boldsymbol{b}=\boldsymbol{b}\cdot\boldsymbol{c}$，可得$\boldsymbol{b}\cdot(\boldsymbol{a}-\boldsymbol{c})=0$，即$\boldsymbol{b}$与$\boldsymbol{a}-\boldsymbol{c}$垂直，不能推出$\boldsymbol{a}=\boldsymbol{c}$；对于③，向量$\boldsymbol{a}$，$\boldsymbol{b}$不共线，$\therefore\boldsymbol{a}$，$\boldsymbol{b}$，$\boldsymbol{a}+\boldsymbol{b}$，$\boldsymbol{a}-\boldsymbol{b}$都不是零向量，若向量$\boldsymbol{a}+\boldsymbol{b}$与向量$\boldsymbol{a}-\boldsymbol{b}$共线，则存在实数$\lambda$，使得$\boldsymbol{a}+\boldsymbol{b}=\lambda(\boldsymbol{a}-\boldsymbol{b})$，即$(\lambda-1)\boldsymbol{a}=(1+\lambda)\boldsymbol{b}$，$\therefore\begin{cases}\lambda-1=0,\\1+\lambda=0,\end{cases}$ λ无解，故假设不成立，$\therefore$向量$\boldsymbol{a}+\boldsymbol{b}$与向量$\boldsymbol{a}-\boldsymbol{b}$必不共线；对于④，当$\boldsymbol{a}=\boldsymbol{b}=\boldsymbol{0}$时，有无数个实数$\lambda$满足$\boldsymbol{b}=\lambda\boldsymbol{a}$；对于⑤，若$\boldsymbol{a}$与$\boldsymbol{b}$的夹角为钝角，则$\boldsymbol{a}\cdot\boldsymbol{b}=|\boldsymbol{a}|\cdot|\boldsymbol{b}|\cos\langle\boldsymbol{a},\boldsymbol{b}\rangle<0$，故①③⑤正确。选B。

6. B [解析]$\boldsymbol{a}\cdot(2\boldsymbol{a}-\boldsymbol{b})=2|\boldsymbol{a}|^2-\boldsymbol{a}\cdot\boldsymbol{b}=2\times1-(-1)=3$。

7. B [解析]因为$\boldsymbol{a}+\boldsymbol{b}=(m-1,3)$，向量$\boldsymbol{a}+\boldsymbol{b}$与$\boldsymbol{a}$垂直，所以$(m-1)\times(-1)+3\times2=0$，解得$m=7$。

8. B [解析]$\because z\cdot\mathrm{i}=1+\mathrm{i}$，$\therefore z=\frac{1+\mathrm{i}}{\mathrm{i}}=1-\mathrm{i}$，所以$z$的共轭复数是$1+\mathrm{i}$。

9. A [解析]$\left(\frac{1-\mathrm{i}}{1+\mathrm{i}}\right)^{10}=\left[\frac{(1-\mathrm{i})^2}{2}\right]^{10}=\left[\frac{-2\mathrm{i}}{2}\right]^{10}=(-\mathrm{i})^{10}=-1$。

二、填空题

10. 5 [解析]如图所示，建立平面直角坐标系，设$P(0,y)$，$C(0,b)$，则$B(1,b)$，$A(2,0)$，$\therefore\overrightarrow{PA}+3\overrightarrow{PB}=(2,$

$-y)+3(1,b-y)=(5,3b-4y)$，$\therefore |\overrightarrow{PA}+3\overrightarrow{PB}|^2=25+(3b-4y)^2(0\leqslant y\leqslant b)$，当 $y=\frac{3}{4}b$ 时，$|\overrightarrow{PA}+3\overrightarrow{PB}|$取最小值为 5。

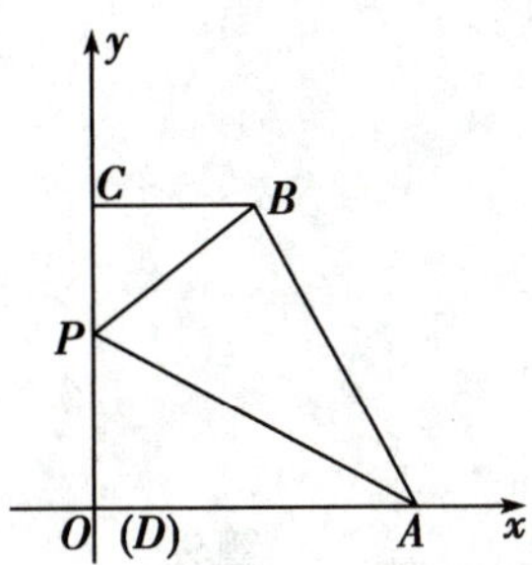

11\. $-\frac{9}{4}$ [解析]设 $A(a,b)$，$B(c,d)$，$\because \overrightarrow{AC}=(1,2)$，$\overrightarrow{BD}=(-2,2)$，所以 $C(a+1,b+2)$，$D(c-2,d+2)$，则 $\overrightarrow{AB}=(c-a,d-b)$，$\overrightarrow{CD}=(c-a-3,d-b)$，所以$\overrightarrow{AB}\cdot\overrightarrow{CD}=(c-a)\cdot(c-a-3)+(d-b)^2=(c-a)^2-3(c-a)+(b-d)^2=\left(c-a-\frac{3}{2}\right)^2-\frac{9}{4}+(b-d)^2\geqslant-\frac{9}{4}$。故$\overrightarrow{AB}\cdot\overrightarrow{CD}$的最小值为 $-\frac{9}{4}$。

12\. $1+\sqrt{2}$ [解析]因为 $\boldsymbol{a},\boldsymbol{b},\boldsymbol{c}$ 均为单位向量，且 $\boldsymbol{a}\perp\boldsymbol{b}$，所以设 $\boldsymbol{a}=(1,0)$，$\boldsymbol{b}=(0,1)$，$\boldsymbol{c}=(\cos\alpha,\sin\alpha)$，则$\boldsymbol{a}+\boldsymbol{b}+\boldsymbol{c}=(1+\cos\alpha,1+\sin\alpha)$，$(\boldsymbol{a}+\boldsymbol{b}+\boldsymbol{c})\cdot\boldsymbol{c}=\cos\alpha\cdot(1+\cos\alpha)+\sin\alpha(1+\sin\alpha)=\cos\alpha+\sin\alpha+\cos^2\alpha+\sin^2\alpha=\sqrt{2}\sin\left(\alpha+\frac{\pi}{4}\right)+1\leqslant\sqrt{2}+1$，所以当 $\sin\left(\alpha+\frac{\pi}{4}\right)=1$ 时取得最大值 $1+\sqrt{2}$。

第七章 算法与推理证明

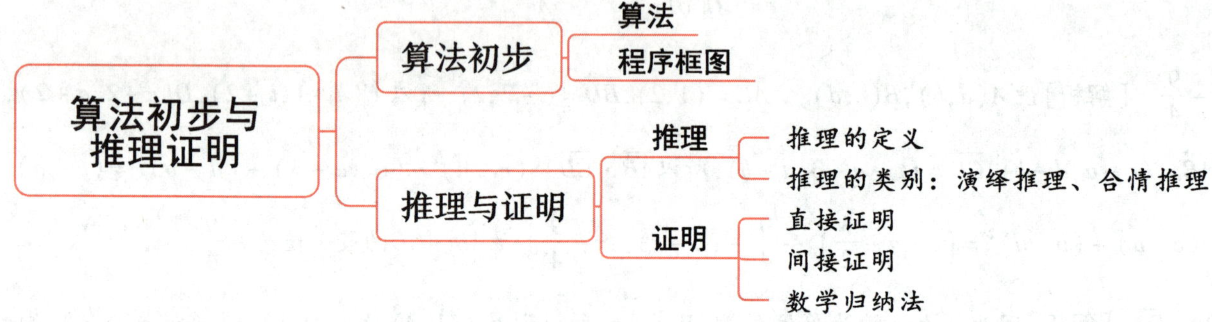

考向分析

本章属于高中阶段数学的基本内容，近几年在天津、福建与江西的教师招聘考试中均有所涉及，要求考生识记相关概念。现对本章考向分析如下：

高频考点	常考题型	能力要求	考查热度
程序框图	单选	理解	★★
推理的类别	单选	理解	★★
数学归纳法	解答	掌握	★

核心考点

第一节　算法初步

一、算法

考点 1　算法的相关概念

1. 定义

算法可以理解为由基本运算及规定的运算顺序所构成的完整的解题步骤，或者看成按照要求设计好的有限的确切的计算序列，并且这样的步骤或序列能够解决一类问题。

2. 特点

算法具有明确性、有效性、有限性、数据输入、信息输出、不唯一性的特点。

考点 2　基本算法语句

1. 赋值语句：在程序运行时给变量赋值的语句，一般格式：变量 = 表达式。

注意：

(1) 一个语句只能给一个变量赋值；

(2) 将一个变量的值赋值给另一个变量时，前一个变量的值保持不变；

(3) 可先后给一个变量赋多个不同的值，但变量的取值只与最后一次赋值有关。

2. 条件语句：计算机按照条件进行分析、比较、判断，并且按照判断后的不同情况进行不同的操作处理如“比较数之间的大小”“判断数是否为偶数”。

3. 循环语句：变量一般需要进行一定的初始化操作，并且循环语句在循环过程中需要有“结束”的机会，循环过程中循环条件成立对应的变量值需要有改变。

4. 输入语句：实现算法的输入信息功能。一般格式：INPUT“提示内容”；变量。

5. 输出语句：实现算法的输出结果功能。一般格式：PRINT“提示内容”；表达式。

二、程序框图　【单选】　★★

考点 1　定义

程序框图又称流程图，是一种用程序框、流程线及文字说明来表示算法的图形。

考点 2　基本逻辑结构

1. 顺序结构

顺序结构描述的是最简单的算法结构，语句与语句之间，框与框之间按从上到下的顺序进行。

下图中，语句 1 和语句 2 是依次执行的，只有在执行完语句 1 指定的操作后，才能接着执行语句 2 所指定的操作。

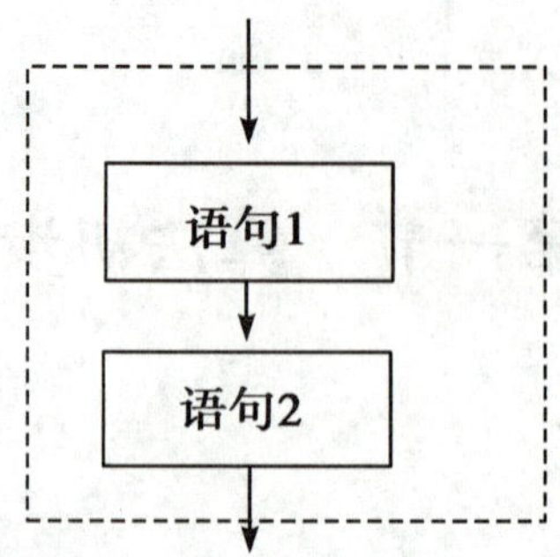

2. 条件分支结构

条件分支结构要求进行逻辑判断，并根据判断结果进行不同情况的处理，它是依据指定条件选择执行不同指令的控制结构。

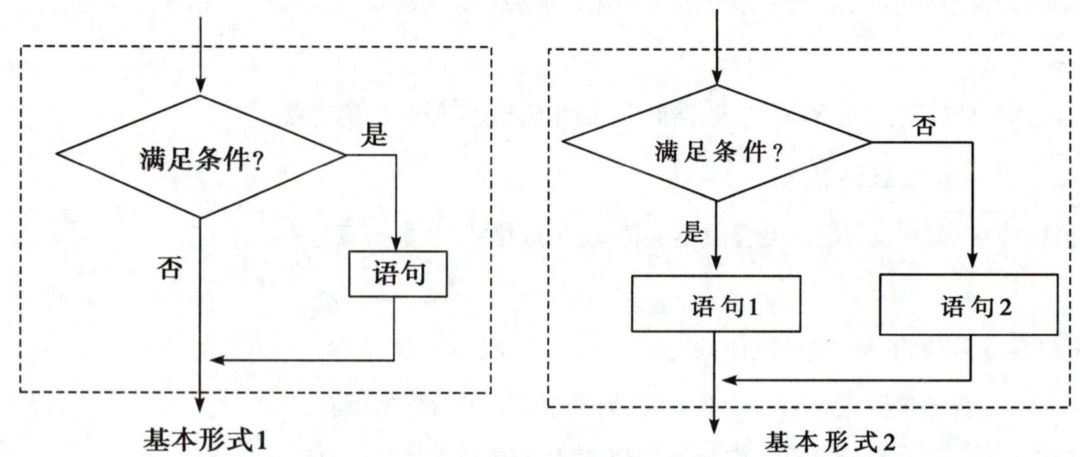

基本形式1　　基本形式2

3. 循环结构

根据指定条件决定是否重复执行一条或多条指令的控制结构称为循环结构。

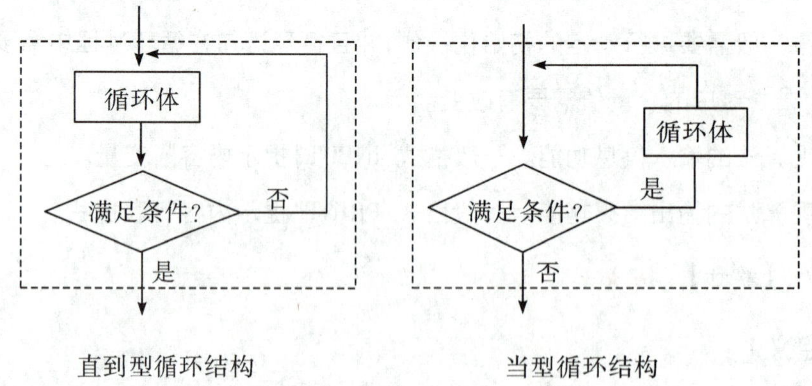

直到型循环结构　　当型循环结构

(1) 直到型循环结构：在执行了一次循环体后，对条件进行判断，如果条件不满足，就继续执行循环体，直到条件满足时终止循环。

(2) 当型循环结构：在每次执行循环体前，对条件进行判断，如果条件满足，就执行循环体，否则终止循环。

考点 3 常用图形符号

图形符号	名称	符号表示的意义
（圆角矩形）	起、止框	框图的开始或结束
（平行四边形）	输入、输出框	数据的输入或者结果的输出
（矩形）	处理框	赋值、执行计算语句、结果的传送
（菱形）	判断框	根据给定条件判断
（箭头）	流程线	流程进行的方向
（圆圈）	连接点	连接另一页或另一部分的框图
（虚线与半框）	注释图	帮助理解框图

真题面对面

[2020 天津南开区，单，2′]执行下面的程序框图，如果输入的 $N=4$，那么输出的 $S=$(   )

A. $1+\frac{1}{2}+\frac{1}{3}+\frac{1}{4}$

B. $1+\frac{1}{2}+\frac{1}{3\times2}+\frac{1}{4\times3\times2}$

C. $1+\frac{1}{2}+\frac{1}{3}+\frac{1}{4}+\frac{1}{5}$

D. $1+\frac{1}{2}+\frac{1}{3\times2}+\frac{1}{4\times3\times2}+\frac{1}{5\times4\times3\times2}$

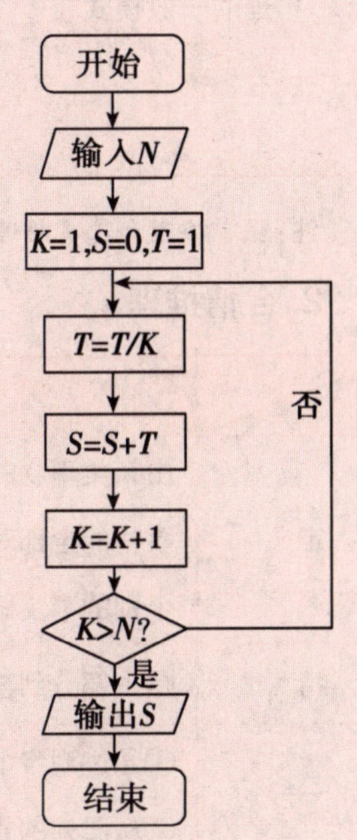

答案：B。由题意知 $N=4$，当 $K=1$ 时，$S=1$，$K=2$，循环执行，$T=\frac{1}{2}$，$S=1+\frac{1}{2}$，$K=3$，循环执行，$T=\frac{1}{3\times2}$，$S=1+\frac{1}{2}+\frac{1}{3\times2}$，$K=4$，循环执行，$T=\frac{1}{4\times3\times2}$，$S=1+\frac{1}{2}+\frac{1}{3\times2}+\frac{1}{4\times3\times2}$，此时 $K=5$，$K>N$，程序终止，输出 S。故选 B。

第二节　推理与证明

一、推理

考点 1　推理的定义

推理是由一个或几个已知的判断做出一个新判断的思维形式。

任何推理都是由前提和结论两部分组成的。前提是推理过程中所依据的已有判断，它告诉人们已知的知识是什么。推理的前提可以是一个，也可以是几个。结论是根据前提所做出的判断，它告诉人们推出的知识是什么。

考点 2　推理的类别 【单选】 ★★

由于划分的标准不同，推理可以分成许多种类。数学中常用的推理有演绎推理和合情推理。

1. 演绎推理

定义	从一般性的原理出发，推出某个特殊情况下的结论，把这种推理称为演绎推理	
特点	演绎推理是由一般到特殊的推理	
模式：“三段论”是演绎推理的一般模式	“三段论”的结构	①大前提——已知的一般原理； ②小前提——所研究的特殊情况； ③结论——根据一般原理，对特殊情况做出的判断
	“三段论”的表示	①大前提——M 是 P； ②小前提——S 是 M； ③结论——S 是 P

注：联言推理和选言推理属于演绎推理。

2. 合情推理

	归纳推理	类比推理
定义	由某类事物的部分对象具有某些特征，推出该类事物的全部对象都具有这些特征的推理，或者由个别的事实概括出一般结论的推理	由两类对象具有某些类似特征和其中一类对象的某些已知特征，推出另一类对象也具有某些已知特征的推理
特点	是由部分到整体、由个别到一般的推理	是由特殊到特殊的推理
一般步骤	①通过观察个别情况发现某些相同性质； ②从已知的相同性质中推出一个明确表述的一般性命题（猜想）	①找出两类事物之间的相似性或一致性； ②用一类事物的性质去推测另一类事物的性质，得出一个明确的命题（猜想）
共性	归纳推理和类比推理都是根据已有的事实，经过观察、分析、比较、联想，再进行归纳、类比，然后提出猜想的推理，我们把它们统称为合情推理	

真题面对面

1. [2021 江西统考,单,1 分]( )推理用于探索思路。

A. 演绎 B. 逻辑 C. 合情 D. 归纳

答案:C。合情推理是根据已有的事实,经过观察、分析、比较、联想,再进行归纳,类比,然后提出猜想的推理。演绎推理是从已有的事实(包括定义、公理、定理等)和确定的规则(包括运算的定义、法则、顺序等)出发,按照逻辑推理的法则证明和计算。在解决问题的过程中,合情推理用于探索思路,发现结论;演绎推理用于证明结论。

2. [2019 福建统考,单,4 分]在推导梯形面积公式时,学生通过用两个一样的三角形拼成平行四边形推导出三角形的面积公式产生联想,也用两个一样的梯形拼成平行四边形推导出梯形的面积公式。这种推理方式是( )

A. 归纳推理 B. 类比推理 C. 联言推理 D. 关系推理

答案:B。类比推理是根据两个或两类对象有部分属性相同或相似,从而推出它们的其他属性也相同或相似的推理。本题中通过类比三角形面积公式的推导过程来推导梯形的面积公式的推理是类比推理。故选 B。

3. 关系推理

关系推理也称关系判断的推理,是与关系有关的一种推理,指以关系判断为前提和结论的推理。关系推理可分为纯关系推理和混合关系推理两类,在纯关系推理中又可分为直接关系推理和间接关系推理。

二、证明

考点 1 直接证明

1. 直接证明

直接证明是从命题的条件与结论出发,根据已知的定义、公理、定理,直接推证结论的真实性,常用的直接证明的方法有综合法与分析法。

(1)综合法

利用已知条件和某些数学定义、公理、定理等,经过一系列的推理论证,最后推导出所要证明的结论成立。

框图表示:$\boxed{P\Rightarrow Q_1}\rightarrow\boxed{Q_1\Rightarrow Q_2}\rightarrow\boxed{Q_2\Rightarrow Q_3}\rightarrow\cdots\boxed{Q_n\Rightarrow Q}$(其中 P 表示已知条件、已有的定义、定理、公理等,Q 表示所要证明的结论)。

文字语言:因为……,所以……(或由……得……)

要点:顺推证法;由因导果。

[例]求证:$\frac{1}{\log_5 19}+\frac{2}{\log_3 19}+\frac{3}{\log_2 19}<2$。

第一部分

证明：$\because \log_a b=\frac{1}{\log_b a}$，$\therefore$ 左边 $=\log_{19}5+2\log_{19}3+3\log_{19}2=\log_{19}5+\log_{19}3^2+\log_{19}2^3=\log_{19}(5\times3^2\times2^3)=\log_{19}360$。$\because \log_{19}360<\log_{19}361=2$，$\therefore \frac{1}{\log_5 19}+\frac{2}{\log_3 19}+\frac{3}{\log_2 19}<2$。

(2)分析法

从要证明的结论出发，逐步寻找使它成立的充分条件，直至最后，把要证明的结论归结为判定一个明显成立的条件(已知条件、定理、定义、公理等)为止。

框图表示：$\boxed{Q\Rightarrow P_1}\rightarrow\boxed{P_1\Rightarrow P_2}\rightarrow\boxed{P_2\Rightarrow P_3}\rightarrow\cdots$ 得到一个明显成立的条件 (其中 P 表示已知条件、已有的定义、定理、公理等，Q 表示所要证明的结论)。

文字语言：要证……，只需证……，即证……。

要点：逆推证法；执果索因。

[例]求证：$\sqrt{3}+\sqrt{7}<2\sqrt{5}$。

证明：要证 $\sqrt{3}+\sqrt{7}<2\sqrt{5}$，只需证 $(\sqrt{3}+\sqrt{7})^2<(2\sqrt{5})^2$，即证 $10+2\sqrt{21}<20$，整理得 $\sqrt{21}<5$。

$\because 21<25$ 成立，$\therefore \sqrt{3}+\sqrt{7}<2\sqrt{5}$ 成立。

考点 2 间接证明

一般地，假设原命题不成立，经过正确的推理，最后得出矛盾，由此说明假设错误，从而证明原命题成立的证明方法叫作反证法。反证法是一种间接证明的方法。

反证法的关键是在正确的推理下得出矛盾，这个矛盾是与已知条件矛盾，或与假设矛盾，或与定义、公理、定理、事实矛盾等。

[例]求证：质数有无穷多个。

证明：假设质数只有有限多个。

设全体质数为 $p_1,p_2,\cdots,p_n$，令 $p=p_1p_2\cdot\cdots\cdot p_n$。

显然，p 与 $p+1$ 的最大公约数是 1，那么根据质因数分解定理可知，$p+1$ 要么是一个质数，要么是含有 $p_1,p_2,\cdots,p_n$ 之外的质因数。

这表明，除质数 $p_1,p_2,\cdots,p_n$ 之外还有质数。

因此，假设质数只有有限多个不成立，即质数有无穷多个。

重难点解读

①一般地，结论中出现"至多""至少""唯一"等词语，或否定性命题，或要讨论的情况很复杂，可以考虑用反证法；②一般地，含分式、根式的不等式，或从条件出发思路不明显的命题，可以考虑用分析法；③命题的结论有明确的证明方向的，适合用综合法。

考点 3 数学归纳法 【解答】★

数学归纳法是证明关于正整数 n 的命题的一种方法。

用数学归纳法证明命题的步骤：

第一步（归纳奠基），证明当 n 取第一个值 n_0（$n_0\in\mathbf{N}^*$）时命题成立；

第二步（归纳递推），假设 $n=k$（$k\geqslant n_0,k\in\mathbf{N}^*$）时命题成立，证明当 $n=k+1$ 时命题也成立。

只要完成这两个步骤，就可以断定命题对从 n_0 开始的所有正整数都成立。

用数学归纳法可以证明许多与自然数有关的数学命题，其中包括恒等式、不等式、数列通项公式、几何中的计算问题等。

真题面对面

［2018 山西临汾尧都区，单，3 分］用数学归纳法证明等式 $1+2+\cdots+(n+3)=\dfrac{(n+3)(n+4)}{2}$（$n\in\mathbf{N}^*$）时，验证 $n=1$ 时，左边应取的项是（　　）

A. 1　　B. 1+2　　C. 1+2+3　　D. 1+2+3+4

答案：D。当 $n=1$ 时，等式右边 $=\dfrac{(1+3)(1+4)}{2}=10$，则左边应取 $1+2+3+4$。故选 D。

达标测评

建议用时	实际用时	测评总分	实际得分
20 分钟	______分钟	21 分	______分

一、单项选择题（每小题 3 分，共 12 分）

1. 执行如图所示的程序框图，则该程序框图输出的结果是（　　）

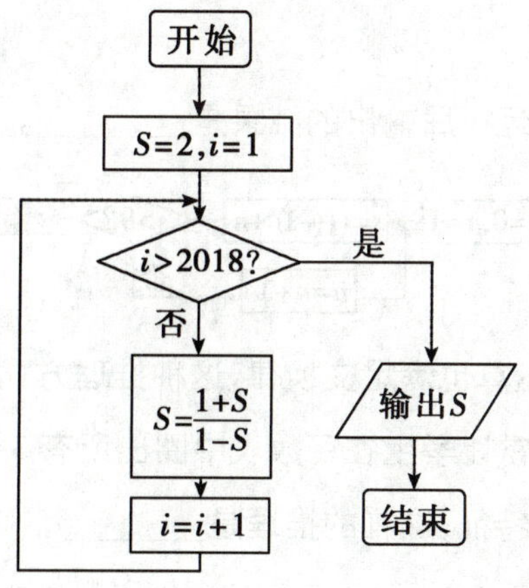

A. -3　　B. $-\dfrac{1}{2}$　　C. $\dfrac{1}{3}$　　D. 2

第一部分

2. 已知程序框图如图所示，则该程序框图的功能是(　　)

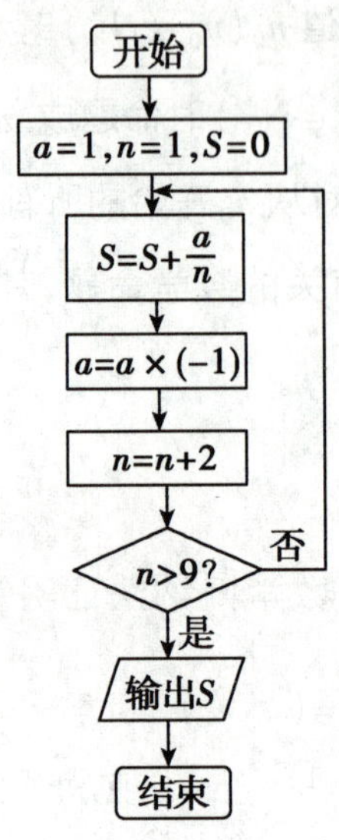

A. 求 $1+\frac{1}{3}+\frac{1}{5}+\frac{1}{7}$的值　　　B. 求 $1+\frac{1}{3}+\frac{1}{5}+\frac{1}{7}+\frac{1}{9}$的值

C. 求 $1-\frac{1}{3}+\frac{1}{5}-\frac{1}{7}$的值　　　D. 求 $1-\frac{1}{3}+\frac{1}{5}-\frac{1}{7}+\frac{1}{9}$的值

3. 在推导梯形面积公式时，通过使用两个一样的三角形拼成平行四边形，进而推导出了三角形的面积公式，从而联想也用两个一样的梯形拼成平行四边形推导出梯形的面积公式。这种推理方式是(　　)

A. 类比推理　　　B. 归纳推理

C. 联言推理　　　D. 关系推理

4. 用数学归纳法证明 $1+\frac{1}{2}+\frac{1}{3}+\cdots+\frac{1}{2^n-1}<n(n\in\mathbf{N}^*,n>1)$时，第一步应验证不等式(　　)

A. $1+\frac{1}{2}<2$　　　B. $1+\frac{1}{2}+\frac{1}{3}<2$

C. $1+\frac{1}{2}+\frac{1}{3}<3$　　　D. $1+\frac{1}{2}+\frac{1}{3}+\frac{1}{4}<3$

二、填空题(每小题 3 分，共 9 分)

5. 下图是某算法的程序框图，则程序运行后输出的结果是________。

开始 → $s=0,n=1$ → $s=s+(-1)^n+n$ → $s>9?$ → 是 → 输出s → 结束；否 → $n=n+1$

6. 由加法运算满足交换律猜想乘法运算也满足交换律，这种推理方式属于________。

7. 在“3 的倍数特征”一课中，教师通常让学生在百数表中圈出所有 3 的倍数，再引导学生从不同角度观察所圈数的特征，最后得出 3 的倍数的特征，这样的推理是________。

参考答案及解析

一、单项选择题

1. B　[解析]运行程序如下：$S=2,i=1$；$S=-3,i=2$；$S=-\frac{1}{2},i=3$；$S=\frac{1}{3},i=4$；$S=2,i=5$；……，可以看出 S 的周期性，周期为 4，$\frac{2019}{4}=504\cdots\cdots3$，所以输出的是 $-\frac{1}{2}$。故选 B。

2. D　[解析]由题意，开始 $a=1,n=1,S=0$，第一次循环：$S=1,a=-1,n=3$；第二次循环：$S=1-\frac{1}{3},a=1$，$n=5$；第三次循环：$S=1-\frac{1}{3}+\frac{1}{5},a=-1,n=7$；第四次循环：$S=1-\frac{1}{3}+\frac{1}{5}-\frac{1}{7},a=1,n=9$；第五次循环：$S=1-\frac{1}{3}+\frac{1}{5}-\frac{1}{7}+\frac{1}{9},a=-1,n=11$，此时终止循环，输出结果，所以该程序框图是计算输出 $S=1-\frac{1}{3}+\frac{1}{5}-\frac{1}{7}+\frac{1}{9}$ 的值，故选 D。

3. A　[解析]类比推理是根据两个或两类对象有部分属性相同或相似，从而推出它们的其他属性也相同或相似的推理。题干中通过类比三角形面积公式的推导过程来推导梯形的面积公式的推理属于类比推理。

4. B　[解析]$\because n\in\mathbf{N}^*,n>1$，$\therefore n$ 取第一个自然数为 2，左端分母最大的项为 $\frac{1}{2^2-1}=\frac{1}{3}$。故选 B。

二、填空题

5. 10　[解析]由已知条件，可得 $s=0,n=1$，第一次循环得到 $s=0,n=2$；第二次循环得到 $s=3,n=3$；第三次循环得到 $s=5,n=4$；第四次循环得到 $s=10$，此时结束循环。

6. 类比推理

7. 不完全归纳推理　[解析]完全归纳推理，又称“完全归纳法”，它是以某类对象中每一对象(或子类)都具有或不具有某一属性为前提，推出以该类对象全部具有或不具有该属性为结论的归纳推理。不完全归纳推理，以关于某类事物中部分对象的判断为前提，推出关于某类事物全体对象的判断做结论的推理。题干所述属于不完全归纳推理。

第八章　平面几何

思维导图

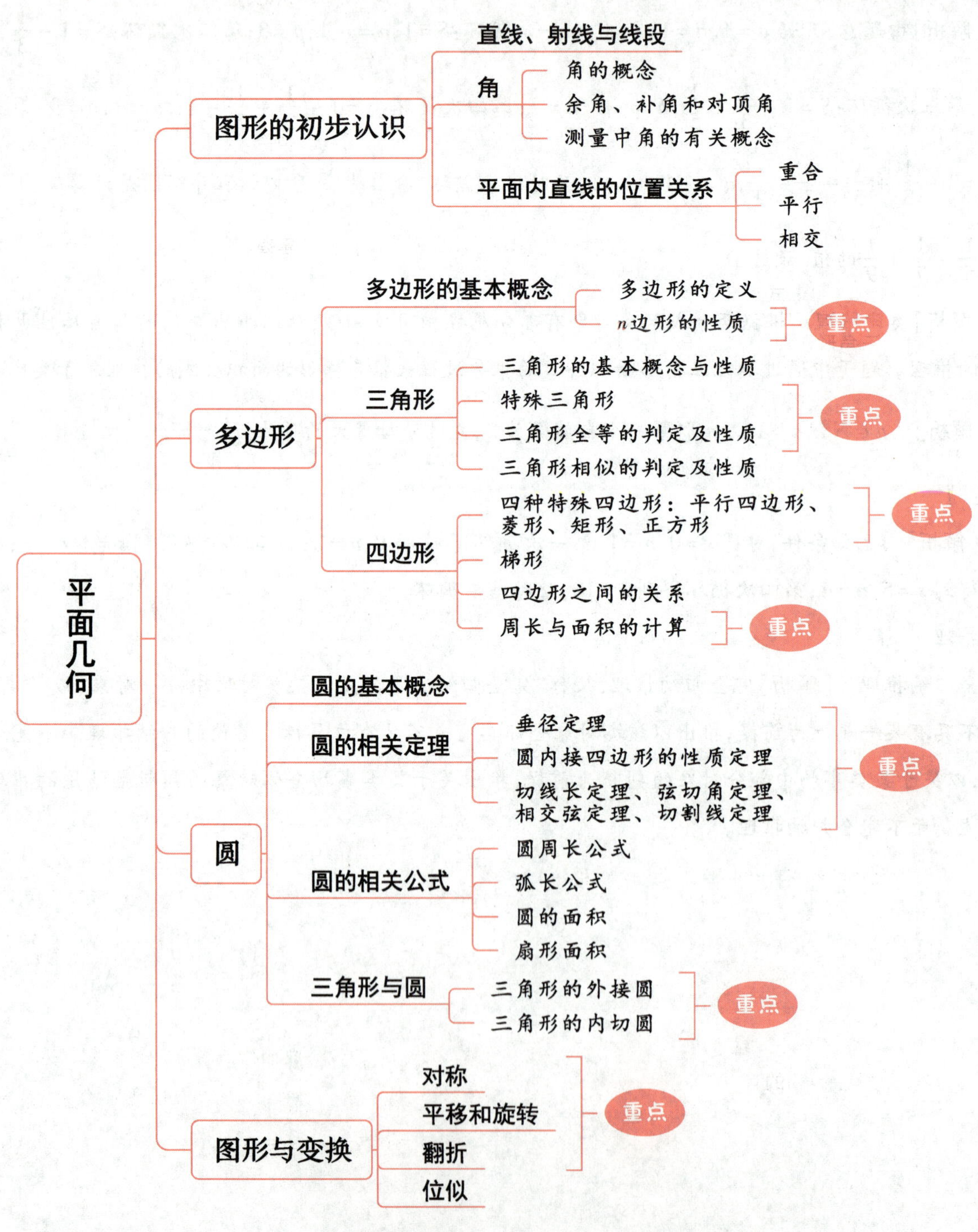

考向分析

本章属于小学与初中数学的基础章节，各省、市数学教师招聘考试中对本章内容均有考查，旨在考查几何直观素养。特点为识记和理解性知识多，现对本章考向分析如下：

高频考点	常考题型	能力要求	考查热度
测量中角的有关概念	单选	识记	★
平面内直线的位置关系	判断	识记、理解	★
n 边形的性质	单选	识记	★★
三角形的基本概念与性质	单选	识记、理解	★★★
四边形	解答	识记、理解	★★★
与四边形周长和面积有关的计算	单选	理解、掌握	★★
圆的相关定理	单选、解答	掌握、应用	★★★
圆的相关公式	单选、解答	识记、应用	★★★
三角形与圆	单选	掌握	★
图形与变换	单选、填空、解答	掌握	★★

核心考点

第一节　图形的初步认识

一、直线、射线与线段

概念	定义	性质
直线	向两端无限延伸的线称为直线	1. 两点确定一条直线；2. 过一点的直线有无数条
射线	从一定点开始，向一端无限延伸的线称为射线	只能向一端无限延伸，无法度量长度
线段	直线上两点之间的有限部分称为线段	1. 两点之间，线段最短；2. 线段的中点到两端点的距离相等；3. 线段垂直平分线的性质定理及逆定理：(1) 垂直平分线：经过线段中点并且垂直于这条线段的直线，叫作这条线段的垂直平分线；(2) 性质定理：线段垂直平分线上的点到这条线段的两个端点的距离相等；(3) 逆定理：到一条线段的两个端点距离相等的点，在这条线段的垂直平分线上

二、角

考点 1 角的概念

1. 角的定义

角是由两条具有公共顶点的射线组成的图形，角也可以看成是由一条射线绕着它的顶点旋转而成的图形。

2. 平角及周角

一条射线绕它的顶点旋转，当终边与始边成一条直线时所成的角叫作平角。终边继续旋转，当它又和始边重合时所成的角叫作周角。

3. 角的平分线

从角的顶点引出的一条射线把这个角分成两个相等的角，这条射线叫作这个角的角平分线。角平分线上的点到这个角的两边的距离相等。

考点 2 余角、补角和对顶角

	定义	特点
余角	如果两个角的和等于90°，那么这两个角互为余角，即其中一个角是另一个角的余角	同角或等角的余角相等
补角	如果两个角的和等于180°，那么这两个角互为补角，即其中一个角是另一个角的补角	同角或等角的补角相等
对顶角	两条直线相交所得的四个角中没有公共边的两个角叫作对顶角	对顶角相等

考点 3 测量中角的有关概念 【单选】 ★

名称	定义	表示图	范围
俯角	在同一铅垂平面内，从上向下看，视线与水平线的夹角	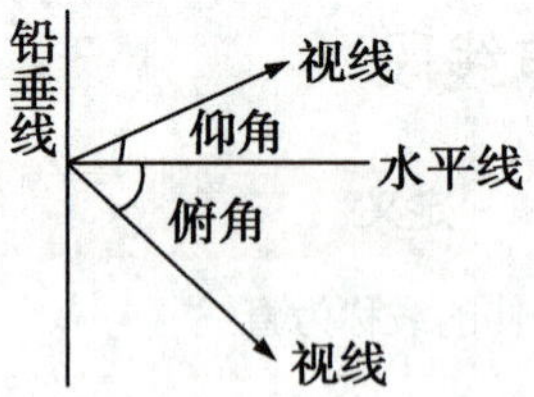 铅垂线 视线 仰角 水平线 俯角 视线	0°～90°
仰角	在同一铅垂平面内，从下向上看，视线与水平线的夹角		
方位角	从某点的指北方向线起，依顺时针方向到目标方向线之间的水平夹角	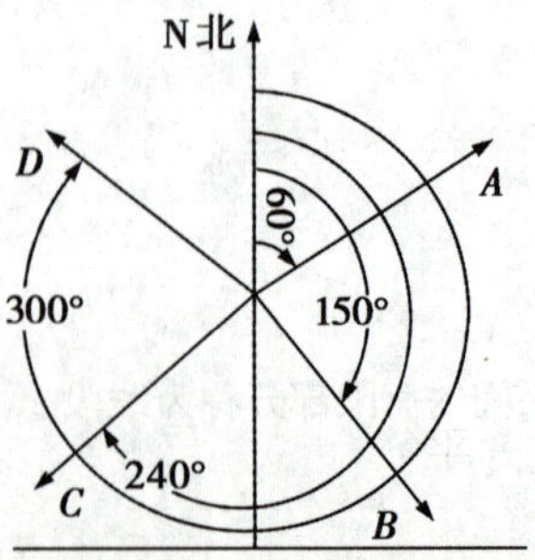 N北 D A 60° 300° 150° 240° C B	0°～360°

续表

名称	定义	表示图	范围
方向角	一般是指以观测者的位置为中心，将正北或正南方向作为起始方向旋转到目标方向线所成的角（一般指锐角），通常表达成北（南）偏东（西）××度，若正好为45°，则表示为正西（东）南（北）	北、东北、西北、西、东、0、西南、东南、南	0°～90°

真题面对面

[2019 河南许昌禹州，单，1.5 分]两座灯塔 A 和 B 与海岸观察站 C 的距离相等，灯塔 A 在观察站北偏东 40°方向上，灯塔 B 在观察站南偏东 60°方向上，则灯塔 A 在灯塔 B 的（　　）

A. 北偏东 10°方向上

B. 北偏西 10°方向上

C. 南偏东 10°方向上

D. 南偏西 10°方向上

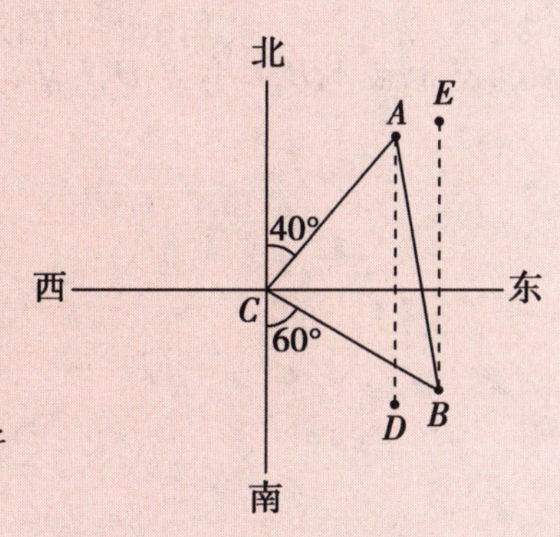

答案：B。根据题意画如图，$\angle ACB=180°-40°-60°=80°$，因为 $AC=BC$，所以 $\angle CAB=50°$，进而可知，$\angle BAD=50°-40°=10°$，因为 $AD/\!/EB$，所以 $\angle ABE=10°$，所以灯塔 A 在灯塔 B 的北偏西 10°方向上。故选 B。

三、平面内直线的位置关系 【判断】 ★

考点 1 重合

1. 当两条相交直线的夹角为 0°时，两直线重合。

2. 当两条平行线之间的距离为 0 时，两直线重合。

考点 2 平行

1. 公理及推论

（1）公理：经过直线外一点，有且只有一条直线与这条直线平行。

（2）推论：如果两条直线都和第三条直线平行，那么这两条直线也互相平行。

2. 判定和性质

同位角相等⇔两直线平行。

内错角相等⇔两直线平行。

同旁内角互补⇔两直线平行。

重难点解读

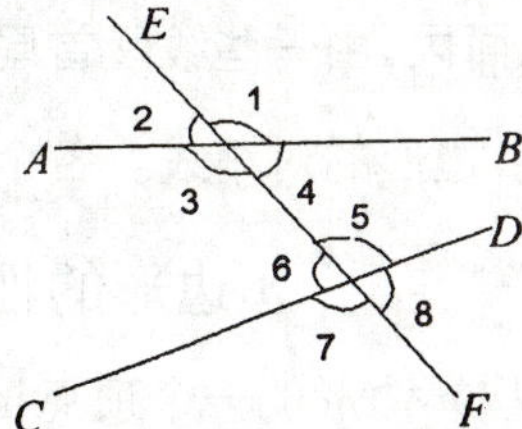

如图，其中，∠1 和∠3 为对顶角；∠1 和∠2 为邻补角；∠1 和∠5 为同位角；∠3 和∠5 为内错角；∠3 和∠6 为同旁内角。

考点 3 相交

1. 相交与垂直

相交：在同一平面内，如果两条直线只有一个公共点，称这两条直线相交。

垂直：两条直线相交所成的四个角中，有一个角是直角时，就说这两条直线互相垂直，其中一条直线叫作另一条直线的垂线，它们的交点叫作垂足。

2. 垂线性质

性质1：过一点有且只有一条直线与已知直线垂直。

性质2：直线外一点与直线上各点连结的所有线段中，垂线段最短。

第一部分

考点 再拔高

▼ 平行线分线段成比例定理

三条平行线截两条直线，所得的对应线段成比例。如图，$l_1 /\!/ l_2 /\!/ l_3$，直线 a 与 b 分别与直线 l_1，l_2，l_3 相交于点 A,B,C 和点 D,E,F，则有 $\frac{AB}{BC}=\frac{DE}{EF}$，$\frac{AB}{AC}=\frac{DE}{DF}$，$\frac{BC}{AC}=\frac{EF}{DF}$。

第二节 多边形

一、多边形的基本概念

考点 1 多边形的定义

在平面内，由一些线段首尾顺次相接组成的封闭图形叫作多边形。连结多边形不相邻的两个顶点的线段，叫作多边形的对角线。各个角都相等，各条边都相等的多边形叫作**正多边形**。

考点 2 n 边形的性质 【单选】 ★★

(1) 从 n 边形的一个顶点出发，分别连结这个顶点与其余各顶点，可以把 n 边形分成 $(n-2)$ 个三角形；

(2) 从 n 边形一边上的一个点出发（顶点除外），分别连结这个点与其余各顶点，可以把 n 边形分成 $(n-1)$ 个三角形；

(3) 从 n 边形内部的一个点出发，分别连结这个点与各顶点，可以把 n 边形分成 n 个三角形；

(4) 从 n 边形的一个顶点引对角线，可以引 $(n-3)$ 条，n 边形共有 $\frac{n(n-3)}{2}$ 条对角线；

(5) n 边形的内角和等于 $(n-2)\cdot180°$；

(6) 任意 n 边形的外角和均为 $360°$。

真题面对面

[2021 江西,单,1 分]两个正五边形,按如图所示的方式摆放,若 $\angle 1=30°$,则 $\angle 2=$(　　)

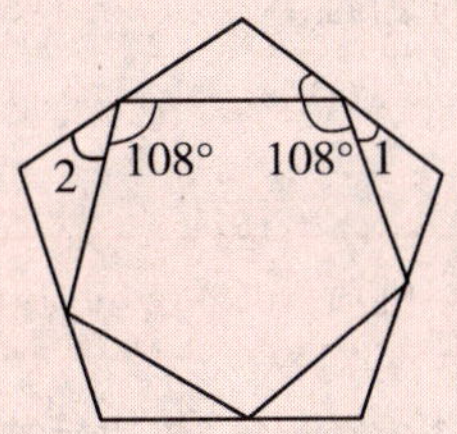

A. 30°

B. 35°

C. 42°

D. 45°

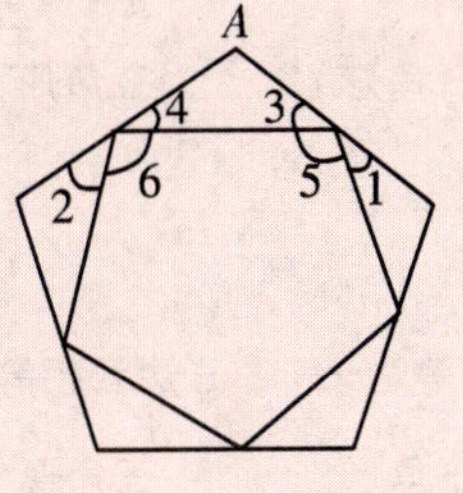

答案:C。易知正五边形每个内角的度数为 $108°$,即 $\angle A=\angle 5=\angle 6=108°$,$\because \angle 1+\angle 3+\angle 5=180°$,$\angle 3+\angle 4+\angle A=180°$,$\therefore \angle 4=\angle 1=30°$,$\therefore \angle 2=180°-\angle 4-\angle 6=180°-30°-108°=42°$。

二、三角形

考点 1　三角形的基本概念与性质　【单选】★★★

1. 三角形的定义与分类

不在同一条直线上的三条线段首尾顺次相连所组成的平面图形叫作三角形。

三角形按角分为:锐角三角形、直角三角形、钝角三角形;按边分为:等腰三角形、不等腰三角形。

2. 三角形中的概念

	定义	相关概念
角平分线	三角形的一个角平分线与这个角的对边相交,顶点和交点之间的线段	三角形三条角平分线的交点叫作三角形的内心,也是内切圆圆心
中位线	连结三角形两边的中点的线段	三角形的中位线平行于第三边,并且长度等于第三边长度的一半
高	从三角形的一个顶点向它的对边所在的直线引的垂线或垂线段	三角形三条高线的交点叫作三角形的垂心
中线	在三角形中,连结一个顶点和它对边中点的线段	三角形三条边上的中线交于一点,这个点就是三角形的重心,重心与一边中点的连线的长是对应中线长的$\frac{1}{3}$
外角	三角形的一条边与另一条边的反向延长线组成的角	三角形的外角等于与其不相邻的两个内角之和

3. 三角形的重要性质

(1) 三角形中,任意两边之和大于第三边,任意两边之差小于第三边。

(2)三角形内角和等于180°,外角和是360°。

(3)三角形的一个外角等于与其不相邻的两个内角之和。

(4)等底等高的三角形面积相等。

(5)一个三角形有唯一确定的外接圆和内切圆。

考点 2 特殊三角形

	定义	性质	判定
等腰三角形	有两边相等的三角形	①等腰三角形的两个底角相等(等边对等角); ②等腰三角形的顶角的角平分线、底边上的中线、底边上的高相互重合(三线合一)	①如果一个三角形有两个角相等,那么这两个角所对的边也相等(等角对等边); ②有两条边相等的三角形是等腰三角形
等边三角形	三边都相等的三角形	①等边三角形的三个内角都相等,并且每一个角都等于60°; ②顶角的角平分线、底边上的中线、底边上的高互相重合(三线合一)	①三个角都相等的三角形是等边三角形; ②有一个角是60°的等腰三角形是等边三角形
直角三角形	有一个角是直角的三角形	①直角三角形的两个锐角互余; ②直角三角形斜边上的中线等于斜边的一半; ③在直角三角形中,如果一个锐角等于30°,那么它所对的直角边等于斜边的一半; ④如果直角三角形的两条直角边长分别为 a,b,斜边长为 c,那么$a^2+b^2=c^2$(勾股定理)	①有两个角互余的三角形是直角三角形; ②如果三角形的三边长 a,b,c 满足 $a^2+b^2=c^2$,那么这个三角形是直角三角形(勾股定理的逆定理)

射影定理:直角三角形中,斜边上的高是两直角边在斜边上射影的比例中项。每条直角边是这条直角边在斜边上的射影和斜边的比例中项。

真题面对面

1. [2021 广东广州天河区,单,1.47 分]如图所示,在△ABC 中,AF 是∠BAC 的角平分线,∠EAD = ∠C,且 ED 垂直平分 AC,∠$B=\alpha$,∠$FAE=\beta$,则∠FEA = (　　)

A. $\dfrac{360°-\alpha-2\beta}{3}$　　B. $\dfrac{180°-\alpha-\beta}{3}$

C. $\dfrac{360°-2\alpha-4\beta}{3}$　　D. $\dfrac{180°-2\alpha+4\beta}{3}$

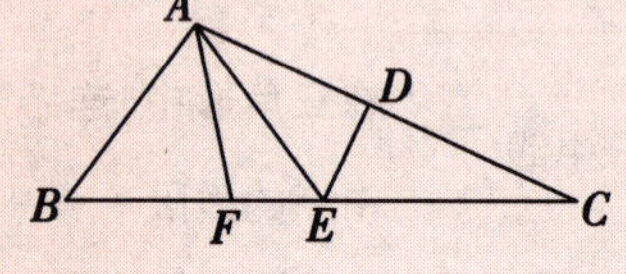

答案:C。∵ AF 是∠BAC 的角平分线,∴ ∠BAF = ∠FAC,又∵ ∠EAD = ∠C,∴ ∠B + ∠BAC + ∠C = ∠B +2∠FAC + ∠C = ∠B +2(∠FAE + ∠EAD) + ∠C = ∠B +2∠FAE +3∠EAD =180°,则有∠$EAD=\dfrac{180°-\alpha-2\beta}{3}$,故∠$FEA$ = ∠EAD + ∠C =2∠$EAD=\dfrac{360°-2\alpha-4\beta}{3}$。

2. [2018 浙江杭州，单，3 分] 已知△PQR 中，$\angle R=90°$，$\angle RPQ=60°$，$PR=1$，D 在 QR 上，E 在 PQ 上，若使△PDE 为等腰直角三角形，$\angle PDE=90°$，则 QE 的长为（　　）

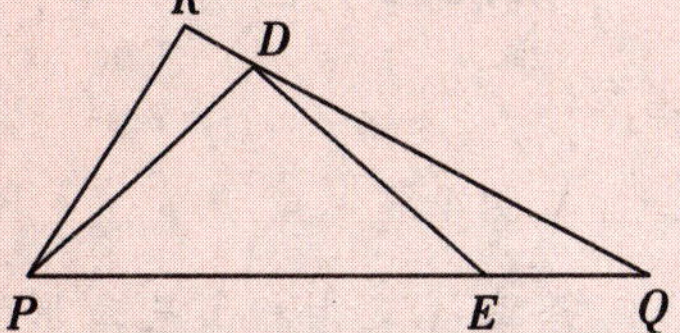

A. $4-2\sqrt{3}$　　B. $2-\sqrt{3}$

C. $\frac{1}{2}(\sqrt{3}-1)$　　D. $\sqrt{3}-1$

答案：A。由于 $\angle RPQ=60°$，$PR=1$，$\angle R=90°$，所以 $PQ=2$，又因为△PDE 为等腰直角三角形，$\angle PDE=90°$，故 $\angle DPE=45°$，则 $\angle RPD=15°$，$\cos\angle RPD=\frac{PR}{PD}=\frac{\sqrt{6}+\sqrt{2}}{4}$，$\therefore PD=\sqrt{6}-\sqrt{2}$，又 $2PD^2=PE^2$，故 $PE=\sqrt{2}(\sqrt{6}-\sqrt{2})=2\sqrt{3}-2$，故 $EQ=PQ-PE=4-2\sqrt{3}$，故选 A。

考点 3　三角形全等的判定及性质

1. 定义

能够完全重合的两个图形叫作全等形。能够完全重合的两个三角形叫作全等三角形。

2. 三角形全等的性质

全等三角形的对应边相等，对应角相等。

3. 三角形全等的判定

①三边分别相等的两个三角形全等（“边边边”或“SSS”）。

②两边和它们的夹角分别相等的两个三角形全等（“边角边”或“SAS”）。

③两角和它们的夹边分别相等的两个三角形全等（“角边角”或“ASA”）。

④两角和其中一个角的对边分别相等的两个三角形全等（“角角边”或“AAS”）。

⑤斜边和一条直角边分别相等的两个直角三角形全等（“斜边、直角边”或“HL”）。

考点 4　三角形相似的判定及性质

1. 定义

形状相同的图形叫作相似图形。角对应相等，边对应成比例的两个三角形叫作相似三角形。相似三角形对应边的比叫作相似比。

2. 三角形相似的性质

①相似三角形对应高的比、对应中线的比与对应角平分线的比都等于相似比。

②相似三角形对应线段的比等于相似比。

③相似三角形面积的比等于相似比的平方。

3. 三角形相似的判定

①三边成比例的两个三角形相似。

②两边成比例且夹角相等的两个三角形相似。

③两角分别相等的两个三角形相似。

真题面对面

1. [2020 江西初中,单,1 分]若$\triangle ABC$与$\triangle DEF$相似且面积之比为 9:4,则$\triangle ABC$与$\triangle DEF$的周长比为(　　)

A. 9:4　　B. 81:16　　C. 3:2　　D. 2:3

答案:C。由相似三角形的面积比等于周长比的平方可知,$\triangle ABC$与$\triangle DEF$的周长比为 3:2。

2. [2021 安徽统考,解答,8 分]如图,在锐角$\triangle ABC$中,$AD\perp BC$,垂足为 D,$BC=8$,$AD=6$,点 E,F 在 BC 上,H,G 分别在 AB,AC 上,若四边形 $HGFE$ 是矩形,当它的面积最大时,求 EF 的长。

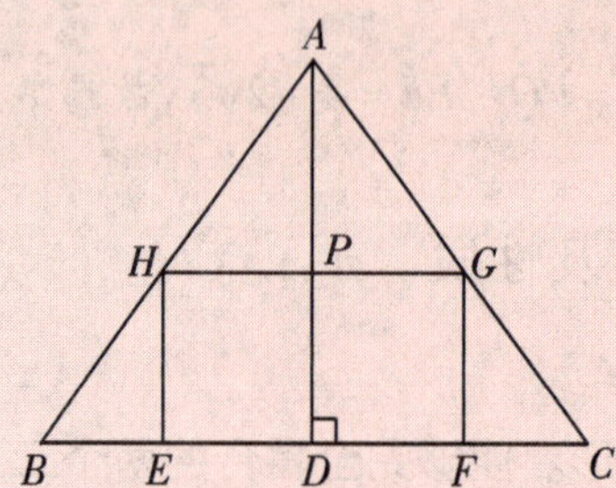

答案:设 AD 交 HG 于点 P,因为四边形 $HGFE$ 是矩形,则 $HG/\!/EF$,所以 $HG/\!/BC$,$\triangle AHG\backsim\triangle ABC$,所以$\frac{AP}{AD}=\frac{HG}{BC}$,所以$\frac{AP}{HG}=\frac{AD}{BC}=\frac{6}{8}=\frac{3}{4}$,设 $EF=x$,所以 $HG=x$,$AP=\frac{3}{4}x$,$PD=6-\frac{3}{4}x$,矩形 $HGFE$ 的面积$=EF\times PD=x(6-\frac{3}{4}x)=-\frac{3}{4}x^2+6x=-\frac{3}{4}(x-4)^2+12(0<x<8)$。当 $x=4$ 时,面积最大,故 $EF=4$。

三、四边形　【解答】　★★★

考点 1　四种特殊四边形

	定义	判定	性质
平行四边形	两组对边分别平行的四边形叫作平行四边形	(1)两组对边分别平行; (2)两组对边分别相等; (3)两组对角分别相等; (4)两条对角线互相平分; (5)一组对边平行且相等; (6)一组对角相等且一组对边平行	(1)对角相等; (2)两组对边平行且相等; (3)两条对角线互相平分; (4)是中心对称图形
菱形	一组邻边相等的平行四边形叫作菱形	(1)有一组邻边相等的平行四边形; (2)两条对角线互相垂直的平行四边形; (3)四条边都相等的四边形	(1)具有平行四边形的一切性质; (2)四条边都相等; (3)对角线互相垂直,每条对角线平分一组对角; (4)既是轴对称图形,又是中心对称图形

	定义	判定	性质
矩形	有一个角是直角的平行四边形叫作矩形	(1)有一个角是直角的平行四边形; (2)对角线相等的平行四边形; (3)有三个角是直角的四边形	(1)具有平行四边形的一切性质; (2)四个角都是直角; (3)对角线相等; (4)既是轴对称图形,又是中心对称图形
正方形	有一个角是直角的菱形或有一组邻边相等的矩形叫作正方形	(1)有一组邻边相等的矩形; (2)有一个角是直角的菱形; (3)有一组邻边相等且有一个角是直角的平行四边形; (4)对角线互相垂直平分且相等的四边形	(1)具有平行四边形、矩形、菱形的一切性质; (2)对角线互相垂直、平分且相等; (3)既是轴对称图形,又是中心对称图形

考点 2 梯形

定义	只有一组对边平行的四边形叫作梯形
面积公式	$S=lh$(其中 l 为梯形的中位线,h 为梯形的高)
中位线	定义:连结梯形两腰中点的线段叫作梯形的中位线
	性质:梯形的中位线平行于梯形的两底边,并且长度等于两底和的一半
直角梯形	定义:有一个角是直角的梯形叫作直角梯形
等腰梯形	定义:两腰相等的梯形叫作等腰梯形
	性质:等腰梯形同一底边上的两个内角相等;等腰梯形的两条对角线相等
	判定:两腰相等的梯形是等腰梯形;两条对角线相等的梯形是等腰梯形

真题面对面

[2021 广东广州天河区,单,1.47 分]在直角梯形 $ABCD$ 中,E 为 BC 边上的中点,$AE\perp DE$,若 $\angle ADE=38°$,则 $\angle BAE=$(　　)

A. 52°　　B. 64°

C. 70°　　D. 76°

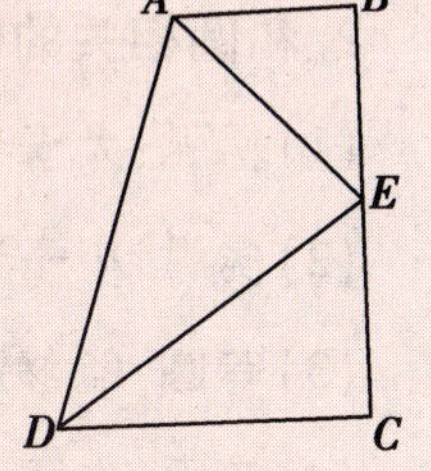

答案:A。$\because AE\perp DE$,$\therefore \angle CED+\angle AEB=\angle CED+\angle CDE=90°$,$\therefore \angle AEB=\angle CDE$,$\therefore \triangle ABE\backsim\triangle ECD$,$\therefore \frac{AE}{DE}=\frac{AB}{CE}$,$\because E$ 为 BC 边上的中点,$\therefore BE=CE$,$\therefore \frac{AE}{DE}=\frac{AB}{BE}$,即 $\frac{AE}{AB}=\frac{DE}{BE}$,$\therefore \triangle ADE\backsim\triangle AEB$,$\therefore \angle BAE=\angle EAD=90°-\angle ADE=52°$。

考点3 四边形之间的关系

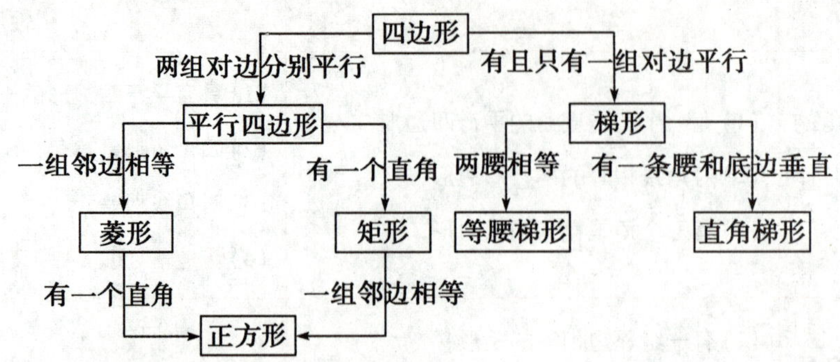

考点4 周长与面积的计算

图形	周长	面积
平行四边形	$C=2(a+b)$（a,b 为两邻边长）	$S=$底×高
菱形	$C=4a$（a 为边长）	$S=$底×高或 $S=$对角线乘积的一半
矩形	$C=2(a+b)$（a,b 为两邻边长）	$S=$长×宽
正方形	$C=4a$（a 为边长）	$S=$边长×边长

第三节　圆

一、圆的基本概念

1. 圆的定义

如图，在一个平面内，线段 OA 绕它固定的一个端点 O 旋转一周，另一个端点 A 所形成的图形叫作圆。到定点的距离等于定长的点都在同一个圆上。

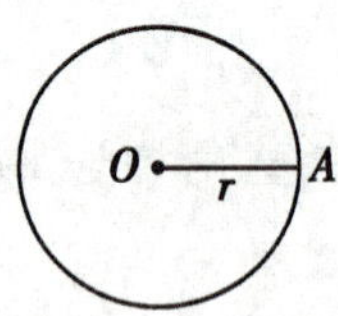

2. 和圆相关的概念

(1) 优弧：大于半圆的弧，用三个大写字母表示。

(2) 劣弧：小于半圆的弧，用两个大写字母表示。

(3) 等圆：能够重合的两个圆。

(4) 等弧：在同圆或等圆中能够互相重合的弧。

(5) 同心圆：圆心相同，半径不相等的两个圆。

(6) 圆周角：顶点在圆上，并且两边都和圆相交的角叫作圆周角。

圆周角定理：一条弧所对的圆周角等于它所对的圆心角的一半。

同弧或等弧所对的圆周角相等。半圆（或直径）所对的圆周角是直角，90°的圆周角所对的弦是直径。

真题面对面

［2021 江西，单，1 分］下列说法中，不正确的是（　　）

A. 在同圆中，直径是最长的弦　　B. 同圆中，所有半径相等

C. 圆既是轴对称图形又是中心对称图形　　D. 长度相等的弧是等弧

答案：D。A 项，在同圆中，直径是最长的弦，说法正确；B 项，同圆中，所有的半径都相等，说法正确；C 项，圆既是轴对称图形又是中心对称图形，说法正确；D 项，同圆或等圆中，长度相等的弧是等弧，缺少前提条件，故说法错误。

二、圆的相关定理 【单选、解答】 ★★★

1. 垂径定理

垂直于弦的直径平分弦，并且平分弦所对的两条弧。如图，CD 是圆 O 的直径，AB 为弦，$CD \perp AB$，垂足为 E，则 $AE=EB$，$\overset{\frown}{AD}=\overset{\frown}{DB}$，$\overset{\frown}{AC}=\overset{\frown}{BC}$。

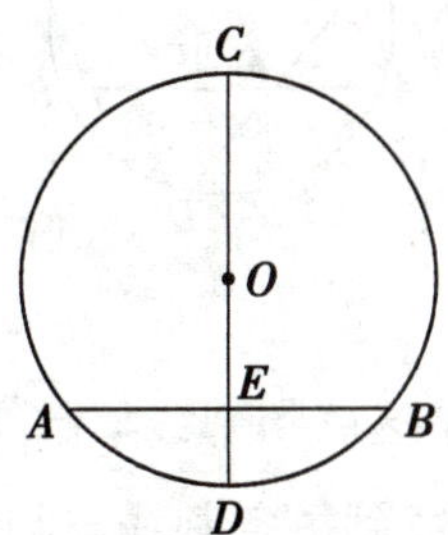

推论：平分弦（不是直径）的直径垂直于弦，并且平分弦所对的两条弧。

2. 圆内接四边形的性质定理

圆内接四边形的对角互补，并且任何一个外角都等于它的内对角。如图，$\angle A+\angle C=180°$，$\angle B+\angle 2=180°$，$\angle 1=\angle B$。

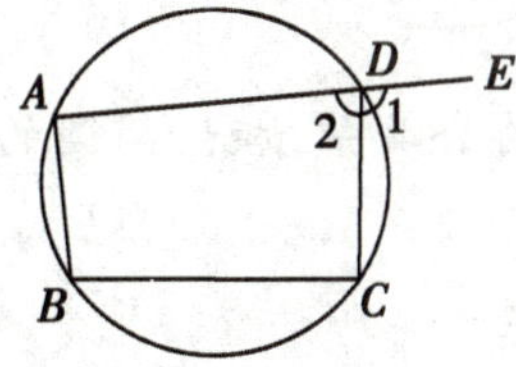

3. 切线长定理

（1）切线

经过半径的外端并且垂直于这条半径的直线是圆的切线，切线与圆的交点称为切点。圆的切线垂直于过切点的半径。

推论：经过圆心且垂直于切线的直线必经过切点；经过切点且垂直于切线的直线必经过圆心，如图所示。

第一部分

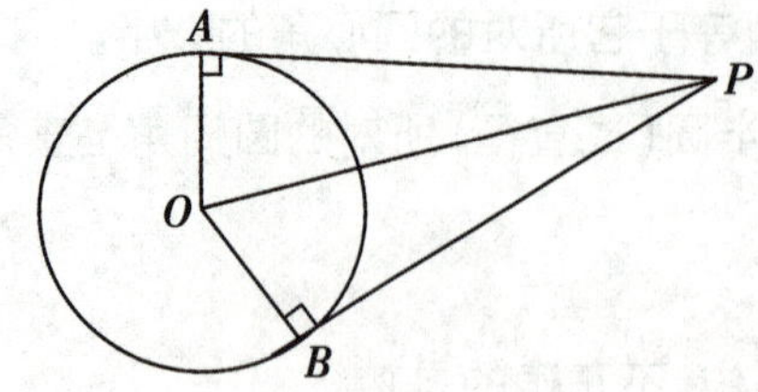

(2)切线长

经过圆外一点作圆的切线,这点和切点之间线段的长,叫作这点到圆的切线长。

定理:从圆外一点引圆的两条切线,它们的切线长相等,圆心和这一点的连线平分两条切线的夹角。如上图,PA,PB 为从 P 点引出的圆 O 的两条切线,A,B 为对应的切点,则 $PA=PB$,OP 平分 $\angle APB$。

4. 弦切角定理

弦切角的度数等于它所夹的弧的圆心角度数的一半。(弦切角就是切线与弦所夹的角)

5. 相交弦定理

圆内的两条相交弦,被交点分成的两条线段长的积相等。如图,圆内的两条弦 AB,CD 相交于 E 点,则 $EA\cdot EB=EC\cdot ED$。

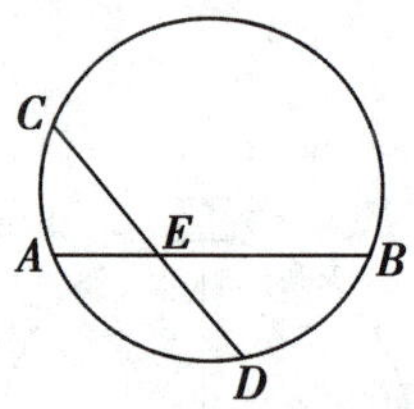

6. 切割线定理

从圆外一点引圆的切线和割线,切线长是这点到割线与圆交点的两条线段长的比例中项。

推论:从圆外一点引圆的两条割线,这一点到每条割线与圆的交点的两条线段长的积相等。

如图,从点 P 向圆 O 引出切线 PA,割线 PB,PC,则 $PA^2=PB\cdot PD=PC\cdot PE$。

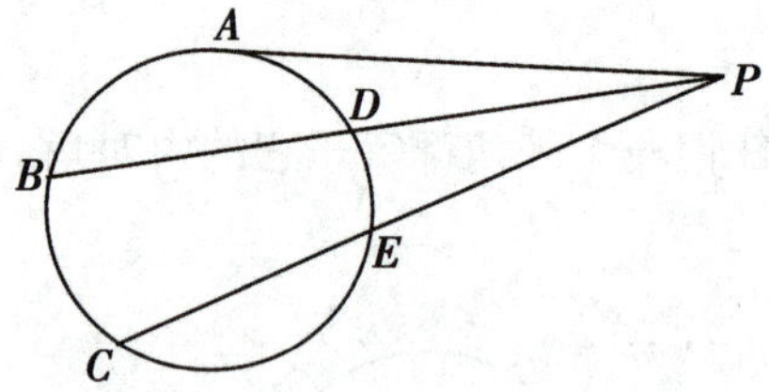

注:相交两圆的连心线垂直平分两圆的公共弦,相切两圆的连心线经过切点;两圆的外公切线的长相等,两圆的内公切线的长相等。

真题面对面

1. [2022 安徽统考,解答,8 分]如图,在圆 O 中,M 为$\overset{\frown}{AB}$的中点,弦 MD,ME 与弦 AB 分别交于 C,F 两点。

(1)若 $AC=MC=2$,$MA=2\sqrt{3}$,求 CD 的值;

(2)求证:C,D,E,F 四点共圆。

答案：(1)如图，连结 AD，因为 $AC=MC=2$，所以 $\angle MAB=\angle AMD$，所以 $\overset{\frown}{MB}=\overset{\frown}{AD}$，而 M 为 $\overset{\frown}{AB}$ 的中点，所以 $\overset{\frown}{MB}=\overset{\frown}{AD}=\overset{\frown}{AM}$，所以 $\angle ADM=\angle AMD$，所以 $\triangle CAM\backsim\triangle AMD$，所以 $\dfrac{AM}{DM}=\dfrac{CA}{AM}=\dfrac{CM}{AD}$，因为 $AC=MC=2$，$MA=2\sqrt{3}$，所以 $DM=6$，所以 $CD=DM-CM=6-2=4$。

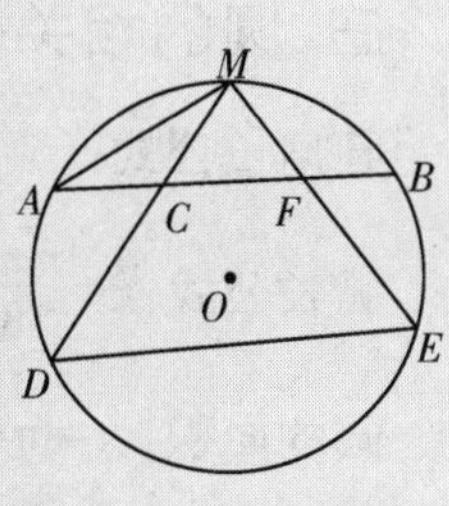

(2)如图，连结 BE，因为 A,B,D,E 四点共圆，所以 $\angle ABE+\angle ADM+\angle MDE=180°$，

$\angle BAD+\angle MEB+\angle MED=180°$(圆内接四边形对角互补)，

$\angle BCD=\angle ADM+\angle DAB$，$\angle AFE=\angle BEM+\angle ABE$，因为点 M 为 $\overset{\frown}{AB}$ 的中点，所以

$\angle ADM=\angle BEM$，所以 $\angle BCD=\angle ADM+\angle DAB=\angle BEM+\angle DAB$，

$\angle AFE=\angle BEM+\angle ABE=\angle ADM+\angle ABE$，

所以 $\angle BCD+\angle DEM=\angle BEM+\angle DAB+\angle DEM=180°$，

$\angle AFE+\angle MDE=\angle ADM+\angle ABE+\angle MDE=180°$，

所以 C,D,E,F 四点共圆。

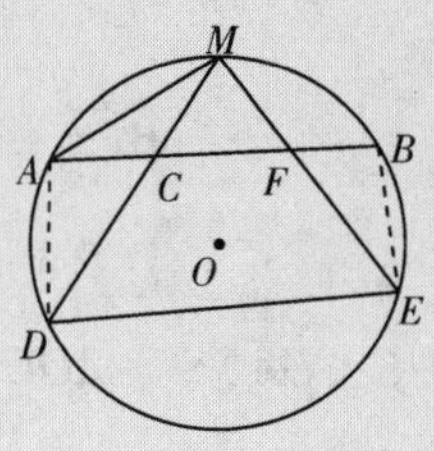

2. [2021 山西晋中介休，解答，10 分]如图，在 $\mathrm{Rt}\triangle ABC$ 中，$\angle ACB=90°$，D 是 AB 边上的一点，以 BD 为直径的 $\odot O$ 与 AC 相切于点 E，连结 DE 并延长，与 BC 的延长线交于点 F。

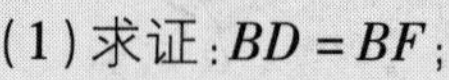

(1)求证：$BD=BF$；

(2)若 $BC=6$，$AB=12$，求 $\odot O$ 的面积。

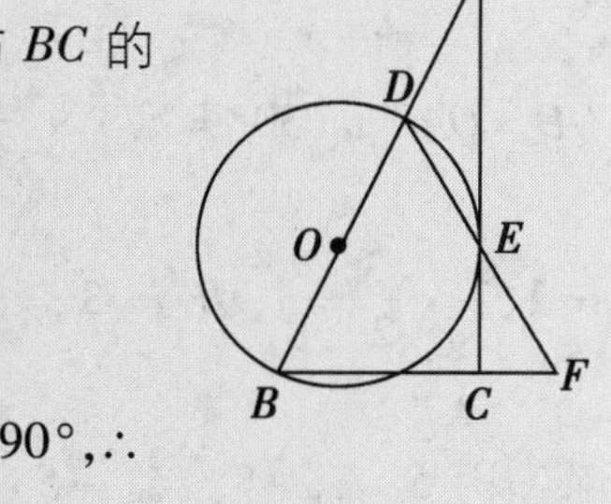

答案：(1)如图，连结 OE，$\because AC$ 是圆 O 的切线，$\therefore OE\perp AC$，又$\because \angle ACB=90°$，$\therefore OE /\!/ BF$，$\therefore \angle OED=\angle F$，$\because OD=OE$，$\therefore \angle ODE=\angle OED$，$\therefore \angle ODE=\angle F$，$\therefore BD=BF$。

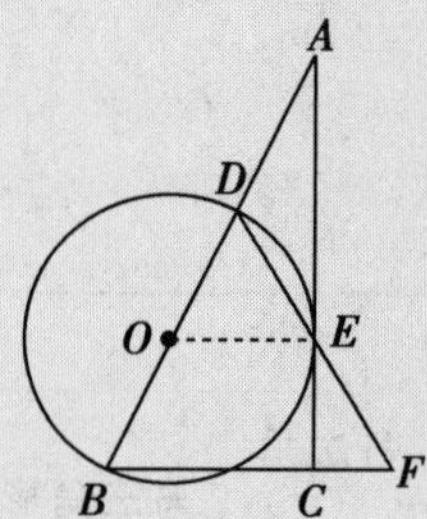

(2)设圆 O 的半径为 r，则 $AO=12-r$，$\because OE /\!/ BC$，$\therefore \triangle AOE\backsim\triangle ABC$，$\therefore \dfrac{AO}{AB}=\dfrac{OE}{BC}$，即 $\dfrac{12-r}{12}=\dfrac{r}{6}$，解得 $r=4$，$\therefore \odot O$ 的面积 $S_{\odot O}=4^2\pi=16\pi$。

三、圆的相关公式 【单选、解答】 ★★★

圆周长公式：$C=2\pi R$（R 为圆的半径）。

弧长公式：$l=\frac{n\pi R}{180}$（n 为弧所对的圆心角度数，R 为圆的半径）。

圆的面积：$S=\pi R^2$（R 为圆的半径）。

扇形面积：$S=\frac{n\pi R^2}{360}=\frac{1}{2}lR$（$R$ 为扇形所在圆的半径，l 为扇形的弧长，n 为弧所对的圆心角度数）。

真题面对面

[2021 山西晋中介休，单，4 分] 如图，在扇形 AOB 中，$\angle AOB=120°$，半径 OC 交弦 AB 于点 D，且 $OC\perp OA$。若 $OA=2\sqrt{3}$，则阴影部分的面积为（　　）

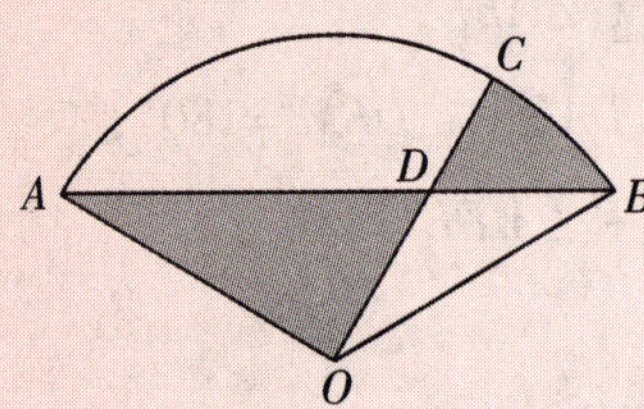

A. $\pi+\sqrt{3}$　　　　B. $\pi+2\sqrt{3}$

C. $\pi-\sqrt{3}$　　　　D. $2\pi+\sqrt{3}$

答案：A。如图，作 $OE\perp AB$ 于点 F，$\because OC\perp OA$，$\therefore \angle AOC=90°$，又$\because \angle AOB=120°$，$\therefore \angle BOC=30°$，$\because OA=OB$，$\therefore \angle OAB=\angle OBA=\frac{1}{2}(180°-120°)=30°$。在 Rt$\triangle AOD$ 中，

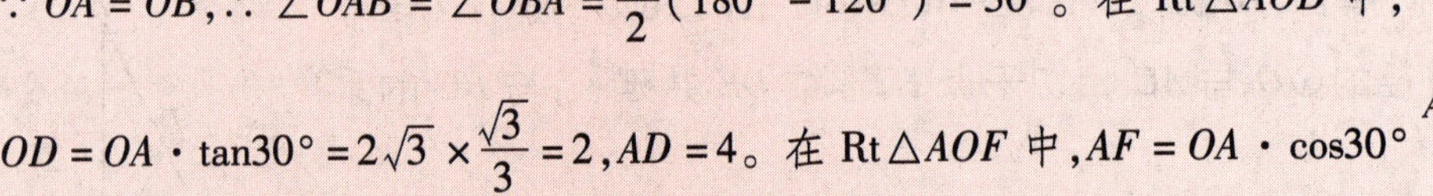

$OD=OA\cdot\tan30°=2\sqrt{3}\times\frac{\sqrt{3}}{3}=2$，$AD=4$。在 Rt$\triangle AOF$ 中，$AF=OA\cdot\cos30°=2\sqrt{3}\times\frac{\sqrt{3}}{2}=3$，$OF=\sqrt{3}$，则 $AB=2AF=6$，$BD=AB-AD=2$，故阴影部分的面积为 $S_{\triangle AOD}+S_{扇形BOC}-S_{\triangle BOD}=\frac{1}{2}\times2\sqrt{3}\times2+\frac{30\pi\times(2\sqrt{3})^2}{360}-\frac{1}{2}\times2\times\sqrt{3}=\sqrt{3}+\pi$。

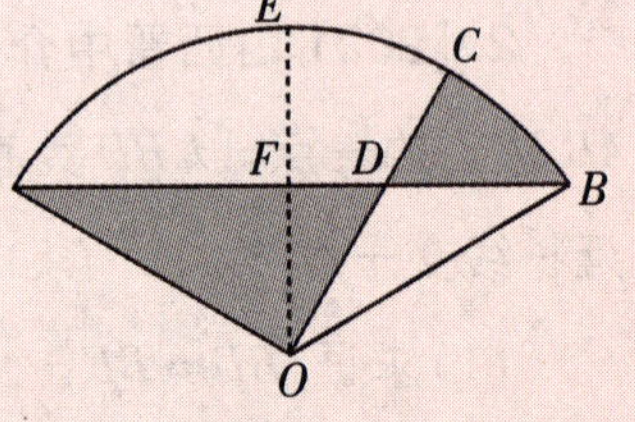

四、三角形与圆 【单选】 ★

三角形与圆

	三角形的外接圆	三角形的内切圆
定义	经过三角形各顶点的圆，以三角形各边垂直平分线的交点为圆心，交点到顶点的线段长度为半径	与三角形各边相切的圆，以各角的角平分线交点为圆心，交点到边的垂线段长度为半径
圆心的确定	作两边的垂直平分线	作两角的角平分线
基本性质	圆心到三角形三个顶点的距离相等	圆心到三角形三边的距离相等

	三角形的外接圆	三角形的内切圆
图示		

真题面对面

1. [2022 浙江杭州,解答,8 分]锐角$\triangle ABC$内接于圆,点D在弧AC上,连结BD,交AC于点E,AD,BC的延长线交于点F,连结CD,$\angle FDC=\angle ADB$。

(1)求证:$AB=AC$;

(2)若$BD\perp AC$,写出BE,CD,DE长度之间的等量关系,并说明理由。

答案:(1)由题意可得四边形$ABCD$为圆O的内接四边形,

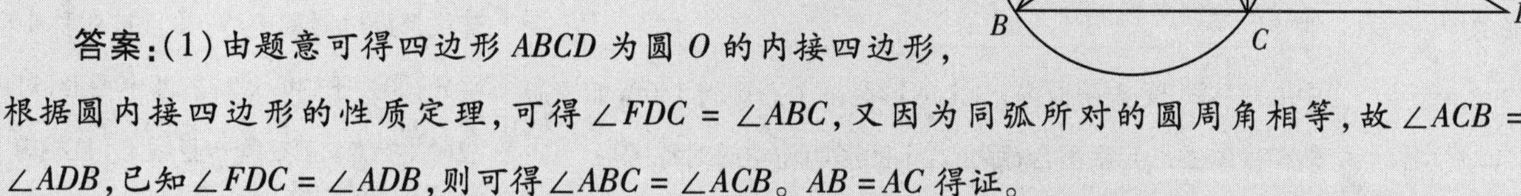

根据圆内接四边形的性质定理,可得$\angle FDC=\angle ABC$,又因为同弧所对的圆周角相等,故$\angle ACB=\angle ADB$,已知$\angle FDC=\angle ADB$,则可得$\angle ABC=\angle ACB$。$AB=AC$得证。

(2)$BE=DC+DE$。理由如下:

如图,在线段BE上截取$D'E=DE$,连结$D'C$,$\because BD\perp AC$,易证$\triangle D'EC\cong\triangle DEC$,$\therefore\angle DCA=\angle D'CA$,又因为$\angle DCA=\angle DBA$(同弧所对的圆周角相等),$\therefore\angle DBA=\angle D'CA$。又由(1)得$AB=AC$,即$\angle ABC=\angle ACB$,$\therefore\angle ABC-\angle DBA=\angle ACB-\angle D'CA$,即$\angle D'BC=\angle D'CB$,$\therefore D'B=D'C=DC$。故$BE=D'B+D'E=DC+DE$得证。

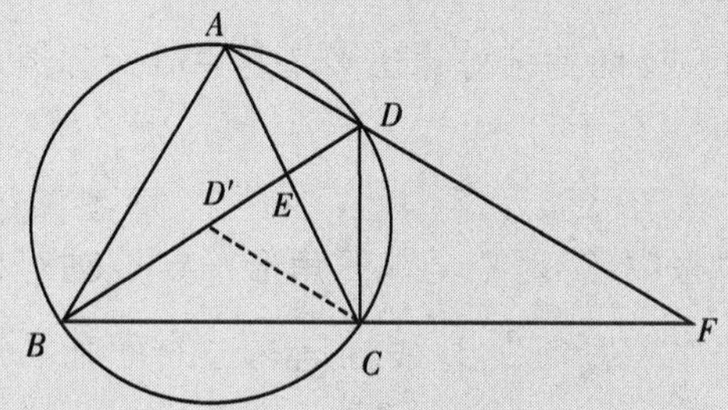

2. [2019 江苏南京,填空,3 分]$\triangle ABC$中,$AB=AC=5$,$BC=6$,$\triangle ABC$的外接圆半径为________。

答案:$\frac{25}{8}$。$\because AB=AC=5$,$BC=6$,$\therefore\triangle ABC$是等腰三角形。取BC中点D,连结AD,则$AD\perp BC$,$AD=4$。记$\triangle ABC$外接圆的圆心为O,半径为r,则点O在AD上,在$\triangle OBD$中,有$OD^2+BD^2=OB^2$,即$(4-r)^2+3^2=r^2$,解得$r=\frac{25}{8}$。

第四节　图形与变换

一、对称 【单选】 ★

	定义	性质
图形的轴对称	轴对称:把一个图形沿某一条直线翻折过去,如果它能够与另一个图形完全重合,那么就称这两个图形关于这条直线对称	如果两个图形关于某直线对称,那么对称轴是任何一对对应点所连线段的垂直平分线;反过来,成轴对称的两个图形中,对应点的连线被对称轴垂直平分
	轴对称图形:如果一个平面图形沿着一条直线折叠,直线两旁的部分能够完全重合,那么这个图形叫作轴对称图形,这条直线叫作对称轴	
图形的中心对称	中心对称:在平面内一个图形绕某个点旋转180°后,如果它能与另一个图形重合,那么这两个图形关于这个点成中心对称,这个点叫作对称中心	①关于中心对称的两个图形是全等图形;②关于中心对称的两个图形,对称点连线都经过对称中心,并且被对称中心平分;③关于中心对称的两个图形,对应线段平行(或者在同一直线上)且相等
	中心对称图形:在平面内,一个图形绕某个点旋转180°,如果旋转前后的图形互相重合,那么这个图形叫作中心对称图形	

重难点解读

几种常见的轴对称图形和中心对称图形:

(1)轴对称图形:线段、角、等腰三角形、等边三角形、菱形、矩形、正方形、等腰梯形、圆、正多边形等。

(2)中心对称图形:线段、平行四边形、菱形、矩形、正方形、圆、边数为偶数的正多边形。

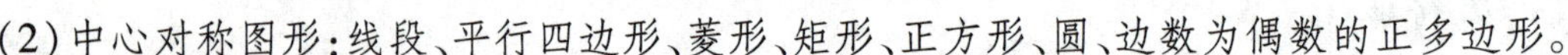

(3)线段、菱形、矩形、正方形以及圆既是轴对称图形又是中心对称图形。

真题面对面

[2021 江西,单,1 分]下列说法中:①两个全等三角形一定成轴对称;②等腰三角形的对称轴是底边上的中线;③等边三角形一边上的高所在的直线就是这边的垂直平分线;④一条线段可以看作是以它的垂直平分线为对称轴的轴对称图形。正确的有(　　)

A.1 个　　　　B.2 个

C.3 个　　　　D.4 个

答案:B。①两个全等三角形,由于位置关系不确定,因而不能判定其是否为轴对称图形,错误;②等腰三角形的对称轴是底边上的中线所在的直线,而非中线,错误;③等边三角形一边上的高所在的直线是这边的垂直平分线,正确;④一条线段可以看作是以它的垂直平分线为对称轴的轴对称图形,正确。故选 B。

二、平移和旋转

考点 1 平移

1. 平移的定义与性质

定义：在平面内，将一个图形沿着某个方向移动一定的距离，这样的图形运动叫作平移。平移不改变图形的形状和大小。

性质：平移前后的两个图形对应点所连的线段平行且相等，对应线段平行且相等，对应角相等。

2. 简单图形的平移作图

确定一个图形平移后的位置所需条件为：①图形原来的位置；②平移的方向；③平移的距离。

考点 2 旋转

1. 图形旋转的定义

在平面内，将一个图形绕着一个定点 O 沿某个方向转动一个角度，这样的图形运动称为旋转。这个定点 O 称为旋转中心，转动的角称为旋转角。图形旋转的两个要素是**旋转中心**和**旋转角**。

2. 旋转对称图形

一个图形绕着一个定点，旋转一定的角度后能与自身重合，这样的图形称为旋转对称图形。其中这一点就是旋转中心，这个角度的最小值就是旋转角。

三、翻折 【单选、填空、解答】 ★★

翻折问题其实质就是对称问题。

翻折图形的性质：①翻折前后的图形是全等的，对应的边和角都是相等的；②对应点连线被对称轴垂直平分。

解决图形翻折问题，重点是抓住翻折的要点——对称轴，它既是中垂线又兼具角平分线的功能。如果是两条边叠合，一般对称轴充当"角平分线"的角色，如果是两个点叠合，一般对称轴充当"中垂线"的角色。

考法大揭秘

翻折问题的解决策略

在做翻折问题的题目时，关键要确定两点：(1)翻折后图形的位置；(2)翻折后相等的量(线段或角)。

翻折问题的解决策略

折叠图形 —轴对称→ 全等形（三角形、四边形）→ 等角、等线段 —构造→ 等腰三角形、勾股定理、相似图形(全等图形) —解决→ 折叠图形

真题面对面

[2021 山西晋中介休,填空,2 分]如图,矩形 $ABCD$ 中,$AB=3$, $BC=4$,点 E 是 BC 边上一点,连结 AE,把 $\angle B$ 沿 AE 折叠,使点 B 落在点 B'处,当 $\triangle CEB'$ 为直角三角形时,BE 的长为________。

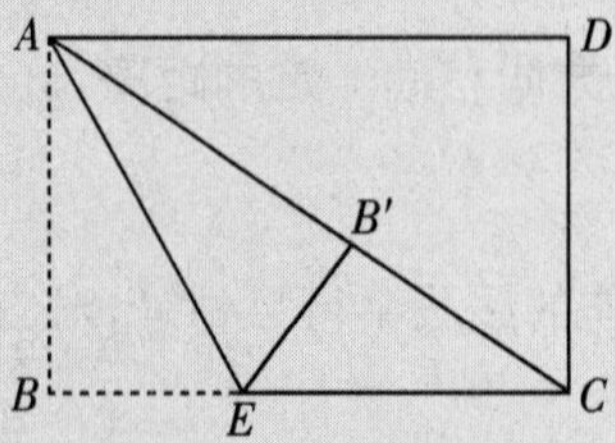

答案:3 或$\frac{3}{2}$。当 $\triangle CEB'$为直角三角形时,有两种情况:①当点 B'在矩形内部时,如图 1 所示:

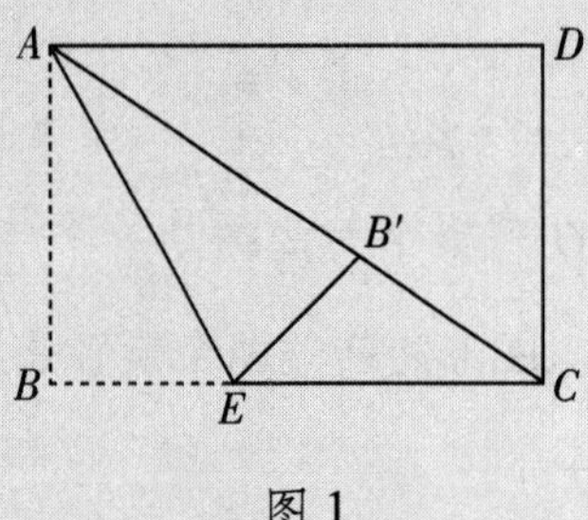

图 1

在 $Rt\triangle ABC$ 中,$AB=3$,$BC=4$,$\therefore AC=5$,由折叠的性质可得,则 $\angle AB'E=\angle B=90°$,则 $\angle EB'C=90°$,$B'C=AC-AB'=5-3=2$,设 $B'E=x$,则 $CE=4-x$,则有 $x^2+2^2=(4-x)^2$,解得 $x=\frac{3}{2}$,故 $BE=\frac{3}{2}$。

②当点 B'在 AD 边上时,如图 2 所示:

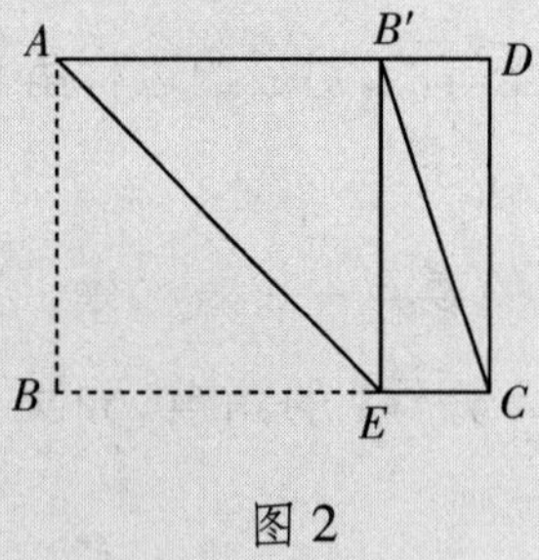

图 2

此时 $ABEB'$为正方形,$\therefore BE=AB=3$。综上所述,BE 的长为 3 或$\frac{3}{2}$。

四、位似 【单选】 ★

考点 1 位似图形的定义

如果两个多边形不仅相似,而且对应顶点的连线相交于一点,对应边互相平行或在一条直线上,那么这样的两个图形叫作位似图形,这个点叫作位似中心,这时的相似比又称为位似比。

考点 2 位似图形的性质

(1)位似图形上任意一对对应点到位似中心的距离比等于位似比(相似比);(2)每对位似对应点与位

似中心共线;(3)不经过位似中心的对应线段平行;(4)位似图形的对应角相等。

真题面对面

[2019 河南许昌禹州,填空,2 分]$\triangle ABC$ 与 $\triangle A'B'C'$ 是位似图形,且 $\triangle ABC$ 与 $\triangle A'B'C'$ 的位似比是 1:2,如果 $\triangle ABC$ 的面积是 3,那么 $\triangle A'B'C'$ 的面积为________。

答案:12。由于 $\triangle ABC$ 与 $\triangle A'B'C'$ 的位似比是 1:2,所以 $\triangle ABC$ 与 $\triangle A'B'C'$ 面积比是 1:4,因为 $S_{\triangle ABC}=3$,所以 $S_{\triangle A'B'C'}=12$。

达标测评

建议用时	实际用时	测评总分	实际得分
40 分钟	______分钟	53 分	______分

一、单项选择题(每小题 3 分,共 24 分)

1. 如图,在四边形 $ABCD$ 中,对角线 AC,BD 相交于点 O,$AO=CO$,$BO=DO$。添加下列条件,不能判定四边形 $ABCD$ 是菱形的是(　　)

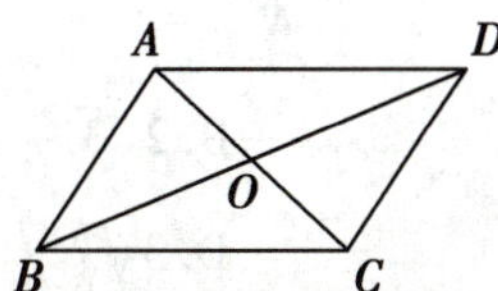

A. $AB=AD$　　B. $AC=BD$

C. $AC\perp BD$　　D. $\angle ABO=\angle CBO$

2. 下列图形中,只用一种作平面镶嵌,这种图形不可能是(　　)

A. 三角形　　B. 凸四边形

C. 正六边形　　D. 正八边形

3. 在下列图形中,既是中心对称图形,又是轴对称图形,且对称轴只有两条的是(　　)

A. 等腰梯形　　B. 平行四边形

C. 菱形　　D. 正方形

4. 若一个多边形的内角和是它的外角和的 2 倍,则这个多边形的边数是(　　)

A. 5　　B. 6

C. 7　　D. 8

5. 在▱$ABCD$ 中,点 E,F 分别是边 AD,BC 的中点,AC 分别交 BE,DF 于点 G,H,请判断下列结论:①$BE=$

DF；②$AG=GH=HC$；③$EG=\frac{1}{2}BG$；④$S_{\triangle ABE}=3S_{\triangle AGE}$。

其中正确的结论有（　　）

A. 1 个　　　　B. 2 个

C. 3 个　　　　D. 4 个

6. 如图所示，点 P 是圆 O 外一点，PA，PB 是圆 O 的两条割线，已知 $\frac{PA}{PD}=2$，$\frac{PB}{PC}=4$，则 $S_{\triangle PCD}:S_{四边形ABCD}$ =（　　）

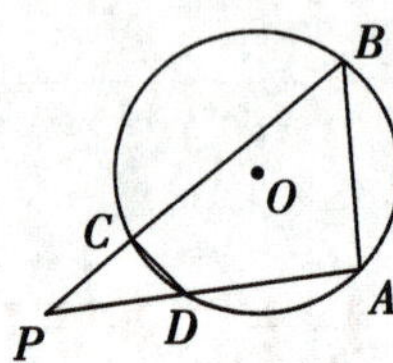

A. 2∶7　　　　B. 1∶7

C. 1∶8　　　　D. 1∶4

7. 如图，直线 l 和圆 O 相交于 A，B 两点，M，N 是圆 O 上的两个动点，且分别在直线 l 的两侧。若圆 O 的半径为 2，$\angle AMB=45°$，则四边形 $MANB$ 面积的最大值为（　　）

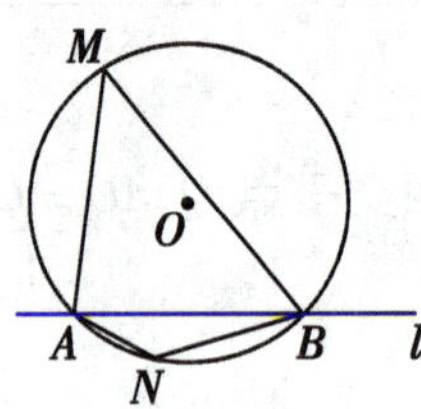

A. $2\sqrt{2}$　　　　B. $2\sqrt{3}$

C. $4\sqrt{2}$　　　　D. $3\sqrt{3}$

8. 如图，在四边形 $ABCD$ 中，$AB/\!/DC$，过点 C 作 $CE\perp BC$，交 AD 于点 E，连结 BE，$\angle BEC=\angle DEC$，若 $AB=6$，则 CD =（　　）

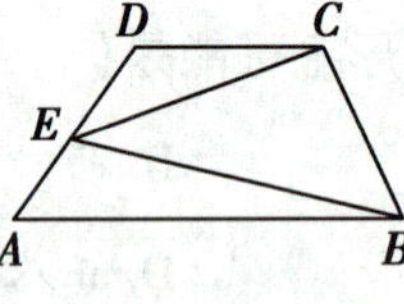

A. 2　　　　B. 3　　　　C. 4　　　　D. 4.5

二、填空题（每小题 3 分，共 9 分）

9. 如图所示，已知 $AC/\!/BE$，$\angle B=27°$，$\angle ACF=87°$，则 $\angle ADC$ = ________。

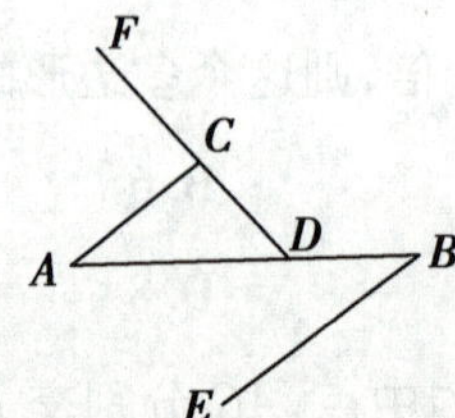

10. 如图，把 Rt$\triangle ABC$ 绕点 A 逆时针旋转 44°，得到Rt$\triangle AB'C'$，点 C'恰好落在边 AB 上，连结 BB'，则$\angle BB'C'$ = ________。

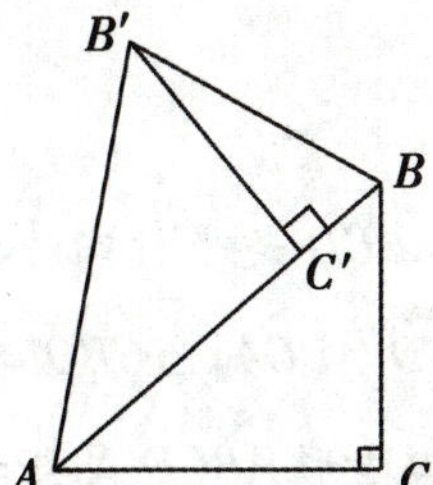

11. 如图，在梯形 $ABCD$ 中，$AD//BC$，$AD=4$，$AB=5$，$BC=10$，CD 的垂直平分线交 BC 于点 E，连结 DE，则四边形$ABED$的周长等于________。

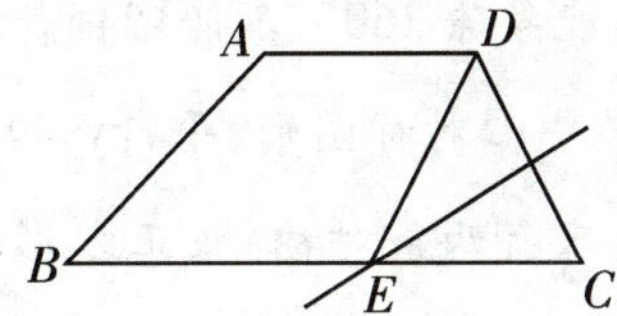

三、解答题（每小题 10 分，共 20 分）

12. 如图，已知正方形 $ABCD$ 中，BE 平分$\angle DBC$ 且交 CD 边于点 E，将$\triangle BCE$ 绕点 C 顺时针旋转到$\triangle DCF$ 的位置，并延长 BE 交 DF 于点 G。

(1) 求证：$\triangle BDG\backsim\triangle DEG$；

(2) 若 $EG\cdot BG=4$，求 BE 的长。

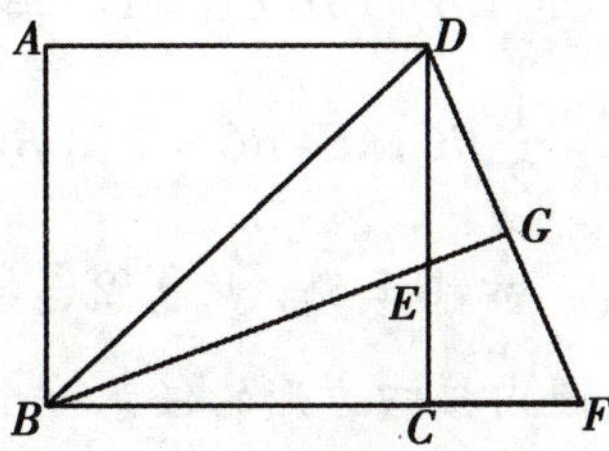

13. 如图所示，$\odot O$ 的半径为 4，点 A 是$\odot O$ 上一点，直线 l 过点 A。P 是$\odot O$ 上的一个动点（不与点 A 重合），过点 P 作 $PB\perp l$ 于点 B，交$\odot O$ 于点 E，直径 PD 的延长线交直线 l 于点 F，点 A 是$\overset{\frown}{DE}$的中点。

(1) 求证：直线 l 是$\odot O$ 的切线；

(2) 若 $PA=6$，求 PB 的长。

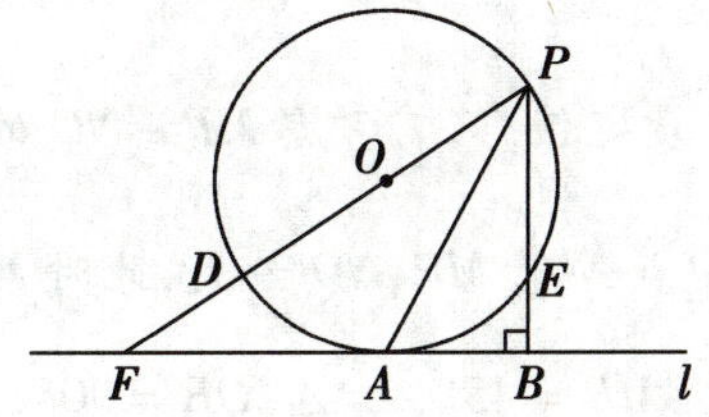

参考答案及解析

第一部分

一、单项选择题

1. B [解析]$\because AO=CO, BO=DO$，$\therefore$ 四边形 $ABCD$ 是平行四边形，当 $AB=AD$ 或 $AC\perp BD$ 时，均可判定四边形 $ABCD$ 是菱形；当 $\angle ABO=\angle CBO$ 时，由$AD/\!/BC$知$\angle CBO=\angle ADO$，$\therefore \angle ABO=\angle ADO$，$\therefore AB=AD$，$\therefore$ 四边形 $ABCD$ 是菱形；当 $AC=BD$ 时，可判定四边形 $ABCD$ 是矩形。故选 B。

2. D [解析]任意三角形的内角和是 $180°$，放在同一顶点处 6 个三角形即可能密铺；任意四边形的内角和是 $360°$，放在同一顶点处 4 个四边形即可能密铺；正六边形每个内角是 $120°$，能整除 $360°$，故能密铺；正八边形每个内角是 $180°-360°\div 8=135°$，不能整除 $360°$，不能密铺。故选 D。

3. C [解析]等腰梯形是轴对称图形，不是中心对称图形；平行四边形是中心对称图形，不是轴对称图形；菱形既是中心对称图形，也是轴对称图形，只有两条对称轴；正方形既是中心对称图形，也是轴对称图形，有四条对称轴。故只有 C 项符合题意。

4. B [解析]多边形的内角和公式为$(n-2)\cdot 180°$，多边形的外角和是 $360°$。所以令$(n-2)\cdot 180°=2\times 360°$，解得 $n=6$。

5. D [解析]$▱ABCD$ 中，$AD/\!/BC$，$AD=BC$，$\because E,F$ 分别是边 AD,BC 的中点，$\therefore DE=BF$，且 $DE/\!/BF$，$\therefore$ 四边形 $BEDF$为平行四边形，$BE=DF$，且 $BE/\!/DF$，故①正确；$\because BE/\!/DF$，能够推出$\triangle AGE\backsim\triangle AHD$，$\triangle CHF\backsim\triangle CGB$，则 $AG:AH=AE:AD=CF:CB=CH:CG=1:2\Rightarrow AG=GH=HC$，故②正确；$\because AD/\!/BC$，$\therefore$ 能够推出$\triangle AGE\backsim\triangle CGB$，又 $AE=\frac{1}{2}AD=\frac{1}{2}BC$，$AE:BC=EG:BG=1:2$，$\therefore EG=\frac{1}{2}BG$，故③正确；$\because BG=2EG$，$\therefore S_{\triangle ABG}=2S_{\triangle AGE}$，$\therefore S_{\triangle ABE}=3S_{\triangle AGE}$，故④正确。故①②③④都正确。

6. B [解析]因为四边形 $ABCD$ 在圆上，圆内接四边形的任意一个外角等于它的内对角，所以$\angle A=\angle PCD$，$\angle B=\angle PDC$，即得$\triangle PCD\backsim\triangle PAB$，因此$\frac{PA}{PC}=\frac{PB}{PD}=\frac{AB}{CD}$，则$\left(\frac{AB}{CD}\right)^2=\frac{PA}{PC}\cdot\frac{PB}{PD}=8$，所以$\frac{S_{\triangle PCD}}{S_{四边形ABCD}}=\frac{S_{\triangle PCD}}{S_{\triangle PAB}-S_{\triangle PCD}}=\frac{1}{7}$。

7. C [解析]过 M,N 分别作 l 的垂线，交 l 于点 P,Q，则 $S_{\triangle ABM}=\frac{AB\cdot MP}{2}$，$S_{\triangle ABN}=\frac{AB\cdot NQ}{2}$，$S_{四边形AMBN}=S_{\triangle ABM}+S_{\triangle ABN}=\frac{(MP+NQ)\cdot AB}{2}$，这里 AB 是定值，只需考虑 $MP+NQ$ 的取值，显然 M,N 运动过程中，分别运动到优弧 AB 的中点 M'和劣弧 AB 的中点 N'时 MP,NQ 最大，此时 MN 恰为圆 O 的直径，连结 $M'N'$，则 $MP+NQ\leqslant M'N'=4$。连结 OA,OB，$\because \angle AMB=45°$，$\therefore \angle AOB=90°$，且 $OA=OB=2$，所以 $AB=2\sqrt{2}$，所以 $S_{四边形AMBN}=(MP+NQ)\cdot\frac{AB}{2}\leqslant M'N'\cdot\frac{AB}{2}=4\sqrt{2}$。故选 C。

8. B [解析]如图，延长 BC,AD 相交于点 F，$\because CE\perp BC$，$\angle BEC=\angle DEC$，$\therefore \triangle BEF$ 是以 BF 边为底边的等

腰三角形，$\because BC=CF$，$\because AB/\!/DC$，$\therefore AD=DF$，DC 是 $\triangle ABF$ 的中位线，$\therefore DC=\frac{1}{2}AB=3$。

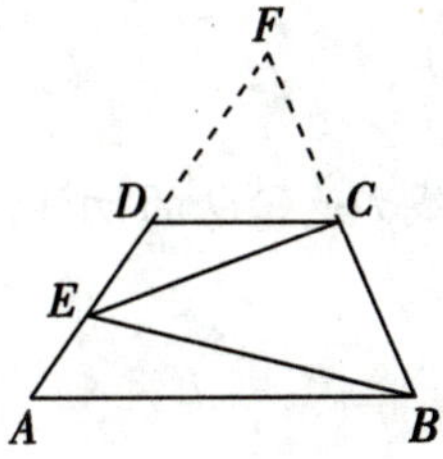

二、填空题

9. $60°$ ［解析］因为 $AC/\!/BE$，所以 $\angle A=\angle B=27°$。由三角形的一个外角等于不和它相邻的两内角之和可知，$\angle ACF=\angle A+\angle ADC=87°$，所以 $\angle ADC=87°-27°=60°$。

10. $22°$ ［解析］$\because$ Rt$\triangle ABC$ 绕点 A 逆时针旋转 $44°$ 得到 Rt$\triangle AB'C'$，$\therefore AB=AB'$，$\angle BAB'=44°$，在 $\triangle ABB'$ 中，$\angle ABB'=\frac{1}{2}(180°-\angle BAB')=\frac{1}{2}(180°-44°)=68°$，$\because \angle AC'B'=\angle C=90°$，$\therefore B'C'\perp AB$，$\therefore \angle BB'C'=90°-\angle ABB'=90°-68°=22°$。

11. 19 ［解析］$\because CD$ 的垂直平分线交 BC 于点 E，$\therefore DE=CE$，$\therefore$ 四边形 $ABED$ 的周长 $=AD+AB+BE+DE=AD+AB+BC=19$。

三、解答题

12. ［解析］(1) 证明：由题意可知，$\triangle BCE\cong\triangle DCF$，

$\therefore \angle FDC=\angle EBC$，

$\because BE$ 平分 $\angle DBC$，$\therefore \angle DBE=\angle EBC$，

$\therefore \angle FDC=\angle EBD$，

$\because \angle DGB=\angle DGE$，$\therefore \triangle BDG\backsim\triangle DEG$。

(2) $\because \triangle BCE\cong\triangle DCF$，$\therefore \angle F=\angle BEC$，$\angle EBC=\angle FDC$，

$\because$ 四边形 $ABCD$ 是正方形，

$\therefore \angle DCB=90°$，$\angle DBC=\angle BDC=45°$，

$\because BE$ 平分 $\angle DBC$，$\therefore \angle DBE=\angle EBC=22.5°=\angle FDC$，

$\therefore \angle DEG=45°+22.5°=67.5°=\angle BEC$，

$\therefore \angle DGE=180°-22.5°-67.5°=90°$，即 $BG\perp DF$，

$\because \angle BDF=45°+22.5°=67.5°$，$\angle F=\angle BEC=67.5°$，

$\therefore \angle BDF=\angle F$，$\therefore BD=BF$，$\therefore DF=2DG$，

$\because \triangle BDG\backsim\triangle DEG$，$\therefore \frac{DG}{EG}=\frac{BG}{DG}$，

$\therefore BG\cdot EG=DG\cdot DG=4$，$\therefore DG=2$，

$\therefore BE=DF=2DG=4$。

13. [解析](1)证明:连结 DE,OA,

$\because PD$ 是直径,$\therefore \angle DEP=90^\circ$,

$\because PB\perp FB$,$\therefore \angle DEP=\angle FBP$,$\therefore DE /\!/ BF$,

$\because \overset{\frown}{AD}=\overset{\frown}{AE}$,$\therefore OA\perp DE$,$\therefore OA\perp BF$,$\therefore$ 直线 l 是 $\odot O$ 的切线。

(2)作 $OH\perp PA$ 于 H。

$\because OA=OP,OH\perp PA$,$\therefore AH=PH=3$,

$\because OA /\!/ PB$,$\therefore \angle OAH=\angle APB$,

$\because \angle AHO=\angle ABP=90^\circ$,$\therefore \triangle AOH\backsim\triangle PAB$,

$\therefore \dfrac{OA}{PA}=\dfrac{AH}{PB}$,即$\dfrac{4}{6}=\dfrac{3}{PB}$,$\therefore PB=\dfrac{9}{2}$。

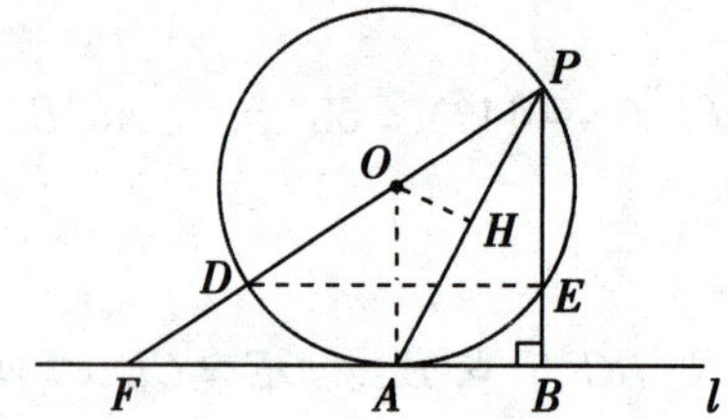

第九章　立体几何

思维导图

- 立体几何
  - 空间几何体
    - 基本立体图形（重点）
      - 长方体与正方体
      - 棱柱、棱锥、棱台
      - 圆柱、圆锥、圆台
      - 球
    - 立体图形的三视图与直观图
      - 三视图的概念
      - 通过三视图确定几何体原图
      - 立体图形的直观图
  - 空间位置关系
    - 平面的基本性质
    - 空间点、直线、平面之间的位置关系
      - 直线与直线：相交、平行、异面
      - 直线与平面：在平面内、相交、平行
      - 平面与平面：平行、相交
    - 空间直线、平面的平行（重点）
      - 直线与直线平行
      - 直线与平面平行的判定定理与性质定理
      - 平面与平面平行的判定定理与性质定理
    - 空间直线、平面的垂直（重点）
      - 直线与平面垂直的判定定理与性质定理
      - 平面与平面垂直的判定定理与性质定理
      - 三垂线定理及其逆定理
  - 空间数量关系
    - 角度（重点）
      - 异面直线的夹角
      - 直线与平面的夹角
      - 二面角
    - 长度
      - 点到直线的距离
      - 点到平面的距离
      - 异面直线的距离
      - 直线与平面的距离
      - 面面距离
      - 球面距离

考向分析

本章属于高中阶段数学的重要内容，需要考生有较强的空间观念与几何直观素养，本章有较多概念知识，要求考生理解并掌握。现对本章考向分析如下：

高频考点	常考题型	能力要求	考查热度
长方体与正方体	单选	应用	★★

续表

高频考点	常考题型	能力要求	考查热度
棱柱、棱锥、棱台	单选、解答	识记、应用	★★
圆柱、圆锥、圆台	单选、解答	识记、应用	★★
球	单选	识记、应用	★★
立体图形的三视图与直观图	单选、填空	理解与应用	★
直线、平面的平行	解答	掌握	★★
直线、平面的垂直	解答	掌握	★★

核心考点

第一节　空间几何体

一、基本立体图形

考点 1　长方体与正方体　【单选】★★

1. 长方体与正方体的基本概念和计算公式

	长方体	正方体
图形	顶点：棱和棱的交点 面 棱：面和面相交的线段	棱 棱 棱
基本概念	长方体是由6个长方形(特殊情况有两个相对的面是正方形)围成的立体图形。正方体是特殊的长方体。 长方体有6个面,每组相对的面完全相同;长方体有12条棱,相对的四条棱长度相等;长方体有8个顶点,每个顶点连结三条棱,三条棱分别叫作长方体的长、宽、高。长方体相邻的两条棱互相垂直。 长方体体对角线长的平方等于一个顶点上的三条棱长的平方和	正方体是由6个完全相同的正方形围成的立体图形。正方体有8个顶点,每个顶点连结三条棱。正方体有12条棱,每条棱长度相等。正方体有6个面,每个面面积相等
计算公式	棱长和=(长+宽+高)×4; 表面积=(长×宽+长×高+宽×高)×2; 体积=长×宽×高=底面积×高	棱长和=棱长×12; 表面积=棱长×棱长×6; 体积=棱长×棱长×棱长=底面积×棱长

1. [2021 山西晋中介休,单,4 分]如图是国内某品牌牛奶长方体包装盒的展开图(粘贴部分忽略不计),展开图的数据大小如图中所示,从该包装和说明书上知道,该牛奶含优质乳蛋白 3.6g/100mL,则一盒这样的牛奶含优质乳蛋白(按装满计算)(　　)

A. 4.5 g　　　　B. 9 g

C. 90 g　　　　D. 900 g

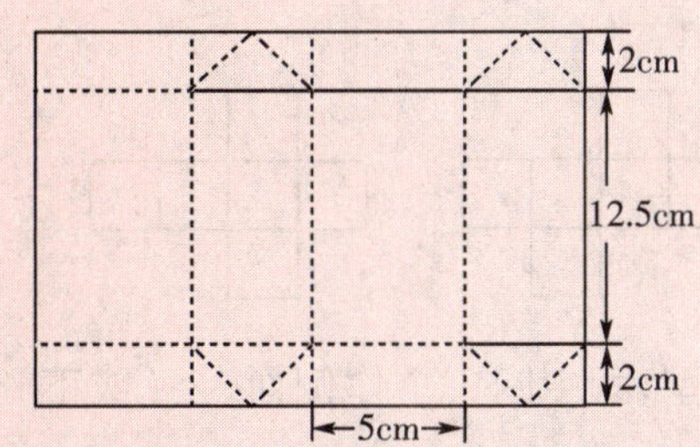

答案:B。牛奶盒的体积 $V=(2+2)\times12.5\times5=250$(立方厘米)$=250$ mL,故一盒牛奶含优质乳蛋白为 $250\div100\times3.6=9$ g。

2. [2019 河南许昌禹州,填空,2 分]一个正方体木块的表面积是 54 平方厘米,把它分成大小一样的两个长方体木块,则每个长方体的表面积是________平方厘米。

答案:36。因为正方体木块的表面积是 54 平方厘米,所以正方体木块每个面的面积是 9 平方厘米,将正方体木块分成大小一样的两个长方体木块导致原正方体木块的表面积多出 2 个面的面积,所以切分后的两个长方体总表面积为 $54+9\times2=72$(平方厘米),可知每个长方体的表面积是 36 平方厘米。

2. 正方体的表面展开图

(1)判断给定的平面图形是否属于正方体表面展开图

①如以最长的正方形链横排为准,展开图一般是三行,个别是两行,不能是一行或四行,最长的一行(或列)在中间,可有 2,3,4 个小正方形,超过 4 个或长行不在中间的不是正方体的表面展开图,如:

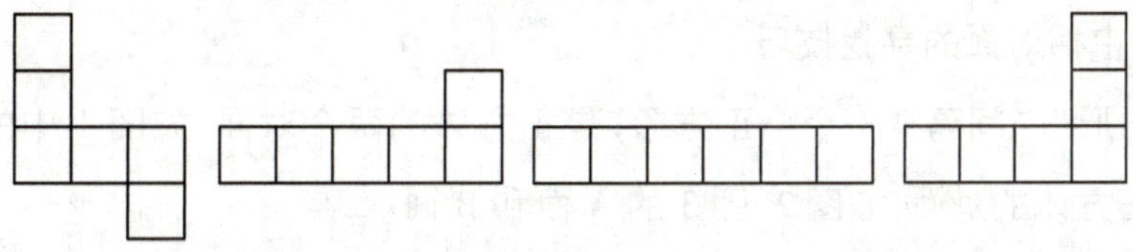

②在每一行(或列)的两端,每端只能有 1 个正方形与其相连,超过 1 个就不是,如:

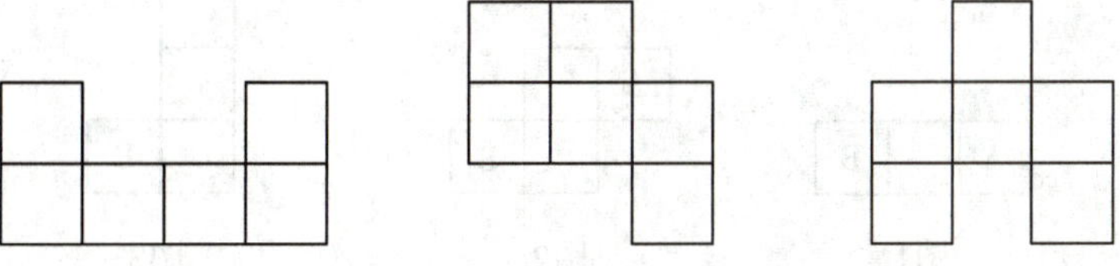

第一部分

中间的长行可折作正方体侧面，它两端（或一端）的正方形，与中间一行相连的折作底面，不相连的再下折作侧面。

（2）正方体的表面展开图的类型

①“一四一”，即中间一行4个作侧面，两边各1个分别作上下底面，共有6种。

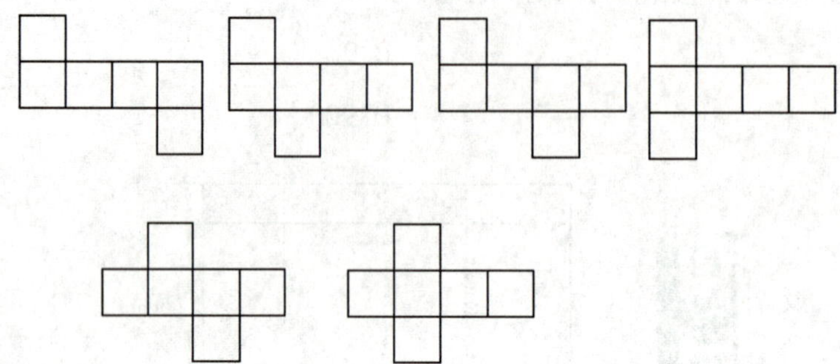

②“二三一”（或“一三二”）型，即中间3个作侧面，上（或下）边2个的那行相连的正方形作底面，不相连的再下折作另一个侧面，共3种：

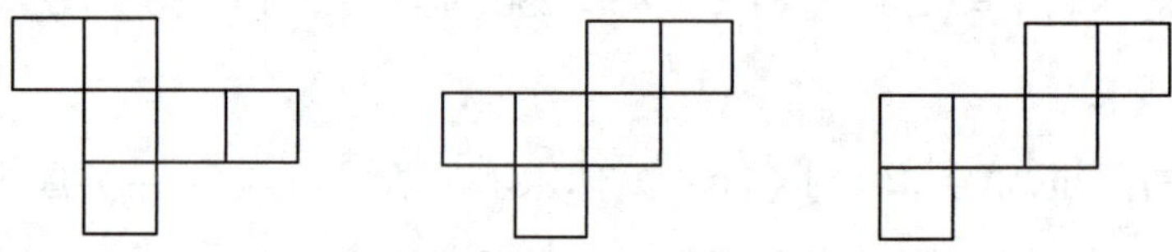

③“二二二”型，呈阶梯状。

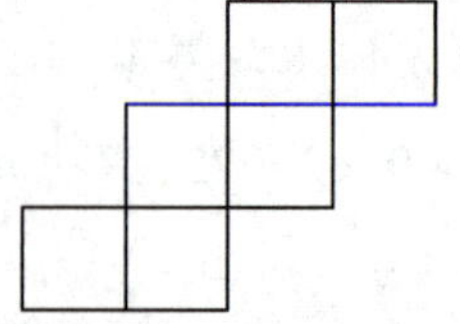

④“三三”型，即两行只能有1个正方形相连。

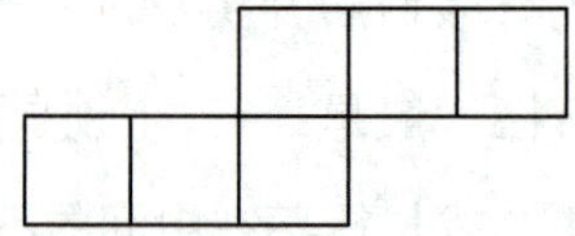

（3）正方体展开图中相对面的寻找技巧

相间的两个小正方形（中间隔着一个小正方形）是正方体的两个对面，如图1中的A面和B面；“Z”字两端处的小正方形是正方体的对面，如图2、图3的A面和B面。

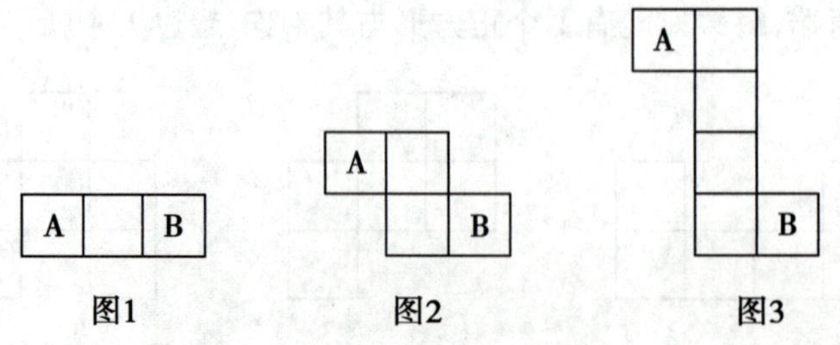

图1　　图2　　图3

此种方法简称为“相间”法，“Z”端是对面。

(4)解题技巧

正方体的表面展开图的判断思路：①是否满足四种阵型中的一种；②行与行之间有且只有一个“日”型结构。

考点2 棱柱、棱锥、棱台 【单选、解答】★★

	棱柱	棱锥	棱台
图形	侧棱、侧面、底面、顶点（棱柱 $ABCDEF-A'B'C'D'E'F'$）	顶点、侧棱、侧面、底面（棱锥 $S-ABCDEF$）	侧棱、侧面、底面、顶点（棱台 $ABCDEF-A'B'C'D'E'F'$，延长交于 O）
定义	有两个面互相平行，其余各面都是四边形，并且相邻两个四边形的公共边都互相平行，由这些面所围成的多面体叫作棱柱	有一个面是多边形，其余各面都是有一个公共顶点的三角形，由这些面所围成的多面体叫作棱锥	用一个平行于棱锥底面的平面去截棱锥，底面和截面之间那部分多面体叫作棱台
分类	以底面多边形的边数为标准分为三棱柱、四棱柱、五棱柱等；以侧棱是否与底面垂直分为直棱柱和斜棱柱；底面是正多边形的直棱柱叫作正棱柱	以底面多边形的边数为标准分为三棱锥、四棱锥、五棱锥等；底面是正多边形，并且顶点与底面中心的连线垂直于底面的棱锥叫作正棱锥	以底面多边形的边数为标准分为三棱台、四棱台、五棱台等
结构特征	(1)底面互相平行； (2)侧面都是平行四边形； (3)每相邻两个侧面的公共边互相平行	(1)底面是多边形； (2)侧面都是三角形； (3)侧棱有一个公共点	(1)上、下底面互相平行； (2)各侧棱的延长线交于一点； (3)各侧面为梯形
公式	$S_{直棱柱侧}=Ch$(C是底面周长，h是高) $V=Sh$(S是底面面积，h是高)	$S_{正棱锥侧}=\frac{1}{2}Ch'$(C是底面周长，h'是斜高) $V=\frac{1}{3}Sh$(S是底面面积，h是高)	$S_{正棱台侧}=\frac{1}{2}(C+C')h'$($C'$,$C$分别是上、下底面的周长，$h'$是斜高) $V=\frac{1}{3}h(S'+\sqrt{S'S}+S)$($S'$,$S$分别是上、下底面面积，$h$是棱台的高)

真题面对面

1. [2021 山西介休,填空,2 分]如图 1 是一个高为 4 cm 的无盖的五棱柱盒子(直棱柱)的展开图,其底面五边形 $ABCDE$ 中,$BC=12$ cm,$AB=DC=6$ cm,$\angle ABC=\angle BCD=120°$,$\angle EAB=\angle EDC=90°$,图 2 中的五棱柱盒子可按图 1 中所示的示意图,将矩形纸板剪切折合而成,实线表示剪切线,虚线表示折痕,纸板厚度及剪切接缝处损耗均忽略不计,那么这个矩形纸板的长至少为________ cm。

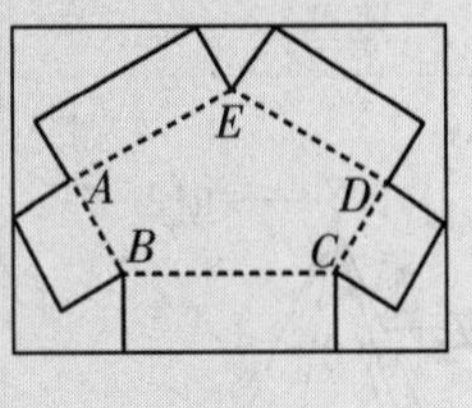

图 1　　　　图 2

答案:$18+4\sqrt{3}$。如图,连结 AD,分别交长方形的两条宽于 K,H 两点,即 KH 为所求的长,过点 B 作 $BP\perp AD$ 于点 P,过点 C 作 $CQ\perp AD$ 于点 Q,则 $PQ=BC=12$ cm,$\because\angle ABC=120°$,$\therefore\angle ABP=30°$,在 $\mathrm{Rt}\triangle ABP$ 中,$AB=6$ cm,$\therefore AP=3$ cm,$\angle PAB=60°$,$\therefore\angle KAS=30°$,$\because AS=4$ cm,$\therefore$ 在 $\mathrm{Rt}\triangle KAS$ 中,$KA=AS\cos30°=4\times\frac{\sqrt{3}}{2}=2\sqrt{3}$ cm,同理可得,$QD=AP=3$ cm,$DH=AK=2\sqrt{3}$ cm,$\therefore KH=KA+AP+PQ+QD+DH=2\sqrt{3}+3+12+3+2\sqrt{3}=(18+4\sqrt{3})$ cm。

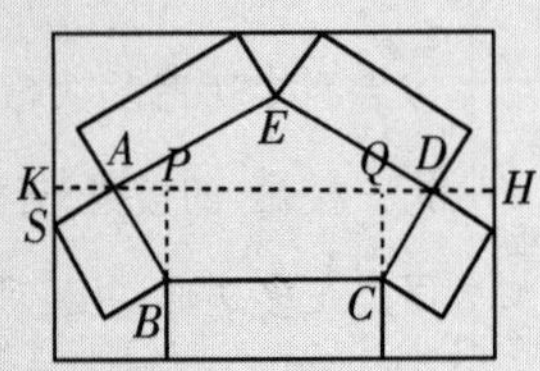

2. [2021 山西晋中介休,填空,2 分]在三棱锥 $P-ABC$ 中,$PA=4$,$AC=2\sqrt{7}$,$PB=BC=2\sqrt{3}$,$PA\perp$ 平面 PBC,则三棱锥 $P-ABC$ 的内切球的表面积为________。

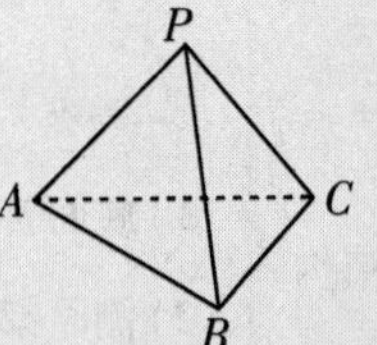

答案:$\frac{9\pi}{4}$。$\because PA\perp$ 平面 PBC,$\therefore PA\perp PC$,在 $\mathrm{Rt}\triangle PAC$ 中,$PA=4$,$AC=2\sqrt{7}$,$\therefore PC=2\sqrt{3}$,$\because PB=BC=2\sqrt{3}$,$\therefore PB=PC=BC$,$\therefore\triangle PBC$ 为等边三角形,$\because AB=AC=2\sqrt{7}$,$\therefore\triangle ABC$ 为等腰三角形,$\therefore V_{P-ABC}=V_{A-PBC}=\frac{1}{3}S_{\triangle PBC}\cdot PA=\frac{1}{3}\times\frac{\sqrt{3}}{4}\times12\times4=4\sqrt{3}$,表面积 $S=\frac{1}{2}\times2\sqrt{3}\times4\times2+\frac{\sqrt{3}}{4}\times12+\frac{1}{2}\times2\sqrt{3}\times5=16\sqrt{3}$,设内切球半径为 r,由三棱锥内切球的半径与三棱锥体积的关系式 $V=\frac{1}{3}rS_{表面积}$,得 $4\sqrt{3}=\frac{1}{3}\times16\sqrt{3}r$,解得 $r=\frac{3}{4}$,$\therefore$ 三棱锥 $P-ABC$ 的内切球的表面积 $S_{内}=4\pi\times\left(\frac{3}{4}\right)^2=\frac{9\pi}{4}$。

考点 3 圆柱、圆锥、圆台 【单选、解答】★★

	圆柱	圆锥	圆台
图形	轴、底面、O'、A'、侧面、母线、底面、O、A	轴、S、顶点、母线、侧面、O、底面、A	母线、侧面、轴、底面、A、O、B
定义	以矩形的一边所在直线为旋转轴，其余三边旋转一周形成的面所围成的旋转体叫作圆柱	以直角三角形的一条直角边所在直线为旋转轴，其余两边旋转一周形成的面所围成的旋转体叫作圆锥	用平行于圆锥底面的平面去截圆锥，底面与截面之间的部分叫作圆台
结构特征	(1)两底面相互平行； (2)母线平行于圆柱的轴； (3)侧面展开图是一个矩形	(1)底面是圆； (2)侧面展开图是一个扇形； (3)母线交于圆锥的顶点	两底面相互平行
公式	$S_{侧}=2\pi rh$（r 是底面半径，h 是高）； $S_{表}=2\pi r(r+l)$（r 是底面半径，l 是母线长） $V=\pi r^2h$（r 是底面半径，h 是高）	$S_{侧}=\pi rl$（r 是底面半径，l 是母线长）； $S_{表}=\pi r(r+l)$（r 是底面半径，l 是母线长） $V=\frac{1}{3}\pi r^2h$（r 是底面半径，h 是高）	$S_{表}=\pi(r'^2+r^2+r'l+rl)$（$r'$，$r$ 分别为上、下底面半径，l 为母线长） $V=\frac{1}{3}\pi h(r'^2+r'r+r^2)$（$r'$，$r$ 分别为上、下底面半径，h 是高）

真题面对面

[2021 江西，单，1 分]已知圆锥的底面半径是 5 cm，母线长是 13 cm，则这个圆锥的侧面积是（　　）

A. $60\pi\ cm^2$　　B. $65\pi\ cm^2$

C. $120\pi\ cm^2$　　D. $130\pi\ cm^2$

答案：B。$S=\pi\times5\times13=65\pi(cm^2)$。

考点 4 球 【单选】★

1. 球的相关概念

半圆以它的直径所在直线为旋转轴，旋转一周形成的曲面叫作球面，球面所围成的旋转体叫作球体，简称球。球常用表示球心的字母来表示，如球心为 O 的球记作球 O。半径为 R 的球的表面积 $S=4\pi R^2$，体积 $V=\frac{4}{3}\pi R^3$。

第一部分

真题面对面

[2020 山西特岗,单,3 分]球 C 内切于圆锥 S_0(球与圆锥的底面和侧面均相切),已知圆锥母线长为 5,底面直径为 6,则球 C 的体积为(　　)

A. $\frac{9}{2}\pi$　　B. 9π　　C. $\frac{243}{343}\pi$　　D. $\frac{576}{49}\pi$

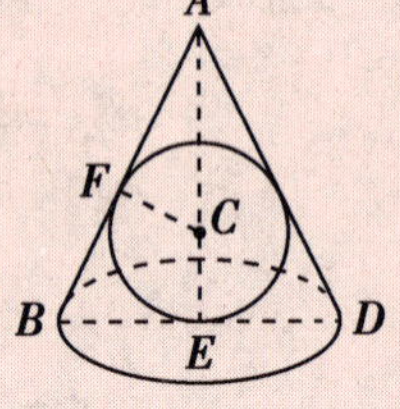

答案:A。如图所示,由题意知,点 C 在圆锥的中轴线 AE 上,连结 CF,由内切可知 $CF\perp AB$,$\because AE\perp BD$,$AB=5$,$BE=\frac{1}{2}BD=3$,$\therefore AE=4$,$\triangle ACF\backsim\triangle ABE$,$\therefore\frac{CF}{BE}=\frac{AC}{AB}$,设球 C 的半径为 r,则 $AC=4-r$,$\therefore\frac{r}{3}=\frac{4-r}{5}$,解得 $r=\frac{3}{2}$,$\therefore$ 球 C 的体积为 $\frac{4}{3}\pi r^3=\frac{4}{3}\pi\times\left(\frac{3}{2}\right)^3=\frac{9}{2}\pi$。

2. 球的截面性质

用一个平面去截一个球,截面是圆面。球的截面有如下性质:

(1)球心和截面圆心的连线垂直于截面。

(2)球心到截面的距离 d 与球的半径 R 及截面的半径 r 有下面的关系:$r=\sqrt{R^2-d^2}$。

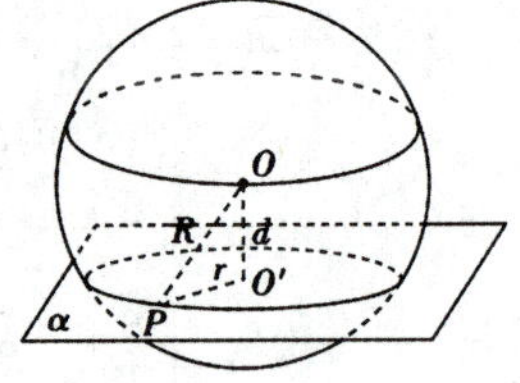

①当 $d=0$ 时,截面过球心,此时截面面积最大。球面被经过球心的平面截得的圆叫作大圆。

②当 $d=R$ 时,平面与球相切。

③当 $0<d<R$ 时,平面截球面所得的圆叫作小圆。即不过球心的平面截球面所得的圆叫作小圆。

考法大揭秘

几何体的外接球、内切球问题的解法

1. 几何体的外接球问题的解法

解题时要认真分析图形,明确接点的位置,确定元素间的数量关系,并作出合适的截面。若几何体为正方体或长方体,则其体对角线长等于外接球的直径。

[例]已知一个正方体的所有顶点在一个球面上,若这个正方体的表面积为 18,则这个球的体积为________。

答案:$\frac{9\pi}{2}$。设这个正方体的棱长为 a,由题意可知 $6a^2=18$,所以 $a=\sqrt{3}$,所以这个正方体外接球的半径 $R=\frac{\sqrt{3}}{2}a=\frac{3}{2}$,所以这个正方体外接球的体积 $V=\frac{4}{3}\pi R^3=\frac{4\pi}{3}\times\left(\frac{3}{2}\right)^3=\frac{9\pi}{2}$。

2. 几何体的内切球问题的解法

解决几何体的内切球问题，应先作出示意图(一般作出轴截面或对角面所在截面)，再根据题中的数量关系转化为平面问题，如转化成三角形问题、圆的有关问题等。另外，若球内切于正方体，则切点为正方体各个面的中心，正方体的棱长等于内切球的直径。

真题面对面

[2022 山西特岗，单，3 分]已知 A,B,C 为球 O 的球面上的三个点，$\odot O_1$ 为 $\triangle ABC$ 的外接圆，若 $\odot O_1$ 的面积为 4π，$AB\perp AC$，$OO_1=\frac{1}{2}BC$，则球 O 的表面积为(　　)

A. 16π　　　　B. 32π

C. 36π　　　　D. 64π

答案：B。因为 $\odot O_1$ 的面积为 4π，所以 $\odot O_1$ 的半径为 2，即 $O_1B=2$，则 $BC=4$，又因为 $OO_1=\frac{1}{2}BC$，所以 $OO_1=2$，所以球 O 的半径为 $\sqrt{OO_1^2+O_1B^2}=\sqrt{2^2+2^2}=2\sqrt{2}$。故球 O 的表面积为 $4\pi R^2=4\pi\times(2\sqrt{2})^2=32\pi$。

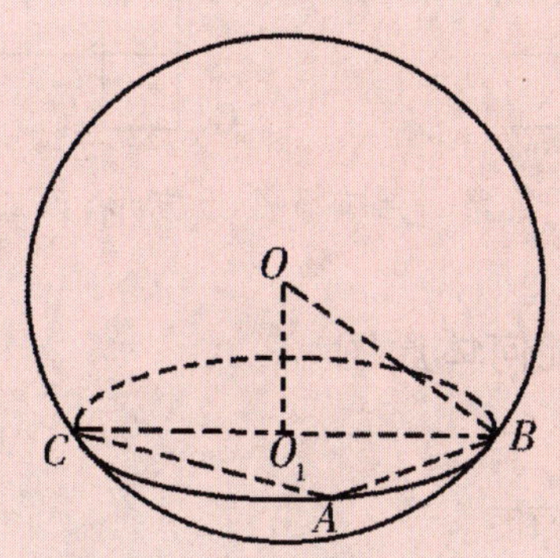

二、立体图形的三视图与直观图 【单选、填空】★

考点 1 三视图的概念

将物体在三个相互垂直的平面内作垂直投影所得的三个图形，称为三视图。分别为主(正)视图、侧(左)视图和俯视图。

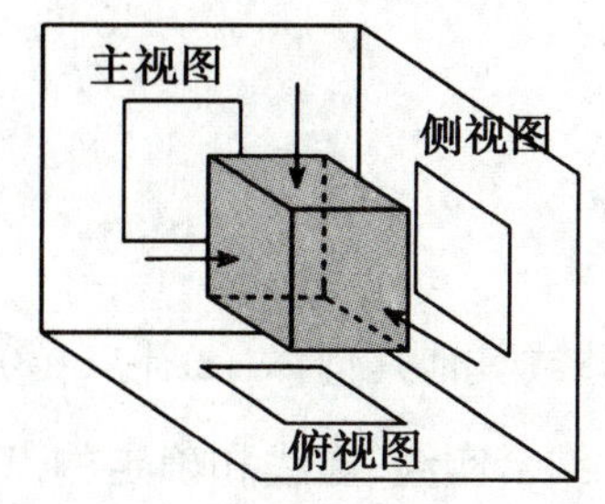

考法大揭秘

三视图解题要领

(1)先确定底面——大多数情况下,俯视图的图形都是几何体底面的真实形状;

(2)找视图中有线线垂直的地方,这些关键线往往对应着几何体中线面垂直、面面垂直的地方,几何体的高很多情况就是视图中平面图形的高,求几何体的体积时这一点显得尤为重要;

(3)注意三视图与几何体的摆放位置直接相关,同样一个几何体若摆放位置不同,那么三视图的形状会有变化。

真题面对面

[2021 江西,单,1 分]物体的形状如图所示,则从上面看此物体得到的平面图形是(　　)

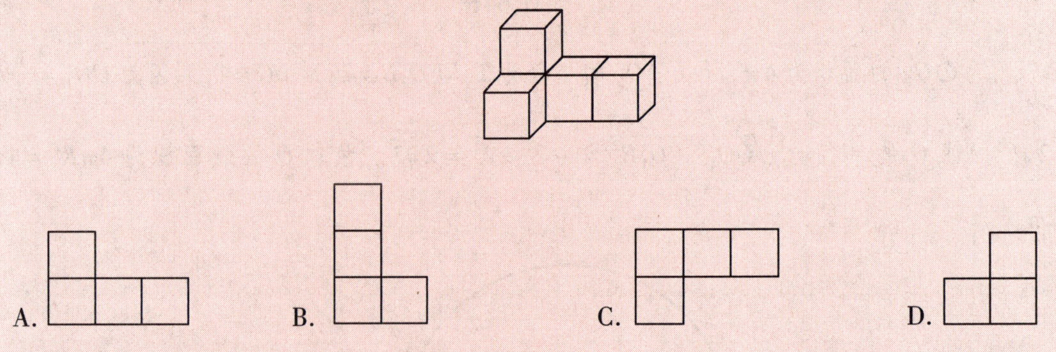

答案:C。从上面看易得从上往下数第一层有 3 个正方形,第二层最左边有一个正方形。

考点 2　通过三视图确定几何体原图

通过三视图确定几何体原图

1. 直接法

适用情况:由三视图比较容易推出原图。

解题步骤:直接利用三视图的作图规则,不断调整,画出原图。

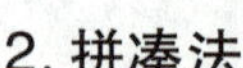

2. 拼凑法

适用情况:从三视图中比较容易找到原图。

解题步骤:①画出正视图;②平移俯视图到恰当的位置(长对正,高平齐),使它和正视图在一起;③把侧视图顺时针旋转 90°再平移到恰当的位置(高平齐,宽相等),使它和正视图、俯视图在一起;④调整它们的位置,找到顶点,找到原图。

3. 模型法

适用情况:观察三视图不容易得出原图。

解题步骤:①画出一个长方体、正方体或其他几何体;②补点;③结合三视图排除某些点;④确定那些排除的点附近的点是否是几何体的顶点;⑤结合实线、虚线和确定的点找到几何体的顶点,从而找到符合三视图的原图。

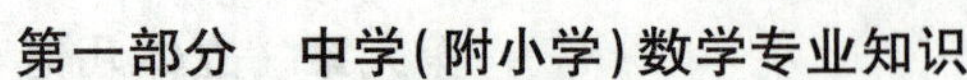

真题面对面

[2020 天津南开区,单,2 分]某几何体的三视图如图所示,则该几何体的表面积是( )

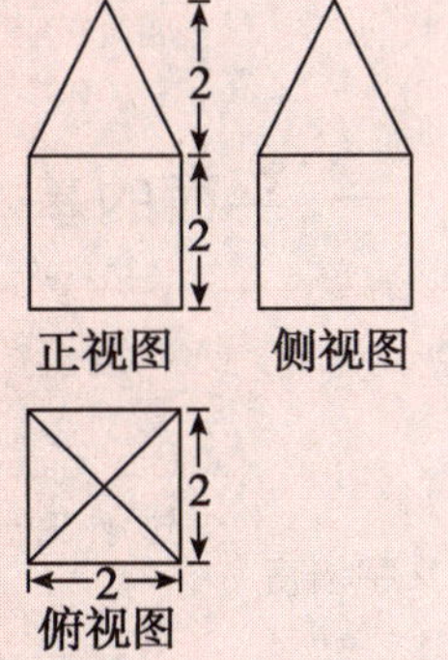

A. $\frac{32}{3}$　　　　B. 32

C. $20+4\sqrt{5}$　　　　D. $24+4\sqrt{6}$

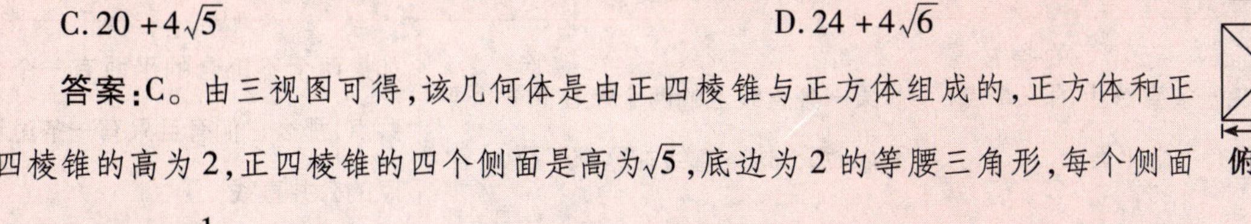

答案:C。由三视图可得,该几何体是由正四棱锥与正方体组成的,正方体和正四棱锥的高为2,正四棱锥的四个侧面是高为$\sqrt{5}$,底边为2的等腰三角形,每个侧面的面积为$S_1=\frac{1}{2}\times2\times\sqrt{5}=\sqrt{5}$,正方体的侧面积为$S_2=2\times2=4$,故该几何体的表面积为$S=4S_1+5S_2=4\sqrt{5}+20$。

考点 3　立体图形的直观图

1. 斜二测画法

斜二测画法是一种特殊的平行投影画法。斜二测画法的步骤如下:

(1)在已知图形中,取互相垂直的x轴和y轴,两轴相交于点O,画直观图时,把它们画成对应的x'轴和y'轴,两轴相交于点O',且使$\angle x'O'y'=45°$(或135°),它们确定的平面表示水平面;

(2)已知图形中平行于x轴、y轴的线段,在直观图中分别画成平行于x'轴或y'轴的线段;

(3)已知图形中平行于x轴的线段,在直观图中保持长度不变;平行于y轴的线段,长度变为原来的一半。

2. 直观图的画法

一个物体,从直观看上去的图形,叫作直观图。空间图形的直观图通常是指在平行投影下画出的空间图形。水平放置的多边形常用斜二测画法画它们的直观图。

画立体图形的直观图时,主要有以下几个步骤:①画轴;②画底面(采用斜二测画法);③画侧棱。画z'轴,z'轴过点O',且与x'轴的夹角为90°,并画高线(与原图高线相等,画正棱锥时只需要画侧棱即可);④连线成图,擦去辅助线,被遮线用虚线表示。

斜二测画法中得到的直观图面积与原图形的面积之比为$\frac{\sqrt{2}}{4}:1$。

第二节　空间位置关系

一、平面的基本性质

	基本事实 1	基本事实 2	基本事实 3
文字语言	过不在一条直线上的三个点，有且只有一个平面	如果一条直线上的两个点在同一个平面内，那么这条直线在这个平面内	如果两个不重合的平面有一个公共点，那么它们有且只有一条过该点的公共直线
图形语言	α　A　B　C	α　A　l　B	β　α　P　l
符号语言	A,B,C 三点不共线⇒有且只有一个平面 α，使 $A\in\alpha,B\in\alpha$，$C\in\alpha$	$A\in l,B\in l$，且 $A\in\alpha,B\in\alpha\Rightarrow l\subset\alpha$	$P\in\alpha$，且 $P\in\beta\Rightarrow\alpha\cap\beta=l$，且 $P\in l$

利用基本事实 1 和基本事实 2，再结合“两点确定一条直线”，可以得到下面三个推论：

推论 1：经过一条直线和这条直线外一点，有且只有一个平面。

推论 2：经过两条相交直线，有且只有一个平面。

推论 3：经过两条平行直线，有且只有一个平面。

二、空间点、直线、平面之间的位置关系

考点 1　空间中直线与直线的位置关系

位置关系		共面情况	公共点个数
共面	相交	在同一平面内	有且只有一个公共点
	平行	在同一平面内	没有公共点
异面		不同在任何一个平面内	没有公共点

考点 2　空间中直线与平面的位置关系

位置关系	直线在平面内	直线与平面相交	直线与平面平行（直线在平面外）
公共点个数	有无数个公共点	有且只有一个公共点	没有公共点

续表

图形语言	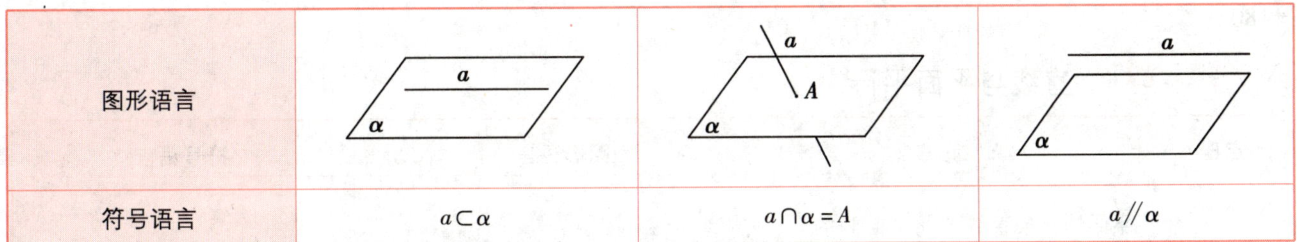		
符号语言	$a\subset\alpha$	$a\cap\alpha=A$	$a/\!/\alpha$

考点 3 空间中平面与平面的位置关系

位置关系	平行	相交
图形语言		
符号语言	$\alpha/\!/\beta$	$\alpha\cap\beta=l$

[例]若直线 l_1 和 l_2 是异面直线，l_1 在平面 α 内，l_2 在平面 β 内，l 是平面 α 和平面 β 的交线，则下列命题正确的是(　　)

A. l 与 l_1，l_2 都不相交　　B. l 与 l_1，l_2 都相交

C. l 至多与 l_1，l_2 中一条相交　　D. l 至少于 l_1，l_2 中一条相交

答案：D。A 项，如图 1 所示，l_2 与 l 相交，故错误；B 项，如图 1 所示，$l_1/\!/l$，l_1 与 l 不相交，故错误；C 项，如图 2 所示，l 分别与 l_1，l_2 相交，故错误；D 项，假设 l 与 l_1，l_2 都不相交，因为 l_1 与 l 共面，且 l_2 与 l 共面，所以 $l_1/\!/l/\!/l_2$，这与题目中的 l_1 和 l_2 是异面直线矛盾，故 l 至少于 l_1，l_2 中一条相交，正确。

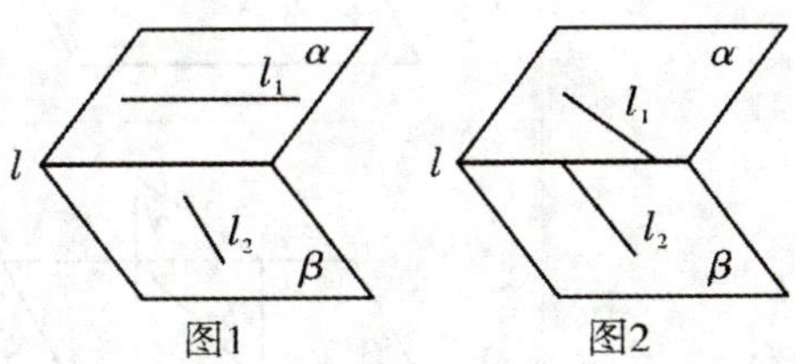

图1　　图2

三、空间直线、平面的平行　【解答】★★

考点 1 直线与直线平行

1. 平行公理

基本事实 4：平行于同一条直线的两条直线平行。即 $a/\!/b$，$b/\!/c\Rightarrow a/\!/c$。

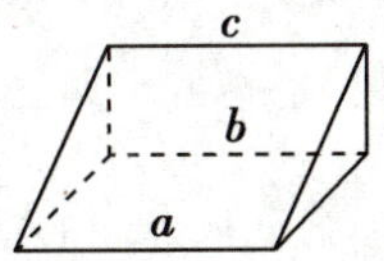

2. 等角定理

文字语言：如果空间中两个角的两条边分别对应平行，那么这两个角相等或互补。

符号语言：在$\angle AOB$与$\angle A'O'B'$中，若$OA /\!/ O'A'$，$OB /\!/ O'B'$，则$\angle AOB = \angle A'O'B'$或$\angle AOB + \angle A'O'B' = 180°$。

考点2 直线与平面平行

定理	文字语言	图形语言	符号语言
判定定理	平面外一条直线与此平面内的一条直线平行，则该直线与此平面平行（简记为"线线平行⇒线面平行"）		$\left.\begin{cases} l \not\subset \alpha, \\ a \subset \alpha, \\ l /\!/ a \end{cases}\right\} \Rightarrow l /\!/ \alpha$
性质定理	一条直线与一个平面平行，则过这条直线的任一平面与此平面的交线与该直线平行（简记为"线面平行⇒线线平行"）		$\left.\begin{cases} \alpha \cap \beta = b, \\ l \subset \beta, \\ l /\!/ \alpha \end{cases}\right\} \Rightarrow l /\!/ b$

考点3 平面与平面平行

定理	文字语言	图形语言	符号语言
判定定理	一个平面内的两条相交直线分别与另一个平面平行，则这两个平面平行（简记为"线面平行⇒面面平行"）		$\left.\begin{cases} a \subset \alpha, b \subset \alpha, \\ a \cap b = P, \\ a /\!/ \beta, b /\!/ \beta \end{cases}\right\} \Rightarrow \alpha /\!/ \beta$
性质定理	如果两个平行平面同时和第三个平面相交，那么它们的交线平行		$\left.\begin{cases} \beta \cap \gamma = b, \\ \alpha \cap \gamma = a, \\ \alpha /\!/ \beta \end{cases}\right\} \Rightarrow a /\!/ b$

四、空间直线、平面的垂直 【解答】 ★★

考点1 直线与平面垂直

1. 定义

如果直线l与平面α内的任意一条直线都垂直，就说直线l与平面α互相垂直。

2. 判定定理和性质定理

定理	文字语言	图形语言	符号语言
判定定理	如果一条直线与一个平面内的两条相交直线都垂直,则该直线与此平面垂直	l, a, b, O, α	$\left.\begin{array}{l}a,b\subset\alpha,\\a\cap b=O,\\l\perp a,\\l\perp b\end{array}\right\}\Rightarrow l\perp\alpha$
性质定理	垂直于同一个平面的两条直线平行	a, b, α	$\left.\begin{array}{l}a\perp\alpha,\\b\perp\alpha\end{array}\right\}\Rightarrow a/\!/b$

考点 2 平面与平面垂直

1. 定义

两个平面相交,如果它们所成的二面角是直二面角,就说这两个平面互相垂直。

2. 判定定理和性质定理

定理	文字语言	图形语言	符号语言
判定定理	一个平面过另一个平面的一条垂线,则这两个平面互相垂直	β, l, α	$\left.\begin{array}{l}l\subset\beta\\l\perp\alpha\end{array}\right\}\Rightarrow\alpha\perp\beta$
性质定理	两个平面互相垂直,则一个平面内垂直于交线的直线与另一个平面垂直	β, l, a, α	$\left.\begin{array}{l}\alpha\perp\beta\\l\subset\beta\\\alpha\cap\beta=a\\l\perp a\end{array}\right\}\Rightarrow l\perp\alpha$

真题面对面

[2021 江西,单,1 分] 设 a,b 是两条不同的直线,α,β 是两个不同的平面,则能得出 $a\perp b$ 的是( )

A. $a\perp\alpha,b/\!/\beta,\alpha\perp\beta$

B. $a\perp\alpha,b\perp\beta,\alpha/\!/\beta$

C. $a\subset\alpha,b\perp\beta,\alpha/\!/\beta$

D. $a\subset\alpha,b/\!/\beta,\alpha\perp\beta$

答案：C。若 $a\perp\alpha$，$b/\!/\beta$，$\alpha\perp\beta$，则直线 a 与 b 的关系可能是平行，可能是相交，也可能是异面，故 A 项不符合；若 $a\perp\alpha$，$b\perp\beta$，$\alpha/\!/\beta$，则 $a/\!/b$，故 B 项不符合；若 $a\subset\alpha$，$b\perp\beta$，$\alpha/\!/\beta$，则由 $\alpha/\!/\beta$，$b\perp\beta$ 可以推出 $b\perp\alpha$，又 $a\subset\alpha$，故 $a\perp b$，故 C 项正确；若 $a\subset\alpha$，$b/\!/\beta$，$\alpha\perp\beta$，则直线 a 与 b 的关系可能是平行，可能是相交，也可能是异面，故 D 项不符合。故选 C。

考点 3 三垂线定理及其逆定理

定理	文字语言	图形语言	符号语言
三垂线定理	在一个平面内的一条直线，如果和穿过这个平面的一条斜线在这个平面内的射影垂直，那么它也和这条斜线垂直（"垂影⇒垂斜"）		a'为 a 在平面 α 内的射影，$b\subset\alpha$，$b\perp a'\Rightarrow b\perp a$
三垂线定理的逆定理	如果平面内一条直线和穿过该平面的一条斜线垂直，那么这条直线也垂直于这条斜线在平面内的射影（"垂斜⇒垂影"）		a'为 a 在平面 α 内的射影，$b\subset\alpha$，$b\perp a\Rightarrow b\perp a'$

第三节 空间数量关系

一、角度

考点 1 异面直线的夹角

1. 异面直线的定义

我们把不同在任何一个平面内的两条直线叫作异面直线。

2. 异面直线所成的角

（1）定义：如图，a，b 是两条异面直线，经过空间任意一点 O 作直线 $a'/\!/a$，$b'/\!/b$，我们把 a'和 b'所成的锐角（或直角）θ 叫作异面直线 a 与 b 所成的角。

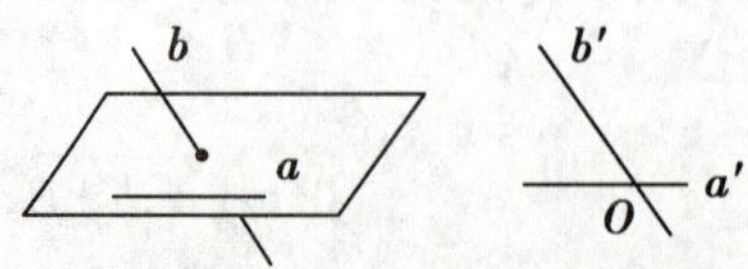

（2）范围：$0°<\theta\leqslant 90°$。

异面直线所成的角的求法

1. 平移法

计算异面直线所成角的关键是平移(中点平移,顶点平移以及补形法:把空间图形补成熟悉的或完整的几何体,如正方体、平行六面体、长方体等,以便易于发现两条异面直线间的关系)转化为相交两直线的夹角。

2. 向量法

$\theta=\arccos\frac{|\boldsymbol{m}_1\cdot\boldsymbol{m}_2|}{|\boldsymbol{m}_1||\boldsymbol{m}_2|}$,其中$\boldsymbol{m}_1,\boldsymbol{m}_2$分别为异面直线$a,b$的方向向量,$\theta\in\left(0,\frac{\pi}{2}\right]$。

第一部分

真题面对面

1. [2022 安徽统考,解答,8 分]如图,在四棱锥$P-ABCD$中,底面$ABCD$为正方形,平面$PAB\perp$平面$ABCD$,点E,F分别为棱CD与PB的中点。

(1)求证:$EF/\!/$平面PAD;

(2)若$PA\perp PB$,且$PA=PB=\sqrt{2}$,求异面直线AC与EF所成角的大小。

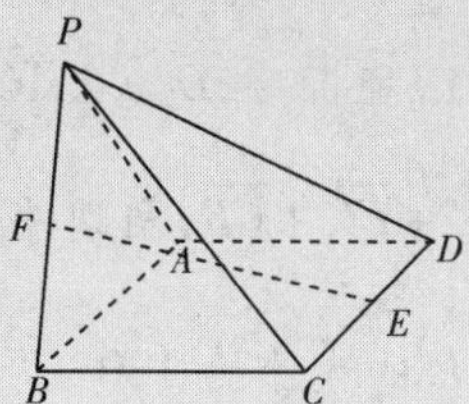

答案:(1)如图1,作AB的中点M,连结EM,FM,$\because$点E,F,M分别是CD,PB,AB的中点,$\therefore FM/\!/PA,EM/\!/AD$,$\because FM\cap EM=M,PA\cap AD=A$,$\therefore$平面$EFM/\!/$平面$PAD$,又$\because EF\subset$平面$EFM$,$EF\not\subset$平面$PAD$,$\therefore EF/\!/$平面$PAD$。

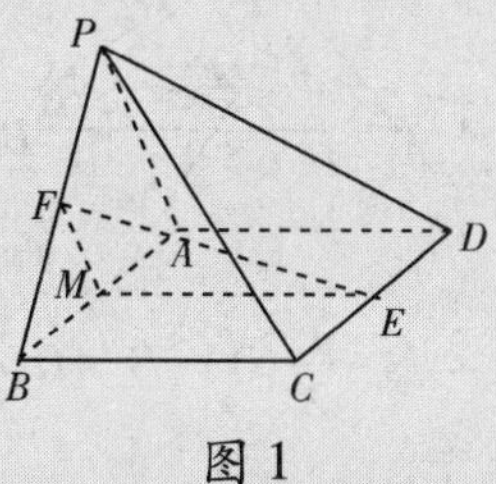

图 1

(2)以AB的中点M为坐标原点,建立如图2所示的空间直角坐标系,因为$PA\perp PB$,且$PA=PB=\sqrt{2}$,易知$PM=1,AB=2$,所以点$P(0,0,1)$,$A(-1,0,0)$,$B(1,0,0)$,$C(1,2,0)$,$E(0,2,0)$,$F(\frac{1}{2},0,\frac{1}{2})$,则$\overrightarrow{EF}=(\frac{1}{2},-2,\frac{1}{2})$,$\overrightarrow{AC}=(2,2,0)$,设异面直线$AC$与$EF$所成角为$\theta$,则$\cos\theta=$

$$\frac{|\overrightarrow{EF}\cdot\overrightarrow{AC}|}{|\overrightarrow{EF}||\overrightarrow{AC}|}=\frac{\left|\frac{1}{2}\times2+(-2)\times2+\frac{1}{2}\times0\right|}{\sqrt{\left(\frac{1}{2}\right)^2+(-2)^2+\left(\frac{1}{2}\right)^2}\times\sqrt{2^2+2^2}}=\frac{1}{2},$$

所以异面直线 AC 与 EF 所成角为$\frac{\pi}{3}$。

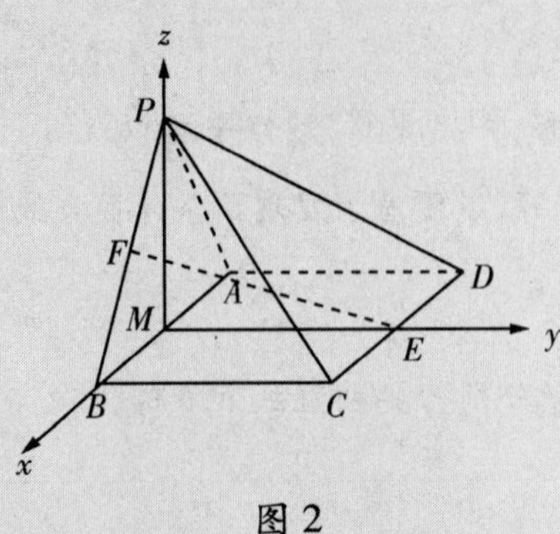

图 2

2. [2021 广东广州天河区,判断,1.12 分]已知四边形 $ABCD$ 为等腰梯形,$AB=4$,$AD=DC=CB=2$,将$\triangle ADC$ 沿 AC 折起,使 D 到 D'的位置,当 $D'B=\sqrt{10}$时,异面直线 AB 与直线 CD'所成角的正切值为$\frac{\sqrt{15}}{7}$。 ( )

答案:√。因为四边形 $ABCD$ 为等腰梯形,$AB=4$,$AD=DC=CB=2$,易知$\angle ACB=90°$,$AC=2\sqrt{3}$,记 AC 的中点为 E,则$DE\perp AC$,$EC=\sqrt{3}$,$DE=1$,翻折后,$D'E\perp AC$,$EC=\sqrt{3}$,$D'E=1$,设二面角 $D'-AC-B$ 的大小为 θ,因为 $D'B=\sqrt{10}$,由$\overrightarrow{D'B}=\overrightarrow{D'E}+\overrightarrow{EC}+\overrightarrow{CB}$,两边平方得$(\sqrt{10})^2=1^2+(\sqrt{3})^2+2^2-2\times1\times2\cos\theta$,得 $\cos\theta=-\frac{1}{2}$,则二面角 $D'-AC-B$ 的大小为 120°,从点 D'向平面 ABC 作垂线,垂足为 O,以 O 为坐标原点建立空间直角坐标系$O-xyz$,如图所示,

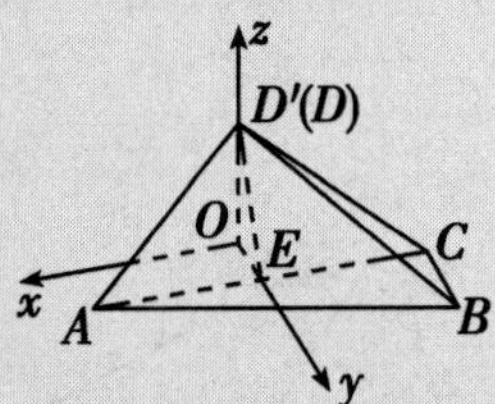

则 $A(\sqrt{3},\frac{1}{2},0)$,$B(-\sqrt{3},\frac{5}{2},0)$,$C(-\sqrt{3},\frac{1}{2},0)$,$D'(0,0,\frac{\sqrt{3}}{2})$,则$\overrightarrow{AB}=(-2\sqrt{3},2,0)$,$\overrightarrow{CD}=(\sqrt{3},-\frac{1}{2},\frac{\sqrt{3}}{2})$,则$|\cos\langle\overrightarrow{AB},\overrightarrow{CD}\rangle|=\frac{|\overrightarrow{AB}\cdot\overrightarrow{CD}|}{|\overrightarrow{AB}||\overrightarrow{CD}|}=\frac{7}{8}$,易得所求正切值为$\frac{\sqrt{15}}{7}$。

考点 2 直线与平面的夹角

1. 定义

平面的一条斜线和它在平面上的射影所成的锐角,叫作这条直线和这个平面所成的角。如图,$\angle PAO$ 即为直线 PA 与平面 α 所成的角。

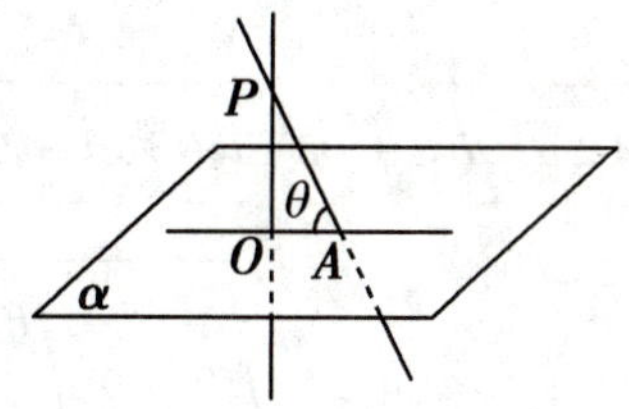

2. 范围

直线与平面所成的角为 $\theta,\theta\in\left[0,\frac{\pi}{2}\right]$。当直线与平面垂直或平行（含直线在平面内）时，规定 θ 分别为 $\frac{\pi}{2}$ 和 0。

考法大揭秘

求直线与平面所成的角的方法

1. 定义法

(1)作：在斜线上选取恰当的点，过该点向平面引垂线，作出所求角，其中确定垂足的位置是关键；

(2)证：证明所作的角为直线与平面所成的角；

(3)求：构造角所在的直角三角形，利用解直角三角形的知识求角。

2. 公式法

$\sin\theta=\frac{h}{l}$（其中 h 为斜线上除斜足外的任一点到所给平面的距离，l 为该点到斜足的距离，θ 为斜线与平面所成的角）。

3. 向量法

$\sin\theta=|\cos\langle\overrightarrow{AB},\boldsymbol{n}\rangle|=\frac{|\overrightarrow{AB}\cdot\boldsymbol{n}|}{|\overrightarrow{AB}||\boldsymbol{n}|}$（其中 AB 为平面 α 的斜线，$\boldsymbol{n}$ 为平面 α 的法向量，θ 为斜线 AB 与平面 α 所成的角）。

考点 3 二面角

1. 二面角的概念

(1)半平面：平面内的一条直线把平面分成两部分，这两部分通常叫作半平面。

(2)二面角：从一条直线出发的两个半平面所组成的图形叫作二面角。这条直线叫作二面角的棱，这两个半平面叫作二面角的面。

如棱为 l，面分别为 α,β 的二面角记作二面角 $\alpha-l-\beta$。

2. 二面角的平面角

文字语言	以二面角棱上任意一点为端点，在两半平面内分别作垂直于棱的两条射线，则这两条射线所成的角叫作二面角的平面角

续表

符号语言	$\alpha\cap\beta=l,O\in l,OA\subset\alpha,OB\subset\beta,OA\perp l,OB\perp l\Rightarrow\angle AOB$ 为二面角 $\alpha-l-\beta$ 的平面角
图形语言	

3. 二面角的范围

当二面角的两个半平面重合时，规定二面角的大小是0°；当二面角的两个半平面展成一个平面时，规定二面角的大小是180°，所以二面角的平面角 α 的范围是 $0°\leqslant\alpha\leqslant180°$。

二面角的求法

二面角的求法

1. 定义法

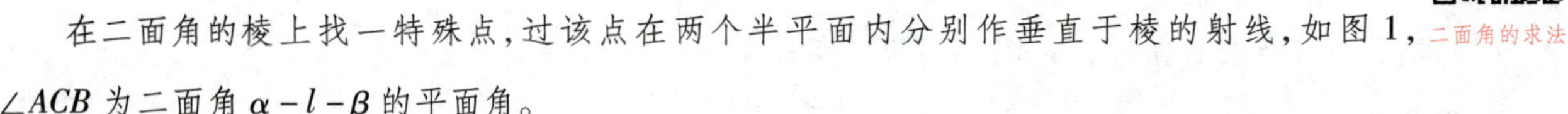

在二面角的棱上找一特殊点，过该点在两个半平面内分别作垂直于棱的射线，如图1，$\angle ACB$ 为二面角 $\alpha-l-\beta$ 的平面角。

2. 垂面法

过棱上任一点作棱的垂直平面，该平面与二面角的两个半平面的交线所成的角即为二面角的平面角，如图2，$\angle AOB$ 为二面角 $\alpha-l-\beta$ 的平面角。

3. 垂线法（三垂线定理法）

过二面角的一个半平面内任一点作另一个半平面所在平面的垂线，从垂足出发向棱引垂线，利用三垂线定理（线面垂直的性质）即可找到所求二面角的平面角或其补角。如图3，$\angle ABO$ 为二面角 $\alpha-l-\beta$ 的平面角。

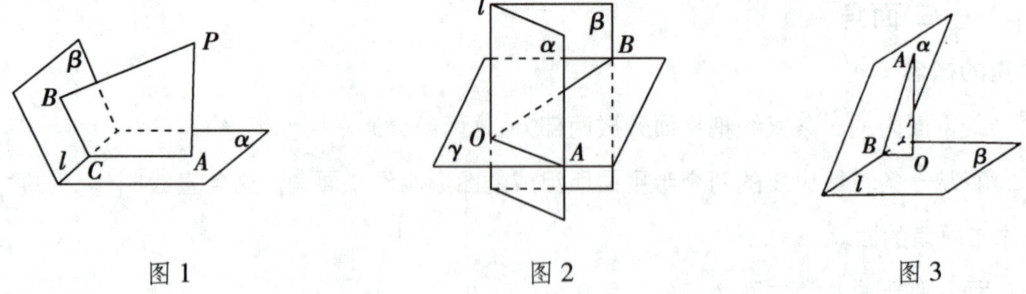

图1　　图2　　图3

4. 向量法

利用公式 $\cos\langle \boldsymbol{n}_1,\boldsymbol{n}_2\rangle=\frac{\boldsymbol{n}_1\cdot\boldsymbol{n}_2}{|\boldsymbol{n}_1||\boldsymbol{n}_2|}$（$\boldsymbol{n}_1,\boldsymbol{n}_2$ 分别为两平面的法向量）进行求解，注意 $\langle \boldsymbol{n}_1,\boldsymbol{n}_2\rangle$ 与二面角的关系是相等还是互补，需结合图形进行判断。

真题面对面

[2021 江苏淮安,解答,10 分]在四棱锥 $P-ABCD$ 中,底面 $ABCD$ 为正方形,$PA\perp$平面 $ABCD$,$PA=AB$。

(1)求证:$BD\perp$平面 PAC;

(2)若点 M 是 PC 上一点,且 $BM\perp PC$,求二面角 $M-BD-C$ 的正弦值。

答案:(1)连结 AC,$\because PA\perp$平面 $ABCD$,$BD\subset$平面$ABCD$,$\therefore PA\perp BD$,$\because$ 四边形 $ABCD$ 为正方形,$\therefore AC\perp BD$,$\because PA,AC\subset$平面 PAC,且 $PA\cap AC=A$,$\therefore BD\perp$平面 PAC。

(2)如图所示,建立以 A 为原点,AB,AD,AP 分别为 x,y,z 轴的空间直角坐标系,设 $PA=AB=1$,则 $A(0,0,0)$,$C(1,1,0)$,$P(0,0,1)$,$B(1,0,0)$,由(1)得,$BD\perp$平面 PAC,又 $PC\subset$平面 PAC,$\therefore BD\perp PC$,$\because PC\perp BM$,$BM\cap BD=B$,且 $BM,BD\subset$平面 MBD,$\therefore PC\perp$平面 MBD,$\therefore \overrightarrow{PC}$为平面 MBD 的法向量,$\overrightarrow{PC}=(1,1,-1)$。$\because PA\perp$平面 $ABCD$,$\therefore \overrightarrow{PA}$为平面 BDC 的法向量,$\overrightarrow{PA}=(0,0,-1)$,设$\overrightarrow{PA}$与$\overrightarrow{PC}$的夹角为 θ,则 $\cos\theta=\dfrac{\overrightarrow{PA}\cdot\overrightarrow{PC}}{|\overrightarrow{PA}||\overrightarrow{PC}|}=\dfrac{\sqrt{3}}{3}$,则二面角 $M-BD-C$ 的正弦值为 $\sin\theta=\sqrt{1-\cos^2\theta}=\dfrac{\sqrt{6}}{3}$。

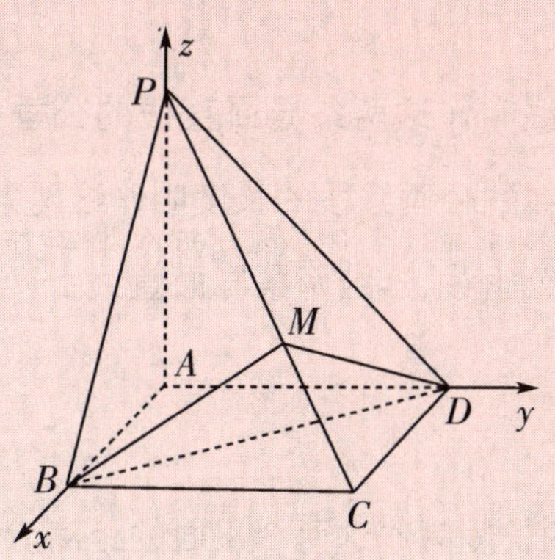

二、长度

考点 1 点到直线的距离

一般用三垂线定理作出垂线再求解。

向量法:点 P 到直线 l 的距离:$d=\dfrac{\sqrt{(|\boldsymbol{a}|\cdot|\boldsymbol{b}|)^2-(\boldsymbol{a}\cdot\boldsymbol{b})^2}}{|\boldsymbol{a}|}$,其中 $\boldsymbol{a}=\overrightarrow{QA}$,为直线 l 的方向向量,$\boldsymbol{b}=\overrightarrow{QP}$,点 Q 为直线 l 上的一点。

考点 2 点到平面的距离

(1)向量法:已知平面 α 外一点 $B(x_0,y_0,z_0)$,平面 α 内一点 $A(x_1,y_1,z_1)$,平面 α 的一个法向量 $\boldsymbol{n}$,则点 B 到平面 α 的距离 $d=\dfrac{|\overrightarrow{BA}\cdot\boldsymbol{n}|}{|\boldsymbol{n}|}$;

(2)垂面法:借助于面面垂直的性质来做垂线,其中过已知点确定已知面的垂面是关键。

(3)体积法:转化为求三棱锥的高。

考点 3 异面直线的距离

(1)直接找公垂线段而求之。

(2)转化为求直线到平面的距离,即过其中一条直线作平面和另一条直线平行。

(3)转化为求平面到平面的距离,即过两直线分别作相互平行的两个平面。

(4)向量法:已知直线 a 上一点 $A(x_1,y_1,z_1)$,直线 b 上一点 $B(x_0,y_0,z_0)$,异面直线 a,b 的公垂线的方向向量 $\boldsymbol{n}$,则异面直线 a,b 间的距离 $d=\dfrac{|\overrightarrow{BA}\cdot\boldsymbol{n}|}{|\boldsymbol{n}|}$;

第一部分

考点 4 直线与平面的距离

1. 点到平面的距离

平面外一点与它在平面上的射影间的距离叫作该点到这个平面的距离。

2. 线面距离

直线与平面平行,那么直线上任一点到平面的距离叫作这条直线到平面的距离。

3. 异面直线的距离

和两条异面直线都垂直相交的直线叫作这两条异面直线的**公垂线**。夹在异面直线间的部分叫作这两条异面直线的公垂线段。两条异面直线的公垂线段的长度叫作这两条异面直线的距离。

任意两条异面直线有且仅有一条公垂线,连结两条异面直线上两点的线段中最短的一条是这两条异面直线的公垂线段。

4. 两个平行平面的距离

两个平行平面,它们的公垂线段的长度叫作这两个平面的距离。

5. 求空间距离的常用方法

(1)直接法(找所求空间距离对应的垂线段)

利用线线垂直、线面垂直、面面垂直等性质定理和判定定理,作出空间距离对应的垂线段,再通过解三角形求出距离。其中,找垂足是作垂线段的关键,一般借助面面垂直的性质定理或线面垂直的判定定理作出面的垂线,因此要充分挖掘条件中的垂直关系。

(2)间接法

在求解线面距离、面面距离的问题时,都可以转化为点面距离的求解。在求解点面距离时,可以转化点线距离,也可以利用等体积转化法或等比例转化法进行求解;在求解点线距离时可以利用勾股定理求解,也可以构造三角形采用等面积转化法求解。

(3)向量法

①点面距离:已知平面 α 外一点 $B(x_0,y_0,z_0)$,平面 α 内一点 $A(x_1,y_1,z_1)$,平面 α 的一个法向量 $\boldsymbol{n}$,则点

B 到平面 α 的距离 $d=\frac{|\overrightarrow{BA}\cdot \boldsymbol{n}|}{|\boldsymbol{n}|}$;

②线面距离:已知直线 a//平面 α,直线 a 上一点 $B(x_0,y_0,z_0)$,平面 α 内一点 $A(x_1,y_1,z_1)$,平面 α 的一个法向量 $\boldsymbol{n}$,则直线 a 到平面 α 的距离 $d=\frac{|\overrightarrow{BA}\cdot \boldsymbol{n}|}{|\boldsymbol{n}|}$;

③面面距离:已知平面 α 内一点 $A(x_1,y_1,z_1)$,平面 β 内一点 $B(x_0,y_0,z_0)$,平面 α(或平面 β)的一个法向量 $\boldsymbol{n}$,则平面 α,β 间的距离 $d=\frac{|\overrightarrow{BA}\cdot \boldsymbol{n}|}{|\boldsymbol{n}|}$;

④异面直线间的距离:已知直线 a 上一点 $A(x_1,y_1,z_1)$,直线 b 上一点 $B(x_0,y_0,z_0)$,异面直线 a,b 的公垂线的方向向量 $\boldsymbol{n}$,则异面直线 a,b 间的距离 $d=\frac{|\overrightarrow{BA}\cdot \boldsymbol{n}|}{|\boldsymbol{n}|}$;

⑤两点间的距离:已知点 $A(x_1,y_1,z_1)$,$B(x_2,y_2,z_2)$,则 A,B 两点间的距离为 $|\overrightarrow{AB}|=\sqrt{(x_2-x_1)^2+(y_2-y_1)^2+(z_2-z_1)^2}$。

考点 5 面面距离

已知平面 α 内一点 $A(x_1,y_1,z_1)$,平面 β 内一点 $B(x_0,y_0,z_0)$,平面 α(或平面 β)的一个法向量 $\boldsymbol{n}$,则平面 α,β 间的距离 $d=\frac{|\overrightarrow{BA}\cdot \boldsymbol{n}|}{|\boldsymbol{n}|}$;

考点 6 球面距离

球面上经过两点的大圆在这两点间的一段劣弧的长度的计算步骤:

(1)计算线段 AB 的长;

(2)计算球心角 $\angle AOB$ 的弧度数;

(3)用弧长公式计算劣弧 AB 的长。

达标测评

建议用时	实际用时	测评总分	实际得分
60 分钟	____分钟	54 分	____分

一、单项选择题(每小题 3 分,共 24 分)

1. 如图,在棱长为 a 的正方体 $ABCD-A_1B_1C_1D_1$ 中,P 为 A_1D_1 的中点,Q 为 A_1B_1 上任意一点,E,F 为 CD 上任意两点,且 EF 的长为定值。则下面的四个结论:

①点 P 到平面 QEF 的距离为定值；

②直线 PQ 与平面 PEF 所成的角为定值；

③二面角 $P-EF-Q$ 的大小为定值；

④三棱锥 $P-QEF$ 的体积为定值。

其中正确的是(　　)

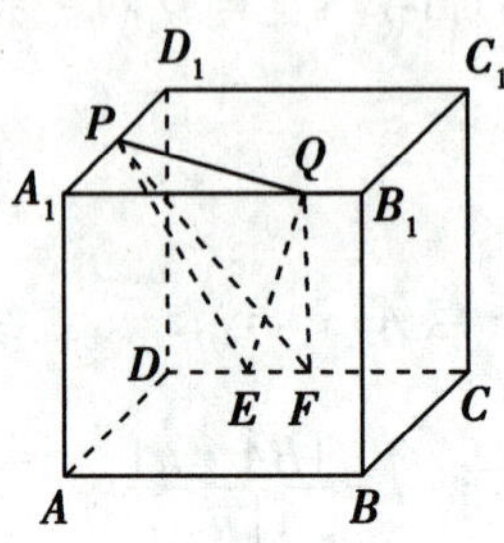

A. ①②③　　　　B. ②③④

C. ①③④　　　　D. ①②④

2. 一个四棱锥的三视图如图所示，关于这个四棱锥，下列说法正确的是(　　)

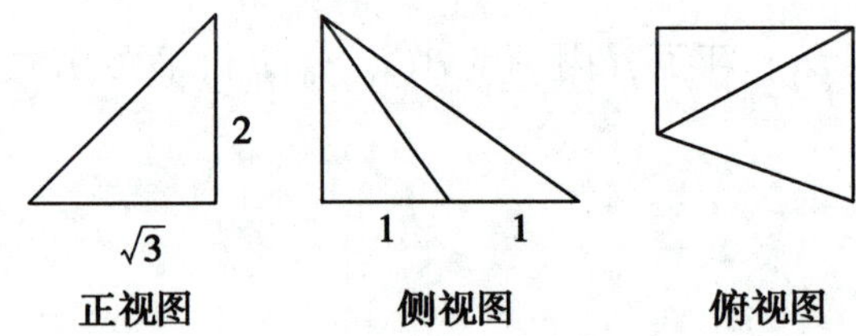

A. 最长的棱长为$\sqrt{7}$　　　　B. 该四棱锥的体积为$\sqrt{3}$

C. 侧面四个三角形都是直角三角形　　　　D. 侧面三角形中有且仅有一个等腰三角形

3. 将边长为 1 的正方形 $ABCD$ 沿对角线 BD 折起，使得点 A 到点 A' 的位置，且 $A'C=1$，则折起后二面角 $A'-CD-B$的大小为(　　)

A. $\arctan\frac{\sqrt{2}}{2}$　　　　B. $\frac{\pi}{4}$

C. $\arctan\sqrt{2}$　　　　D. $\frac{\pi}{3}$

4. 设 m,n 是两条不同的直线，α,β,γ 是三个不同的平面，有下列四个命题：

①若 $m\subset\beta,\alpha\perp\beta$，则 $m\perp\alpha$；

②若 $\alpha/\!/\beta,m\subset\alpha$，则 $m/\!/\beta$；

③若 $n\perp\alpha,n\perp\beta,m\perp\alpha$，则 $m\perp\beta$；

④若 $\alpha\perp\gamma,\beta\perp\gamma,m\perp\alpha$，则 $m\perp\beta$。

其中正确命题的序号是(　　)

A. ①③　　　　B. ①②　　　　C. ③④　　　　D. ②③

5. 在棱长为 a 的正方体$ABCD-A_1B_1C_1D_1$中,M 为 AB 的中点,则点 A 到平面 A_1DM 的距离为(　　)

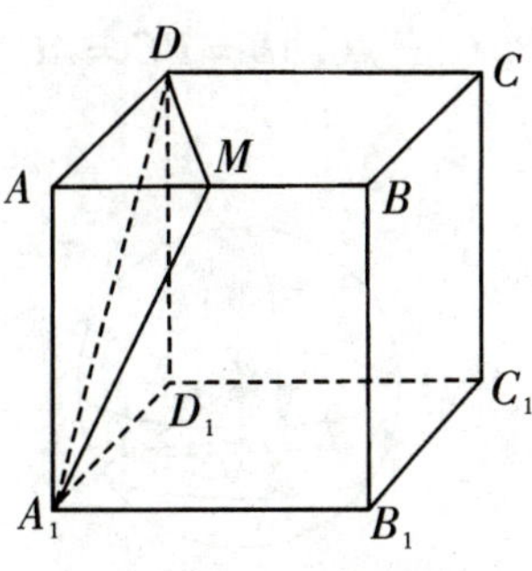

A. $\frac{\sqrt{6}}{3}a$　　B. $\frac{\sqrt{6}}{6}a$

C. $\frac{\sqrt{2}}{2}a$　　D. $\frac{1}{2}a$

6. 某平面图形 $ABCD$ 的斜二测直观图如图所示,则该平面图形是(　　)

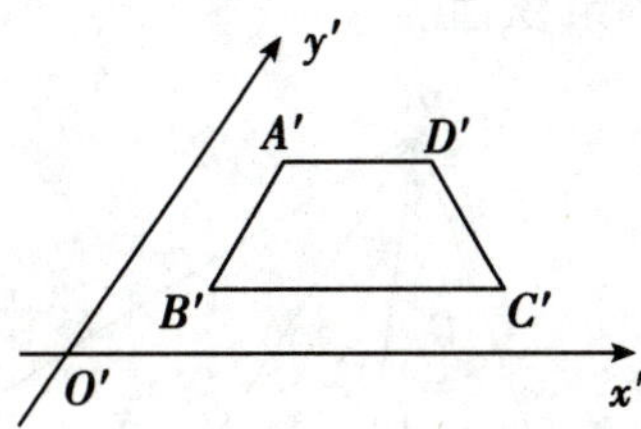

A. 直角梯形　　B. 等腰梯形

C. 不可能是梯形　　D. 平行四边形

7. 下面四个图形均由 6 个相同的小正方形组成,其中是正方体的表面展开图的是(　　)

8. 一个圆锥体与一个圆柱体底面半径之比为 1∶2,体积之比为 3∶4,则它们的高之比是(　　)

A. 8∶1　　B. 9∶1

C. 27∶2　　D. 27∶16

二、填空题(每小题 3 分,共 6 分)

9. 已知三棱锥 $A-PBC$,$AP=3$,$PB=PC=4$,且 $AP\perp$底面 PBC,$\cos\angle BPC=-\frac{1}{8}$,则二面角 $A-BC-P$ 的正弦值为________。

10. 若一个圆锥的侧面展开图是面积为 2π 的半圆面,则该圆锥的体积为________。

三、解答题(每小题 8 分,共 24 分)

11. 如图,在半径为 13 cm 的球面上有 A,B,C 三点,$AB=BC=AC=12$ cm,求球心到经过这三点的截面的距离。

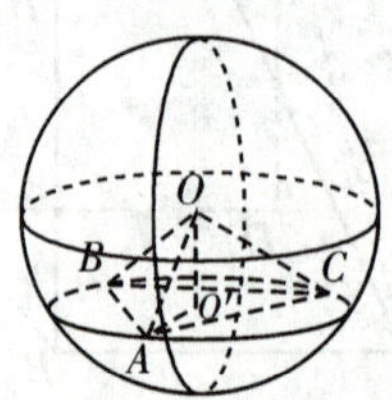

12. 已知在四棱锥 $P-ABCD$ 中,底面 $ABCD$ 为矩形,$AD=2,AB=1,PA\perp$ 平面 $ABCD,E,F$ 分别是线段 AB,BC 的中点,G 为 PA 上的点,且 $PG=3GA$。

(1)证明:$PF\perp FD$;

(2)证明:$EG//$平面 PDF;

(3)若 $PA=1$,求二面角 $A-PD-F$ 的余弦值。

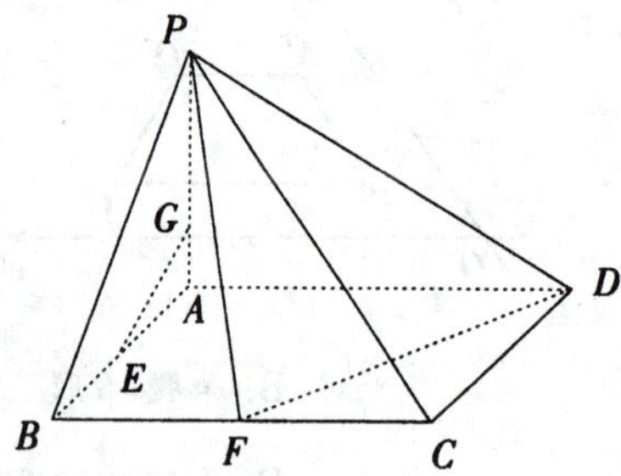

13. 如图,在底面边长为 1,侧棱长为 2 的正四棱柱$ABCD-A_1B_1C_1D_1$中,P 是侧棱 CC_1上的一点,$CP=m$。

(1)试确定 m,使直线 AP 与平面 BDD_1B_1所成的角为 60°;

(2)在线段 A_1C_1 上是否存在一个定点 Q,使得对任意的 m,$D_1Q\perp AP$,并证明你的结论。

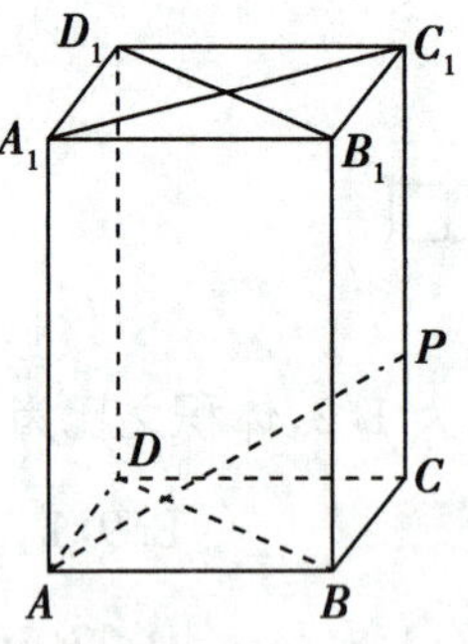

参考答案及解析

一、单项选择题

1. C [解析]①平面 $QEF\subset$平面 A_1B_1CD,$\because P$ 是定点,到平面 A_1B_1CD 的距离是定值,所以 P 到平面 QEF 的距离是定值;②Q 是动点,EF 也是动点,推不出定值的结论,所以直线 PQ 与平面 PEF 所成的角不是定值;

③$\because A_1B_1 /\!/ CD$，Q为A_1B_1上任意一点，E，F为CD上任意两点，$\therefore$二面角$P-EF-Q$的大小与二面角$P-CD-A_1$的大小相同，故为定值；④$\triangle QEF$的面积是定值（因为EF定长，Q到EF的距离就是Q到CD的距离也为定长，即底和高都是定值），又P到平面QEF的距离也是定值，所以三棱锥的高也是定值，于是体积固定。故选C。

2. B ［解析］根据四棱锥的三视图可画出该四棱锥的立体图形，如图所示，可以求出$PD=\sqrt{7}$，$PA=PB=2\sqrt{2}$，$AB=2$。由此可知，最长的棱长为$2\sqrt{2}$，故A项错误；四棱锥的体积为$\frac{1}{3}\times\frac{(1+2)\times\sqrt{3}}{2}\times 2=\sqrt{3}$，故B项正确；侧面四个三角形中$\triangle PAB$不是直角三角形，故C项错误；侧面$\triangle PAB$和$\triangle PCB$是等腰三角形，故D项错误。

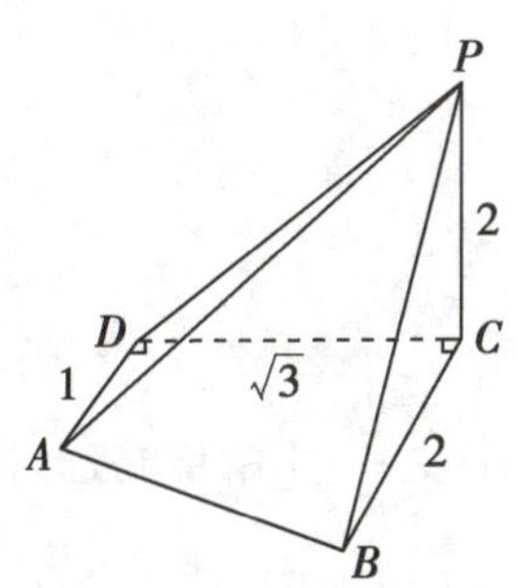

3. C ［解析］作$A'E$垂直BD于点E并连结CE，则$A'E=\frac{\sqrt{2}}{2}$，$CE=\frac{\sqrt{2}}{2}$，故$A'E^2+CE^2=1=A'C^2$，故$A'E\perp CE$，因此$A'E\perp$平面BCD，作EF垂直CD于F并连结$A'F$，则$A'F\perp CD$，$EF \underline{\underline{/\!/}} \frac{1}{2}BC$，所以$\angle A'FE$即为所求二面角的平面角，$\tan\angle A'FE=\frac{A'E}{EF}=\sqrt{2}$。故二面角$A'-CD-B$的大小为$\arctan\sqrt{2}$。

4. D ［解析］对于①，由$m\subset\beta$，$\alpha\perp\beta$，也可能推出$m/\!/\alpha$；②正确；③正确；对于④，由$\alpha\perp\gamma$，$\beta\perp\gamma$，$m\perp\alpha$，也可能推出$m/\!/\beta$。故选D。

5. B ［解析］设点A到平面A_1DM的距离为d。由题知$A_1D=\sqrt{2}a$，$A_1M=DM=\frac{\sqrt{5}}{2}a$，计算可得$S_{\triangle A_1MD}=\frac{\sqrt{6}}{4}a^2$，

由$V_{A-A_1MD}=V_{A_1-ADM}$，得$\frac{1}{3}\times d\times S_{\triangle A_1MD}=\frac{1}{3}\times a\times\frac{1}{2}\times a\times\frac{1}{2}a$，解得$d=\frac{\sqrt{6}}{6}a$。

6. A ［解析］根据直观图可知，在平面图形中，BC，AD两条边与横轴平行且不等，$\because$边$A'B'$与纵轴平行，$\therefore AB\perp AD$，$AB\perp BC$，$\therefore$平面图形$ABCD$是一个直角梯形，故选A。

7. D ［解析］若6个小正方形排为“一”字型、“L”字型、“凹”字型、“田”字型，均不能围成正方体，由此排除A、B、C项，故选D。

8. B ［解析］设圆锥的底面圆的半径为r，高是h_1，圆柱的底面圆的半径为R，高是h_2。因为$V_{圆锥}=\frac{1}{3}S_{底}h$，

$V_{圆柱}=S_{底}h$，$\frac{r}{R}=\frac{1}{2}$，所以$\frac{V_{圆锥}}{V_{圆柱}}=\frac{\frac{1}{3}\pi r^2h_1}{\pi R^2h_2}=\frac{3}{4}$，解得$\frac{h_1}{h_2}=9:1$。

二、填空题

9. $\frac{3}{4}$ ［解析］如图所示，三棱锥$A-PBC$，M为BC中点，连结PM，AM，根据余弦定理$\cos\angle BPC=\frac{PB^2+PC^2-BC^2}{2PB\times PC}$，计算可得$BC=6$，因为$AP\perp$底面$PBC$，所以$AP\perp BC$，$PM\perp BC$，$BC\perp AM$，$\angle AMP$即为所求二

第一部分

面角，$AM=\sqrt{AP^2+PM^2}=\sqrt{AP^2+PB^2-\left(\frac{BC}{2}\right)^2}=4$，$\sin\angle AMP=\frac{3}{4}$。

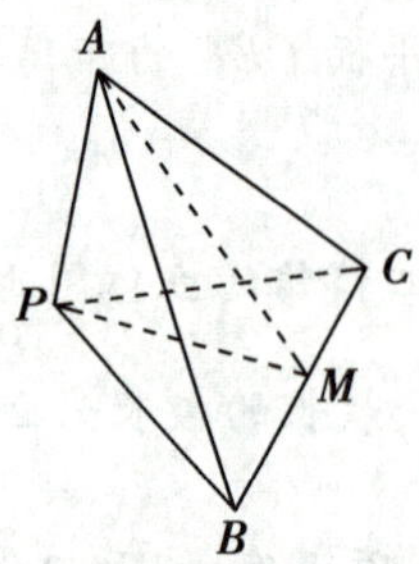

10\. $\frac{\sqrt{3}\pi}{3}$　[解析]设该圆锥底面圆的半径为 r，母线长为 l，根据条件得到$\frac{1}{2}\pi l^2=2\pi$，解得母线长 $l=2$，$2\pi r=\pi l=2\pi$，$r=1$，$S_{底}=\pi$，所以该圆锥的体积为 $V_{圆锥}=\frac{1}{3}Sh=\frac{1}{3}\times\sqrt{2^2-1^2}\pi=\frac{\sqrt{3}}{3}\pi$。

三、解答题

11\. [解析]设经过 A,B,C 三点的截面为$\odot O'$，设球心为 O，连结 OO'，则 $OO'\perp$平面 ABC。

由$\triangle ABC$ 是边长为 12cm 的等边三角形得，$\odot O'$为$\triangle ABC$ 的外接圆，则 O'为$\triangle ABC$ 的外心，即其三边中垂线的交点，半径 $r=O'A=O'B=O'C$。又已知$\triangle ABC$ 为正三角形，且边长为 12 cm，则 $r=AO'=12\cdot\sin\frac{\pi}{3}\cdot\frac{2}{3}=12\times\frac{\sqrt{3}}{2}\times\frac{2}{3}=4\sqrt{3}$cm，$OO'=\sqrt{OA^2-O'A^2}=11$cm，所以，球心到截面的距离为 11 cm。

12\. [解析](1)如图，连结 AF，在底面 $ABCD$ 中，$AB=BF=CF=CD=1$，则$\angle AFB=\angle DFC=45°$，$\angle AFD=90°$，所以 $FD\perp AF$。

又 $PA\perp$平面 $ABCD$，$FD\subset$平面 $ABCD$，所以$FD\perp PA$。

所以 $FD\perp$面 PAF，进而可得 $FD\perp PF$。

(2)如图，取 FD 的中点 H，连结 EH，过 G 作$GK\parallel AD$ 交 PD 于 K，连结 HK。则 EH 是梯形 $ABFD$ 的中位线，$EH\parallel AD$，且 $EH=\frac{1+2}{2}=\frac{3}{2}$。

又 $PG=3GA$，所以 $GK=\frac{3}{4}AD=\frac{3}{2}$。

所以 EH 平行且等于 GK，四边形 $EHKG$ 是平行四边形，

所以 $EG\parallel HK$，又 $HK\subset$平面 PDF，所以 $EG\parallel$平面 PDF。

(3)如图，取 AD 的中点 M，连结 FM，则 $FM\perp$面 PAD，且$\triangle FPD$ 在面 PAD 上的投影为$\triangle MPD$。

因为 $AB=PA=1$，$AD=2$，

所以 $PF^2=PA^2+AF^2=PA^2+AB^2+BF^2=3$，$PF=\sqrt{3}$，$FD^2=FC^2+CD^2=2$，$FD=\sqrt{2}$，

又由(1)知，$FD\perp PF$，所以 $S_{\triangle FPD}=\frac{1}{2}PF\cdot FD=\frac{\sqrt{6}}{2}$，$S_{\triangle MPD}=\frac{1}{2}MD\cdot PA=\frac{1}{2}$，

设二面角 $A-PD-F$ 的平面角为 θ,则由面积射影定理得 $\cos\theta=\frac{S_{\triangle MPD}}{S_{\triangle FPD}}=\frac{\sqrt{6}}{6}$。

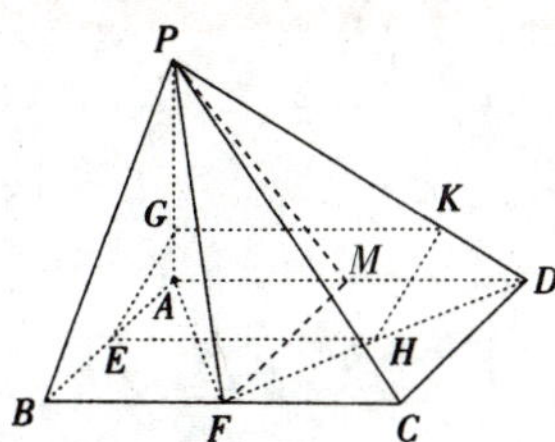

13. [解析](1)以点 D 为原点建立如图所示的空间直角坐标系,则 $A(1,0,0)$,$B(1,1,0)$,$P(0,1,m)$,$C(0,1,0)$,$D(0,0,0)$,$B_1(1,1,2)$,$D_1(0,0,2)$,

所以 $\overrightarrow{BD}=(-1,-1,0)$,$\overrightarrow{BB_1}=(0,0,2)$,$\overrightarrow{AP}=(-1,1,m)$,$\overrightarrow{AC}=(-1,1,0)$,

又 $\overrightarrow{AC}\cdot\overrightarrow{BD}=0$,$\overrightarrow{AC}\cdot\overrightarrow{BB_1}=0$,知 $\overrightarrow{AC}$ 为平面 BB_1D_1D 的一个法向量,设 AP 与面 BB_1D_1D 所成的角为 θ,则

$\sin\theta=\cos\left(\frac{\pi}{2}-\theta\right)=\frac{|\overrightarrow{AP}\cdot\overrightarrow{AC}|}{|\overrightarrow{AP}||\overrightarrow{AC}|}=\frac{2}{\sqrt{2}\cdot\sqrt{2+m^2}}=\frac{\sqrt{3}}{2}$,解得 $m=\frac{\sqrt{6}}{3}$,故当 $m=\frac{\sqrt{6}}{3}$ 时,直线 AP 与平面所成角为 $60°$。

(2)若在 A_1C_1 上存在这样的点 Q,设此点的横坐标为 x,则 $Q(x,1-x,2)$,$\overrightarrow{D_1Q}=(x,1-x,0)$,依题意,$\overrightarrow{D_1Q}\perp\overrightarrow{AP}\Leftrightarrow\overrightarrow{D_1Q}\cdot\overrightarrow{AP}=0\Leftrightarrow -x+(1-x)=0\Rightarrow x=\frac{1}{2}$,即 Q 为 A_1C_1 的中点时,满足题设的要求。

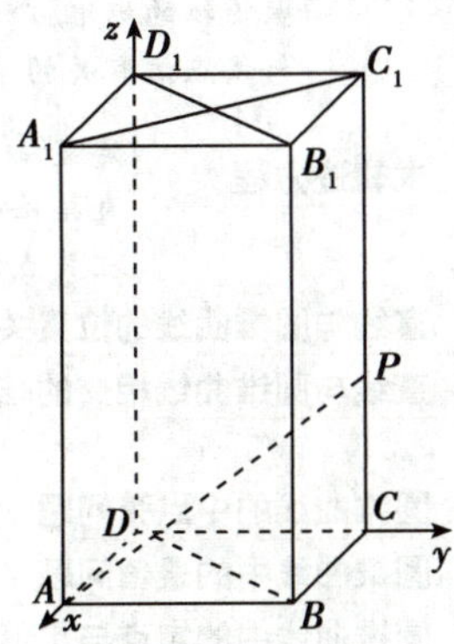

第十章 平面解析几何

思维导图

- 平面解析几何
  - 直线与圆的方程
    - 直线方程
      - 倾斜角与斜率
      - 直线方程的五种形式
      - 点线、线线的距离（重点）
      - 两直线的位置关系（重点）
    - 圆的方程
      - 圆的标准方程
      - 圆的一般方程
      - 点与圆的位置关系
      - 直线与圆的位置关系（重点）
      - 圆与圆的位置关系（重点）
  - 椭圆、双曲线与抛物线
    - 椭圆
      - 定义（重点）
      - 椭圆的标准方程和几何性质（重点）
    - 双曲线
      - 定义（重点）
      - 双曲线的标准方程和几何性质（重点）
      - 等轴双曲线与共轭双曲线
    - 抛物线
      - 定义
      - 抛物线的标准方程和几何性质（重点）
      - 与焦点弦有关的常用结论
  - 圆锥曲线综合问题（重、难点）
    - 求轨迹方程
      - 定义法
      - 直接法
      - 相关点法（代入法）
    - 直线与圆锥曲线的位置关系
    - 直线与圆锥曲线相交的弦长公式
      - 弦长公式
      - 求弦长的四种方法
    - 圆锥曲线的中点弦问题
    - 圆锥曲线中的最值问题
    - 圆锥曲线中的定点与定值问题
  - 坐标系与参数方程
    - 极坐标系
      - 极坐标系的概念
      - 点的极坐标
      - 极坐标系内两点的距离公式
      - 极坐标与直角坐标的互化（重点）
      - 常见曲线的极坐标方程
    - 参数方程
      - 参数方程的概念
      - 参数方程和普通方程的互化
      - 常见曲线的参数方程

考向分析

本章属于高中数学知识中的重要内容，在各省、市数学教师招聘考试中均有涉及，要求考生重点理解相关定理和性质，熟练掌握解题方法，现对本章考向分析如下：

高频考点	常考题型	能力要求	考查热度
倾斜角与斜率	单选、判断	理解	★
两直线的位置关系	单选	理解、应用	★
圆的方程	单选	掌握	★
直线与圆的位置关系	单选、解答	掌握	★★
椭圆的标准方程和几何性质	单选、解答	掌握	★★★
双曲线的标准方程和几何性质	单选、解答	掌握	★★★
抛物线的标准方程和几何性质	单选、解答	掌握	★★
圆锥曲线综合问题	单选、解答	应用	★★★
极坐标与直角坐标的互化	填空	掌握	★
参数方程与普通方程的互化	填空、解答	掌握	★

第一部分

核心考点

第一节　直线与圆的方程

一、直线方程

考点1　倾斜角与斜率　【单选、判断】★

1. 倾斜角

取 x 轴作为基准，x 轴正向与直线 l 向上方向之间所成的角 α 叫作直线 l 的倾斜角。α 的范围是 $[0,\pi)$。

注：当直线 l 与 x 轴平行或重合时，规定它的倾斜角为 $0°$。

当倾斜角 $\alpha=\frac{\pi}{2}$ 时，直线垂直于 x 轴。

2. 斜率

若直线的倾斜角 $\alpha\neq\frac{\pi}{2}$，则它的倾斜角的正切值叫作这条直线的斜率，通常用 k 表示，即 $k=$

$\tan\alpha\left(\alpha\neq\frac{\pi}{2}\right)$。

注：每一条直线都有唯一的倾斜角，但并不是每一条直线都存在斜率。倾斜角为$\frac{\pi}{2}$的直线斜率不存在。

注：直线 l_1 的斜率为 k_1，l_2 的斜率为 k_2，l_1 与 l_2 不垂直，l_1 到 l_2 的角为 θ，l_1 与 l_2 的夹角为 α，则 $\tan\theta=\frac{k_2-k_1}{1+k_2k_1}$，$\tan\alpha=\left|\frac{k_2-k_1}{1+k_2k_1}\right|$。

求两直线所成的角时，要注意角的范围，分清夹角与到角。

真题面对面

[2022 江西高中数学，单，1 分] 直线 $x+\sqrt{3}y+1=0$ 的倾斜角是(　　)

A. $\frac{\pi}{6}$　　B. $\frac{\pi}{3}$

C. $\frac{2\pi}{3}$　　D. $\frac{5\pi}{6}$

答案：D。直线 $x+\sqrt{3}y+1=0$ 可转化为 $y=-\frac{\sqrt{3}}{3}x-\frac{\sqrt{3}}{3}$，设直线 $x+\sqrt{3}y+1=0$ 的倾斜角为 θ，$\tan\theta=-\frac{\sqrt{3}}{3}$，所以 $\theta=\frac{5\pi}{6}$。故选 D。

考点 2　直线方程的五种形式

名称	已知条件	方程的形式	局限性
点斜式	(x_1,y_1)为直线上一定点，k 为斜率	$y-y_1=k(x-x_1)$	不包括垂直于 x 轴的直线
斜截式	k 为斜率，b 是直线在 y 轴上的截距	$y=kx+b$	不包括垂直于 x 轴的直线
两点式	(x_1,y_1)，(x_2,y_2)是直线上两定点	$\frac{y-y_1}{y_2-y_1}=\frac{x-x_1}{x_2-x_1}(x_1\neq x_2,y_1\neq y_2)$	不包括垂直于 x 轴和 y 轴的直线
截距式	a 是直线在 x 轴上的非零截距，b 是直线在 y 轴上的非零截距	$\frac{x}{a}+\frac{y}{b}=1$	不包括垂直于 x 轴和 y 轴及过原点的直线
一般式	A,B,C 为系数	$Ax+By+C=0(A^2+B^2\neq0)$	无限制，可表示任何位置的直线

考点 3　点线、线线的距离

1. 点到直线的距离

点 (x_0,y_0) 到直线 $Ax+By+C=0$ 的距离 $d=\frac{|Ax_0+By_0+C|}{\sqrt{A^2+B^2}}$。

2. 平行线间的距离

①两平行直线 $l_1:Ax+By+C_1=0$ 与 $l_2:Ax+By+C_2=0(C_1\neq C_2)$ 之间的距离 $d=\frac{|C_1-C_2|}{\sqrt{A^2+B^2}}$。

②两条平行直线 $l_1:y=kx+b_1$ 与 $l_2:y=kx+b_2(b_1\neq b_2)$ 之间的距离为 $d=\frac{|b_1-b_2|}{\sqrt{1^2+k^2}}$。

③直线 $l_1:x=a$ 与 $l_2:x=b$ 之间的距离为 $d=|a-b|$。

④直线 $l_1:y=a$ 与 $l_2:y=b$ 之间的距离为 $d=|a-b|$。

真题面对面

[2021 广东广州天河区,单,1.47 分]已知动点 $M(x,y)$ 满足 $5\sqrt{(x-1)^2+(y-2)^2}=|3x+4y-11|$,则点 M 的轨迹是(　　)

A. 椭圆　　B. 双曲线

C. 抛物线　　D. 直线

答案:D。动点 $M(x,y)$ 满足 $5\sqrt{(x-1)^2+(y-2)^2}=|3x+4y-11|$,可得 $\sqrt{(x-1)^2+(y-2)^2}=\frac{|3x+4y-11|}{5}$,表示动点 $M(x,y)$ 到点 $(1,2)$ 与到直线 $3x+4y-11=0$ 的距离相等,又点 $(1,2)$ 在直线 $3x+4y-11=0$ 上,则点 M 的轨迹是经过点 $(1,2)$ 与直线 $3x+4y-11=0$ 垂直的直线。

考点 4　两直线的位置关系　【单选】★

两直线的位置关系

设直线 $l_1:y=k_1x+b_1$ 或 $A_1x+B_1y+C_1=0$;直线 $l_2:y=k_2x+b_2$ 或 $A_2x+B_2y+C_2=0$,则直线 l_1 与 l_2 的位置关系如下:

关系	等价条件
平行	$k_1=k_2$,且 $b_1\neq b_2$,或 $A_1B_2-A_2B_1=0$,且 $A_1C_2-A_2C_1\neq 0$
重合	$k_1=k_2$,且 $b_1=b_2$,或 $A_1B_2-A_2B_1=0$,且 $A_1C_2-A_2C_1=0$
相交	$k_1\neq k_2$ 或 $A_1B_2-A_2B_1\neq 0$
垂直	$k_1\cdot k_2=-1$ 或 $A_1A_2+B_1B_2=0$

注:经过直线 $A_1x+B_1y+C_1=0$ 与 $A_2x+B_2y+C_2=0$ 交点的直线方程为 $A_1x+B_1y+C_1+\lambda(A_2x+B_2y+C_2)=0\ (\lambda\in\mathbf{R})$。

重难点解读

判断两条直线平行或垂直时,若两条直线的斜率都不存在,则两条直线平行(或重合);若其中一条直线的斜率不存在,另一条直线的斜率为0,则两条直线垂直。

真题面对面

[2018 江苏高邮,填空,3 分]已知直线 $l_1:x+ay+6=0$ 和 $l_2:(a-2)x+3y+2a=0$,则 $l_1// l_2$ 的充要条件是________。

答案:$a=-1$。若 $l_1// l_2$,则 $\frac{1}{a-2}=\frac{a}{3}\neq\frac{6}{2a}$,解得 $a=-1$。

二、圆的方程

考点 1 圆的方程的形式 【单选】 ★

1. 圆的标准方程

$(x-a)^2+(y-b)^2=r^2$,表示以点 $A(a,b)$ 为圆心、r 为半径的圆的方程。

2. 圆的一般方程

$x^2+y^2+Dx+Ey+F=0(D^2+E^2-4F>0)$,圆心坐标为 $\left(-\frac{D}{2},-\frac{E}{2}\right)$,半径长为 $\frac{1}{2}\sqrt{D^2+E^2-4F}$。

注:对于 $x^2+y^2+Dx+Ey+F=0$,当 $D^2+E^2-4F>0$ 时,表示圆;当 $D^2+E^2-4F=0$ 时,表示点 $\left(-\frac{D}{2},-\frac{E}{2}\right)$,当 $D^2+E^2-4F<0$ 时,什么图形都不表示。

真题面对面

[2022 江西高中数学,单选,1 分]若 $x^2+y^2+ax+2ay+2a^2+a-1=0$ 为圆的方程,则 a 的取值范围是(　　)

A. $\left(-2,\frac{3}{2}\right)$　　B. $\left(-\frac{3}{2},2\right)$　　C. $\left(-\frac{2}{3},2\right)$　　D. $\left(-2,\frac{2}{3}\right)$

答案:D。圆的方程可化为 $\left(x+\frac{a}{2}\right)^2+(y+a)^2=-\frac{3}{4}a^2-a+1$,由题意得 $-\frac{3}{4}a^2-a+1>0$,即 $(3a-2)(a+2)<0$,解得 $-2<a<\frac{2}{3}$。

考点 2 点与圆的位置关系

点与圆的位置关系:点在圆内、圆上、圆外。

设点 (x_0,y_0) 到圆 $C:(x-a)^2+(y-b)^2=r^2$ 的圆心 C 的距离为 d,则 $d=\sqrt{(x_0-a)^2+(y_0-b)^2}$,若 $d<r$,则点在圆内;若 $d=r$,则点在圆上;若 $d>r$,则点在圆外。

考点 3 直线与圆的位置关系 【单选、解答】 ★★

三种位置关系:相交、相切、相离。

1. 判定方法

(1) 代数法 $\xrightarrow[\text{得到一元二次方程}]{\text{联立方程组消去}x(\text{或}y)}$ $\begin{cases}\Delta>0\Leftrightarrow\text{相交},\\ \Delta=0\Leftrightarrow\text{相切},\\ \Delta<0\Leftrightarrow\text{相离}。\end{cases}$

第一部分

(2) 几何法 $\xrightarrow[\text{圆的半径为 } r]{\text{圆心到直线的距离为 } d}$ $\begin{cases} d < r \Leftrightarrow \text{相交，弦长 } l = 2\sqrt{r^2 - d^2}, \\ d = r \Leftrightarrow \text{相切}, \\ d > r \Leftrightarrow \text{相离}。\end{cases}$

注：若直线恒过定点且定点在圆内，可判断直线与圆相交。此方法常用于动直线与圆的位置关系的判定。

真题面对面

1. [2021 江西，单，1 分]已知圆 O 的半径是一元二次方程 $x^2-3x-4=0$ 的一个根，圆心 O 到直线 l 的距离 $d=6$，则直线 l 与圆 O 的位置关系是(　　)

A. 相离　　B. 相切

C. 相交　　D. 无法判断

答案：A。解一元二次方程 $x^2-3x-4=0$ 得 $x=4$ 或 $x=-1$(舍去)，所以圆 O 的半径是 4。∵ 圆心 O 到直线 l 的距离为 6，大于圆的半径 4，∴ 直线 l 和圆 O 相离，故选 A。

2. [2019 河南许昌禹州，单，1.5 分]过点 $P(-\sqrt{3},-1)$ 的直线 l 与圆 $x^2+y^2=1$ 有公共点，则直线 l 的倾斜角的取值范围是(　　)

A. $\left(0,\frac{\pi}{6}\right]$　　B. $\left(0,\frac{\pi}{3}\right]$

C. $\left[0,\frac{\pi}{6}\right]$　　D. $\left[0,\frac{\pi}{3}\right]$

答案：D。分析题意可知，直线 l 的斜率存在，设斜率为 k，因为直线 l 过 P 点，则可得直线 l 的方程为 $kx-y+\sqrt{3}k-1=0$。根据直线和圆有公共点可知，圆心到直线的距离小于或等于半径，即 $\frac{|\sqrt{3}k-1|}{\sqrt{k^2+1}}\leqslant 1$，解得 $0\leqslant k\leqslant\sqrt{3}$，可知直线 l 的倾斜角的取值范围是 $\left[0,\frac{\pi}{3}\right]$。故选 D。

2. 圆的切线

圆的切线指与圆只有一个交点的直线。圆的切线垂直经过切点的半径。

常用结论：

(1) 过圆 $x^2+y^2=R^2$ 上一点 $P(x_0,y_0)$ 的切线方程是 $xx_0+yy_0=R^2$；

(2) 过圆 $(x-a)^2+(y-b)^2=R^2$ 上一点 $P(x_0,y_0)$ 的切线方程是 $(x-a)(x_0-a)+(y-b)(y_0-b)=R^2$。

重难点解读

(1) 一般情况下，求圆的切线方程应抓住圆心到直线的距离等于半径。

(2) 从圆外一点引圆的切线一定有两条，可先设切线方程，再根据相切的条件，运用几何方法(抓住圆心到直线的距离等于半径)求解。

第一部分

真题面对面

[2019 山东临沂沂水,填空,3 分]已知 P 是直线 $l:3x+4y+8=0$ 上的动点,PA,PB 是圆 $C:x^2+y^2-2x-2y+1=0$ 的两条切线,A,B 是切点,C 是圆心,则四边形 $PACB$ 面积的最小值为________。

答案:$2\sqrt{2}$。由题意知,圆 C 的标准方程为 $(x-1)^2+(y-1)^2=1$,$\because PA,PB$ 是圆 C 的切线,$\therefore AC\perp PA,BC\perp PB$,$\because AC=BC=r=1$,$\therefore$ 四边形 $PACB$ 的面积为 $S=2\times\frac{1}{2}|PA||AC|=\sqrt{|CP|^2-1}$,$\therefore$ 当 $|CP|$ 最小时,四边形 $PACB$ 的面积取最小值,$\because$ 圆心 C 的坐标为 $(1,1)$,$\therefore$ 当 $CP\perp l$ 时,$|CP|_{\min}=d=\frac{|3+4+8|}{\sqrt{3^2+4^2}}=3$,故四边形 $PACB$ 的面积的最小值为 $S_{\min}=\sqrt{3^2-1^2}=2\sqrt{2}$。

3. 圆的弦长

直线与圆相交的两交点之间的距离即圆的弦长。

考法大揭秘

求圆的弦长的方法

1. 几何法

由弦心距、半径及半弦构成直角$\triangle AOG$,求出 $|AG|=\sqrt{r^2-OG^2}$,进而求出 $|AB|=2|AG|$。

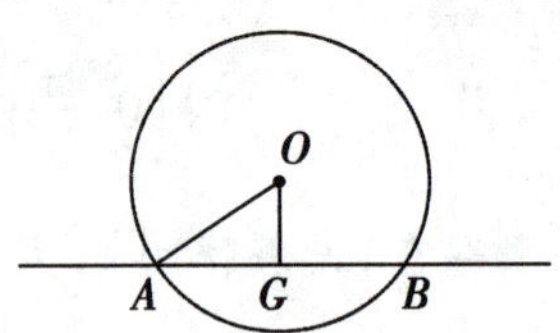

2. 代数法

(1)求出交点坐标,利用两交点间的距离公式;

(2)利用韦达定理,用弦长公式 $|AB|=\sqrt{1+k^2}|x_1-x_2|$(斜率为 k 的直线 l 与圆 C 交于 $A(x_1,y_1)$,$B(x_2,y_2)$ 两点)。

真题面对面

[2018 山西临汾尧都区,单,3 分]若点 $P(4,2)$ 为圆 $x^2+y^2-6x=0$ 的弦 MN 的中点,则弦 MN 所在的直线方程为( )

A. $2x+y-10=0$　　B. $x-2y=0$　　C. $x+2y-8=0$　　D. $2x-y-6=0$

答案:C。$x^2+y^2-6x=0\Leftrightarrow(x-3)^2+y^2=9$,故此圆的圆心坐标为 $(3,0)$,半径为 3,圆心与点 $P(4,2)$ 的连线的斜率为 $\frac{2-0}{4-3}=2$,则弦 MN 所在直线的斜率为 $-\frac{1}{2}$,故所求直线方程为 $y=-\frac{1}{2}(x-4)+2$,即 $x+2y-8=0$。

考点 4 圆与圆的位置关系

设圆 $O_1:(x-a_1)^2+(y-b_1)^2=r_1^2(r_1>0)$，圆 $O_2:(x-a_2)^2+(y-b_2)^2=r_2^2(r_2>0)$，两圆的圆心距为 d。

位置关系	图示	公共点	数量关系	两圆方程联立组成方程组的解的情况
外离	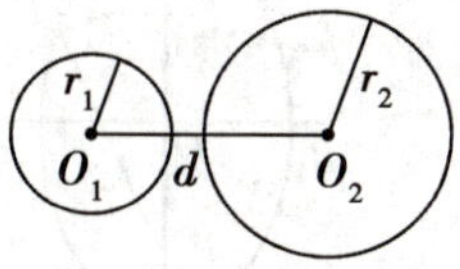	无	$d>r_1+r_2$	无解
外切	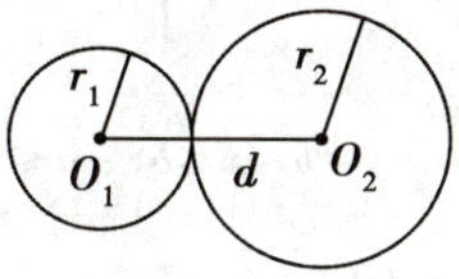	一个切点	$d=r_1+r_2$	一组实数解
相交	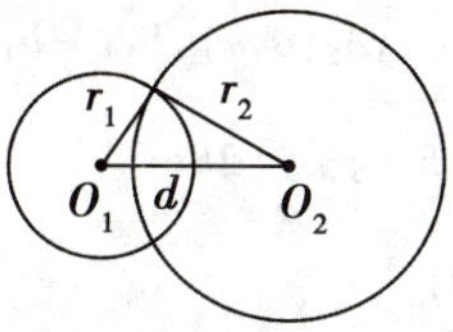	两个交点	$\|r_1-r_2\|<d<r_1+r_2$	两组不同的实数解
内切	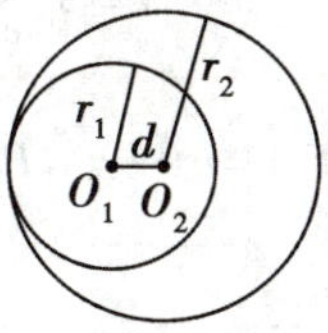	一个切点	$d=\|r_1-r_2\|(r_1\neq r_2)$	一组实数解
内含	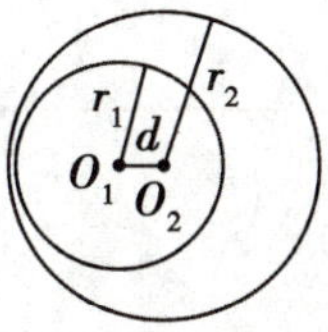	无	$0\leqslant d<\|r_1-r_2\|(r_1\neq r_2)$	无解

第二节　椭圆、双曲线与抛物线

一、椭圆

考点 1 椭圆的定义

定义Ⅰ：若 F_1,F_2 是两定点，P 为动点，且 $|PF_1|+|PF_2|=2a>|F_1F_2|$（$a$ 为常数），则动点 P 的轨迹是椭圆。

定义Ⅱ：若 F 为定点，l 为定直线（点 F 不在直线 l 上），动点 P 到定点 F 的距离与到定直线 l 的距离之比为常数 $e(0<e<1)$，则动点 P 点的轨迹是椭圆。

考点 2 椭圆的标准方程和几何性质 【单选、解答】★★★

标准方程		$\frac{x^2}{a^2}+\frac{y^2}{b^2}=1(a>b>0)$	$\frac{y^2}{a^2}+\frac{x^2}{b^2}=1(a>b>0)$
图形			
几何性质	范围	$-a\leqslant x\leqslant a,-b\leqslant y\leqslant b$	$-b\leqslant x\leqslant b,-a\leqslant y\leqslant a$
	对称性	对称轴:坐标轴;对称中心:(0,0)	
	顶点	$A_1(-a,0),A_2(a,0),B_1(0,-b),B_2(0,b)$	$A_1(0,-a),A_2(0,a),B_1(-b,0),B_2(b,0)$
	轴	长轴 A_1A_2 的长为 $2a$,短轴 B_1B_2 的长为 $2b$	
	焦距	$\lvert F_1F_2\rvert=2c(c>0)$	
	准线	$x=\pm\frac{a^2}{c}$	$y=\pm\frac{a^2}{c}$
	焦半径	$\lvert PF_1\rvert=a+ex_0,\lvert PF_2\rvert=a-ex_0$	$\lvert PF_1\rvert=a+ey_0,\lvert PF_2\rvert=a-ey_0$
	离心率	$e=\frac{c}{a},e\in(0,1)$	
	a,b,c 的关系	$c^2=a^2-b^2$	

二、双曲线

考点 1 双曲线的定义

定义Ⅰ:若 F_1,F_2 是两定点,P 为动点,且 $\lvert\lvert PF_1\rvert-\lvert PF_2\rvert\rvert=2a<\lvert F_1F_2\rvert$($a$ 为常数),则动点 P 的轨迹是双曲线。

定义Ⅱ:若动点 P 到定点 F 与定直线 l 的距离之比为常数 $e(e>1)$,则动点 P 的轨迹是双曲线。

[例]过双曲线 $x^2-y^2=8$ 的左焦点 F_1 有一条弦 PQ 在左支上,若 $\lvert PQ\rvert=7$,F_2 是双曲线的右焦点,则 $\triangle PF_2Q$ 的周长是(   )

A. 28　　　　B. $14-8\sqrt{2}$

C. $14+8\sqrt{2}$　　　　D. $8\sqrt{2}$

答案:C。由双曲线定义知 $\lvert PF_2\rvert-\lvert PF_1\rvert=4\sqrt{2}$,$\lvert QF_2\rvert-\lvert QF_1\rvert=4\sqrt{2}$,所以 $\lvert PF_2\rvert+\lvert QF_2\rvert-(\lvert PF_1\rvert+\lvert QF_1\rvert)=8\sqrt{2}$,又 $\lvert PF_1\rvert+\lvert QF_1\rvert=\lvert PQ\rvert=7$,所以 $\lvert PF_2\rvert+\lvert QF_2\rvert=7+8\sqrt{2}$,所以 $\triangle PF_2Q$ 的周长为 $14+8\sqrt{2}$。

考点 2 双曲线的标准方程和几何性质 【单选、解答】★★★

标准方程		$\frac{x^2}{a^2}-\frac{y^2}{b^2}=1(a>0,b>0)$	$\frac{y^2}{a^2}-\frac{x^2}{b^2}=1(a>0,b>0)$
图形			
几何性质	范围	$x\geqslant a$ 或 $x\leqslant -a,y\in\mathbf{R}$	$y\leqslant -a$ 或 $y\geqslant a,x\in\mathbf{R}$
	对称性	对称轴:坐标轴;对称中心:原点	
	顶点	$A_1(-a,0),A_2(a,0)$	$A_1(0,-a),A_2(0,a)$
	渐近线	$y=\pm\frac{b}{a}x$	$y=\pm\frac{a}{b}x$
	准线	$x=\pm\frac{a^2}{c}$	$y=\pm\frac{a^2}{c}$
	焦半径	$\lvert PF_1\rvert=\lvert ex_0+a\rvert,\lvert PF_2\rvert=\lvert ex_0-a\rvert,P(x_0,y_0)$	$\lvert PF_1\rvert=\lvert ey_0+a\rvert,\lvert PF_2\rvert=\lvert ey_0-a\rvert,P(x_0,y_0)$
	离心率	$e=\frac{c}{a},e\in(1,+\infty)$	
	a,b,c 的关系	$c^2=a^2+b^2$	
	实虚轴	线段 A_1A_2 叫作双曲线的实轴,它的长 $\lvert A_1A_2\rvert=2a$;线段 B_1B_2 叫作双曲线的虚轴,它的长 $\lvert B_1B_2\rvert=2b$(a 叫作双曲线的实半轴长,b 叫作双曲线的虚半轴长)	

重难点解读

若双曲线渐近性方程为 $y=\pm\frac{b}{a}x\Leftrightarrow\frac{x}{a}\pm\frac{y}{b}=0$,可设双曲线方程为 $\frac{x^2}{a^2}-\frac{y^2}{b^2}=\lambda$;若双曲线与双曲线 $\frac{x^2}{a^2}-\frac{y^2}{b^2}=1$ 有公共渐近线,可设双曲线方程为 $\frac{x^2}{a^2}-\frac{y^2}{b^2}=\lambda$($\lambda>0$,焦点在 x 轴上;$\lambda<0$,焦点在 y 轴上)。

考点 3 等轴双曲线与共轭双曲线

1. 等轴双曲线

实轴和虚轴等长的双曲线称为等轴双曲线,它的两条渐近线互相垂直,离心率 $e=\sqrt{2}$。

2. 共轭双曲线

如果一双曲线的实轴及虚轴分别为另一双曲线的虚轴及实轴,则它们互为共轭双曲线。它们有相同的渐近线,并且 4 个焦点共圆,它们的离心率 e_1,e_2 满足关系式 $\frac{1}{{e_1}^2}+\frac{1}{{e_2}^2}=1$。

考法大揭秘

求双曲线离心率的值或范围的方法

1. 求离心率的方法

(1)定义法。

①当题中出现焦点三角形三边关系或 a,c 易求时,利用定义 $e=\frac{c}{a}$ 来求。

②利用双曲线离心率的变形来求:

双曲线离心率的变形:$e=\frac{c}{a}=\sqrt{\frac{c^2}{a^2}}=\frac{c}{\sqrt{c^2-b^2}}=\sqrt{1+\left(\frac{b}{a}\right)^2}=\frac{1}{\sqrt{1-\left(\frac{b}{c}\right)^2}}$。

(2)构造关于 a,c 的齐次式,列方程求解。

根据条件及几何图形建立 a,b,c 满足的关系式,化为关于 a,c 的齐次方程(特别是齐二次方程),再将等式两边同时除以 a 的 n 次方(通常是二次方),从而转化为关于 e 的方程,解方程即可,注意 e 的取值范围。

2. 求离心率的范围

一般来说,求双曲线的离心率的取值范围,通常可以考虑几何性质,利用线段的长度、角的大小等关系求解。

注意求解后结合曲线离心率的范围,综合得出 e 的范围。

真题面对面

[2022 安徽统考,解答,8 分]在平面直角坐标系中,双曲线 $C:\frac{x^2}{a^2}-\frac{y^2}{b^2}=1(a>0,b>0)$ 的右焦点为 F,点 $A(2,3)$ 在双曲线上,且 $AF\perp x$ 轴。

(1)求双曲线 C 的方程;

(2)设 P 为双曲线 C 上异于点 A 的动点,PA 与直线 $x=\frac{1}{2}$ 交于点 B,求证:点 B 到直线 PF 的距离为定值,并求出这个值。

答案:(1)由题意可得,$c=2$,将 $A(2,3)$ 代入双曲线方程得 $\frac{4}{a^2}-\frac{9}{b^2}=1$,联立 $\begin{cases}\frac{4}{a^2}-\frac{9}{b^2}=1,\\a^2+b^2=4,\end{cases}$ 解得 $\begin{cases}a^2=1,\\b^2=3,\end{cases}$ 所以双曲线的方程为 $x^2-\frac{y^2}{3}=1$。

(2)设点 P 坐标为 (x_0,y_0),则 $x_0{}^2-\frac{y_0{}^2}{3}=1$,即 $y_0{}^2=3x_0{}^2-3$,直线 AP 的斜率为 $k_{AP}=\frac{y_0-3}{x_0-2}$,

则直线 AP 的方程为 $y-3=\frac{y_0-3}{x_0-2}(x-2)$，因为 AP 与直线 $x=\frac{1}{2}$ 交于点 B，所以点 B 的坐标为 $\left(\frac{1}{2},\frac{3y_0-9}{4-2x_0}+3\right)$，直线 PF 的斜率为 $k_{PF}=\frac{y_0-0}{x_0-2}$，则直线 PF 的方程为 $y=\frac{y_0}{x_0-2}(x-2)$，即 $\frac{y_0}{x_0-2}x-y-\frac{2y_0}{x_0-2}=0$，已知点 B 的坐标和直线 PF 的方程，此时可求点 B 到直线 PF 的距离 $d=$

$$\frac{\left|\frac{y_0}{x_0-2}\cdot\frac{1}{2}-\left(\frac{3y_0-9}{4-2x_0}+3\right)-\frac{2y_0}{x_0-2}\right|}{\sqrt{\left(\frac{y_0}{x_0-2}\right)^2+(-1)^2}}=\frac{\left|\frac{9}{4-2x_0}-3\right|}{\sqrt{\frac{(2x_0-1)^2}{(x_0-2)^2}}}=\frac{\left|\frac{9-3(4-2x_0)}{4-2x_0}\right|}{\sqrt{\frac{(2x_0-1)^2}{(x_0-2)^2}}}=\frac{\left|\frac{6x_0-3}{4-2x_0}\right|}{\sqrt{\frac{(2x_0-1)^2}{(x_0-2)^2}}}=\frac{\frac{1}{2}\sqrt{\frac{(6x_0-3)^2}{(x_0-2)^2}}}{\sqrt{\frac{(2x_0-1)^2}{(x_0-2)^2}}}$$

$=\frac{1}{2}\sqrt{\frac{(6x_0-3)^2}{(2x_0-1)^2}}=\frac{3}{2}$，则点 B 到直线 PF 的距离为定值，定值为 $\frac{3}{2}$。

三、抛物线

考点 1 抛物线的定义

平面内与一个定点 F 和一条定直线 l（l 不经过点 F）距离相等的点的轨迹叫作抛物线。

考点 2 抛物线的标准方程和几何性质 【单选、解答】 ★★

标准方程	$y^2=2px$ $(p>0)$	$y^2=-2px$ $(p>0)$	$x^2=2py$ $(p>0)$	$x^2=-2py$ $(p>0)$
	p 的几何意义：焦点 F 到准线 l 的距离			
图形	y, l, O, F, x	y, l, F, O, x	y, F, O, x, l	y, l, O, F, x
顶点	$O(0,0)$			
对称轴	x 轴		y 轴	
焦点	$F\left(\frac{p}{2},0\right)$	$F\left(-\frac{p}{2},0\right)$	$F\left(0,\frac{p}{2}\right)$	$F\left(0,-\frac{p}{2}\right)$
离心率	$e=1$			
准线	$x=-\frac{p}{2}$	$x=\frac{p}{2}$	$y=-\frac{p}{2}$	$y=\frac{p}{2}$
范围	$x\geqslant0,y\in\mathbf{R}$	$x\leqslant0,y\in\mathbf{R}$	$y\geqslant0,x\in\mathbf{R}$	$y\leqslant0,x\in\mathbf{R}$
开口方向	向右	向左	向上	向下

第一部分

考点3 与焦点弦有关的常用结论

如图,AB 为抛物线 $y^2=2px(p>0)$ 的焦点弦,$A(x_1,y_1)$,$B(x_2,y_2)$,焦点 $F\left(\frac{p}{2},0\right)$,准线 $l:x=-\frac{p}{2}$,$AC\perp l$,$BD\perp l$,且 M,N 分别为 AB,CD 的中点,R 为 MN 与抛物线的交点。

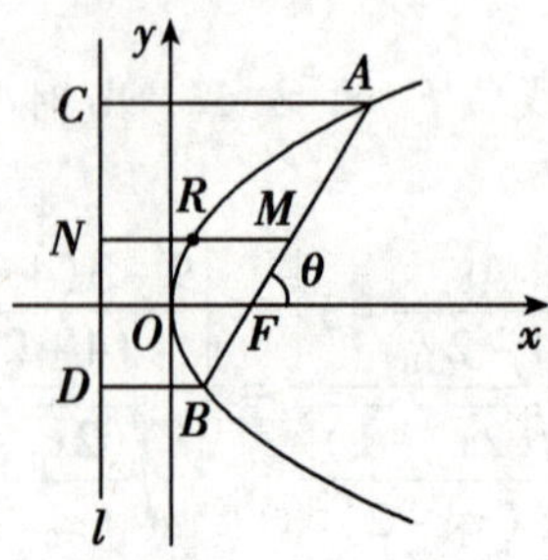

(1)抛物线的焦点弦的性质

①焦点弦的长 $|AB|=x_1+x_2+p=\frac{2p}{\sin^2\theta}$($\theta$ 为 AB 的倾斜角);

②$y_1y_2=-p^2$,$x_1x_2=\frac{p^2}{4}$;

③MN 为梯形 $ABDC$ 的中位线,则 $|MN|=\frac{1}{2}(|AC|+|BD|)=\frac{1}{2}(|AF|+|BF|)=\frac{1}{2}|AB|$;

④以 AB 为直径的圆与抛物线的准线相切;

⑤$\frac{1}{|AF|}+\frac{1}{|BF|}=\frac{2}{p}$。

(2)焦半径的长

抛物线 $y^2=2px(p>0)$ 的焦半径的长 $|AF|=x_1+\frac{p}{2}$,$|BF|=x_2+\frac{p}{2}$。

重难点解读

小香有话说

(1)抛物线 $y^2=2px(p>0)$ 上的动点可设为 $P\left(\frac{y_0^2}{2p},y_0\right)$ 或 $P(2pt^2,2pt)$。

(2)抛物线定义的应用:与抛物线有关的最值问题,解题时要注意利用"抛物线上的点到焦点的距离与其到准线的距离相等",进行互相转化,从而构造出"两点之间线段最短",或利用"与直线上所有点的连线中垂线段最短"原理解决。

(3)在解决抛物线有关问题时,要先把抛物线方程化为标准式。若已知抛物线的方程形式为 $y^2=kx$,那么焦点坐标为 $\left(\frac{k}{4},0\right)$,这里的 k 相当于 $2p$。

(4)有关直线与抛物线的弦长问题,要注意直线是否过抛物线的焦点,若过抛物线的焦点,可直接使用公式 $|AB|=x_1+x_2+p$;若不过焦点,则必须用弦长公式。

真题面对面

[2021 广东广州天河区,单,1.47 分]已知抛物线 $y=x^2-8x+7$ 与 x 轴相交于 A,B 两点(点 A 在点 B 的左侧),该抛物线的对称轴与 x 轴交于点 S,点 P 是以 $C(4,4)$ 为圆心,半径为 1 的圆上的一个动点,如果点 Q 是线段 PA 的中点,连结 SQ,则线段 SQ 的最小值是(　　)

A. $\frac{5}{2}$　　B. 2　　C. $2\sqrt{6}$　　D. 3

答案:B。由抛物线 $y=x^2-8x+7$,得 $A(1,0)$,$B(7,0)$,$S(4,0)$,易知当 B,P,C 三点共线,且 P 在点 B,C 之间时,线段 SQ 取得最小值,此时 SQ 是 $\triangle ABP$ 的中位线,即 $SQ=\frac{1}{2}BP=\frac{1}{2}(BC-CP)=\frac{1}{2}[\sqrt{(7-4)^2+(0-4)^2}-1]=2$。

第三节　圆锥曲线综合问题

一、求轨迹方程 【单选、解答】 ★★★

考点 1　定义法求轨迹方程

(1)在利用圆锥曲线的定义求轨迹方程时,若所求的轨迹符合某种圆锥曲线的定义,则根据该曲线的标准方程,写出所求的轨迹方程。

(2)利用定义法求轨迹方程时,还要看轨迹是否是完整的圆、椭圆、双曲线、抛物线,如果不是完整的曲线,则应对其中的变量 x 或 y 进行限制。

[例]已知点 P 到点 $\left(\frac{1}{2},0\right)$ 的距离比它到直线 $x=-\frac{5}{2}$ 的距离小 2。

(1)求动点 P 的轨迹方程;

(2)记点 P 的轨迹为 E,过点 $S(2,0)$ 斜率为 k_1 的直线交 E 于 A,B 两点,$Q(1,0)$,延长 AQ,BQ 与 E 交于 C,D 两点,设 CD 的斜率为 k_2,证明:$\frac{k_2}{k_1}$ 为定值。

答案:(1)因为动点 P 到点 $\left(\frac{1}{2},0\right)$ 的距离比它到直线 $x=-\frac{5}{2}$ 的距离小 2,所以动点 P 到点 $\left(\frac{1}{2},0\right)$ 的距离与它到直线 $x=-\frac{1}{2}$ 的距离相等,所以动点 P 的轨迹是以点 $\left(\frac{1}{2},0\right)$ 为焦点的抛物线,所以动点 P 的轨迹方程为 $y^2=2x$。

(2)证明:设 $A(x_1,y_1)$,$B(x_2,y_2)$,$C(x_3,y_3)$,$D(x_4,y_4)$,则直线 AB 的方程为 $y=k_1(x-2)$,代入抛物线方程消去 x,得 $y^2-\frac{2}{k_1}y-4=0$,所以 $y_1+y_2=\frac{2}{k_1}$,$y_1y_2=-4$。直线 AC,BD 过点 $Q(1,0)$,同理可得 $y_1y_3=$

第一部分

$y_2y_4=-2$，所以 $y_3=-\frac{2}{y_1}, y_4=-\frac{2}{y_2}$，所以 $k_2=\frac{y_4-y_3}{x_4-x_3}=\frac{2}{y_4+y_3}=-\frac{y_1y_2}{y_1+y_2}=2k_1$，所以$\frac{k_2}{k_1}=2$。

考点 2 直接法求轨迹方程

直接法求曲线方程时最关键的就是把几何条件或等量关系翻译为代数方程，要注意翻译的等价性。通常将步骤简记为建系设点、列式、代换、化简、证明这五个步骤，但最后的证明可以省略。如果给出了直角坐标系则可省去建系这一步，求出曲线的方程后还需注意检验方程的纯粹性和完备性。

[例]已知定点 A,B，且$|AB|=2a$。如果动点 P 到点 A 的距离与到点 B 的距离之比为 2∶1，求点 P 的轨迹。

答案：取 AB 所在的直线为 x 轴，从 A 到 B 为正方向，以 AB 的中点 O 为原点，以 AB 的中垂线为 y 轴，建立平面直角坐标系，则 $A(-a,0)$，$B(a,0)$。设 $P(x,y)$，因为$\frac{|PA|}{|PB|}=\frac{2}{1}$，即$\frac{\sqrt{(x+a)^2+y^2}}{\sqrt{(x-a)^2+y^2}}=2$，化简整理可得 $3x^2+3y^2-10ax+3a^2=0$，即$\left(x-\frac{5}{3}a\right)^2+y^2=\frac{16}{9}a^2$，故动点 P 的轨迹是以 $C\left(\frac{5}{3}a,0\right)$为圆心，$\frac{4}{3}a$ 为半径的圆。

考点 3 相关点法(代入法)求轨迹方程

第一步：设出所求动点坐标 $P(x,y)$；

第二步：寻求所求动点 $P(x,y)$ 与已知动点 $Q(x',y')$ 的关系；

第三步：建立 P,Q 两坐标间的关系，并用 x,y 表示出 x',y'；

第四步：将 x',y'代入已知曲线方程中化简求解。

[例]设 O 为坐标原点，动点 M 在椭圆 $C:\frac{x^2}{2}+y^2=1$ 上，过 M 作 x 轴的垂线，垂足为 N，点 P 满足 $\overrightarrow{NP}=\sqrt{2}\overrightarrow{NM}$。

(1)求点 P 的轨迹方程；

(2)设点 Q 在直线 $x=-3$ 上，且$\overrightarrow{OP}\cdot\overrightarrow{PQ}=1$。证明：过点 P 且垂直于 OQ 的直线 l 过 C 的左焦点 F。

答案：(1)设 $P(x,y)$，$M(x_0,y_0)$，则 $N(x_0,0)$，$\overrightarrow{NP}=(x-x_0,y)$，$\overrightarrow{NM}=(0,y_0)$，由$\overrightarrow{NP}=\sqrt{2}\overrightarrow{NM}$得 $x_0=x$，$y_0=\frac{\sqrt{2}}{2}y$。因为 $M(x_0,y_0)$在 C 上，所以$\frac{x^2}{2}+\frac{y^2}{2}=1$，因此点 P 的轨迹方程为 $x^2+y^2=2$。

(2)证明：由题意知 $F(-1,0)$，设 $Q(-3,t)$，$P(m,n)$，则$\overrightarrow{OQ}=(-3,t)$，$\overrightarrow{PF}=(-1-m,-n)$，$\overrightarrow{OQ}\cdot\overrightarrow{PF}=3+3m-tn$，$\overrightarrow{OP}=(m,n)$，$\overrightarrow{PQ}=(-3-m,t-n)$，由$\overrightarrow{OP}\cdot\overrightarrow{PQ}=1$ 得 $-3m-m^2+tn-n^2=1$，又由(1)知 $m^2+n^2=2$，故 $3+3m-tn=0$，所以$\overrightarrow{OQ}\cdot\overrightarrow{PF}=0$，即$\overrightarrow{OQ}\perp\overrightarrow{PF}$，又过点 P 存在唯一直线垂直于 OQ，所以过点 P 且垂直于 OQ 的直线 l 过 C 的左焦点 F。

二、直线与圆锥曲线的位置关系 【单选、解答】 ★★★

直线与圆锥曲线的位置关系

联立直线方程与圆锥曲线方程，消 y(或消 x)得到一个关于变量 x(或变量 y)的一元方程 $ax^2+bx+c=0$(或 $ay^2+by+c=0$)。

1. 当 $a\neq0$ 时，设一元二次方程 $ax^2+bx+c=0$ 的判别式为 Δ，

则 $\begin{cases}\Delta>0\Leftrightarrow 直线与圆锥曲线 C 相交;\\ \Delta=0\Leftrightarrow 直线与圆锥曲线 C 相切;\\ \Delta<0\Leftrightarrow 直线与圆锥曲线 C 相离。\end{cases}$

2. 当 $a=0,b\neq0$ 时，即得到一个一次方程，则直线 l 与圆锥曲线 C 相交，且只有一个交点，此时，若 C 为双曲线，则直线 l 与双曲线的渐近线平行；若 C 为抛物线，则直线 l 与抛物线的对称轴平行或重合。

注：联立直线与圆锥曲线的方程消元后，应注意讨论二次项系数是否为零。

[例]已知直线 $l:y=2x+m$，椭圆 $C:\frac{x^2}{4}+\frac{y^2}{2}=1$。试问当 m 取何值时，直线 l 与椭圆 C：

(1)有两个不重合的公共点；

(2)有且只有一个公共点；

(3)没有公共点。

答案：将直线 l 的方程与椭圆 C 的方程联立，得方程组 $\begin{cases}y=2x+m,\\ \frac{x^2}{4}+\frac{y^2}{2}=1,\end{cases}$ 消去 y，整理得 $9x^2+8mx+2m^2-4=0$ ①，$\Delta=(8m)^2-4\times9\times(2m^2-4)=-8m^2+144$。

(1)当 $\Delta>0$，即 $-3\sqrt{2}<m<3\sqrt{2}$ 时，方程①有两个不同的实数根，可知原方程组有两组不同的实解，这时直线 l 与椭圆 C 有两个不重合的公共点。

(2)当 $\Delta=0$，即 $m=\pm3\sqrt{2}$ 时，方程①有两个相同的实数根，可知原方程组有两组相同的实数解，这时直线 l 与椭圆 C 有两个互相重合的公共点，即直线 l 与椭圆 C 有且只有一个公共点。

(3)当 $\Delta<0$，即 $m<-3\sqrt{2}$ 或 $m>3\sqrt{2}$ 时，方程①没有实数根，可知原方程组没有实数解，这时直线 l 与椭圆 C 没有公共点。

三、直线与圆锥曲线相交的弦长公式 【单选、解答】 ★★

1. 弦长公式

设斜率为 $k(k\neq0)$ 的直线 l 与圆锥曲线 C 相交于 A,B 两点，设 $A(x_1,y_1)$，$B(x_2,y_2)$，则 $|AB|=\sqrt{1+k^2}|x_1-x_2|=\sqrt{1+k^2}\cdot\sqrt{(x_1+x_2)^2-4x_1x_2}=\sqrt{1+\frac{1}{k^2}}|y_1-y_2|=\sqrt{1+\frac{1}{k^2}}\cdot\sqrt{(y_1+y_2)^2-4y_1y_2}$。

注：利用弦长公式求弦长时要注意斜率 k 不存在的情形，若 k 不存在，可直接求交点坐标再求弦长；涉及焦点弦长时要注意圆锥曲线定义的应用。

2. 求弦长的四种方法

(1)当弦的两端点坐标易求时，可直接利用两点间的距离公式求解。

(2)联立直线与圆锥曲线方程，解方程组求出两个交点坐标，代入两点间的距离公式求解。

(3)联立直线与圆锥曲线方程，消元得到关于 x 或 y 的一元二次方程，利用根与系数的关系得到$(x_1-$

$x_2)^2$或$(y_1-y_2)^2$，代入弦长公式求解。

(4)当弦过焦点时，可结合焦半径公式求解。

四、圆锥曲线的中点弦问题 【单选、解答】 ★★

1. 处理有关中点弦及对应直线斜率关系的问题时的步骤

(1)设点：设出弦的两端点坐标；(2)代入：代入圆锥曲线方程；(3)作差：两式相减，再用平方差公式把上式展开；(4)整理：转化为斜率与中点坐标的关系式，然后求解。

2.“点差法”的常见题型

求中点弦方程、求(过定点、平行弦)弦中点轨迹、垂直平分线问题。由于“点差法”具有不等价性，所以在使用时要考虑判别式Δ是否为正数。

[例]已知椭圆$E:\frac{x^2}{a^2}+\frac{y^2}{b^2}=1(a>b>0)$的离心率为$\frac{1}{2}$，点$A,B$分别为椭圆$E$的左、右顶点，点$C$在$E$上，且$\triangle ABC$面积的最大值为$2\sqrt{3}$。

(1)求椭圆E的方程；

(2)设F为E的左焦点，点D在直线$x=-4$上，过F作DF的垂线交椭圆E于M,N两点。证明：直线OD平分线段MN。

答案：(1)由题意得$\begin{cases}e=\frac{c}{a}=\frac{1}{2},\\ ab=2\sqrt{3},\\ a^2=b^2+c^2,\end{cases}$解得$\begin{cases}a=2,\\ b=\sqrt{3},\end{cases}$故椭圆$E$的方程为$\frac{x^2}{4}+\frac{y^2}{3}=1$。

(2)证明：设$M(x_1,y_1)$，$N(x_2,y_2)$，$D(-4,n)$，线段MN的中点$P(x_0,y_0)$，则$2x_0=x_1+x_2$，$2y_0=y_1+y_2$，由(1)可得$F(-1,0)$，则直线DF的斜率为$k_{DF}=\frac{n-0}{-4-(-1)}=-\frac{n}{3}$，当$n=0$时，直线$MN$的斜率不存在，根据椭圆的对称性可知$OD$平分线段$MN$；当$n\neq0$时，直线$MN$的斜率$k_{MN}=\frac{3}{n}=\frac{y_1-y_2}{x_1-x_2}$，因为点$M,N$在椭圆$E$上，所以$\begin{cases}\frac{x_1{}^2}{4}+\frac{y_1{}^2}{3}=1,\\ \frac{x_2{}^2}{4}+\frac{y_2{}^2}{3}=1,\end{cases}$整理得$\frac{(x_1+x_2)(x_1-x_2)}{4}+\frac{(y_1+y_2)(y_1-y_2)}{3}=0$，又$2x_0=x_1+x_2$，$2y_0=y_1+y_2$，所以$\frac{y_0}{x_0}=-\frac{n}{4}$，即直线$OP$的斜率为$k_{OP}=-\frac{n}{4}$，因为直线$OD$的斜率为$k_{OD}=-\frac{n}{4}$，所以直线$OD$平分线段$MN$。

五、圆锥曲线中的最值问题 【单选、解答】 ★★

1. 圆锥曲线中的最值问题的分类

一是涉及距离、面积的最值以及与之相关的一些问题；二是求直线或圆锥曲线中几何元素的最值以及这些元素存在最值时求解与之有关的一些问题。

2. 最值问题的两类解法技巧

(1)几何法:若题目的条件和结论能明显体现几何特征及意义,则考虑利用图形性质来解决。

(2)代数法:若题目的条件和结论能体现一种明确的函数关系,则可先建立起目标函数,再求这个函数的最值,最值常用基本不等式法、配方法及导数法求解。

[例]已知动圆过定点(2,0),且在y轴上截得的弦长为4,设动圆圆心的轨迹为H,点$E(m,0)(m>0)$为一个定点,过点E作斜率分别为k_1,k_2的两条直线交H于点A,B,C,D,且M,N分别是线段AB,CD的中点。

(1)求轨迹H的方程;

(2)若$m=1$,且过点E的两条直线相互垂直,求$\triangle EMN$的面积的最小值。

答案:(1)设动圆圆心的坐标为(x,y),由题意可以得到$\sqrt{(x-2)^2+y^2}=\sqrt{x^2+4}$,化简得$y^2=4x$,所以动圆圆心的轨迹$H$的方程为$y^2=4x$。

(2)当$m=1$时,E为抛物线$y^2=4x$的焦点,因为$k_1k_2=-1$,所以$AB\perp CD$,设直线AB的方程为$y=k_1(x-1)$,$A(x_1,y_1)$,$B(x_2,y_2)$,由$\begin{cases}y=k_1(x-1),\\y^2=4x,\end{cases}$得$k_1y^2-4y-4k_1=0$,则$y_1+y_2=\frac{4}{k_1}$,$y_1y_2=-4$,$x_1+x_2=\frac{y_1+y_2}{k_1}+2=\frac{4}{k_1^{\ 2}}+2$,因为$M\left(\frac{x_1+x_2}{2},\frac{y_1+y_2}{2}\right)$,所以$M\left(\frac{2}{k_1^{\ 2}}+1,\frac{2}{k_1}\right)$,同理,可得$N(2k_1^{\ 2}+1,-2k_1)$,所以$S_{\triangle EMN}=\frac{1}{2}|EM|\cdot|EN|=\frac{1}{2}\sqrt{\left(\frac{2}{k_1^{\ 2}}\right)^2+\left(\frac{2}{k_1}\right)^2}\cdot\sqrt{(2k_1^{\ 2})^2+(-2k_1)^2}=2\sqrt{k_1^{\ 2}+\frac{1}{k_1^{\ 2}}+2}\geqslant2\sqrt{2+2}=4$,当且仅当$k_1^{\ 2}=\frac{1}{k_1^{\ 2}}$,即$k_1=\pm1$时,$\triangle EMN$的面积取得最小值4。

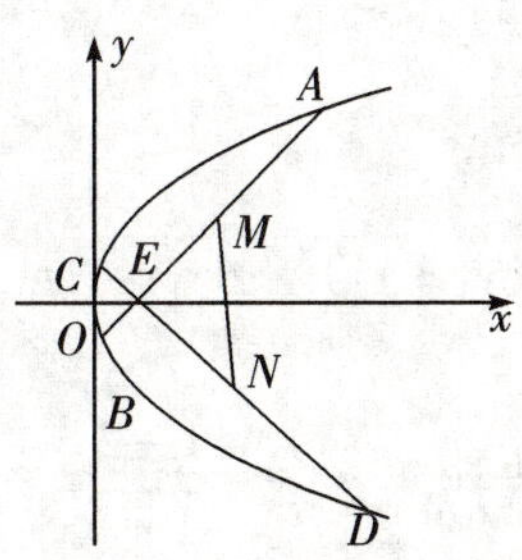

真题面对面

1. [2022 安徽统考,填空,4 分]椭圆$C:\frac{x^2}{3}+y^2=1$上任意一点Q到直线$l:x+y+5=0$的距离的最小值为________。

答案:$\frac{3\sqrt{2}}{2}$。联立$\begin{cases}\frac{x^2}{3}+y^2=1,\\x+y+5=0,\end{cases}$消去$y$得$2x^2+15x+36=0$,$\Delta=15^2-4\times2\times36<0$,则直线与椭圆无交点。设与椭圆相切且与直线$x+y+5=0$平行的直线为$y=-x+b$,$b\neq-5$,联立方程

$\begin{cases}\frac{x^2}{3}+y^2=1,\\ y=-x+b,\end{cases}$消去 y 得 $4x^2-6bx+3b^2-3=0$，令 $\Delta=(-6b)^2-4\cdot4\cdot(3b^2-3)=0$，解得 $b=\pm2$，当 $b=-2$ 时，此时直线为 $x+y+2=0$，两平行直线间的距离即为椭圆：$\frac{x^2}{3}+y^2=1$ 上任意一点 Q 到直线 $l:x+y+5=0$ 的距离的最小值。两直线之间的距离为 $d=\frac{|2-5|}{\sqrt{1^2+1^2}}=\frac{3\sqrt{2}}{2}$，即椭圆 C 上任意一点 Q 到直线 l 的距离的最小值为$\frac{3\sqrt{2}}{2}$。

第一部分

2. [2021 江苏淮安，解答，10 分]已知椭圆 $E:\frac{x^2}{a^2}+\frac{y^2}{b^2}=1(a>b>0)$的上顶点和两焦点（左右焦点分别为 F_1,F_2），构成的三角形为等腰直角三角形，且椭圆的焦距为 2。

(1)求椭圆的标准方程；

(2)设过点 $P(-2,0)$的直线 l 与椭圆 E 交于 M,N 两点，求$\triangle F_2MN$ 面积的最大值。

答案：(1)椭圆的焦距为 2，即 $F_1F_2=2$，$c=1$，设上顶点为 A，则$(AF_2)^2=c^2+b^2=a^2$，因为$\triangle AF_1F_2$ 为等腰直角三角形，所以 $a^2+a^2=2^2$，则 $a=\sqrt{2}$，$b=1$，故椭圆的标准方程为$\frac{x^2}{2}+y^2=1$。

(2)设过点 P 的直线 l 的方程为 $x=ky-2$，则直线 l 与椭圆 E 有两个交点，设 $M(x_1,y_1)$，$N(x_2,y_2)$，联立方程组$\begin{cases}x=ky-2,\\ \frac{x^2}{2}+y^2=1,\end{cases}$整理得$(k^2+2)y^2-4ky+2=0$，则 $y_1+y_2=\frac{4k}{k^2+2}$，$y_1y_2=\frac{2}{k^2+2}$，$\Delta=16k^2-8(k^2+2)>0$，即 $k^2>2$，

所以 $|MN|=\sqrt{1+k^2}\cdot\sqrt{(y_1+y_2)^2-4y_1y_2}=\sqrt{1+k^2}\cdot\sqrt{\left(\frac{4k}{k^2+2}\right)^2-4\times\frac{2}{k^2+2}}=2\sqrt{\frac{2(k^2-2)(k^2+1)}{(k^2+2)^2}}$，点 F_2 到直线 l 的距离 $d=\frac{|1+2|}{\sqrt{1+k^2}}=\frac{3}{\sqrt{1+k^2}}$，则 $S_{\triangle F_2MN}=\frac{1}{2}|MN|d=\frac{1}{2}\times2\sqrt{\frac{2(k^2-2)(k^2+1)}{(k^2+2)^2}}\cdot\frac{3}{\sqrt{1+k^2}}=3\sqrt{2}\cdot\sqrt{\frac{k^2-2}{(k^2+2)^2}}=3\sqrt{2}\cdot\sqrt{\frac{1}{k^2+2}-\frac{4}{(k^2+2)^2}}$，令 $t=\frac{1}{k^2+2}\left(0<t<\frac{1}{4}\right)$，则有 $S_{\triangle F_2MN}=3\sqrt{2}\cdot\sqrt{t-4t^2}$，令 $h(t)=-4t^2+t$，易知 $h(t)$为开口向下，对称轴为 $x=\frac{1}{8}$，且与 x 轴交点为$(0,0)$，$\left(\frac{1}{4},0\right)$的一元二次函数，故 $h(t)$的最大值为$h\left(\frac{1}{8}\right)=-4\times\frac{1}{64}+\frac{1}{8}=\frac{1}{16}$。故$\triangle F_2MN$ 面积的最大值为 $S_{\triangle F_2MN}=3\sqrt{2}\times\sqrt{\frac{1}{16}}=\frac{3\sqrt{2}}{4}$。

六、圆锥曲线中的定点与定值问题 【解答】★★★

定点、定值问题一般涉及曲线过定点、与曲线上的动点有关的定值问题以及与圆锥曲线有关的弦长、面积、横(纵)坐标等的定值问题。

1. 定点问题的常见解法

(1)假设定点坐标,根据题意选择参数,建立一个直线系或曲线系方程,而该方程与参数无关,故得到一个关于定点坐标的方程组,以这个方程组的解为坐标的点即为所求定点;

(2)从特殊位置入手,找出定点,再证明该点适合题意。

2. 定值问题的常见解法

(1)从特殊入手,求出定值,再证明这个值与变量无关;

(2)直接推理、计算,并在计算推理的过程中消去变量,从而得到定值。

[例]已知抛物线 $C:y^2=2px$ 经过点 $P(1,2)$,过点 $Q(0,1)$ 的直线 l 与抛物线 C 有两个不同的交点 A,B,且直线 PA 交 y 轴于 M,直线 PB 交 y 轴于 N。

(1)求直线 l 的斜率的取值范围;

(2)设 O 为原点,$\overrightarrow{QM}=\lambda\overrightarrow{QO}$,$\overrightarrow{QN}=\mu\overrightarrow{QO}$,求证:$\frac{1}{\lambda}+\frac{1}{\mu}$为定值。

答案:(1)因为抛物线 $y^2=2px$ 经过点 $P(1,2)$,所以 $4=2p$,解得 $p=2$,所以抛物线的方程为 $y^2=4x$,由题意可知直线 l 的斜率存在且不为 0,设直线 l 的方程为 $y=kx+1(k\neq 0)$,由$\begin{cases}y^2=4x,\\y=kx+1,\end{cases}$得 $k^2x^2+(2k-4)x+1=0$,依题意 $\Delta=(2k-4)^2-4\times k^2\times 1>0$,解得 $k<0$ 或 $0<k<1$,又 PA,PB 与 y 轴相交,故直线 l 不过点$(1,-2)$,从而 $k\neq -3$,所以直线 l 斜率的取值范围是$(-\infty,-3)\cup(-3,0)\cup(0,1)$。

(2)证明:设 $A(x_1,y_1)$,$B(x_2,y_2)$,由(1)知 $x_1+x_2=-\frac{2k-4}{k^2}$,$x_1x_2=\frac{1}{k^2}$,直线 PA 的方程为 $y-2=\frac{y_1-2}{x_1-1}\cdot(x-1)$,令 $x=0$,得点 M 的纵坐标为 $y_M=\frac{-y_1+2}{x_1-1}+2=\frac{-kx_1+1}{x_1-1}+2$,同理得点 N 的纵坐标为 $y_N=\frac{-kx_2+1}{x_2-1}+2$,由$\overrightarrow{QM}=\lambda\overrightarrow{QO}$,$\overrightarrow{QN}=\mu\overrightarrow{QO}$得 $\lambda=1-y_M$,$\mu=1-y_N$,所以$\frac{1}{\lambda}+\frac{1}{\mu}=\frac{1}{1-y_M}+\frac{1}{1-y_N}=\frac{x_1-1}{(k-1)x_1}+\frac{x_2-1}{(k-1)x_2}=\frac{1}{k-1}\cdot\frac{2x_1x_2-(x_1+x_2)}{x_1x_2}=\frac{1}{k-1}\cdot\frac{\frac{2}{k^2}+\frac{2k-4}{k^2}}{\frac{1}{k^2}}=2$,所以$\frac{1}{\lambda}+\frac{1}{\mu}$为定值。

真题面对面

[2021 安徽统考,解答,4 分]已知 $F(-1,0)$ 为椭圆 $r:\frac{x^2}{a^2}+\frac{y^2}{b^2}=1(a>b>0)$ 的左焦点,斜率为 1 的直线 L 交椭圆于 A,B 两点,当直线 L 经过点 F 时,也经过点$(0,b)$。

(1)求椭圆 r 的方程;

第一部分

(2)若 O 为坐标原点，直线 L(不经过原点)与 x 轴相交于点 M，点 A 关于 x 轴的对称点为 D，线段 BD 与 x 轴相交于点 N，求证：$|OM|\cdot|ON|$ 为定值。

答案：(1)因为斜率为 1 的直线经过点$(-1,0)$和$(0,b)$，所以 $k=\dfrac{b-0}{0-(-1)}=1$，$b=1$。因为 $a^2-b^2=c^2$，所以 $a^2=2$，所以椭圆方程为：$\dfrac{x^2}{2}+y^2=1$。

(2)设直线 L 的直线方程为 $y=x+b$，$A(x_1,y_1)$，$B(x_2,y_2)$，$D(x_1,-y_1)$，

将椭圆方程与直线方程联立 $\begin{cases}\dfrac{x^2}{2}+y^2=1,\\ y=x+b,\end{cases}$ 整理得 $3x^2+4bx+2b^2-2=0$，可得 $x_1+x_2=-\dfrac{4}{3}b$，$x_1x_2=\dfrac{2b^2-2}{3}$，又因为直线 BD 的方程为 $y+y_1=\dfrac{y_2+y_1}{x_2-x_1}(x-x_1)$，令 $y=0$，得 $y_1=\dfrac{y_2+y_1}{x_2-x_1}(x-x_1)$，则 $x_N=$

$$\frac{y_1(x_2-x_1)}{y_1+y_2}+x_1=\frac{x_2y_1+x_1y_2}{y_1+y_2}=\frac{x_2(x_1+b)+x_1(x_2+b)}{(x_1+b)+(x_2+b)}=\frac{2x_1x_2+b(x_1+x_2)}{x_1+x_2+2b}=$$

$$\frac{2\times\dfrac{2b^2-2}{3}+b\times\left(-\dfrac{4}{3}b\right)}{-\dfrac{4}{3}b+2b}=-\frac{2}{b},$$

$\therefore N\left(-\dfrac{2}{b},0\right)$，$M(-b,0)$，则 $|OM|\cdot|ON|=2$。

第四节　坐标系与参数方程

一、极坐标系

考点 1　极坐标系的概念

在平面内取一个定点 O，叫作极点，自极点 O 引一条射线 Ox，叫作极轴，再选定一个单位长度、一个单位角度(通常取弧度)及其正方向(通常取逆时针方向)，这样就建立了一个极坐标系。

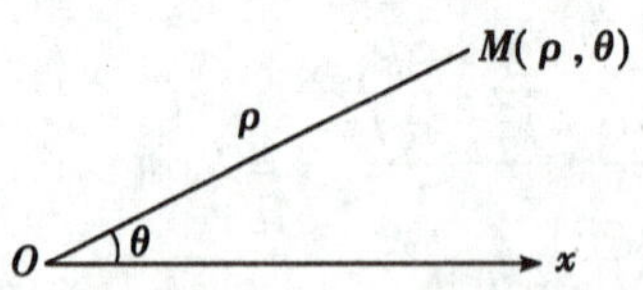

考点 2　点的极坐标

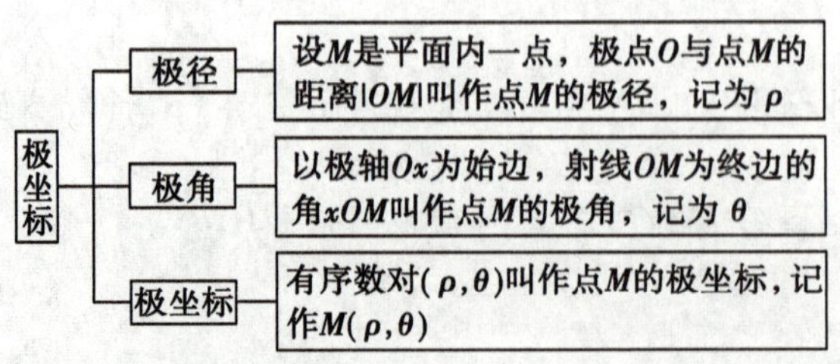

注：一般地，没有特殊说明时，$\rho \geqslant 0, 0 \leqslant \theta < 2\pi$。

考点 3 极坐标系内两点的距离公式

若 P_1，P_2 两点的极坐标分别为 (ρ_1, θ_1)，(ρ_2, θ_2)（不妨设 $\rho > 0$，$\theta \in [0, 2\pi)$），则 $|P_1P_2| = \sqrt{\rho_1^2 + \rho_2^2 - 2\rho_1\rho_2\cos(\theta_1 - \theta_2)}$。

考点 4 极坐标与直角坐标的互化 【填空】 ★

1. 互化的前提条件

直角坐标系的原点与极点重合，x 轴正半轴与极轴重合，两个坐标系长度单位一致。

2. 互化的公式

$$\begin{cases} x = \rho\cos\theta, \\ y = \rho\sin\theta \end{cases} \text{或} \begin{cases} \rho^2 = x^2 + y^2, \\ \tan\theta = \dfrac{y}{x}(x \neq 0)。 \end{cases}$$

考法大揭秘

极坐标转化为直角坐标的方法

极坐标转化为直角坐标的方法

1. 当极坐标中含有 $\sin\theta$，$\cos\theta$ 时，可将方程两边同乘 ρ，凑成 $\rho\sin\theta$，$\rho\cos\theta$ 的项，以便代入互化公式化为直角坐标。

2. 当极坐标中只有 ρ 时，把 ρ 换成 $\sqrt{x^2 + y^2}$，或者将 ρ 变成 ρ^2，再变成 $x^2 + y^2$，之后整理方程即可。

真题面对面

[2019 安徽，填空，4 分] 在极坐标系中，若点 P 的坐标为 $\left(8, \dfrac{\pi}{2}\right)$，点 A 在曲线 $\rho = 2\sqrt{2}\cos\left(\theta - \dfrac{\pi}{4}\right)$ 上，则 $|AP|$ 的最小值为________。

答案：$4\sqrt{2}$。极坐标与直角坐标的互化公式为 $\begin{cases} x = \rho\cos\theta, \\ y = \rho\sin\theta, \end{cases}$ 由点 P 的极坐标可知，点 P 的直角坐标为 $(0,8)$，$\rho = 2\sqrt{2}\cos\left(\theta - \dfrac{\pi}{4}\right) = 2\cos\theta + 2\sin\theta \Leftrightarrow \rho^2 = 2\rho\cos\theta + 2\rho\sin\theta \Leftrightarrow x^2 + y^2 = 2x + 2y \Leftrightarrow (x-1)^2 + (y-1)^2 = 2$，故点 A 在圆心为 $O(1,1)$，半径为 $\sqrt{2}$ 的圆上，当点 A 为线段 OP 与圆的交点时，$|AP|$ 的值最小，$|OP| = \sqrt{1^2 + (8-1)^2} = 5\sqrt{2}$，则 $|AP|_{\min} = 5\sqrt{2} - \sqrt{2} = 4\sqrt{2}$。

考点 5 常见曲线的极坐标方程

曲线	图形	极坐标方程
圆心在极点，半径为 r 的圆	(图：以 O 为圆心的圆，x 轴)	$\rho = r(0 \leqslant \theta < 2\pi)$

续表

曲线	图形	极坐标方程
圆心为$(r,0)$，半径为r的圆	O (r,0) x	$\rho=2r\cos\theta\left(-\frac{\pi}{2}\leqslant\theta<\frac{\pi}{2}\right)$
圆心为$\left(r,\frac{\pi}{2}\right)$，半径为$r$的圆	$(r,\frac{\pi}{2})$ O x	$\rho=2r\sin\theta(0\leqslant\theta<\pi)$
过极点，倾斜角为α的直线	O α x	$\theta=\alpha(\rho\in\mathbf{R})$或$\theta=\alpha+\pi(\rho\in\mathbf{R})$
过点$(a,0)$，与极轴垂直的直线	O (a,0) x	$\rho\cos\theta=a\left(-\frac{\pi}{2}<\theta<\frac{\pi}{2}\right)$
过点$\left(a,\frac{\pi}{2}\right)$，与极轴平行的直线	$(a,\frac{\pi}{2})$ O x	$\rho\sin\theta=a(0<\theta<\pi)$

二、参数方程

考点 1 参数方程的概念

一般地，在平面直角坐标系中，如果曲线上任意一点的坐标x,y都是某个变数t的函数$\begin{cases}x=f(t),\\y=g(t),\end{cases}$并且对于$t$的每一个允许值，由这个方程组所确定的点$M(x,y)$都在这条曲线上，那么这个方程组就叫作这条曲线的参数方程，联系变量x,y的变数t叫作参变数，简称参数。

考点 2 参数方程和普通方程的互化 【填空、解答】★

1. 参数方程化为普通方程的过程实际就是消参的过程。$\begin{cases}x=f(t),\\y=g(t)\end{cases}$$(t$为参数$)\xrightarrow{\text{消参}}F(x,y)=0$。

注：在消参过程中注意变量x,y取值范围的一致性，必须根据参数的取值范围，确定$f(t)$和$g(t)$的值域，从而取得x,y的取值范围。

2. 普通方程化为参数方程需要引入参数。

真题面对面

1.［2021 安徽统考，填空，4 分］在平面直角坐标系 xOy 中，曲线 C 的参数方程为 $\begin{cases}x=\cos\theta,\\y=1+\sin\theta\end{cases}$（$\theta$ 为参数），若以 O 为极点，x 轴的非负半轴为极轴建立极坐标系，则曲线 C 的极坐标方程为________。

答案：$\rho=2\sin\theta$。由 $\begin{cases}x=\cos\theta,\\y=1+\sin\theta,\end{cases}$ 得 $x^2+(y-1)^2=\cos^2\theta+\sin^2\theta=1$，即 $x^2+y^2-2y=0$，又 $\rho^2=x^2+y^2$，$y=\rho\sin\theta$，代入可得 $\rho^2-2\rho\sin\theta=0$，又 $\rho>0$，所以 $\rho=2\sin\theta$。

2.［2019 江苏扬州，解答，10 分］在平面直角坐标系 xOy 中，以坐标原点为极点，x 轴正半轴为极轴建立极坐标系，直线 l 的极坐标方程为 $\rho\sin\left(\frac{\pi}{3}-\theta\right)=\frac{\sqrt{3}}{2}$，椭圆 C 的参数方程为 $\begin{cases}x=2\cos t,\\y=\sqrt{3}\sin t\end{cases}$（$t$ 为参数）。

（1）求直线 l 的直角坐标方程与椭圆 C 的普通方程；

（2）若直线 l 与椭圆 C 交于 A,B 两点，求线段 AB 的长。

答案：（1）由极坐标与直角坐标的互化公式 $\begin{cases}x=\rho\cos\theta,\\y=\rho\sin\theta,\end{cases}$ 则直线方程 $\rho\sin\left(\frac{\pi}{3}-\theta\right)=\frac{\sqrt{3}}{2}\rho\cos\theta-\frac{1}{2}\rho\sin\theta=\frac{\sqrt{3}}{2}x-\frac{1}{2}y=\frac{\sqrt{3}}{2}$，化简得 $y=\sqrt{3}(x-1)$。

∵ 椭圆 C 的参数方程为 $\begin{cases}x=2\cos t,\\y=\sqrt{3}\sin t,\end{cases}$

∴ $\cos t=\frac{x}{2},\sin t=\frac{y}{\sqrt{3}}$，

由 $\cos^2t+\sin^2t=1$ 可得 $\left(\frac{x}{2}\right)^2+\left(\frac{y}{\sqrt{3}}\right)^2=1$，

整理可得椭圆方程为 $\frac{x^2}{4}+\frac{y^2}{3}=1$。

（2）设 A,B 两点坐标分别为 $(x_1,y_1),(x_2,y_2)$，

联立直线方程与椭圆方程 $\begin{cases}y=\sqrt{3}(x-1),\\\frac{x^2}{4}+\frac{y^2}{3}=1,\end{cases}$ 消去 y 并整理得 $5x^2-8x=0$，

解得 $x_1=0,x_2=\frac{8}{5}$，

∴ $A(0,-\sqrt{3}),B\left(\frac{8}{5},\frac{3\sqrt{3}}{5}\right)$，

∴ $|AB|=\sqrt{\left(0-\frac{8}{5}\right)^2+\left(-\sqrt{3}-\frac{3\sqrt{3}}{5}\right)^2}=\frac{16}{5}$。

第一部分

考点3 常见曲线的参数方程

(1)直线的参数方程为$\begin{cases}x=x_0+t\cos\alpha,\\y=y_0+t\sin\alpha,\end{cases}$其中 t 为参数。

(2)以$A(a,b)$为圆心、r 为半径的圆的参数方程为$\begin{cases}x=a+r\cos\theta,\\y=b+r\sin\theta,\end{cases}$其中 $\theta\in[0,2\pi)$。

(3)椭圆$\frac{x^2}{a^2}+\frac{y^2}{b^2}=1(a>b>0)$的参数方程:$\begin{cases}x=a\cos\theta,\\y=b\sin\theta,\end{cases}$其中 $\theta\in[0,2\pi)$。

(4)双曲线$\frac{x^2}{a^2}-\frac{y^2}{b^2}=1(a>0,b>0)$的参数方程:$\begin{cases}x=a\cdot\frac{1}{\cos\varphi},\\y=b\tan\varphi,\end{cases}$其中 φ 是参数,$0\leq\varphi<2\pi,\varphi\neq\frac{\pi}{2},\varphi\neq\frac{3\pi}{2}$。

(5)抛物线 $y^2=2px(p>0)$的参数方程:$\begin{cases}x=2pt^2,\\y=2pt\end{cases}$($t$ 为参数,$t\in\mathbf{R}$),其中参数 $t=\frac{1}{\tan\alpha}(\alpha\neq0)$。

达标测评

建议用时	实际用时	测评总分	实际得分
70 分钟	______分钟	78 分	______分

一、单项选择题(每小题 3 分,共 21 分)

1. 已知:过抛物线 $y^2=4x$ 的焦点作直线交抛物线于 $A(x_1,y_1),B(x_2,y_2)$,若 $x_1+x_2=6$,那么 $|AB|$ 等于(　　)

A. 10　　B. 8　　C. 6　　D. 4

2. 已知直线$(2m^2+m-3)x+(m^2-m)y=4m-1$ 与直线 $2x-3y-5=0$ 平行,则 m 等于(　　)

A. $-\frac{3}{2}$或 1　　B. $-\frac{9}{8}$或 1

C. $-\frac{9}{8}$　　D. 1

3. 直线 $3x+4y+12=0$ 与圆 $x^2+y^2-2x+2y-7=0$ 的位置关系是(　　)

A. 相交且过圆心　　B. 相交但不过圆心

C. 相切　　D. 不相交

4. 双曲线 $2x^2-y^2=8$ 的实轴长是(　　)

A. 2　　B. $2\sqrt{2}$　　C. 4　　D. $4\sqrt{2}$

5. 椭圆$\frac{x^2}{a^2}+\frac{y^2}{b^2}=1(a>b>0)$的离心率$e=\frac{\sqrt{3}}{2}$，则$\frac{a}{b}$等于(　　)

A. 2　　B. 3　　C. 4　　D. $\frac{1}{2}$

6. 已知F_1,F_2分别是双曲线$C:\frac{x^2}{a^2}-\frac{y^2}{b^2}=1(a>0,b>0)$的左、右焦点，过点$F_2$与双曲线的一条渐近线平行的直线交双曲线另一条渐近线于点M，且$\angle F_1MF_2=90°$，则双曲线的离心率为(　　)

A. $\sqrt{2}$　　B. $\sqrt{3}$　　C. 2　　D. 3

7. 已知l_1的倾斜角为$45°$，l_2经过点$P(-2,-1)$，$Q(3,m)$，若$l_1\perp l_2$，则实数$m=$(　　)

A. 6　　B. -6　　C. 5　　D. -5

二、填空题(每小题3分，共9分)

8. 设直线$2x+3y+1=0$和$x^2+y^2-2x-3=0$相交于点A,B，则弦AB的垂直平分线方程是________。

9. 在极坐标系中，曲线C的极坐标方程为$\rho\sin\left(\theta-\frac{\pi}{6}\right)=3$，点$A\left(2,\frac{\pi}{3}\right)$到曲线$C$上点的距离的最小值$AP_0=$________。

10. 已知$A(2,\sqrt{3})$，$B(5,2\sqrt{3})$，直线l的倾斜角是直线AB倾斜角的两倍，则直线l的斜率为________。

三、解答题(每小题8分，共48分)

11. 已知双曲线$x^2-\frac{y^2}{4}=1$，过点$P(1,1)$的直线l与双曲线只有一个公共点，求直线的斜率k的值。

12. 已知在直角坐标系中，直线l的参数方程为$\begin{cases}x=2t+2,\\y=1+4t\end{cases}$($t$为参数)，圆$C$的参数方程为$\begin{cases}x=1+\sqrt{2}\cos\alpha,\\y=1+\sqrt{2}\sin\alpha\end{cases}$($\alpha$为参数)。

(1)试写出直线l的普通方程和圆C的普通方程；

(2)判断直线l与圆C的位置关系。

13. 如图，圆弧BCD的圆心E在y轴上，直线AB切圆弧于点B，且$A(-3,0)$，$C(0,\sqrt{2}+1)$，$D(1,0)$。

(1)求曲线$ABCD$的方程；

(2)求曲线$ABCD$和x轴围成的图形面积。

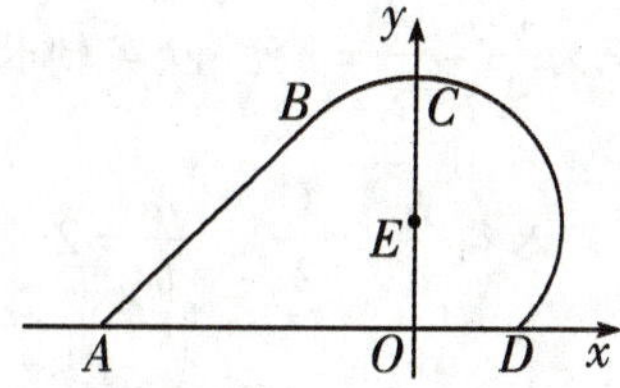

14. 已知圆$C:x^2+y^2+4x-4ay+4a^2+1=0$，直线$l:ax+y+2a=0$。

(1)当$a=\frac{3}{2}$时，直线l与圆C相交于A,B两点，求弦AB的长；

(2)若 $a>0$,且直线 l 与圆 C 相切,求圆 C 关于直线 l 的对称圆 C' 的方程。

15. 已知点 $B(0,1)$,点 $C(0,-3)$,直线 PB,PC 都是圆 $(x-1)^2+y^2=1$ 的切线(P 点不在 y 轴上)。以原点为顶点,且焦点在 x 轴上的抛物线 C 恰好过点 P。

(1)求抛物线 C 的方程;

(2)过点 $(1,0)$ 作直线 l 与抛物线相交于 M,N 两点,问是否存在定点 R,使 $\overrightarrow{RM}\cdot\overrightarrow{RN}$ 为常数?若存在,求出点 R 的坐标及常数;若不存在,请说明理由。

16. 设 F_1,F_2 分别是椭圆 $E:\dfrac{x^2}{a^2}+\dfrac{y^2}{b^2}=1(a>b>0)$ 的左、右焦点,过 F_1 且斜率为 1 的直线 l 与 E 相交于 A,B 两点,且 $|AF_2|$,$|AB|$,$|BF_2|$ 成等差数列。

(1)求 E 的离心率;

(2)设点 $P(0,-1)$ 满足 $|PA|=|PB|$,求椭圆 E 的方程。

第一部分

参考答案及解析

一、单项选择题

1. B [解析]抛物线 $y^2=4x$ 的焦点为 $F(1,0)$,准线为 $x=-1$,点 A 到准线距离为 $x_1-(-1)=x_1+1$,点 B 到准线距离为 x_2+1,因为抛物线上的点到焦点和准线距离相等,所以 $AB=AF+BF=x_1+1+x_2+1=8$。故选 B。

2. C [解析]由题意可知,题干中两直线平行应满足 $(2m^2+m-3)(-3)=(m^2-m)\times 2$,即 $8m^2+m-9=0$,解得 $m=-\dfrac{9}{8}$ 或 $m=1$。又当 $m=1$ 时,方程 $(2m^2+m-3)x+(m^2-m)y=4m-1$ 可化为 $0=3$,不成立,所以 $m\neq 1$,故 $m=-\dfrac{9}{8}$。

3. B [解析]$x^2+y^2-2x+2y-7=0\Leftrightarrow(x-1)^2+(y+1)^2=9$,则圆的圆心为 $(1,-1)$,半径为 3,圆心到直线的距离 $d=\dfrac{|3\times 1+4\times(-1)+12|}{\sqrt{3^2+4^2}}=\dfrac{11}{5}<r$,又点 $(1,-1)$ 不满足直线方程,因此直线与圆相交但不过圆心。

4. C [解析]双曲线 $2x^2-y^2=8$ 的标准方程为 $\dfrac{x^2}{4}-\dfrac{y^2}{8}=1$,所以实轴长 $2a=4$。故选 C。

5. A [解析]$e^2=\dfrac{c^2}{a^2}=\dfrac{a^2-b^2}{a^2}=1-\left(\dfrac{b}{a}\right)^2$,代入得 $\dfrac{b}{a}=\dfrac{1}{2}$,$\therefore\dfrac{a}{b}=2$。

6. C [解析]设过点 F_2 与双曲线的一条渐近线平行的直线为 $y=\dfrac{b}{a}(x-c)$,联立 $\begin{cases}y=\dfrac{b}{a}(x-c),\\ y=-\dfrac{b}{a}x,\end{cases}$ 得

$M\left(\frac{c}{2},-\frac{bc}{2a}\right)$，易知 $F_1(-c,0)$，$F_2(c,0)$，则 $\overrightarrow{MF_1}=\left(-\frac{3c}{2},\frac{bc}{2a}\right)$，$\overrightarrow{MF_2}=\left(\frac{c}{2},\frac{bc}{2a}\right)$，$\because \angle F_1MF_2=90°$，$\therefore \overrightarrow{MF_1}\cdot\overrightarrow{MF_2}=0$，$\therefore -\frac{3c}{2}\cdot\frac{c}{2}+\frac{bc}{2a}\cdot\frac{bc}{2a}=0$，即 $b^2=3a^2$，则 $\frac{c^2}{a^2}=\frac{a^2+b^2}{a^2}=4$，故 $e=2$。故选 C。

7. B ［解析］由题意得，直线 l_1 的斜率为 $k_1=1$，直线 l_2 的斜率为 $k_2=\frac{m+1}{5}$。因为 $l_1\perp l_2$，所以 $k_1k_2=-1$，所以 $1\times\frac{m+1}{5}=-1$，解得 $m=-6$。

二、填空题

8. $3x-2y-3=0$ ［解析］由已知，该圆的圆心为 $(1,0)$，因为弦 AB 的垂直平分线过圆心且与弦 AB 所在直线垂直，所求直线方程可写为 $3x-2y+c=0$，将点 $(1,0)$ 代入，解得 $c=-3$，即所求直线方程为 $3x-2y-3=0$。

9. 2 ［解析］曲线 C 的极坐标方程为 $\rho\sin\left(\theta-\frac{\pi}{6}\right)=3$，即 $\rho\sin\theta\cos\frac{\pi}{6}-\rho\cos\theta\sin\frac{\pi}{6}=3$，它的直角坐标方程为 $\sqrt{3}y-x-6=0$，点 $\left(2,\frac{\pi}{3}\right)$ 的直角坐标为 $\left(2\cos\frac{\pi}{3},2\sin\frac{\pi}{3}\right)$，即 $A(1,\sqrt{3})$，则 A 到曲线 C 上点的距离的最小值 AP_0 就是 $d=\frac{|-1+\sqrt{3}\times\sqrt{3}-6|}{\sqrt{(-1)^2+(\sqrt{3})^2}}=2$。

10. $\sqrt{3}$ ［解析］设直线 AB 的倾斜角为 α，则直线 l 的倾斜角为 2α。由已知 $A(2,\sqrt{3})$，$B(5,2\sqrt{3})$，得到直线 AB 的斜率 $k_{AB}=\frac{2\sqrt{3}-\sqrt{3}}{5-2}=\frac{\sqrt{3}}{3}$，即 $\tan\alpha=\frac{\sqrt{3}}{3}$。又 $\alpha\in(0,\pi)$，则 $\alpha=\frac{\pi}{6}$，故直线 l 的斜率 $k=\tan2\alpha=\tan\frac{\pi}{3}=\sqrt{3}$。

三、解答题

11. ［解析］①当直线斜率不存在时，$l:x=1$ 与双曲线相切，符合题意；

②当直线斜率存在时，设直线 l 的方程为 $y=k(x-1)+1$，

代入双曲线方程得，$(4-k^2)x^2-(2k-2k^2)x-k^2+2k-5=0$。

当 $4-k^2=0$，即 $k=\pm2$，亦即 l 与双曲线渐近线平行时，l 与双曲线只有一个公共点；

当 $4-k^2\neq0$ 时，令 $\Delta=0$，解得 $k=\frac{5}{2}$。

综上可得，$k=\frac{5}{2}$ 或 $k=\pm2$ 或 k 不存在。

12. ［解析］(1) 消去参数 t，即可得到直线 l 的普通方程为：$2x-y-3=0$，圆的参数方程为 $\begin{cases}x=1+\sqrt{2}\cos\alpha,\\ y=1+\sqrt{2}\sin\alpha,\end{cases}$ 化为直角坐标方程为 $(x-1)^2+(y-1)^2=2$，表示以 $(1,1)$ 为圆心，以 $\sqrt{2}$ 为半径的圆。

(2) 圆心到直线的距离等于 $\frac{|2-1-3|}{\sqrt{4+1}}=\frac{2\sqrt{5}}{5}<\sqrt{2}$，所以直线与圆相交。

13. ［解析］(1) 设圆心为 $E(0,a)$，则 $EC=ED$，故 $r^2=(\sqrt{2}+1-a)^2=1+a^2$，解得 $a=1$，因此圆的方程为 x^2+

$(y-1)^2=2$。

设 AB 的直线方程为 $y=k(x+3)(k>0)$，则 E 到直线 AB 的距离的平方 $d^2=\dfrac{(-1+3k)^2}{k^2+1}=2$，

故 $k=1$。联立方程组 $\begin{cases}x^2+(y-1)^2=2,\\x-y+3=0,\end{cases}$ 解得 $\begin{cases}x=-1,\\y=2。\end{cases}$ 故切点 B 的坐标为 $(-1,2)$，

所以曲线 $ABCD$ 的方程 AB 段为：$x-y+3=0(-3\leqslant x\leqslant -1)$，$BCD$ 段为：$x^2+(y-1)^2=2(-1<x\leqslant\sqrt{2})$。

(2)连结 BD，则 BD 为圆 E 的直径，

故曲线 $ABCD$ 和 x 轴围成的图形面积等于直角三角形 ABD 的面积加上半圆的面积。由 $AB=\sqrt{[-1-(-3)]^2+(2-0)^2}=2\sqrt{2}$，$r=\sqrt{2}$，得 $S_{\triangle ABD}+\frac{1}{2}S_{\odot E}=\frac{1}{2}\times2\sqrt{2}\times2\sqrt{2}+\frac{1}{2}\times\pi\times2=\pi+4$。

第一部分

14. [解析](1)$\because$ 圆 $C:(x+2)^2+(y-2a)^2=(\sqrt{3})^2$，又 $a=\frac{3}{2}$，$\therefore$ 圆心 C 为 $(-2,3)$，直线 $l:3x+2y+6=0$，圆心 C 到直线 l 的距离 $d=\dfrac{|-6+6+6|}{\sqrt{9+4}}=\dfrac{6\sqrt{13}}{13}$，所以 $AB=2\sqrt{3-\frac{36}{13}}=\dfrac{2\sqrt{39}}{13}$。

(2)将 $y=-ax-2a$ 代入圆 C 的方程化简得 $(1+a^2)x^2+4(1+2a^2)x+16a^2+1=0(*)$，$\therefore\Delta=[4(1+2a^2)]^2-4(1+a^2)(16a^2+1)=4(3-a^2)=0$，$\because a>0$，$\therefore a=\sqrt{3}$，$\therefore$ 方程$(*)$的解为 $x=-\frac{7}{2}$，$\therefore$ 切点坐标为 $\left(-\frac{7}{2},\frac{3\sqrt{3}}{2}\right)$，根据圆关于切线对称的性质可知切点为 CC' 的中点，故圆 C' 的圆心坐标为 $(-5,\sqrt{3})$，圆 C' 的方程为 $(x+5)^2+(y-\sqrt{3})^2=3$。

15. [解析](1)设直线 PC 的方程为 $y=kx-3$，由 $\dfrac{|k-3|}{\sqrt{k^2+1}}=1$ 得 $k=\frac{4}{3}$，所以 PC 的方程为 $y=\frac{4}{3}x-3$。由 $\begin{cases}y=1,\\y=\frac{4}{3}x-3\end{cases}$ 得 P 点的坐标为 $(3,1)$，可求得抛物线的方程为 $y^2=\frac{1}{3}x$。

(2)设直线 l 的方程为 $x=my+1$，代入抛物线方程整理可得 $y^2-\frac{1}{3}my-\frac{1}{3}=0$。设 $M(x_1,y_1)$，$N(x_2,y_2)$，则 $y_1+y_2=\frac{1}{3}m$，$y_1y_2=-\frac{1}{3}$。设 $R(x_0,y_0)$，则

$\overrightarrow{RM}\cdot\overrightarrow{RN}=(x_1-x_0,y_1-y_0)\cdot(x_2-x_0,y_2-y_0)=(x_1-x_0)(x_2-x_0)+(y_1-y_0)(y_2-y_0)=(my_1+1-x_0)\cdot(my_2+1-x_0)+(y_1-y_0)(y_2-y_0)=m^2y_1y_2+m(1-x_0)(y_1+y_2)+(1-x_0)^2+y_1y_2-y_0(y_1+y_2)+y_0{}^2=-\frac{1}{3}x_0m^2-\frac{1}{3}y_0m+(1-x_0)^2+y_0{}^2-\frac{1}{3}$，

当 $x_0=y_0=0$ 时，上式是一个与 m 无关的常数，所以存在定点 $R(0,0)$，相应的常数是 $\frac{2}{3}$。

16. [解析](1)设 $A(x_1,y_1)$，$B(x_2,y_2)$，$x_1<x_2$，

由题意知过 F_1 且斜率为 1 的直线 l 为 $y=x+c$，

与椭圆 E 的方程联立得 $\begin{cases}\dfrac{x^2}{a^2}+\dfrac{y^2}{b^2}=1,\\ y=x+c,\end{cases}$

化简得 $(b^2+a^2)x^2+2a^2cx+a^2c^2-a^2b^2=0$,

所以 $x_1+x_2=-\dfrac{2a^2c}{a^2+b^2}, x_1x_2=\dfrac{a^2c^2-a^2b^2}{a^2+b^2}$,①

所以 $|AB|=\sqrt{(y_1-y_2)^2+(x_1-x_2)^2}=\sqrt{2}\sqrt{(x_1-x_2)^2}=\sqrt{2}\sqrt{(x_1+x_2)^2-4x_1x_2}$。

将①代入上式得 $|AB|=\sqrt{\dfrac{16a^2b^4}{(a^2+b^2)^2}}$。②

因为 $|AF_2|, |AB|, |BF_2|$ 成等差数列,

所以 $|AF_2|+|BF_2|=2|AB|$。

又 $|AF_2|+|BF_2|+|AB|=4a$,

所以 $|AB|=\dfrac{4a}{3}$。③

由②③可得 $\sqrt{\dfrac{16a^2b^4}{(a^2+b^2)^2}}=\dfrac{4a}{3}$,解得 $a^2=2b^2$,所以 $c^2=b^2$,

故椭圆的离心率 $e=\dfrac{c}{a}=\sqrt{\dfrac{c^2}{a^2}}=\sqrt{\dfrac{b^2}{2b^2}}=\dfrac{\sqrt{2}}{2}$。

(2)由题意知 P 在直线 AB 的中垂线 $y=-x-1$ 上,

且 AB 的中点 $\left(\dfrac{x_1+x_2}{2},\dfrac{x_1+x_2}{2}+c\right)$ 在直线 $y=-x-1$ 上,所以 $x_1+x_2=-c-1$。

又由(1)知 $x_1+x_2=-\dfrac{2a^2c}{a^2+b^2}$,

所以 $-\dfrac{2a^2c}{a^2+b^2}=-c-1$。

又由(1)知 $a^2=2b^2, c^2=b^2$,所以联立得 $\begin{cases}-\dfrac{2a^2c}{a^2+b^2}=-c-1,\\ a^2=2b^2,\\ c^2=b^2,\end{cases}$ 解得 $\begin{cases}a=3\sqrt{2}\\ b=3,\\ c=3,\end{cases}$

故椭圆 E 的方程为 $\dfrac{x^2}{18}+\dfrac{y^2}{9}=1$。

第十一章 计数原理与概率统计

思维导图

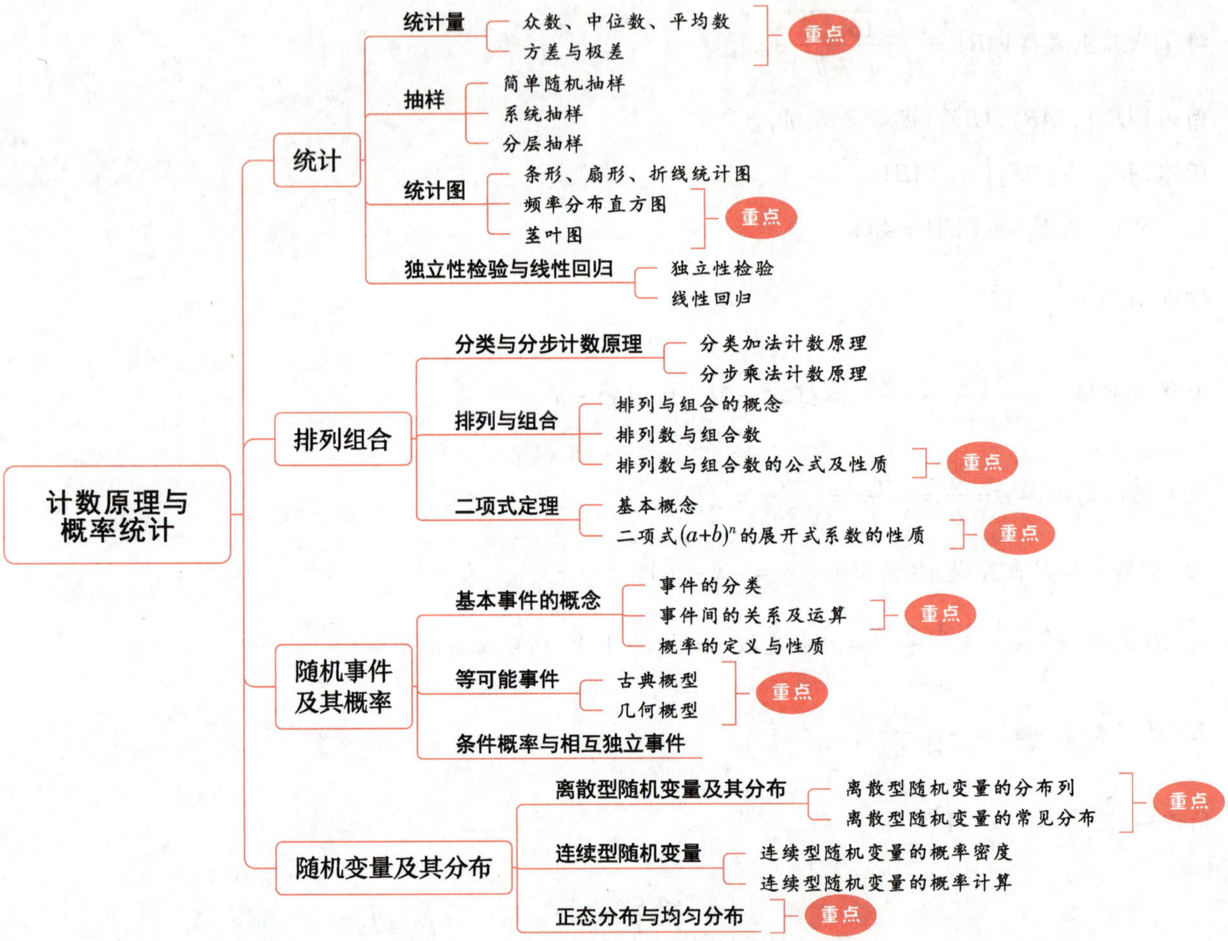

- 计数原理与概率统计
  - 统计
    - 统计量
      - 众数、中位数、平均数（重点）
      - 方差与极差（重点）
    - 抽样
      - 简单随机抽样
      - 系统抽样
      - 分层抽样
    - 统计图
      - 条形、扇形、折线统计图
      - 频率分布直方图（重点）
      - 茎叶图（重点）
    - 独立性检验与线性回归
      - 独立性检验
      - 线性回归
  - 排列组合
    - 分类与分步计数原理
      - 分类加法计数原理
      - 分步乘法计数原理
    - 排列与组合
      - 排列与组合的概念
      - 排列数与组合数
      - 排列数与组合数的公式及性质（重点）
    - 二项式定理
      - 基本概念
      - 二项式 $(a+b)^n$ 的展开式系数的性质（重点）
  - 随机事件及其概率
    - 基本事件的概念
      - 事件的分类
      - 事件间的关系及运算（重点）
      - 概率的定义与性质
    - 等可能事件
      - 古典概型（重点）
      - 几何概型（重点）
    - 条件概率与相互独立事件
  - 随机变量及其分布
    - 离散型随机变量及其分布
      - 离散型随机变量的分布列（重点）
      - 离散型随机变量的常见分布（重点）
    - 连续型随机变量
      - 连续型随机变量的概率密度
      - 连续型随机变量的概率计算
    - 正态分布与均匀分布（重点）

考向分析

本章属于高中阶段数学的重要内容，要求考生重点掌握相关定义、公式和各类计算方法。现对本章考向分析如下：

高频考点	常考题型	能力要求	考查热度
众数、中位数、平均数	单选	识记	★★
方差与极差	单选	识记	★

续表

高频考点	常考题型	能力要求	考查热度
常用的三种抽样方法	单选	识记、应用	★★
频率分布直方图	单选、解答	识记、理解	★
独立性检验	单选	掌握	★
线性回归	单选	识记、应用	★
排列与组合	单选	掌握	★★
二项式定理	单选	掌握	★★★
事件间的关系及运算	单选	理解	★
古典概型与几何概型	单选、填空	掌握	★★
条件概率与独立事件	单选	掌握	★★★
离散型随机变量的数学期望	解答	掌握	★★★
正态分布	单选	理解	★

核心考点

第一节 统 计

一、统计量

考点 1 众数、中位数、平均数 【单选】 ★★

数字特征	定义与求法	优点与缺点
众数	一组数据中出现次数最多的数	众数通常用于描述变量的值中出现次数最多的数，但显然它对其他数据信息的忽视使其无法客观地反映总体特征
中位数	把一组数据按从小到大的顺序排列，处在中间位置的一个数据(或中间两个数据的平均数)	中位数是样本数据所占频率的等分线，它不受少数几个极端值的影响，这在某些情况下是优点，但它对极端值的不敏感有时也会成为缺点
平均数	如果有 n 个数据 $x_1,x_2,\cdots,x_n$，那么这 n 个数的平均数 $\bar{x}=\dfrac{x_1+x_2+\cdots+x_n}{n}$	平均数与每一个样本数据有关，可以反映出更多的关于样本数据全体的信息，但平均数受数据中的极端值的影响较大，使平均数在估计总体时可靠性降低

注：加权平均数：一般地，一组数据中各个数据的重要程度不同，有些数据比其他数据更重要，在计算这组数据的平均数时，往往根据其重要程度，分别给每个数据一个“权”，利用公式$\frac{1}{n}(x_1f_1+x_2f_2+\cdots+x_nf_n)$来求这组数据的平均数，其中$x_1,x_2,\cdots,x_n$代表各个数据，$f_1,f_2,\cdots,f_n$代表各数据的权，且$f_1+f_2+\cdots+f_n=n$，这样求得的平均数叫作加权平均数。

考点2 方差与极差 【单选】 ★

1. 方差

一般地，设样本的元素为$x_1,x_2,\cdots,x_n$，样本的平均数为$\bar{x}$，则$S^2=\frac{(x_1-\bar{x})^2+(x_2-\bar{x})^2+\cdots+(x_n-\bar{x})^2}{n}$，$S=\sqrt{\frac{(x_1-\bar{x})^2+(x_2-\bar{x})^2+\cdots+(x_n-\bar{x})^2}{n}}$，其中$S^2$表示方差，$S$表示标准差。方差描述了一组数据围绕平均数波动的大小。

2. 极差

一组数据中最大数据与最小数据的差叫作极差。极差又称全距。

在统计中常用极差来刻画一组数据的离散程度，极差反映的是变量分布的变异范围和离散幅度。同时，它能体现一组数据波动的范围。极差越大，离散程度越大，反之，离散程度越小。

真题面对面

1. [2021 江西，单，1 分]一组数据为 4，5，5，6，若添加一个数据 5，则发生变化的统计量是(　　)

A. 平均数　　B. 众数

C. 中位数　　D. 方差

答案：D。原数据的平均数为$\frac{4+5+5+6}{4}=5$，现数据的平均数为$\frac{4+5+5+6+5}{5}=5$，故 A 项未发生变化；原数据的众数为 5，现数据的众数也为 5，故 B 项未发生变化；原数据的中位数为$\frac{5+5}{2}=5$，现数据的中位数为 5，故 C 项未发生变化；原数据的方差为$\frac{(4-5)^2+(5-5)^2\times2+(6-5)^2}{4}=\frac{1}{2}$，现数据的方差为$\frac{(4-5)^2+(5-5)^2\times3+(6-5)^2}{5}=\frac{2}{5}$，发生变化，故选 D。

2. [2020 山西忻州，单，3 分]已知样本数据 7，8，9，x，y 的平均数为 8，标准差为$\sqrt{2}$，则 $xy=$(　　)

A. 8　　B. 32

C. 60　　D. 80

答案：C。由题意可知$(7+8+9+x+y)\div5=8$，$\therefore x+y=16$，$x=16-y$，$\because \frac{1}{5}[(7-8)^2+(8-8)^2+(9-8)^2+(x-8)^2+(y-8)^2]=(\sqrt{2})^2$，将$x=16-y$代入上式，解得$xy=60$。

二、抽样 【单选】 ★★

	定义	操作步骤
简单随机抽样	一般地,从元素个数为 N 的总体中不放回地抽取容量为 n 的样本,如果每一次抽取时总体的每个个体有相同的可能性被抽到,那么这种抽样方法就叫作简单随机抽样	直接从总体中抽取个体,每个个体被抽到的概率为 $\frac{n}{N}$
系统抽样	当总体元素个数很大时,样本容量就不宜太小,采用简单随机抽样,就显得费事,这时,可将总体分成均衡的若干部分,然后按照预先制定的规则,从每一部分抽取一个个体,得到所需要的样本,这种抽样的方法叫作系统抽样	①利用随机的方式将总体中的个体编号; ②将总体的号码分段,确定分段间隔 k,当 $\frac{N}{n}$(N 为总体中的个体数,n 为样本容量)是整数时,$k=\frac{N}{n}$;当 $\frac{N}{n}$ 不是整数时,通常从总体中剔除一些个体使剩下的个体数 N' 能被 n 整除,这时 $k=\frac{N'}{n}$; ③第一段用简单随机抽样确定起始个体编号 l; ④按照事先确定的规则抽取样本,通常是将 l 加上间隔 k 得到第 2 个编号 $(l+k)$,将 $(l+k)$ 加上 k,得到第 3 个编号 $(l+2k)$,……,直到获取整个样本
分层抽样	当总体是由明显差异的几部分组成时,为了使抽取的样本更好地反映总体的情况,常采用分层抽样,将总体中各个个体按某种特征分成互不重叠的若干部分,在各层中按规定的比例进行简单随机抽样,这种抽样方法叫作分层抽样	①确定样本容量与总体中个体个数的比; ②计算出各层需抽取的个体数; ③采用简单随机抽样或系统抽样在各层中抽取个体; ④将各层中抽取的个体合在一起,就是所要抽取的样本

真题面对面

[2018 四川特岗,单,3 分]为了解某地区中小学学生的诗词量,从该地区中小学生中抽取部分学生进行调查,事先已经了解到该地区小学、中学、高中三个学段学生诗词量差异较大,男女诗词量差异不大。在下面的抽样方法中,最合理的是(　　)

A. 简单随机抽样法　　B. 按性别分层抽样法

C. 按学段分层抽样法　　D. 系统抽样法

答案:C。当总体由差异明显的几部分组成时,选择分层抽样的方法,该地区小学、中学、高中三个学段学生诗词量差异较大,男女诗词量差异不大,所以应该按学段分层抽样。

三、统计图

考点 1 条形、扇形、折线统计图

统计资料或统计表中互相关联的数量可以用图形表示出来,这种表示数量之间关系的图形就是统计

图。统计图通常可以分为条形统计图、折线统计图和扇形统计图三种。

	定义	特点
条形统计图	用一个单位长度(如1厘米)表示一定的数量,根据数量的多少,画成长短相应成比例的直条,并按一定顺序排列起来,这样的统计图称为条形统计图	①能够使人们一眼看出各个数据的大小; ②易于比较数据之间的差别; ③能清楚地表示出数量的多少
扇形统计图	以一个圆的面积表示事物的总体,以扇形面积表示占总体的百分数的统计图,叫作扇形统计图,也叫作百分数比较图	①用扇形的面积表示部分在总体中所占的百分比; ②易于显示每组数据相对于总数的大小;可以比较清楚地反映出部分与部分、部分与整体之间的数量关系
折线统计图	用一个单位长度表示一定的数量,根据数量的多少找出各点,然后把各点用线段顺次连结起来,以折线的上升或下降来表示统计数量的增减变化的统计图,称为折线统计图	能够显示数据的变化趋势,反映事物的变化情况

真题面对面

[2021 江西,单,1分]如图,某单位考核情况的条形统计图,分为A、B、C三个等级,下面说法正确的是( )

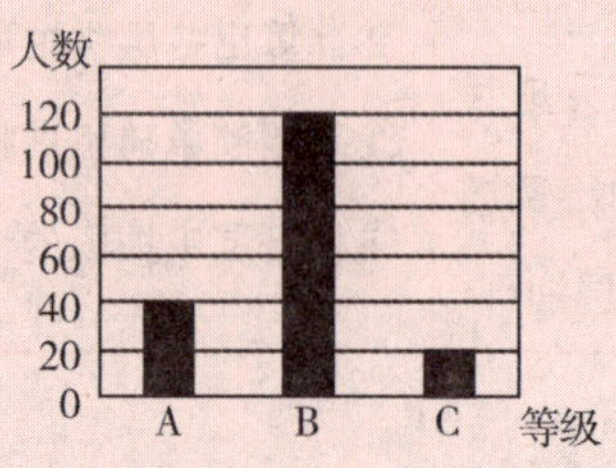

A. C等级人最少,占总数的30% B. 该单位共有120人

C. A等级人比C等级人多10% D. B等级人最多,占总数的$\frac{2}{3}$

答案:D。获C等级的有20人,总人数是$40+120+20=180$(人),C等级的人数占总人数的$20\div180\approx11.1\%$,故A、B两项错误;C项,获A等级的有40人,获C等级的有20人,那么获A等级的比获C等级的多$(40-20)\div20=100\%$,错误;D项,获B等级的有120人,那么B等级的人数占总人数的$120\div180=\frac{2}{3}$,正确。故选D。

考点2 频率分布直方图 【单选、解答】 ★

1. 基础概念

(1)纵轴表示$\frac{频率}{组距}$;

(2)频率：数据落在各小组内的频率用各长方形的面积表示；

(3)各小长方形的面积总和等于1。

2. 频率分布折线图与总体密度曲线

(1)频率分布折线图

连结频率分布直方图中各小长方形上端的中点，就得到频率分布折线图。

(2)总体密度曲线

随着样本容量的增加，作图时所分的组数增加，组距减小，相应的频率分布折线图就会越来越接近于一条光滑的曲线，统计中称之为总体密度曲线，它能够更加精细地反映出总体的分布规律。

3. 频率分布直方图的作图步骤

(1)求极差；(2)确定组距和组数；(3)将数据分组；(4)列频率分布表；(5)画频率分布直方图。

注：在频率分布直方图中，频率最大或最高组的中间值对应众数；中位数是把频率分布直方图分成两个面积相等部分的平行于 y 轴的直线横坐标；每个小矩形面积乘小矩形底边中点的横坐标之和对应平均数。

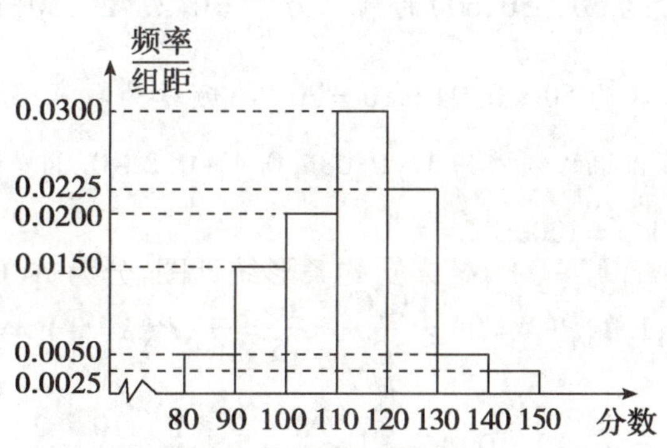

某班数学成绩频率分布直方图

真题面对面

1. [2022 江西高中数学，单选，1 分]某班全体学生参加英语测试，所得成绩的频率分布直方图如图所示，若低于60分的人数为15，则该班学生总人数是(　　)

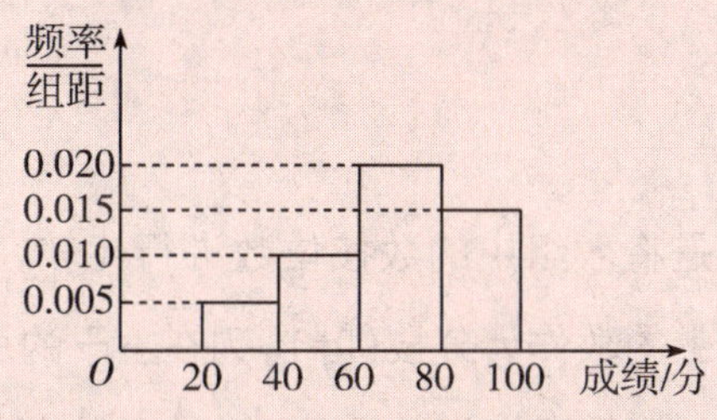

A. 45　　B. 50　　C. 55　　D. 60

答案：B。由频率分布直方图可知，成绩低于60分的人数频率是 $(0.010+0.005)\times 20=0.3$，所以该班学生总人数是 $15\div 0.3=50$ 人。

2. [2021 河南许昌，解答，8 分]为庆祝中国共产党成立100周年，某市举行市民骑行活动，选取50名骑行者在青山绿水中飞驰，从5000名报名者中随机抽取选50人，并将其按照年龄大小分为5组，依

第一部分

次为[20,30),[30,40),[40,50),[50,60),[60,70],如图是按上述分组得到的频率分布直方图的一部分,已知第4组人数为10人。

(1)求第2组的频率,并估计5000名报名者中年龄在50岁以上(含50岁)的人数;

(2)若从年龄位于第1组和第5组的人中随机抽取2人,记第5组抽取的人数为X,求X的分布列及数学期望$E(X)$。

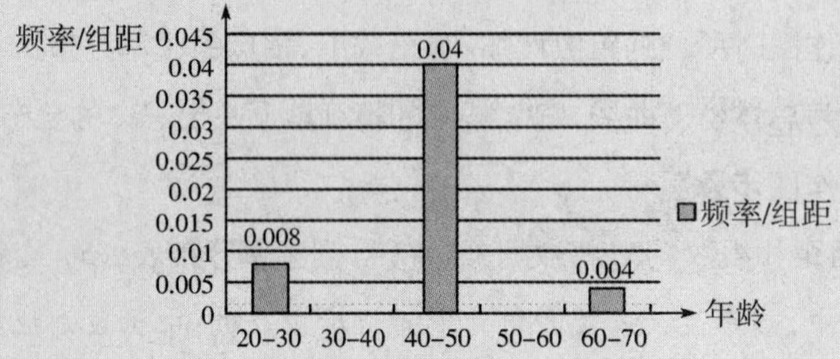

答案:(1)由题意知样本量为50,[50,60)的频率为$\frac{10}{50}=0.2$,[20,30)的人数为$50\times0.008\times10=4$人,频率为0.08,[40,50)的人数为$50\times0.04\times10=20$人,频率为0.4,第五组的人数为$0.004\times50\times10=2$人,频率为0.04,因此第2组的频率为$1-0.08-0.4-0.2-0.04=0.28$。50岁以上的人的频率为$0.2+0.04=0.24$,$0.24\times5000=1200$人。

(2)由题意X可取值为0,1,2,$P(X=0)=\frac{C_4^2C_2^0}{C_6^2}=\frac{6}{15}=\frac{2}{5}$,$P(X=1)=\frac{C_4^1C_2^1}{C_6^2}=\frac{8}{15}$,$P(X=2)=\frac{C_4^0C_2^2}{C_6^2}=\frac{1}{15}$,因此$X$的分布列如下表所示,$E(X)=0\times\frac{2}{5}+1\times\frac{8}{15}+2\times\frac{1}{15}=\frac{10}{15}=\frac{2}{3}$。

X	0	1	2
$P(X)$	$\frac{2}{5}$	$\frac{8}{15}$	$\frac{1}{15}$

考点3 茎叶图

1. 茎叶图的定义

茎叶图又称“枝叶图”,它的思路是将数组中的数按位数进行比较,将数的大小基本不变或变化不大的位作为一个主干(茎),将变化大的位上的数作为分枝(叶),列在主干的后面,这样就可以清楚地看到每个主干后面的几个数,每个数具体是多少。茎是指中间的一列数,叶是从茎的旁边生长出来的数。茎叶图不仅能够保留原始数据,而且能够展示数据的分布情况。

2. 作茎叶图的步骤(数据为两位数的)

(1)将所有两位数的十位数字作为“茎”,茎按从小到大(或从大到小)的顺序自上而下排列,茎相同者共用一个茎,再在茎的两侧画上竖线作为分界线;

(2)在分界线的另一侧对应茎处,记录下“叶”——个位数字,一般共茎的叶按从小到大(或从大到小)

的顺序同行列出。

如图所示的茎叶图，左、右两侧分别表示某校(1)(2)两班的茎叶图成绩表：

树叶	树茎	树叶
7	9	6 5
0 0 1 2 3 3 4	8	4 4 4 4 2 1 1
5 5 6 7 7 8 9 9 9	7	9 7 6 6 5
1 2 3 4 4	6	3 3 0
5 6	5	6 5 5

比如第一行的数字：7|9|6 5，它们代表(1)班成绩中有97这个数字，(2)班成绩中有95，96这两个数字。

[2022安徽统考，解答，8分]某校对该校高二学生的数学测试成绩(满分150分)进行了数据统计，现从甲、乙两个班100分以上的试卷中分别抽取了15份试卷进行分析，将得到的30份试卷的成绩制成茎叶图如下：

甲班		乙班
9 5	10	
8 4 2	11	5 8 8
8 6 6 4	12	1 2 3 4 4 6
9 7 5	13	3 5 5
8 5 2	14	5 9
	15	0

(1)求甲、乙两班抽取试卷的成绩的中位数 $x_{甲}$ 与 $x_{乙}$，并根据茎叶图判断方差 $s_{甲}^2$，$s_{乙}^2$ 的大小(只需写出结果)；

(2)在这30份试卷中，从成绩145分以上(含145分)的试卷中随机抽取两份，试求这两份试卷均来自乙班的概率。

答案：(1)由茎叶图可知，甲班成绩的中位数 $x_{甲}=126$，乙班成绩的中位数 $x_{乙}=124$。$s_{甲}^2>s_{乙}^2$。(乙班成绩更集中)

(2)甲班成绩在145分及以上有2人，乙班成绩在145分及以上的有3人。

故从成绩145分以上(含145分)的试卷中抽取两份，这两份试卷均来自乙班的概率为 $\frac{C_3^2}{C_5^2}=\frac{3}{10}$。

四、独立性检验与线性回归

考点 1 独立性检验 【单选】 ★

1. 分类变量

变量的不同"值"表示个体所属的不同类别，像这样的变量称为分类变量。

2. 2×2 列联表

一般地,假设有两个分类变量 X,Y,它们的取值分别为 $\{x_1,x_2\}$ 和 $\{y_1,y_2\}$,其样本频数列联表,即称为 2×2列联表,如下:

	y_1	y_2	总计
x_1	a	b	$a+b$
x_2	c	d	$c+d$
总计	$a+c$	$b+d$	$a+b+c+d$

3. 独立性检验

(1)独立性检验的基本概念

为了使不同样本容量的数据有统一的评判标准,我们构造一个随机变量 $K^2=\dfrac{n(ad-bc)^2}{(a+b)(c+d)(a+c)(b+d)}$,其中 $n=a+b+c+d$ 为样本容量。

利用随机变量 K^2 确定在多大程度上可以认为"两个分类变量有关系"的方法称为两个分类变量的独立性检验。

(2)独立性检验的基本思想

独立性检验的基本思想类似于反证法。

一般情况下:假设分类变量 X 和 Y 之间没有关系,通过计算 K^2,然后查表对照相应的概率 P,发现这种假设正确的概率 P 很小,从而推翻假设,最后得出 X 和 Y 之间有关系的可能性为 $(1-P)$,也就是"X 和 Y 有关系"。

(3)基本方法

根据观测数据计算由公式 $K^2=\dfrac{n(ad-bc)^2}{(a+b)(c+d)(a+c)(b+d)}$ 所给出的检验随机变量 K^2 的观测值 k,k 的值越大,说明"X 与 Y 有关系"成立的可能性越大。(下表中的 k_0 就是临界值)

部分数据对照表

$P(k^2\geqslant k_0)$	0.1	0.05	0.025	0.01	0.005	0.001
k_0	2.706	3.841	5.024	6.635	7.879	10.828

①如果 $k>10.828$,就有 99.9% 的把握认为"X 与 Y 有关系";

②如果 $k>7.879$,就有 99.5% 的把握认为"X 与 Y 有关系";

……

③如果 $k>2.706$,就有 90% 的把握认为"X 与 Y 有关系";

④如果 $k\leqslant 2.706$,就认为没有充分的证据显示"X 与 Y 有关系"。

真题面对面

[2019 江西高中,解答,12 分]为调查某疫苗在儿童中接种后的预防效果,随机抽取了该幼儿园 100 名儿童做效果测定,得到统计数据如下:

	得阴性人数	得阳性人数	总计
未注射疫苗	20	x	A
注射疫苗	30	y	B
总计	50	50	100

现从这 100 名儿童中选一人,选到注射疫苗儿童的概率为$\frac{2}{5}$。

(1)求 2×2 列联表中的数据 x,y,A,B 的值;

(2)能够有多大把握认为疫苗有效?

附:$K^2=\frac{n(ad-bc)^2}{(a+b)(c+d)(a+c)(b+d)}$,$n=a+b+c+d$。

$P(K^2\geqslant k_0)$	0.05	0.01	0.005	0.001
k_0	3.841	6.635	7.879	10.828

答案:(1)设"从所有实验儿童中任选一人,选到注射疫苗儿童"为事件 M,由已知得,$P(M)=\frac{y+30}{100}=\frac{2}{5}$,解得 $y=10$,则 $B=40,A=60,x=40$。

(2)由题设数据可知,$K^2=\frac{100(20\times10-30\times40)^2}{50\times50\times40\times60}=\frac{50}{3}\approx16.67>10.828$,

所以有 99.9% 的把握认为疫苗有效。

考点 2 线性回归 【单选】 ★

1. 变量间的关系

自变量一定时,因变量的取值带有一定的随机性的两个变量之间的关系称为相关关系。

变量间的关系主要有 2 种:

(1)函数关系:变量之间的关系可以用函数表示,是一种确定关系。

(2)相关关系:变量之间有一定的联系,但不能完全用函数来表达。

2. 两个变量的线性关系

(1)回归分析

对具有相关关系的两个变量进行统计分析的方法叫回归分析。

(2)散点图

为了刻画两个变量之间的相关关系,常建立平面直角坐标系。将 n 个数据点$(x_i,y_i)(i=1,2,\cdots,n)$描在坐标系内，称这样的图为散点图。

(3)正相关与负相关

如果在关于两个变量的散点图中，点散布的位置是从左下角到右上角的区域，即一个变量的值由小变大时，另一个变量的值也由小变大，这种关系称为正相关；反之，如果点散布的位置是从左上角到右下角的区域，即一个变量的值由小变大时，另一个变量的值由大变小，这种关系称为负相关。

3. 线性回归方程

(1)线性相关关系

如果散点图中点的分布从整体上看大致在一条直线附近，我们可以用直线 $\hat{y}=\hat{b}x+\hat{a}$ 拟合散点图中的这些点，像这样能用方程 $\hat{y}=\hat{b}x+\hat{a}$ 近似表示的相关关系叫作线性相关关系。

(2)线性回归直线方程

一般地，设有 (x,y) 的 n 对观察数据如下：

x	x_1	x_2	x_3	…	x_n
y	y_1	y_2	y_3	…	y_n

当 $\hat{a},\hat{b}$ 使得 $Q=(y_1-\hat{b}x_1-\hat{a})^2+(y_2-\hat{b}x_2-\hat{a})^2+\cdots+(y_n-\hat{b}x_n-\hat{a})^2$ 取得最小值时，就称方程 $\hat{y}=\hat{b}x+\hat{a}$ 为拟合这 n 对数据的线性回归方程，该方程所表示的直线称为回归直线。

$$\hat{b}=\frac{\sum_{i=1}^{n}x_iy_i-n\overline{xy}}{\sum_{i=1}^{n}x_i^2-n\overline{x}^2},\hat{a}=\overline{y}-\hat{b}\overline{x},\overline{x}=\frac{1}{n}\sum_{i=1}^{n}x_i,\overline{y}=\frac{1}{n}\sum_{i=1}^{n}y_i。$$

注：①回归分析是寻找相关关系中非确定性关系的某种确定性；

②只有按最小二乘法求得回归系数 $\hat{a},\hat{b}$ 得到的直线 $\hat{y}=\hat{b}x+\hat{a}$ 才是回归直线，因为穿过多数数据点的直线不止一条；

③散点图中的绝大多数点都线性相关，个别特殊点不影响线性回归；

④回归直线方程反映了样本整体的变化趋势；

⑤$\hat{b}>0$ 时，y 与 x 正相关，散点图呈上升趋势；$\hat{b}<0$ 时，y 与 x 负相关，散点图呈下降趋势。

考法大揭秘

求线性回归方程的一般步骤

(1)画散点图，看两个变量是不是存在线性相关关系；

(2)列表计算 $\overline{x},\overline{y},\sum_{i=1}^{n}x_i^2,\sum_{i=1}^{n}x_iy_i$；

(3)利用(2)的结果计算 $\hat{b},\hat{a}$(先求 $\hat{b}$，再求 $\hat{a}$)，得出线性回归方程。

第一部分

真题面对面

[2018 山西临汾尧都区,单,3 分]以下关于线性回归的判断,正确的个数是(　　)

①若散点图中所有点都在一条直线附近,则这条直线为回归直线;

②散点图中的绝大多数点都线性相关,个别特殊关系点不影响线性回归,如图中的 A,B,C 点;

③已知回归直线方程为 $\hat{y}=0.50x-0.81$,则 $x=25$ 时,y 的估计值为 11.69;

④回归直线方程的意义是反映了样本整体的变化趋势。

A. 1　　　　B. 2

C. 3　　　　D. 4

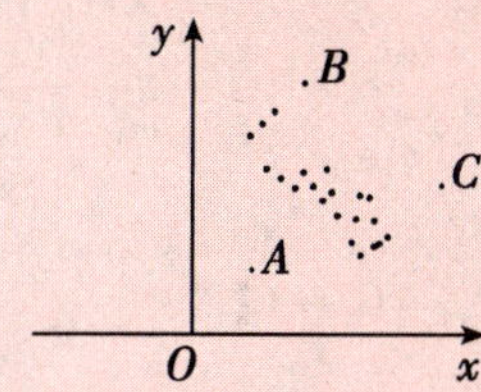

答案:C。能使所有数据点都在其附近的直线不止一条,而根据回归直线的定义知,只有按最小二乘法拟合得到的直线才是回归直线,∴①错;②正确;将 $x=25$ 代入 $\hat{y}=0.50x-0.81$,解得 $\hat{y}=11.69$,∴③正确;④正确。故选 C。

第二节　排列组合

一、分类与分步计数原理

	分类加法计数原理	分步乘法计数原理
条件	完成一件事有 n 类不同方案,在第 1 类方案中有 m_1 种不同的方法,在第 2 类方案中有 m_2 种不同的方法,……,在第 n 类方案中有 m_n 种不同的方法	完成一件事需要 n 个步骤,做第 1 步有 m_1 种不同的方法,做第 2 步有 m_2 种不同的方法,……,做第 n 步有 m_n 种不同的方法
结论	完成这件事共有 $N=m_1+m_2+\cdots+m_n$ 种不同的方法	完成这件事共有 $N=m_1m_2\cdots m_n$ 种不同的方法

二、排列与组合 【单选】 ★★

1. 排列与组合的概念

名称	定义	
排列	从 n 个不同元素中取出 $m(m\leqslant n)$ 个元素	按照一定的顺序排成一列
组合		合成一组

第一部分

2. 排列数与组合数

(1)排列数的定义:从 n 个不同元素中取出 $m(m\leqslant n)$ 个元素的所有不同排列的个数叫作从 n 个不同元素中取出 m 个元素的排列数,用 A_n^m 表示。

(2)组合数的定义:从 n 个不同元素中取出 $m(m\leqslant n)$ 个元素的所有不同组合的个数叫作从 n 个不同元素中取出 m 个元素的组合数,用 C_n^m 表示。

3. 排列数与组合数的公式及性质

公式	(1) $A_n^m=n(n-1)(n-2)\cdots(n-m+1)=\frac{n!}{(n-m)!}$; (2) $C_n^m=\frac{A_n^m}{A_m^m}=\frac{n(n-1)(n-2)\cdots(n-m+1)}{m!}=\frac{n!}{m!\ (n-m)!}$
性质	(1) $0!=1$, $A_n^n=n!$; (2) $C_n^0=C_n^n=1$, $C_n^m=C_n^{n-m}$, $C_{n+1}^m=C_n^m+C_n^{m-1}$

真题面对面

[2018 山西临汾尧都区,单,3 分]某科技小组有 6 名同学,现从中选出 3 人参加展览,至少有一名女生入选的不同选法有 16 种,则小组中女生数为(　　)

A. 2　　B. 3

C. 4　　D. 5

答案: A。假设男生有 x 人,则依题意有 $C_6^3-C_x^3=16$,解得 $x=4$,所以女生有 2 人。

考法大揭秘

排列与组合问题的解题策略

(一)排列问题

1. 对于有限制条件的排列问题,分析问题时有位置分析法、元素分析法,在实际进行排列时一般采用特殊元素优先原则,即先安排有限制条件的元素或有限制条件的位置,对于分类过多的问题可以采用间接法。

2. 对相邻问题采用捆绑法、不相邻问题采用插空法、定序问题采用倍缩法是解决有限制条件的排列问题的常用方法。

[例 1]7 种不同的花种在排成一列的相同的 7 个花盆里,若两种葵花都不种在正中间,也不种在两端的花盆里,则有________种不同的种法。

答案: 1440。在不受限制的 4 个花盆中先种两种不同的葵花,共有 A_4^2 种种法,再种其他花有 A_5^5 种种法。由分步计数原理得共有 $A_4^2A_5^5=1440$ 种种法。

[例2]3位男生和3位女生共6位同学排成一排，若男生甲不站两端，且3位女生中有且仅有2位女生相邻，则不同的排法共有(　　)种。

A. 360　　B. 288

C. 216　　D. 144

答案：B。先考虑3位女生中有且只有2位相邻的排列，从3位女生中选2位(这2位全排列)捆绑在一起($C_3^2A_2^2$)，3位男生相当于3个隔板(全排列A_3^3)，形成4个空位，因为有且只有2位女生相邻，则从这4个空位中选2个空位并进行全排列(A_4^2)，则共有$C_3^2A_2^2A_3^3A_4^2=432$种排法；而3位女生中有且仅有2位相邻且男生甲在两端的排法有$2C_3^2A_2^2A_3^2A_2^2=144$种。∴不同的排列方法共有$432-144=288$种。故选B。

(二)组合问题

1.“含有”或“不含有”某些元素的组合题型。“含”，则先将这些元素取出，再由另外元素补足；“不含”，则先将这些元素剔除，再从剩下的元素中去选取。

2.“至少”或“最多”含有几个元素的题型，考虑逆向思维，用间接法处理。

[例]从4台甲型和5台乙型电视机中任取3台，其中至少要甲型和乙型电视机各一台，则不同的取法共有(　　)

A. 140种　　B. 80种

C. 70种　　D. 35种

答案：C。方法一：反向思考，至少各一台的反面就是只取一种型号而不取另一种型号，故不同的取法共有$C_9^3-C_4^3-C_5^3=70$种，选C。

方法二：至少要甲型和乙型电视机各一台可分两种情况：甲型1台、乙型2台，甲型2台、乙型1台，故不同的取法有$C_4^1C_5^2+C_4^2C_5^1=70$种，选C。

(三)排列组合的综合问题

1. 利用先选后排法解决问题的三个步骤

排列组合的综合问题

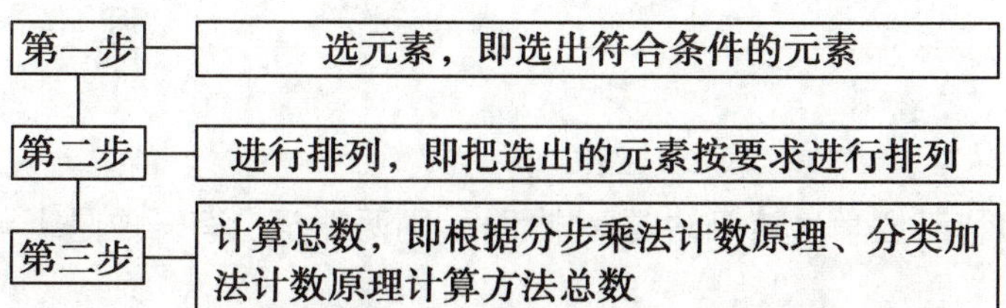

[例]一个班有6名战士，其中正、副班长各1人。现从中选4人完成4种不同的任务，每人完成一种任务，且正、副班长有且只有1人参加，则不同的选法有________种。

答案：192。①从正、副班长中选一人，有C_2^1种选法；②从其余4名战士中选3人，有C_4^3种选法；③给选出的4人分配4种不同任务，有A_4^4种分配方法。由分步计数原理得不同的选法共有$C_2^1C_4^3A_4^4=192$种。

2. 分组分配问题

(1)不同元素的分配问题,往往是先分组再分配。

解决方法:

第一步,分组,区分均匀分组(包括局部均匀分组)和非均匀分组。凡均匀分组,其分组方法数为"既选又除"("除"即除以 $r!$,r 为均匀分组的组数,以消除重复);凡不均匀分组,其分组方法数为"只选不除"。

第二步,考虑是否将分组结果再分配给人。若否,则计数结果到第一步停止;若是,则再考虑是否乘分配人数的全排列。

(2)对于相同元素的"分配"问题,常用的方法是采用"隔板法"。

[例 1]安排 3 名志愿者完成 4 项工作,每人至少完成 1 项,每项工作由 1 人完成,则不同的安排方式共有(　　)

A. 12 种　　B. 18 种

C. 24 种　　D. 36 种

答案:D。因为安排 3 名志愿者完成 4 项工作,每人至少完成 1 项,每项工作由 1 人完成,所以必有 1 人完成 2 项工作。先把 4 项工作分成 3 组,即 2,1,1,有 $C_4^2=6$(种),再分配给 3 个人,有 $A_3^3=6$(种),所以不同的安排方式共有 $6\times6=36$(种)。

[例 2]某学校派出 5 名优秀教师去边远地区的三所中学进行教学交流,每所中学至少要派一名教师,则不同的分配方法有(　　)

A. 80 种　　B. 90 种

C. 120 种　　D. 150 种

答案:D。有两类情况:①其中一所学校 3 名教师,另两所学校各 1 名教师的分法有 $C_5^3A_3^3=60$(种);②其中一所学校 1 名教师,另两所学校各 2 名教师的分法有 $\dfrac{C_5^1C_4^2A_3^3}{A_2^2}=90$(种)。所以共有 150 种,选 D。

真题面对面

1. [2021 安徽统考,单,4 分]两位老师和三位学生随机站成一排照相,则两端至少有一位是老师的概率是(　　)

A. $\dfrac{2}{5}$　　B. $\dfrac{3}{5}$　　C. $\dfrac{7}{10}$　　D. $\dfrac{9}{10}$

答案:C。设两端至少有一位是老师为事件 A,两位老师和三名学生站成一排,一共有 $A_5^5=5\times4\times3\times2=120$ 种排法,两端没有一位老师,一共有 $A_3^2A_3^3=36$ 种排法,故 $P(A)=\dfrac{120-36}{120}=\dfrac{7}{10}$。

2. [2021 江苏淮安,单,3 分]新高考改革后,要求考生从 9 门科目中选择 6 门参加高考,具体要求如下:语文、数学、外语为必选科目,从物理、历史 2 门学科中任选 1 门,再从化学、政治、生物、地理 4 门学科中任选 2 门。现有 5 位考生,已知他们共同选择了物理和生物,则这 5 位考生中至少有 3 人选科相同的概率为(　　)

A. $\frac{10}{27}$　　B. $\frac{17}{27}$

C. $\frac{20}{27}$　　D. $\frac{7}{27}$

答案:B。5 位考生共同选择了物理和生物,则只要他们中至少有 3 个考生在化学、政治、地理中选择同一科即可。假如有 3 位考生选择了同一科,则有 $C_5^3C_3^1C_2^1A_2^2=120$ 种选择;假如有 4 位考生选择了同一科,则有 $C_5^4C_3^1C_2^1=30$ 种选择;假如 5 位考生都选择了同一科,则有 $C_5^5C_3^1=3$ 种选择。这 5 位考生总共有 $3^5=243$ 种选择。故至少有 3 人选科相同的概率为 $\frac{120+30+3}{243}=\frac{17}{27}$。

3. [2020 山东威海环翠区,判断,0.48 分]从 0,1,2,…,9 这 10 个数字中,选出 3 个数字组成三位数,其中偶数的个数为 328。(　　)

答案:√。根据分类计数原理知,当末位是 0 时,十位和百位从 9 个元素中选两个进行排列有 A_9^2 种结果;当末位不是 0 时,从 2,4,6,8 四个数中选一个,百位从 8 个元素中选一个,十位从 8 个中选一个,共有 $C_4^1C_8^1C_8^1$,根据分类计数原理知共有 $A_9^2+C_4^1C_8^1C_8^1=328$ 种结果。

三、二项式定理 【单选】 ★★★

考点 1 二项式定理的基本概念

1. 二项式定理

$(a+b)^n=C_n^0a^n+C_n^1a^{n-1}b+C_n^2a^{n-2}b^2+\cdots+C_n^ra^{n-r}b^r+\cdots+C_n^nb^n$。

2. 二项式 $(a+b)^n$ 的展开式的通项公式

$T_{r+1}=C_n^ra^{n-r}b^r(r=0,1,2,\cdots,n)$。

重难点解读

赋值法在求二项式系数的和及特殊项系数等问题中经常使用:

(1)对形如 $(ax+b)^n$,$(ax^2+bx+c)^m(a,b,c\in\mathbf{R})$ 的式子求其展开式的各项系数之和,常用赋值法。

(2)若 $f(x)=a_0+a_1x+a_2x^2+\cdots+a_nx^n$,则 $f(x)$ 展开式中各项系数之和为 $f(1)$,奇数项系数之和为 $a_0+a_2+a_4+\cdots=\frac{f(1)+f(-1)}{2}$,偶数项系数之和为 $a_1+a_3+a_5+\cdots=\frac{f(1)-f(-1)}{2}$。

考点 2 二项式$(a+b)^n$的展开式系数的性质

(1)在二项展开式中,与首末两项“等距离”的两项的二项式系数相等,即有 $C_n^r=C_n^{n-r}$。

(2)如果二项式的幂指数是偶数,中间一项即第$\frac{n}{2}+1$项的二项式系数最大,为 $C_n^{\frac{n}{2}}$;如果二项式的幂指数是奇数,中间两项的二项式系数相等且最大,它们是第$\frac{n+1}{2}$项和第$\frac{n+1}{2}+1$项,即 $C_n^{\frac{n-1}{2}}=C_n^{\frac{n+1}{2}}$。

(3)二项式奇数项系数的和等于二项式偶数项系数的和,即 $C_n^0+C_n^2+C_n^4+\cdots=C_n^1+C_n^3+C_n^5+\cdots=2^{n-1}$。

(4)设$f(x)=a_0+a_1x+a_2x^2+a_3x^3+\cdots+a_nx^n$,则$a_0+a_1+a_2+a_3+\cdots+a_n=f(1)$;$a_0-a_1+a_2-a_3+\cdots+(-1)^na_n=f(-1)$。

真题面对面

1. [2022 安徽统考,填空,4 分]$(x-1)^5$的展开式中x^2的系数为________。

答案:-10。由二项式展开式的公式可得,$T_{r+1}=C_5^rx^{5-r}\cdot(-1)^r$,令$5-r=2$,则$r=3$,故$(x-1)^5$的展开式中$x^2$的系数为$C_5^3(-1)^3=-10$。

2. [2021 江苏淮安,单,3 分]若二项式$\left(\sqrt[5]{x}+\frac{3}{x}\right)^n$$(n\in\mathbf{N}_+)$的展开式中第四项是常数项,则$n$的值为(　　)

A. 6　　　　B. 18

C. 54　　　　D. 162

答案:B。二项式展开式的第$r+1$项为:$T_{r+1}=C_n^ra^{n-r}b^r$,则该二项式第四项为$T_4=C_n^3(\sqrt[5]{x})^{n-3}\left(\frac{3}{x}\right)^3=C_n^3(x)^{\frac{n-3}{5}}\left(\frac{3}{x}\right)^3$,因为第四项为常数,则$\frac{n-3}{5}-3=0$,故$n=18$。

第三节　随机事件及其概率

一、基本事件的概念

考点 1 事件的分类

在试验中可能发生,也可能不发生的结果称为随机事件,简称为事件。通常用大写英文字母$A,B,C\cdots$来表示随机事件。其分类如下:

确定事件	不可能事件	在条件S下,一定不会发生的事件	不可能事件的概率为0,反之不成立
	必然事件	在条件S下,一定会发生的事件	必然事件概率为1,反之不一定成立
不确定事件		在条件S下,可能发生也可能不发生的事件	概率不确定

考点2 事件间的关系及运算 【单选】 ★

1. 事件间的关系

事件的关系	定义	图示	备注
包含关系	事件 A 发生必然导致事件 B 发生,记为 $A\subseteq B$	A B S	(1)若 $A\subseteq B$,且 $B\subseteq A$,则事件 A 与 B 相等,记为 $A=B$; (2)不可能事件记作$\varnothing$
事件的和(并)	事件 A 与 B 至少有一个发生,记为 $A\cup B$ 或 $A+B$	A B S	包含3个部分:A 发生 B 不发生、A 不发生 B 发生、A 与 B 都发生
事件的积(交)	事件 A 与事件 B 同时发生,记为 $A\cap B$ 或 AB	A B S	与集合类比,相当于求交集
互不相容事件	如果事件 A 与事件 B 不能同时发生,即 $A\cap B=\varnothing$,则事件 A 与 B 互不相容(或互斥)	A B S	(1)基本事件是两两互不相容的; (2)$P(A\cap B)=0$;$P(A\cup B)=P(A)+P(B)$
对立事件	对于事件 A 与 B,若满足 $A\cup B=S$,$A\cap B=\varnothing$,则称事件 A 与 B 互为对立事件或逆事件	$\bar{A}$ A S	(1)$\bar{A}$ 表示"事件 A 不发生"; (2)在同一次试验中,两个对立事件 A 和 B 必有且仅有一个发生,$P(A+B)=P(A)+P(B)=1$

注:(1)对立事件必互斥,但互斥事件未必对立。

(2)事件的差:$A-B$ 称为 A 与 B 的差事件,表示事件 A 发生而 B 不发生。$P(A-B)=P(A\bar{B})=P(A)-P(AB)$。

2. 事件的运算满足的关系式

(1)交换律:$A\cup B=B\cup A,AB=BA$。

(2)结合律:$(A\cup B)\cup C=A\cup(B\cup C),(A\cap B)\cap C=A\cap(B\cap C)$。

(3)分配律:$(A\cup B)\cap C=AC\cup BC,(A\cap B)\cup C=(A\cup C)\cap(B\cup C)$。

(4)德摩根(De Morgen)定律:$\overline{A\cup B}=\bar{A}\,\bar{B},\overline{AB}=\bar{A}\cup\bar{B}$;$\overline{\bigcup_{i=1}^{n}A_i}=\bigcap_{i=1}^{n}\bar{A}_i,\overline{\bigcap_{i=1}^{n}A_i}=\bigcup_{i=1}^{n}\bar{A}_i$。

考点 3 概率的定义与性质

1. 概率的统计定义

(1)频率的概念

一般地,在大量重复 n 次试验中,如果事件 A 发生 n_A 次的频率 $f_n(a)=\frac{n_A}{n}$稳定在某个常数上,那么这个常数记作 $P(A)$,称为事件 A 的概率。

(2)概率的公理化定义

设 E 是随机试验,Ω 是它的样本空间,E 中的每一事件 A 发生的可能性大小称为事件 A 发生的概率,记为 $P(A)$。它满足下面的公理:

①非负性:对任一事件 A,有 $0\leqslant P(A)\leqslant 1$;

②规范性:$P(\Omega)=1$;

③可列可加性:设事件 $A_1,A_2,\cdots,A_n$ 是互不相容事件,即 $i\neq j$ 时,$A_iA_j=\varnothing(i,j=1,2,\cdots)$,则有 $P(\sum\limits_{n=1}^{\infty}A_n)=\sum\limits_{n=1}^{\infty}P(A_n)$。

2. 概率的性质

(1)不可能事件的概率为 0,即 $P(\varnothing)=0$。

(2)逆事件的概率:$P(\overline{A})=1-P(A)$。

(3)概率的加法公式:对于任意的两个事件 A 和 B,有 $P(A\cup B)=P(A)+P(B)-P(AB)$。

一般地,如果事件 $A_1,A_2,\cdots,A_n$ 两两互不相容,则有 $P(\sum\limits_{n=1}^{\infty}A_n)=\sum\limits_{n=1}^{\infty}P(A_n)$。

二、等可能事件

如果一次试验由 n 个基本事件组成,而且所有的基本事件出现的可能性都相等,那么每一个基本事件的概率都是$\frac{1}{n}$。如果事件 A 包含 m 个结果,那么事件 A 的概率 $P(A)=\frac{m}{n}$。

考点 1 古典概型 【单选、填空】 ★★

1. 概念

具有"等可能发生的有限个基本事件"的概率模型。

2. 计算公式

古典概型概率计算公式:$P(A)=\frac{A\text{包含的基本事件的个数}}{\text{基本事件的总数}}=\frac{m}{n}$。($n$ 是试验所包含的所有基本事件数,m 是事件 A 包含的基本事件数)

真题面对面

[2021 山西晋中介休,填空,2 分]一个口袋中有四个完全相同的小球,把它们分别标记为 1,2,3,4,随机地摸出一个小球,然后放回,再随机地摸出一个小球,则两次摸出小球标号之和等于 4 的概率是______。

答案：$\frac{3}{16}$。两次摸出的小球标号共有16种情况，其中两次摸出的小球标号之和为4的情况有(1,3)，(2,2)，(3,1)，共3种，则两次摸出小球标号之和为4的概率为$\frac{3}{16}$。

考点2 几何概型 【单选、填空】 ★★

1. 概念

每个事件发生的概率只与构成事件区域的几何度量(长度、面积或体积)成比例。

2. 计算公式

几何概型的概率计算公式：$P(A)=\frac{\text{构成事件}A\text{的区域几何度量(长度、面积或体积)}}{\text{试验全部结果构成的区域几何度量(长度、面积或体积)}}$。

易混点辨析

两种概型中每个事件出现的可能性都是相等的，但古典概型中所有可能出现的基本事件只有有限个，而几何概型中所有可能出现的基本事件有无限个。

真题面对面

[2020江西初中，单，1分]如图，正方形$ABCD$内接于$\odot O$，$\odot O$的直径为2分米，若在这个圆上随意抛一粒豆子，假设豆子落在每个位置都是等可能的，则豆子落在正方形$ABCD$外的概率为(　　)

A. $1-\frac{2}{\pi}$　　B. $\frac{2}{\pi}$　　C. $\frac{1}{\pi}$　　D. 2π

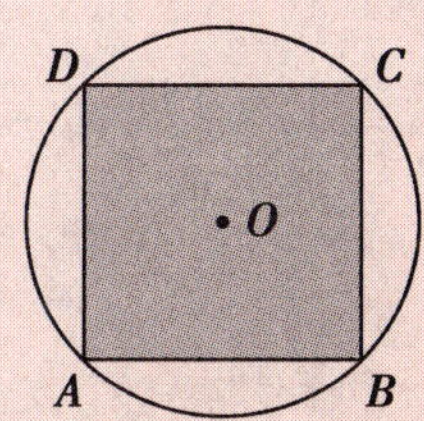

答案：A。因为$\odot O$的直径为2分米，则半径为1分米，$\odot O$的面积为π平方分米。设正方形的边长为x分米，则$2x^2=2^2$，$x=\sqrt{2}$，则其面积为2平方分米。因为豆子落在圆内每一个地方是等可能的，所以P(豆子落在正方形$ABCD$外)$=1-\frac{2}{\pi}$。故选A。

三、条件概率与相互独立事件 【单选】 ★★★

考点1 相互独立事件

1. 概念

事件A的发生对事件B的发生没有影响，同样事件B的发生对事件A的发生也没有影响，则这两个事件称为相互独立事件。

2. 特征

如果事件 A 和事件 B 独立，则 $P(AB)=P(A)P(B)$。

考点 2 独立重复试验

1. 概念

一次试验中，事件 A 发生的概率为 p，相同条件下，独立、重复进行了 n 次试验，称作 n 次独立重复试验。

2. 概率公式

n 次独立重复试验中，事件 A 发生的次数记为 $\xi(\xi=0,1,2,\cdots,n)$，则事件 A 恰好发生 k 次的概率为：$P(\xi=k)=C_n^k p^k(1-p)^{n-k}(0\leqslant k\leqslant n)$。

此时称随机变量 ξ 服从二项分布，记作 $\xi\sim B(n,p)$。

考点 3 条件概率

1. 概念及公式

设事件 A 和 B 是同一试验的两个事件，且 $P(A)>0$，在事件 A 发生的条件下事件 B 发生的概率称为条件概率，记为 $P(B|A)$，$P(B|A)=\dfrac{P(AB)}{P(A)}$。

考法大揭秘

求事件的概率的步骤

1. 确定事件性质，将所给的问题归结为四类事件中的某一种：等可能事件，互斥事件，对立事件，n 次独立重复试验。

2. 判断事件的运算，是和事件还是积事件，即至少有一个发生还是同时发生，确定是相加还是相乘事件。

3. 运用公式求解：

$$\begin{cases}\text{等可能事件：}P(A)=\dfrac{m}{n},\\ \text{互斥事件：}P(A+B)=P(A)+P(B),\\ \text{相互独立事件：}P(AB)=P(A)P(B),\\ n\text{ 次独立重复试验：}P_n(k)=C_n^k p^k(1-p)^{n-k}.\end{cases}$$

4. 概率计算中的一些通用结论：

(1) 设 A,B 为任意两个随机事件，则 $P(A+B)=P(A)+P(B)-P(AB)$；

(2) 设 A 为任意事件，则 $P(\overline{A})=1-P(A)$；

(3) 设 A,B 为任意两个随机事件，若 $A\subseteq B$，则 $P(B-A)=P(B)-P(A)$；

(4) 设 A,B 为任意两个随机事件，则 $P(A)=P(AB)+P(A\overline{B})$。

真题面对面

[2021 江西,单,1 分]如图所示,同时自由转动两个转盘,指针落在每一个数上的机会均等,转盘停止后,两个指针同时落在一奇一偶数上的概率是(　　)

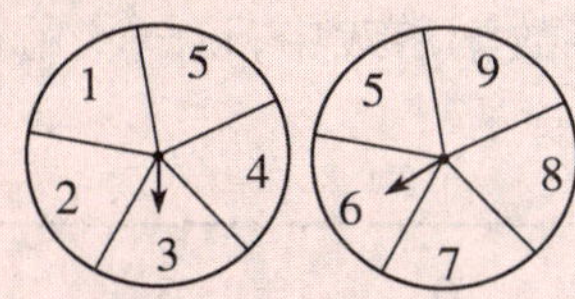

A. $\frac{12}{25}$　　B. $\frac{8}{25}$　　C. $\frac{13}{25}$　　D. $\frac{4}{5}$

答案:A。第一个转盘上落在偶数的概率是$\frac{2}{5}$,第二个转盘上落在奇数的概率是$\frac{3}{5}$,故一奇一偶的概率为$2\times\frac{2}{5}\times\frac{3}{5}=\frac{12}{25}$。

第四节　随机变量及其分布

如果随机试验的结果可以用一个变量来表示,那么这样的变量叫作随机变量。随机变量常用希腊字母ξ,η等表示。按一定次序可以一一列出的随机变量叫作离散型随机变量,可以取某一区间内的一切值的随机变量叫作连续型随机变量。

一、离散型随机变量及其分布 【解答】★★★

考点 1　离散型随机变量的分布列

1. 定义

一般地,离散型随机变量ξ不同的可能取值为$x_1,x_2,\cdots,x_i,\cdots,x_n$,$\xi$取每一个值$x_i(i=1,2,\cdots,n)$的概率为$P(\xi=x_i)=p_i$,用表格表示为

ξ	x_1	x_2	$\cdots$	x_i	$\cdots$	x_n
P	p_1	p_2	$\cdots$	p_i	$\cdots$	p_n

上表称为随机变量ξ的概率分布列,简称ξ的分布列。

①$1\geqslant p_i\geqslant 0(i=1,2,\cdots,n)$;②$p_1+p_2+\cdots+p_i+\cdots+p_n=1$。

2. 离散型随机变量的期望(均值)

$E(\xi)=p_1x_1+p_2x_2+\cdots+p_nx_n$。

(1)数学期望反映了离散型随机变量取值的平均水平;

(2)随机变量$\eta=a\xi+b$(其中a,b是常数)的数学期望为$E(a\xi+b)=aE(\xi)+b$。

3. 离散型随机变量的方差

$D(\xi)=p_1(x_1-E(\xi))^2+p_2(x_2-E(\xi))^2+\cdots+p_n(x_n-E(\xi))^2$。

(1)方差反映了离散型随机变量取值的波动水平;

(2)随机变量 $\eta=a\xi+b$(其中 a,b 是常数)的方差为 $D(a\xi+b)=a^2D(\xi)$。

真题面对面

1.[2019 江苏扬州,解答,8分]在某数学游戏中,玩一次所得积分是一个随机变量 X,其概率分布如下表,数学期望 $E(X)=2$。

X	0	3	6
P	$\frac{1}{2}$	a	b

(1)求 a,b 的值;

(2)一位同学连续玩三次,积分 X 大于0的次数为 Y,求 Y 的概率分布与期望。

答案:(1)由题意知 $\begin{cases}E(X)=0\times\frac{1}{2}+3a+6b=2,\\ \frac{1}{2}+a+b=1,\end{cases}$ 解得 $\begin{cases}a=\frac{1}{3},\\ b=\frac{1}{6}。\end{cases}$

(2)由(1)知,积分 X 大于0的概率为 $\frac{1}{3}+\frac{1}{6}=\frac{1}{2}$,所以随机变量 Y 满足二项分布 $B\sim\left(3,\frac{1}{2}\right)$,则有 $P(Y=0)=C_3^0\left(\frac{1}{2}\right)^3=\frac{1}{8}$,$P(Y=1)=C_3^1\left(\frac{1}{2}\right)^2\left(\frac{1}{2}\right)=\frac{3}{8}$;$P(Y=2)=C_3^2\left(\frac{1}{2}\right)\left(\frac{1}{2}\right)^2=\frac{3}{8}$;$P(Y=3)=C_3^3\left(\frac{1}{2}\right)^3=\frac{1}{8}$。$Y$ 的概率分布如下表:

Y	0	1	2	3
P	$\frac{1}{8}$	$\frac{3}{8}$	$\frac{3}{8}$	$\frac{1}{8}$

数学期望为 $E(Y)=3\times\frac{1}{2}=\frac{3}{2}$。

2.[2019 山东临沂沂水,解答,8分]某公司为招聘新员工设计了一个面试方案:应聘者从6道备选题中一次性随机抽取3道题,按照题目要求独立完成,规定:至少正确完成其中2道题便可通过。已知6道备选题中应聘者甲有4道题能正确完成,2道题不能正确完成;应聘者乙每道题正确完成的概率都是 $\frac{2}{3}$,且每道题正确完成与否互不影响。

(1)分别求出甲、乙两人正确完成面试题数的分布列及数学期望;

(2)请分析甲、乙两人谁面试通过的可能性大?

答案:(1)由题意知甲至少能正确完成一道题,则甲正确完成面试题数为 $X=1,2,3$,故有 $P(X=1)=$

$\frac{C_2^2C_4^1}{C_6^3}=\frac{1}{5}$；$P(X=2)=\frac{C_2^1C_4^2}{C_6^3}=\frac{3}{5}$；$P(X=3)=\frac{C_4^3}{C_6^3}=\frac{1}{5}$，

综上可知甲正确完成面试题数 X 的分布列为：

X	1	2	3
$P(X)$	$\frac{1}{5}$	$\frac{3}{5}$	$\frac{1}{5}$

数学期望为 $E(X)=1\times\frac{1}{5}+2\times\frac{3}{5}+3\times\frac{1}{5}=2$。

由题意知乙服从二项分布 $B\sim(3,\frac{2}{3})$，乙正确完成面试题数 $X=0,1,2,3$，

则有 $P(X=0)=\left(1-\frac{2}{3}\right)^3=\frac{1}{27}$；$P(X=1)=C_3^1\left(\frac{1}{3}\right)^2\left(\frac{2}{3}\right)=\frac{6}{27}=\frac{2}{9}$；$P(X=2)=C_3^2\left(\frac{2}{3}\right)^2\left(\frac{1}{3}\right)=\frac{12}{27}=\frac{4}{9}$；$P(X=3)=\left(\frac{2}{3}\right)^3=\frac{8}{27}$。

综上可知乙正确完成面试题数 X 的分布列为：

X	0	1	2	3
$P(X)$	$\frac{1}{27}$	$\frac{2}{9}$	$\frac{4}{9}$	$\frac{8}{27}$

数学期望为 $E(X)=3\times\frac{2}{3}=2$。

(2)通过面试需至少正确完成两道面试题，由(1)可得，甲通过面试的概率为$\frac{3}{5}+\frac{1}{5}=\frac{4}{5}$，乙通过面试的概率为$\frac{12}{27}+\frac{8}{27}=\frac{20}{27}$，因为$\frac{4}{5}>\frac{20}{27}$，所以甲通过面试的可能性大。

考点 2 离散型随机变量的常见分布

1. 独立重复试验与二项分布

(1)独立重复试验

在相同条件下重复做的 n 次试验称为 n 次独立重复试验。$A_i(i=1,2,\cdots,n)$ 表示第 i 次试验结果，则 $P(A_1A_2A_3\cdots A_n)=P(A_1)P(A_2)\cdot\cdots\cdot P(A_n)$。

(2)二项分布

在 n 次独立重复试验中，用 X 表示事件 A 发生的次数，设每次试验中事件 A 发生的概率是 p，此时称随机变量 X 服从二项分布，记作 $X\sim B(n,p)$，并称 p 为成功概率。在 n 次独立重复试验中，事件 A 恰好发生 k 次的概率为 $P(X=k)=C_n^kp^k(1-p)^{n-k}(k=0,1,2,\cdots,n)$。

第一部分

当 $n=1$ 时，$P(X=k)=p^k(1-p)^{1-k}$，$k=0,1$，这就是 0－1 分布。

真题面对面

[2019 山西晋中，填空，3 分]某人射击一次击中目标的概率是0.6，经过3 次射击，此人至少有两次击中目标的概率为________。

答案：0.648。由题意得射击目标是一个 n 次独立重复试验，因为射击一次击中目标的概率是0.6，经过3次射击，至少有两次击中目标包含两次击中目标和三次击中目标，所以 $P=C_3^2 0.6^2\times 0.4+C_3^3 0.6^3=0.648$。

2. 几何分布

在 n 次独立重复试验中，成功的概率为 p，则试验 k 次才得到第一次成功的概率 $P(X=k)=q^{k-1}p$，$k=1,2,3,\cdots$，其中 $0<p<1$，$q=1-p$。

称这样的随机变量 X 服从参数为 p 的几何分布，记为 $X\sim G(p)$。

3. 超几何分布

设有 N 件产品，其中有 M 件不合格品，若从中不放回地随机抽取 n 件，则其中含有的不合格品件数 X 服从超几何分布，记为 $X\sim H(n,M,N)$。其发现 k 件不合格品的概率为

$$P(X=k)=\frac{C_M^k\cdot C_{N-M}^{n-k}}{C_N^n},k=0,1,2,3,\cdots,l,\text{其中 } l=\min\{M,n\},\text{且 } M\leqslant N,n\leqslant N,n,M,N\text{ 均为正整数。}$$

注：超几何分布描述的是不放回抽样问题，随机变量为抽到的某类个体的个数。其特征是：①考查对象分两类；②已知各类对象的个数；③从中抽取若干个个体，考查某类个体个数 X 的概率分布。

二、连续型随机变量 【单选、填空】 ★★

1. 连续型随机变量的概率密度

定义：设随机变量 X 的分布函数为 $F(X)$，若存在非负可积函数 $f(x)$，使得对于任意实数 x，都有 $F(x)=\int_{-\infty}^{x}f(t)\mathrm{d}t$，则称 X 为连续型随机变量，其中函数 $f(x)$ 称为 X 的概率密度函数，简称概率密度 。

性质：①$f(x)\geqslant 0$；②$\int_{-\infty}^{+\infty}f(x)\mathrm{d}x=1$；③对于任意实数 $a,b(a\leqslant b)$，$P\{a<X\leqslant b\}=F(b)-F(a)=\int_a^b f(x)\mathrm{d}x$；④若 $f(x)$ 在点 x 处连续，则有 $F'(x)=f(x)$。

2. 连续型随机变量的概率计算

由概率密度的定义，可得 $P\{a<X\leqslant b\}=P\{X\leqslant b\}-P\{X\leqslant a\}=\int_{-\infty}^{b}f(x)\mathrm{d}x-\int_{-\infty}^{a}f(x)\mathrm{d}x=\int_a^b f(x)\mathrm{d}x$。

由此可见，要计算连续型随机变量 X 落在区间 $(a,b]$ 上的概率，可转化为计算概率密度函数 $f(x)$ 在 $(a,b]$ 上的定积分，如图所示，

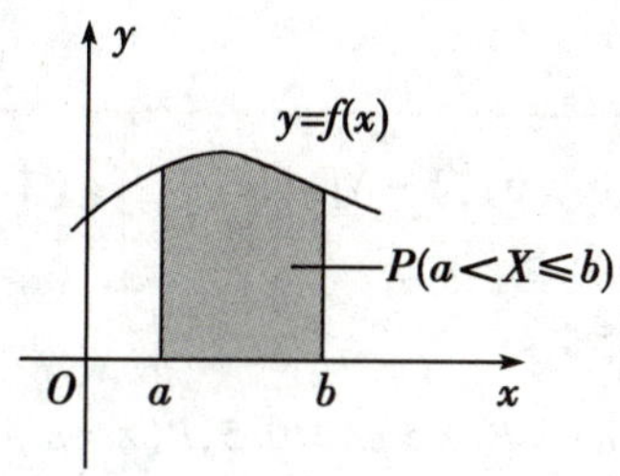

$P\{a\leqslant X<b\}=P\{a\leqslant X\leqslant b\}=P\{a<X\leqslant b\}=P\{a<X<b\}=P\{x\leqslant b\}-P\{x\leqslant a\}=\int_{-\infty}^{b}f(x)\mathrm{d}x-\int_{-\infty}^{a}f(x)\mathrm{d}x=\int_{a}^{b}f(x)\mathrm{d}x$。

真题面对面

1. [2019 山东东营,单,2.5 分]随机变量 X 的密度函数 $f(x)=\begin{cases}\dfrac{1}{(1+x)^2},x>0,\\0,x\leqslant 0,\end{cases}$ 则 $P(1\leqslant X\leqslant 2)=$(　　)

A. $\frac{1}{2}$　　B. $\frac{1}{3}$　　C. $\frac{1}{4}$　　D. $\frac{1}{6}$

答案:D。$P(1\leqslant X\leqslant 2)=\int_{1}^{2}f(x)\mathrm{d}x=\int_{1}^{2}\frac{1}{(1+x)^2}\mathrm{d}x=-\frac{1}{1+x}\Big|_{1}^{2}=\frac{1}{6}$。

2. [2019 山东东营,填空,2.5 分]连续型随机变量 X 与 $-X$ 有相同的概率密度 $f(x)$,则 $f(-x)-f(x)=$________。

答案:0。因为连续型随机变量 X 与随机变量 $-X$ 有相同的概率密度 $f(x)$,所以 $P(X\leqslant x)=P(-X\leqslant x)=F(x)$,即随机变量 X 和 $-X$ 有相同的概率分布函数 $F(x)$。又 $P(-X\leqslant x)=P(X\geqslant -x)=1-P(X<-x)=1-P(X\leqslant -x)=1-F(-x)$,所以有 $1-F(-x)=F(x)$,即 $F(-x)+F(x)=1$,求导得 $f(x)-f(-x)=0$,即 $f(-x)-f(x)=0$。

三、正态分布与均匀分布

考点 1　正态分布 【单选】 ★

	一般正态分布(μ,σ 为常数,$\sigma>0$),$X\sim N(\mu,\sigma^2)$	标准正态分布($\mu=0,\sigma=1$) $X\sim N(0,1)$
密度函数	$f(x)=\frac{1}{\sigma\sqrt{2\pi}}\mathrm{e}^{-\frac{(x-\mu)^2}{2\sigma^2}}(-\infty<x<+\infty)$	$f(x)=\frac{1}{\sqrt{2\pi}}\mathrm{e}^{-\frac{x^2}{2}}(-\infty<x<+\infty)$
正态曲线	f(x); $(\mu,\frac{1}{\sqrt{2\pi}\sigma})$; $x=\mu-\sigma$; $x=\mu$; $x=\mu+\sigma$; x	y; $\mu=0$; $\sigma=1$; −3 −2 −1 O 1 2 3 x

续表

	一般正态分布（μ,σ 为常数，$\sigma>0$），$X\sim N(\mu,\sigma^2)$	标准正态分布（$\mu=0,\sigma=1$）$X\sim N(0,1)$
性质	①曲线在 x 轴上方，与 x 轴不相交； ②曲线关于 $x=\mu$ 对称，$P(X<\mu)=P(X>\mu)=0.5$，$P(X<\mu-\sigma)=P(X>\mu+\sigma)$； ③曲线在 $x=\mu$ 时位于最高点； ④曲线与 x 轴之间的面积为 1； ⑤在 $x\to\infty$ 时，以 x 轴为渐近线； ⑥当 μ 一定时，曲线形状由 σ 决定，σ 越大，曲线越低宽，即总体分布越分散，反之数据总体分布越集中	
关系	当 $X\sim N(\mu,\sigma^2)$ 时，$Y=\frac{X-\mu}{\sigma}\sim N(0,1)$	
一般正态分布标准化	$P(a<X\leqslant b)=\Phi\left(\frac{b-\mu}{\sigma}\right)-\Phi\left(\frac{a-\mu}{\sigma}\right)$	

注：正态分布的相关考试题目常结合正态曲线的对称性和曲线与 x 轴围成的面积为 1 来求概率。$P(x>\mu)=P(x<\mu)=\frac{1}{2}$，$P(-\infty<x<+\infty)=1$。

真题面对面

[2018 江西高中，单，1 分] 在某次数学测验中，学生成绩 ξ 服从正态分布 $N(100,\sigma^2)(\sigma>0)$，若 ξ 在 $(80,120)$ 内的概率为 0.8，则 $\xi\leqslant80$ 的概率为（　　）

A. 0.05　　B. 0.1

C. 0.15　　D. 0.2

答案：B。因为 ξ 服从正态分布 $N(100,\sigma^2)(\sigma>0)$，在 $(80,120)$ 内的概率为 0.8，则 $P(\xi\leqslant80)=\frac{1}{2}[1-P(80\leqslant\xi\leqslant120)]=\frac{1}{2}(1-0.8)=0.1$。

考点 2　均匀分布

如果连续型随机变量 X 的概率密度为 $\varphi(x)=\begin{cases}\frac{1}{b-a}, a<x<b,\\ 0, 其他,\end{cases}$ 则称 X 在 (a,b) 上服从均匀分布，记为 $X\sim U(a,b)$。其分布函数为 $F(x)=\begin{cases}0, x<a,\\ \frac{x-a}{b-a}, a\leqslant x<b,\\ 1, x\geqslant b。\end{cases}$

若 $[x_1,x_2]$ 是 $[a,b]$ 的任一子区间，则 $P(x_1\leqslant x\leqslant x_2)=\frac{x_2-x_1}{b-a}$。这表明 x 落在 $[a,b]$ 的子区间的概率只与

子区间的长度有关，而与子区间的位置无关，因此，落在$[a,b]$的长度相等的子区间内的可能性是相等的。

注：均匀分布的期望$E(X)=\frac{a+b}{2}$，方差$D(X)=\frac{(b-a)^2}{12}$。

真题面对面

1.［2019 山东东营，单，2.5 分］设随机变量X服从区间$[0,2]$上的均匀分布，$Y=2e^X+X$，则$E(Y)$的值为（　　）

A. e^2　　B. e^2-1　　C. $2e^2-1$　　D. $2e^2+1$

答案：A。随机变量X服从区间$[0,2]$上的均匀分布，则X的概率密度函数为$f(x)=\begin{cases}\frac{1}{2}, x\in[0,2],\\0, x\notin[0,2]。\end{cases}$随机变量$Y=g(X)=2e^X+X$，$E(Y)=E(g(X))=\int_{-\infty}^{+\infty}g(x)f(x)\mathrm{d}x=\int_0^2\frac{1}{2}(2e^x+x)\mathrm{d}x=\left(e^x+\frac{x^2}{4}\right)\Big|_0^2=e^2$。

2.［2019 湖北，解答，7 分］某建筑公司根据以往经验估计某项工程施工期间的降水量X（单位：mm）对工期的影响如下表：

降水量X	$X<200$	$200\leqslant X<600$	$600\leqslant X<900$	$900\leqslant X\leqslant 1000$
工期延误天数Y	0	2	6	8

假设在施工期间降水量不超过 1000 mm，且降水量在区间$[0,1000]$上的任何一个值都是等可能的。求：

（1）Y的分布列；

（2）Y的均值（数学期望）。

答案：（1）由题意可知降水量$X\sim U(0,1000)$，故随机变量X的概率密度为$f(x)=\begin{cases}\frac{1}{1000}, 0\leqslant x\leqslant 1000,\\0, 其他。\end{cases}$

则$P(Y=0)=\frac{200-0}{1000}=\frac{1}{5}$，$P(Y=2)=\frac{600-200}{1000}=\frac{2}{5}$，$P(Y=6)=\frac{900-600}{1000}=\frac{3}{10}$，$P(Y=8)=\frac{1000-900}{1000}=\frac{1}{10}$，可得$Y$的分布列如下：

Y	0	2	6	8
$P(Y)$	$\frac{1}{5}$	$\frac{2}{5}$	$\frac{3}{10}$	$\frac{1}{10}$

（2）由（1）可知，$E(Y)=0\times\frac{1}{5}+2\times\frac{2}{5}+6\times\frac{3}{10}+8\times\frac{1}{10}=\frac{17}{5}$。

第一部分

达标测评

建议用时	实际用时	测评总分	实际得分
60 分钟	______分钟	77 分	______分

一、单项选择题(每小题 3 分,共 36 分)

1. 某学习小组男女生共有 8 人,现从男生中选 2 人,从女生中选 1 人,分别担任三种不同的工作,共有 90 种不同的选法,则该学习小组男女生人数为(　　)

A. 男 2 人,女 6 人　　B. 男 3 人,女 5 人

C. 男 5 人,女 3 人　　D. 男 6 人,女 2 人

2. 一射手射击时其命中率为 0.4,则该射手命中的平均次数为 2 次时,他需射击的次数为(　　)

A. 2　　B. 3

C. 4　　D. 5

3. 给出下列五个命题:

①将 A,B,C 三种个体按 $3:1:2$ 的比例分层抽样调查,如果抽取的 A 个体为 9 个,则样本容量为 30;

②数据 1,2,3,3,4,5 的平均数、众数、中位数都相同;

③甲组数据的方差为 5,乙组数据为 5,6,9,10,5,那么这两组数据中比较稳定的是甲;

④已知具有相关关系的两个变量满足的回归直线方程为 $y=1-2x$,则 x 每增加 1 个单位,y 平均减少 2 个单位;

⑤统计的 10 个样本数据为 125,120,122,105,130,114,116,95,120,134,则样本数据落在[114.5,124.5)内的频率为 0.4。

其中真命题为(　　)

A. ①②④　　B. ②④⑤

C. ②③④　　D. ③④⑤

4. 四名男生、三名女生排成一排,若三名女生中有两名相邻,但三名女生不能连排,则不同的排法有(　　)种。

A. 3600　　B. 3200

C. 3080　　D. 2880

5. 若 $(x^2-a)\left(x+\frac{1}{x}\right)^{10}$ 的展开式中 x^6 的系数为 30,则 $a=$(　　)

A. $-\frac{1}{2}$　　B. -2

C. $\frac{1}{2}$

D. 2

6. 两人约定在 20:00 到 21:00 之间相见(两人出发是各自独立的,且在 20:00 到 21:00 各时刻相见的可能性是相等的),并且先到者必须等迟到者 40 分钟方可离去,则两人在约定时间内能相见的概率是(　　)

A. $\frac{1}{9}$

B. $\frac{8}{9}$

C. $\frac{3}{4}$

D. $\frac{2}{9}$

7. 将 5 个相同的球放入位于一排的 8 个格子中,每格至多放一个球,则 3 个空格相连的概率是(　　)

A. $\frac{3}{56}$

B. $\frac{5}{56}$

C. $\frac{3}{28}$

D. $\frac{5}{28}$

8. 学校为了调查学生在课外读物方面的支出情况,抽出了一个容量为 n 的样本,其频率分布直方图如图所示,其中支出在[50,60)元的同学有 30 人,则 n 的值为(　　)

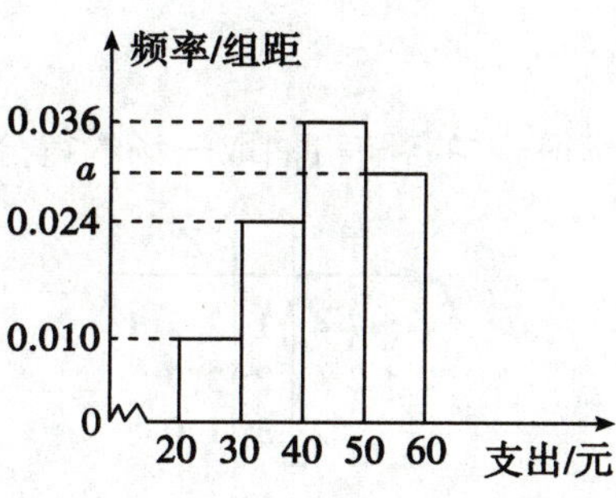

A. 90

B. 100

C. 900

D. 1000

9. 投掷两枚骰子,在第一枚骰子出现的点数能够被 3 整除的条件下,两枚骰子出现点数之和小于 6 的概率是(　　)

A. $\frac{1}{18}$

B. $\frac{1}{6}$

C. $\frac{5}{6}$

D. $\frac{5}{64}$

10. 已知函数 $g(x)=2\cos 2x$,若在区间$[0,\pi]$上随机取一个数 x,则事件“$g(x)\geqslant\sqrt{3}$”发生的概率为(　　)

A. $\frac{1}{4}$

B. $\frac{1}{3}$

C. $\frac{1}{6}$

D. $\frac{1}{2}$

11. 设 ξ 为随机变量,且 $E\xi=-1, D\xi=3$,则$E[3(\xi^2-2)]=$(　　)

A. 9

B. 6

C. 30　　　　　　　　D. 36

12. 已知随机变量 ξ 服从正态分布 $N(2,\sigma^2)$，且 $P(\xi<4)=0.8$，则 $P(0<\xi<2)=($　　$)$

A. 0.2　　　　　　　　B. 0.3

C. 0.4　　　　　　　　D. 0.6

二、填空题（每小题 3 分，共 9 分）

13. 设连续型随机变量 X 的概率密度为 $p(x)=\begin{cases}\frac{3}{2}x^2, & -1<x<1,\\ 0, & \text{其他},\end{cases}$ 则 $P(0<X<0.5)$ 的值为________。

14. 从 2，3，8，9 中任取两个不同的数字，分别记为 a，b，则 $\log_a b$ 为整数的概率是________。

15. 某校对全校 1200 名男女学生进行健康调查，采用分层抽样法抽取一个容量为 200 的样本。已知女生抽了 85 人，则该校的男生有________人。

三、解答题（每小题 8 分，共 32 分）

16. 某赛季，甲、乙两名篮球运动员都参加了 7 场比赛，他们所有比赛得分的情况用如图所示的茎叶图表示。

（1）求甲、乙两名运动员得分的中位数；

（2）你认为哪位运动员的成绩更稳定？

（3）如果从甲、乙两位运动员的 7 场得分中各随机抽取一场的得分，求甲的得分大于乙的得分的概率。

甲		乙
5 7 4	1	2 3 1
3 2 4	2	3 7
2	3	1 0

17. 某工科院校对 A、B 两个专业的男女生人数进行调查，得到如下的列联表：

	专业 A	专业 B	总计
女生	12	4	16
男生	38	46	84
总计	50	50	100

（1）能否在犯错误的概率不超过 0.05 的前提下，认为工科院校中“性别”与“专业”有关系呢？

（2）从专业 A 中随机抽取 2 名学生，记其中女生的人数为 X，求 X 的分布列和均值。

注：$K^2=\dfrac{n(ad-bc)^2}{(a+b)(c+d)(a+c)(b+d)}$。

$P(K^2\geqslant k)$	0.25	0.15	0.10	0.05	0.025
k	1.323	2.072	2.706	3.841	5.024

18. 设进入某商场的每一位顾客购买甲种商品的概率为 0.5，购买乙种商品的概率为 0.6，且购买甲种商品与购买乙种商品相互独立，各顾客之间购买商品也是相互独立的。

(1)求进入商场的1位顾客购买甲、乙两种商品中的一种的概率；

(2)求进入商场的1位顾客至少购买甲、乙两种商品中的一种的概率；

(3)记ξ表示进入商场的3位顾客中至少购买甲、乙两种商品中的一种的人数，求ξ的分布列及期望。

19. 袋子A和B中装有若干个均匀的红球和白球，从A中摸出一个红球的概率是$\frac{1}{3}$，从B中摸出一个红球的概率为p。

(1)从A中有放回地摸球，每次摸出一个，有3次摸到红球即停止，求恰好摸5次停止的概率；记5次之内(含5次)摸到红球的次数为ξ，求随机变量ξ的分布列及数学期望$E\xi$。

(2)若A，B两个袋子中的球数之比为1∶2，将A，B中的球装在一起后，从中摸出一个红球的概率是$\frac{2}{5}$，求p的值。

第一部分

参考答案及解析

一、单项选择题

1. B [解析]分两步：首先，要选出所用的人，现设男生共有x人，则女生为$(8-x)$人，由于男生只能从男生中取，故有C_x^2种，同理，女生的取法有C_{8-x}^1种，故选人的方法种数为$C_x^2C_{8-x}^1=\frac{x(x-1)(8-x)}{2}$；其次，把选出的学生分配出去的方法有$A_3^3=6$，故$3x(x-1)(8-x)=90$，即$x(x-1)(8-x)=30=2\times3\times5$，解得$x=3$。故有男生3人，女生5人。

2. D [解析]射手射击时命中率为0.4，是一个确定的数值，设射手射击n次的命中次数为ξ，则$\xi\sim B(n,p)$，由题意知$p=0.4$，$E\xi=2$，$\therefore 2=n\times0.4$，$\therefore n=5$。故选D。

3. B [解析]①样本容量为$9\div\frac{3}{6}=18$，①是假命题；②数据1,2,3,3,4,5的平均数为$\frac{1+2+3+3+4+5}{6}=3$，中位数为3，众数为3，三者相同，②是真命题；③$\overline{x}_乙=\frac{5+6+9+10+5}{5}=7$，$S_乙^2=\frac{1}{5}[(5-7)^2+(6-7)^2+(9-7)^2+(10-7)^2+(5-7)^2]=4.4$，$\because S_甲^2>S_乙^2$，$\therefore$乙组数据比较稳定，③是假命题；④是真命题；⑤数据落在$[114.5,124.5)$内的有120,122,116,120共4个，故所求频率为$\frac{4}{10}=0.4$，⑤是真命题。故真命题为②④⑤。

4. D [解析]本题需要利用分步计数原理来解，$\because$三名女生有且仅有两名相邻，$\therefore$把相邻的两名女生看作一个元素(这两名女生全排列)，与另外一名女生一起作为两个元素，有$C_3^2A_2^2$种排法，把男生全排列有A_4^4种排法，把女生插入男生所形成的5个空位中有A_5^2种排法，共有$C_3^2A_2^2A_4^4A_5^2=2880$种排法，故选D。

5. D [解析]$\left(x+\frac{1}{x}\right)^{10}$的展开式的通项为$C_{10}^rx^{10-r}\cdot\left(\frac{1}{x}\right)^r=C_{10}^rx^{10-2r}$，$x^4$和$x^6$的系数分别为$C_{10}^3$和$C_{10}^2$，所以

$(x^2-a)\left(x+\frac{1}{x}\right)^{10}$ 的展开式中 x^6 的系数为 $C_{10}^3+(-a)C_{10}^2=30$，解得 $a=2$。故选 D。

6. B [解析]设事件 A 为"甲、乙两人能会面"，将 20 点记为 0 点，21 点记为 1 点，试验包含的所有事件是 $\Omega=\{(x,y)|0\leqslant x\leqslant 1,0\leqslant y\leqslant 1\}$，事件 Ω 对应的区域表示的面积是 $S=1$（如图所示），满足条件的事件是 $A=\{(x,y)|0\leqslant x\leqslant 1,0\leqslant y\leqslant 1,|x-y|\leqslant\frac{40}{60}=\frac{2}{3}\}$，所以事件 A 对应的区域表示的面积是 $1-2\times\frac{1}{2}\times\frac{1}{3}\times\frac{1}{3}=\frac{8}{9}$，根据几何概型概率公式得到 $P=\frac{8}{9}$。

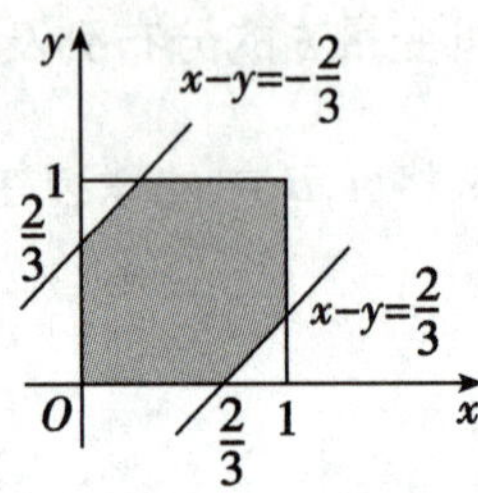

7. C [解析]3 个空格相连的放法有 $C_6^5=6$（种），又总的放法有 $C_8^5=56$（种），故 3 个空格相连的概率为 $\frac{6}{56}=\frac{3}{28}$。

8. B [解析]支出在[50,60)元的频率为 $1-10\times(0.01+0.024+0.036)=0.3$，又 $\frac{30}{n}=0.3$，$\therefore n=100$。

9. B [解析]设 A 表示事件"第一枚骰子出现的点数能够被 3 整除"，B 表示事件"两枚骰子出现点数之和小于 6"。抛掷第一枚骰子出现 3 点或 6 点时才能被 3 整除，因此事件 A 的概率为 $P(A)=\frac{2}{6}=\frac{1}{3}$。若事件 A 和 B 同时发生，两枚骰子两次的点数有两种情况：3 和 1，3 和 2，因此 $P(AB)=\frac{2}{36}=\frac{1}{18}$，故所求概率为条件概率 $P(B|A)=\frac{P(AB)}{P(A)}=\frac{\frac{1}{18}}{\frac{1}{3}}=\frac{1}{6}$。

10. C [解析] $2\cos 2x\geqslant\sqrt{3}$，解得 $0\leqslant x\leqslant\frac{\pi}{12}$ 或 $\frac{11\pi}{12}\leqslant x\leqslant\pi$，$\because 0\leqslant x\leqslant\pi$，则事件"$g(x)\geqslant\sqrt{3}$"发生的概率为 $P=\frac{\frac{\pi}{12}+\pi-\frac{11\pi}{12}}{\pi-0}=\frac{1}{6}$，故选 C。

11. B [解析]由 $D\xi=E\xi^2-(E\xi)^2$，得 $E\xi^2=D\xi+(E\xi)^2=3+1=4$，$E[3(\xi^2-2)]=3E(\xi^2-2)=3E\xi^2-6=6$，选 B。

12. B [解析]因为 $\xi\sim N(2,\sigma^2)$，且 $P(\xi<4)=0.8$，则 $P(\xi\geqslant 4)=0.2$，$P(0<\xi<2)=\frac{1}{2}[1-2P(\xi\geqslant 4)]=0.3$。

二、填空题

13. $\frac{1}{16}$ [解析] $P(0<X<0.5)=\int_0^{0.5}\frac{3}{2}x^2\mathrm{d}x=\frac{1}{2}x^3\Big|_0^{\frac{1}{2}}=\frac{1}{16}$。

14. $\frac{1}{6}$ [解析]从 2,3,8,9 中任取两个不同的数字，分别记为 a,b，基本事件总数 $n=2C_4^2=12$，满足 $\log_a b$ 为

整数的基本事件为(2,8),(3,9),共 2 个,$\therefore \log_a b$ 为整数的概率 $p=\frac{2}{12}=\frac{1}{6}$。

15. 690 [解析]由于样本容量为 200,女生抽了 85 人,则男生抽了 115 人,因为分层抽样是按比例抽样,故该校男生人数为 $\frac{115}{200}\times 1200=690$ 人。

三、解答题

16. [解析](1)运动员甲得分的中位数是 22,运动员乙得分的中位数是 23。

(2)$\because \overline{x_甲}=(14+17+15+24+22+23+32)\div 7=21$,$\overline{x_乙}=(12+13+11+23+27+31+30)\div 7=21$。

$S_甲^2=[(21-14)^2+(21-17)^2+(21-15)^2+(21-24)^2+(21-22)^2+(21-23)^2+(21-32)^2]\div 7=\frac{236}{7}$,$S_乙^2=[(21-12)^2+(21-13)^2+(21-11)^2+(21-23)^2+(21-27)^2+(21-31)^2+(21-30)^2]\div 7=\frac{466}{7}$,$\therefore S_甲^2<S_乙^2$,从而甲运动员的成绩更稳定。

(3)从甲、乙两位运动员的 7 场得分中各随机抽取一场的得分的基本事件总数为 49,其中甲的得分大于乙的是:甲得 14 分时有 3 场,甲得 17 分时有 3 场,甲得 15 分时有 3 场,甲得 24 分时有 4 场,甲得 22 分时有 3 场,甲得 23 分时有 3 场,甲得 32 分时有 7 场,共计 26 场,从而甲的得分大于乙的得分的概率为 $P=\frac{26}{49}$。

17. [解析](1)根据列联表中的数据可得 $K^2=\frac{100\ (12\times 46-4\times 38)^2}{16\times 84\times 50\times 50}\approx 4.762$,

由于 $4.762>3.841$,因此在犯错误的概率不超过 0.05 的前提下认为工科院校中“性别”与“专业”有关系。

(2)专业 A 中女生 12 人,男生 38 人,X 的可能取值为 0,1,2,

$P(X=0)=\frac{C_{38}^2}{C_{50}^2}=\frac{703}{1225}$;$P(X=1)=\frac{C_{38}^1C_{12}^1}{C_{50}^2}=\frac{456}{1225}$;$P(X=2)=\frac{C_{12}^2}{C_{50}^2}=\frac{66}{1225}$,

所以 X 的分布列为:

X	0	1	2
P	$\frac{703}{1225}$	$\frac{456}{1225}$	$\frac{66}{1225}$

$EX=0\times\frac{703}{1225}+1\times\frac{456}{1225}+2\times\frac{66}{1225}=\frac{12}{25}$。

18. [解析]记 A 表示事件:进入商场的 1 位顾客购买甲种商品,记 B 表示事件:进入商场的 1 位顾客购买乙种商品,记 C 表示事件:进入商场的 1 位顾客购买甲、乙两种商品中的一种,记 D 表示事件:进入商场的 1 位顾客至少购买甲、乙两种商品中的一种。

(1)$P(C)=P(A\overline{B}+\overline{A}B)=P(A\overline{B})+P(\overline{A}B)=0.5\times 0.4+0.5\times 0.6=0.5$。

(2)$P(\overline{D})=P(\overline{A}\overline{B})=P(\overline{A})P(\overline{B})=0.5\times 0.4=0.2$,则 $P(D)=1-P(\overline{D})=1-0.2=0.8$。

(3)$\xi \sim B(3,0.8)$，则 $P(\xi=0)=0.2^3=0.008$，$P(\xi=1)=C_3^1\times0.8\times0.2^2=0.096$，$P(\xi=2)=C_3^2\times0.8^2\times0.2=0.384$，$P(\xi=3)=0.8^3=0.512$，所以 ξ 的分布列为：

ξ	0	1	2	3
P	0.008	0.096	0.384	0.512

$E\xi=3\times0.8=2.4$。

19. [解析] (1) 摸 5 次停止的概率 $P=C_4^2\times\left(\frac{1}{3}\right)^2\times\left(\frac{2}{3}\right)^2\times\frac{1}{3}=\frac{8}{81}$。

随机变量 ξ 的取值为 0,1,2,3，

$P(\xi=0)=C_5^0\times\left(1-\frac{1}{3}\right)^5=\frac{32}{243}$；

$P(\xi=1)=C_5^1\times\frac{1}{3}\left(1-\frac{1}{3}\right)^4=\frac{80}{243}$；

$P(\xi=2)=C_5^2\times\left(\frac{1}{3}\right)^2\left(1-\frac{1}{3}\right)^3=\frac{80}{243}$；

$P(\xi=3)=\left(\frac{1}{3}\right)^3+C_3^2\times\left(\frac{1}{3}\right)^2\left(1-\frac{1}{3}\right)\frac{1}{3}+C_4^2\times\left(\frac{1}{3}\right)^2\left(1-\frac{1}{3}\right)^2\frac{1}{3}=\frac{17}{81}$；

随机变量 ξ 的分布列是

ξ	0	1	2	3
P	$\frac{32}{243}$	$\frac{80}{243}$	$\frac{80}{243}$	$\frac{17}{81}$

ξ 的数学期望 $E\xi=\frac{32}{243}\times0+\frac{80}{243}\times1+\frac{80}{243}\times2+\frac{17}{81}\times3=\frac{131}{81}$。

(2) 设袋子 A 中有 m 个球，则袋子 B 中有 $2m$ 个球。

由 $\frac{\frac{1}{3}m+2mp}{3m}=\frac{2}{5}$，得 $p=\frac{13}{30}$。

第二部分

高等数学专业知识

内容导学

本部分由“极限与连续”“微积分与级数”“线性代数”“空间解析几何”四章内容构成，对教师招聘考试中的高等数学专业知识进行了细致梳理，并逐个讲解其中的重点内容。

本部分内容在教师招聘考试中涉及的题量大小在不同的地区之间存在差异。建议考生根据所在地区的实际考情合理安排对本部分内容的复习。涉及本部分内容的试题难度较大，题型多样。考生在备考复习本部分内容时，可采取以下复习策略：

①着重理解重要定义、性质、定理等并能加以应用；

②结合例题及“真题面对面”巩固所学内容；

③借助“达标测评”有针对性地加强训练。

第一章　极限与连续

思维导图

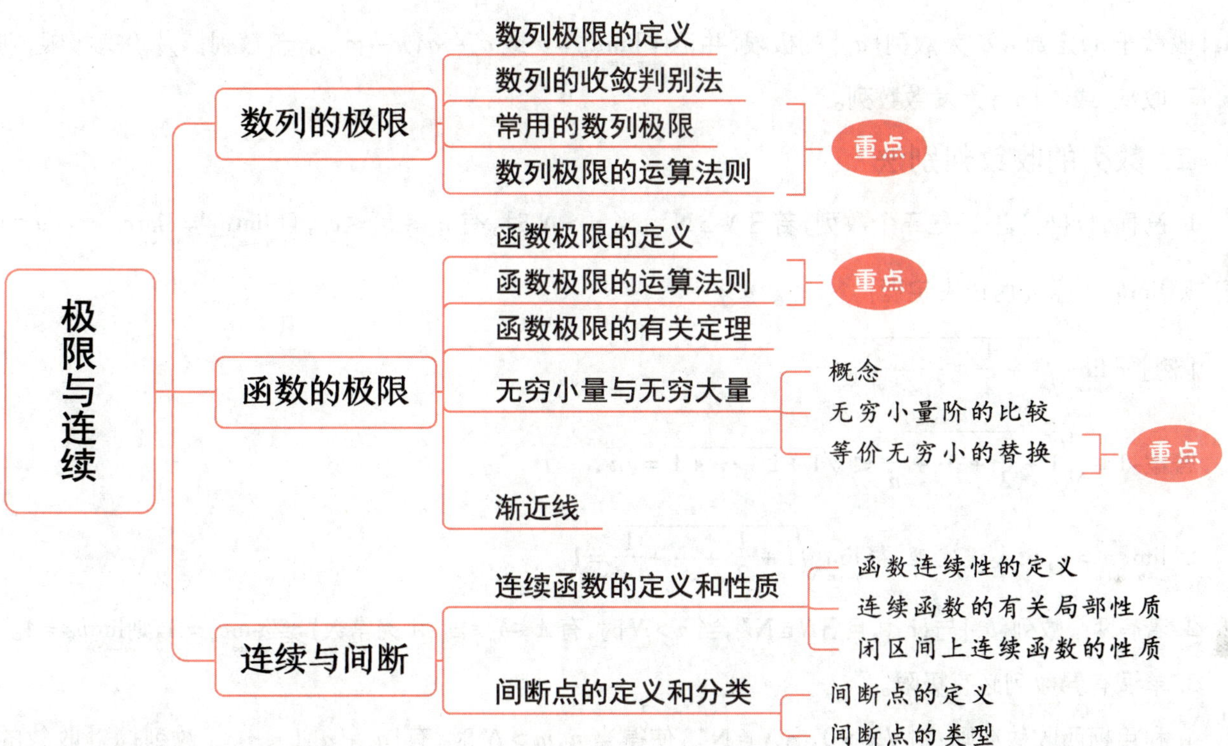

考向分析

本章属于高等数学中的重要章节，知识内容丰富，题目难度较高，要求考生能够系统地掌握相关定理、性质和解题方法，现对本章考向分析如下：

高频考点	常考题型	能力要求	考查热度
数列极限的运算法则	单选、解答	掌握	★★
无穷小量与无穷大量	单选、填空、解答	理解、应用	★★★
间断点的类型	单选	掌握	★★

核心考点

第一节　数列的极限

一、数列极限的定义

设$\{a_n\}$为数列，a为定数，若对任给的正数ε，总存在正整数N，使得当$n>N$时有$|a_n-a|<\varepsilon$，则称数列$\{a_n\}$收敛于a，定数a称为数列$\{a_n\}$的极限，并记作$\lim\limits_{n\to\infty}a_n=a$或$a_n\to a(n\to\infty)$。若数列$\{a_n\}$没有极限，则称$\{a_n\}$不收敛，或称$\{a_n\}$为发散数列。

二、数列的收敛判别法

1. 设$\{a_n\}$，$\{b_n\}$，$\{c_n\}$是三个数列，若$\exists N\in\mathbf{N}^*$，当$n>N$时，有$a_n\leqslant b_n\leqslant c_n$，且$\lim\limits_{n\to\infty}a_n=\lim\limits_{n\to\infty}c_n=a$（$a$为常数），则$\lim\limits_{n\to\infty}b_n=a$。（两边夹定理）

［例］求$\lim\limits_{n\to\infty}\sqrt[n]{1+\frac{1}{2}+\cdots+\frac{1}{n}}$。

答案：$1\leqslant\sqrt[n]{1+\frac{1}{2}+\cdots+\frac{1}{n}}\leqslant\sqrt[n]{1+1+\cdots+1}=\sqrt[n]{n}$，

$\because\lim\limits_{n\to\infty}\sqrt[n]{n}=1$，由夹逼定理，得$\lim\limits_{n\to\infty}\sqrt[n]{1+\frac{1}{2}+\cdots+\frac{1}{n}}=1$。

2. 若有两个数列$\{b_n\}$与$\{c_n\}$，且$\exists N\in\mathbf{N}^*$，当$n>N$时，有$A\leqslant b_n\leqslant c_n$（$A$为常数），又$\lim\limits_{n\to\infty}c_n=A$，则$\lim\limits_{n\to\infty}b_n=A$。

3. 单调有界数列必有极限。

4. 利用柯西收敛准则：对$\forall\varepsilon>0$，$\exists N\in\mathbf{N}^*$，使得当$n,m>N$时，有$|a_n-a_m|<\varepsilon$。（数列$\{a_n\}$收敛的充要条件）

三、常用的数列极限

1. 基本结论：$\lim\limits_{n\to\infty}\sqrt[n]{a}=1(a>0)$；$\lim\limits_{n\to\infty}\sqrt[n]{n}=1$；$\lim\limits_{n\to\infty}\frac{a^n}{n!}=0$；$\lim\limits_{n\to\infty}\frac{1}{\sqrt[n]{n!}}=0$；$\lim\limits_{n\to\infty}\frac{1}{n^a}=0(a>0)$。

2. $\lim\limits_{n\to\infty}C=C$（$C$是常数）。

3. $\lim\limits_{n\to\infty}a^n=\begin{cases}0,|a|<1,\\1,a=1,\\\text{不存在},|a|>1\text{或}a=-1。\end{cases}$

4. $\lim\limits_{n\to\infty}\frac{a_0n^k+a_1n^{k-1}+\cdots+a_k}{b_0n^l+b_1n^{l-1}+\cdots+b_l}=\begin{cases}\frac{a_0}{b_0},k=l,\\0,k<l,\\\infty,k>l。\end{cases}$

四、数列极限的运算法则 【单选、解答】 ★★

设数列$\{a_n\}$,$\{b_n\}$,当$\lim\limits_{n\to\infty}a_n=a$,$\lim\limits_{n\to\infty}b_n=b$时,有$\lim\limits_{n\to\infty}(a_n\pm b_n)=a\pm b$;$\lim\limits_{n\to\infty}(a_n\cdot b_n)=a\cdot b$;$\lim\limits_{n\to\infty}\frac{a_n}{b_n}=\frac{a}{b}$($b\neq0$);$\lim\limits_{n\to\infty}(c\cdot a_n)=ca$($c$为常数)。

真题面对面

[2017 湖南特岗,单,3 分]若数列$\{a_n\}$的通项公式为$a_n=\frac{1}{n(n+1)}$($n\in\mathbf{N}^*$),若它的前n项和为S_n,则$\lim\limits_{n\to\infty}S_n=$( )

A. 0　　B. 1　　C. -1　　D. $\frac{1}{2}$

答　案: B。$\lim\limits_{n\to\infty}S_n=\lim\limits_{n\to\infty}(a_1+a_2+\cdots+a_n)=\lim\limits_{n\to\infty}\left(\frac{1}{1\times2}+\frac{1}{2\times3}+\cdots+\frac{1}{n(n+1)}\right)=\lim\limits_{n\to\infty}\left(1-\frac{1}{2}+\frac{1}{2}-\frac{1}{3}+\cdots+\frac{1}{n}-\frac{1}{n+1}\right)=\lim\limits_{n\to\infty}\left(1-\frac{1}{n+1}\right)=1$。

考法大揭秘

极限问题的基本类型

1. 分式型,主要看分子和分母的首项系数。

[例]求$\lim\limits_{n\to\infty}\frac{3n^2+2n}{n^2+3n+1}$。

答案:原式$=\lim\limits_{n\to\infty}\frac{3+\frac{2}{n}}{1+\frac{3}{n}+\frac{1}{n^2}}=\frac{\lim\limits_{n\to\infty}\left(3+\frac{2}{n}\right)}{\lim\limits_{n\to\infty}\left(1+\frac{3}{n}+\frac{1}{n^2}\right)}=3$。

注:若分子、分母的最高次数相同,则极限等于最高次项的系数之比。

2. 指数型($\frac{0}{0}$和$\frac{\infty}{\infty}$型),通过变式(如通分、约分)使得各式有极限。

[例]求$\lim\limits_{n\to\infty}\frac{(-2)^n+3^n}{(-2)^{n+1}-3^{n+1}}$。

答案:原式$=\lim\limits_{n\to\infty}\frac{\left(-\frac{2}{3}\right)^n+1}{(-2)\cdot\left(-\frac{2}{3}\right)^n-3}=-\frac{1}{3}$。

3. 根式型($\infty-\infty$型),通过有理化变形使得各式有极限。

[例]求$\lim\limits_{n\to\infty}(\sqrt{4n^2+3}-2n)$。

答案:原式$=\lim\limits_{n\to\infty}\frac{3}{\sqrt{4n^2+3}+2n}=0$。

第二节　函数的极限

一、函数极限的定义

1. 自变量趋于有限值时函数的极限

设函数$f(x)$在点x_0的某一去心邻域内有定义，对$\forall\varepsilon>0$，$\exists\delta>0$，当$0<|x-x_0|<\delta$时，总有$|f(x)-A|<\varepsilon$，则称A为当$x\to x_0$时函数$f(x)$的极限，记作$\lim\limits_{x\to x_0}f(x)=A$。

2. 自变量趋于无限值时函数的极限

对于$\forall\varepsilon>0$，$\exists X>0$，当$|x|>X$时，总有$|f(x)-A|<\varepsilon$成立，则称A为当$x\to\infty$时函数$f(x)$的极限，记作$\lim\limits_{x\to\infty}f(x)=A$。

3. 单侧极限

(1) 左极限

对于$\forall\varepsilon>0$，$\exists\delta>0$，使得当$0<x_0-x<\delta$时，总有$|f(x)-A|<\varepsilon$，则称A为当$x\to x_0^-$时函数$f(x)$的左极限，记作$\lim\limits_{x\to x_0^-}f(x)=A$。

(2) 右极限

对于$\forall\varepsilon>0$，$\exists\delta>0$，使得当$0<x-x_0<\delta$时，总有$|f(x)-A|<\varepsilon$，则称A为当$x\to x_0^+$时函数$f(x)$的右极限，记作$\lim\limits_{x\to x_0^+}f(x)=A$。

定理：$\lim\limits_{x\to x_0}f(x)=A$的充要条件是$\lim\limits_{x\to x_0^-}f(x)=\lim\limits_{x\to x_0^+}f(x)=A$。

二、函数极限的运算法则

若$\lim\limits_{x\to x_0}f(x)=A$，$\lim\limits_{x\to x_0}g(x)=B$，

(1) $\lim\limits_{x\to x_0}[f(x)\pm g(x)]=\lim\limits_{x\to x_0}f(x)\pm\lim\limits_{x\to x_0}g(x)=A\pm B$；

(2) $\lim\limits_{x\to x_0}[f(x)\cdot g(x)]=\lim\limits_{x\to x_0}f(x)\cdot\lim\limits_{x\to x_0}g(x)=A\cdot B$；

(3) 若$B\neq0$，则$\lim\limits_{x\to x_0}\dfrac{f(x)}{g(x)}=\dfrac{\lim\limits_{x\to x_0}f(x)}{\lim\limits_{x\to x_0}g(x)}=\dfrac{A}{B}$；

(4) $\lim\limits_{x\to x_0}c\cdot f(x)=c\cdot\lim\limits_{x\to x_0}f(x)=cA$（$c$为常数）；

(5) $\lim\limits_{x\to x_0}[f(x)]^n=[\lim\limits_{x\to x_0}f(x)]^n=A^n$。

三、函数极限的有关定理

(1) 函数的极限如果存在，则极限值是唯一确定的常数。

(2)（局部保号性）若$\lim\limits_{x\to\infty}f(x)=A>0$（或$A<0$），则对任何正数$r<A$（或$r<-A$），存在$U^\circ(x_0)$，使得对一切$x\in U^\circ(x_0)$，有$f(x)>r>0$（或$f(x)<-r<0$）。

(3)（局部有界性）设存在极限$\lim\limits_{x\to x_0}f(x)=A$，则$f(x)$在$x_0$的某一去心邻域内有界，即$\exists\delta>0$，$M>0$，使得

当$0<|x-x_0|<\delta$时，$|f(x)|\leqslant M$。

(4)（夹逼准则）若在x_0的某一邻域内，恒有$g(x)\leqslant f(x)\leqslant h(x)$成立，且$\lim\limits_{x\to x_0}g(x)=A$，$\lim\limits_{x\to x_0}h(x)=A$，则$\lim\limits_{x\to x_0}f(x)=A$。

(5)若$\lim\limits_{x\to x_0}f(x)=A$，$f(x)>0$（或$f(x)<0$），则$A\geqslant 0$（或$A\leqslant 0$）。

(6)（极限与无穷小的关系）$\lim\limits_{x\to x_0}f(x)=A\Leftrightarrow f(x)=A+\alpha(x)$，其中$\lim\limits_{x\to x_0}\alpha(x)=0$。

四、无穷小量与无穷大量 【单选、填空、解答】 ★★★

考点 1 无穷小量与无穷大量的概念

1. 定义

无穷小量：设$f(x)$在某$U^{\circ}(x_0)$内有定义，若$\lim\limits_{x\to x_0}f(x)=0$，则称$f(x)$为当$x\to x_0$时的无穷小量。

注：无穷小量是变量，是针对具体变化过程而言的；零是特殊的无穷小量，但无穷小量不一定是零；无穷小量不是很小很小的数，而是自变量在某个变化过程中，极限为零的变量。

无穷大量：对于$\forall M>0$，$\exists X>0(\delta>0)$，当$|x|>X(0<|x-x_0|<\delta)$时，总有$|f(x)|>M$成立，则称$f(x)$为当$x\to\infty$ $(x\to x_0)$时的无穷大量，记为$\lim\limits_{x\to\infty}f(x)=\infty$ $(\lim\limits_{x\to x_0}f(x)=\infty)$。

无穷小量和无穷大量的关系：

在同一过程中，无穷大的倒数为无穷小；恒不为零的无穷小的倒数为无穷大。

2. 无穷小量的性质

(1)有限个无穷小量的代数和仍是无穷小量。

(2)无穷小量与有界变量的乘积是无穷小量。

(3)有限个无穷小量的乘积仍是无穷小量。

(4)常数与无穷小量的乘积是无穷小量。

(5)无穷小量除以极限不为0的变量，其商仍是无穷小量。

考点 2 无穷小量阶的比较

设当$x\to x_0$时，$f(x)$与$g(x)$均为无穷小量，则无穷小量阶的类别如下：

类别	定义
等价无穷小	$\lim\limits_{x\to x_0}\dfrac{f(x)}{g(x)}=1$，记作$f(x)\sim g(x)(x\to x_0)$
高阶无穷小	$\lim\limits_{x\to x_0}\dfrac{f(x)}{g(x)}=0$，称$f$为$g$的高阶无穷小，或称$g$为$f$的低阶无穷小，记作$f(x)\sim o(g(x))(x\to x_0)$
同阶无穷小	若存在正数K和L，使得在某$U^{\circ}(x_0)$上有$K\leqslant\left\|\dfrac{f(x)}{g(x)}\right\|\leqslant L$，称$f$与$g$为当$x\to x_0$时的同阶无穷小，当$\lim\limits_{x\to x_0}\dfrac{f(x)}{g(x)}=C\neq 0$时，$f$与$g$必为同阶无穷小

第二部分

类别	定义
k 阶无穷小	若$\lim\limits_{x\to x_0}\dfrac{f(x)}{g^k(x)}=c\neq0(k>0)$,称$f(x)$为$g(x)$的$k$阶无穷小

考点 3 等价无穷小的替换

当$x\to0$时,$\sin x\sim x$,$\arcsin x\sim x$,$\tan x\sim x$,$\arctan x\sim x$,$\ln(1+x)\sim x$,$e^x-1\sim x$,$1-\cos x\sim\dfrac{1}{2}x^2$,$(1+x)^\alpha-1\sim\alpha x$。

真题面对面

[2021 贵州特岗,单,3 分]极限$\lim\limits_{x\to0}\dfrac{\sin4x}{\sin8x}=($　　$)$

A. $\dfrac{1}{8}$　　B. $\dfrac{1}{4}$　　C. $\dfrac{1}{2}$　　D. 1

答案:C。$\lim\limits_{x\to0}\dfrac{\sin4x}{\sin8x}=\lim\limits_{x\to0}\dfrac{4x}{8x}=\dfrac{1}{2}$。

考法大揭秘

函数极限的求法

1. 通过因式分解或根式有理化,再用极限运算法则或连续函数极限的求解方法求解。

对于极限式中含有$\sqrt{a}\pm\sqrt{b}$(或$a\pm\sqrt{b}$)的题型,在求极限之前先用$\sqrt{a}\mp\sqrt{b}$(或$a\mp\sqrt{b}$)分别乘以分子、分母从而使根式有理化,再求极限。

2. 利用洛必达法则。

洛必达法则:假设当自变量x趋近于某一定值时,函数$f(x)$和$g(x)$满足:

(1)$f(x)$和$g(x)$的极限都是0或都是无穷大;

(2)$f(x)$和$g(x)$都可导,且$g(x)$的导数不为0;

(3)$\lim\limits_{x\to x_0}\dfrac{f'(x)}{g'(x)}$存在(或是无穷大)。

则极限$\lim\limits_{x\to x_0}\dfrac{f(x)}{g(x)}$也一定存在,且等于$\lim\limits_{x\to x_0}\dfrac{f'(x)}{g'(x)}$,即$\lim\limits_{x\to x_0}\dfrac{f(x)}{g(x)}=\lim\limits_{x\to x_0}\dfrac{f'(x)}{g'(x)}$。

以上“$x\to x_0$”可换为“$x\to+\infty$”“$x\to-\infty$”或“$x\to\infty$”,在相应的条件下,结论也成立。

用该法则求极限时,应注意条件是否满足,只要有一条不满足,就不能应用洛必达法则。特别要注意条件(1)是否满足,即验证所求极限是否为“$\dfrac{0}{0}$”型或“$\dfrac{\infty}{\infty}$”型;条件(2)一般都满足,而条件(3)则在求导完毕后可以知道是否满足。另外,洛必达法则可以连续使用,但每次使用之前都需要注意条件。

注:若$\lim\limits_{x\to x_0}\dfrac{A(x)}{B(x)}$存在,当$x\to x_0$时,$B(x)\to0$,则必有$A(x)\to0$,否则$\lim\limits_{x\to x_0}\dfrac{B(x)}{A(x)}=\infty$,极限不存在。

[例]求$\lim\limits_{x\to0}\dfrac{\tan x-x}{\frac{1}{3}x^3}$。

答案:原式$=\lim\limits_{x\to0}\dfrac{\sec^2x-1}{x^2}=\lim\limits_{x\to0}\dfrac{\tan^2x}{x^2}=\lim\limits_{x\to0}\dfrac{x^2}{x^2}=1$。

3. 利用等价无穷小因子替换。

若 $x\to0$ 时,无穷小 $\alpha(x)\to\alpha^*(x),\beta(x)\to\beta^*(x)$,即$\lim\limits_{x\to0}\dfrac{\alpha(x)}{\alpha^*(x)}=1,\lim\limits_{x\to0}\dfrac{\beta(x)}{\beta^*(x)}=1$,则$\lim\limits_{x\to0}\dfrac{\alpha(x)u(x)}{\beta(x)v(x)}=\lim\limits_{x\to0}\dfrac{\alpha^*(x)u(x)}{\beta^*(x)v(x)}$。

[例]求$\lim\limits_{x\to0}\dfrac{\ln(1+x^2)-\ln(1+\sin^2x)}{x\sin^3x}$。

答案:当 $x\to0$ 时,$\sin^3x\sim x^3,\ln(1+x)\sim x$,则

原式 $=\lim\limits_{x\to0}\dfrac{\ln\left(\dfrac{1+x^2}{1+\sin^2x}\right)}{x\sin^3x}=\lim\limits_{x\to0}\dfrac{\ln\left(1+\dfrac{x^2-\sin^2x}{1+\sin^2x}\right)}{x\sin^3x}=\lim\limits_{x\to0}\dfrac{\dfrac{x^2-\sin^2x}{1+\sin^2x}}{x\sin^3x}=\lim\limits_{x\to0}\left(\dfrac{x^2-\sin^2x}{x^4}\cdot\dfrac{1}{1+\sin^2x}\right)=$ $\lim\limits_{x\to0}\dfrac{x^2-\sin^2x}{x^4}\cdot\lim\limits_{x\to0}\dfrac{1}{1+\sin^2x}=\lim\limits_{x\to0}\dfrac{x^2-\sin^2x}{x^4}=\lim\limits_{x\to0}\dfrac{x+\sin x}{x}\cdot\lim\limits_{x\to0}\dfrac{x-\sin x}{x^3}=2\cdot\lim\limits_{x\to0}\dfrac{x-\sin x}{x^3}\xlongequal{\text{洛必达法则}}$ $2\lim\limits_{x\to0}\dfrac{1-\cos x}{3x^2}\xlongequal{\text{洛必达法则}}2\lim\limits_{x\to0}\dfrac{\sin x}{6x}=\dfrac{1}{3}$。

4. 利用变量替换法与两个重要极限。在利用洛必达法则后,极限式比原来的复杂,可利用变量替换法,通常是令 $x=\dfrac{1}{t^k}$(k 为自然数)。

两个重要极限:(1)$\lim\limits_{x\to0}\dfrac{\sin x}{x}=1$;(2)$\lim\limits_{x\to\infty}\left(1+\dfrac{1}{x}\right)^x=\mathrm{e}$。

根据两个重要极限,可推导出以下公式:

$\lim\limits_{x\to0}\dfrac{\sin[f(x)]}{f(x)}=1$,其中$\lim\limits_{x\to0}f(x)=0$;

$\lim\limits_{x\to\infty}\left(1+\dfrac{1}{f(x)}\right)^{f(x)}=\mathrm{e}$,其中$\lim\limits_{x\to\infty}f(x)=\infty$;

$\lim\limits_{x\to0}[1+f(x)]^{\frac{1}{f(x)}}=\mathrm{e}$,其中$\lim\limits_{x\to0}f(x)=0$。

[例 1]求$\lim\limits_{x\to\infty}\left[x-x^2\ln\left(1+\dfrac{1}{x}\right)\right]$。

答案:原式 $\xlongequal{\frac{1}{x}=t}\lim\limits_{t\to0}\left[\dfrac{1}{t}-\dfrac{\ln(1+t)}{t^2}\right]\xlongequal{\text{通分}}\lim\limits_{t\to0}\dfrac{t-\ln(1+t)}{t^2}\xlongequal{\left(\frac{0}{0}\right)}\lim\limits_{t\to0}\dfrac{1-\dfrac{1}{1+t}}{2t}=\lim\limits_{t\to0}\dfrac{1+t-1}{2t(t+1)}=$ $\lim\limits_{t\to0}\dfrac{1}{2(t+1)}=\dfrac{1}{2}$。

第二部分

[例 2] 求$\lim\limits_{x\to\infty}\left(\frac{x}{1+x}\right)^{x}$。

答案：原式$=\lim\limits_{x\to\infty}\left(1-\frac{1}{x+1}\right)^{x}=\lim\limits_{x\to\infty}\left[\left(1-\frac{1}{x+1}\right)^{-(1+x)}\right]^{\frac{-x}{1+x}}=e^{\lim\limits_{x\to\infty}\frac{-x}{1+x}}=e^{-1}$。

5. 分别求左、右极限。对于分段函数在分段点处的极限，通常需要分类讨论它的左、右极限，当左、右极限存在且相等时，函数的极限值等于这个值，当左、右极限不等或至少有一个不存在时，原极限不存在。对于在形式上不属于分段函数，但函数定义域是间断的，间断处的极限需要分别左右求解讨论。

6. 利用夹逼准则。对极限式中的函数进行适当放大和缩小，使之成为容易求出极限的形式。

真题面对面

1. [2022 安徽统考，填空，4 分] $\lim\limits_{x\to0}(1+2x)^{\frac{1}{\sin x}}=$________。

答案：e^2。$\lim\limits_{x\to0}(1+2x)^{\frac{1}{\sin x}}=\lim\limits_{x\to0}(1+2x)^{\frac{1}{x}}=\lim\limits_{x\to0}[(1+2x)^{\frac{1}{2x}}]^2=e^2$。

2. [2020 山西特岗，填空，3 分] $\lim\limits_{x\to0}\frac{1-\cos x}{2x^2}=$________。

答案：$\frac{1}{4}$。由等价无穷小可得，$\lim\limits_{x\to0}\frac{1-\cos x}{2x^2}=\lim\limits_{x\to0}\frac{\frac{1}{2}x^2}{2x^2}=\frac{1}{4}$。

五、渐近线

考点 1 水平渐近线

若$\lim\limits_{x\to+\infty}f(x)=b$或$\lim\limits_{x\to-\infty}f(x)=b$，则$y=b$称为函数$y=f(x)$的右侧或左侧的水平渐近线。

考点 2 铅直渐近线

$\lim\limits_{x\to x_0^-}f(x)=\infty$或$\lim\limits_{x\to x_0^+}f(x)=\infty$，则$x=x_0$称为函数$y=f(x)$的铅直渐近线。

考点 3 斜渐近线

若$a=\lim\limits_{x\to+\infty}\frac{f(x)}{x}$，$b=\lim\limits_{x\to+\infty}[f(x)-ax]$，则$y=ax+b$称为函数$y=f(x)$的右侧斜渐近线。

若$a=\lim\limits_{x\to-\infty}\frac{f(x)}{x}$，$b=\lim\limits_{x\to-\infty}[f(x)-ax]$，则$y=ax+b$称为函数$y=f(x)$的左侧斜渐近线。

注：在同一侧，水平渐近线与斜渐近线不能同时存在。

第二部分

第三节 连续与间断

一、连续函数的定义和性质

考点 1 函数连续性的定义

1. 函数在某点处连续的定义

函数在某点处连续	定义 1	设函数 $y=f(x)$ 在点 x_0 的某一邻域内有定义，如果 $\lim\limits_{\Delta x\to 0}\Delta y=\lim\limits_{\Delta x\to 0}[f(x_0+\Delta x)-f(x_0)]=0$，那么就称函数 $y=f(x)$ 在点 x_0 连续
	定义 2	设函数 $y=f(x)$ 在点 x_0 的某一邻域内有定义，如果 $\lim\limits_{x\to x_0}f(x)=f(x_0)$，那么就称函数 $f(x)$ 在点 x_0 连续
单侧连续	左连续	如果 $\lim\limits_{x\to x_0^-}f(x)=f(x_0^-)$ 存在且等于 $f(x_0)$，即 $f(x_0^-)=f(x_0)$，就说函数 $f(x)$ 在点 x_0 左连续
	右连续	如果 $\lim\limits_{x\to x_0^+}f(x)=f(x_0^+)$ 存在且等于 $f(x_0)$，即 $f(x_0^+)=f(x_0)$，就说函数 $f(x)$ 在点 x_0 右连续

定理：函数 $f(x)$ 在点 x_0 连续的充要条件：$\lim\limits_{x\to x_0^-}f(x)=\lim\limits_{x\to x_0^+}f(x)=f(x_0)$。

注：判断出函数在某一点极限存在的充分必要条件是函数在该点的左右极限存在且相等，判断出函数在某一点连续的充分必要条件是函数在该点处的极限值等于函数值。

2. 区间上函数的连续性

若函数 $f(x)$ 在开区间 (a,b) 内的每一点都连续，则称 $f(x)$ 在开区间 (a,b) 内连续；

若函数 $f(x)$ 在开区间 (a,b) 内连续，且在左端点 a 处右连续，在右端点 b 处左连续，即 $\lim\limits_{x\to a^+}f(x)=f(a)$，$\lim\limits_{x\to b^-}f(x)=f(b)$，则称 $f(x)$ 在闭区间 $[a,b]$ 上连续；

若函数 $f(x)$ 在它的整个定义区间上连续，就称 $f(x)$ 为连续函数。

真题面对面

[2018 山西特岗，解答，8 分] 讨论函数 $f(x)=\begin{cases}\cos x, x\geq 0,\\ x+1, x<0\end{cases}$ 在 $x=0$ 处的连续性。

答案：$\because \lim\limits_{x\to 0^-}f(x)=\lim\limits_{x\to 0^-}(x+1)=1$，$\lim\limits_{x\to 0^+}f(x)=\lim\limits_{x\to 0^+}\cos x=1$，$\therefore \lim\limits_{x\to 0^+}f(x)=\lim\limits_{x\to 0^-}f(x)=f(0)$，

$\therefore$ 函数 $f(x)$ 在 $x=0$ 处连续。

考点 2 连续函数的有关局部性质

定理 1：若 $f(x)$，$g(x)$ 都在点 x_0 处连续，则 $f(x)\pm g(x)$，$f(x)g(x)$，$\dfrac{f(x)}{g(x)}(g(x)\neq 0)$ 也在点 x_0 处连续。

第二部分

定理 2：设 $f(x)$ 在区间 $\{x|a\leqslant x\leqslant b\}$ 上严格增加（减少），并且在每点连续，又设 $f(a)=\alpha,f(b)=\beta$，则在区间 $\{y|\alpha\leqslant y\leqslant\beta\}$ 上，存在着 $y=f(x)$ 的反函数 $y=\varphi(x)$，它在这区间上也是严格增加（减少）且连续的。

定理 3：若 $u=g(x)$ 在点 x_0 连续，$g(x_0)=u_0$，而 $y=f(u)$ 在点 x_0 连续，那么复合函数 $y=f[g(x)]$ 在点 x_0 连续，即 $\lim\limits_{x\to x_0}f[g(x)]=\lim\limits_{x\to x_0}f[g(x_0)]=f[\lim\limits_{x\to x_0}g(x)]$。

考点 3 闭区间上连续函数的性质

（1）（有界性定理）：闭区间 $[a,b]$ 上的连续函数 $f(x)$ 必在区间 $[a,b]$ 上有界。

（2）（最值定理）：闭区间上的连续函数在该区间上必取得最大值、最小值。

（3）（零点定理）：若 $f(x)$ 在区间 $[a,b]$ 上连续，且 $f(a)\cdot f(b)<0$，那么在区间 (a,b) 内至少有一点 ξ，使 $f(\xi)=0$。

（4）（介值定理）：设 $f(x)$ 在 $[a,b]$ 上连续，且 $f(a)\neq f(b)$，若 c 是介于 $f(a)$ 与 $f(b)$ 之间的任意数，则至少存在一个 $\xi\in(a,b)$，使得 $f(\xi)=c$。

二、间断点的定义和分类 【单选】 ★★

考点 1 间断点的定义

设函数 $f(x)$ 在点 x_0 的某去心邻域内有定义。在此前提下，如果函数 $f(x)$ 出现下列三种情形之一：①在 $x=x_0$ 没有定义；②虽在 $x=x_0$ 有定义，但 $\lim\limits_{x\to x_0}f(x)$ 不存在；③虽在 $x=x_0$ 有定义，且 $\lim\limits_{x\to x_0}f(x)$ 存在，但 $\lim\limits_{x\to x_0}f(x)\neq f(x_0)$，则称函数 $f(x)$ 在点 x_0 处不连续，而点 x_0 称为函数 $f(x)$ 的不连续点或间断点。

考点 2 间断点的类型

类型		定义	图象
第一类间断点（$\lim\limits_{x\to x_0^-}f(x)$，$\lim\limits_{x\to x_0^+}f(x)$ 均存在）	可去间断点	$\lim\limits_{x\to x_0^-}f(x)=\lim\limits_{x\to x_0^+}f(x)$，但 $f(x)$ 在点 x_0 无定义；或 $\lim\limits_{x\to x_0^-}f(x)=\lim\limits_{x\to x_0^+}f(x)\neq f(x_0)$	可去型
	跳跃间断点	$\lim\limits_{x\to x_0^-}f(x)$ 与 $\lim\limits_{x\to x_0^+}f(x)$ 存在，但不相等	跳跃型
第二类间断点（$\lim\limits_{x\to x_0^-}f(x)$，$\lim\limits_{x\to x_0^+}f(x)$ 至少有一个不存在）	无穷间断点	$\lim\limits_{x\to x_0^-}f(x)$，$\lim\limits_{x\to x_0^+}f(x)$ 至少有一个无穷	无穷型

续表

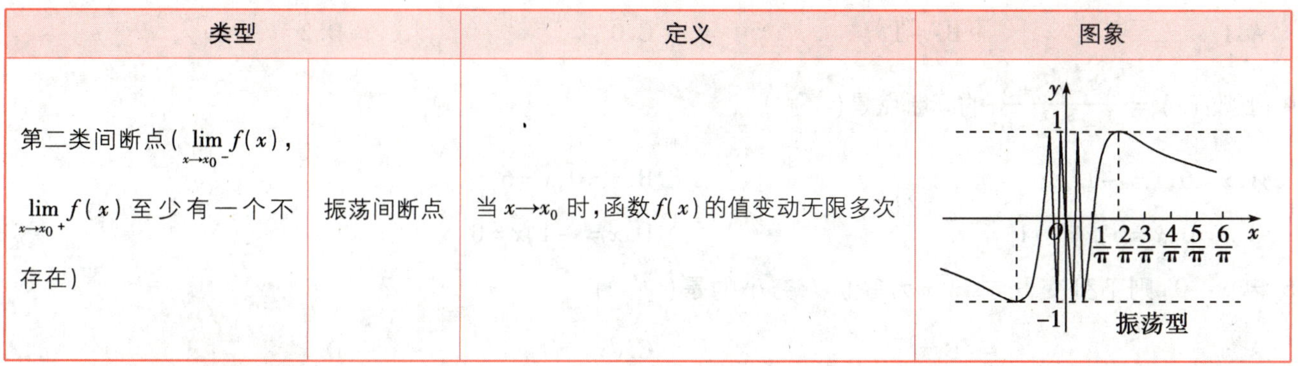

类型		定义	图象
第二类间断点($\lim\limits_{x\to x_0^-}f(x)$, $\lim\limits_{x\to x_0^+}f(x)$ 至少有一个不存在)	振荡间断点	当 $x\to x_0$ 时,函数 $f(x)$ 的值变动无限多次	振荡型

真题面对面

[2020 山西忻州,单,3 分]已知 $f(x)=\begin{cases}\dfrac{\sqrt{x+1}-1}{x},x\neq 0,\\ x,x=0,\end{cases}$ 则 $x=0$ 是 $f(x)$ 的(　　)

A. 可去间断点　　B. 无穷间断点　　C. 连续点　　D. 跳跃间断点

答案: A。由题意可知, $f(0)=0$, $\lim\limits_{x\to 0}\dfrac{\sqrt{x+1}-1}{x}=\lim\limits_{x\to 0}\dfrac{(\sqrt{x+1}-1)(\sqrt{x+1}+1)}{x(\sqrt{x+1}+1)}=\lim\limits_{x\to 0}\dfrac{x}{x(\sqrt{x+1}+1)}=\lim\limits_{x\to 0}\dfrac{1}{\sqrt{x+1}+1}=\dfrac{1}{2}\neq 0$,故 $x=0$ 是 $f(x)$ 的可去间断点。

达标测评

建议用时	实际用时	测评总分	实际得分
60 分钟	______分钟	68 分	______分

一、单项选择题(每小题 3 分,共 18 分)

1. 下列极限正确的是(　　)

A. $\lim\limits_{x\to\infty}\dfrac{\sin x}{x}=1$　　B. $\lim\limits_{x\to\infty}\dfrac{x-\sin x}{x+\sin x}$ 不存在

C. $\lim\limits_{x\to\infty}x\sin\dfrac{1}{x}=1$　　D. $\lim\limits_{x\to-\infty}\arctan x=\dfrac{\pi}{2}$

2. 已知函数 $f(x)=\begin{cases}x\sin\dfrac{1}{x},x>0,\\ a+x^2,x\leqslant 0\end{cases}$ 在 $x=0$ 处的极限存在,则 $a=$ (　　)

A. 0　　B. 1　　C. -1　　D. 不存在

3. $\lim\limits_{x\to 0} x\tan x=$ (　　)

A. 1　　B. -1　　C. 0　　D. 2

4. 函数$f(x)=\dfrac{x^3-x^2+3}{x^3-5x^2-6x}$的间断点是(　　)

A. $x=6, x=-1$　　B. $x=0, x=6$

C. $x=0, x=6, x=-1$　　D. $x=-1, x=0$

5. 若 $x\to 0$，则下列变量与$\sin^2 x$ 为等价无穷小的是(　　)

A. x　　B. x^2　　C. $\sqrt{x}$　　D. x^3

6. 给定 x 的变化趋势，下列函数为无穷小量的是(　　)

A. $\dfrac{x^2}{\sqrt{x^4-x+1}}(x\to+\infty)$　　B. $\left(1+\dfrac{1}{x}\right)^x-1(x\to\infty)$

C. $1-2^{-x}(x\to 0)$　　D. $\dfrac{x}{\sin x}(x\to 0)$

二、填空题(每小题 3 分，共 6 分)

7. $\lim\limits_{x\to 0}\dfrac{\tan x-\sin x}{x^3}=$__________。

8. a 为常数，若 $\lim\limits_{x\to+\infty}(\sqrt{x^2-1}-ax)=0$，则 a 的值是__________。

三、判断题(每小题 2 分，共 4 分)

9. 在同一变化过程中，无穷大量与无穷大量之差即为无穷小量。　　(　　)

10. $y=\dfrac{x+2}{x^2}+2$ 存在水平渐近线。　　(　　)

四、解答题(每小题 8 分，共 40 分)

11. 设$f(x)=\begin{cases}1-2e^{-x}, x\leqslant 0,\\ \dfrac{x-\sqrt{x}}{\sqrt{x}}, & 0<x<1,\\ x^2, & x\geqslant 1,\end{cases}$求$\lim\limits_{x\to 0}f(x)$及$\lim\limits_{x\to 1}f(x)$。

12. 已知函数$f(x)=\lim\limits_{n\to\infty}\dfrac{x^n}{4-x^n}$，试判别$f(x)$在定义域内是否连续，若不连续，求出其不连续点。

13. 求函数$f(x)=\begin{cases}x-1, x<0,\\ 0, x=0,\\ x+1, x>0\end{cases}$ 的间断点。

14. 设 $g(x)$ 在 $x=0$ 处连续，且 $g(0)=0$，以及$f(x)\leqslant|g(x)|$，求证：$f(x)$在 $x=0$ 处连续。

15. 利用极限存在准则证明：

$$\lim_{n\to\infty}n\left(\frac{1}{n^2+\pi}+\frac{1}{n^2+2\pi}+\cdots+\frac{1}{n^2+n\pi}\right)=1。$$

参考答案及解析

一、单项选择题

1. C [解析] $\lim\limits_{x\to0}\frac{\sin x}{x}=1$，A 项错误；$\lim\limits_{x\to\infty}\frac{x-\sin x}{x+\sin x}=1$，B 项错误；对于 C 选项，令 $t=\frac{1}{x}$，则 $\lim\limits_{x\to\infty}x\sin\frac{1}{x}=\lim\limits_{t\to0}\frac{\sin t}{t}=1$，正确；D 项，极限值应为 $-\frac{\pi}{2}$，故错误。故选 C。

2. A [解析] 由题意知，函数 $f(x)$ 在 $x=0$ 处的右极限为 $\lim\limits_{x\to0^+}x\sin\frac{1}{x}=\lim\limits_{x\to0^+}\frac{\sin\frac{1}{x}}{\frac{1}{x}}=0$，$\because$ 函数 $f(x)$ 在 $x=0$ 处的极限存在，$\therefore$ 函数 $f(x)$ 在 $x=0$ 处的左右极限相等，$\therefore$ 函数 $f(x)$ 在 $x=0$ 处的左极限为 $\lim\limits_{x\to0^-}f(x)=\lim\limits_{x\to0^-}(a+x^2)=0$，$\therefore a=0$。

3. C [解析] 用等价无穷小做等量代换。因为当 $x\to0$ 时，$\tan x\sim x$，所以 $\lim\limits_{x\to0}x\tan x=\lim\limits_{x\to0}x^2=0$。

4. C [解析] 由于 $x^3-5x^2-6x=x(x^2-5x-6)=x(x-6)(x+1)$，所以函数 $f(x)$ 的间断点是 $x=0,x=6,x=-1$。故选 C。

5. B [解析] 根据等价无穷小的定义，由 $\lim\limits_{x\to0}\frac{\sin^2x}{x^2}=\lim\limits_{x\to0}\left(\frac{\sin x}{x}\right)^2=1$，知 $\sin^2x\sim x^2$。

6. C [解析] $\lim\limits_{x\to+\infty}\frac{x^2}{\sqrt{x^4-x+1}}=1$，$\lim\limits_{x\to+\infty}\left(1+\frac{1}{x}\right)^x-1=\mathrm{e}-1$，$\lim\limits_{x\to0}(1-2^{-x})=0$，$\lim\limits_{x\to0}\frac{x}{\sin x}=1$。故选 C。

二、填空题

7. $\frac{1}{2}$ [解析] $\lim\limits_{x\to0}\frac{\tan x-\sin x}{x^3}=\lim\limits_{x\to0}\frac{\tan x\cdot(1-\cos x)}{x^3}=\lim\limits_{x\to0}\frac{x\cdot\left(\frac{1}{2}x^2\right)}{x^3}=\frac{1}{2}$。

8. 1 [解析] $\because\lim\limits_{x\to+\infty}(\sqrt{x^2-1}-ax)=\lim\limits_{x\to+\infty}\frac{x^2-1-a^2x^2}{\sqrt{x^2-1}+ax}=\lim\limits_{x\to+\infty}\frac{(1-a^2)x^2-1}{\sqrt{x^2-1}+ax}=0$，$\therefore 1-a^2=0$，$\therefore a=\pm1$。又 $\because$ 当 $a=-1$ 时，$\sqrt{x^2-1}+ax\to0(x\to+\infty)$，原极限不存在，$\therefore a=1$。

三、判断题

9. × [解析] 在同一变化过程中，无穷大量与无穷大量之差可能是无穷大量。

10. √ [解析] $\because\lim\limits_{x\to\infty}y=\lim\limits_{x\to\infty}\left(\frac{x+2}{x^2}+2\right)=\lim\limits_{x\to\infty}\frac{2x^2+x+2}{x^2}=2$，$\therefore y=\frac{x+2}{x^2}+2$ 存在水平渐近线 $y=2$。

四、解答题

11. [解析] $\because\lim\limits_{x\to0^-}f(x)=\lim\limits_{x\to0^-}(1-2\mathrm{e}^{-x})=-1$，

$\lim\limits_{x\to0^+}f(x)=\lim\limits_{x\to0^+}\left(\frac{x-\sqrt{x}}{\sqrt{x}}\right)=\lim\limits_{x\to0^+}(\sqrt{x}-1)=-1$，

第二部分

$\therefore \lim\limits_{x\to 0^-}f(x)=\lim\limits_{x\to 0^+}f(x)=-1$,

$\therefore \lim\limits_{x\to 0}f(x)=-1$。

又$\because \lim\limits_{x\to 1^-}f(x)=\lim\limits_{x\to 1^-}\frac{x-\sqrt{x}}{\sqrt{x}}=\lim\limits_{x\to 1^-}(\sqrt{x}-1)=0$,

$\lim\limits_{x\to 1^+}f(x)=\lim\limits_{x\to 1^+}x^2=1$,

$\therefore \lim\limits_{x\to 1^-}f(x)\neq\lim\limits_{x\to 1^+}f(x)$。

$\therefore \lim\limits_{x\to 1}f(x)$不存在。

12. [解析]当$|x|<1$时,$f(x)=\lim\limits_{n\to\infty}\frac{x^n}{4-x^n}=0$;

当$x=-1$时,$f(x)=\lim\limits_{n\to\infty}\frac{x^n}{4-x^n}$不存在;

当$|x|>1$时,$f(x)=\lim\limits_{n\to\infty}\frac{x^n}{4-x^n}=-1$;

当$x=1$时,$f(x)=\lim\limits_{n\to\infty}\frac{x^n}{4-x^n}=\frac{1}{3}$。

故$f(x)=\begin{cases}0, & -1<x<1,\\ \frac{1}{3}, & x=1,\\ -1, & x<-1\text{ 或 }x>1,\end{cases}$

$f(x)$的定义域为$(-\infty,-1)\cup(-1,+\infty)$。

又在定义域内,$x=1$时,

$\lim\limits_{x\to 1^-}f(x)=0$, $\lim\limits_{x\to 1^+}f(x)=-1$。

$\therefore \lim\limits_{x\to 1}f(x)$不存在,

即$f(x)$在$x=1$处不连续,

$\therefore f(x)$在定义域内不连续,定义域内不连续点为$x=1$。

13. [解析]$\lim\limits_{x\to 0^-}f(x)=\lim\limits_{x\to 0^-}(x-1)=-1$, $\lim\limits_{x\to 0^+}f(x)=\lim\limits_{x\to 0^+}(x+1)=1$,左极限和右极限都存在,但不相等,故极限$\lim\limits_{x\to 0}f(x)$不存在,所以点$x=0$是函数$f(x)$的间断点。因为$y=f(x)$的图象在$x=0$处产生跳跃现象,故$x=0$为函数$f(x)$的跳跃间断点。

14. [解析]证明:$\forall\varepsilon>0$,由于$g(x)$在$x=0$处连续,所以$\exists\delta>0$,当$|x|<\delta$时,有$|g(x)-g(0)|=|g(x)|<\varepsilon$,因为$f(x)\leqslant|g(x)|$,$g(0)=0$,易知$f(0)=0$,$\forall\varepsilon>0$,$\exists\delta>0$,当$|x|<\delta$时,有$|f(x)-f(0)|=|f(x)|\leqslant|g(x)-g(0)|<\varepsilon$,即$f(x)$在$x=0$处连续。

15. [解析]证明:$\because \frac{n^2}{n^2+n\pi}\leqslant n\left(\frac{1}{n^2+\pi}+\frac{1}{n^2+2\pi}+\cdots+\frac{1}{n^2+n\pi}\right)\leqslant\frac{n^2}{n^2+\pi}$,且$\lim\limits_{n\to\infty}\frac{n^2}{n^2+n\pi}=1$, $\lim\limits_{n\to\infty}\frac{n^2}{n^2+\pi}=1$,由夹逼定理知$\lim\limits_{n\to\infty}n\left(\frac{1}{n^2+\pi}+\frac{1}{n^2+2\pi}+\cdots+\frac{1}{n^2+n\pi}\right)=1$。

第二章　微积分与级数

思维导图

- 微积分与级数
  - 导数
    - 导数的基本概念与性质
      - 导数的基本概念与性质（重点）
      - 高阶导数的定义及求法
    - 基本求导公式（重点）
    - 函数的求导法则
      - 四则运算（重点）
      - 复合函数求导（重点）
      - 反函数求导
      - 参数方程求导
      - 隐函数求导
    - 导数的应用
      - 函数的单调性、极值、最值与导数（重点）
      - 函数的凹凸性、拐点与导数
  - 微分
    - 一元函数的微分
      - 定义
      - 微分的运算法则（重点）
      - 复合函数的微分
      - 微分基本定理
    - 多元函数的微分
      - 偏导数
      - 全微分
      - 可微性条件
      - 隐函数微分法
    - 微分方程
      - 微分方程的概念
      - 可分离变量的微分方程、齐次型微分方程、一阶线性微分方程、常系数齐次线性微分方程
  - 积分
    - 不定积分
      - 定义
      - 不定积分的运算法则与常用公式（重点）
      - 常用的不定积分求解方法（重点）
    - 定积分
      - 基本概念
      - 可积函数
      - 定积分的性质（重点）
      - 变限积分
      - 定积分的应用（重点）
    - 二重积分
      - 定义、性质与计算
  - 级数
    - 数项级数
      - 级数收敛与发散的概念
      - 无穷级数的基本性质
      - 级数敛散性判别法
      - 交错级数收敛的条件
      - 绝对收敛与条件收敛
    - 函数项级数
      - 概念
      - 一致收敛性
    - 幂级数
      - 幂级数及其收敛性
      - 收敛半径与收敛域
      - 收敛半径与系数的关系

考向分析

本章属于高等数学中的重要章节，知识内容丰富，题目难度较高，其中导数部分与高中知识有密切联系，要求考生能够系统地掌握相关定理、性质和解题方法，现对本章考向分析如下：

高频考点	常考题型	能力要求	考查热度
导数的基本概念与性质	单选、填空、解答	理解、应用	★★★
函数的求导法则	单选、填空、计算、解答	掌握	★★★
函数的单调性与导数	单选、解答	应用	★★★
函数的极值与导数	单选、解答	应用	★★★
函数的最值与导数	单选、解答	应用	★★
函数的凹凸性、拐点与导数	单选、解答	理解	★★
微分基本定理	解答	理解	★
多元函数的微分	单选、填空	应用	★
不定积分	单选、填空	掌握	★★
定积分	单选、填空、解答	掌握、应用	★★★
数项级数	单选	理解	★★
幂级数	单选	理解	★

核心考点

第一节　导　数

一、导数的基本概念与性质 【单选、填空、解答】 ★★★

考点 1 导数的基本概念

1. 导数的定义

设 $y=f(x)$ 在 x_0 点的某邻域内有定义，且当自变量在 x_0 点有一增量 Δx（$x_0+\Delta x$ 仍在该邻域中）时，函数相应地有增量 Δy，若 $\lim\limits_{\Delta x\to 0}\dfrac{\Delta y}{\Delta x}$ 即 $\lim\limits_{x\to x_0}\dfrac{f(x)-f(x_0)}{x-x_0}$ 存在，就称其值为 $y=f(x)$ 在 $x=x_0$ 点的导数，记为 $f'(x_0)$，或

$y'\big|_{x=x_0}$，$\dfrac{dy}{dx}\Big|_{x=x_0}$，$\dfrac{df}{dx}\Big|_{x=x_0}$，即 $f'(x_0)=\lim\limits_{x\to x_0}\dfrac{f(x)-f(x_0)}{x-x_0}$，这时也称 $y=f(x)$ 在 $x=x_0$ 点可导或有导数，或导数存在。

注：函数不连续一定不可导，可导一定连续，但连续函数不一定都是可导的。

单侧可导与双侧可导的关系：

$f(x)$ 在 x_0 可导$\Leftrightarrow f(x)$ 在 x_0 左、右导数均存在且相等，即$f'(x_0)=f'_+(x_0)=f'_-(x_0)$。

真题面对面

[2021 贵州特岗，解答] 设$f(x)$为偶函数，且$f'(0)$存在，证明$f'(0)=0$。

答案：证明：因为 $f(x)$ 为偶函数，所以 $f(-x)=f(x)$，则 $f'(0)=\lim\limits_{x\to0}\dfrac{f(x)-f(0)}{x-0}=\lim\limits_{x\to0}\dfrac{f(-x)-f(0)}{x-0}=-\lim\limits_{x\to0}\dfrac{f(-x)-f(0)}{-x-0}=-f'(0)$，故 $f'(0)=0$。

2. 导数的几何意义

$f'(x_0)$表示曲线 $y=f(x)$ 在点 $P(x_0,f(x_0))$ 处切线的斜率，曲线$y=f(x)$ 在点$P(x_0,f(x_0))$ 处的切线方程为 $y-f(x_0)=f'(x_0)(x-x_0)$。

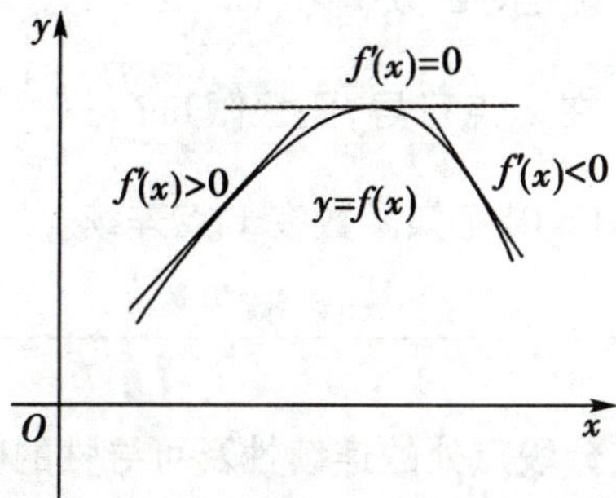

考法大揭秘

导数几何意义的应用类型及求解思路

若已知曲线过点 $P(x_0,y_0)$，求曲线过点 P 的切线方程，则需分点 P 是切点和不是切点两种情况求解。

(1) 点 P 是切点时，切线方程为 $y-y_0=f'(x_0)(x-x_0)$。

(2) 点 P 不是切点时，可按以下步骤求解：

①设出切点坐标 $P'(x_1,f(x_1))$；

②写出过点 $P'(x_1,f(x_1))$ 的切线方程 $y-f(x_1)=f'(x_1)(x-x_1)$；

③将点 P 的坐标代入切线方程，求出 x_1；

④将 x_1 的值代入方程 $y-f(x_1)=f'(x_1)(x-x_1)$，由此即可得过点 P 的切线方程。

真题面对面

[2022 江西高中数学,单,1 分]函数 $f(x)=x-g(x)$ 的图象在点 $x=2$ 处的切线的方程为 $y=-x-1$,则 $g(2)+g'(2)=($　　$)$

A. 7　　B. 4　　C. 0　　D. -4

答案:A。当 $x=2$ 时,$y=-x-1=-3$,所以可得切点坐标为 $(2,-3)$,则 $f'(2)=-1$,$f(2)=-3$,$f'(x)=1-g'(x)$ 得 $f'(2)=1-g'(2)=-1$,所以 $g'(2)=2$,由 $f(2)=2-g(2)=-3$,所以 $g(2)=5$,所以 $g(2)+g'(2)=7$。

考点 2 导数的相关性质

(1)导数的常见形式有:$f'(x_0)=\lim\limits_{\Delta x\to 0}\frac{f(x_0+\Delta x)-f(x_0)}{\Delta x}$;$f'(x_0)=\lim\limits_{h\to 0}\frac{f(x_0+h)-f(x_0)}{h}$;$f'(x_0)=\lim\limits_{h\to 0}\frac{f(x_0)-f(x_0-h)}{h}$。

(2)若极限 $\lim\limits_{\Delta x\to 0}\frac{\Delta y}{\Delta x}$ 即 $\lim\limits_{x\to x_0}\frac{f(x)-f(x_0)}{x-x_0}$ 不存在,就称 $y=f(x)$ 在 $x=x_0$ 点不可导。特别地,若 $\lim\limits_{\Delta x\to 0}\frac{\Delta y}{\Delta x}=\infty$,称 $y=f(x)$ 在 $x=x_0$ 处的导数为 ∞,因为此时 $y=f(x)$ 在 x_0 点的切线存在,它是垂直于 x 轴的直线 $x=x_0$。

(3)$y=f(x)$ 在 $x=x_0$ 的导数 $f'(x_0)$ 就是导函数 $y=f'(x)$ 在 $x=x_0$ 点的值。

(4)可导必连续:如果函数 $y=f(x)$ 在 x_0 点可导,则极限 $\lim\limits_{\Delta x\to 0}\frac{f(x_0+\Delta x)-f(x_0)}{\Delta x}$ 存在,分母极限为 0,则分子极限必为 0,即 $\lim\limits_{\Delta x\to 0}[f(x_0+\Delta x)-f(x_0)]=0$,可知函数在 x_0 点连续。

考法大揭秘

分段函数在分段点处的连续性及可导性的判定方法

类型	$y=\begin{cases}f(x),x\neq x_0,\\C,x=x_0\end{cases}$	$y=\begin{cases}f(x),x\leqslant x_0,\\g(x),x>x_0\end{cases}$
连续性的考查方法	(1)利用函数在某一点连续的定义,即考查等式 $\lim\limits_{x\to x_0}f(x)=C$ 是否成立。此方法对 $f(x)$ 在 x_0 处有无意义不作要求。 (2)当 $f(x)$ 在 x_0 处有意义时,若 $f(x_0)=C$,则 y 在 $x=x_0$ 处连续;若 $f(x_0)\neq C$,则 y 在 $x=x_0$ 处间断	(1)利用函数在某点连续的定义。 (2)当 $g(x)$ 在 x_0 处有意义时,若 $f(x_0)=g(x_0)$,则函数 y 在 $x=x_0$ 处连续;若 $f(x_0)\neq g(x_0)$,则函数在 $x=x_0$ 处间断

续表

可导性的考查方法	(1)用函数在某一点可导的定义，即考查极限$\lim\limits_{x\to x_0}\dfrac{f(x)-f(x_0)}{x-x_0}$是否存在，从而得出结论。 (2)当函数$y$在$x=x_0$处连续时，求出$f'(x)$，当$\lim\limits_{x\to x_0}f'(x)$存在时，$y'(x_0)=\lim\limits_{x\to x_0}f'(x)$	(1)利用函数在某点可导的定义。 (2)$f'(x)$，$g'(x)$易求时，先求出$f'(x)$，$g'(x)$：①当$f'(x_0)=g'(x_0)$时，函数y在$x=x_0$处可导，且$y'(x_0)=f'(x_0)=g'(x_0)$；②当$f'(x_0)\neq g'(x_0)$时，函数y在$x=x_0$处不可导；③当$f'(x_0)$，$g'(x_0)$不存在但y在$x=x_0$处连续，若$\lim\limits_{x\to x_0^-}f'(x)=\lim\limits_{x\to x_0^+}g'(x)$，则$y'(x_0)=\lim\limits_{x\to x_0^-}f'(x)=\lim\limits_{x\to x_0^+}g'(x)$；若$\lim\limits_{x\to x_0^-}f'(x)\neq\lim\limits_{x\to x_0^+}g'(x)$，则$y$在$x=x_0$处不可导

注：(1)可导性的第二种考查方法中，$\lim\limits_{x\to x_0}f'(x)$不存在，不能得出$y$在$x=x_0$处不可导的结论，如$y=\begin{cases}x\sin\dfrac{1}{x},x\neq0,\\0,x=0\end{cases}$在$x=0$处。

(2)可导函数必连续，间断函数必不可导。

真题面对面

[2017 福建统考，单，4 分]分段函数$f(x)=\begin{cases}x+\sin x^2,x\leqslant0,\\\ln(1+x),x>0\end{cases}$在$x=0$处，下列说法正确的是(　　)

A. 可导且$f'(0)=1$　　B. 可导不连续

C. 连续不可导　　D. 既不连续也不可导

答案：A。$f(0)=0$，$\lim\limits_{x\to0^+}f(x)=\lim\limits_{x\to0^-}f(x)=0$，所以$f(x)$在$x=0$处连续，又$f'_+(0)=\lim\limits_{\Delta x\to0^+}\dfrac{f(0+\Delta x)-f(0)}{\Delta x}=\lim\limits_{\Delta x\to0^+}\dfrac{\ln(1+\Delta x)}{\Delta x}=\lim\limits_{\Delta x\to0^+}\dfrac{1}{1+\Delta x}=1$，$f'_-(0)=\lim\limits_{\Delta x\to0^-}\dfrac{f(0+\Delta x)-f(0)}{\Delta x}=\lim\limits_{\Delta x\to0^-}\dfrac{\Delta x+\sin(\Delta x)^2}{\Delta x}=1+\lim\limits_{\Delta x\to0^-}\left[\dfrac{\sin(\Delta x)^2}{\Delta x^2}\cdot\Delta x\right]=1$，即$f'_+(0)=f'_-(0)=1$，所以$f'(0)=1$。

考点 3 高阶导数的定义及求法

一般地，函数$y=f(x)$的导数叫作一阶导数，而$y'=f'(x)$仍然是x的函数。若再求导(如果存在)$(y')'=[f'(x)]'$，则称它为$y=f(x)$的二阶导数，记为y''，$f''(x)$，$\dfrac{d^2y}{dx^2}$。以此类推，函数$y=f(x)$的$n-1$阶导数的导数称为n阶导数，记为$y^{(n)}$。

例如，$y=x^n$，则$y'=nx^{n-1}$；$y''=n(n-1)x^{n-2}$；…；$y^{(n)}=n\cdot(n-1)\cdot\cdots\cdot3\cdot2\cdot1=n!$；$y^{(n+1)}=0$。

二、基本求导公式 【单选、填空】★★★

$(C)'=0$（C 为常数）

$\left(\frac{1}{x}\right)'=-\frac{1}{x^2}$

$(x^a)'=ax^{a-1}$

$(\sqrt{x})'=\frac{1}{2\sqrt{x}}$

$(\sin x)'=\cos x$

$(\arcsin x)'=\frac{1}{\sqrt{1-x^2}}$

$(\cos x)'=-\sin x$

$(\arccos x)'=-\frac{1}{\sqrt{1-x^2}}$

$(\tan x)'=\sec^2 x$

$(\arctan x)'=\frac{1}{1+x^2}$

$(\cot x)'=-\csc^2 x$

$(\text{arccot}\, x)'=-\frac{1}{1+x^2}$

$(\log_a x)'=\frac{1}{x\ln a}$（$a>0$，且 $a\neq 1$）

$(a^x)'=a^x\ln a\,(a>0)$

$(\sec x)'=\sec x\cdot\tan x$

$(e^x)'=e^x$

$(\csc x)'=-\csc x\cdot\cot x$

$(\ln x)'=\frac{1}{x}$

第二部分

真题面对面

[2018 江西高中，单，1 分]设 $f(x)=10^x+\lg x$，则 $f'(1)$ 等于(　　)

A. 10　　B. $10\ln 10+\lg e$　　C. $\frac{10}{\ln 10}$　　D. $11\ln 10$

答案：B。由题意知，$f'(x)=10^x\ln 10+\frac{1}{x\ln 10}$，则 $f'(1)=10\ln 10+\frac{1}{\ln 10}=10\ln 10+\lg e$。

三、函数的求导法则 【单选、填空、计算、解答】★★★

类型	条件	运算法则
四则运算	u,v 分别为可导函数	$(u+v)'=u'+v'$；$(uv)'=u'v+uv'$；$\left(\frac{u}{v}\right)'=\frac{u'v-uv'}{v^2}\,(v\neq 0)$
复合函数求导	若 $u=g(x)$ 在点 x 可导，而 $y=f(u)$ 在点 $u=g(x)$ 可导，则复合函数 $y=f[g(x)]$ 在点 x 可导	$\frac{dy}{dx}=f'(u)\cdot g'(x)$ 或 $\frac{dy}{dx}=\frac{dy}{du}\cdot\frac{du}{dx}$
反函数求导	若函数 $x=f(y)$ 在区间 I_y 内单调、可导且 $f'(y)\neq 0$，则它的反函数 $y=f^{-1}(x)$ 在区间 $I_x=\{x\mid x=f(y),y\in I_y\}$ 内也可导	$[f^{-1}(x)]'=\frac{1}{f'(y)}$ 或 $\frac{dy}{dx}=\frac{1}{\frac{dx}{dy}}$

类型	条件	运算法则
参数方程求导	参数方程$\begin{cases}x=\varphi(t),\\y=\psi(t)\end{cases}$中$\varphi(t),\psi(t)$均可导,且$\varphi'(t)\neq0$	$\dfrac{\mathrm{d}y}{\mathrm{d}x}=\dfrac{\psi'(t)}{\varphi'(t)}$
隐函数求导	设有二元方程$F(x,y)=0$,函数$y=y(x)$满足$F[x,y(x)]=0$,且可导	由$F[x,y(x)]=0$及复合函数求导法则可求得y'所满足的方程,再解出y'

重难点解读

不同类型函数的导数的运算方法:①连乘形式,先展开,化为多项式的形式,再求导;②分数形式,观察函数的结构,先化为整式函数或较为简单的分式函数,再求导;③对数形式,先化为和、差的形式,再求导;④根式形式,先化为分数指数幂的形式,再求导;⑤三角形式,先用三角函数公式转化为和、差的形式,再求导;⑥复合函数,确定复合关系,由外向内逐层求导。

[2019 四川宜宾,计算,4 分]已知函数$f(x)=\dfrac{x^2-1}{x^2+1}$,求$f'(1)$的值。

答案:$f'(x)=\dfrac{2x(x^2+1)-2x(x^2-1)}{(x^2+1)^2}=\dfrac{4x}{(x^2+1)^2}$,将$x=1$代入$f'(x)$,得$f'(1)=1$。

四、导数的应用

考点 1 函数的单调性与导数 【单选、解答】★★★

1. 求可导函数$f(x)$单调区间的步骤

求$f'(x)$;解不等式$f'(x)>0(f'(x)<0)$;$f'(x)>0$的解集为单调增区间($f'(x)<0$的解集为单调减区间)。

2. 由函数的单调性求参数的取值范围的方法

可导函数在某一区间上单调,即在该区间上$f'(x)\geqslant0$或$f'(x)\leqslant0$恒成立,然后由不等式分离参数,转化为函数的最值问题,从而得参数取值范围。

3. 比较大小或解不等式

利用题目条件,构造辅助函数,把比较大小或求解不等式的问题转化为先利用导数研究函数单调性的问题,再由单调性比较大小或解不等式。常见的构造辅助函数的形式:

①$f(x)>g(x)\to F(x)=f(x)-g(x)$。

②$xf'(x)+f(x)\to F(x)=[xf(x)]'$;$xf'(x)-f(x)\to F(x)=\left[\dfrac{f(x)}{x}\right]'$。

③$f'(x)+f(x)\to F(x)=[\mathrm{e}^xf(x)]'$;$f'(x)-f(x)\to F(x)=\left[\dfrac{f(x)}{\mathrm{e}^x}\right]'$。

真题面对面

[2022 山西特岗,解答,10 分]已知函数$f(x)=e^x-x,g(x)=\frac{a}{3}x^3+a\cos x(a>0)$。

(1)求$f(x)$的最小值;

(2)设$F(x)=f(x)+g(x)$,若$F(x)$在$(-\infty,+\infty)$上是增函数,求实数a的取值范围。

答案:(1)由题意得,$f(x)=e^x-x$,故$f'(x)=e^x-1$,令$f'(x)=0$,解得$x=0$,$\therefore$ 当$x<0$时,$f'(x)<0$;当$x>0$时,$f'(x)>0$,故$f(x)$在$x=0$处取得最小值,即$f(x)_{\min}=f(0)=1$。

(2)若$F(x)=e^x-x+\frac{a}{3}x^3+a\cos x$是$\mathbf{R}$上的增函数,则满足$F'(x)\geqslant 0$在$\mathbf{R}$上恒成立即可,$F'(x)=e^x-1+ax^2-a\sin x$,令$r(x)=F'(x)=e^x-1+ax^2-a\sin x$,则$r'(x)=e^x+2ax-a\cos x$。令$h(x)=r'(x)$,则$h'(x)=e^x+2a+a\sin x=e^x+a(2+\sin x)>0$在$\mathbf{R}$上恒成立。$\therefore r'(x)=e^x+2ax-a\cos x$是在$\mathbf{R}$上的增函数。

①当$a=1$时,$r'(0)=0$,且当$x\in(-\infty,0)$时,$r'(x)<0$;当$x\in(0,+\infty)$时,$r'(x)>0$。$\therefore r(x)$在$(-\infty,0)$上单调递减,在$(0,+\infty)$上单调递增。$\therefore x=0$是$r(x)$的最小值点,即$r(x)\geqslant r(0)=0$,从而$F'(x)\geqslant 0$,故$F(x)$在$\mathbf{R}$上单调递增,满足题意。

②当$0<a<1$时,$r'(0)=1-a>0$,$r'\left(-\frac{1}{a}\right)=-2+e^{-\frac{1}{a}}-a\cos\left(-\frac{1}{a}\right)\leqslant -2+e^{-\frac{1}{a}}+a<0$,则存在$x_0\in\left(-\frac{1}{a},0\right)$,使得$r'(x_0)=0$,所以当$x\in(x_0,0)$时,$r'(x)>0$,所以$r(x)$在$(x_0,0)$上单调递增,而当$x\in(x_0,0)$时,$F'(x)=r(x)<r(0)=0$,不符合题意。

③当$a>1$时,$r'(0)=1-a<0$,$r'\left(\frac{\pi}{2}\right)=\pi a+e^{\frac{\pi}{2}}>0$,即存在$x_1\in\left(0,\frac{\pi}{2}\right)$,使得$r'(x_1)=0$,所以当$x\in(0,x_1)$时,$r'(x)<0$,所以$r(x)$在$(0,x_1)$上单调递减,从而当$x\in(0,x_1)$时,$F'(x)=r(x)<r(0)=0$,不符合题意。

综上所述,实数a的取值范围为$a\in\{1\}$。

考点 2 函数的极值与导数 【单选、解答】★★★

(1)定义

设函数$f(x)$在x_0的某一个邻域内有定义,若对于该邻域内异于x_0的x恒有$f(x_0)>f(x)$,则称$f(x_0)$为函数的极大值,称x_0为函数的极大值点;若恒有$f(x_0)<f(x)$,则$f(x_0)$称为函数的极小值,称x_0为函数的极小值点。函数的极大值、极小值统称为函数的极值,极大值点、极小值点统称为函数的极值点。

(2)极值的第一充分条件

设函数$f(x)$在点x_0连续,在x_0的某去心邻域$U^{\circ}(x_0,\delta)$内可导。

①若$x\in(x_0-\delta,x_0)$时,$f'(x)<0$,而$x\in(x_0,x_0+\delta)$时,$f'(x)>0$,则$f(x)$在点x_0取得极小值。

②若 $x\in(x_0-\delta,x_0)$ 时，$f'(x)>0$，而 $x\in(x_0,x_0+\delta)$ 时，$f'(x)<0$，则 $f(x)$ 在点 x_0 取得极大值。

③若 $x\in U^{\circ}(x_0,\delta)$ 时，$f'(x)$ 的符号保持不变，则 $f(x)$ 在 x_0 处没有极值。

(3)极值的第二充分条件

设函数 $f(x)$ 在 x_0 处二阶可导，且 $f'(x_0)=0$，$f''(x_0)\neq 0$。

①若 $f''(x_0)<0$，则函数 $f(x)$ 在 x_0 处取得极大值；

②若 $f''(x_0)>0$，则函数 $f(x)$ 在 x_0 处取得极小值。

(4)极值的必要条件

若 x_0 是 $f(x)$ 的极值点，那么 x_0 只可能是 $f'(x)$ 的零点或 $f(x)$ 的不可导点。

(5)极值的充要条件

可导函数 $y=f(x)$ 在点 x_0 处取得极值的充要条件是 $f'(x_0)=0$，且在 x_0 左右两侧 $f'(x)$ 的符号不同。

注：①函数在点 x_0 处的导数 $f'(x_0)=0$ 时，也称 x_0 为函数 $y=f(x)$ 的驻点（稳定点、临界点）。

②极值点一定是驻点，驻点不一定是极值点。

考法大揭秘

函数极值的求解与应用

1. 由极值的第一判别法判断函数极值时，可依据下列步骤：

①确定函数 $f(x)$ 的定义域；

②求导数 $f'(x)$；

③求方程 $f'(x)=0$ 的全部实根，$x_1<x_2<\cdots<x_n$，顺次将定义域分成若干个小区间，并列表，x 变化时，$f'(x)$，$f(x)$ 的值的变化情况如下：

x	$(-\infty,x_1)$	x_1	(x_1,x_2)	…	x_n	$(x_n,+\infty)$
$f'(x)$	正（或负）	0	负（或正）	…	0	正（或负）
$f(x)$	单调性	极值	单调性	…	极值	单调性

④检查 $f'(x)$ 的符号并由表格判断极值。

2. 利用极值的第二判别法进行判定的步骤

(1)求导数 $f'(x)$；

(2)求方程 $f'(x)=0$ 的根；

(3)求 $f''(x)$，将 $f'(x)=0$ 的根代入 $f''(x)$，利用极值的第二判别法进行判定。

3. 利用函数的极值求参数值

已知函数 $f(x)$ 的极值点 x_0 求参数的值（或取值范围）时，通常是令 $f'(x_0)=0$ 来建立关于参数的方程，也可以求出含参数的极值，利用极值列方程，或根据极值的情况，列出关于参数的不等式（组），从而求出参数的值（或取值范围）。需注意的是，可导函数在某点处的导数值等于零只是函数在该点处取得极值的必要条件，所以必须对求出的参数值进行回代检验，看是否符合函数取得极值的条件，不符合条件的要舍去。

真题面对面

[2021 江苏淮安,解答,10 分]已知函数$f(x)=(m-x)e^x$。

(1)判断该函数的极大值和最大值是否为同一个值,并写出求解过程;

(2)当$x>0$时,函数$f(x)$的图象恒在直线$y=x+4$的下方($m\in\mathbf{Z}$),求m的最大值。

答案:(1)$f(x)=(m-x)e^x$,则$f'(x)=-e^x+e^x(m-x)=(m-1-x)e^x$。当$x<m-1$时,$f'(x)>0$,故$f(x)$在$(-\infty,m-1)$上单调递增;当$x>m-1$时,$f'(x)<0$,故$f(x)$在$(m-1,+\infty)$上单调递减。所以$f(x)$在$x=m-1$处取得极大值,也取得最大值。

(2)当$x>0$时,函数$f(x)$的图象恒在$y=x+4$的下方,即当$x>0$时,$f(x)<x+4$,即$(m-x)e^x<x+4$,即$m<\dfrac{x+4}{e^x}+x$,令$h(x)=\dfrac{x+4}{e^x}+x$,则$h'(x)=-\dfrac{x+3}{e^x}+1=\dfrac{e^x-x-3}{e^x}$,再令$g(x)=e^x-x-3$,则$g'(x)=e^x-1$,$\because x>0$,$\therefore g'(x)=e^x-1>0$,则$g(x)$在$(0,+\infty)$上单调递增,设当$x=x_0$时,$g(x_0)=0$,因为$g(1)=e-1-3<0$,$g(2)=e^2-2-3=e^2-5>0$,故$x_0\in(1,2)$。当$x\in(0,x_0)$时,$g(x)<0$,即$h'(x)<0$,则$h(x)$单调递减;当$x\in(x_0,+\infty)$时,$g(x)>0$,即$h'(x)>0$,则$h(x)$单调递增,则$h(x)_{\min}=\dfrac{x_0+4}{e^{x_0}}+x_0$。$\because g(x_0)=e^{x_0}-x_0-3=0$,$\therefore h(x)_{\min}=\dfrac{x_0+4}{e^{x_0}}+x_0=\dfrac{x_0+4}{x_0+3}+x_0=x_0+3+\dfrac{1}{x_0+3}-2$,$\because x_0\in(1,2)$,令$t=x_0+3$,$h(x)_{\min}=p(t)=t+\dfrac{1}{t}-2$,$p'(t)=1-\dfrac{1}{t^2}$,$t\in(4,5)$,$\therefore p'(t)>0$,即$p(t)$在$t\in(4,5)$上单调递增,$\therefore p(4)<p(t)<p(5)$,即$\dfrac{9}{4}<p(t)<\dfrac{16}{5}$,$\therefore h(x)_{\min}>\dfrac{9}{4}>2$,$\because h(x)_{\min}>m$恒成立,$\therefore m\leqslant 2$,$\because m\in\mathbf{Z}$,故$m$的最大值为2。

考点 3 函数的最值与导数 【单选、解答】 ★★

(1)定义

若区间$[a,b]$上一点x_0对于该区间上任一点x,均有$f(x)\leqslant f(x_0)$(或$f(x)\geqslant f(x_0)$),则称$f(x_0)$为$f(x)$在区间$[a,b]$上的最大(或最小)值。

(2)有关结论

①如果函数$f(x)$在$[a,b]$上单调递增,则$f(a)$为函数的最小值,$f(b)$为函数的最大值,反之,如果函数$f(x)$在$[a,b]$上单调递减,则$f(a)$为函数的最大值,$f(b)$为函数的最小值。

②函数的最值只能在极值点、不可导点或端点处取得,因此只要将极值点、不可导点或端点处的函数值进行比较,则最大者即是最大值,最小者即是最小值。

③若$f(x)$在(a,b)中只有一个极值点,则该极值点必是最值点。

真题面对面

1. [2022 安徽统考,解答,8 分]已知函数$f(x)=x\ln x(x>0)$。

(1)求$f(x)$在$(1,f(x))$处的切线方程;

(2)讨论$f(x)$在区间$[t,t+1](t>0)$上的最小值。

答案:(1)$f'(x)=\ln x+1$,$f'(1)=1$,$f(1)=0$,所以$f(x)$在$(1,f(x))$处的切线方程为$\frac{y-0}{x-1}=1$,即$y=x-1$。

(2)令$f'(x)=\ln x+1=0$,解得$x=e^{-1}$,故函数$f(x)$在区间$(0,e^{-1})$上单调递减,在区间$(e^{-1},+\infty)$上单调递增。

因为$t>0$,所以$t+1>1>e^{-1}>0$。当$0<t<e^{-1}$时,函数$f(x)$在区间$[t,e^{-1})$上单调递减,在区间$(e^{-1},t+1]$上单调递增,当$x=e^{-1}$时,函数$f(x)$取得最小值,此时$f(x)_{\min}=e^{-1}\ln e^{-1}=-\frac{1}{e}$,当$t\geqslant e^{-1}$时,函数$f(x)$在$[t,t+1]$上单调递增,则当$x=t$时,函数$f(x)$取得最小值,最小值为$f(t)=t\ln t$。

2. [2020 天津南开区,单,2 分]已知$a,b\in\mathbf{R}$,直线$y=ax+b+\frac{\pi}{2}$与函数$f(x)=\tan x$的图象在$x=-\frac{\pi}{4}$处相切,设$g(x)=e^x+bx^2+a$,若在区间$[1,2]$上,关于x的不等式$m\leqslant g(x)\leqslant m^2-2$恒成立,则实数$m$有(　　)

A. 最小值$-e$　　B. 最小值e

C. 最大值e　　D. 最大值$e+1$

答案:D。由题意知,函数$f(x)=\tan x$在$x=-\frac{\pi}{4}$处的切线的斜率为$y'\Big|_{x=-\frac{\pi}{4}}=\frac{1}{\cos^2 x}=2$,$\because$ 函数$y=ax+b+\frac{\pi}{2}$为函数$f(x)=\tan x$的切线,切点为$(-\frac{\pi}{4},-1)$,$\therefore a=2,b=-1$,$\therefore g(x)=e^x-x^2+2$,$g'(x)=e^x-2x$,$g''(x)=e^x-2$,当$x\in[1,2]$时,$g''(x)>0$,$\therefore g'(x)$在$[1,2]$上单调递增,$\therefore g'(x)_{\min}=g'(1)=e-2>0$,$\therefore g(x)$在$[1,2]$上单调递增,$\therefore \begin{cases} m\leqslant g(x)_{\min}=g(1)=e+1,\\ m^2-2\geqslant g(x)_{\max}=g(2)=e^2-2,\end{cases}$ $\therefore m\leqslant -e$ 或 $e\leqslant m\leqslant e+1$,$\therefore m$的最大值为$e+1$,无最小值。故选 D。

考点 4 函数的凹凸性、拐点与导数 【单选、解答】 ★★

1. 函数的凹凸性

定义:设$f(x)$在区间I上连续,如果对I上任意两点x_1,x_2恒有$f\left(\frac{x_1+x_2}{2}\right)<\frac{f(x_1)+f(x_2)}{2}$,那么称$f(x)$在$I$上的图形是(向上)凹的(或凹弧),如图 1;如果恒有$f\left(\frac{x_1+x_2}{2}\right)>\frac{f(x_1)+f(x_2)}{2}$,那么称$f(x)$在$I$上的

第二部分

图形是(向上)凸的(或凸弧),如图2。

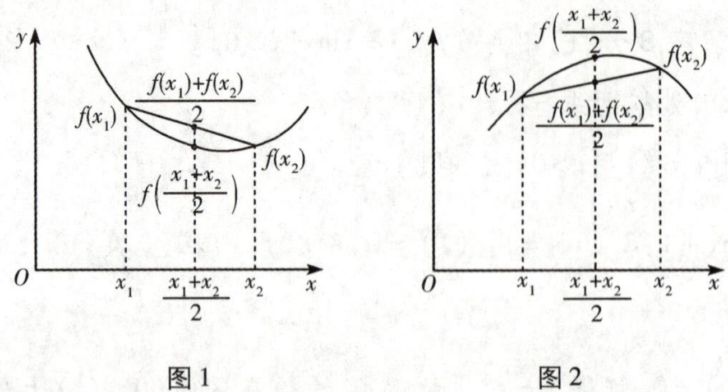

图1　　　　图2

曲线凹凸性的判定定理:设$f(x)$在$[a,b]$上连续,在(a,b)内具有一阶和二阶导数,那么:

①若在(a,b)内$f''(x)>0$,则$f(x)$在$[a,b]$上的图形是凹的;

②若在(a,b)内$f''(x)<0$,则$f(x)$在$[a,b]$上的图形是凸的。

2. 驻点

驻点即函数的一阶导数为0的点对应的x的值,驻点可以划分函数的单调区间。(驻点也称为稳定点,临界点)

3. 拐点

定义:设$y=f(x)$定义在区间I上,若$f(x)$在$x=x_0$两侧凹凸性不同,称$(x_0,f(x_0))$为曲线$y=f(x)$的拐点。

判定区间I上的连续曲线$y=f(x)$的拐点的步骤:

①求$f''(x)$;

②令$f''(x)=0$,解出这个方程在区间I内的实根,并求出在区间I内$f''(x)$不存在的点;

③对于②中求出的每一个实根或二阶导数不存在的点x_0,检查$f''(x)$在x_0左、右两侧邻近的符号,那么当两侧的符号相反时,点$(x_0,f(x_0))$是拐点,当两侧的符号相同时,点$(x_0,f(x_0))$不是拐点。

真题面对面

[2021河南许昌,解答,10分]若函数$f(x)$在区间I上存在二阶导数,且$\forall x\in I$,有$f''(x)>0$(或$f''(x)<0$),则函数$f(x)>0$在区间I上严凸(严凹),已知函数$f(x)=e^{ax^2}+a(a\neq0)$。

(1)当$a=-1$时,求$f(x)$的极值;

(2)讨论$f(x)$的凹凸性。

答案:(1)由题意可知$f'(x)=2ax\cdot e^{ax^2}$,当$a=-1$时,代入导函数得$f'(x)=-2x\cdot e^{-x^2}$,因为$x^2>0$,$-x^2<0$,因此$0<e^{-x^2}<1$,当$x<0$时,$f'(x)=-2x\cdot e^{-x^2}>0$,因此函数$f(x)$单调递增,当$x>0$时,$f'(x)=-2x\cdot e^{-x^2}<0$,函数$f(x)$单调递减,因此在$x=0$处取得极大值为$f(0)=0$。

(2)$f''(x)=2a\cdot e^{ax^2}+4a^2x^2\cdot e^{ax^2}=2e^{ax^2}(a+2a^2x^2)$,因为$e^{ax^2}>0$,当$a>0$时,$a+2a^2x^2$恒大于0,因此函数$f(x)$在$(-\infty,+\infty)$上是凸函数;当$a<0$时,$a+2a^2x^2=a(1+2ax^2)$,当$1+2ax^2<0$时,即$x<$

$\frac{\sqrt{-2a}}{2a}$或 $x > -\frac{\sqrt{-2a}}{2a}$，函数 $f(x)$ 为凸函数，当 $1+2ax^2>0$ 时，即 $\frac{\sqrt{-2a}}{2a} < x < -\frac{\sqrt{-2a}}{2a}$ 时，函数 $f(x)$ 为凹函数。综上所述，当 $a>0$ 时，$f(x)$ 在 $(-\infty,+\infty)$ 上是凸函数；当 $a<0$ 时，$f(x)$ 在 $\left(-\infty,\frac{\sqrt{-2a}}{2a}\right)$ 为凸函数，在 $\left(\frac{\sqrt{-2a}}{2a},-\frac{\sqrt{-2a}}{2a}\right)$ 为凹函数，在 $\left(-\frac{\sqrt{-2a}}{2a},+\infty\right)$ 为凸函数。

第二节　微　分

一、一元函数的微分

考点 1 微分的定义

若 $y=f(x)$ 是定义在某一区间上的函数，当给自变量一个改变量 Δx 时，相应地函数有改变量 $\Delta y=f(x+\Delta x)-f(x)$，我们考查它是否也可以写成 $\Delta y=A\Delta x+o(\Delta x)(\Delta x\to 0)$，其中 A 是 x 的函数，与 Δx 无关。如果这种表达是可能的，那么我们就称 $f(x)$ 在 x 点是可微的，并且把上式右端的第一项 $A\Delta x$ 称为 $f(x)$ 在 x 点的微分，记为 $\mathrm{d}y$ 或 $\mathrm{d}f(x)$，即 $\mathrm{d}y=A\Delta x$。$A\Delta x$ 是 Δy 的线性主要部分。

注：一元函数可导与可微是等价的。

真题面对面

[2017 湖北，单，3 分] 已知函数 $f(x)$ 在区间 $(0,1)$ 内可导，则以下结论正确的是（　　）

A. $f(x)$ 在 $x=0$ 处一定连续　　B. $f(x)$ 在 $x=0$ 处左导数一定存在

C. $f(x)$ 在 $x=\frac{1}{2}$ 处一定可微　　D. $f(x)$ 在 $x=1$ 处一定可导

答案：C。$f(x)$ 在区间 $(0,1)$ 内可导，则 $f(x)$ 在区间 $(0,1)$ 内连续。所以 $f(x)$ 在 $x=0$ 处右导数一定存在，在 $x=1$ 处左导数一定存在，$f(x)$ 在 $x=0$ 处一定右连续，但无法得出 A、B、D。$f(x)$ 在 $x=\frac{1}{2}$ 处可导，所以 $f(x)$ 在 $x=\frac{1}{2}$ 处一定可微。故选 C。

考点 2 微分的运算法则

(1) $\mathrm{d}[f(x)\pm g(x)]=\mathrm{d}f(x)\pm \mathrm{d}g(x)$；

(2) $\mathrm{d}[f(x)\cdot g(x)]=g(x)\mathrm{d}f(x)+f(x)\mathrm{d}g(x)$；

(3) $\mathrm{d}\left[\frac{f(x)}{g(x)}\right]=\frac{g(x)\mathrm{d}f(x)-f(x)\mathrm{d}g(x)}{g^2(x)}\ (g(x)\neq 0)$。

考点 3 复合函数的微分

复合函数 $y=f(u)$，$u=g(x)$，则 $\mathrm{d}y=f'[g(x)]g'(x)\mathrm{d}x$，实际上 $f'[g(x)]=f'(u)$，$g'(x)\mathrm{d}x=\mathrm{d}u$，故可写

第二部分

成 $dy=f'(u)du$。

真题面对面

[2020 山西忻州,单,3 分]已知 $y^2+xy=\ln y$,则$\frac{dy}{dx}=$(　　)

A. $\frac{y^2}{1+xy-2y^2}$

B. $\frac{y}{1+xy+2y^2}$

C. $\frac{2y^2}{1+xy+2y^2}$

D. $\frac{y^2}{1-xy-2y^2}$

答案:D。对 $y^2+xy=\ln y$ 对 x 求导得,$2yy'+y+xy'=\frac{y'}{y}$,解得 $y'=\frac{y^2}{1-xy-2y^2}$,故$\frac{dy}{dx}=\frac{y^2}{1-xy-2y^2}$。

考点 4 微分基本定理 【解答】 ★

1. 罗尔中值定理

如果函数 $f(x)$ 满足:①在闭区间 $[a,b]$ 上连续;②在开区间 (a,b) 内可导;③$f(a)=f(b)$,则在 (a,b) 内至少存在一点 ξ,使得 $f'(\xi)=0$。

2. 拉格朗日中值定理

如果函数 $f(x)$ 满足:①在闭区间 $[a,b]$ 上连续;②在开区间 (a,b) 内可导,则在 (a,b) 内至少存在一点 ξ,使得 $f'(\xi)=\frac{f(b)-f(a)}{b-a}$。

3. 柯西中值定理

如果函数 $f(x)$,$g(x)$ 满足:①在闭区间 $[a,b]$ 上都连续;②在开区间 (a,b) 内都可导;③对任意 $x\in(a,b)$,$g'(x)\neq 0$,则至少存在一点 $\xi\in(a,b)$,使得$\frac{f'(\xi)}{g'(\xi)}=\frac{f(b)-f(a)}{g(b)-g(a)}$。

考法大揭秘

微分中值定理的应用方法

(1)关于方程 $f(x)=0$ 的根(或 $f(x)$ 的零点)的存在性的证明思路:

①题干只说明 $f(x)$ 在 $[a,b]$ 或 (a,b) 上连续,而未说明 $f(x)$ 是否可导,则一般可用闭区间上连续函数的零点定理证明;

②作出 $f(x)$ 的一个原函数 $F(x)$,证明 $F(x)$ 满足罗尔定理条件,从而得出 $f(x)$ 的零点的证明。若要证明根是唯一的,可利用函数的单调性证明根至多只有一个。

(2)证明"至少存在一点 $\xi\in(a,b)$,使得关于 $a,b,f(a),f(b),\xi,f(\xi),f'(\xi)$ 的代数式……"时,可根据题干,作辅助函数 $F(x)$,然后验证 $F(x)$ 满足罗尔定理的条件,由定理的结论即得命题的证明。

真题面对面

[2019 山东菏泽,解答,8 分]设函数$f(x)$在闭区间$[0,1]$上连续,在开区间$(0,1)$内可导,且$f(0)=0$,$f(1)=\frac{1}{2}$。证明:存在$\xi\in(0,1)$,使得$f'(\xi)=\xi$。

答案:构造函数$F(x)=f(x)-\frac{1}{2}x^2$,$\because f(x)$在闭区间$[0,1]$上连续,在开区间$(0,1)$内可导,且$f(0)=0$,$f(1)=\frac{1}{2}$,$\therefore F(0)=f(0)-0=0$,$F(1)=f(1)-\frac{1}{2}=0$,由罗尔定理知,存在$\xi\in(0,1)$,使得$F'(\xi)=f'(\xi)-\xi=0$,即$f'(\xi)=\xi$。

二、多元函数的微分 【单选、填空】 ★

考点 1 偏导数

定义:设函数$z=f(x,y)$,$(x,y)\in D$,$D\subset R^2$。若$(x_0,y_0)\in D$,且$f(x,y_0)$在x_0的某一邻域内有定义,则当极限$\lim\limits_{\Delta x\to 0}\frac{f(x_0+\Delta x,y_0)-f(x_0,y_0)}{\Delta x}$存在时,称这个极限为函数$f$在点$(x_0,y_0)$关于$x$的偏导数,记作$f'_x(x_0,y_0)$或$z'_x(x_0,y_0)$,$\left.\frac{\partial f}{\partial x}\right|_{(x_0,y_0)}$,$\left.\frac{\partial z}{\partial x}\right|_{(x_0,y_0)}$。

同样定义f在点(x_0,y_0)关于y的偏导数,记作$f'_y(x_0,y_0)$或$\left.\frac{\partial f}{\partial y}\right|_{(x_0,y_0)}$,$\left.\frac{\partial z}{\partial y}\right|_{(x_0,y_0)}$,且$f'_y(x_0,y_0)=\lim\limits_{\Delta y\to 0}\frac{f(x_0,y_0+\Delta y)-f(x_0,y_0)}{\Delta y}$。

真题面对面

[2019 陕西特岗,单,3 分]已知$z=\sin 2x+\cos 2y$,求$\frac{\partial z}{\partial x}=$( )

A. $2\cos x$　　B. $2\cos 2x$

C. $2\sin x$　　D. $2\sin 2x$

答案:B。$\frac{\partial z}{\partial x}=2\cos 2x$。

考点 2 全微分

设函数$z=f(x,y)$在点(x_0,y_0)的某一邻域$U(P_0)$上有定义,对于$U(P_0)$中的点$P(x,y)=(x_0+\Delta x,y_0+\Delta y)$,若函数$f$在点$P_0$处的全增量$\Delta z$可表示为

$$\Delta z=f(x_0+\Delta x,y_0+\Delta y)-f(x_0,y_0)=A\Delta x+B\Delta y+o(\rho)\ (*)$$

其中A,B是仅与点P_0有关的常数,$\rho=\sqrt{(\Delta x)^2+(\Delta y)^2}$,$o(\rho)$是较$\rho$高阶的无穷小量,则称函数$f$在点$P_0$可微,并称$(*)$式中关于$\Delta x,\Delta y$的线性函数$A\Delta x+B\Delta y$为函数$f$在点$P_0$处的全微分,记作$\mathrm{d}z|_{P_0}=$

第二部分

$df(x_0,y_0)=A\Delta x+B\Delta y$。

考点 3 可微性条件

定理(可微的必要条件):若二元函数 f 在其定义域内一点 (x_0,y_0) 可微,则 f 在该点关于每个自变量的偏导数都存在,且(*)式中的 $A=f'_x(x_0,y_0)$,$B=f'_y(x_0,y_0)$。

因此,函数 f 在点 (x_0,y_0) 的全微分可唯一的表示为 $df|_{(x_0,y_0)}=f'_x(x_0,y_0)\cdot\Delta x+f'_y(x_0,y_0)\cdot\Delta y$。

与一元函数的情况一样,由于自变量的增量等于自变量的微分,即 $\Delta x=dx$,$\Delta y=dy$,所以 f 在点 (x_0,y_0) 的全微分表示为 $dz=f'_x(x_0,y_0)dx+f'_y(x_0,y_0)dy$。

考点 4 隐函数微分法

若由方程 $F(x,y)=0$ 确定了隐函数 $y=y(x)$,则 $y'=\frac{dy}{dx}=-\frac{F'_x(x,y)}{F'_y(x,y)}(F'_y(x,y)\neq0)$。

真题面对面

[2017 湖南特岗·填空]二元函数 $z=e^{2x+y}$ 在点(1,1)处的全微分 $dz=$________。

答案:$2e^3dx+e^3dy$。$dz|_{(1,1)}=2e^{2x+y}dx|_{(1,1)}+e^{2x+y}dy|_{(1,1)}=2e^3dx+e^3dy$。

三、微分方程

考点 1 微分方程的概念

1. 凡表示未知数、未知数的导数与自变量之间的关系的方程,叫作微分方程。例如,$y'=xy$,$y''+2y'-3y=e^{2x}$ 等。

2. 微分方程中所出现的未知数的最高阶导数的阶数,叫作微分方程的阶。一般地,n 阶微分方程的形式是 $F(x,y,y',y'',\cdots,y^{(n)})=0$。

3. 微分方程的解——使方程成为恒等式的函数。

通解:解中含有任意常数,且任意常数的个数与微分方程的阶数相同。

特解:不含任意常数的解。

4. n 阶方程的初始条件:$y|_{x=x_0}=y_0$,$y'|_{x=x_0}=y'_0$,$\cdots$,$y^{(n-1)}|_{x=x_0}=y_0^{(n-1)}$。

考点 2 可分离变量的微分方程

形如 $\frac{dy}{dx}=f(x)\cdot g(y)$ 的方程,称为可分离变量的微分方程。

考法大揭秘

可分离变量的微分方程的求解(分离变量法)

求解的步骤:

(1)分离变量得:$\frac{dy}{g(y)}=f(x)dx$;

(2)两边同时求积分得：$\int \frac{dy}{g(y)} = \int f(x)dx$；

(3)化简整理，从而求出方程的通解：$G(y) = F(x) + C$。

[例]求微分方程 $y' = 2xy$ 的通解。

答案：$y = Ce^{x^2}$。原方程分离变量为 $\frac{dy}{y} = 2xdx$，两端积分得 $\int \frac{dy}{y} = \int 2xdx$，则 $\ln|y| = x^2 + C_1$，即 $y = \pm e^{x^2+C_1} = \pm e^{C_1}e^{x^2}$，故通解为 $y = Ce^{x^2}$。

考点3 齐次型微分方程

如果一阶微分方程可化为 $\frac{dy}{dx} = \varphi\left(\frac{y}{x}\right)$ 的形式，那么就称此微分方程为齐次型微分方程。

考法大揭秘

齐次型微分方程的求解

求解的步骤：

(1)引进新的未知数，令 $u = \frac{y}{x}$，即 $y = ux$，则有 $\frac{dy}{dx} = u + x \cdot \frac{du}{dx}$，代入原方程得：$u + x \cdot \frac{du}{dx} = \varphi(u)$；

(2)分离变量得：$\frac{du}{\varphi(u) - u} = \frac{dx}{x}$；

(3)两端积分得：$\int \frac{du}{\varphi(u) - u} = \int \frac{dx}{x}$；

(4)积分后再用 $\frac{y}{x}$ 代替 u，得原方程的解。

[例]求齐次型微分方程 $x\frac{dy}{dx} = y\ln\frac{y}{x}$ 的通解。

答案：$\ln\frac{y}{x} = Cx + 1$。原方程可表示成 $\frac{dy}{dx} = \frac{y}{x}\ln\frac{y}{x}$，令 $u = \frac{y}{x}$，即 $y = ux$，则有 $\frac{dy}{dx} = u + x\frac{du}{dx}$，原方程成为 $u + x\frac{du}{dx} = u\ln u$，分离变量得 $\frac{du}{u(\ln u - 1)} = \frac{dx}{x}$，积分得 $\ln|\ln u - 1| = \ln|x| + \ln C_1$，即 $\ln u - 1 = \pm C_1 x$，将 $u = \frac{y}{x}$ 代入上式，得 $\ln\frac{y}{x} = \pm C_1 x + 1$，故通解为 $\ln\frac{y}{x} = Cx + 1$。

考点4 一阶线性微分方程

形如 $\frac{dy}{dx} + P(x)y = Q(x)$ 的方程，叫作一阶线性微分方程。如果 $Q(x) = 0$，则方程为齐次的；如果 $Q(x) \neq 0$，则方程为非齐次的。

考 法 大 揭 秘

一阶线性微分方程的求解

求解的步骤：

(1)求解对应齐次方程 $y'+P(x)y=0$ 的通解，得 $y=Ce^{-\int P(x)dx}$；

(2)令原方程的解为 $y=C(x)e^{-\int P(x)dx}$；

(3)代入原方程整理，得 $C'(x)e^{-\int P(x)dx}=Q(x)\Rightarrow C(x)=\int Q(x)e^{\int P(x)dx}dx+C_1$；

(4)写出原方程得通解为 $y=\left[\int Q(x)e^{\int P(x)dx}dx+C_1\right]e^{-\int P(x)dx}$。

通解公式：$y=e^{-\int P(x)dx}\left[\int Q(x)e^{\int P(x)dx}dx+C\right]$。

真题面对面

[2021 贵州特岗，单，2 分]下列函数中是微分方程 $\frac{dy}{dx}+y=2\cos x$ 的解的是(　　)

A. $y=\sin x+\cos x$　　B. $y=\sin x-\cos x$

C. $y=-\sin x+\cos x$　　D. $y=-\sin x-\cos x$

答案：A。$y=e^{-\int dx}\left(\int 2\cos x e^{\int dx}dx+C\right)$，即 $y=\sin x+\cos x++Ce^{-x}$，令 $C=0$，则 $y=\sin x+\cos x$ 是微分方程的解。故选 A。

考点 5　常系数齐次线性微分方程

形如 $y''+py'+qy=0$ 的方程，叫作二阶常系数齐次线性微分方程。

考 法 大 揭 秘

二阶常系数齐次线性微分方程的求解

求解步骤：

(1)写出微分方程的特征方程 $r^2+pr+q=0$；

(2)求出特征方程的两个根 r_1,r_2；

(3)根据特征方程根的不同，写出微分方程的通解。

特征方程 $r^2+pr+q=0$ 的两个根 r_1,r_2	微分方程 $y''+py'+qy=0$ 的通解
两个不相等的实根 r_1,r_2	$y=C_1e^{r_1x}+C_2e^{r_2x}$
两个相等的实根 $r_1=r_2$	$y=(C_1+C_2x)e^{r_1x}$
一对共轭复根 $r_{1,2}=\alpha\pm i\beta$	$y=e^{\alpha x}(C_1\cos\beta x+C_2\sin\beta x)$

[例]求齐次线性微分方程 $y''+y'-2y=0$ 的通解。

答案：$y=C_1e^x+C_2e^{-2x}$。特征方程为 $r^2+r-2=0$，解得 $r_1=1,r_2=-2$，故方程的通解为 $y=C_1e^x+C_2e^{-2x}$。

第三节　积　分

一、不定积分 【单选、填空】 ★★

考点 1 不定积分的定义

若在某一区间上，$F'(x)=f(x)$，则在这个区间上，函数 $F(x)$ 叫作函数 $f(x)$ 的原函数。把函数 $f(x)$ 的原函数的一般表达式称为 $f(x)$ 的不定积分，记为 $\int f(x)\mathrm{d}x$，这里 $f(x)$ 称为被积函数，“$\int$”称为积分号。

注：因为 $[F(x)+C]'=f(x)$，所以 $F(x)+C$（C 为任意常数）是函数 $f(x)$ 的原函数，随着 C 的变化，$f(x)$ 有无穷多个原函数。

真题面对面

[2018 江西南昌，单，3 分]若 $f(x)$ 的一个原函数是 $\frac{1}{x}$，则 $f'(x)=$（　　）

A. $\ln|x|$　　B. $\frac{2}{x^3}$

C. $\frac{1}{x}$　　D. $-\frac{1}{x^2}$

答案：B。由题意知，$\int f(x)\mathrm{d}x=\frac{1}{x}$，则 $f(x)=\left(\frac{1}{x}\right)'=-\frac{1}{x^2}$，则 $f'(x)=\left(-\frac{1}{x^2}\right)'=\frac{2}{x^3}$。

考点 2 不定积分的运算法则

(1) $\int[f(x)\pm g(x)]\mathrm{d}x=\int f(x)\mathrm{d}x\pm\int g(x)\mathrm{d}x$；

(2) $\int kf(x)\mathrm{d}x=k\int f(x)\mathrm{d}x$。

考点 3 不定积分常用公式（C 为常数）

$\int \mathrm{d}x=x+C$　　$\int k\mathrm{d}x=kx+C$

$\int x^a\mathrm{d}x=\frac{1}{a+1}x^{a+1}+C(a\neq-1)$　　$\int\frac{1}{x}\mathrm{d}x=\ln|x|+C(x\neq0)$

$\int\cos x\mathrm{d}x=\sin x+C$　　$\int\sin x\mathrm{d}x=-\cos x+C$

$\int \sec^2 x\mathrm{d}x = \tan x + C$ $\int \csc^2 x\mathrm{d}x = -\cot x + C$

$\int \frac{1}{1+x^2}\mathrm{d}x = \arctan x + C$ $\int \frac{1}{\sqrt{1-x^2}}\mathrm{d}x = \arcsin x + C$

$\int \mathrm{e}^x\mathrm{d}x = \mathrm{e}^x + C$ $\int a^x\mathrm{d}x = \frac{1}{\ln a}a^x + C(a>0)$

考点 4 常用的不定积分求解方法

1. 第一换元积分法(凑微分法)

设$f(u)$具有原函数$F(u)$,则$\int f[\varphi(x)]\cdot\varphi'(x)\mathrm{d}x = \int f[\varphi(x)]\mathrm{d}\varphi(x) = F[\varphi(x)] + C$,其中$\varphi(x)$可微。

常用的凑微分的形式:

① $\int f(ax+b)\mathrm{d}x = \frac{1}{a}\int f(ax+b)\mathrm{d}(ax+b)\ (a\neq0)$;

② $\int f(x^\alpha)x^{\alpha-1}\mathrm{d}x = \frac{1}{\alpha}\int f(x^\alpha)\mathrm{d}(x^\alpha)\ (\alpha\neq0)$;

③ $\int f(\ln x)\cdot\frac{1}{x}\mathrm{d}x = \int f(\ln x)\mathrm{d}(\ln x)$;

④ $\int f(\mathrm{e}^x)\cdot\mathrm{e}^x\mathrm{d}x = \int f(\mathrm{e}^x)\mathrm{d}(\mathrm{e}^x)$;

⑤ $\int f(\sin x)\cos x\mathrm{d}x = \int f(\sin x)\mathrm{d}(\sin x)$;

⑥ $\int f(\arcsin x)\cdot\frac{1}{\sqrt{1-x^2}}\mathrm{d}x = \int f(\arcsin x)\mathrm{d}(\arcsin x)$。

用凑微分法求解不定积分时,首先要认真观察被积函数,寻找导数项内容,同时为下一步积分做准备。当看不清楚被积函数的特点时,不妨从被积函数中拿出部分算式求导,或许从中可以得到某种启迪。

[例]求$\int \frac{\arctan\frac{1}{x}}{1+x^2}\mathrm{d}x$。

答案: 因为$\left(\arctan\frac{1}{x}\right)' = \frac{1}{1+\left(\frac{1}{x}\right)^2}\cdot\left(-\frac{1}{x^2}\right) = -\frac{1}{1+x^2}$,故原式$= -\int \arctan\frac{1}{x}\mathrm{d}\left(\arctan\frac{1}{x}\right) = -\frac{1}{2}\left(\arctan\frac{1}{x}\right)^2 + C$。

2. 第二换元积分法

设$x=\varphi(t)$是单调、可导的函数,并且$\varphi'(t)\neq0$。又设$f[\varphi(t)]\varphi'(t)$具有原函数,则有换元公式:

$\int f(x)\mathrm{d}x = \int f[\varphi(t)]\varphi'(t)\mathrm{d}t$。

第二类换元法主要是针对多种形式的无理根式,常见的变换形式主要有以下三种:

① $\sqrt{a^2-x^2}$: $x=a\sin t$; $x=a\cos t$;

② $\sqrt{x^2+a^2}$: $x=a\tan t$; $x=a\cot t$; $x=a\,\mathrm{sh}t$;

③ $\sqrt{x^2-a^2}$：$x=a\sec t$；$x=a\csc t$；$x=a\text{ch}t$。（以上三种代换称为三角代换，且 $a>0$）

［例］求 $\int\sqrt{a^2-x^2}\mathrm{d}x\,(a>0)$。

答案：令 $x=a\sin t$，于是 $\mathrm{d}x=a\cos t\mathrm{d}t$，$\sqrt{a^2-x^2}=a\cos t$，则

$$\int\sqrt{a^2-x^2}\mathrm{d}x=\int a^2\cos^2t\mathrm{d}t=\frac{a^2}{2}\int(1+\cos2t)\mathrm{d}t=\frac{a^2}{2}\left(t+\frac{1}{2}\sin2t\right)+C,$$

又 $t=\arcsin\frac{x}{a}$，则有 $\int\sqrt{a^2-x^2}\mathrm{d}x=\frac{a^2}{2}(t+\sin t\cos t)+C=\frac{a^2}{2}\left(\arcsin\frac{x}{a}+\frac{x}{a}\cdot\frac{\sqrt{a^2-x^2}}{a}\right)+C=\frac{a^2}{2}\arcsin\frac{x}{a}+\frac{x}{2}\sqrt{a^2-x^2}+C$。

3. 分部积分法

计算公式：$\int u\mathrm{d}v=uv-\int v\mathrm{d}u$，其中 u,v 为关于 x 的可导函数。

常见的用分部积分的几种题型：

以下式子中 $P_m(x)$ 表示关于 x 的 m 次多项式，

① $\int P_m(x)\mathrm{e}^x\mathrm{d}x$；$\int P_m(x)\sin x\mathrm{d}x$；$\int P_m(x)\cos x\mathrm{d}x$。

注：上述三种类型中应选 $P_m(x)$ 作公式中的 $u(x)$。

② $\int P_m(x)\ln x\mathrm{d}x$；$\int P_m(x)\arcsin x\mathrm{d}x$；$\int P_m(x)\arctan x\mathrm{d}x$；

注：上述三种类型中应选 $P_m(x)$ 作公式中的 $v'(x)$。

③ $\int\mathrm{e}^x\sin x\mathrm{d}x$；$\int\mathrm{e}^x\cos x\mathrm{d}x$。

注：上述两种类型可以选 e^x 作公式中的 $u(x)$，也可以作公式中的 $v'(x)$。若经过一次分部积分后，并没有把积分难易程度转化，这时需再次施以分部积分，移项解方程可得。但是必须注意两次分部积分时，需使选取的 $u(x)$ 为同一函数类型。

［例］求 $\int(x^2+1)\mathrm{e}^{2x}\mathrm{d}x$。

答案：$\int(x^2+1)\mathrm{e}^{2x}\mathrm{d}x=\frac{1}{2}\int(x^2+1)\mathrm{d}(\mathrm{e}^{2x})=\frac{1}{2}(x^2+1)\mathrm{e}^{2x}-\int x\mathrm{e}^{2x}\mathrm{d}x=\frac{1}{2}(x^2+1)\mathrm{e}^{2x}-\frac{1}{2}\int x\mathrm{d}(\mathrm{e}^{2x})=\frac{1}{2}(x^2+1)\mathrm{e}^{2x}-\frac{1}{2}x\mathrm{e}^{2x}+\frac{1}{4}\int\mathrm{e}^{2x}\mathrm{d}(2x)=\frac{1}{2}(x^2+1)\mathrm{e}^{2x}-\frac{1}{2}x\mathrm{e}^{2x}+\frac{1}{4}\mathrm{e}^{2x}+C=\left(\frac{1}{2}x^2-\frac{1}{2}x+\frac{3}{4}\right)\mathrm{e}^{2x}+C$。

重难点解读

分部积分法采用迂回的技巧，规避难点，挑容易积分的部分先做，最终完成不定积分。具体选取 u,v 时，通常基于以下两点考虑：①降低多项式部分的系数；②简化被积函数。有时，分部积分会产生循环，最终也可求得结果。

真题面对面

[2021 贵州特岗,单,3 分]设$f(\sin x)=\cos^2 x$,则$\int f(x)\mathrm{d}x=$(　　)

A. $x-\frac{1}{3}x^3+C$

B. $x+\frac{1}{3}x^3+C$

C. $\frac{x^2}{2}-\frac{x^4}{12}+C$

D. $\frac{x^2}{2}+\frac{x^4}{12}+C$

答案:A。$f(\sin x)=\cos^2 x=1-\sin^2 x$,所以$f(x)=1-x^2$,$\int f(x)\mathrm{d}x=\int(1-x^2)\mathrm{d}x=x-\frac{1}{3}x^3+C$。

二、定积分 【单选、填空、解答】 ★★★

考点 1 定积分的基本概念

1. 定义

设$f(x)$是定义在区间$[a,b]$上的函数,在区间(a,b)中任意插入若干个分点(这里插入$n-1$个)$a=x_0<x_1<\cdots<x_{n-1}<x_n=b$来划分区间$[a,b]$,小区间长度记为$\Delta$,在每一个部分区间$[x_{i-1},x_i]$中任取一点$\xi_i$作和式$\sigma=\sum_{i=1}^{n}f(\xi_i)\Delta x_i$,其中$\Delta x_i=x_i-x_{i-1}$,设$\lambda(\Delta)$为$\Delta x_i(i=1,2,\cdots,n)$中的最大数,即$\lambda(\Delta)=\max_{i=1,2,\cdots,n}\{\Delta x_i\}$,当$\lambda(\Delta)\to 0$时,如果和式的极限存在,且此极限值不依赖于$\xi_i$的选择,也不依赖于区间$[a,b]$的分法,就称此极限值为$f(x)$在区间$[a,b]$上的定积分。

易混点辨析

(1)在给定区间的原函数是可导的,从而也是连续的。这一点在求分段函数的原函数或不定积分时是非常重要的。

(2)定积分$\int_a^b f(x)\mathrm{d}x$不是一个表达式,而是一个常数,它只与被积函数及积分区间有关,而与积分变量的记法无关。例如,$\int_a^b f(x)\mathrm{d}x=\int_a^b f(t)\mathrm{d}t=\int_a^b f(u)\mathrm{d}u$,且$\left(\int_a^b f(x)\mathrm{d}x\right)'=0$。

2. 定积分的几何意义

设函数$f(x)$在$[a,b]$上连续,定积分$\int_a^b f(x)\mathrm{d}x$表示介于曲线$y=f(x)$,x轴,及直线$x=a$,$x=b$之间各部分面积的代数和。在x轴上方的面积取正值,在x轴下方的面积取负值。

如图所示,有$\int_a^b f(x)\mathrm{d}x=A_1-A_2+A_3$,其中$A_1,A_2,A_3$分别是图中三部分曲边梯形的面积,它们都是正数。

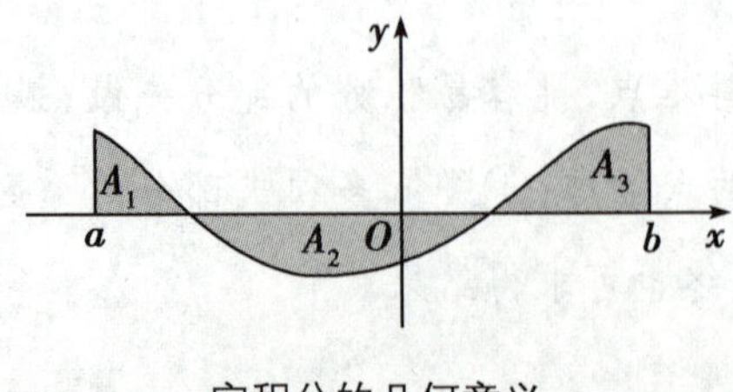

定积分的几何意义

第二部分

3. 牛顿—莱布尼茨公式

设$f(x)$在区间$[a,b]$上连续,$F(x)$是$f(x)$的任意一个原函数,即$F'(x)=f(x)$,那么$\int_a^b f(x)\mathrm{d}x=F(b)-F(a)=F(x)\Big|_a^b$,这个公式叫作牛顿—莱布尼茨公式。

真题面对面

1. [2019 湖南特岗,填空,3 分]计算$\int_0^1 x^2\mathrm{d}x=$________。

答案:$\frac{1}{3}$。$\int_0^1 x^2\mathrm{d}x=\frac{1}{3}x^3\Big|_0^1=\frac{1}{3}$。

2. [2019 湖北,解答,8 分]一辆汽车在高速公路上行驶,由于遇到紧急情况刹车,以速度$v(t)=20-10t+\frac{100}{1+t}$($t$的单位:s;$v$的单位:m/s)行驶至停止。求:

(1)开始紧急刹车至汽车完全停止所经过的时间;

(2)紧急刹车后,汽车继续行驶的距离。(精确到 1 m)

参考数据:ln2 = 0.693…,ln5 = 1.609…,ln6 = 1.791…

答案:(1)令$v(t)=20-10t+\frac{100}{1+t}=0$,解得$t=4$或$t=-3$(舍去),故开始紧急刹车至汽车完全停止所经过的时间为 4 s。

(2)当汽车完全停止时所经过的时间为 4 s,故继续行驶的距离$S=\int_0^4 v(t)\mathrm{d}t=\int_0^4\left(20-10t+\frac{100}{1+t}\right)\mathrm{d}t=\left[20t-5t^2+100\ln(1+t)\right]\Big|_0^4=100\ln5\approx161$ m。

4. 可积的必要条件

若函数$f(x)$在$[a,b]$上可积,则$f(x)$在$[a,b]$上必定有界。

5. 规定

$\int_a^b f(x)\mathrm{d}x=-\int_b^a f(x)\mathrm{d}x$,$\int_a^a f(x)\mathrm{d}x=0$。

考点 2 可积函数

(1)若函数$f(x)$在$[a,b]$上连续,则$f(x)$在$[a,b]$上可积。

(2)若有界函数$f(x)$在$[a,b]$上只有有限个间断点,则$f(x)$在$[a,b]$上可积。

(3)若函数$f(x)$在$[a,b]$上单调,则$f(x)$在$[a,b]$上可积。

考点 3 定积分的性质

性质 1:若$f(x)$在区间$[a,b]$上可积,k为一实数,则$kf(x)$在区间$[a,b]$上也可积,且有$\int_a^b kf(x)\mathrm{d}x=$

第二部分

$k\int_a^b f(x)\mathrm{d}x$（$k$ 为常数）。

性质2：若$f(x)$，$g(x)$在区间$[a,b]$上可积，则$f(x)\pm g(x)$在区间$[a,b]$上也可积，且$\int_a^b[f(x)\pm g(x)]\mathrm{d}x=\int_a^b f(x)\mathrm{d}x\pm\int_a^b g(x)\mathrm{d}x$。

性质3：若$f(x)$，$g(x)$在区间$[a,b]$上可积，则$f(x)\cdot g(x)$在区间$[a,b]$上也可积。

性质4：若$f(x)$在区间$[a,b]$上可积，则$|f(x)|$在区间$[a,b]$上也可积。

性质5：若$a<c<b$，$f(x)$在区间$[a,c]$，$[c,b]$上可积，则$f(x)$在区间$[a,b]$上也可积，并且$\int_a^b f(x)\mathrm{d}x=\int_a^c f(x)\mathrm{d}x+\int_c^b f(x)\mathrm{d}x$。反之，若$f(x)$在区间$[a,b]$上可积，则$f(x)$在区间$[a,c]$，$[c,b]$上也同时可积，并且上式成立。

性质6：若可积函数$f(x)\geqslant 0$，则$\int_a^b f(x)\mathrm{d}x\geqslant 0\ (a<b)$。

性质7：若$f(x)$在区间$[a,b]$上可积，则$\left|\int_a^b f(x)\mathrm{d}x\right|\leqslant\int_a^b|f(x)|\mathrm{d}x$。

性质8（积分第一中值定理）：若函数$f(x)$在$[a,b]$上连续，则在$[a,b]$中存在一点ξ，使$\int_a^b f(x)\mathrm{d}x=f(\xi)(b-a)$成立。

性质9（推广的积分第一中值定理）：若$f(x)$在区间$[a,b]$上连续，$g(x)$在区间$[a,b]$上可积且不变号，则在区间$[a,b]$中至少存在一点ξ，使$\int_a^b f(x)g(x)\mathrm{d}x=f(\xi)\int_a^b g(x)\mathrm{d}x$。

性质10：设$f(x)$在区间$[a,b]$上可积，作$F(x)=\int_a^x f(t)\mathrm{d}t$，则$F(x)$是区间$[a,b]$上的连续函数。

考法大揭秘

计算定积分的方法

（1）常用方法有牛顿—莱布尼茨公式、定积分的换元积分法、分部积分法。要注意，应用定积分的换元积分法，积分式中引入新的变量时，积分限要变，新的积分变量不写出时，积分限也不变。

（2）遇到对称区间上的积分，先验证被积函数是否具有奇偶性，如果具有奇偶性，则可简化定积分的计算。若$f(x)$是偶函数，则$\int_{-a}^a f(x)\mathrm{d}x=2\int_0^a f(x)\mathrm{d}x$；若$f(x)$是奇函数，则$\int_{-a}^a f(x)\mathrm{d}x=0$。

（3）被积函数是分段函数时，应分段求积分；被积函数含有绝对值符号时，先去掉绝对值符号再分段积分。

［例］计算$\int_{-1}^1\frac{2x^2+x}{1+\sqrt{1-x^2}}\mathrm{d}x=$________。

答案：$4-\pi$。$\int_{-1}^1\frac{2x^2+x}{1+\sqrt{1-x^2}}\mathrm{d}x=\int_{-1}^1\frac{2x^2}{1+\sqrt{1-x^2}}\mathrm{d}x+\int_{-1}^1\frac{x}{1+\sqrt{1-x^2}}\mathrm{d}x$，由于$\frac{2x^2}{1+\sqrt{1-x^2}}$是偶函数，

$\frac{x}{1+\sqrt{1-x^2}}$是奇函数，则 $\int_{-1}^{1}\frac{x}{1+\sqrt{1-x^2}}=0$，则原积分 $=\int_{-1}^{1}\frac{2x^2}{1+\sqrt{1-x^2}}dx=4\int_0^1\frac{x^2}{1+\sqrt{1-x^2}}dx=$ $4\int_0^1\frac{x^2(1-\sqrt{1-x^2})}{x^2}dx=4\int_0^1(1-\sqrt{1-x^2})dx=4\int_0^1 1dx-4\int_0^1\sqrt{1-x^2}dx$，由定积分的几何意义可知 $\int_0^1\sqrt{1-x^2}dx=\frac{\pi}{4}$，故原积分 $=4\int_0^1 1dx-4\int_0^1\sqrt{1-x^2}dx=4-\pi$。

真题面对面

1. [2022 山西特岗，单，3 分] 已知 $f(x)$ 为偶函数，且 $\int_0^2 f(x)dx=4$，则 $\int_{-2}^{2}(2f(x)+xe^{|x|})dx=$（　　）

A. 0　　B. 4　　C. 8　　D. 16

答案：D。设 $g(x)=xe^{|x|}$，则 $g(-x)=-xe^{|-x|}=-xe^{|x|}=-g(x)$，所以 $g(x)$ 为奇函数，由定积分的性质可知 $\int_{-2}^{2}xe^{|x|}dx=0$。因为 $f(x)$ 为偶函数，所以 $\int_{-2}^{2}(2f(x)+xe^{|x|})dx=\int_{-2}^{2}2f(x)dx+\int_{-2}^{2}xe^{|x|}dx=$ $4\int_0^2 f(x)dx+0=4\times4=16$。

2. [2022 安徽统考，填空，4 分] $\int_{-1}^{1}\frac{x+|x|}{2+x^2}dx=$ ________。

答案：$\ln\frac{3}{2}$。$\int_{-1}^{1}\frac{x+|x|}{2+x^2}dx=\int_{-1}^{0}\frac{x+(-x)}{2+x^2}dx+\int_0^1\frac{2x}{2+x^2}dx=0+\int_0^1\frac{2x}{2+x^2}dx=\ln(2+x^2)\Big|_0^1=$ $\ln\frac{3}{2}$。

考点 4　变限积分

1. 变限积分的定义

设 f 在 $[a,b]$ 上可积，根据定积分的性质，对任何 $x\in[a,b]$，f 在 $[a,x]$ 上也可积。则由 $\Phi(x)=\int_a^x f(t)dt, a\leqslant x\leqslant b$ 定义了一个以积分上限 x 为自变量的函数，称为变上限的定积分。类似地，可以定义变下限积分。

2. 变限积分的求导公式

$\frac{d}{dx}\int_a^x f(t)dt=f(x), a\leqslant x\leqslant b$，其中 $f(x)$ 在 $[a,b]$ 上连续。

考点 5　定积分的应用

1. 求平面图形的面积

① 由连续曲线 $y=f(x)\ (f(x)\geqslant 0)$ 和 x 轴以及直线 $x=a, x=b\ (a<b)$ 所围成曲边梯形面积为 S，则 $S=\int_a^b f(x)dx$。

注：此时$f(x)$非负，若$f(x)\leqslant 0$，则$S=\int_a^b |f(x)|\mathrm{d}x$。

②若一块图形由连续曲线$y=f_1(x)$，$y=f_2(x)$以及$x=a$，$x=b$ $(a<b)$所围成，且在区间$[a,b]$上$f_1(x)\leqslant f_2(x)$，则其围成面积$S=\int_a^b [f_2(x)-f_1(x)]\mathrm{d}x$。

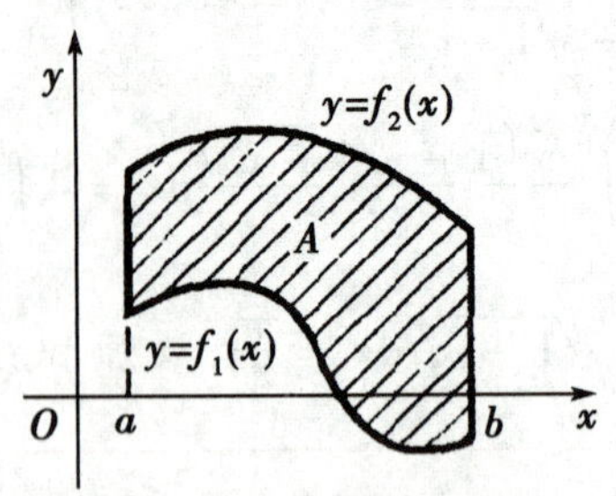

2. 曲线的弧长

弧长公式：设曲线l的参数方程为$x=x(t)$，$y=y(t)$，当$t=\alpha$，$t=\beta(\alpha<\beta)$时，所给出的点就是点A，B，若$x(t)$，$y(t)$在区间$[\alpha,\beta]$上都有连续导数，且不同时为0，则曲线l上以A，B为端点的一段弧长$s=\int_\alpha^\beta \sqrt{x_t'^2+y_t'^2}\,\mathrm{d}t=\int_\alpha^\beta \sqrt{[x'(t)]^2+[y'(t)]^2}\,\mathrm{d}t$。

若曲线不是参数方程，则曲线段$y=f(x)$ $(a\leqslant x\leqslant b)$的弧长公式$s=\int_a^b \sqrt{1+[f'(x)]^2}\,\mathrm{d}x$。

考法大揭秘

求由曲线围成的平面图形面积的解题步骤

①画草图，求出曲线的交点坐标；

②将曲边形面积转化为曲边梯形面积；

③确定被积函数及积分区间；

④计算定积分，求出面积。

真题面对面

1. [2019 天津宁河区，填空，3 分] 由曲线$y=\sqrt{x}$，$y=-x+2$以及x轴围成的封闭图形的面积为________。

答案：$\frac{7}{6}$。由$y=\sqrt{x}$，$y=-x+2$可得，两曲线的交点为$(1,1)$，且$y=\sqrt{x}$与x轴的交点为$(0,0)$，$y=-x+2$与x轴的交点为$(2,0)$，作图可知围成的图形的面积为$S=\int_0^1\sqrt{x}\,\mathrm{d}x+\int_1^2(-x+2)\mathrm{d}x=\frac{2}{3}x^{\frac{3}{2}}\Big|_0^1+\left(-\frac{1}{2}x^2+2x\right)\Big|_1^2=\frac{7}{6}$。

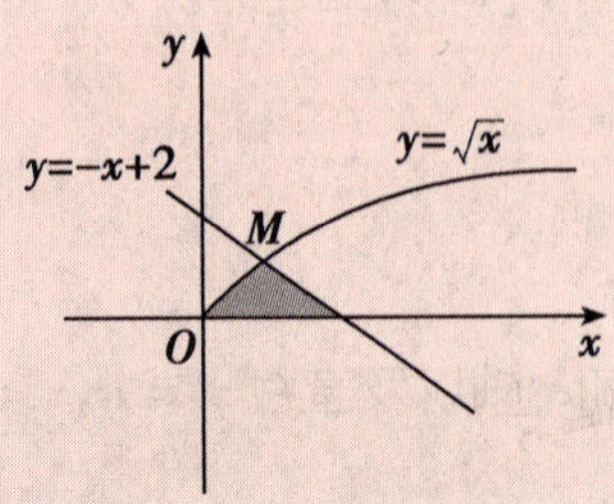

第二部分

2. [2018 山西临汾尧都区,单,3 分]已知函数 $f(x)$ 满足 $f(0)=0$,导函数 $f'(x)$ 的图象如图所示,则 $f(x)$ 的图象与 x 轴围成的封闭图形的面积为(　　)

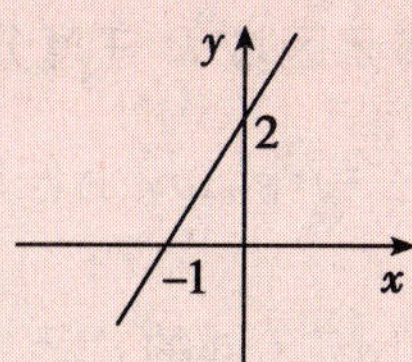

A. $\frac{1}{3}$　　B. $\frac{4}{3}$　　C. 2　　D. $\frac{8}{3}$

答案:B。由导函数的图象可知,$f'(x)=2x+2$,则 $f(x)=x^2+2x+C$,而 $f(0)=0$,$\therefore C=0$,则 $f(x)=x^2+2x$,令 $f(x)=x^2+2x=0$,解得 $x=-2$ 或 0,$\therefore f(x)$ 的图象与 x 轴所围成的封闭图形的面积为 $\int_{-2}^{0}[0-(x^2+2x)]\mathrm{d}x=\left(-\frac{1}{3}x^3-x^2\right)\bigg|_{-2}^{0}=\frac{4}{3}$。故选 B。

3. 旋转体的体积

旋转体是一种特殊的空间立体,它是一个平面图形绕平面一直线 l 旋转一周所得。一般地,设某一旋转体是由曲线 $y=f(x)$,$x=a$,$x=b$,以及 x 轴所围的曲边梯形绕 x 轴旋转一周所得的一个立体,用垂直于 x 轴的平面去截立体得到截面面积为 $A(x)=\pi f^2(x)$,则旋转体的体积为 $V=\int_a^b \pi f^2(x)\mathrm{d}x$。

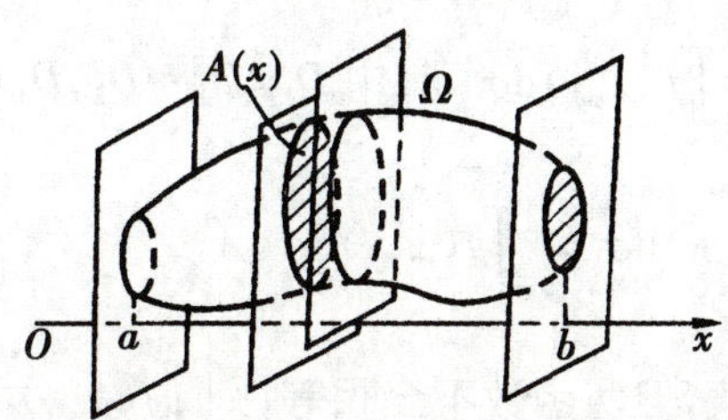

真题面对面

[2019 山东东营,单,2.5 分]圆盘 $D=\{(x,y)\mid(x-4)^2+y^2=1\}$ 绕 y 轴旋转一周而成的旋转体的体积为(　　)

A. $4\pi^2$　　B. $6\pi^2$

C. $8\pi^2$　　D. $10\pi^2$

答案:C。将圆盘 $D=\{(x,y)\mid(x-4)^2+y^2=1\}$ 看作左右两个半圆,$x_1=4-\sqrt{1-y^2}$,$x_2=4+\sqrt{1-y^2}$,其中 $-1\leqslant y\leqslant 1$,根据旋转体体积公式,有 $V=\int_{-1}^{1}(\pi x_2^2-\pi x_1^2)\mathrm{d}y=\pi\int_{-1}^{1}[(4+\sqrt{1-y^2})^2-(4-\sqrt{1-y^2})^2]\mathrm{d}y$,令 $y=\sin\theta$,$-\frac{\pi}{2}\leqslant\theta\leqslant\frac{\pi}{2}$,则 $V=\pi\int_{-\frac{\pi}{2}}^{\frac{\pi}{2}}16\cos^2\theta\mathrm{d}\theta=8\pi\int_{-\frac{\pi}{2}}^{\frac{\pi}{2}}(\cos2\theta+1)\mathrm{d}\theta=8\pi^2$。

三、二重积分

考点 1 二重积分的定义

设$f(x,y)$是有界区域D上的有界函数，将闭区域D任意分成n个小闭区域$\Delta\sigma_1$，$\Delta\sigma_2$，$\cdots$，$\Delta\sigma_n$，其中$\Delta\sigma_i$表示第i个小闭区域，也表示它的面积。在每个$\Delta\sigma_i$上任取一点(ξ_i,η_i)，作乘积$f(\xi_i,\eta_i)\Delta\sigma_i$ $(i=1,2,\cdots,n)$，并作和$\sum\limits_{i=1}^{n}f(\xi_i,\eta_i)\Delta\sigma_i$。如果当各小闭区域的直径中的最大值$\lambda$趋于0时，此和的极限总存在，且与闭区域$D$的分法及点$(\xi_i,\eta_i)$的取法无关，则称此极限为函数$f(x,y)$在闭区域$D$上的二重积分，记作$\iint\limits_D f(x,y)\mathrm{d}\sigma$，即$\iint\limits_D f(x,y)\mathrm{d}\sigma=\lim\limits_{\lambda\to 0}\sum\limits_{i=1}^{n}f(\xi_i,\eta_i)\Delta\sigma_i$，其中$f(x,y)$叫作被积函数，$f(x,y)\mathrm{d}\sigma$叫作被积表达式，$\mathrm{d}\sigma$叫作面积元素，$x$与$y$叫作积分变量，$D$叫作积分区域，$\sum\limits_{i=1}^{n}f(\xi_i,\eta_i)\Delta\sigma_i$叫作积分和。

二重积分的几何意义就是曲顶柱体的体积。

考点 2 二重积分的性质

1. 若$f(x,y)$在D上连续或$f(x,y)$在D上分块连续有界，则$f(x,y)$在D上可积。

2. 二重积分的运算性质：

(1) $\iint\limits_D (Af(x,y)+Bg(x,y))\mathrm{d}\sigma=A\iint\limits_D f(x,y)\mathrm{d}\sigma+B\iint\limits_D g(x,y)\mathrm{d}\sigma$。

(2) $\iint\limits_D f(x,y)\mathrm{d}\sigma=\iint\limits_{D_1} f(x,y)\mathrm{d}\sigma+\iint\limits_{D_2} f(x,y)\mathrm{d}\sigma$，其中$D=D_1+D_2$，$D_1\cap D_2=\varnothing$。

(3) 若$f(x,y)\leqslant g(x,y)$，则$\iint\limits_D f(x,y)\mathrm{d}\sigma\leqslant\iint\limits_D g(x,y)\mathrm{d}\sigma$。

特别地，又有$f(x,y)$，$g(x,y)$连续，但两函数不全相等，则$\iint\limits_D f(x,y)\mathrm{d}\sigma<\iint\limits_D g(x,y)\mathrm{d}\sigma$。

(4) 若$f(x,y)$在D上可积，则函数$|f(x,y)|$在D上也可积，且有$\left|\iint\limits_D f(x,y)\mathrm{d}\sigma\right|<\iint\limits_D |f(x,y)|\mathrm{d}\sigma$。

(5) 若$f(x,y)$在D上可积，且$m\leqslant f(x,y)\leqslant M$，$(x,y)\in D$，则$mS_D\leqslant\iint\limits_D f(x,y)\mathrm{d}\sigma\leqslant MS_D$，这里$S_D$是积分区域$D$的面积。

(6) 中值定理

设$f(x,y)$在闭区域D上连续，σ是D的面积，则在D上至少存在一点$(\xi,\eta)\in D$，使得$\iint\limits_D f(x,y)\mathrm{d}\sigma=f(\xi,\eta)\cdot\sigma$。

(7) 二重积分是一个数。

考点 3 二重积分的计算

利用直角坐标系计算二重积分：

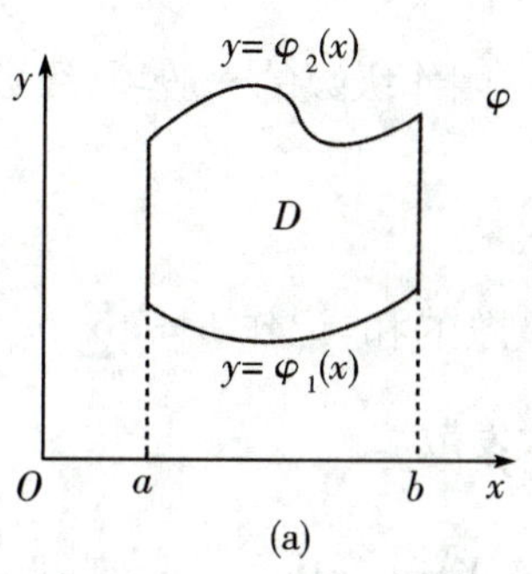

(a)

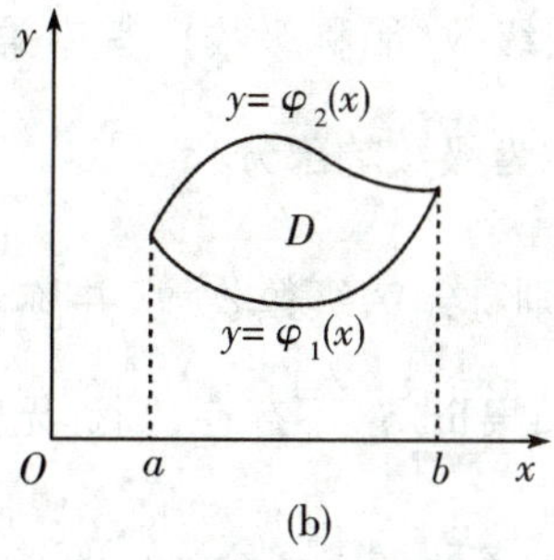

(b)

$\iint\limits_D f(x,y)\mathrm{d}x\mathrm{d}y = \int_a^b \mathrm{d}x\int_{\varphi_1(x)}^{\varphi_2(x)} f(x,y)\mathrm{d}y$（先固定 x，得到 y 的范围再确定 x 可移动范围）

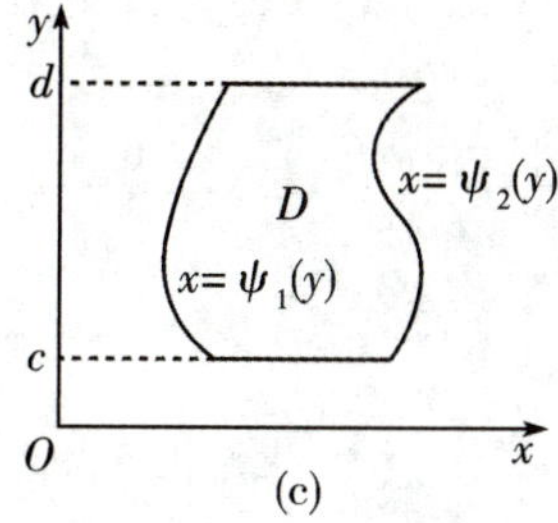

(c)

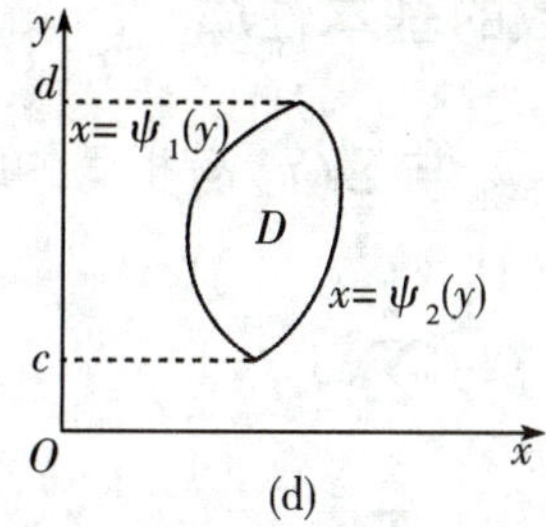

(d)

$\iint\limits_D f(x,y)\mathrm{d}x\mathrm{d}y = \int_c^d \mathrm{d}y\int_{\psi_1(y)}^{\psi_2(y)} f(x,y)\mathrm{d}x$（先固定 y，得到 x 的范围再确定 y 可移动范围）

真题面对面

[2021 贵州特岗，单，3 分] 下列与二重积分 $\int_1^2 \mathrm{d}x\int_1^x xy\mathrm{d}y$ 结果相同的是（　　）

A. $\int_1^2 \mathrm{d}x\int_1^y xy\mathrm{d}y$

B. $\int_1^2 \mathrm{d}y\int_2^y xy\mathrm{d}x$

C. $\int_1^2 \mathrm{d}y\int_y^1 xy\mathrm{d}x$

D. $\int_1^2 \mathrm{d}y\int_y^2 xy\mathrm{d}x$

答案：D。二重积分可化为先对 x，再对 y 的累次积分。$\int_1^2 \mathrm{d}x\int_1^x xy\mathrm{d}y = \int_1^2 \mathrm{d}y\int_y^2 xy\mathrm{d}x$。

第四节　级　数

一、数项级数 【单选】 ★★

考点 1 级数收敛与发散的概念

给定一个数列 $u_1,u_2,u_3,\cdots,u_n,\cdots$，将各项依次相加，简记为 $\sum_{n=1}^{\infty}u_n$，即 $\sum_{n=1}^{\infty}u_n = u_1+u_2+u_3+\cdots+u_n+\cdots$，

称此式为无穷级数或数项级数(简称级数),其中第n项u_n叫作级数的一般项,级数的前n项和$S_n=\sum_{k=1}^{n}u_k=u_1+u_2+u_3+\cdots+u_n$,称为级数的部分和。

如果$\lim_{n\to\infty}S_n=S$存在,则称无穷级数收敛,并称S为级数的和,记作$S=\sum_{n=1}^{\infty}u_n$,称差$r_n=S-S_n=u_{n+1}+u_{n+2}+\cdots$为级数的余项;如果$\lim_{n\to\infty}S_n$不存在,则称无穷级数发散。

级数收敛的必要条件:若级数$S=\sum_{n=1}^{\infty}u_n$收敛,则必有$\lim_{n\to\infty}u_n=0$。因此,若级数的一般项不趋于0,则级数必发散。

考点2 无穷级数的基本性质

(1)设常数$C\neq0$,则$\sum_{n=1}^{\infty}u_n$与$\sum_{n=1}^{\infty}Cu_n$有相同的敛散性。

(2)设有两个级数$\sum_{n=1}^{\infty}u_n$与$\sum_{n=1}^{\infty}v_n$,

若$\sum_{n=1}^{\infty}u_n=S$,$\sum_{n=1}^{\infty}v_n=\sigma$,则$\sum_{n=1}^{\infty}(u_n\pm v_n)=S\pm\sigma$;

若$\sum_{n=1}^{\infty}u_n$收敛,$\sum_{n=1}^{\infty}v_n$发散,则$\sum_{n=1}^{\infty}(u_n\pm v_n)$发散;

若$\sum_{n=1}^{\infty}u_n$,$\sum_{n=1}^{\infty}v_n$均发散,则$\sum_{n=1}^{\infty}(u_n\pm v_n)$的敛散性不确定。

(3)添加或去掉有限项不影响一个级数的敛散性。

(4)设级数$\sum_{n=1}^{\infty}u_n$收敛,则对其各项任意加括号后所得新级数仍收敛于原级数的和。

考点3 级数敛散性判别法

正项级数$\sum_{n=1}^{\infty}u_n(u_n\geqslant0)$敛散性的判别法如下:

1. 比较判别法

若$0\leqslant u_n\leqslant v_n$,则$\sum_{n=1}^{\infty}v_n$收敛$\Rightarrow\sum_{n=1}^{\infty}u_n$收敛;$\sum_{n=1}^{\infty}u_n$发散$\Rightarrow\sum_{n=1}^{\infty}v_n$发散。

(1)比较判别法的极限形式

设$\sum_{n=1}^{\infty}u_n$及$\sum_{n=1}^{\infty}v_n(v_n\neq0)$均为正项级数,且$\lim_{n\to\infty}\frac{u_n}{v_n}=A(0\leqslant A\leqslant+\infty)$,

①若$0<A<+\infty$,级数$\sum_{n=1}^{\infty}u_n$与$\sum_{n=1}^{\infty}v_n$的敛散性相同;

②若$A=0$,且$\sum_{n=1}^{\infty}v_n$收敛时,$\sum_{n=1}^{\infty}u_n$也收敛;

③若$A=+\infty$,且$\sum_{n=1}^{\infty}v_n$发散时,$\sum_{n=1}^{\infty}u_n$也发散。

(2)常用的比较级数

①几何级数 $\sum_{n=1}^{\infty} ar^{n-1}=\begin{cases}\dfrac{a}{1-r},|r|<1,\\ 发散,|r|\geqslant 1。\end{cases}$

②P－级数 $\sum_{n=1}^{\infty}\frac{1}{n^P}\begin{cases}收敛,P>1,\\ 发散,P\leqslant 1。\end{cases}$

2. 比值判别法

设 $\sum_{n=1}^{\infty} u_n(u_n\geqslant 0)$，$\lim_{n\to\infty}\frac{u_{n+1}}{u_n}=\rho$。当 $\rho>1$ 时，$\sum_{n=1}^{\infty} u_n$ 发散；当 $\rho=1$ 时，此法失效；当 $\rho<1$ 时，$\sum_{n=1}^{\infty} u_n$ 收敛。

注：适用于 u_n 中含有 $n!$ 或关于 n 的若干连乘积的情况。

真题面对面

1. [2021 河南许昌，单，4 分]下列数列一定收敛的是(　　)

A. $a_n=2-(-1)^n$　　B. $a_n=n$

C. $a_n=\left(1+\frac{1}{n}\right)^n$　　D. $a_n=q^n$

答案：C。A 项，当 $n\to 2k$ 时，数列收敛于 1，当 $n\to 2k+1$ 时，数列收敛于 3，故数列不收敛，故不符合题意；B 项，当 $n\to\infty$ 时，数列不收敛，故不符合题意；C 项，当 $n\to\infty$ 时，$\lim_{n\to\infty}a_n=\lim_{n\to\infty}\left(1+\frac{1}{n}\right)^n=\mathrm{e}$，故符合题意；D 项，当 $q\in(0,1)$ 时，数列收敛，当 $q>1$ 时，数列发散，故不符合题意。

2. [2018 江西南昌，单，3 分]若 P 级数 $\sum_{n=1}^{\infty}\frac{1}{n^p}$ 收敛，则(　　)

A. $p<1$　　B. $p\leqslant 1$　　C. $p>1$　　D. $p\geqslant 1$

答案：C。由 P－级数的敛散性可知，当 $P>1$ 时，级数 $\sum_{n=1}^{\infty}\frac{1}{n^P}$ 收敛，当 $P\leqslant 1$ 时，级数 $\sum_{n=1}^{\infty}\frac{1}{n^P}$ 发散，故选 C。

3. 根式判别法

设 $\sum_{n=1}^{\infty} u_n(u_n\geqslant 0)$，$\lim_{n\to\infty}\sqrt[n]{u_n}=\begin{cases}\rho>1,级数发散,\\ \rho=1,方法失效,\\ \rho<1,级数收敛。\end{cases}$

注：适用于 u_n 中含有以 n 为指数幂的因素。

考点 4　交错级数收敛的条件

若级数的各项符号正负相间，即 $u_1-u_2+u_3-u_4+\cdots+(-1)^{n+1}u_n+\cdots(u_n>0,n=1,2,\cdots)$，称其为交

错级数，记为$\sum_{n=1}^{\infty}(-1)^{n-1}u_n$。

对于交错级数，有下面常用的判别法：

（莱布尼茨判别法）若交错级数$\sum_{n=1}^{\infty}(-1)^{n-1}u_n(u_n>0)$满足如下条件：

(1) $u_n \geqslant u_{n+1}(n=1,2,\cdots)$，

(2) $\lim_{n\to\infty}u_n=0$，

则级数$\sum_{n=1}^{\infty}(-1)^{n-1}u_n$收敛，且其和$S<u_1$。

考点 5 绝对收敛与条件收敛

绝对收敛：对任意项级数$\sum_{n=1}^{\infty}u_n$，若$\sum_{n=1}^{\infty}|u_n|$收敛，则称原级数$\sum_{n=1}^{\infty}u_n$绝对收敛。

条件收敛：原级数收敛，但取绝对值之后的级数发散。

定理：绝对收敛的级数一定收敛。

第二部分

真题面对面

[2019 陕西特岗，单，3 分]关于调和级数，说法正确的是（　　）

A. 收敛　　B. 绝对收敛

C. 条件收敛　　D. 发散

答案：D。调和级数$\sum_{n=1}^{\infty}\frac{1}{n}$是发散的。故选 D。

二、函数项级数

考点 1 函数项级数的概念

设$u_n(x)(n=1,2,3,\cdots)$为定义在区间I上的函数列，称$\sum_{n=1}^{\infty}u_n(x)=u_1(x)+u_2(x)+\cdots+u_n(x)+\cdots$为定义在区间$I$上的函数项级数。

对$x_0\in I$，若常数项级数$\sum_{n=1}^{\infty}u_n(x_0)$收敛，称$x_0$为其**收敛点**，所有收敛点的全体称为其**收敛域**。

在收敛域上，函数项级数的和是x的函数$S(x)$，称它为级数的和函数，并写成$S(x)=\sum_{n=1}^{\infty}u_n(x)$。

考点 2 一致收敛性

设函数列$\{f_n\}$与函数f定义在同一数集D上，若对任给的$\varepsilon>0$，总存在某一正整数N，使得当$n>N$时，对一切$x\in D$，都有$|f_n(x)-f(x)|<\varepsilon$，则称函数列$\{f_n\}$在$D$上**一致收敛**于$f$，记作$f_n(x)\rightrightarrows f(x)(n\to\infty)$，$x\in D$。

函数列$\{f_n\}$在数集D上一致收敛的充要条件（函数列一致收敛的柯西准则）：对任给的$\varepsilon>0$，总存在正整数N，使得当$n,m>N$时，对一切$x\in D$，都有$|f_n(x)-f_m(x)|<\varepsilon$。

三、幂级数 【单选】 ★

考点 1 幂级数及其收敛性

1. 幂级数的定义

如下形式的函数项级数：$\sum\limits_{n=0}^{\infty}a_n(x-x_0)^n=a_0+a_1(x-x_0)+\cdots+a_n(x-x_0)^n+\cdots$，称为幂级数，其中 $a_n(n=0,1,2,\cdots)$ 为常数。

当 $x_0=0$ 时，$\sum\limits_{n=0}^{\infty}a_n(x-x_0)^n \Rightarrow \sum\limits_{n=0}^{\infty}a_nx^n$ 称为最简幂级数。

2. 幂级数的收敛性

若幂级数 $\sum\limits_{n=0}^{\infty}a_nx^n$ 在 $x=x_0(x_0\neq 0)$ 点收敛，则对满足不等式 $|x|<|x_0|$ 的一切 x，幂级数都绝对收敛。反之，若当 $x=x_0$ 时该幂级数发散，则对满足不等式 $|x|>|x_0|$ 的一切 x，该幂级数也发散。

考点 2 收敛半径与收敛域

幂级数 $\sum\limits_{n=0}^{\infty}a_nx^n$ 的收敛域是以原点为中心的区间，用 $\pm R$ 表示幂级数收敛与发散的分界点，

①$R=0$ 时，幂级数仅在 $x=0$ 收敛；

②$R=\infty$ 时，幂级数在 $(-\infty,+\infty)$ 收敛；

③$0<R<\infty$ 时，幂级数在 $(-R,R)$ 收敛；在 $[-R,R]$ 外发散；$x=\pm R$ 可能收敛也可能发散。R 称为收敛半径，$(-R,R)$ 称为收敛区间。$(-R,R)$ 加上收敛的端点称为收敛域。

考点 3 收敛半径与系数的关系

若幂级数 $\sum\limits_{n=0}^{\infty}a_nx^n$ 的系数满足 $\lim\limits_{n\to\infty}\left|\dfrac{a_{n+1}}{a_n}\right|=\rho$，则

①当 $\rho\neq 0$ 时，$R=\dfrac{1}{\rho}$；

②当 $\rho=0$ 时，$R=\infty$；

③当 $\rho=\infty$ 时，$R=0$。

据此可知，$\sum\limits_{n=0}^{\infty}a_nx^n$ 的收敛半径为 $R=\lim\limits_{n\to\infty}\left|\dfrac{a_n}{a_{n+1}}\right|$。

考法大揭秘

幂级数 $\sum\limits_{n=1}^{\infty}a_nx^n$ 收敛域与收敛半径的计算

(1) 计算幂级数 $\sum\limits_{n=0}^{\infty}a_nx^n$ 收敛域的步骤

①计算出幂级数的收敛半径，由收敛半径得出其收敛区间为 $(-R,R)$；

②计算幂级数在收敛区间端点处的收敛情况；

③得出幂级数的收敛域。

第二部分

(2)求幂级数的收敛半径的方法

设幂级数$\sum_{n=0}^{\infty}a_nx^n$,收敛半径为$R$。

①若缺有限项,则$R=\lim\limits_{n\to\infty}\left|\frac{a_n}{a_{n+1}}\right|$或$R=\lim\limits_{n\to\infty}\frac{1}{\sqrt[n]{|a_n|}}$。

②若缺无限项,则计算$\rho(x)=\lim\limits_{n\to\infty}\left|\frac{u_{n+1}(x)}{u_n(x)}\right|$或$\rho(x)=\lim\limits_{n\to\infty}\sqrt[n]{|u_n(x)|}$,由$\rho(x)<1$,得出级数的收敛半径$R$。

③在端点处,考查$\sum_{n=0}^{\infty}a_nR^n$及$\sum_{n=0}^{\infty}(-1)^na_nR^n$的收敛性,得出收敛区域。

真题面对面

[2019 山东东营,单,2.5 分]若级数$\sum_{n=1}^{\infty}\left(\frac{na}{n+1}\right)^n$收敛,则$a$的取值不可能为( )

A. $\frac{1}{4}$　　B. $\frac{1}{3}$　　C. $\frac{1}{2}$　　D. 1

答案:D。因为$\lim\limits_{n\to\infty}\left(\frac{na}{n+1}\right)^n=\lim\limits_{n\to\infty}a^n\cdot\left(\frac{n}{n+1}\right)^n=\lim\limits_{n\to\infty}a^n\left(1-\frac{1}{n+1}\right)^{-(n+1)\cdot-\left(\frac{n}{n+1}\right)}=\lim\limits_{n\to\infty}a^ne^{-\frac{n}{n+1}}=\frac{1}{e}\lim\limits_{n\to\infty}a^n$,因为级数$\sum_{n=1}^{\infty}\left(\frac{na}{n+1}\right)^n$收敛,所以$|a|<1$,故$a$的取值不可能为1。

达标测评

建议用时	实际用时	测评总分	实际得分
70 分钟	______分钟	71 分	______分

一、单项选择题(每小题 3 分,共 30 分)

1. 设曲线$y=ax-\ln(x+1)$在点(0,0)处的切线方程为$y=2x$,则a等于( )

A. 0　　B. 1　　C. 2　　D. 3

2. $f(x)=|\sin x|$在点$x=0$处的导数是( )

A. 不存在　　B. 1　　C. 0　　D. −1

3. 已知函数$f(x)=ax^3+3x^2-x+1$在$\mathbf{R}$上是减函数,则a的取值范围是( )

A. $(-3,+\infty)$　　B. $(-\infty,-3)$

C. $(-\infty, -3]$ D. $[-3, +\infty)$

4. 设 $y=f(x)$ 在点 x_0 处可导,且 $f'(x_0)\neq 0$,则 $\lim\limits_{\Delta x\to 0}\frac{\Delta y-\mathrm{d}y}{\Delta x}$ 等于( )

A. 0 B. -1 C. 1 D. ∞

5. 已知 $y=\mathrm{e}^{f(x)}$,且 $f(x)$ 存在二阶导数,则 $y''=$( )

A. $\mathrm{e}^{f'(x)}$ B. $\mathrm{e}^{f(x)}f''(x)$

C. $\mathrm{e}^{f(x)}[f''(x)+f'(x)]$ D. $\mathrm{e}^{f(x)}\{[f'(x)]^2+f''(x)\}$

6. 函数 $f(x)=x\sin x+\cos x$ 的导数是( )

A. $x\cos x+\sin x$ B. $x\cos x$

C. $x\cos x-\sin x$ D. $\cos x-\sin x$

7. 函数 $z=x^2+y^2$ 在点(1,1)处的全微分 $\mathrm{d}z|_{(1,1)}$ 等于( )

A. $\mathrm{d}x+\mathrm{d}y$ B. $2\mathrm{d}x+2\mathrm{d}y$

C. $2\mathrm{d}x+\mathrm{d}y$ D. $\mathrm{d}x+2\mathrm{d}y$

8. 下列级数中,不收敛的是( )

A. $\sum\limits_{n=1}^{\infty}\frac{(-1)^n}{n}$ B. $\sum\limits_{n=1}^{\infty}\frac{1}{n^2}$ C. $\sum\limits_{n=1}^{\infty}\frac{1}{n}$ D. $\sum\limits_{n=1}^{\infty}\frac{1}{n!}$

9. 下列级数中,绝对收敛的是( )

A. $\sum\limits_{n=2}^{\infty}(-1)^{n-1}\frac{1}{n^2-1}$ B. $\sum\limits_{n=1}^{\infty}(-1)^{n-1}\frac{2n}{2n+1}$

C. $\sum\limits_{n=1}^{\infty}(-1)^{2n}\frac{2n}{2n+1}$ D. $\sum\limits_{n=1}^{\infty}(-1)^{n-1}\frac{1}{\sqrt{n+1}}$

10. 若 D 是由直线 $y=1, x=2, y=x$ 所围成的封闭区域,则 $\iint\limits_D A\mathrm{d}\sigma$ 化为二次积分为( )

A. $\int_1^2\left[\int_1^x A\mathrm{d}x\right]\mathrm{d}y$ B. $\int_1^x\left[\int_1^2 A\mathrm{d}y\right]\mathrm{d}x$

C. $\int_1^x\left[\int_1^2 A\mathrm{d}x\right]\mathrm{d}y$ D. $\int_1^2\left[\int_1^x A\mathrm{d}y\right]\mathrm{d}x$

二、填空题(每小题 3 分,共 9 分)

11. 已知函数 $f(x)$ 在 **R** 上可导,且 $f'(-1)=2$,则 $\lim\limits_{\Delta x\to 0}\frac{f(-1-\Delta x)-f(-1)}{\Delta x}=$________。

12. 由曲线 $y=x^2, y=x^3$ 围成的封闭图形的面积为________。

13. 已知 $y=f(x)$ 过坐标原点,并且在原点处的切线平行于直线 $2x+y-3=0$,若 $f'(x)=3ax^2+b$,且 $f(x)$ 在 $x=1$ 处取得极值,则 $y=f(x)$ 的表达式为________。

三、解答题(每小题 8 分,共 32 分)

14. 如图所示,已知直线 l 切抛物线 $C: y=x^2$ 于点 $A(2,4)$。

(1)求直线 l 的方程;

(2)求由抛物线 C、直线 l 及直线 $x=0$ 围成的区域面积。

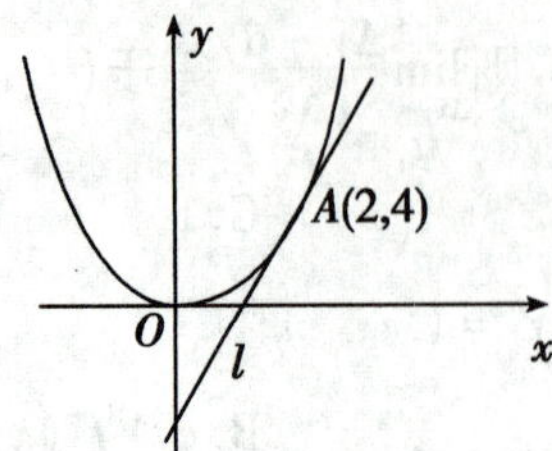

15. 求积分 $\int e^{2x}\cos 3x\mathrm{d}x$。

16. 已知函数 $f(x)=3ax-2x^2+\ln x$，a 为常数。

(1)当 $a=1$ 时，求 $f(x)$ 的单调区间；

(2)若函数 $f(x)$ 在区间 $[1,2]$ 上为单调函数，求 a 的取值范围。

17. 已知函数 $f(x)=e^x+px-\frac{p}{x}-2\ln x$。

(1)若 $p=2$，求曲线 $y=f(x)$ 在点 $(1,f(1))$ 处的切线方程；

(2)设函数 $g(x)=e^x+\frac{2e}{x}$，若在 $[1,e]$ 上至少存在一点 x_0，使得 $f(x_0)>g(x_0)$ 成立，求实数 p 的取值范围。

参考答案及解析

一、单项选择题

1. D [解析]由 $y=ax-\ln(x+1)$，得 $y'=a-\frac{1}{x+1}$，由导数的几何意义可得，在点 $(0,0)$ 处曲线的切线的斜率为 $y'|_{x=0}=a-1$，又切线方程为 $y=2x$，则有 $a-1=2$，即 $a=3$。故选 D。

2. A [解析]因为 $f'_+(0)=1$，$f'_-(0)=-1$，所以 $f(x)=|\sin x|$ 在点 $x=0$ 处的导数不存在。

3. C [解析]由题可知，$f'(x)=3ax^2+6x-1$。因为 $f(x)$ 在 $\mathbf{R}$ 上是减函数，则 $f'(x)=3ax^2+6x-1\leqslant 0$ $(x\in\mathbf{R})$ 恒成立，故有 $\begin{cases}a<0,\\ \Delta\leqslant 0,\end{cases}$ 解得 $a\leqslant -3$，故 a 的取值范围是 $(-\infty,-3]$。

4. A [解析]由连续的定义得 $\lim\limits_{\Delta x\to 0}\Delta y=\lim\limits_{\Delta x\to 0}[f(x_0+\Delta x)-f(x_0)]=\lim\limits_{\Delta x\to 0}f'(\xi)\Delta x$，$\xi\in(x_0,x_0+\Delta x)$，又 $\mathrm{d}y=f'(x_0)\Delta x$，所以 $\lim\limits_{\Delta x\to 0}\frac{\Delta y-\mathrm{d}y}{\Delta x}=\frac{\lim\limits_{\Delta x\to 0}[f'(\xi)\cdot\Delta x-f'(x_0)\Delta x]}{\Delta x}=\lim\limits_{\Delta x\to 0}[f'(\xi)-f'(x_0)]=0$。

5. D [解析] $y'=[e^{f(x)}]'=e^{f(x)}f'(x)$，$y''=[e^{f(x)}f'(x)]'=e^{f(x)}[f'(x)]^2+e^{f(x)}f''(x)=e^{f(x)}\{[f'(x)]^2+f''(x)\}$。

6. B [解析] $f'(x)=(x\sin x+\cos x)'=(x\sin x)'+(\cos x)'=x'\sin x+x(\sin x)'-\sin x=\sin x+x\cos x-\sin x=x\cos x$。故选 B。

7. B　[解析]因为 $dz=2xdx+2ydy$，所以 $dz|_{(1,1)}=2dx+2dy$，选 B。

8. C　[解析] $\sum_{n=1}^{\infty}\frac{(-1)^n}{n}$ 是交错级数，且满足莱布尼茨判别法的条件，$u_n=\frac{1}{n}>\frac{1}{n+1}=u_{n+1}$，$\lim_{n\to\infty}\frac{1}{n}=0$，故 A 项收敛；对于 $P-$级数，$\sum_{n=1}^{\infty}\frac{1}{n^P}\begin{cases}收敛,P>1,\\发散,P\leqslant 1,\end{cases}$ 故 $\sum_{n=1}^{\infty}\frac{1}{n^2}$ 收敛，$\sum_{n=1}^{\infty}\frac{1}{n}$ 发散，即 B 项收敛，C 项发散；对于 D，由级数的比值判别法知，$\lim_{n\to\infty}\frac{\frac{1}{(n+1)!}}{\frac{1}{n!}}=\lim_{n\to\infty}\frac{1}{n+1}=0<1$，故 $\sum_{n=1}^{\infty}\frac{1}{n!}$ 收敛。

9. A　[解析]因为 $\frac{1}{n^2-1}=\frac{1}{2}\left(\frac{1}{n-1}-\frac{1}{n+1}\right)$，所以数列的前 n 项和 $S_n=\frac{1}{2}(1-\frac{1}{3}+\frac{1}{2}-\frac{1}{4}+\frac{1}{3}-\frac{1}{5}+\cdots+\frac{1}{n-1}-\frac{1}{n+1}+\frac{1}{n}-\frac{1}{n+2})=\frac{1}{2}\left(1+\frac{1}{2}-\frac{1}{n+1}-\frac{1}{n+2}\right)$，所以 $\sum_{n=2}^{\infty}\frac{1}{n^2-1}=\lim_{n\to\infty}\frac{1}{2}(1+\frac{1}{2}-\frac{1}{n+1}-\frac{1}{n+2})=\frac{3}{4}$，所以级数 $\sum_{n=2}^{\infty}(-1)^{n-1}\frac{1}{n^2-1}$ 绝对收敛。

10. D　[解析]根据二重积分的特点及 D 区域的取值范围可知 D 正确。

二、填空题

11. -2　[解析]根据导数的几何意义可知，$\lim_{\Delta x\to 0}\frac{f(-1-\Delta x)-f(-1)}{-\Delta x}=f'(-1)=2$，故 $\lim_{\Delta x\to 0}\frac{f(-1-\Delta x)-f(-1)}{\Delta x}=-f'(-1)=-2$。

12. $\frac{1}{12}$　[解析]由题意得，两曲线在区间 $[0,1]$ 上围成封闭图形，故所求面积为 $\int_0^1(x^2-x^3)dx=\left(\frac{1}{3}x^3-\frac{1}{4}x^4\right)\Big|_0^1=\frac{1}{12}$。

13. $f(x)=\frac{2}{3}x^3-2x$　[解析]由题意可知，$f'(0)=b=-2$。又由 $f(x)$ 在 $x=1$ 处取得极值，可得 $f'(1)=0$，即 $3a+b=0$，得 $a=-\frac{b}{3}=\frac{2}{3}$，故 $f'(x)=2x^2-2$，两边积分得 $f(x)=\frac{2}{3}x^3-2x+C$，又因为曲线过原点，故 $f(0)=C=0$，所以 $y=f(x)=\frac{2}{3}x^3-2x$。

三、解答题

14. [解析](1)设直线 l 的方程为 $y=kx+b$，由题意知 $k=2x|_{x=2}=4$，故 $y=4x+b$，将点 $(2,4)$ 代入得 $b=-4$，故直线 l 的方程为 $y=4x-4$。

(2)由题意可知，所围成区域的面积为 $S=\int_0^2[x^2-(4x-4)]dx=\left(\frac{1}{3}x^3-2x^2+4x\right)\Big|_0^2=\frac{8}{3}$。

15. [解析] $\int e^{2x}\cos 3x dx=\int e^{2x}d\left(\frac{1}{3}\sin 3x\right)=\frac{1}{3}e^{2x}\cdot\sin 3x-\frac{2}{3}\int e^{2x}\sin 3x dx=\frac{1}{3}e^{2x}\sin 3x-$

$$\frac{2}{3}\left(-\frac{1}{3}e^{2x}\cos3x+\frac{2}{3}\int e^{2x}\cos3x\mathrm{d}x\right)=\frac{1}{3}e^{2x}\sin3x+\frac{2}{9}e^{2x}\cos3x-\frac{4}{9}\int e^{2x}\cos3x\mathrm{d}x,$$

所以$\frac{13}{9}\int e^{2x}\cos3x\mathrm{d}x=\frac{1}{3}e^{2x}\sin3x+\frac{2}{9}e^{2x}\cos3x$，故$\int e^{2x}\cos3x\mathrm{d}x=\frac{3}{13}e^{2x}\sin3x+\frac{2}{13}e^{2x}\cos3x+C$。

16. [解析](1)当 $a=1$ 时，$f(x)=3x-2x^2+\ln x, x>0$，

所以$f'(x)=3-4x+\frac{1}{x}=\frac{-(x-1)(4x+1)}{x}$。

令$f'(x)=0$，得 $x=1$ 或 $-\frac{1}{4}$(舍去)。

当 $0<x<1$ 时，$f'(x)>0$，$f(x)$为增函数；

当 $x>1$ 时，$f'(x)<0$，$f(x)$为减函数。

故当 $a=1$ 时，$f(x)$的单调递增区间为$(0,1)$，单调递减区间为$[1,+\infty)$。

(2)$f'(x)=3a-4x+\frac{1}{x}=\frac{3ax-4x^2+1}{x}$，则 $f'(1)=3a-3$，$f'(2)=3a-\frac{15}{2}$，

因为函数$f(x)$在区间$[1,2]$上为单调函数，

所以$f'(2)\leqslant f'(x)\leqslant f'(1)$，故只需$f'(1)\leqslant 0$，$f'(2)\geqslant 0$，即 $3a-3\leqslant 0$ 或 $3a-\frac{15}{2}\geqslant 0$，

解得 $a\leqslant 1$ 或 $a\geqslant\frac{5}{2}$，

故 a 的取值范围$\left\{a\,\middle|\,a\leqslant 1 \text{ 或 } a\geqslant\frac{5}{2}\right\}$。

17. [解析] (1)当 $p=2$ 时，$y=f(x)=e^x+2x-\frac{2}{x}-2\ln x$，$f'(x)=e^x+2+\frac{2}{x^2}-\frac{2}{x}$，则$f(1)=e$，$f'(1)=e+2$，所以曲线 $y=f(x)$在点$(1,f(1))$处的切线方程为 $y=(e+2)(x-1)+e$，即 $y=(e+2)x-2$。

(2)令 $F(x)=f(x)-g(x)=px-\frac{p+2e}{x}-2\ln x$，则 $F'(x)=\frac{px^2-2x+p+2e}{x^2}$。

当 $p=0$ 时，因为 $x\in[1,e]$，$F'(x)=\frac{-2x+2e}{x^2}\geqslant 0$，所以 $F(x)$在$[1,e]$上单调递增，$F(x)_{\max}=F(e)=-4<0$，$f(x)<g(x)$恒成立，不符合题意；

当 $p<0$ 时，$F(x)=p\left(x-\frac{1}{x}\right)-\frac{2e}{x}-2\ln x$，因为 $x\in[1,e]$，所以 $F(x)<0$，此时$f(x)<g(x)$，不符合题意；

当 $p>0$ 时，因为 $x\in[1,e]$，$F'(x)=\frac{p(x^2+1)+2(e-x)}{x^2}>0$，所以 $F(x)$在$[1,e]$上单调递增，令 $F(x)_{\max}=F(e)=pe-\frac{p}{e}-4>0$，解得$p>\frac{4e}{e^2-1}$，满足题意。

综上，当 $p>\frac{4e}{e^2-1}$时，在$[1,e]$上至少存在一点 x_0，使得$f(x_0)>g(x_0)$成立。

第三章　线性代数

思维导图

- 线性代数
  - 行列式
    - 行列式的基本概念
      - 排列与逆序
      - n阶行列式
    - 行列式的运算（重点）
      - 行列式按行（列）展开公式
      - 展开公式的应用
      - 特殊行列式的运算
    - 行列式的性质（重点）
  - 矩阵
    - 矩阵的基本概念
      - 矩阵的概念
      - 矩阵的秩
      - 特殊矩阵
    - 矩阵的运算
      - 矩阵的加法（重点）
      - 矩阵的数量乘法（重点）
      - 矩阵的乘法（重点）
      - 矩阵的幂（重点）
      - 矩阵乘积的行列式（重点）
      - 矩阵的可交换
    - 矩阵的初等变换（重点）
  - 线性方程组
    - 向量及其线性关系
      - n维向量的概念与运算
      - 向量之间的关系（重点）
      - 极大线性无关组
    - 线性方程组及其求解
      - 线性方程组的定义
      - 线性方程组解的判定
      - 线性方程组解的结构
      - 克拉默法则
      - 线性方程组的解法
  - 线性空间与变换
    - 线性空间的基本概念
      - 线性空间的定义
      - 线性子空间（重点）
      - 线性空间同构
    - 维数、基与坐标（重点）
      - 维数
      - 基与坐标
      - 正交基
    - 矩阵与变换
      - 线性变换作用下的像
      - 常见的几类线性变换与其二阶矩阵
      - 线性变换
    - 特征值与特征向量
      - 定义
      - 特征多项式和特征方程
      - 特征值的性质
    - 二次型
      - 基本概念
      - 非退化线性替换
      - 合同
      - 二次型的标准形与规范形
      - 正定二次型和正定矩阵

第二部分

考向分析

本章考查频次相对较少，要求考生能够掌握相关定理和计算方法，所在地区的教师招聘考试涉及到线性代数考点的考生要做好系统地复习。现对本章考向分析如下：

高频考点	常考题型	能力要求	考查热度
行列式的运算、性质	单选、填空	掌握	★★
矩阵的秩	单选	识记、掌握	★★
特殊矩阵	填空	掌握	★★
矩阵的运算	单选	掌握、应用	★★
矩阵的初等变换	单选、填空	掌握	★★★
向量之间的关系	单选、填空	理解	★
线性方程组及其求解	解答	掌握	★★
线性子空间	单选	识记、理解	★
正交基	单选	掌握	★★
二次型	单选	理解	★

核心考点

第一节　行列式

一、行列式的基本概念

考点 1　排列与逆序

排列：由 n 个自然数 $1,2,\cdots,n$ 组成的一个无重复的有序数组称为一个 n 级排列。n 级排列共有 $n!$ 个。

逆序、逆序数：在一个排列中，如果一个数的前后位置与大小顺序相反，即前面的数大于后面的数，那么它们就称为一个逆序。一个排列中逆序的总数称为这个排列的逆序数。逆序数为偶数的排列称为偶排列，逆序数为奇数的排列称为奇排列。

对换：把一个排列中的某两个数的位置互换，而其余的数不动，就得到另一个排列，这样一个变换称为一个对换。对换改变了排列的奇偶性。

真题面对面

[2021 贵州特岗,填空,3 分] 排列 32514 的逆序数为________。

答案:5。在一个排列中,如果一对数的前后位置与大小顺序相反,即前面的数大于后面的数,那么它们就称为一个逆序。一个排列中逆序的总数就称为这个排列的逆序数。3 大于 2,大于 1,有 2 个;2 大于 1,有 1 个;5 大于 1,大于 4,有 2 个,所以排列的逆序数共 5 个。

考点 2 n 阶行列式

n 阶行列式 $D=\begin{vmatrix} a_{11} & a_{12} & \cdots & a_{1n} \\ a_{21} & a_{22} & \cdots & a_{2n} \\ \vdots & \vdots & & \vdots \\ a_{n1} & a_{n2} & \cdots & a_{nn} \end{vmatrix}=\sum\limits_{j_1j_2\cdots j_n}(-1)^{\tau(j_1j_2\cdots j_n)}a_{1j_1}a_{2j_2}\cdots a_{nj_n}$ 是所有取自不同行不同列的 n 个元素乘积的代数和,它由 $n!$ 项组成,其中带正号与带负号的项各占一半,$\tau(j_1j_2\cdots j_n)$ 表示排列 $j_1j_2\cdots j_n$ 的逆序数,当 $j_1j_2\cdots j_n$ 是偶排列时,该项的前面带正号;当 $j_1j_2\cdots j_n$ 是奇排列时,该项的前面带负号。这里 $\sum\limits_{j_1j_2\cdots j_n}$ 表示对所有 n 阶排列求和。

二、行列式的运算 【单选、填空】 ★★

考点 1 行列式按行(列)展开公式

n 阶行列式 D 等于它的任意一行(列)的各元素与其对应的代数余子式乘积之和。即

$$\begin{aligned} D &= a_{i1}A_{i1}+a_{i2}A_{i2}+\cdots+a_{in}A_{in} \\ &= a_{1j}A_{1j}+a_{2j}A_{2j}+\cdots+a_{nj}A_{nj}\ (i=1,2,\cdots,n;j=1,2,\cdots,n)。\end{aligned}$$

其中,$A_{ij}=(-1)^{i+j}\begin{vmatrix} a_{11} & \cdots & a_{1,j-1} & a_{1,j+1} & \cdots & a_{1n} \\ \vdots & & \vdots & \vdots & & \vdots \\ a_{i-1,1} & \cdots & a_{i-1,j-1} & a_{i-1,j+1} & \cdots & a_{i-1,n} \\ a_{i+1,1} & & a_{i+1,j-1} & a_{i+1,j+1} & & a_{i+1,n} \\ \vdots & & \vdots & \vdots & & \vdots \\ a_{n1} & \cdots & a_{n,j-1} & a_{n,j+1} & \cdots & a_{nn} \end{vmatrix}=(-1)^{i+j}M_{ij}$,$M_{ij}$ 是 D 中去掉第 i 行及第 j 列元素后的 $n-1$ 阶行列式,称之为 a_{ij} 的余子式,而 $(-1)^{i+j}M_{ij}$ 称为 a_{ij} 的代数余子式。

真题面对面

1. [2021 贵州特岗,填空,3 分]若 3 阶行列式中第二列元素依次为 1,2,3,其对应的余子式依次为 1,2,1,则该行列式的值为________。

答案:0。行列式对应的余子式为 1,2,1,则对应的代数余子式为 $-1,2,-1$,则行列式的值为 $1\times(-1)+2\times2+3\times(-1)=0$。

2. [2018 江西南昌,单,3 分]行列式 $\begin{vmatrix}1&3&4\\0&2&3\\-2&a&-4\end{vmatrix}$ 中元素 a 的代数余子式是(　　)

A. $\begin{vmatrix}0&3\\-2&4\end{vmatrix}$　　B. $-\begin{vmatrix}0&3\\-2&4\end{vmatrix}$　　C. $-\begin{vmatrix}1&4\\0&3\end{vmatrix}$　　D. $\begin{vmatrix}1&4\\0&3\end{vmatrix}$

答案:C。a 的代数余子式是 $(-1)^{3+2}\begin{vmatrix}1&4\\0&3\end{vmatrix}=-\begin{vmatrix}1&4\\0&3\end{vmatrix}$。

考点 2 展开公式的应用

(1)在 D 中,若用 $b_1,b_2,\cdots,b_n$ 依次代替 $a_{i1},a_{i2},\cdots,a_{in}$,得

$$\begin{vmatrix}a_{11}&\cdots&a_{1n}\\\vdots&&\vdots\\a_{i-1,1}&\cdots&a_{i-1,n}\\b_1&\cdots&b_n\\a_{i+1,1}&\cdots&a_{i+1,n}\\\vdots&&\vdots\\a_{n1}&\cdots&a_{nn}\end{vmatrix}=b_1A_{i1}+b_2A_{i2}+\cdots+b_nA_{in}。$$

(2)行列式一行(列)元素与另一行(列)元素对应的代数余子式乘积之和必为零,即 $\begin{cases}a_{i1}A_{j1}+a_{i2}A_{j2}+\cdots+a_{in}A_{jn}=0(i\neq j);\\a_{1j}A_{1k}+a_{2j}A_{2k}+\cdots+a_{nj}A_{nk}=0(j\neq k)。\end{cases}$

考点 3 特殊行列式的运算

(1)上(下)三角形行列式等于其主对角线上元素的乘积,即 $\begin{vmatrix}a_{11}&a_{12}&\cdots&a_{1n}\\0&a_{22}&\cdots&a_{2n}\\\vdots&\vdots&&\vdots\\0&0&\cdots&a_{nn}\end{vmatrix}=\begin{vmatrix}a_{11}&0&\cdots&0\\a_{21}&a_{22}&\cdots&0\\\vdots&\vdots&&\vdots\\a_{n1}&a_{n2}&\cdots&a_{nn}\end{vmatrix}=a_{11}a_{22}\cdots a_{nn}$。

(2)关于副对角线三角形行列式:$\begin{vmatrix}a_{11}&\cdots&a_{1,n-1}&a_{1n}\\a_{21}&\cdots&a_{2,n-1}&0\\\vdots&&\vdots&\vdots\\a_{n1}&\cdots&0&0\end{vmatrix}=\begin{vmatrix}0&\cdots&0&a_{1n}\\0&\cdots&a_{2,n-1}&a_{2n}\\\vdots&&\vdots&\vdots\\a_{n1}&\cdots&a_{n,n-1}&a_{nn}\end{vmatrix}=(-1)^{\frac{n(n-1)}{2}}a_{1n}a_{2,n-1}\cdots a_{n1}$。

三、行列式的性质 【单选、填空】★★

性质 1　行列互换，行列式的值不变。

此性质表明，在行列式中行与列的地位是对称的，因此，凡是关于行的性质，对列也同样成立。

性质 2　一个数乘行列式就相当于用这个数乘此行列式的一行(列)。

性质 3　如果将行列式中的某一行(列)的每一个元素都写成两个数的和，则此行列式可以写成两个行列式的和，这两个行列式分别以这两个数为所在行(列)对应位置的元素，其他位置的元素与原行列式相同。

性质 4　如果行列式中两行(列)成比例，那么行列式的值为零。

性质 5　把一行(列)的倍数加到另一行(列)，行列式的值不变。

性质 6　对换行列式中两行(列)的位置，行列式反号。

重难点解读

行列式的值为零的简单判定方法如下：

①行列式中有两行或两列对应元素相同；

②行列式中某行或某列元素全为0；

③值不为0的 n 阶行列式中0元素的最大个数为 n^2-n，即主对角元素以外的元素都为0，那么当0元素数量为 n^2-n+1 个时，行列式必为0。

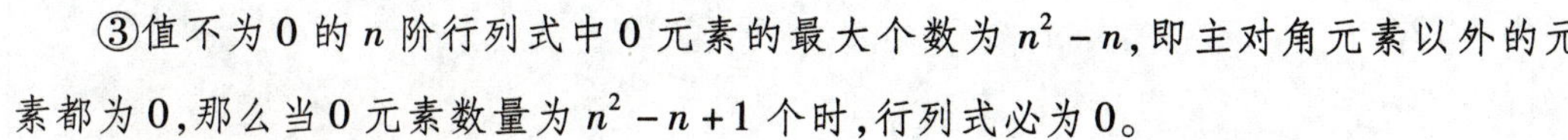

求行列式的常用方法

1. 利用行列式的性质

对于阶数比较低的行列式，先将行列式化为两行(列)对应元素相同或成比例的形式，再利用行列式的性质进行计算。

2. 化三角形法

此种方法是利用行列式的性质把给定的行列式表示为一个非零数与一个三角形行列式之积。

行列式化为上三角形行列式的计算步骤：如果第一行第一个元素为零，首先将第一行(或第一列)与其他任一行(或列)交换，使第一行第一个元素不为零，然后把第一行分别乘适当数加到其他各行，使第一列除第一个元素外其余元素全为零，再用同样的方法处理其他行、列组成的低阶行列式，直至使原行列式转化为上三角形行列式。

[例]计算行列式 $D=\begin{vmatrix} 1 & -1 & 2 & -3 & 1 \\ -3 & 3 & -7 & 9 & -5 \\ 2 & 0 & 4 & -2 & 1 \\ 3 & -5 & 7 & -14 & 6 \\ 4 & -4 & 10 & -10 & 2 \end{vmatrix}$。

答案：这是一个阶数不高的数值行列式，通常将它化为上(下)三角形行列式来计算。

$$D\xlongequal[r_5-4r_1]{\substack{r_2+3r_1\\ r_3-2r_1\\ r_4-3r_1}}\begin{vmatrix}1&-1&2&-3&1\\0&0&-1&0&-2\\0&2&0&4&-1\\0&-2&1&-5&3\\0&0&2&2&-2\end{vmatrix}\xlongequal{r_2\leftrightarrow r_3}-\begin{vmatrix}1&-1&2&-3&1\\0&2&0&4&-1\\0&0&-1&0&-2\\0&-2&1&-5&3\\0&0&2&2&-2\end{vmatrix}\xlongequal{r_4+r_2}$$

$$-\begin{vmatrix}1&-1&2&-3&1\\0&2&0&4&-1\\0&0&-1&0&-2\\0&0&1&-1&2\\0&0&2&2&-2\end{vmatrix}\xlongequal[r_5+2r_3]{r_4+r_3}-\begin{vmatrix}1&-1&2&-3&1\\0&2&0&4&-1\\0&0&-1&0&-2\\0&0&0&-1&0\\0&0&0&2&-6\end{vmatrix}\xlongequal{r_5+2r_4}-\begin{vmatrix}1&-1&2&-3&1\\0&2&0&4&-1\\0&0&-1&0&-2\\0&0&0&-1&0\\0&0&0&0&-6\end{vmatrix}=$$

$-1\cdot 2(-1)(-1)(-6)=12$。

3. 按行(列)展开法

按行(列)展开法是将一个 n 阶行列式化为若干个低阶行列式进行计算。一般情况下，按行(列)展开并不能减少计算量，仅当行列式中某一行(列)含有较多零元素时，它才能发挥真正的作用。因此，应用按行(列)展开法时，应利用行列式的性质将某一行(列)化为有较多的零元素的状态，再按该行(列)展开。

[例]计算 n 阶行列式 $D_n=\begin{vmatrix}a&0&0&\cdots&0&1\\0&a&0&\cdots&0&0\\0&0&a&\cdots&0&0\\\vdots&\vdots&\vdots&&\vdots&\vdots\\0&0&0&\cdots&a&0\\1&0&0&\cdots&0&a\end{vmatrix}$。

答案：将 D_n 按第 1 行展开，$D_n=a\begin{vmatrix}a&0&0&\cdots&0\\0&a&0&\cdots&0\\0&0&a&\cdots&0\\\vdots&\vdots&\vdots&&\vdots\\0&0&0&\cdots&a\end{vmatrix}_{n-1}+(-1)^{n+1}\begin{vmatrix}0&a&0&\cdots&0\\0&0&a&\cdots&0\\\vdots&\vdots&\vdots&&\vdots\\0&0&0&\cdots&a\\1&0&0&\cdots&0\end{vmatrix}=$

$a^n+(-1)^{n+1}(-1)^n a^{n-2}=a^n-a^{n-2}$。

4. 提取公因式法

若行列式满足下列条件之一，则可以用此法：(1)有一行(列)元素相同，称为“$a, a, \cdots, a$ 型”；(2)有两行(列)的对应元素之和或差相等，称为“邻和型”；(3)各行(列)元素之和相等，称为“全和型”。满足条件(1)的行列式可直接提取公因式 a 变为“$1,1,\cdots,1$ 型”，再应用按行(列)展开法，使行列式降一阶。满足(2)和(3)的行列式都可以根据行列式的性质变为满足条件(1)的行列式，间接使用提取公因式法。

[例] 计算 n 阶行列式 $D_n = \begin{vmatrix} x+a_1 & a_2 & \cdots & a_n \\ a_1 & x+a_2 & \cdots & a_n \\ \vdots & \vdots & & \vdots \\ a_1 & a_2 & \cdots & x+a_n \end{vmatrix}$。

答案： 该行列式各行元素之和都等于 $x+\sum_{i=1}^{n} a_i$，属于“全和型”，所以 $D_n = \left(x+\sum_{i=1}^{n} a_i\right)\begin{vmatrix} 1 & a_2 & \cdots & a_n \\ 1 & x+a_2 & \cdots & a_n \\ \vdots & \vdots & & \vdots \\ 1 & a_2 & \cdots & x+a_n \end{vmatrix} = \left(x+\sum_{i=1}^{n} a_i\right)\begin{vmatrix} 1 & a_2 & \cdots & a_n \\ 0 & x & \cdots & 0 \\ \vdots & \vdots & & \vdots \\ 0 & 0 & \cdots & x \end{vmatrix} = x^{n-1}\left(x+\sum_{i=1}^{n} a_i\right)$。

5. 利用拉普拉斯定理的四种特殊情形

(1) $\begin{vmatrix} A_{nn} & 0 \\ C_{mn} & B_{mm} \end{vmatrix} = |A_{nn}|\cdot|B_{mm}|$；(2) $\begin{vmatrix} A_{nn} & C_{nm} \\ 0 & B_{mm} \end{vmatrix} = |A_{nn}|\cdot|B_{mm}|$；

(3) $\begin{vmatrix} 0 & A_{nn} \\ B_{mm} & C_{mn} \end{vmatrix} = (-1)^{mn}|A_{nn}|\cdot|B_{mm}|$；(4) $\begin{vmatrix} C_{nm} & A_{nn} \\ B_{mm} & 0 \end{vmatrix} = (-1)^{mn}|A_{nn}|\cdot|B_{mm}|$。

真题面对面

1. [2020 山西特岗，填空，3 分] $f(x) = \begin{vmatrix} 4\sin x & \sqrt{3} \\ 1 & \cos x \end{vmatrix}$，则 $f(x) \geqslant 0$ 的解集为________。

答案：$\left[\frac{\pi}{6}+k\pi, \frac{\pi}{3}+k\pi\right](k\in\mathbf{Z})$。$f(x) = \begin{vmatrix} 4\sin x & \sqrt{3} \\ 1 & \cos x \end{vmatrix} = 4\sin x\cdot\cos x-\sqrt{3} = 2\sin 2x-\sqrt{3}$，令 $f(x)\geqslant 0$ 可得 $\sin 2x\geqslant\frac{\sqrt{3}}{2}$，解得 $\frac{\pi}{3}+2k\pi\leqslant 2x\leqslant\frac{2\pi}{3}+2k\pi$，即 $\frac{\pi}{6}+k\pi\leqslant x\leqslant\frac{\pi}{3}+k\pi(k\in\mathbf{Z})$，即 $f(x)\geqslant 0$ 的解集为 $\left[\frac{\pi}{6}+k\pi, \frac{\pi}{3}+k\pi\right](k\in\mathbf{Z})$。

第二部分

2. [2020 安徽，填空，4 分]计算 $\begin{vmatrix} a^2 & ab & b^2 \\ 2a & a+b & 2b \\ 1 & 1 & 1 \end{vmatrix}=$________。

答案：$(a-b)^3$。$\begin{vmatrix} a^2 & ab & b^2 \\ 2a & a+b & 2b \\ 1 & 1 & 1 \end{vmatrix}=\begin{vmatrix} 0 & ab-a^2 & b^2-a^2 \\ 0 & b-a & 2b-2a \\ 1 & 1 & 1 \end{vmatrix}=(b-a)^2\cdot\begin{vmatrix} 0 & a & b+a \\ 0 & 1 & 2 \\ 1 & 1 & 1 \end{vmatrix}=$ $(b-a)^2(2a-b-a)=(a-b)^3$。

第二节 矩 阵

一、矩阵的基本概念

考点 1 矩阵的概念

定义：由 $m\times n$ 个数 $a_{ij}(i=1,2,\cdots,m;j=1,2,\cdots,n)$ 排成的 m 行 n 列的数表称为 m 行 n 列矩阵，简称 $m\times n$ 矩阵，记作 $\boldsymbol{A}=\begin{pmatrix} a_{11} & a_{12} & \cdots & a_{1n} \\ a_{21} & a_{22} & \cdots & a_{2n} \\ \vdots & \vdots & & \vdots \\ a_{m1} & a_{m2} & \cdots & a_{mn} \end{pmatrix}$。

方阵：行数与列数都等于 n 的矩阵称为 n 阶矩阵或 n 阶方阵。

易混点辨析

矩阵是由数构成的一种数表，而行列式是按一定的运算法则所确定的一个数，数表与数是两个不同的概念。要理解矩阵的概念，注意矩阵与行列式的联系与区别，二者不要混淆。当 $\boldsymbol{A}\neq\boldsymbol{B}$ 时，$|\boldsymbol{A}|$ 与 $|\boldsymbol{B}|$ 可能相等也可能不等，由 $\boldsymbol{A}\neq\boldsymbol{B}\nRightarrow|\boldsymbol{A}|\neq|\boldsymbol{B}|$。

矩阵类型	定义
同型矩阵	行数、列数相等的矩阵
相等矩阵	对应元素相等的同型矩阵
零矩阵	元素全为 0 的矩阵，记为 $\boldsymbol{O}$；不同阶数的零矩阵是不相等的
下(上)三角矩阵	一个主对角线上(下)方的所有元素均为 0 的方阵(n 阶方阵中，从左上角到右下角的主对角连线叫作主对角线，在主对角线上的元素，称为主对角元素)
单位矩阵	主对角线上的元素全是 1，其余元素全是 0 的 $n\times n$ 矩阵，记为 $\boldsymbol{E}_n$ 或 $\boldsymbol{E}=\begin{pmatrix} 1 & 0 & \cdots & 0 \\ 0 & 1 & \cdots & 0 \\ \vdots & \vdots & & \vdots \\ 0 & 0 & \cdots & 1 \end{pmatrix}$

续表

矩阵类型	定义
对角矩阵	形如$\begin{pmatrix} a_{11} & 0 & \cdots & 0 \\ 0 & a_{22} & \cdots & 0 \\ \vdots & \vdots & & \vdots \\ 0 & 0 & \cdots & a_{nn} \end{pmatrix}$($a_{nn}$不全为零)的方阵,称为对角矩阵(或对角阵)

考点2 矩阵的秩 【单选】 ★★

1. 定义

设在矩阵 $\boldsymbol{A}$ 中有一个不等于 0 的 r 阶子式 D,且所有 $r+1$ 阶子式(如果有的话)全等于 0,那么 D 称为矩阵 $\boldsymbol{A}$ 的最高阶非零子式,数 r 称为矩阵 $\boldsymbol{A}$ 的秩,记作 $\mathrm{r}(\boldsymbol{A})=r$。

矩阵行向量组的秩叫作矩阵的行秩;矩阵列向量组的秩叫作矩阵的列秩。矩阵的行秩等于列秩等于矩阵的秩。

2. 矩阵的秩的有关结论

(1)对矩阵 $\boldsymbol{A}_{m\times n}$,有当 $\mathrm{r}(\boldsymbol{A})=m$ 时,$\boldsymbol{A}$ 的行向量组线性无关,且称矩阵 $\boldsymbol{A}$ 为行满秩矩阵;

当 $\mathrm{r}(\boldsymbol{A})=n$ 时,$\boldsymbol{A}$ 的列向量组线性无关,且称矩阵 $\boldsymbol{A}$ 为列满秩矩阵。

(2)矩阵的初等变换不改变矩阵的秩,且不改变其行(列)向量间的线性关系。

(3)求矩阵的秩可转化为求矩阵的行(列)向量组的秩,从而可转化为求初等矩阵的秩。

求矩阵秩的方法:定义法;初等变换法;利用向量组求秩。

规定零矩阵的秩等于 0。

定理:$n\times n$ 矩阵 $\boldsymbol{A}$ 的行列式为零的充要条件是 $\boldsymbol{A}$ 的秩小于 n。

若$|\boldsymbol{A}|\neq 0$,则 $n\times n$ 矩阵 $\boldsymbol{A}$ 称为非退化的;否则称为退化的。

定理:矩阵乘积的秩不超过其因子的秩,即秩$(\boldsymbol{AB})\leqslant\min[$秩$(\boldsymbol{A})$,秩$(\boldsymbol{B})]$。

考点3 特殊矩阵 【填空】 ★★

1. 重要矩阵

	定义	运算性质
转置矩阵	将矩阵 $\boldsymbol{A}$ 的行列互换,得到 $\boldsymbol{A}$ 的转置矩阵,即 $\boldsymbol{A}^{\mathrm{T}}=\begin{pmatrix} a_{11} & a_{21} & \cdots & a_{m1} \\ a_{12} & a_{22} & \cdots & a_{m2} \\ \vdots & \vdots & & \vdots \\ a_{1n} & a_{2n} & \cdots & a_{mn} \end{pmatrix}$	$(\boldsymbol{A}^{\mathrm{T}})^{\mathrm{T}}=\boldsymbol{A}$; $(\boldsymbol{A}+\boldsymbol{B})^{\mathrm{T}}=\boldsymbol{A}^{\mathrm{T}}+\boldsymbol{B}^{\mathrm{T}}$; $(k\boldsymbol{A})^{\mathrm{T}}=k\boldsymbol{A}^{\mathrm{T}}$; $(\boldsymbol{AB})^{\mathrm{T}}=\boldsymbol{B}^{\mathrm{T}}\boldsymbol{A}^{\mathrm{T}}$; $\lvert\boldsymbol{A}\rvert=\lvert\boldsymbol{A}^{\mathrm{T}}\rvert$

	定义	运算性质
逆矩阵	对于 n 阶方阵 $\boldsymbol{A}$，如果存在 n 阶方阵 $\boldsymbol{B}$，使得 $\boldsymbol{AB}=\boldsymbol{BA}=\boldsymbol{E}$，则称 $\boldsymbol{B}$ 是 $\boldsymbol{A}$ 的逆矩阵（简称 $\boldsymbol{A}$ 的逆），记作 $\boldsymbol{A}^{-1}$，并称 $\boldsymbol{A}$ 可逆	$(\boldsymbol{A}^{-1})^{-1}=\boldsymbol{A}$；$(k\boldsymbol{A})^{-1}=\frac{1}{k}\boldsymbol{A}^{-1}\ (k\neq0)$；$(\boldsymbol{AB})^{-1}=\boldsymbol{B}^{-1}\boldsymbol{A}^{-1}$；$(\boldsymbol{A}^{\mathrm{T}})^{-1}=(\boldsymbol{A}^{-1})^{\mathrm{T}}$；$\lvert\boldsymbol{A}^{-1}\rvert=\frac{1}{\lvert\boldsymbol{A}\rvert}$
伴随矩阵	以 $\boldsymbol{A}$ 的各元素 a_{ij} 的代数余子式 A_{ij} 替换 $\boldsymbol{A}$ 中各元素 a_{ij} 后得到方阵的伴随矩阵 $\boldsymbol{A}^*=\begin{pmatrix}A_{11}&A_{21}&\cdots&A_{n1}\\A_{12}&A_{22}&\cdots&A_{n2}\\\vdots&\vdots&&\vdots\\A_{1n}&A_{2n}&\cdots&A_{nn}\end{pmatrix}$	①$\boldsymbol{AA}^*=\boldsymbol{A}^*\boldsymbol{A}=\lvert\boldsymbol{A}\rvert\boldsymbol{E}$；$\lvert\boldsymbol{A}^*\rvert=\lvert\boldsymbol{A}\rvert^{n-1}$； ②若 $\lvert\boldsymbol{A}\rvert\neq0$，则矩阵 $\boldsymbol{A}$ 可逆，且 $\boldsymbol{A}^{-1}=\frac{\boldsymbol{A}^*}{\lvert\boldsymbol{A}\rvert}$；$(\boldsymbol{A}^*)^{-1}=\frac{\boldsymbol{A}}{\lvert\boldsymbol{A}\rvert}$

真题面对面

1. [2019 湖北，填空，3 分] 设 $\boldsymbol{A}$ 为 n 阶方阵，$\boldsymbol{A}^*$ 为 $\boldsymbol{A}$ 的伴随矩阵，且 $\lvert\boldsymbol{A}\rvert\neq0$，则 $\lvert\boldsymbol{A}^{-1}-\boldsymbol{A}^*\rvert=$________。

答案：$\frac{(1-\lvert\boldsymbol{A}\rvert)^n}{\lvert\boldsymbol{A}\rvert}$。$\because\ \boldsymbol{A}^*=\lvert\boldsymbol{A}\rvert\boldsymbol{A}^{-1}$，$\therefore\ \lvert\boldsymbol{A}^{-1}-\boldsymbol{A}^*\rvert=\lvert\boldsymbol{A}^{-1}-\lvert\boldsymbol{A}\rvert\boldsymbol{A}^{-1}\rvert=\lvert(1-\lvert\boldsymbol{A}\rvert)\boldsymbol{A}^{-1}\rvert=(1-\lvert\boldsymbol{A}\rvert)^n\lvert\boldsymbol{A}^{-1}\rvert=\frac{(1-\lvert\boldsymbol{A}\rvert)^n}{\lvert\boldsymbol{A}\rvert}$。

2. [2018 湖北，填空，3 分] 设 $\boldsymbol{A},\boldsymbol{B}$ 为 3 阶方阵，且 $\lvert\boldsymbol{A}\rvert=-1$，$\lvert\boldsymbol{B}\rvert=2$，则 $\lvert-2(\boldsymbol{AB})^{-1}\rvert=$________。

答案：4。由 $(\boldsymbol{AB})^{-1}=\boldsymbol{B}^{-1}\boldsymbol{A}^{-1}$，$\lvert\boldsymbol{A}^{-1}\rvert=\frac{1}{\lvert\boldsymbol{A}\rvert}=-1$，$\lvert\boldsymbol{B}^{-1}\rvert=\frac{1}{\lvert\boldsymbol{B}\rvert}=\frac{1}{2}$，可知 $\lvert-2(\boldsymbol{AB})^{-1}\rvert=(-2)^3\cdot\lvert\boldsymbol{B}^{-1}\rvert\lvert\boldsymbol{A}^{-1}\rvert=-8\times(-1)\times\frac{1}{2}=4$。

2. 其他矩阵

(1) 正交矩阵

$\boldsymbol{A}$ 为 n 阶矩阵，若 $\boldsymbol{AA}^{\mathrm{T}}=\boldsymbol{E}$ 或者 $\boldsymbol{A}^{\mathrm{T}}\boldsymbol{A}=\boldsymbol{E}$（$\boldsymbol{E}$ 为单位矩阵），即 $\boldsymbol{A}^{\mathrm{T}}=\boldsymbol{A}^{-1}$，则称 $\boldsymbol{A}$ 是正交矩阵。

(2) 对称与反对称矩阵

对于 n 阶方阵 $\boldsymbol{A}$，若 $\boldsymbol{A}^{\mathrm{T}}=\boldsymbol{A}$，则称 $\boldsymbol{A}$ 是对称矩阵；若 $\boldsymbol{A}^{\mathrm{T}}=-\boldsymbol{A}$，则称 $\boldsymbol{A}$ 是反对称矩阵。

(3) 相似矩阵

设 $\boldsymbol{A},\boldsymbol{B}$ 为 n 阶矩阵，如果存在 n 阶可逆矩阵 $\boldsymbol{P}$，使得 $\boldsymbol{B}=\boldsymbol{P}^{-1}\boldsymbol{AP}$ 成立，则称矩阵 $\boldsymbol{A}$ 与 $\boldsymbol{B}$ 相似，记作 $\boldsymbol{A}\sim\boldsymbol{B}$。相似矩阵具有相同的秩。

真题面对面

[2019 山东潍坊诸城,单,3 分]设矩阵 $\boldsymbol{A}_1=\begin{pmatrix}1&0&0\\0&1&0\\0&1&1\end{pmatrix}$,$\boldsymbol{A}_2=\begin{pmatrix}1&1&0\\0&1&1\\0&1&1\end{pmatrix}$,$\boldsymbol{A}_3=\begin{pmatrix}1&0&0\\1&1&0\\0&0&1\end{pmatrix}$,下列结论正确的是(　　)

A. $\boldsymbol{A}_1$ 与 $\boldsymbol{A}_2$ 相似　　　B. $\boldsymbol{A}_1$ 与 $\boldsymbol{A}_3$ 相似

C. $\boldsymbol{A}_2$ 与 $\boldsymbol{A}_3$ 相似

答案:B。相似矩阵有相同的秩,因为 $r(\boldsymbol{A}_1)=r(\boldsymbol{A}_3)=3$,$r(\boldsymbol{A}_2)=2$,所以 $\boldsymbol{A}_2$ 不可能与 $\boldsymbol{A}_1$,$\boldsymbol{A}_3$ 相似。故选 B。

二、矩阵的运算 【单选】 ★★

考点 1 矩阵的加法

设两个 $s\times n$ 矩阵 $\boldsymbol{A}=(a_{ij})$ 和 $\boldsymbol{B}=(b_{ij})$,那么矩阵 $\boldsymbol{A}$ 与 $\boldsymbol{B}$ 的和记作 $\boldsymbol{A}+\boldsymbol{B}$,规定

$$\boldsymbol{A}+\boldsymbol{B}=\begin{pmatrix}a_{11}+b_{11}&a_{12}+b_{12}&\cdots&a_{1n}+b_{1n}\\a_{21}+b_{21}&a_{22}+b_{22}&\cdots&a_{2n}+b_{2n}\\\vdots&\vdots&&\vdots\\a_{s1}+b_{s1}&a_{s2}+b_{s2}&\cdots&a_{sn}+b_{sn}\end{pmatrix}。$$

注:只有当两个矩阵是同型矩阵,即行数、列数相同时,这两个矩阵才可以进行加法运算。(减法类似)

考点 2 矩阵的数量乘法

数乘矩阵就是把矩阵的每个元素都乘上这个数,即

$$\boldsymbol{A}=\begin{pmatrix}a_{11}&a_{12}&\cdots&a_{1n}\\a_{21}&a_{22}&\cdots&a_{2n}\\\vdots&\vdots&&\vdots\\a_{s1}&a_{s2}&\cdots&a_{sn}\end{pmatrix},\text{则 } k\boldsymbol{A}=\begin{pmatrix}ka_{11}&ka_{12}&\cdots&ka_{1n}\\ka_{21}&ka_{22}&\cdots&ka_{2n}\\\vdots&\vdots&&\vdots\\ka_{s1}&ka_{s2}&\cdots&ka_{sn}\end{pmatrix}。$$

注:行列式与矩阵都满足数乘运算,数乘行列式是行列式的某一行或某一列元素乘以这个数,数乘矩阵是把矩阵的每个元素都乘这个数。

考点 3 矩阵的乘法

设 $\boldsymbol{A}=(a_{ij})$ 是一个 $m\times s$ 矩阵,$\boldsymbol{B}=(b_{ij})$ 是一个 $s\times n$ 矩阵。那么规定矩阵 $\boldsymbol{A}$ 与矩阵 $\boldsymbol{B}$ 的乘积是一个 $m\times n$ 矩阵,$\boldsymbol{C}=\boldsymbol{A}\cdot\boldsymbol{B}=(c_{ij})$,其中 $c_{ij}=a_{i1}b_{1j}+a_{i2}b_{2j}+\cdots+a_{is}b_{sj}=\sum\limits_{k=1}^{s}a_{ik}b_{kj}(i=1,2,\cdots,m;j=1,2,\cdots,n)$。

注:只有当第一个矩阵(左矩阵)的列数等于第二个矩阵(右矩阵)的行数时,两个矩阵才能相乘。

①矩阵的乘法适合结合律:$(\boldsymbol{AB})\boldsymbol{C}=\boldsymbol{A}(\boldsymbol{BC})$。

第二部分

②矩阵的乘法和加法适合分配律：$A(B+C)=AB+AC,(B+C)A=BA+CA$。

③矩阵的乘法不适合交换律：$AB\neq BA$。

考点 4 矩阵的幂

设 A 是 n 阶方阵，$A^1=A,A^2=A^1A^1,\cdots,A^{k+1}=A^kA^1$，$A^k$ 表示 k 个 A 相乘，$A^kA^l=A^{k+l},(A^k)^l=A^{kl}$，其中 k,l 为正整数。

注：只有方阵的幂才有意义。

真题面对面

[2019 湖北，单，3 分]设矩阵 $A=\begin{pmatrix}1&0&1\\0&1&0\\0&0&1\end{pmatrix}$，$n$ 是大于 1 的整数，则 $A^n=$(　　)

A. $\begin{pmatrix}n&0&n\\0&n&0\\0&0&n\end{pmatrix}$　　B. $\begin{pmatrix}n&0&n\\0&n&0\\0&0&1\end{pmatrix}$

C. $\begin{pmatrix}n&0&n\\0&1&0\\0&0&1\end{pmatrix}$　　D. $\begin{pmatrix}1&0&n\\0&1&0\\0&0&1\end{pmatrix}$

答案：D。矩阵 $A=\begin{pmatrix}1&0&1\\0&1&0\\0&0&1\end{pmatrix}$，则 $A^2=\begin{pmatrix}1&0&1\\0&1&0\\0&0&1\end{pmatrix}\begin{pmatrix}1&0&1\\0&1&0\\0&0&1\end{pmatrix}=\begin{pmatrix}1&0&2\\0&1&0\\0&0&1\end{pmatrix}$，$A^3=\begin{pmatrix}1&0&2\\0&1&0\\0&0&1\end{pmatrix}\begin{pmatrix}1&0&1\\0&1&0\\0&0&1\end{pmatrix}=\begin{pmatrix}1&0&3\\0&1&0\\0&0&1\end{pmatrix}$，$\cdots$，$A^n=\begin{pmatrix}1&0&n\\0&1&0\\0&0&1\end{pmatrix}$。

考点 5 矩阵乘积的行列式

设 A,B 都是 n 阶方阵，则 $|AB|=|A|\cdot|B|$，即矩阵乘积的行列式等于它的因子的行列式的乘积。

考点 6 矩阵的可交换

两个 n 阶方阵 A,B，若满足 $AB=BA$，则称这两个方阵是可交换的。

三、矩阵的初等变换 【单选、填空】 ★★★

矩阵的初等行变换是指下列三种变换：

(1)以一个非零的数乘矩阵的一行；

(2)把矩阵的某一行的 c 倍加到另一行，这里 c 是任意一个常数；

(3)互换矩阵中两行的位置。

将上面的“行”换成“列”，即得到矩阵的初等列变换，矩阵的初等行变换与初等列变换，统称为矩阵的初等变换。

注：①如果矩阵 $\boldsymbol{A}$ 经过有限次初等变换变成矩阵 $\boldsymbol{B}$，就称矩阵 $\boldsymbol{A}$ 与矩阵 $\boldsymbol{B}$ 等价，记作 $\boldsymbol{A}\backsim\boldsymbol{B}$。

②设 $\boldsymbol{A}$ 是一个 $m\times n$ 矩阵，则对 $\boldsymbol{A}$ 施行一次初等行变换，就相当于在 $\boldsymbol{A}$ 的左边乘上一个相应的 m 阶初等方阵；对 $\boldsymbol{A}$ 施行一次初等列变换，就相当于在 $\boldsymbol{A}$ 的右边乘上一个相应的 n 阶初等方阵。

③单位矩阵经过一次初等变换所得到的矩阵称为初等矩阵。

考法大揭秘

矩阵的初等变换的应用

(1)求矩阵的秩

$\boldsymbol{A}\xrightarrow{\text{初等行变换}}\boldsymbol{B}$(行阶梯形)，则矩阵 $\boldsymbol{B}$ 的非零行的行数即为矩阵 $\boldsymbol{A}$ 的秩。

(2)求逆矩阵

$(\boldsymbol{A}\quad\boldsymbol{E})\xrightarrow{\text{初等行变换}}(\boldsymbol{E}\quad\boldsymbol{A}^{-1})$；$\begin{pmatrix}\boldsymbol{A}\\\boldsymbol{E}\end{pmatrix}\xrightarrow{\text{初等列变换}}\begin{pmatrix}\boldsymbol{E}\\\boldsymbol{A}^{-1}\end{pmatrix}$。

求矩阵的逆的方法还有以下两种：

①定义法，找出 $\boldsymbol{B}$ 使 $\boldsymbol{AB}=\boldsymbol{E}$ 或 $\boldsymbol{BA}=\boldsymbol{E}$；②伴随矩阵法，$\boldsymbol{A}^{-1}=\frac{1}{|\boldsymbol{A}|}\boldsymbol{A}^{*}$。

(3)解矩阵方程

若 $\boldsymbol{AX}=\boldsymbol{B}$，且矩阵 $\boldsymbol{A}$ 可逆，$(\boldsymbol{A}\quad\boldsymbol{B})\xrightarrow{\text{初等行变换}}(\boldsymbol{E}\quad\boldsymbol{C})$，则 $\boldsymbol{X}=\boldsymbol{C}=\boldsymbol{A}^{-1}\boldsymbol{B}$。

真题面对面

1. [2019 山东潍坊诸城，填空，3 分]矩阵$\begin{pmatrix}1&2&6\\0&3&5\\0&0&4\end{pmatrix}\begin{pmatrix}1&1&1\\-1&2&3\\0&3&4\end{pmatrix}$的秩为________。

答案：2。因为$\begin{pmatrix}1&2&6\\0&3&5\\0&0&4\end{pmatrix}$是满秩矩阵，所以$\begin{pmatrix}1&2&6\\0&3&5\\0&0&4\end{pmatrix}\begin{pmatrix}1&1&1\\-1&2&3\\0&3&4\end{pmatrix}$的秩等于$\begin{pmatrix}1&1&1\\-1&2&3\\0&3&4\end{pmatrix}$的秩。对$\begin{pmatrix}1&1&1\\-1&2&3\\0&3&4\end{pmatrix}$进行初等变换，$\begin{pmatrix}1&1&1\\-1&2&3\\0&3&4\end{pmatrix}\to\begin{pmatrix}1&1&1\\0&3&4\\0&3&4\end{pmatrix}\to\begin{pmatrix}1&1&1\\0&3&4\\0&0&0\end{pmatrix}$，则其秩为 2。

第二部分

2. [2018 湖北,单,3 分]设矩阵 $\boldsymbol{A}=\begin{pmatrix}a_{11}&a_{12}&a_{13}\\a_{21}&a_{22}&a_{23}\\a_{31}&a_{32}&a_{33}\end{pmatrix}$,$\boldsymbol{B}=\begin{pmatrix}a_{12}&a_{11}&a_{13}+a_{11}\\a_{22}&a_{21}&a_{23}+a_{21}\\a_{32}&a_{31}&a_{33}+a_{31}\end{pmatrix}$,$\boldsymbol{P}_1=\begin{pmatrix}1&0&1\\0&1&0\\0&0&1\end{pmatrix}$,$\boldsymbol{P}_2=\begin{pmatrix}0&1&0\\1&0&0\\0&0&1\end{pmatrix}$,则(　　)

A. $\boldsymbol{B}=\boldsymbol{A}\boldsymbol{P}_1\boldsymbol{P}_2$

B. $\boldsymbol{B}=\boldsymbol{A}\boldsymbol{P}_2\boldsymbol{P}_1$

C. $\boldsymbol{B}=\boldsymbol{P}_2\boldsymbol{P}_1\boldsymbol{A}$

D. $\boldsymbol{B}=\boldsymbol{P}_1\boldsymbol{P}_2\boldsymbol{A}$

答案:A。由题意知,$\boldsymbol{B}=\boldsymbol{A}\begin{pmatrix}0&1&1\\1&0&0\\0&0&1\end{pmatrix}$,又 $\boldsymbol{P}_1\boldsymbol{P}_2=\begin{pmatrix}1&0&1\\0&1&0\\0&0&1\end{pmatrix}\begin{pmatrix}0&1&0\\1&0&0\\0&0&1\end{pmatrix}=\begin{pmatrix}0&1&1\\1&0&0\\0&0&1\end{pmatrix}$,所以 $\boldsymbol{B}=\boldsymbol{A}\boldsymbol{P}_1\boldsymbol{P}_2$。

第三节　线性方程组

一、向量及其线性关系

考点 1　n 维向量的概念与运算

1. n 维向量的概念

名称	定义
n 维向量	n 个数 $a_1,a_2,\cdots,a_n$ 构成的有序数组称为 n 维向量,记作 $(a_1,a_2,\cdots,a_n)$ 或 $(a_1,a_2,\cdots,a_n)^{\mathrm{T}}$,分别称为 n 维行向量或 n 维列向量,也即 $1\times n$ 或 $n\times 1$ 矩阵,数 a_i 称为向量的第 i 个分量
相等向量	如果 n 维向量 $\boldsymbol{\alpha}=(a_1,a_2,\cdots,a_n)$,$\boldsymbol{\beta}=(b_1,b_2,\cdots,b_n)$ 的对应分量都相等,即 $a_i=b_i(i=1,2,\cdots,n)$,就称这两个向量是相等的,记作 $\boldsymbol{\alpha}=\boldsymbol{\beta}$
零向量	分量全为零的向量,即 $(0,0,\cdots,0)$ 称为零向量,记为 $\mathbf{0}$
负向量	向量 $(-a_1,-a_2,\cdots,-a_n)$ 称为向量 $\boldsymbol{\alpha}=(a_1,a_2,\cdots,a_n)$ 的负向量,记为 $-\boldsymbol{\alpha}$;$\boldsymbol{\alpha}-\boldsymbol{\beta}=\boldsymbol{\alpha}+(-\boldsymbol{\beta})$

2. n 维向量的运算

(1)向量的和

向量 $\boldsymbol{\gamma}=(a_1+b_1,a_2+b_2,\cdots,a_n+b_n)$ 称为 $\boldsymbol{\alpha}=(a_1,a_2,\cdots,a_n)$ 与 $\boldsymbol{\beta}=(b_1,b_2,\cdots,b_n)$ 的和,记为 $\boldsymbol{\gamma}=\boldsymbol{\alpha}+\boldsymbol{\beta}$。

①交换律：$\boldsymbol{\alpha}+\boldsymbol{\beta}=\boldsymbol{\beta}+\boldsymbol{\alpha}$。

②结合律：$\boldsymbol{\alpha}+(\boldsymbol{\beta}+\boldsymbol{\gamma})=(\boldsymbol{\alpha}+\boldsymbol{\beta})+\boldsymbol{\gamma}$。

(2)数量乘积

设 k 为数域 P 中的数，向量$(ka_1,ka_2,\cdots,ka_n)$称为向量 $\boldsymbol{\alpha}=(a_1,a_2,\cdots,a_n)$与数 k 的数量乘积，记为 $k\boldsymbol{\alpha}$。

(3)向量的内积

$(\boldsymbol{\alpha},\boldsymbol{\beta})=a_1b_1+a_2b_2+\cdots+a_nb_n=\boldsymbol{\alpha}\boldsymbol{\beta}^{\mathrm{T}}=\boldsymbol{\beta}\boldsymbol{\alpha}^{\mathrm{T}}$。

考点 2 向量之间的关系 【单选、填空】 ★

1. 线性表出

如果有数域 P 中的数 $k_1,k_2,\cdots,k_n$，使 $\boldsymbol{\alpha}=k_1\boldsymbol{\beta}_1+k_2\boldsymbol{\beta}_2+\cdots+k_n\boldsymbol{\beta}_n$，则向量 $\boldsymbol{\alpha}$ 称为向量组 $\boldsymbol{\beta}_1,\boldsymbol{\beta}_2,\cdots,\boldsymbol{\beta}_n$ 的一个线性组合。这时也称向量 $\boldsymbol{\alpha}$ 可以由向量组 $\boldsymbol{\beta}_1,\boldsymbol{\beta}_2,\cdots,\boldsymbol{\beta}_n$ 线性表出。

如果两个向量组可互相线性表出，就称它们等价。

2. 线性关系

	定义	等价条件
线性相关	给定向量组 $\boldsymbol{A}:\boldsymbol{a}_1,\boldsymbol{a}_2,\cdots,\boldsymbol{a}_s$，如果存在不全为零的数 $k_1,k_2,\cdots,k_s$，使得 $k_1\boldsymbol{\alpha}_1+k_2\boldsymbol{\alpha}_2+\cdots+k_s\boldsymbol{\alpha}_s=\boldsymbol{0}$，则称向量组 $\boldsymbol{A}$ 是线性相关的	向量组$\boldsymbol{\alpha}_1,\boldsymbol{\alpha}_2,\cdots,\boldsymbol{\alpha}_s$ 线性相关，即 ①齐次方程组$(\boldsymbol{\alpha}_1,\boldsymbol{\alpha}_2,\cdots,\boldsymbol{\alpha}_s)\begin{pmatrix}x_1\\x_2\\\vdots\\x_s\end{pmatrix}=\boldsymbol{0}$ 有非零解； ②向量组的秩 $\mathrm{r}(\boldsymbol{\alpha}_1,\boldsymbol{\alpha}_2,\cdots,\boldsymbol{\alpha}_s)<s$(向量的个数)； ③存在某$\boldsymbol{\alpha}_i(i=1,2,\cdots,s)$可由其余 $s-1$ 个向量线性表出
线性无关	没有不全为零的数 $k_1,k_2,\cdots,k_s$，使得 $k_1\boldsymbol{\alpha}_1+k_2\boldsymbol{\alpha}_2+\cdots+k_s\boldsymbol{\alpha}_s=\boldsymbol{0}$，即一向量组 $\boldsymbol{\alpha}_1,\boldsymbol{\alpha}_2,\cdots,\boldsymbol{\alpha}_s$ 线性无关。若有 $k_1\boldsymbol{\alpha}_1+k_2\boldsymbol{\alpha}_2+\cdots+k_s\boldsymbol{\alpha}_s=\boldsymbol{0}$，可以推出 $k_1=k_2=\cdots=k_s=0$	向量组$\boldsymbol{\alpha}_1,\boldsymbol{\alpha}_2,\cdots,\boldsymbol{\alpha}_s$ 线性无关，即 ①齐次方程组$(\boldsymbol{\alpha}_1,\boldsymbol{\alpha}_2,\cdots,\boldsymbol{\alpha}_s)\begin{pmatrix}x_1\\x_2\\\vdots\\x_s\end{pmatrix}=\boldsymbol{0}$ 只有零解； ②向量组的秩 $\mathrm{r}(\boldsymbol{\alpha}_1,\boldsymbol{\alpha}_2,\cdots,\boldsymbol{\alpha}_s)=s$(向量的个数)； ③每一个向量$\boldsymbol{\alpha}_i(i=1,2,\cdots,s)$都不能由其余 $s-1$ 个向量线性表出

注：①任意一个包含零向量的向量组必线性相关。

第二部分

②若一组向量组的一部分线性相关，那么向量组就线性相关；若一向量组线性无关，那么它的任何一个非空部分向量组也线性无关。

③线性无关的向量组中定不包含成比例向量。

④任意 $n+1$ 个 n 维向量必线性相关。

⑤两个线性无关的等价向量组必含有相同个数的向量。

真题面对面

1. [2018 山西汾阳，单，4 分] 已知 $\boldsymbol{A}$ 为 n 阶矩阵，且 $|\boldsymbol{A}|=0$，则下列关于 $\boldsymbol{A}$ 叙述不正确的是( )

A. 不可逆　　B. 列向量组线性无关

C. 行向量组线性相关　　D. 秩$(\boldsymbol{A})<n$

答案：B。$|\boldsymbol{A}|=0$，矩阵 $\boldsymbol{A}$ 不可逆，矩阵 $\boldsymbol{A}$ 不是满秩矩阵，所以其行向量组、列向量组都不是线性无关向量组。

2. [2017 河南驻马店，填空，4 分] 向量 $\boldsymbol{\alpha}_1=\begin{pmatrix}1\\1\\1\end{pmatrix}$ 与向量 $\boldsymbol{\alpha}_2=\begin{pmatrix}0\\2\\5\end{pmatrix}$ 线性________。(填“相关”或者“无关”)

答案：无关。对任意 x_1,x_2，若 $x_1\boldsymbol{\alpha}_1+x_2\boldsymbol{\alpha}_2=\mathbf{0}$ 可得 $x_1\times1+x_2\times0=0$，$x_1\times1+x_2\times2=0$，推知 $x_1=0$，$x_2=0$，故两向量线性无关。

考点 3　极大线性无关组

1. 向量组的极大无关组

向量组 $\boldsymbol{\alpha}_{i_1},\boldsymbol{\alpha}_{i_2},\cdots,\boldsymbol{\alpha}_{i_r}$ 是向量组 $\boldsymbol{\alpha}_1,\boldsymbol{\alpha}_2,\cdots,\boldsymbol{\alpha}_n$ 的一个部分组$(r\leqslant n)$，若满足：①$\boldsymbol{\alpha}_{i_1},\boldsymbol{\alpha}_{i_2},\cdots,\boldsymbol{\alpha}_{i_r}$ 线性无关；②每一个 $\boldsymbol{\alpha}_j(j=1,2,\cdots,n)$ 都可由 $\boldsymbol{\alpha}_{i_1},\boldsymbol{\alpha}_{i_2},\cdots,\boldsymbol{\alpha}_{i_r}$ 线性表示，则称 $\boldsymbol{\alpha}_{i_1},\boldsymbol{\alpha}_{i_2},\cdots,\boldsymbol{\alpha}_{i_r}$ 是向量组 $\boldsymbol{\alpha}_1,\boldsymbol{\alpha}_2,\cdots,\boldsymbol{\alpha}_n$ 的一个极大无关组。

2. 向量组的秩

向量组的极大线性无关组所含向量的个数称为这个向量组的秩。

一向量组线性无关的充要条件为它的秩与它所含向量的个数相同。

等价的向量组必有相同的秩。

3. 相关结论

向一向量组的一个极大线性无关组中任意添一个向量(也属于该向量组)，所得的部分向量组都线性相关。

一个线性无关向量组的极大线性无关组就是这个向量组自身。任意一个极大线性无关组都与向量组本身等价，一向量组的任意两个极大线性无关组都是等价的。

定理：一向量组的极大线性无关组都含有相同个数的向量。

二、线性方程组及其求解 【解答】 ★★

考点 1 线性方程组的定义

定义：常数项全为 0 的线性方程组 $\begin{cases} a_{11}x_1+a_{12}x_2+\cdots+a_{1n}x_n=0, \\ a_{21}x_1+a_{22}x_2+\cdots+a_{2n}x_n=0, \\ \cdots\cdots \\ a_{s1}x_1+a_{s2}x_2+\cdots+a_{sn}x_n=0 \end{cases}$ 称为齐次线性方程组。此方程组可记为 $\boldsymbol{AX}=\boldsymbol{0}$。

定义：形如 $\begin{cases} a_{11}x_1+a_{12}x_2+\cdots+a_{1n}x_n=b_1, \\ a_{21}x_1+a_{22}x_2+\cdots+a_{2n}x_n=b_2, \\ \cdots\cdots \\ a_{s1}x_1+a_{s2}x_2+\cdots+a_{sn}x_n=b_s \end{cases}$ 的方程组，称为非齐次线性方程组。其中常数项 b_i 不全为 0 $(i=1,2,\cdots,s)$。此方程组可记为 $\boldsymbol{AX}=\boldsymbol{b}$。

齐次线性方程组 $\boldsymbol{AX}=\boldsymbol{0}$ 称为非齐次线性方程组 $\boldsymbol{AX}=\boldsymbol{b}$ 的导出组。齐次线性方程组与非齐次线性方程组统称为线性方程组。

考点 2 线性方程组解的判定

$\boldsymbol{AX}=\boldsymbol{0}$ 的系数矩阵 $\boldsymbol{A}=\begin{pmatrix} a_{11} & a_{12} & \cdots & a_{1n} \\ a_{21} & a_{22} & \cdots & a_{2n} \\ \vdots & \vdots & & \vdots \\ a_{s1} & a_{s2} & \cdots & a_{sn} \end{pmatrix}$，$\boldsymbol{AX}=\boldsymbol{b}$ 的增广矩阵 $\overline{\boldsymbol{A}}=(\boldsymbol{A},\boldsymbol{b})=\begin{pmatrix} a_{11} & a_{12} & \cdots & a_{1n} & b_1 \\ a_{21} & a_{22} & \cdots & a_{2n} & b_2 \\ \vdots & \vdots & & \vdots & \vdots \\ a_{s1} & a_{s2} & \cdots & a_{sn} & b_s \end{pmatrix}$，

则 $\boldsymbol{AX}=\boldsymbol{0}$ 与 $\boldsymbol{AX}=\boldsymbol{b}$ 解的判定如下：

$\boldsymbol{AX}=\boldsymbol{0}$	$\boldsymbol{AX}=\boldsymbol{b}$
只有零解：系数行列式 $\lvert\boldsymbol{A}\rvert\neq0\Leftrightarrow \mathrm{r}(\boldsymbol{A})=n$	无解 $\Leftrightarrow \mathrm{r}(\boldsymbol{A})\neq \mathrm{r}(\overline{\boldsymbol{A}})=\mathrm{r}(\boldsymbol{A},\boldsymbol{b})$
有非零解：系数矩阵的行列式 $\lvert\boldsymbol{A}\rvert=0\Leftrightarrow \mathrm{r}(\boldsymbol{A})=r<n$。此时 $\boldsymbol{AX}=\boldsymbol{0}$ 有 $n-r$ 个线性无关的解向量	有解 $\Leftrightarrow \mathrm{r}(\boldsymbol{A})=\mathrm{r}(\overline{\boldsymbol{A}})$： ①有唯一解 $\Leftrightarrow \mathrm{r}(\boldsymbol{A})=\mathrm{r}(\overline{\boldsymbol{A}})=n$； ②有无穷多解 $\Leftrightarrow \mathrm{r}(\boldsymbol{A})=\mathrm{r}(\overline{\boldsymbol{A}})<n$

注：$\boldsymbol{A}$ 是 n 阶可逆矩阵 $\Leftrightarrow \lvert\boldsymbol{A}\rvert\neq0\Leftrightarrow \mathrm{r}(\boldsymbol{A})=n$（$\boldsymbol{A}$ 是满秩矩阵）$\Leftrightarrow \boldsymbol{A}$ 的行（列）向量组线性无关 $\Leftrightarrow$ 齐次方程组 $\boldsymbol{AX}=\boldsymbol{0}$ 只有零解 $\Leftrightarrow \boldsymbol{AX}=\boldsymbol{b}$ 总有唯一解 $\Leftrightarrow \boldsymbol{A}$ 与 $\boldsymbol{E}$ 等价 $\Leftrightarrow \boldsymbol{A}$ 可表示成若干个初等矩阵的乘积。

真题面对面

[2021 贵州特岗,解答,3 分]当 k 取怎样的数值时,齐次线性方程组$\begin{cases}kx_1+x_2+x_3=0,\\x_1+kx_2+x_3=0,\\x_1+x_2+kx_3=0\end{cases}$有非零解?

答案:齐次线性方程组存在非零解时,当且仅当系数矩阵的秩小于未知数的个数,即该系数矩阵的秩小于3,即非满秩。该系数矩阵非满秩,当且仅当矩阵对应的行列式的的值等于0。

$$\begin{vmatrix}k&1&1\\1&k&1\\1&1&k\end{vmatrix}=(k+2)\begin{vmatrix}1&1&1\\1&k&1\\1&1&k\end{vmatrix}=(k+2)\cdot\begin{vmatrix}1&1&1\\0&k-1&0\\0&0&k-1\end{vmatrix}=(k+2)(k-1)^2=0,\text{解得}k=1\text{或}-2。$$

当 k 取1或 -2 时,齐次线性方程组$\begin{cases}kx_1+x_2+x_3=0,\\x_1+kx_2+x_3=0,\\x_1+x_2+kx_3=0\end{cases}$有非零解。

考点 3 线性方程组解的结构

1. 基础解系

齐次线性方程组的一组解 $\boldsymbol{\eta}_1,\boldsymbol{\eta}_2,\cdots,\boldsymbol{\eta}_t$ 称为齐次线性方程组的一个基础解系,如果

(1)齐次线性方程组的任一个解都能表成 $\boldsymbol{\eta}_1,\boldsymbol{\eta}_2,\cdots,\boldsymbol{\eta}_t$ 的线性组合;

(2)$\boldsymbol{\eta}_1,\boldsymbol{\eta}_2,\cdots,\boldsymbol{\eta}_t$ 线性无关。

且其基础解系可表示为 $\boldsymbol{x}=k_1\boldsymbol{\eta}_1+k_2\boldsymbol{\eta}_2+\cdots+k_t\boldsymbol{\eta}_t$,其中 $k_1,k_2,\cdots,k_t$为任意常数。

定理:在齐次线性方程组有非零解的情况下,它有基础解系,并且基础解系所含解的个数等于 $n-r$,这里 r 表示系数矩阵的秩。

任何一个线性无关的与某一个基础解系等价的向量组都是基础解系。

齐次线性方程组解的性质:两个解的和还是方程组的解;一个解的倍数还是方程组的解,即解的线性组合还是方程组的解。

2. 线性方程组与其导出组的解之间的关系

(1)线性方程组的两个解的差是它的导出组的解;

(2)线性方程组的一个解与它的导出组的一个解之和还是这个线性方程组的一个解。

定理:如果 $\boldsymbol{\gamma}_0$ 是线性方程组的一个特解,那么线性方程组的任一个解都可以表示成 $\boldsymbol{\gamma}=\boldsymbol{\gamma}_0+\boldsymbol{\eta}$,其中 $\boldsymbol{\eta}$ 是导出组的一个解。因此,对于线性方程组的任一个特解 $\boldsymbol{\gamma}_0$,当 $\boldsymbol{\eta}$ 取遍它的导出组的全部解时,$\boldsymbol{\gamma}=\boldsymbol{\gamma}_0+\boldsymbol{\eta}$就给出了线性方程组的全部解,它的通解可以表示为 $\boldsymbol{x}=\boldsymbol{\gamma}_0+k_1\boldsymbol{\eta}_1+k_2\boldsymbol{\eta}_2+\cdots+k_t\boldsymbol{\eta}_t$,其中 $k_1,k_2,\cdots,k_t$为任意常数。

推论:在线性方程组有解的条件下,解唯一的充要条件是它的导出组只有零解。

考点 4 克拉默法则 【解答】

设线性方程组$\begin{cases}a_{11}x_1+a_{12}x_2+\cdots+a_{1n}x_n=b_1,\\a_{21}x_1+a_{22}x_2+\cdots+a_{2n}x_n=b_2,\\\cdots\cdots\\a_{n1}x_1+a_{n2}x_2+\cdots+a_{nn}x_n=b_n\end{cases}$的系数行列式 $D=|\boldsymbol{A}|=\begin{vmatrix}a_{11}&a_{12}&\cdots&a_{1n}\\a_{21}&a_{22}&\cdots&a_{2n}\\\vdots&\vdots&&\vdots\\a_{n1}&a_{n2}&\cdots&a_{nn}\end{vmatrix}\neq0$，则上述线性方程组有唯一解：$x_1=\dfrac{D_1}{D},x_2=\dfrac{D_2}{D},\cdots,x_n=\dfrac{D_n}{D}$，其中 $D_j=\begin{vmatrix}a_{11}&\cdots&a_{1,j-1}&b_1&a_{1,j+1}&\cdots&a_{1n}\\a_{21}&\cdots&a_{2,j-1}&b_2&a_{2,j+1}&\cdots&a_{2n}\\\vdots&&\vdots&\vdots&\vdots&&\vdots\\a_{n1}&\cdots&a_{n,j-1}&b_n&a_{n,j+1}&\cdots&a_{nn}\end{vmatrix}$。

注：克拉默法则只能用来解方程个数与未知量个数相等且系数行列式 $D\neq0$ 的线性方程组。理论上，克拉默法则可以用来解 n 元线性方程组，但实际上，由于运算量很大，一般只有当未知量的个数 $n\leqslant4$ 时，才能运用此法则。

考点 5 线性方程组的解法

(1)对有解、无解做出判定。

(2)求解的方法及步骤：①将增广矩阵通过初等行变换化为最简阶梯形矩阵；②写出对应同解方程组；③移项，利用自由未知数表示所有未知数；④表示基础解系；⑤写出通解。

重难点解读

用一个非零的数乘某一个方程；把一个方程的倍数加到另一个方程上；互换两个方程的位置，均称为线性方程组的初等变换。

先对方程组$\begin{cases}a_{11}x_1+a_{12}x_2+\cdots+a_{1n}x_n=b_1,\\a_{21}x_1+a_{22}x_2+\cdots+a_{2n}x_n=b_2,\\\cdots\cdots\\a_{s1}x_1+a_{s2}x_2+\cdots+a_{sn}x_n=b_s\end{cases}$实施初等变换后得阶梯形方程组(消元的过程就是反复实施初等变换的过程，初等变换总是把方程组变成同解的方程组)；再找到自由未知量 $x_{r+1},x_{r+2},\cdots,x_n$，任取一组确定的值，就唯一确定 $x_1,x_2,\cdots,x_r$ 的一组值，两组值合起来也就确定了一个解，由于 $x_{r+1},x_{r+2},\cdots,x_n$ 取值是任意的，此时方程组有无穷多个解。

一般地，我们可以把 $x_1,x_2,\cdots,x_r$ 用自由未知量表示出来，这样的一组表达式称为方程组的通解。

考法大揭秘

高斯消元法解线性方程组

利用高斯消元法解线性方程组的五个具体步骤：

第一步 将增广矩阵通过初等行变换化为最简形；

第二步 还原线性方程组；

第三步 求解第一个变量；

第四步 补充自由未知量；

第五步 表示方程组通解。

[例]求解线性方程组$\begin{cases}2x_1+5x_3+6x_4=9,\\x_3+x_4=-4,\\2x_3+2x_4=-8。\end{cases}$

答案：第一步：$(\boldsymbol{A},\boldsymbol{b})=\begin{pmatrix}2&0&5&6&9\\0&0&1&1&-4\\0&0&2&2&-8\end{pmatrix}\xrightarrow{r_3-2r_2}\begin{pmatrix}2&0&5&6&9\\0&0&1&1&-4\\0&0&0&0&0\end{pmatrix}$（化为行阶梯形）

$\xrightarrow{\frac{r_1}{2}}\begin{pmatrix}1&0&2.5&3&4.5\\0&0&1&1&-4\\0&0&0&0&0\end{pmatrix}\xrightarrow{r_1-r_2\times2.5}\begin{pmatrix}1&0&0&0.5&14.5\\0&0&1&1&-4\\0&0&0&0&0\end{pmatrix}$（化为行最简形）。

第二步：还原线性方程组。

原方程组等价于$\begin{cases}x_1+0.5x_4=14.5,\\x_3+x_4=-4,\end{cases}$

第三步：求解每一个方程中的第一个变量。

$\begin{cases}x_1=-0.5x_4+14.5,\\x_3=-x_4-4,\end{cases}$

第四步：在第三步的基础上补充上自由未知量。

$\begin{cases}x_1=-0.5x_4+14.5,\\x_2=x_2,\\x_3=-x_4-4,\\x_4=x_4,\end{cases}$

第五步：表示方程组通解。

$\begin{pmatrix}x_1\\x_2\\x_3\\x_4\end{pmatrix}=\begin{pmatrix}0\\1\\0\\0\end{pmatrix}x_2+\begin{pmatrix}-0.5\\0\\-1\\1\end{pmatrix}x_4+\begin{pmatrix}14.5\\0\\-4\\0\end{pmatrix}=C_1\begin{pmatrix}0\\1\\0\\0\end{pmatrix}+C_2\begin{pmatrix}-0.5\\0\\-1\\1\end{pmatrix}+\begin{pmatrix}14.5\\0\\-4\\0\end{pmatrix}$，其中$C_1$和$C_2$是任意常数。

第四节　线性空间与变换

一、线性空间的基本概念

考点 1　线性空间的定义

设 V 是非空集合,P 是一个数域,在集合 V 的元素间定义了加法运算,即对任何 $\boldsymbol{\alpha},\boldsymbol{\beta}\in V$,存在唯一的元素 $\boldsymbol{\gamma}\in V$,使 $\boldsymbol{\alpha}+\boldsymbol{\beta}=\boldsymbol{\gamma}$;在数域 P 与集合 V 的元素间定义了数量乘法运算,即对任何 $k\in P,\boldsymbol{\alpha}\in V$,存在唯一的 $\boldsymbol{\beta}\in V$,使 $\boldsymbol{\beta}=k\boldsymbol{\alpha}$。如果两种运算满足如下运算律:

(1) $\boldsymbol{\alpha}+\boldsymbol{\beta}=\boldsymbol{\beta}+\boldsymbol{\alpha}$;$(\boldsymbol{\alpha}+\boldsymbol{\beta})+\boldsymbol{\gamma}=\boldsymbol{\alpha}+(\boldsymbol{\beta}+\boldsymbol{\gamma})$;

(2) 存在零元素 $\mathbf{0}\in V$,对一切 $\boldsymbol{\alpha}\in V$,有 $\boldsymbol{\alpha}+\mathbf{0}=\boldsymbol{\alpha}$;

(3) 对任意 $\boldsymbol{\alpha}\in V$ 存在 $\boldsymbol{\alpha}$ 的负元素 $\boldsymbol{\beta}\in V$,使 $\boldsymbol{\alpha}+\boldsymbol{\beta}=\mathbf{0}$;

(4) $1\boldsymbol{\alpha}=\boldsymbol{\alpha}$;$(kl)\boldsymbol{\alpha}=k(l\boldsymbol{\alpha})$;$(k+l)\boldsymbol{\alpha}=k\boldsymbol{\alpha}+l\boldsymbol{\alpha}$;$k(\boldsymbol{\alpha}+\boldsymbol{\beta})=k\boldsymbol{\alpha}+k\boldsymbol{\beta}$。

则称 V 是数域 P 上的线性空间。线性空间也称为向量空间,线性空间的元素称为向量。

考点 2　线性子空间　【单选】　★

1. 子空间的概念

如果线性空间 V 的一个非空集合 W 对于 V 的两种运算是封闭的,即对任意 $\boldsymbol{\alpha},\boldsymbol{\beta}\in W$ 有 $\boldsymbol{\alpha}+\boldsymbol{\beta}\in W$,对任意 $k\in P,\boldsymbol{\alpha}\in W$ 有 $k\boldsymbol{\alpha}\in W$,那么 W 就是 V 的一个子空间。

注:任一线性子空间的维数不能超过整个空间的维数。

由 V 的一组元素 $\boldsymbol{\alpha}_1,\boldsymbol{\alpha}_2,\cdots,\boldsymbol{\alpha}_s$ 的所有可能的线性组合构成的集合($\{k_1\boldsymbol{\alpha}_1+k_2\boldsymbol{\alpha}_2+\cdots+k_s\boldsymbol{\alpha}_s \mid k_1,k_2,\cdots,k_s\in P\}$)构成 V 的一个子空间,称之为由 $\boldsymbol{\alpha}_1,\boldsymbol{\alpha}_2,\cdots,\boldsymbol{\alpha}_s$ 生成的子空间,记为 $L(\boldsymbol{\alpha}_1,\boldsymbol{\alpha}_2,\cdots,\boldsymbol{\alpha}_s)$。

2. 线性子空间的有关性质

(1) $L(\boldsymbol{\alpha}_1,\boldsymbol{\alpha}_2,\cdots,\boldsymbol{\alpha}_s)$ 的维数等于向量组 $\boldsymbol{\alpha}_1,\boldsymbol{\alpha}_2,\cdots,\boldsymbol{\alpha}_s$ 的秩。

(2) 设 W_1 与 W_2 是线性空间 V 的两个子空间,则它们的交也是 V 的子空间。且 $\dim(W_1\cap W_2)=\dim W_1+\dim W_2-\dim(W_1+W_2)$。

(3) 设 W_1 与 W_2 是线性空间 V 的两个子空间,则 W_1+W_2 也是 V 的子空间。

真题面对面

[2019 山东潍坊诸城,单,3 分] $\mathbf{R}^3$ 中下列子集中不能构成的 $\mathbf{R}^3$ 子空间的是(　　)

A. $W_1=\{(x_1,x_2,x_3)\in\mathbf{R}^3 \mid x_2=1\}$　　B. $W_2=\{(x_1,x_2,x_3)\in\mathbf{R}^3 \mid x_3=0\}$

C. $W_2=\{(x_1,x_2,x_3)\in\mathbf{R}^3 \mid x_1=x_2=x_3\}$

答案:A。线性空间 V 的子集 W 如果满足线性性质,即加法和数乘封闭,则子集 W 是线性空间 V 的子空间。容易判断 A 项中,子集 W_1 中的向量不满足线性性质,如 $\boldsymbol{\alpha}=(0,1,0),\boldsymbol{\beta}=(1,1,0),\boldsymbol{\alpha}+\boldsymbol{\beta}=(1,2,0)\notin W_1,2\boldsymbol{\alpha}=(0,2,0)\notin W_1$,对加法和数乘不封闭。经验证,B、C 两项中的子集都满足线性性质,能构成 $\mathbf{R}^3$ 的子空间。故选 A。

考点 3 线性空间同构

定义：设 V_1, V_2 是数域 F 上的两个线性空间，如果从 V_1 到 V_2 有一个映射 $f: V_1 \to V_2$，满足：

(1) f 是从 V_1 到 V_2 上的一一映射；

(2) 对任意的 $\boldsymbol{\alpha}, \boldsymbol{\beta} \in V_1$，有 $f(\boldsymbol{\alpha}+\boldsymbol{\beta}) = f(\boldsymbol{\alpha}) + f(\boldsymbol{\beta})$；

(3) 对任意的 $\boldsymbol{\alpha} \in V, \lambda \in F$，有 $f(\lambda\boldsymbol{\alpha}) = \lambda f(\boldsymbol{\alpha})$。

那么，f 是从 V_1 到 V_2 上的同构映射。如果两个线性空间之间存在一个同构映射，就称这两个线性空间同构。

数域 F 上两个有限维线性空间同构的充要条件是它们有相同的维数。

二、维数、基与坐标

考点 1 维数

如果在线性空间 V 中有 n 个线性无关的向量，但是没有更多数目的线性无关的向量，那么 V 就称为 n 维的线性空间，n 称为线性空间的维数，V 的维数记为 $\dim(V)$。

考点 2 基与坐标 【解答】

1. 基

设 V 是数域 P 上的线性空间，$\boldsymbol{x}_1, \boldsymbol{x}_2, \cdots, \boldsymbol{x}_r (r \geqslant 1)$ 是属于 V 的 r 个任意元素，如果它满足：

①$\boldsymbol{x}_1, \boldsymbol{x}_2, \cdots, \boldsymbol{x}_r$ 线性无关；

②V 中任一向量 $\boldsymbol{x}$ 均可由 $\boldsymbol{x}_1, \boldsymbol{x}_2, \cdots, \boldsymbol{x}_r$ 线性表出，

则称 $\boldsymbol{x}_1, \boldsymbol{x}_2, \cdots, \boldsymbol{x}_r$ 为 V 的一个基，并称 $\boldsymbol{x}_1, \boldsymbol{x}_2, \cdots, \boldsymbol{x}_r$ 为该基的基元素。

基是 V 中最大线性无关组；V 的维数是基中所含元素的个数。一个线性空间的基是不唯一的，但不同的基所含元素个数相等。

2. 基的坐标

如果在 n 维线性空间 V 中，n 个线性无关的向量 $\boldsymbol{\varepsilon}_1, \boldsymbol{\varepsilon}_2, \cdots, \boldsymbol{\varepsilon}_n$ 称为 V 的一组基。设 $\boldsymbol{\alpha} \in V$，则存在唯一的一组数 $a_1, a_2, \cdots, a_n$ 使 $\boldsymbol{\alpha} = a_1\boldsymbol{\varepsilon}_1 + a_2\boldsymbol{\varepsilon}_2 + \cdots + a_n\boldsymbol{\varepsilon}_n$，称 $(a_1, a_2, \cdots, a_n)$ 是 $\boldsymbol{\alpha}$ 在基 $\boldsymbol{\varepsilon}_1, \boldsymbol{\varepsilon}_2, \cdots, \boldsymbol{\varepsilon}_n$ 下的坐标。

一般地，如果 $\boldsymbol{\alpha} = a_1\boldsymbol{\varepsilon}_1 + a_2\boldsymbol{\varepsilon}_2 + \cdots + a_n\boldsymbol{\varepsilon}_n$，记 $\boldsymbol{\alpha} = (\boldsymbol{\varepsilon}_1, \boldsymbol{\varepsilon}_2, \cdots, \boldsymbol{\varepsilon}_n)\begin{pmatrix} a_1 \\ a_2 \\ \vdots \\ a_n \end{pmatrix}$。

考法大揭秘

确定线性空间基的一般方法

1. 利用基的定义。

2. 维数确定基法：在已知线性空间的维数为 n 时，任意 n 个向量组成的线性无关向量组均可作线性空间的基。

3. 向量等价求基法：如果空间 V 中一向量组与 V 中一组基等价，则此向量组一定为此空间的一组基。

真题面对面

［2019 山东潍坊诸城，解答，10 分］设 $\boldsymbol{\alpha}_1=(1,2,-1,-2)^{\mathrm{T}}$，$\boldsymbol{\alpha}_2=(1,1,-1,-1)^{\mathrm{T}}$，$\boldsymbol{\alpha}_3=(-1,0,1,-1)^{\mathrm{T}}$，$\boldsymbol{\beta}_1=(2,5,-1,-5)^{\mathrm{T}}$，$\boldsymbol{\beta}_2=(2,5,1,-5)^{\mathrm{T}}$，$W_1=L(\boldsymbol{\alpha}_1,\boldsymbol{\alpha}_2,\boldsymbol{\alpha}_3)$，$W_2=L(\boldsymbol{\beta}_1,\boldsymbol{\beta}_2)$（$W_1$，$W_2$分别表示由 $\boldsymbol{\alpha}_1,\boldsymbol{\alpha}_2,\boldsymbol{\alpha}_3$ 和 $\boldsymbol{\beta}_1,\boldsymbol{\beta}_2$ 生成的线性空间）。

（1）求 $W_1\cap W_2$的维度；

（2）求 $W_1\cap W_2$的一组基。

答案：（1）由交空间的维度公式知，$\dim(W_1\cap W_2)=\dim W_1+\dim W_2-\dim(W_1+W_2)$，其中

$$\dim W_1=r(\boldsymbol{\alpha}_1,\boldsymbol{\alpha}_2,\boldsymbol{\alpha}_3)=r\begin{pmatrix}1&1&-1\\2&1&0\\-1&-1&1\\-2&-1&-1\end{pmatrix}=3,\ \dim W_2=r\begin{pmatrix}2&2\\5&5\\-1&1\\-5&-5\end{pmatrix}=2,\ \dim(W_1+W_2)=$$

$$r(\boldsymbol{\alpha}_1,\boldsymbol{\alpha}_2,\boldsymbol{\alpha}_3,\boldsymbol{\beta}_1,\boldsymbol{\beta}_1)=r\begin{pmatrix}1&1&-1&2&2\\2&1&0&5&5\\-1&-1&1&-1&1\\-2&-1&-1&-5&-5\end{pmatrix}=4,所以\dim(W_1\cap W_2)=2+3-4=1。$$

（2）由（1）知 $\dim(W_1\cap W_2)=1$，所以交空间的一组基只有一个非零向量，不妨设为 $\boldsymbol{\alpha}_0(\boldsymbol{\alpha}_0\neq 0)$，则存在一组实数 a_1,a_2,a_3,b_1,b_2，有 $a_1\boldsymbol{\alpha}_1+a_2\boldsymbol{\alpha}_2+a_3\boldsymbol{\alpha}_3=b_1\boldsymbol{\beta}_1+b_2\boldsymbol{\beta}_2=\boldsymbol{\alpha}_0$（$a_1,a_2,a_3,b_1,b_2$不全为 0），即为线性方程组 $(\boldsymbol{\alpha}_1,\boldsymbol{\alpha}_2,\boldsymbol{\alpha}_3,\boldsymbol{\beta}_1,\boldsymbol{\beta}_2)\boldsymbol{X}=\boldsymbol{0}$ 的一组非零解。计算得线性方程组的一组非零解为$(6,-2,0,-3,1)^{\mathrm{T}}$，则 $\boldsymbol{\alpha}_0=6\boldsymbol{\alpha}_1-2\boldsymbol{\alpha}_2+0\boldsymbol{\alpha}_3=3\boldsymbol{\beta}_1-\boldsymbol{\beta}_2=(4,10,-4,-10)^{\mathrm{T}}$，即为 $W_1\cap W_2$的一组基。

考点 3　正交基　【单选】★★

1. 正交的定义

内积：设 $\boldsymbol{\alpha}=\begin{pmatrix}a_1\\a_2\\\vdots\\a_n\end{pmatrix}$，$\boldsymbol{\beta}=\begin{pmatrix}b_1\\b_2\\\vdots\\b_n\end{pmatrix}$，则 $\boldsymbol{\alpha}$ 与 $\boldsymbol{\beta}$ 的内积为 $(\boldsymbol{\alpha},\boldsymbol{\beta})=\boldsymbol{\alpha}^{\mathrm{T}}\boldsymbol{\beta}=(a_1,a_2,\cdots,a_n)\begin{pmatrix}b_1\\b_2\\\vdots\\b_n\end{pmatrix}=a_1b_1+a_2b_2+\cdots+a_nb_n$。

正交：如果向量 $\boldsymbol{\alpha},\boldsymbol{\beta}$ 的内积为零，即$(\boldsymbol{\alpha},\boldsymbol{\beta})=0$，那么 $\boldsymbol{\alpha},\boldsymbol{\beta}$ 称为正交或互相垂直，记为 $\boldsymbol{\alpha}\perp\boldsymbol{\beta}$。

2. 正交基的概念

欧氏空间 V 中一组非零的向量，如果它们两两正交，就称为一正交向量组；正交向量组是线性无关的；在 n 维欧氏空间中，由 n 个向量组成的正交向量组称为正交基；由单位向量组成的正交基称为标准正交基。

对一组正交基进行单位化就得到一组标准正交基。

真题面对面

[2019 山东东营,单,2.5 分]已知单位向量$\boldsymbol{\beta}$与向量$\boldsymbol{\alpha}_1=(2,1,1)$和向量$\boldsymbol{\alpha}_2=(-1,-1,2)$都正交,向量$\boldsymbol{\beta}$为(　　)

A. $\frac{\sqrt{35}}{35}(-3,5,1)$　　B. $\pm\frac{\sqrt{35}}{35}(-3,5,1)$

C. $\pm\frac{\sqrt{35}}{35}(3,-5,1)$　　D. $\frac{\sqrt{35}}{35}(3,-5,1)$

答案:B。设单位向量$\boldsymbol{\beta}=(x,y,z)$,因为$\boldsymbol{\beta}$与$\boldsymbol{\alpha}_1$和$\boldsymbol{\alpha}_2$都正交,$|\boldsymbol{\beta}|=1$,则有$\begin{cases}2x+y+z=0,\\-x-y+2z=0,\\x^2+y^2+z^2=1,\end{cases}$解得$x=-\frac{3}{5}y,y=\pm\frac{5\sqrt{35}}{35},z=\frac{1}{5}y$,故$\boldsymbol{\beta}=\pm\frac{\sqrt{35}}{35}(-3,5,1)$。

三、矩阵与变换

考点 1　线性变换作用下的像

设$\boldsymbol{A}=\begin{pmatrix}a&b\\c&d\end{pmatrix}$,在直角坐标系$xOy$内,它所对应的线性变换为$f$,对平面上的任意一个向量$\boldsymbol{\alpha}=\begin{pmatrix}x\\y\end{pmatrix}$作变换$f$,其作用效果为$\begin{pmatrix}x'\\y'\end{pmatrix}=\begin{pmatrix}a&b\\c&d\end{pmatrix}\begin{pmatrix}x\\y\end{pmatrix}=\begin{pmatrix}ax+by\\cx+dy\end{pmatrix}$。转化为线性方程组即对应于$\begin{cases}x'=ax+by,\\y'=cx+dy,\end{cases}$若$P(x,y)$,$P'(x',y')$,则$P'(x',y')$是$P(x,y)$在这个线性变换作用下的像。

考点 2　常见的几类线性变换与其二阶矩阵

		变换	矩阵
旋转变换		$\begin{cases}x'=x\cos\alpha-y\sin\alpha,\\y'=x\sin\alpha+y\cos\alpha\end{cases}$	$\begin{pmatrix}\cos\alpha&-\sin\alpha\\\sin\alpha&\cos\alpha\end{pmatrix}$
反射变换	关于x轴	$\begin{cases}x'=x,\\y'=-y\end{cases}$	$\begin{pmatrix}1&0\\0&-1\end{pmatrix}$
	关于y轴	$\begin{cases}x'=-x,\\y'=y\end{cases}$	$\begin{pmatrix}-1&0\\0&1\end{pmatrix}$
	关于直线$y=x$	$\begin{cases}x'=y,\\y'=x\end{cases}$	$\begin{pmatrix}0&1\\1&0\end{pmatrix}$
伸缩变换		$\begin{cases}x'=k_1x,\\y'=k_2y\end{cases}$	$\begin{pmatrix}k_1&0\\0&k_2\end{pmatrix}$

续表

		变换	矩阵
投影变换	关于 x 轴	$\begin{cases}x'=x,\\y'=0\end{cases}$	$\begin{pmatrix}1&0\\0&0\end{pmatrix}$
	关于 y 轴	$\begin{cases}x'=0,\\y'=y\end{cases}$	$\begin{pmatrix}0&0\\0&1\end{pmatrix}$

考点3 线性变换

若一组变量 $y_1,y_2,\cdots,y_n$ 可由变量 $x_1,x_2,\cdots,x_n$ 线性表示，即 $\begin{cases}y_1=a_{11}x_1+a_{12}x_2+\cdots+a_{1n}x_n,\\y_2=a_{21}x_1+a_{22}x_2+\cdots+a_{2n}x_n,\\\cdots\cdots\\y_m=a_{m1}x_1+a_{m2}x_2+\cdots+a_{mn}x_n,\end{cases}$ 称这种由变量 $x_1,x_2,\cdots,x_n$ 到变量 $y_1,y_2,\cdots,y_n$ 的变换为线性变换，它的系数构成的矩阵 $(a_{ij})_{m\times n}$（称为系数矩阵）是确定的。反之，如果给出了一个矩阵是线性变换的系数矩阵，则线性变换也就确定了。从这个意义上讲，线性变换与矩阵之间存在着一一对应的关系，因此可以利用矩阵来研究线性变换。

上述线性变换对应矩阵 $\boldsymbol{A}=\begin{pmatrix}a_{11}&a_{12}&\cdots&a_{1n}\\a_{21}&a_{22}&\cdots&a_{2n}\\\vdots&\vdots&&\vdots\\a_{m1}&a_{m2}&\cdots&a_{mn}\end{pmatrix}$，由矩阵 $\boldsymbol{A}$ 可写出上述线性变换。

四、特征值与特征向量 【单选】

考点1 特征值与特征向量的定义

设 $\boldsymbol{A}$ 是 n 阶方阵，如果存在数 λ_0 和 n 维非零列向量 $\boldsymbol{\xi}$，使得 $\boldsymbol{A\xi}=\lambda_0\boldsymbol{\xi}$，则称 λ_0 是 $\boldsymbol{A}$ 的一个特征值，而 $\boldsymbol{\xi}$ 称为 $\boldsymbol{A}$ 的属于特征值 λ_0 的一个特征向量。

考点2 特征多项式和特征方程

行列式 $f(\lambda)=|\lambda\boldsymbol{E}-\boldsymbol{A}|=\begin{vmatrix}\lambda-a_{11}&-a_{12}&\cdots&-a_{1n}\\-a_{21}&\lambda-a_{22}&\cdots&-a_{2n}\\\vdots&\vdots&&\vdots\\-a_{n1}&-a_{n2}&\cdots&\lambda-a_{nn}\end{vmatrix}$ 是 λ 的 n 次多项式，称为方阵 $\boldsymbol{A}$ 的特征多项式，方程 $|\lambda\boldsymbol{E}-\boldsymbol{A}|=0$ 称为 n 阶矩阵 $\boldsymbol{A}$ 的特征方程。

第二部分

真题面对面

[2021 贵州特岗,单,3 分]矩阵 $A=\begin{pmatrix}1&1&1\\1&1&1\\1&1&1\end{pmatrix}$ 的非零特征值为(　　)

A. -1

B. 1

C. -3

D. 3

答案:D。$|\lambda E-A|=\begin{vmatrix}\lambda-1&-1&-1\\-1&\lambda-1&-1\\-1&-1&\lambda-1\end{vmatrix}=\lambda^2(\lambda-3)$,所以矩阵 A 的非零特征值为 3。

考点 3　特征值的性质

若 $A=(a_{ij})_{n\times n}$ 的特征值为 $\lambda_1,\lambda_2,\cdots,\lambda_n$,则

①$\lambda_1\lambda_2\cdots\lambda_n=|A|$;

②若 A 可逆,则 $\dfrac{1}{\lambda_i}(i=1,2,\cdots,n)$ 为 A^{-1} 的特征值;

③$\lambda_1+\lambda_2+\cdots+\lambda_n=a_{11}+a_{22}+\cdots+a_{nn}$。

考法大揭秘

特征值、特征向量的计算

(1)当 A 为具体已知方阵时,按如下方法求解:

①计算 A 的特征多项式 $f(\lambda)=|\lambda E-A|$;

②求出 $f(\lambda)=0$ 的全部根,即得 A 的所有特征值;

③对于每个特征值 λ_i,求出齐次线性方程组 $(\lambda_i E-A)=\mathbf{0}$ 的一个基础解系,设为 $\alpha_1,\alpha_2,\cdots,\alpha_s$,则 $k_1\alpha_1+k_2\alpha_2+\cdots+k_s\alpha_s(k_1,k_2,\cdots,k_s$ 不全为零)就是对应于特征值 λ_i 的所有特征向量。

(2)当 A 是抽象的方阵时,求 A 的特征值、特征向量通常需要考虑特征值、特征向量的定义或等价定义。

[例]已知矩阵 $M=\begin{pmatrix}3&-1\\-1&3\end{pmatrix}$,求 M 的特征值及属于各特征值的一个特征向量。

答案:由 $\begin{vmatrix}\lambda-3&1\\1&\lambda-3\end{vmatrix}=(\lambda-3)^2-1=0$,解得 $\lambda_1=2,\lambda_2=4$,

设矩阵 M 的特征向量为 $\begin{pmatrix}x\\y\end{pmatrix}$,

当 $\lambda_1=2$ 时，由 $M\begin{pmatrix}x\\y\end{pmatrix}=2\begin{pmatrix}x\\y\end{pmatrix}$ 可得 $\begin{cases}x-y=0,\\-x+y=0,\end{cases}$ 即 $x=y$，

则 $\boldsymbol{\alpha}_1=\begin{pmatrix}1\\1\end{pmatrix}$ 是 M 的属于 $\lambda_1=2$ 的特征向量。

当 $\lambda_2=4$ 时，由 $M\begin{pmatrix}x\\y\end{pmatrix}=4\begin{pmatrix}x\\y\end{pmatrix}$ 可得 $\begin{cases}x+y=0,\\x+y=0,\end{cases}$ 即 $x=-y$，

则 $\boldsymbol{\alpha}_2=\begin{pmatrix}1\\-1\end{pmatrix}$ 是 M 的属于 $\lambda_2=4$ 的特征向量。

五、二次型 【单选】★

考点 1 基本概念

n 个变量的二次型是它们的二次齐次多项式函数，一般形式为

$$f(x_1,x_2,\cdots,x_n)=a_{11}x_1^2+2a_{12}x_1x_2+2a_{13}x_1x_3+\cdots+2a_{1n}x_1x_n+a_{22}x_2^2+2a_{23}x_2x_3+\cdots+2a_{2n}x_2x_n+\cdots+a_{nn}x_n^2=\sum_{i=1}^{n}a_{ii}x_i^2+2\sum_{i<j}^{n}a_{ij}x_ix_j。$$

它可以用矩阵乘积的形式写出：矩阵 $A=\begin{pmatrix}a_{11}&a_{12}&\cdots&a_{1n}\\a_{21}&a_{22}&\cdots&a_{2n}\\\vdots&\vdots&&\vdots\\a_{n1}&a_{2n}&\cdots&a_{nn}\end{pmatrix}$，记 $X=(x_1,x_2,\cdots,x_n)^{\mathrm{T}}$，则 $f(x_1,x_2,\cdots,x_n)=X^{\mathrm{T}}AX$。称 A 为 $f(x_1,x_2,\cdots,x_n)$ 的矩阵，称 A 的秩为 $f(x_1,x_2,\cdots,x_n)$ 的秩。

二次型矩阵均为对称矩阵，且二次型与对称矩阵一一对应，并把矩阵 A 的秩称为二次型的秩。

实二次型：如果二次型的系数都是实数，并且变量 $x_1,x_2,\cdots,x_n$ 的变化范围也限定为实数，则称其为实二次型。

考点 2 非退化线性替换

对二次型 $f(x_1,x_2,\cdots,x_n)$ 作变量替换，引进新的变量 $y_1,y_2,\cdots,y_n$，并且把 $x_1,x_2,\cdots,x_n$ 表示为它们的齐次线性函数 $\begin{cases}x_1=c_{11}y_1+c_{12}y_2+\cdots+c_{1n}y_n,\\x_2=c_{21}y_1+c_{22}y_2+\cdots+c_{2n}y_n,\\\cdots\\x_n=c_{n1}y_1+c_{n2}y_2+\cdots+c_{nn}y_n,\end{cases}$ 代入 $f(x_1,x_2,\cdots,x_n)$ 得到关于 $y_1,y_2,\cdots,y_n$ 的二次型 $g(y_1,y_2,\cdots,y_n)$。

把上述过程称为对二次型 $f(x_1,x_2,\cdots,x_n)$ 作了线性变量替换，如果其中的系数矩阵 $C=$

$\begin{pmatrix} c_{11} & c_{12} & \cdots & c_{1n} \\ c_{21} & c_{22} & \cdots & c_{2n} \\ \vdots & \vdots & & \vdots \\ c_{n1} & c_{n2} & \cdots & c_{nn} \end{pmatrix}$是可逆矩阵,则称变量替换 $\boldsymbol{X}=\boldsymbol{CY}$ 是一个非退化线性替换。

设$f(x_1,x_2,\cdots,x_n)$的矩阵为 $\boldsymbol{A}$,则 $g(y_1,y_2,\cdots,y_n)=f(x_1,x_2,\cdots,x_n)=\boldsymbol{X}^{\mathrm{T}}\boldsymbol{AX}=\boldsymbol{Y}^{\mathrm{T}}\boldsymbol{C}^{\mathrm{T}}\boldsymbol{ACY}$。于是,$g(y_1,y_2,\cdots,y_n)$的矩阵为 $\boldsymbol{C}^{\mathrm{T}}\boldsymbol{AC}$。

考点 3 合同

定义:设 $\boldsymbol{A},\boldsymbol{B}$ 是数域 P 上的两个 $n\times n$ 矩阵,如果有数域 P 上的可逆的 $n\times n$ 矩阵 $\boldsymbol{C}$,使 $\boldsymbol{B}=\boldsymbol{C}^{\mathrm{T}}\boldsymbol{AC}$,则称矩阵 $\boldsymbol{A}$ 与 $\boldsymbol{B}$ 合同。

经过一个非退化的线性替换,新二次型的矩阵与原二次型的矩阵是合同的。

如果存在一个非退化的线性替换,使一个二次型变成另一个二次型,那么称这两个二次型等价。即可知,两个二次型等价的充要条件是它们的矩阵合同。

第二部分

考点 4 二次型的标准形与规范形

1. 二次型的标准形

(1)定义

二次型 $f(x_1,x_2,\cdots,x_n)$经过非退化的线性替换所变成的平方和 $d_1x_1^2+d_2x_2^2+\cdots+d_nx_n^2$ 称为 $f(x_1,x_2,\cdots,x_n)$的一个标准形。

由上可知,标准形二次型对应的矩阵是对角矩阵$\begin{pmatrix} d_1 & & & \\ & d_2 & & \\ & & \ddots & \\ & & & d_n \end{pmatrix}$。

定理:在数域 P 上,任意一个对称矩阵都合同于一对角矩阵。

任何二次型都可用可逆线性变量替换化为标准二次型和规范二次型。

注:等价的两个二次型的矩阵合同,所以化二次型 $f(x_1,x_2,\cdots,x_n)=\boldsymbol{X}^{\mathrm{T}}\boldsymbol{AX}$ 为标准形,就是寻找可逆矩阵 $\boldsymbol{P}$,使得 $\boldsymbol{P}^{\mathrm{T}}\boldsymbol{AP}$ 为对角矩阵。

(2)化二次型为标准形的方法

①配方法:配出完全平方式消去交叉项,即可把二次型化为标准形。

②正交变换法

对二次型的矩阵 $\boldsymbol{A}$,作正交矩阵 $\boldsymbol{Q}$,使得 $\boldsymbol{Q}^{-1}\boldsymbol{AQ}=\boldsymbol{\Lambda}$ 是对角矩阵,于是可逆线性变换 $\boldsymbol{X}=\boldsymbol{QY}$,把原二次型化为标准形。

正交变换矩阵的求法:设 $\boldsymbol{A}$ 是 n 阶实对称矩阵,

①求出 $\boldsymbol{A}$ 的全部特征值 $\lambda_1,\lambda_2,\cdots,\lambda_t$;

②对每个 $\lambda_i(i=1,2,\cdots,t)$，求出 $(\lambda_i\boldsymbol{E}-\boldsymbol{A})\boldsymbol{X}=\boldsymbol{0}$ 的一个基础解系 $\boldsymbol{\alpha}_{i1},\boldsymbol{\alpha}_{i2},\cdots,\boldsymbol{\alpha}_{is_i}$；

③将 $\boldsymbol{\alpha}_{i1},\boldsymbol{\alpha}_{i2},\cdots,\boldsymbol{\alpha}_{is_i}$ 正交化、单位化，得到单位正交向量组 $\boldsymbol{\gamma}_{i1},\boldsymbol{\gamma}_{i2},\cdots,\boldsymbol{\gamma}_{is_i}$；

④以 $\boldsymbol{\gamma}_{11},\boldsymbol{\gamma}_{12},\cdots,\boldsymbol{\gamma}_{1s_1},\boldsymbol{\gamma}_{21},\boldsymbol{\gamma}_{22},\cdots,\boldsymbol{\gamma}_{2s_2},\cdots,\boldsymbol{\gamma}_{t1},\boldsymbol{\gamma}_{t2},\cdots,\boldsymbol{\gamma}_{ts_t}$ 为列向量，构造出正交矩阵 $\boldsymbol{T}$，$\boldsymbol{T}$ 即为所求的正交变换矩阵，使 $\boldsymbol{T}^{-1}\boldsymbol{A}\boldsymbol{T}$ 为对角矩阵。

2. 二次型的规范形

设二次型 $g(y_1,y_2,\cdots,y_n)$ 是二次型 $f(x_1,x_2,\cdots,x_n)$ 的一个标准形，如果 $g(y_1,y_2,\cdots,y_n)$ 中平方项的系数仅为 1 或 -1，或 0，且系数为 1 的平方项都在前面，即 $g(y_1,y_2,\cdots,y_n)=y_1^2+y_2^2+\cdots+y_p^2-y_{p+1}^2-\cdots-y_r^2$，那么称 $g(y_1,y_2,\cdots,y_n)$ 是二次型 $f(x_1,x_2,\cdots,x_n)$ 的规范形。其中 r 等于二次型的秩。

3. 惯性定理与惯性指数

惯性定理：任意一个实二次型都可以化为规范形，且规范形唯一。

惯性指数：在实二次型 $f(x_1,x_2,\cdots,x_n)$ 的规范形中，正平方项的个数 p 称为 $f(x_1,x_2,\cdots,x_n)$ 的正惯性指数；负平方项的个数 $r-p$ 称为 $f(x_1,x_2,\cdots,x_n)$ 的负惯性指数；它们的差 $p-(r-p)=2p-r$ 称为 $f(x_1,x_2,\cdots,x_n)$ 的符号差。

两个二次型可以用可逆线性变量替换互相转化的充分必要条件为它们的正、负惯性指数都相等。（即两个实对称矩阵合同的充要条件为它们的正、负惯性指数都相等）

实对称矩阵 $\boldsymbol{A}$ 的正（负）惯性指数就是它的正、负特征值的个数。

考点 5 正定二次型和正定矩阵

1. 定义

设 $f(x_1,x_2,\cdots,x_n)$ 是一实二次型，对于任意一组不全为零的实数 $c_1,c_2,\cdots,c_n$，如果都有 $f(c_1,c_2,\cdots,c_n)>0$，那么 $f(x_1,x_2,\cdots,x_n)$ 称为正定的；如果都有 $f(c_1,c_2,\cdots,c_n)<0$，那么 $f(x_1,x_2,\cdots,x_n)$ 称为负定的；如果都有 $f(c_1,c_2,\cdots,c_n)\geqslant 0$，那么 $f(x_1,x_2,\cdots,x_n)$ 称为半正定的；如果都有 $f(c_1,c_2,\cdots,c_n)\leqslant 0$，那么 $f(x_1,x_2,\cdots,x_n)$ 称为半负定的；如果它既不是半正定的又不是半负定的，那么 $f(x_1,x_2,\cdots,x_n)$ 就称为不定的。

如果实对称矩阵 $\boldsymbol{A}$ 所决定的二次型正定，则称 $\boldsymbol{A}$ 为正定矩阵，于是 $\boldsymbol{A}$ 为正定矩阵也就是满足性质：当 $\boldsymbol{X}\neq\boldsymbol{0}$ 时，一定有 $\boldsymbol{X}^{\mathrm{T}}\boldsymbol{A}\boldsymbol{X}>0$。

2. 性质与判断

n 阶实对称矩阵 $\boldsymbol{A}$ 正定$\Leftrightarrow$合同于单位矩阵$\Leftrightarrow$存在可逆矩阵 $\boldsymbol{C}$，使得 $\boldsymbol{A}=\boldsymbol{C}^{\mathrm{T}}\boldsymbol{C}\Leftrightarrow\boldsymbol{A}$ 的正惯性指数等于其阶数 $n\Leftrightarrow\boldsymbol{A}$ 的特征值都是正数$\Leftrightarrow\boldsymbol{A}$ 的顺序主子式全大于 0。

顺序主子式：设 $\boldsymbol{A}=\begin{pmatrix}a_{11}&a_{12}&\cdots&a_{1n}\\a_{21}&a_{22}&\cdots&a_{2n}\\\vdots&\vdots&&\vdots\\a_{n1}&a_{n2}&\cdots&a_{nn}\end{pmatrix}$ 为 n 阶矩阵，其中矩阵 $\boldsymbol{A}$ 的前 k 行前 k 列所组成的 k 阶子式称

为 $\boldsymbol{A}$ 的 k 阶顺序主子式,即 $\boldsymbol{P}_k=\begin{pmatrix} a_{11} & a_{12} & \cdots & a_{1k} \\ a_{21} & a_{22} & \cdots & a_{2k} \\ \vdots & \vdots & & \vdots \\ a_{k1} & a_{k2} & \cdots & a_{kk} \end{pmatrix}(k=1,2,\cdots,n)$。

注:判定正负性的方法有顺序主子式法、特征值法、定义法。其中最常用的是顺序主子式法。

真题面对面

[2019 山东东营,单,2.5 分] $f(x_1,x_2,x_3)=2x_1^2+3x_2^2+3x_3^2+4x_2x_3$,用正交变换方法得到该二次型的标准型为( )

A. $f(y_1,y_2,y_3)=y_1^2+2y_2^2-5y_3^2$

B. $f(y_1,y_2,y_3)=y_1^2+2y_2^2+5y_3^2$

C. $f(y_1,y_2,y_3)=y_1^2-2y_2^2-5y_3^2$

D. $f(y_1,y_2,y_3)=y_1^2-2y_2^2+5y_3^2$

答案:B。二次型 $f(x_1,x_2,x_3)=2x_1^2+3x_2^2+3x_3^2+4x_2x_3$ 所对应的矩阵为 $\boldsymbol{A}=\begin{pmatrix} 2 & 0 & 0 \\ 0 & 3 & 2 \\ 0 & 2 & 3 \end{pmatrix}$,则特征方程为 $|\lambda\boldsymbol{E}-\boldsymbol{A}|=\begin{vmatrix} \lambda-2 & 0 & 0 \\ 0 & \lambda-3 & -2 \\ 0 & -2 & \lambda-3 \end{vmatrix}=(\lambda-2)[(\lambda-3)^2-4]=(\lambda-1)(\lambda-2)(\lambda-5)=0$,解得 $\lambda=1,2,5$,故二次型的标准型为 $f(y_1,y_2,y_3)=y_1^2+2y_2^2+5y_3^2$。

达标测评

建议用时	实际用时	测评总分	实际得分
50 分钟	____分钟	45 分	____分

一、单项选择题(每小题 3 分,共 12 分)

1. 行列式 $\begin{vmatrix} 0 & 1 & -1 & 1 \\ -1 & 0 & 1 & -1 \\ 1 & -1 & 0 & 1 \\ -1 & 1 & -1 & 0 \end{vmatrix}$ 第二行第一列元素的代数余子式 $\boldsymbol{A}_{21}=$( )

A. -2　　B. -1　　C. 1　　D. 2

2. 设$|A|=0$，$\boldsymbol{\alpha}_1,\boldsymbol{\alpha}_2$是线性方程组$\boldsymbol{AX}=\boldsymbol{0}$的一个基础解系，$\boldsymbol{A\alpha}_3=\boldsymbol{\alpha}_3\neq\boldsymbol{0}$，则下列向量中不是矩阵$\boldsymbol{A}$的特征向量的是(　　)

A. $3\boldsymbol{\alpha}_1+\boldsymbol{\alpha}_2$　　B. $\boldsymbol{\alpha}_1-3\boldsymbol{\alpha}_2$

C. $\boldsymbol{\alpha}_1+3\boldsymbol{\alpha}_3$　　D. $3\boldsymbol{\alpha}_3$

3. 平面上任意一点在矩阵$\begin{pmatrix}1 & 0\\ 0 & \frac{1}{5}\end{pmatrix}$的作用下(　　)

A. 横坐标不变，纵坐标伸长 5 倍　　B. 横坐标不变，纵坐标缩短到原来的$\frac{1}{5}$

C. 横坐标、纵坐标均伸长 5 倍　　D. 横坐标、纵坐标均缩短到原来的$\frac{1}{5}$

4. 设$\boldsymbol{\alpha}_1,\boldsymbol{\alpha}_2,\cdots,\boldsymbol{\alpha}_n$为$n$个$m(n>m)$维向量，则此向量组必定(　　)

A. 线性相关　　B. 线性无关

C. 含有零向量　　D. 有向量相等

二、填空题(每小题 3 分，共 9 分)

5. 已知矩阵$\boldsymbol{A}=\begin{pmatrix}1 & 2 & 3\\ 2 & 1 & 3\\ 3 & 3 & 6\end{pmatrix}$，则矩阵$\boldsymbol{A}$的特征值是________。

6. 矩阵$\boldsymbol{A}=\begin{pmatrix}1 & 2 & 3 & 4\\ -1 & -1 & -4 & -2\\ 3 & 4 & 11 & 8\end{pmatrix}$的秩等于________。

7. 向量组$\boldsymbol{\alpha}_1=(3,1,a)^{\mathrm{T}}$，$\boldsymbol{\alpha}_2=(4,a,0)^{\mathrm{T}}$，$\boldsymbol{\alpha}_3=(1,0,a)^{\mathrm{T}}$线性相关，则$a$的值为________。

三、解答题(每小题 8 分，共 24 分)

8. 设$\boldsymbol{A}=\begin{pmatrix}3 & -1 & 2 & 0\\ 1 & 5 & 7 & 9\\ 2 & 4 & 6 & 8\end{pmatrix}$，$\boldsymbol{B}=\begin{pmatrix}7 & 5 & -2 & 4\\ 5 & 1 & 9 & 7\\ 3 & 2 & -1 & 6\end{pmatrix}$，已知$\boldsymbol{A}+2\boldsymbol{X}=\boldsymbol{B}$，求$\boldsymbol{X}$。

9. 设$\boldsymbol{A}=\begin{pmatrix}1 & 0 & 1\\ 2 & 1 & 0\\ -3 & 2 & -5\end{pmatrix}$，求其逆矩阵。

10. 求非齐次线性方程组$\begin{cases}2x_1+x_2-x_3+x_4=1,\\ x_1+2x_2+x_3-x_4=2,\\ x_1+x_2+2x_3+x_4=3\end{cases}$的全部解。

第二部分

参考答案及解析

一、单项选择题

1. B　[解析] $A_{21}=(-1)^{2+1}M_{21}=-\begin{vmatrix}1&-1&1\\-1&0&1\\1&-1&0\end{vmatrix}=-\begin{vmatrix}1&-1&1\\0&-1&2\\0&0&-1\end{vmatrix}=-1$，故选B。

2. C　[解析] 因为 $\boldsymbol{\alpha}_1,\boldsymbol{\alpha}_2$ 是线性方程组 $\boldsymbol{AX}=\boldsymbol{0}$ 的一个基础解系，所以 $\boldsymbol{A\alpha}_1=\boldsymbol{A\alpha}_2=\boldsymbol{0}$。对于选项A有 $\boldsymbol{A}(3\boldsymbol{\alpha}_1+\boldsymbol{\alpha}_2)=3\boldsymbol{A\alpha}_1+\boldsymbol{A\alpha}_2=\boldsymbol{0}=0(3\boldsymbol{\alpha}_1+\boldsymbol{\alpha}_2)$，所以是矩阵 $\boldsymbol{A}$ 的特征向量；同理选项B也是矩阵 $\boldsymbol{A}$ 的特征向量；对于选项D，由于 $\boldsymbol{A\alpha}_3=\boldsymbol{\alpha}_3\neq\boldsymbol{0}$，所以 $\boldsymbol{A}(3\boldsymbol{\alpha}_3)=3\boldsymbol{A\alpha}_3=3\boldsymbol{\alpha}_3$，故D也是矩阵 $\boldsymbol{A}$ 的特征向量；至于选项C，$\boldsymbol{A}(\boldsymbol{\alpha}_1+3\boldsymbol{\alpha}_3)=\boldsymbol{A\alpha}_1+3\boldsymbol{A\alpha}_3=3\boldsymbol{\alpha}_3$ 不能写成 $m(\boldsymbol{\alpha}_1+3\boldsymbol{\alpha}_3)$ 的形式，所以C不是矩阵 $\boldsymbol{A}$ 的特征向量。

3. B　[解析] 设点的坐标为 (x,y)。在矩阵 $\begin{pmatrix}1&0\\0&\frac{1}{5}\end{pmatrix}$ 作用下，$(x,y)\begin{pmatrix}1&0\\0&\frac{1}{5}\end{pmatrix}=\left(x,\frac{1}{5}y\right)$，故点的横坐标不变，纵坐标缩短到原来的 $\frac{1}{5}$。

4. A　[解析] 由任意 $n+1$ 个 n 维向量必线性相关，可得 n 个 m 维 $(n>m)$ 向量 $\boldsymbol{\alpha}_1,\boldsymbol{\alpha}_2,\cdots,\boldsymbol{\alpha}_n$ 线性相关。故选A。

二、填空题

5. $-1,0,9$　[解析] $|\lambda\boldsymbol{E}-\boldsymbol{A}|=\begin{vmatrix}\lambda-1&-2&-3\\-2&\lambda-1&-3\\-3&-3&\lambda-6\end{vmatrix}=\begin{vmatrix}\lambda-6&\lambda-6&\lambda-12\\-2&\lambda-1&-3\\-3&-3&\lambda-6\end{vmatrix}=\begin{vmatrix}\lambda-6&0&\lambda-12\\-2&\lambda+1&-3\\-3&0&\lambda-6\end{vmatrix}=$ $(\lambda+1)\begin{vmatrix}\lambda-6&\lambda-12\\-3&\lambda-6\end{vmatrix}=\lambda(\lambda+1)(\lambda-9)=0$，故矩阵 $\boldsymbol{A}$ 的特征值有 $-1,0,9$。

6. 2　[解析] $\boldsymbol{A}$ 是非零矩阵，显然有非零的一阶子式，且二阶子式 $\begin{vmatrix}1&2\\-1&-1\end{vmatrix}>0$，而 $\boldsymbol{A}$ 的所有三阶子式都为零，故 $\mathrm{r}(\boldsymbol{A})=2$。

7. 0或2　[解析] 由向量组 $\boldsymbol{\alpha}_1=(3,1,a)^{\mathrm{T}},\boldsymbol{\alpha}_2=(4,a,0)^{\mathrm{T}},\boldsymbol{\alpha}_3=(1,0,a)^{\mathrm{T}}$ 线性相关，得 $\begin{vmatrix}3&4&1\\1&a&0\\a&0&a\end{vmatrix}=0$，解得 $a=0$ 或 $a=2$。

三、解答题

8. [解析] 将等式 $\boldsymbol{A}+2\boldsymbol{X}=\boldsymbol{B}$ 移项得 $2\boldsymbol{X}=\boldsymbol{B}-\boldsymbol{A}$，再除以2得 $\boldsymbol{X}=\frac{1}{2}(\boldsymbol{B}-\boldsymbol{A})=\frac{1}{2}\begin{pmatrix}4&6&-4&4\\4&-4&2&-2\\1&-2&-7&-2\end{pmatrix}$

$$=\begin{pmatrix}2 & 3 & -2 & 2\\ 2 & -2 & 1 & -1\\ \frac{1}{2} & -1 & -\frac{7}{2} & -1\end{pmatrix}。$$

9. [解析] $\begin{pmatrix}1 & 0 & 1 & 1 & 0 & 0\\ 2 & 1 & 0 & 0 & 1 & 0\\ -3 & 2 & -5 & 0 & 0 & 1\end{pmatrix}\to\begin{pmatrix}1 & 0 & 1 & 1 & 0 & 0\\ 0 & 1 & -2 & -2 & 1 & 0\\ 0 & 2 & -2 & 3 & 0 & 1\end{pmatrix}\to\begin{pmatrix}1 & 0 & 1 & 1 & 0 & 0\\ 0 & 1 & -2 & -2 & 1 & 0\\ 0 & 0 & 2 & 7 & -2 & 1\end{pmatrix}\to$

$\begin{pmatrix}1 & 0 & 1 & 1 & 0 & 0\\ 0 & 1 & -2 & -2 & 1 & 0\\ 0 & 0 & 1 & \frac{7}{2} & -1 & \frac{1}{2}\end{pmatrix}\to\begin{pmatrix}1 & 0 & 0 & -\frac{5}{2} & 1 & -\frac{1}{2}\\ 0 & 1 & 0 & 5 & -1 & 1\\ 0 & 0 & 1 & \frac{7}{2} & -1 & \frac{1}{2}\end{pmatrix}$，所以 $\boldsymbol{A}^{-1}=\begin{pmatrix}-\frac{5}{2} & 1 & -\frac{1}{2}\\ 5 & -1 & 1\\ \frac{7}{2} & -1 & \frac{1}{2}\end{pmatrix}$。

10. [解析] $\overline{\boldsymbol{A}}=\begin{pmatrix}2 & 1 & -1 & 1 & 1\\ 1 & 2 & 1 & -1 & 2\\ 1 & 1 & 2 & 1 & 3\end{pmatrix}\to\begin{pmatrix}1 & 2 & 1 & -1 & 2\\ 0 & -3 & -3 & 3 & -3\\ 0 & -1 & 1 & 2 & 1\end{pmatrix}\to\begin{pmatrix}1 & 2 & 1 & -1 & 2\\ 0 & -1 & 1 & 2 & 1\\ 0 & -3 & -3 & 3 & -3\end{pmatrix}\to$

$\begin{pmatrix}1 & 0 & 3 & 3 & 4\\ 0 & 1 & -1 & -2 & -1\\ 0 & 0 & -6 & -3 & -6\end{pmatrix}\to\begin{pmatrix}1 & 0 & 0 & \frac{3}{2} & 1\\ 0 & 1 & 0 & -\frac{3}{2} & 0\\ 0 & 0 & 1 & \frac{1}{2} & 1\end{pmatrix}$，可见 $r(\overline{\boldsymbol{A}})=r(\boldsymbol{A})=3<4$，所以方程组有无穷多解，其

同解方程组为 $\begin{cases}x_1=1-\frac{3}{2}x_4,\\ x_2=\frac{3}{2}x_4,\\ x_3=1-\frac{1}{2}x_4\end{cases}$ （其中 x_4 为自由未知量）。

令 $x_4=0$，可得原方程组的一个特解 $\boldsymbol{\eta}=\begin{pmatrix}1\\0\\1\\0\end{pmatrix}$，

令 $x_4=-2$，得 $x_1=3,x_2=-3,x_3=1$，于是得到导出组的一个基础解系为 $\boldsymbol{\xi}=\begin{pmatrix}3\\-3\\1\\-2\end{pmatrix}$，

所以，原方程组的通解为 $\boldsymbol{X}=\boldsymbol{\eta}+k\boldsymbol{\xi}(k\in\mathbf{R})$。

第四章　空间解析几何

思维导图

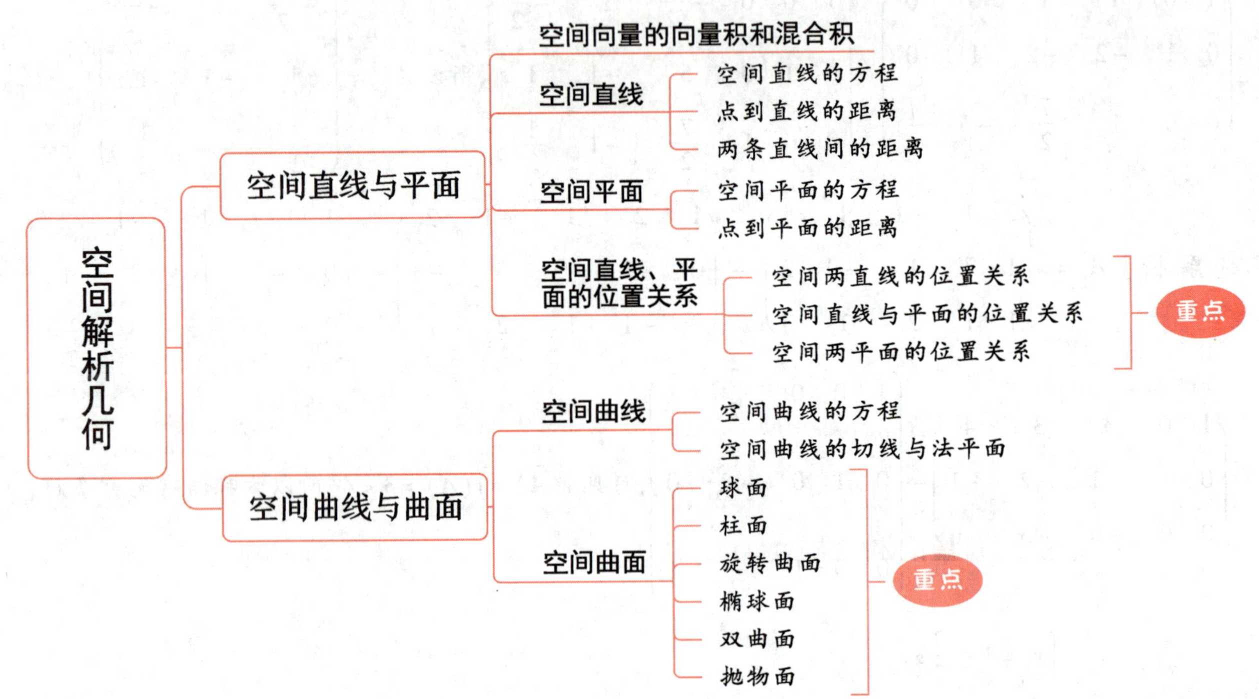

考向分析

本章考查频次相对较少，要求考生能够掌握相关公式及其计算方法，所在地区的教师招聘考试涉及到本章考点的考生要做系统地复习。现对本章考向分析如下：

高频考点	常考题型	能力要求	考查热度
空间直线、平面的位置关系	单选	掌握	★★
空间曲面	单选	识记、掌握	★
旋转曲面	单选	识记、掌握	★

核心考点

第一节　空间直线与平面

一、空间向量的向量积和混合积

考点1　空间向量的向量积

两个向量 $\boldsymbol{a}$ 与 $\boldsymbol{b}$ 的向量积（外积）是一个向量，记作 $\boldsymbol{a}\times\boldsymbol{b}$，且 $\boldsymbol{a}\times\boldsymbol{b}=\begin{vmatrix}\boldsymbol{i}&\boldsymbol{j}&\boldsymbol{k}\\a_x&a_y&a_z\\b_x&b_y&b_z\end{vmatrix}=$

$\left(\begin{vmatrix}a_y&a_z\\b_y&b_z\end{vmatrix},\begin{vmatrix}a_z&a_x\\b_z&b_x\end{vmatrix},\begin{vmatrix}a_x&a_y\\b_x&b_y\end{vmatrix}\right)$，它的模是 $|\boldsymbol{a}\times\boldsymbol{b}|=|\boldsymbol{a}||\boldsymbol{b}|\sin\langle\boldsymbol{a},\boldsymbol{b}\rangle$。

$\boldsymbol{a}\times\boldsymbol{b}$ 的模的几何意义：$\boldsymbol{a}\times\boldsymbol{b}$ 的模等于以 $\boldsymbol{a},\boldsymbol{b}$ 为邻边的平行四边形的面积。

向量积运算律：$\boldsymbol{a}\times\boldsymbol{b}=-\boldsymbol{b}\times\boldsymbol{a}$；$(\lambda\boldsymbol{a})\times\boldsymbol{b}=\boldsymbol{a}\times(\lambda\boldsymbol{b})$；$\boldsymbol{a}\times(\boldsymbol{b}+\boldsymbol{c})=\boldsymbol{a}\times\boldsymbol{b}+\boldsymbol{a}\times\boldsymbol{c}$；$\boldsymbol{a}\times(\boldsymbol{b}\times\boldsymbol{c})=\boldsymbol{b}(\boldsymbol{a}\cdot\boldsymbol{c})-\boldsymbol{c}(\boldsymbol{a}\cdot\boldsymbol{b})$。

考点2　空间向量的混合积

$(\boldsymbol{a},\boldsymbol{b},\boldsymbol{c})=(\boldsymbol{a}\times\boldsymbol{b})\cdot\boldsymbol{c}=\begin{vmatrix}a_x&a_y&a_z\\b_x&b_y&b_z\\c_x&c_y&c_z\end{vmatrix}$。

向量的混合积的几何意义：混合积 $(\boldsymbol{a},\boldsymbol{b},\boldsymbol{c})$ 的绝对值表示以 $\boldsymbol{a},\boldsymbol{b},\boldsymbol{c}$ 为棱的平行六面体的体积。

三向量共面的充要条件是 $\begin{vmatrix}a_x&a_y&a_z\\b_x&b_y&b_z\\c_x&c_y&c_z\end{vmatrix}=0$。

二、空间直线

考点1　空间直线的方程

名称	方程	常数的几何意义	注
一般式	$\begin{cases}A_1x+B_1y+C_1z+D_1=0,\\A_2x+B_2y+C_2z+D_2=0\end{cases}$	$\boldsymbol{s}=(A_1,B_1,C_1)\times(A_2,B_2,C_2)$ 为直线的方向向量	直线表示两平面的交线

第二部分

续表

名称	方程	常数的几何意义	注
对称式（点向式）	$\frac{x-x_0}{m}=\frac{y-y_0}{n}=\frac{z-z_0}{p}$	$P_0(x_0,y_0,z_0)$是直线上的点，$\boldsymbol{s}=(m,n,p)$是直线的方向向量	m,n,p不全为零，$t\in\mathbf{R}$
参数式	$\begin{cases}x=x_0+mt,\\y=y_0+nt,\ (t\text{ 为参数})\\z=z_0+pt\end{cases}$		
两点式	$\frac{x-x_1}{x_2-x_1}=\frac{y-y_1}{y_2-y_1}=\frac{z-z_1}{z_2-z_1}$	$P_1(x_1,y_1,z_1)$与$P_2(x_2,y_2,z_2)$为直线上的两点	x_2-x_1,y_2-y_1,z_2-z_1不全为零

考点 2 点到直线的距离

设给定点$P_0(x_0,y_0,z_0)$及直线l:$\frac{x-x_1}{m}=\frac{y-y_1}{n}=\frac{z-z_1}{p}$($m,n,p$不全为零)，则点$P_0$到直线$l$的距离为$d=\frac{|\overrightarrow{P_0P_1}\times\boldsymbol{s}|}{|\boldsymbol{s}|}$，其中点$P_1(x_1,y_1,z_1)$为直线上某一点，$\boldsymbol{s}=(m,n,p)$为直线的方向向量。

考点 3 两条直线间的距离

设直线l_1过点P_1，方向向量为$\boldsymbol{s}_1$，直线l_2过点P_2，方向向量为$\boldsymbol{s}_2$，且$\boldsymbol{s}_1\times\boldsymbol{s}_2\neq\mathbf{0}$，则$l_1,l_2$之间的距离为$d=\frac{|\overrightarrow{P_1P_2}\cdot(\boldsymbol{s}_1\times\boldsymbol{s}_2)|}{|\boldsymbol{s}_1\times\boldsymbol{s}_2|}$。

三、空间平面

考点 1 空间平面的方程

名称	方程	常数的几何意义	注
点法式	$A(x-x_0)+B(y-y_0)+C(z-z_0)=0$	$\boldsymbol{n}=(A,B,C)$为平面的法向量，$P_0(x_0,y_0,z_0)$是平面上一点	A,B,C不全为零
一般式	$Ax+By+Cz+D=0$	$\boldsymbol{n}=(A,B,C)$为平面的法向量	A,B,C不全为零
截距式	$\frac{x}{a}+\frac{y}{b}+\frac{z}{c}=1$	a,b,c分别为平面在x轴、y轴、z轴上的截距	不表示过原点及平行于坐标轴的平面
三点式	$\begin{vmatrix}x-x_1 & y-y_1 & z-z_1\\x_2-x_1 & y_2-y_1 & z_2-z_1\\x_3-x_1 & y_3-y_1 & z_3-z_1\end{vmatrix}=0$	点$P_1(x_1,y_1,z_1)$，$P_2(x_2,y_2,z_2)$，$P_3(x_3,y_3,z_3)$为直线上的三点	P_1,P_2,P_3三点不共线；平面的法向量为$\boldsymbol{n}=\overrightarrow{P_1P_2}\times\overrightarrow{P_1P_3}$

第二部分

考点 2 点到平面的距离

设给定的定点 $P_0(x_0,y_0,z_0)$ 及平面 $\pi:Ax+By+Cz+D=0$,则点 P_0 到平面 π 的距离 $d=\dfrac{|Ax_0+By_0+Cz_0+D|}{\sqrt{A^2+B^2+C^2}}$。

四、空间直线、平面的位置关系 【单选】 ★★

考点 1 空间两直线的位置关系

直线 $L_1:\dfrac{x-x_1}{m_1}=\dfrac{y-y_1}{n_1}=\dfrac{z-z_1}{p_1},s_1=(m_1,n_1,p_1),P_1(x_1,y_1,z_1)$ 直线 $L_2:\dfrac{x-x_2}{m_2}=\dfrac{y-y_2}{n_2}=\dfrac{z-z_2}{p_2},s_2=(m_2,n_2,p_2),P_2(x_2,y_2,z_2)$		
共面	共面的充要条件为 $\begin{vmatrix} x_2-x_1 & y_2-y_1 & z_2-z_1 \\ m_1 & n_1 & p_1 \\ m_2 & n_2 & p_2 \end{vmatrix}=0$	①平行或重合($s_1/\!/s_2$):$\dfrac{m_1}{m_2}=\dfrac{n_1}{n_2}=\dfrac{p_1}{p_2}$ ②相交:$\dfrac{m_1}{m_2},\dfrac{n_1}{n_2},\dfrac{p_1}{p_2}$不全相等 a. 垂直(正交)($s_1\perp s_2$):$m_1m_2+n_1n_2+p_1p_2=0$ b. 斜交,夹角为 φ,则 $\cos\varphi=\dfrac{\lvert m_1m_2+n_1n_2+p_1p_2\rvert}{\sqrt{m_1^2+n_1^2+p_1^2}\cdot\sqrt{m_2^2+n_2^2+p_2^2}}$
异面	两直线异面的充要条件为 $\begin{vmatrix} x_2-x_1 & y_2-y_1 & z_2-z_1 \\ m_1 & n_1 & p_1 \\ m_2 & n_2 & p_2 \end{vmatrix}\neq0$	

考点 2 空间直线与平面的位置关系

直线 $L:\dfrac{x-x_0}{m}=\dfrac{y-y_0}{n}=\dfrac{z-z_0}{p},s=(m,n,p),P_0(x_0,y_0,z_0)$ 平面 $\pi:Ax+By+Cz+D=0,n=(A,B,C)$		
斜交	$Am+Bn+Cp\neq0$, n 与 s 不垂直	①求交点:把直线方程改写成参数式,代入平面方程解出,即可求得交点坐标 ②直线与平面的夹角公式:$\sin\varphi=\dfrac{\lvert n\cdot s\rvert}{\lvert n\rvert\cdot\lvert s\rvert}=\dfrac{\lvert Am+Bn+Cp\rvert}{\sqrt{A^2+B^2+C^2}\cdot\sqrt{m^2+n^2+p^2}}$
垂直	$\dfrac{A}{m}=\dfrac{B}{n}=\dfrac{C}{p}(n/\!/s)$	
平行	$Am+Bn+Cp=0$,但 $Ax_0+By_0+Cz_0+D\neq0(n\perp s,P_0\notin\pi)$	
在平面上	$Am+Bn+Cp=0$,且 $Ax_0+By_0+Cz_0+D=0(n\perp s,P_0\in\pi)$	

考点 3 空间两平面的位置关系

<table>
<tr><td colspan="3">平面 $\pi_1: A_1x+B_1y+C_1z+D_1=0, \boldsymbol{n}_1=(A_1,B_1,C_1)$
平面 $\pi_2: A_2x+B_2y+C_2z+D_2=0, \boldsymbol{n}_2=(A_2,B_2,C_2)$</td></tr>
<tr><td>相交</td><td>$A_1:B_1:C_1\neq A_2:B_2:C_2$
($\boldsymbol{n}_1,\boldsymbol{n}_2$ 不平行)</td><td>①两平面的夹角公式：$\cos\theta=|\cos\langle\boldsymbol{n}_1,\boldsymbol{n}_2\rangle|=\frac{|\boldsymbol{n}_1\cdot\boldsymbol{n}_2|}{|\boldsymbol{n}_1|\cdot|\boldsymbol{n}_2|}=\frac{|A_1A_2+B_1B_2+C_1C_2|}{\sqrt{A_1^2+B_1^2+C_1^2}\cdot\sqrt{A_2^2+B_2^2+C_2^2}}$
②垂直条件：$A_1A_2+B_1B_2+C_1C_2=0(\boldsymbol{n}_1\perp\boldsymbol{n}_2)$</td></tr>
<tr><td>平行</td><td colspan="2">$\frac{A_1}{A_2}=\frac{B_1}{B_2}=\frac{C_1}{C_2}\neq\frac{D_1}{D_2}(\boldsymbol{n}_1/\!/\boldsymbol{n}_2)$</td></tr>
<tr><td>重合</td><td colspan="2">$\frac{A_1}{A_2}=\frac{B_1}{B_2}=\frac{C_1}{C_2}=\frac{D_1}{D_2}(\boldsymbol{n}_1/\!/\boldsymbol{n}_2)$</td></tr>
</table>

真题面对面

1. [2022 江西高中数学,单,1 分]平面 α 的法向量为 $(1,2,-2)$,平面 β 的法向量为 $(-2,-4,k)$,若平面 $\alpha/\!/\beta$,则 k 等于(　　)

A. -4

B. -2

C. 2

D. 4

答案:D。若两平面平行,则两个平面的法向量平行,所以 $\frac{1}{-2}=\frac{2}{-4}=\frac{-2}{k}$,所以 $k=4$。

2. [2021 贵州特岗,单,3 分]设直线 $L:\frac{x-1}{1}=\frac{y}{1}=\frac{z+1}{-4}$,平面 $\Pi: x-2y+2z=3$,则直线 L 与平面 Π 的夹角为(　　)

A. $\frac{\pi}{6}$

B. $\frac{\pi}{4}$

C. $\frac{\pi}{3}$

D. $\frac{\pi}{2}$

答案:B。直线 L 的方向向量为 $\boldsymbol{s}=(1,1,-4)$,平面 Π 的法向量 $\boldsymbol{n}=(1,-2,2)$,设直线 L 与平面 Π 的夹角为 θ,则 $\sin\theta=|\cos\langle\boldsymbol{s},\boldsymbol{n}\rangle|=\frac{|\boldsymbol{s}\cdot\boldsymbol{n}|}{|\boldsymbol{s}||\boldsymbol{n}|}=\frac{|1\times1+1\times(-2)+(-4)\times2|}{\sqrt{1^2+1^2+(-4)^2}\times\sqrt{1^2+(-2)^2+2^2}}=\frac{\sqrt{2}}{2}$,则直线 L 与平面 Π 的夹角为 $\frac{\pi}{4}$。

第二节　空间曲线与曲面

一、空间曲线

考点 1　空间曲线的方程

1. 一般方程

定义:空间曲线可以看作两曲面的交线。设 $F(x,y,z)=0$ 和 $G(x,y,z)=0$ 是两个曲面,它们的交线为 $C(x,y,z)=0$。方程组 $\begin{cases}F(x,y,z)=0,\\G(x,y,z)=0\end{cases}$ 叫作空间曲线 C 的一般方程。

2. 参数方程

一般地,把空间曲线 C 上的动点 M 的坐标 (x,y,z) 都表示为另一个变量 t 的函数 $\begin{cases}x=x(t),\\y=y(t),\\z=z(t),\end{cases}$ 当给定 t 时,就得到曲线 C 上一个点 (x,y,z),当 t 变化时,就得到曲线 C 上的全部点。我们把上述方程组叫作空间曲线的参数方程。

考点 2　空间曲线的切线与法平面

设空间曲线 Γ 的参数方程为 $\begin{cases}x=x(t),\\y=y(t),t\in[\alpha,\beta],\\z=z(t),\end{cases}$ 设点 $P_0(x_0,y_0,z_0)$ 对应的参数为 t_0,则曲线 Γ 在点 P_0 处的切线方程为 $\frac{x-x_0}{x'(t_0)}=\frac{y-y_0}{y'(t_0)}=\frac{z-z_0}{z'(t_0)}$。

过点 P_0 且与切线垂直的平面称为曲线 Γ 在点 $P_0(x_0,y_0,z_0)$ 处的法平面,法平面方程为 $x'(t_0)(x-x_0)+y'(t_0)(y-y_0)+z'(t_0)(z-z_0)=0$。

二、空间曲面　【单选】★

考点 1　球面

球心在点 (x_0,y_0,z_0),半径为 R 的球面方程可写成 $(x-x_0)^2+(y-y_0)^2+(z-z_0)^2=R^2$。一般地,设有三元二次方程 $Ax^2+Ay^2+Az^2+Dx+Ey+Fz+G=0$,这个方程的特点是缺 xy,yz,zx 项,而且平方项系数相同,只要将方程经过配方后可化成方程 $(x-x_0)^2+(y-y_0)^2+(z-z_0)^2=R^2$ 的形式,它的图形就是一个球面。

真题面对面

[2019 湖南特岗 · 单选]下列各点在球面 $x^2+(y-1)^2+(z-3)^2=4$ 上的是(　　)

A. (1,1,0)　　　B. (1,0,1)

C. (1,1,1)　　　D. (0,1,1)

答案:D。将选项中的点代入球的解析式,只有选项 D 中的点在球上。

第二部分

考点 2 柱面

平行于定直线并沿定曲线 C 移动的直线 l 形成的轨迹叫作柱面，定曲线 C 叫作柱面的准线，动直线 l 叫作柱面的母线。

柱面方程	准线	母线平行的坐标轴
$f(x,y)=0$	$C:f(x,y)=0,z=0$	z 轴
$\varphi(x,z)=0$	$C:\varphi(x,z)=0,y=0$	y 轴
$\psi(y,z)=0$	$C:\psi(y,z)=0,x=0$	x 轴

考点 3 旋转曲面 【单选】★

一条平面曲线绕其平面上的一条直线旋转一周所形成的曲面叫作旋转曲面，旋转曲线和定直线依次叫作旋转曲面的母线和轴。

考法大揭秘

求旋转曲面方程的基本方法

平面曲线绕某坐标轴旋转，则该坐标轴对应的变量不变，而曲线方程中另一变量改写为该变量与第三个变量平方和的正负平方根。如曲线 $\Gamma:f(y,z)=0$ 为 yOz 平面上的曲线，则曲线 Γ 绕 z 轴旋转得到的曲面为 $f(\pm\sqrt{x^2+y^2},z)=0$。

真题面对面

[2017 湖北，单，3 分] 在 yOz 平面上的直线 $z=y$ 绕 z 轴旋转一周之后得到的曲面方程为（　　）

A. $z^2=x^2+y^2$　　　　B. $x^2=y^2+z^2$

C. $x^2+y^2-z^2=1$　　　　D. $x^2+y^2-z^2=-1$

答案：A。yOz 平面上的直线 $z=y$ 绕 z 轴旋转，将直线方程中的 y 变成 $\pm\sqrt{x^2+y^2}$，即 $z=\pm\sqrt{x^2+y^2}$，整理得 $z^2=x^2+y^2$。

考点 4 椭球面

标准方程：$\dfrac{x^2}{a^2}+\dfrac{y^2}{b^2}+\dfrac{z^2}{c^2}=1\,(a,b,c>0)$。

参数方程：$\begin{cases}x=a\cos\theta\cos\varphi,\\ y=b\cos\theta\sin\varphi,\\ z=c\sin\theta\end{cases}\left(-\dfrac{\pi}{2}\leqslant\theta\leqslant\dfrac{\pi}{2},0\leqslant\varphi<2\pi\right)$。

考点 5 双曲面

1. 单叶双曲面

标准方程：$\dfrac{x^2}{a^2}+\dfrac{y^2}{b^2}-\dfrac{z^2}{c^2}=1\,(a,b,c>0)$。

方程$\frac{x^2}{a^2}-\frac{y^2}{b^2}+\frac{z^2}{c^2}=1$，$-\frac{x^2}{a^2}+\frac{y^2}{b^2}+\frac{z^2}{c^2}=1$ 所表示的图形，也都是单叶双曲面。

2. 双叶双曲面

标准方程：$\frac{x^2}{a^2}+\frac{y^2}{b^2}-\frac{z^2}{c^2}=-1(a,b,c>0)$。

方程$\frac{x^2}{a^2}-\frac{y^2}{b^2}+\frac{z^2}{c^2}=-1$，$-\frac{x^2}{a^2}+\frac{y^2}{b^2}+\frac{z^2}{c^2}=-1$ 所表示的图形，也都是双叶双曲面。

考点 6 抛物面

①椭圆抛物面：$\frac{x^2}{p}+\frac{y^2}{q}=2z(p,q>0)$，当 $p=q$ 时，曲面称为旋转抛物面，它可以由抛物线绕着它的轴旋转而成。

②双曲抛物面：$\frac{x^2}{p}-\frac{y^2}{q}=2z(p,q>0)$。

考法大揭秘

空间曲面的切平面和法线

设空间曲面方程为 $F(x,y,z)=0$，则曲面在点 $P_0(x_0,y_0,z_0)$（P_0 在曲面上）处的切平面方程是 $F'_x(x_0,y_0,z_0)(x-x_0)+F'_y(x_0,y_0,z_0)(y-y_0)+F'_z(x_0,y_0,z_0)(z-z_0)=0$。

曲面上过点 P 的所有曲线在点 P 处的切线都位于曲面在切点 P 处的切平面上。

通过点 $P_0(x_0,y_0,z_0)$ 的法线方程是$\frac{x-x_0}{F'_x(x_0,y_0,z_0)}=\frac{y-y_0}{F'_y(x_0,y_0,z_0)}=\frac{z-z_0}{F'_z(x_0,y_0,z_0)}$。

真题面对面

[2018 湖北，单，3 分]空间直角坐标系中，在曲面 $x^2+y^2-2z+3=0$ 上过点(2,1,4)处的切平面方程为（　　）

A. $2x+y+z-9=0$　　B. $2x+y-z-1=0$

C. $2x+y+4z-2=0$　　D. $x+2y-2z+4=0$

答案：B。令 $F(x,y,z)=x^2+y^2-2z+3$，$F'_x=2x$，$F'_y=2y$，$F'_z=-2$，则该曲面在点(2,1,4)处的切平面的法向量为(4,2,-2)，即所求切平面方程为 $4(x-2)+2(y-1)-2(z-4)=0$，整理得 $2x+y-z-1=0$。

第二部分

达标测评

建议用时	实际用时	测评总分	实际得分
50 分钟	____分钟	48 分	____分

一、单项选择题(每小题 3 分,共 18 分)

1. 直线 l:$\frac{x+3}{-2}=\frac{y+3}{-7}=\frac{z}{3}$与平面 π:$4x-2y-2z=0$ 的位置关系是(　　)

A. 平行　　B. 垂直相交

C. l 在 π 上　　D. 相交但不垂直

2. 点(2,1,0)到平面 $3x+4y+5z=0$ 的距离 d 等于(　　)

A. 1　　B. $\sqrt{2}$

C. 3　　D. 4

3. 通过点(2, -3, -5),且与平面 $6x-3y-5z+2=0$ 垂直的直线为(　　)

A. $\frac{x-2}{6}=\frac{y+3}{-3}=\frac{z+5}{-5}$　　B. $\frac{x-2}{-6}=\frac{y-3}{3}=\frac{z+5}{5}$

C. $\frac{x+2}{6}=\frac{y-3}{-3}=\frac{z-5}{-5}$　　D. $\frac{x-2}{6}=\frac{y+3}{3}=\frac{z+5}{-5}$

4. 将 xOy 坐标面上的双曲线 $4x^2-9y^2=36$ 绕 x 轴旋转一周,所生成的旋转曲面的方程是(　　)

A. $4x^2-9(y^2+z^2)=36$　　B. $4(x^2+z^2)-9y^2=36$

C. $4x^2-9y^2+z^2=36$　　D. $4x^2-9y^2-z^2=36$

5. 下列曲面不是由曲线绕 z 轴旋转而成的旋转曲面的是(　　)

A. $z=2(x^2+y^2)$　　B. $4x^2+4y^2+z^2=36$

C. $x^2+y^2-2z^2=1$　　D. $\frac{x^2}{19}+\frac{y^2}{9}-\frac{z^2}{16}=-1$

6. 椭球面 $x^2+2y^2+3z^2=6$ 在点(1,1,1)处的法线方程为(　　)

A. $x+2y+3z=6$　　B. $x+2y+6z=3$

C. $\frac{x-1}{1}=\frac{y-1}{2}=\frac{z-1}{3}$　　D. $x-1=\frac{y-1}{2}=\frac{z-1}{6}$

二、填空题(每小题 3 分,共 6 分)

7. 两平行平面 $2x-3y+4z+9=0$ 与 $2x-3y+4z-15=0$ 的距离为________。

8. 曲线$\begin{cases}x^2+y^2+z^2=1,\\x+y+z=0,\end{cases}$在 xOy 面上的投影曲线为________。

三、解答题（每小题 8 分，共 24 分）

9. 将直线的一般式方程$\begin{cases}x+y+z+2=0,\\2x-y+3z+4=0\end{cases}$化为直线的对称式方程。

10. 已知直线 $L_1:\dfrac{x-1}{2}=\dfrac{y+2}{3}=\dfrac{z+3}{4}$，$L_2:\dfrac{x}{1}=\dfrac{y}{1}=\dfrac{z}{2}$，求过直线 L_1 且平行于直线 L_2 的平面方程。

11. 求曲面 $z=\dfrac{x^2}{2}+y^2$ 平行于 $z=2x+2y$ 的切平面方程。

参考答案及解析

一、单项选择题

1. A ［解析］由题意知，直线 l 的方向向量为$(-2,-7,3)$，平面 π 的法向量为$(4,-2,-2)$，由于$(-2,-7,3)\cdot(4,-2,-2)=-2\times4+(-7)\times(-2)+3\times(-2)=0$，故直线 l 与平面 π 平行或在平面内。又直线 l 上的点$(-3,-3,0)$不在平面 π 上，所以直线 l 与平面 π 平行。

2. B ［解析］$d=\dfrac{|3\times2+4\times1+5\times0|}{\sqrt{3^2+4^2+5^2}}=\dfrac{10}{5\sqrt{2}}=\sqrt{2}$。

3. A ［解析］平面 $6x-3y-5z+2=0$ 的法向量为$\boldsymbol{n}=(6,-3,-5)$，则所求直线与平面的法向量平行，由直线的点法式方程可知，此直线的方程为$\dfrac{x-2}{6}=\dfrac{y+3}{-3}=\dfrac{z+5}{-5}$，故选 A。

4. A ［解析］xOy 坐标面上的曲线 $f(x,y)=0$ 绕 x 轴旋转一周所生成的旋转曲面的方程为$f\left(x,\pm\sqrt{y^2+z^2}\right)=0$，选 A。

5. D ［解析］A 是由$\begin{cases}z=2x^2,\\y=0\end{cases}$绕 z 轴或由$\begin{cases}z=2y^2,\\x=0\end{cases}$绕 z 轴旋转而成；B 是由$\begin{cases}4x^2+z^2=36,\\y=0\end{cases}$绕 z 轴或由$\begin{cases}4y^2+z^2=36,\\x=0\end{cases}$绕 z 轴旋转而成；C 是由$\begin{cases}x^2-2z^2=1,\\y=0\end{cases}$绕 z 轴或由$\begin{cases}y^2-2z^2=1,\\x=0\end{cases}$绕 z 轴旋转而成；D 不是绕 z 轴旋转而成的。

6. C ［解析］设 $F(x,y,z)=x^2+2y^2+3z^2-6$，则$F'_x=2x$，$F'_y=4y$，$F'_z=6z$，故椭球面在点$(1,1,1)$处的法向量为$(2,4,6)$，则所求的法线方程为$\dfrac{x-1}{2}=\dfrac{y-1}{4}=\dfrac{z-1}{6}$，即$\dfrac{x-1}{1}=\dfrac{y-1}{2}=\dfrac{z-1}{3}$。

二、填空题

7. $\dfrac{24\sqrt{29}}{29}$ ［解析］由题知这两个平行平面之间的距离为$\dfrac{|9-(-15)|}{\sqrt{2^2+(-3)^2+4^2}}=\dfrac{24}{\sqrt{29}}=\dfrac{24\sqrt{29}}{29}$。

8. $\begin{cases}2x^2+2y^2+2xy=1,\\z=0\end{cases}$ ［解析］将第 2 个方程化成$z=-x-y$代入第 1 个方程，得 $2x^2+2y^2+2xy=1$，再与

第二部分

$z=0$ 联立即可。

三、解答题

9. [解析]先求直线上一点$M_0(x_0,y_0,z_0)$。

不妨令 $z=0$,代入原方程得 $x=-2,y=0$,即点$(-2,0,0)$在直线上。

再求该直线的方向向量 $\boldsymbol{s}$。

因为 $\boldsymbol{s}$ 分别垂直于两个已知平面的法向量,

$\boldsymbol{n}_1=(1,1,1),\boldsymbol{n}_2=(2,-1,3)$,

所以 $\boldsymbol{s}=\boldsymbol{n}_1\times\boldsymbol{n}_2=\begin{vmatrix}\boldsymbol{i} & \boldsymbol{j} & \boldsymbol{k}\\ 1 & 1 & 1\\ 2 & -1 & 3\end{vmatrix}=(4,-1,-3)$,

故将已知直线的一般式方程化成对称式方程为$\dfrac{x+2}{4}=\dfrac{y}{-1}=\dfrac{z}{-3}$。

10. [解析]由于所求平面通过直线$\dfrac{x-1}{2}=\dfrac{y+2}{3}=\dfrac{z+3}{4}$,且平行于直线$\dfrac{x}{1}=\dfrac{y}{1}=\dfrac{z}{2}$,

所以所求平面过点$(1,-2,-3)$,且其法向量 $\boldsymbol{n}$ 同时垂直于这两条直线的方向向量,

则 $\boldsymbol{n}=\begin{vmatrix}\boldsymbol{i} & \boldsymbol{j} & \boldsymbol{k}\\ 2 & 3 & 4\\ 1 & 1 & 2\end{vmatrix}=2\boldsymbol{i}-\boldsymbol{k}$,所求平面方程为 $2(x-1)-(z+3)=0$,即 $2x-z-5=0$。

11. [解析]设切点为 $P(x_0,y_0,z_0)$,令 $F(x,y,z)=\dfrac{x^2}{2}+y^2-z$,则 $F'_x=x,F'_y=2y,F'_z=-1$,

则曲面在点 P 处的法向量为$(x_0,2y_0,-1)$,

曲面在点 P 处的切平面方程为 $x_0(x-x_0)+2y_0(y-y_0)-(z-z_0)=0$,

又切平面与已知平面 $z=2x+2y$ 平行,因此$\dfrac{x_0}{2}=\dfrac{2y_0}{2}=\dfrac{-1}{-1}$,解得 $x_0=2,y_0=1,z_0=3$,

故所求切平面方程为 $2(x-2)+2(y-1)-(z-3)=0$,即 $2x+2y-z-3=0$。

第三部分

中学数学课程与教学论

内容导学

本部分由四章内容构成，主要介绍了中学数学课程与教学论的相关知识。其中，第一章“数学课程标准概述”包括《义务教育数学课程标准》（2022 年版）（节选）、《义务教育数学课程标准》（2011 年版）（节选）和《普通高中数学课程标准》（2017 年版 2020 年修订）（节选）；第二至四章为教学论相关内容，主要对实际教育教学活动中涉及的教学方法、原则等进行讲解。

本部分内容为教师招聘考试中的常考内容，常以单项选择题、填空题、简答题、案例分析题与教学设计题的形式进行考查。考生在备考本部分内容时，可采取以下复习策略：

①准确掌握教学的基本原则、教学方法，遵守教学要求，尝试在教育教学活动中以教学对象为本，灵活运用教学知识；

②通过解答、分析“真题面对面”，把握考查特点及规律，总结经验，有计划、有重点地展开分层次的学习；

③结合章节后的“达标测评”强化教学方法的学习。

第一章　数学课程标准概述

思维导图

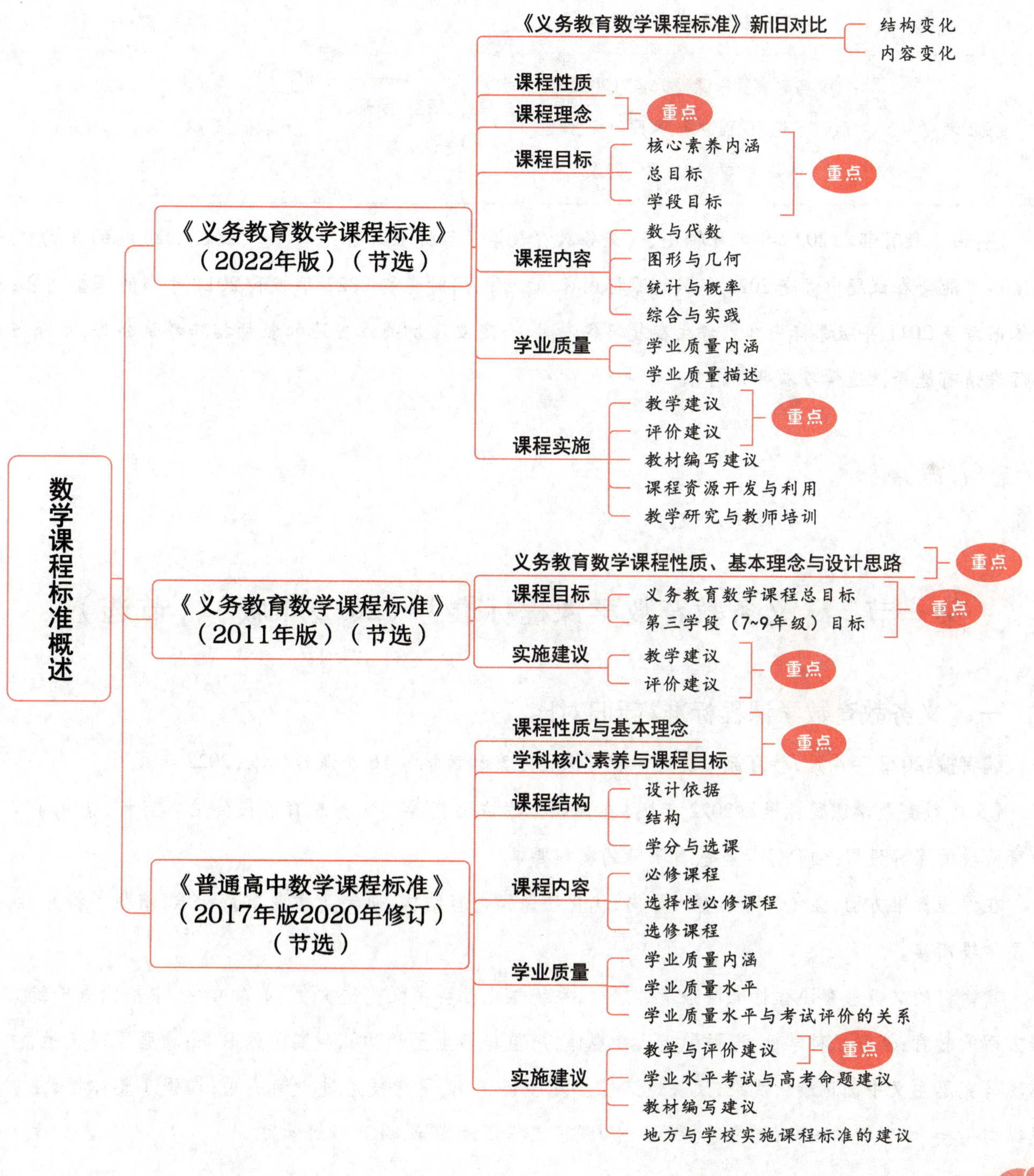

第三部分

考向分析

本章属于数学课程标准的节选内容，在各省、市、区（县）数学教师招聘考试中，部分地区（如安徽，山东德州、菏泽等）考查本章内容，考试难度偏低，内容繁琐、需要识记的知识较多。现对本章考向分析如下：

考点类型	高频考点	常考题型	能力要求	考查热度
常规考点	《义务教育数学课程标准》(2011 年版)（节选）课程性质、课程目标、课程内容、教学建议、评价建议	单选、填空、简答、案例分析	识记、理解	★★
预测考点	《义务教育数学课程标准》(2022 年版)（节选）课程性质、课程目标、课程内容、教学建议、评价建议	单选、填空、简答、案例分析	识记、理解	★★

注：由于教育部在 2022 年 4 月印发了《义务教育数学课程标准》(2022 年版)，故在 2023 年的考试中，个别地区可能会在试题中考查 2022 年版的课标内容，也可能同时考查 2022 年版和 2011 年版的课标内容，或者依旧考查 2011 年版课标内容。考生在复习备考时，一定要密切关注当地的教师招聘考试公告，结合当地实际考情有选择性地学习本部分内容。

第三部分

核心考点

第一节　《义务教育数学课程标准》（2022 年版）（节选）

一、《义务教育数学课程标准》新旧对比

编者按：2022 年 4 月，教育部印发义务教育课程方案和数学等 16 个课程标准(2022 年版)。

《义务教育数学课程标准》(2022 年版)在课程方案方面完善了义务教育阶段的培养目标，优化了义务教育阶段的课程设置，细化了义务教育阶段的实施要求。

在课程标准方面，强化了课程育人导向，优化了课程内容结构，研制了学业质量标准，增强了指导性，加强了学段衔接。

新修订的义务教育课程标准增强了思想性，系统强化社会主义先进文化、革命文化、中华优秀传统文化等方面的教育；增强了科学性，遵循学生认知规律，注重与学生生活和社会实际的联系；增强了时代性，注重体现马克思主义中国化最新成果，反映经济社会发展新变化、科学技术进步新成果；增强了整体性，注重学段纵向衔接、学科横向配合；增强了指导性，加强了课程实施指导，做到好用管用。

由于2022年版课标内容改动较大，故设置本节内容，从“结构变化”和“内容变化”两方面对两版课标进行对比分析，以此帮助考生理解2022年版课标的内核。

考点1 结构变化

2022年版	2011年版
前言（新增，与课程性质、课程理念分开，独立于正文内容）	
一、课程性质（表述有较大变动）	第一部分　前言
二、课程理念（表述有较大变动）	一、课程性质
三、课程目标	二、课程基本理念
（一）核心素养内涵（新增）	三、课程设计思路（已删）
（二）总目标（取消三维目标，内容有变化）	第二部分　课程目标
（三）学段目标（学段划分改变，表述有变动）	一、总目标
四、课程内容（内容有变化，新增学业要求、教学提示）	二、学段目标
初中部分	第三部分　课程内容
（一）数与代数	第三学段（7～9年级）
（二）图形与几何	一、数与代数
（三）统计与概率	二、图形与几何
（四）综合与实践	三、统计与概率
五、学业质量（新增）	四、综合与实践
（一）学业质量内涵	第四部分　实施建议
（二）学业质量描述	一、教学建议
六、课程实施	二、评价建议
（一）教学建议（内容全变）	三、教材编写建议
（二）评价建议（内容全变）	四、课程资源开发与利用建议
（三）教材编写建议（大部分内容有变动）	附录
（四）课程资源开发与利用（内容全变）	附录1　有关行为动词的分类
（五）教学研究与教师培训（新增）	附录2　课程内容及实施建议中的实例
附录	
附录1 课程内容中的实例（例题有较大变动）	
附录2 有关行为动词的分类	

考点2 内容变化

1. 前言

2022年版的前言部分整体发生变化，其内容2011年版没有。

备考建议：2022年版中前言阐述的是课标编写的整体理念，并未涉及重要的知识点。预计在未来的考试中，前言部分不会作为考点出现，复习时了解大意即可。

2. 课程性质

将2011年版“前言”移到该部分，且2022年版中语言的表述同2011年版相比有较大变化。

备考建议：2022年版中的“课程性质”内容表述有较大变化。预计在未来的考试中，该部分会重点考查。

3. 课程理念

2022年版围绕“核心素养”展开，在2011年版的基础上新增了以核心素养为导向的课程目标。

备考建议：2022年版课程理念的中心是“核心素养”，该内容是新课标课程理念部分的重中之重。预计在未来的考试中，该部分会重点考查。

4. 课程目标

(1)核心素养内涵

新增核心素养内涵，明确了义务教育数学课程培养的核心素养，包括“会用数学的眼光观察现实世界”“会用数学的思维思考现实世界”“会用数学的语言表达现实世界”三个方面。

(2)总目标

总目标内容有所调整，明确提出“三会”，强调“建立学好数学的信心”。

(3)学段目标

	2022年版	2011年版
学段划分(提出“六三”和“五四”两种学制)	将九年的学习时间划分为四个学段。 其中，“六三”学制1～2年级为第一学段，3～4年级为第二学段，5～6年级为第三学段，7～9年级为第四学段。 “五四”学制第二学段(3～5年级)目标主要参照“六三”学制第三学段(5～6年级)目标制定，适当降低要求。“五四”学制第三学段(6～7年级)目标在“六三”学制第三学段(5～6年级)目标基础上合理提高要求，结合“六三”学制第四学段(7～9年级)目标确定，使“五四”学制6～9年级目标进阶更加科学。	划分为：第一学段(1～3年级)、第二学段(4～6年级)、第三学段(7～9年级)
具体内容(有改变)	各学段没有明确按三维目标阐述，具体内容有整合、增加、删除，每学段目标后增加总结部分	

备考建议：2022年版的“课程目标”从结构和内容两方面进行了大幅度调整。该部分内容不管是在2011年版，还是2022年版，都是复习的重中之重。不仅会以单项选择、填空等客观题的形式出现，还是案例分析和教学设计的重要答题依据。考生在复习备考时，一定要认真复习本部分内容，做到熟记。

5. 课程内容

2022年版每个领域的课程内容按“内容要求”“学业要求”“教学提示”三个方面呈现。对各学段各领域的主题进行了整合，具体内容变化的基本原则是增加代数推理，增强几何直观。

备考建议：2022 年版的“课程内容”新增了“学业要求”和“教学提示”两部分，这部分内容的设置加强了各学段的衔接，体现了数学教学的整体理念。预计在未来的考试中，这部分内容可能会有所涉及。

6. 学业质量

本部分为新增内容，2011 年版中没有该部分，主要内容包括学业质量内涵与学业质量描述。

备考建议：2022 年版的“学业质量”是完全新增的部分，但该部分内容对教师教学实践有指导性作用，在之后的考试中可能会在案例分析类试题中有所涉及。

7. 课程实施

(1) 教学建议

2022 年版(整体变动)	2011 年版
1. 制订指向核心素养的教学目标 2. 整体把握教学内容 3. 选择能引发学生思考的教学方式 4. 进一步加强综合与实践 5. 注重信息技术与数学教学的融合	(一)数学教学活动要注重课程目标的整体实现 (二)重视学生在学习活动中的主体地位 (三)注重学生对基础知识、基本技能的理解和掌握 (四)感悟数学思想，积累数学活动经验 (五)关注学生情感态度的发展 (六)合理把握“综合与实践”的实施 (七)教学中应当注意的几个关系

(2) 评价建议

2022 年版(整体变动)	2011 年版
1. 教学评价 (1) 评价方式丰富 (2) 评价维度多元 (3) 评价主体多样 (4) 评价结果的呈现与运用 2. 学业水平考试 (1) 考试性质和目的 (2) 命题原则 (3) 命题规划 (4) 试题命制	(一)基础知识和基本技能的评价 (二)数学思考和问题解决的评价 (三)情感态度的评价 (四)注重对学生数学学习过程的评价 (五)体现评价主体的多元化和评价方式的多样化 (六)恰当地呈现和利用评价结果 (七)合理设计与实施书面测验

第三部分

(3) 教材编写建议

2022 年版(整体变动)	2011 年版
1. 体现核心素养培养要求 2. 有利于引发学生思考 3. 素材选取要贴近学生的现实、真实可信 4. 注重教材创新	(一) 教材编写应体现科学性 (二) 教材编写应体现整体性 (三) 教材内容的呈现应体现过程性 (四) 呈现内容的素材应贴近学生现实 (五) 教材内容设计要有一定的弹性 (六) 教材编写要体现可读性

(4) 课程资源开发与利用

本部分表述做了全部调整,提出 3 条建议:资源开发要丰富多样;资源开发要注重精品化;注重保护知识产权。

(5) 教学研究与教师培训

本部分为新增内容,2011 年版没有该部分。

备考建议:相比较 2011 年版,2022 年版的“课程实施”变动较大。在历年教师招聘考试中,2011 年版的“教学建议”和“评价建议”考查频次极高,预计 2022 年版该新增部分会成为考查重点,需要重点复习。

8. 附录

例题有较大变动。

备考建议:2022 年版的“附录”部分相比较 2011 年版有所变动,附录 1“课程内容中的实例”并不是考查的重点,考生了解即可。附录 2“有关行为动词的分类”在安徽省历年教师招聘考试中考查频次极高,需要重点复习。

二、课程性质

《义务教育数学课程标准》(2022 年版)

数学是研究数量关系和空间形式的科学。数学源于对现实世界的抽象,通过对数量和数量关系、图形和图形关系的抽象,得到数学的研究对象及其关系;基于抽象结构,通过对研究对象的符号运算、形式推理、模型构建等,形成数学的结论和方法,帮助人们认识、理解和表达现实世界的本质、关系和规律。数学不仅是运算和推理的工具,还是表达和交流的语言。数学承载着思想和文化,是人类文明的重要组成部分。数学是自然科学的重要基础,在社会科学中发挥着越来越重要的作用,数学的应用渗透到现代社会的各个方面,直接为社会创造价值,推动社会生产力的发展。随着大数据分析、人工智能的发展,数学研究与应用领域不断拓展。

数学在形成人的理性思维、科学精神和促进个人智力发展中发挥着不可替代的作用。数学素养是现代社会每一个公民应当具备的基本素养。数学教育承载着落实立德树人根本任务、实施素质教育的功能。义务教育数学课程具有基础性、普及性和发展性。学生通过数学课程的学习,掌握适应现代生活及进一步学习必备的基础知识和基本技能、基本思想和基本活动经验;激发学习数学的兴趣,养成独立思考的习惯和合作交流的意愿;发展实践能力和创新精神,形成和发展核心素养,增强社会责任感,树立正确的世界观、人生观、价值观。

三、课程理念

义务教育数学课程以习近平新时代中国特色社会主义思想为指导，落实立德树人根本任务，致力于实现义务教育阶段的培养目标，使得人人都能获得良好的数学教育，不同的人在数学上得到不同的发展，逐步形成适应终身发展需要的核心素养。

1. 确立核心素养导向的课程目标

义务教育数学课程应使学生通过数学的学习，形成和发展面向未来社会和个人发展所需要的核心素养。核心素养是在数学学习过程中逐渐形成和发展的，不同学段发展水平不同，是制定课程目标的基本依据。

课程目标以学生发展为本，以核心素养为导向，进一步强调学生获得数学基础知识、基本技能、基本思想和基本活动经验（简称“四基”），发展运用数学知识与方法发现、提出、分析和解决问题的能力（简称“四能”），形成正确的情感、态度和价值观。

2. 设计体现结构化特征的课程内容

数学课程内容是实现课程目标的重要载体。

课程内容选择。保持相对稳定的学科体系，体现数学学科特征；关注数学学科发展前沿与数学文化，继承和弘扬中华优秀传统文化；与时俱进，反映现代科学技术与社会发展需要；符合学生的认知规律，有助于学生理解、掌握数学的基础知识和基本技能，形成数学基本思想，积累数学基本活动经验，发展核心素养。

课程内容组织。重点是对内容进行结构化整合，探索发展学生核心素养的路径。重视数学结果的形成过程，处理好过程与结果的关系；重视数学内容的直观表述，处理好直观与抽象的关系；重视学生直接经验的形成，处理好直接经验与间接经验的关系。

课程内容呈现。注重数学知识与方法的层次性和多样性，适当考虑跨学科主题学习；根据学生的年龄特征和认知规律，适当采取螺旋式的方式，适当体现选择性，逐渐拓展和加深课程内容，适应学生的发展需求。

3. 实施促进学生发展的教学活动

有效的教学活动是学生学和教师教的统一，学生是学习的主体，教师是学习的组织者、引导者与合作者。

学生的学习应是一个主动的过程，认真听讲、独立思考、动手实践、自主探索、合作交流等是学习数学的重要方式。教学活动应注重启发式，激发学生学习兴趣，引发学生积极思考，鼓励学生质疑问难，引导学生在真实情境中发现问题和提出问题，利用观察、猜测、实验、计算、推理、验证、数据分析、直观想象等方法分析问题和解决问题；促进学生理解和掌握数学的基础知识和基本技能，体会和运用数学的思想与方法，获得数学的基本活动经验；培养学生良好的学习习惯，形成积极的情感、态度和价值观，逐步形成核心素养。

4. 探索激励学习和改进教学的评价

评价不仅要关注学生数学学习结果，还要关注学生数学学习过程，激励学生学习，改进教师教学。通过学业质量标准的构建，融合“四基”“四能”和核心素养的主要表现，形成阶段性评价的主要依据。采用多元的评价主体和多样的评价方式，鼓励学生自我监控学习的过程和结果。

5. 促进信息技术与数学课程融合

合理利用现代信息技术，提供丰富的学习资源，设计生动的教学活动，促进数学教学方式方法的变革。在实际问题解决中，创设合理的信息化学习环境，提升学生的探究热情，开阔学生的视野，激发学生的想象力，提高学生的信息素养。

四、课程目标

课程目标的确定，立足学生核心素养发展，集中体现数学课程育人价值。

考点 1 核心素养内涵

1. 核心素养的构成

数学课程要培养的学生核心素养，主要包括以下三个方面。

(1)会用数学的眼光观察现实世界

数学为人们提供了一种认识与探究现实世界的观察方式。通过数学的眼光，可以从现实世界的客观现象中发现数量关系与空间形式，提出有意义的数学问题；能够抽象出数学的研究对象及其属性，形成概念、关系与结构；能够理解自然现象背后的数学原理，感悟数学的审美价值；形成对数学的好奇心与想象力，主动参与数学探究活动，发展创新意识。

在义务教育阶段，数学眼光主要表现为：抽象能力(包括数感、量感、符号意识)、几何直观、空间观念与创新意识。通过对现实世界中基本数量关系与空间形式的观察，学生能够直观理解所学的数学知识及其现实背景；能够在生活实践和其他学科中发现基本的数学研究对象及其所表达的事物之间简单的联系与规律；能够在实际情境中发现和提出有意义的数学问题，进行数学探究；逐步养成从数学角度观察现实世界的意识与习惯，发展好奇心、想象力和创新意识。

(2)会用数学的思维思考现实世界

数学为人们提供了一种理解与解释现实世界的思考方式。通过数学的思维，可以揭示客观事物的本质属性，建立数学对象之间、数学与现实世界之间的逻辑联系；能够根据已知事实或原理，合乎逻辑地推出结论，构建数学的逻辑体系；能够运用符号运算、形式推理等数学方法，分析、解决数学问题和实际问题；能够通过计算思维将各种信息约简和形式化，进行问题求解与系统设计；形成重论据、有条理、合乎逻辑的思维品质，培养科学态度与理性精神。

在义务教育阶段，数学思维主要表现为：运算能力、推理意识或推理能力。通过经历独立的数学思维过程，学生能够理解数学基本概念和法则的发生与发展，数学基本概念之间、数学与现实世界之间的联系；能够合乎逻辑地解释或论证数学的基本方法与结论，分析、解决简单的数学问题和实际问题；能够探究自然现象或现实情境所蕴含的数学规律，经历数学"再发现"的过程；发展质疑问难的批判性思维，形成实事求是的科学态度，初步养成讲道理、有条理的思维品质，逐步形成理性精神。

(3)会用数学的语言表达现实世界

数学为人们提供了一种描述与交流现实世界的表达方式。通过数学的语言，可以简约、精确地描述自

然现象、科学情境和日常生活中的数量关系与空间形式；能够在现实生活与其他学科中构建普适的数学模型，表达和解决问题；能够理解数据的意义与价值，会用数据的分析结果解释和预测不确定现象，形成合理的判断或决策；形成数学的表达与交流能力，发展应用意识与实践能力。

在义务教育阶段，数学语言主要表现为：数据意识或数据观念、模型意识或模型观念、应用意识。通过经历用数学语言表达现实世界中的简单数量关系与空间形式的过程，学生初步感悟数学与现实世界的交流方式；能够有意识地运用数学语言表达现实生活与其他学科中事物的性质、关系和规律，并能解释表达的合理性；能够感悟数据的意义与价值，有意识地使用真实数据表达、解释与分析现实世界中的不确定现象；欣赏数学语言的简洁与优美，逐步养成用数学语言表达与交流的习惯，形成跨学科的应用意识与实践能力。

2. 在初中阶段的主要表现

核心素养具有整体性、一致性和阶段性，在不同阶段具有不同表现。初中阶段侧重对概念的理解。

初中阶段，核心素养主要表现为：抽象能力、运算能力、几何直观、空间观念、推理能力、数据观念、模型观念、应用意识、创新意识。

核心素养的主要表现及其内涵如表1。

表1　核心素养的主要表现及其内涵

表现	内涵
抽象能力	抽象能力主要是指通过对现实世界中数量关系与空间形式的抽象，得到数学的研究对象，形成数学概念、性质、法则和方法的能力。能够从实际情境或跨学科的问题中抽象出核心变量、变量的规律及变量之间的关系，并能够用数学符号予以表达；能够从具体的问题解决中概括出一般结论，形成数学的方法与策略。感悟数学抽象对于数学产生与发展的作用，感悟用数学的眼光观察现实世界的意义，形成数学想象力，提高学习数学的兴趣
运算能力	运算能力主要是指根据法则和运算律进行正确运算的能力。能够明晰运算的对象和意义，理解算法与算理之间的关系；能够理解运算的问题，选择合理简洁的运算策略解决问题；能够通过运算促进数学推理能力的发展。运算能力有助于形成规范化思考问题的品质，养成一丝不苟、严谨求实的科学态度
几何直观	几何直观主要是指运用图表描述和分析问题的意识与习惯。能够感知各种几何图形及其组成元素，依据图形的特征进行分类；根据语言描述画出相应的图形，分析图形的性质；建立形与数的联系，构建数学问题的直观模型；利用图表分析实际情境与数学问题，探索解决问题的思路。几何直观有助于把握问题的本质，明晰思维的路径
空间观念	空间观念主要是指对空间物体或图形的形状、大小及位置关系的认识。能够根据物体特征抽象出几何图形，根据几何图形想象出所描述的实际物体；想象并表达物体的空间方位和相互之间的位置关系；感知并描述图形的运动和变化规律。空间观念有助于理解现实生活中空间物体的形态与结构，是形成空间想象力的经验基础

续表

表现	内涵
推理能力	推理能力主要是指从一些事实和命题出发,依据规则推出其他命题或结论的能力。理解逻辑推理在形成数学概念、法则、定理和解决问题中的重要性,初步掌握推理的基本形式和规则;对于一些简单问题,能通过特殊结果推断一般结论;理解命题的结构与联系,探索并表述论证过程;感悟数学的严谨性,初步形成逻辑表达与交流的习惯。推理能力有助于逐步养成重论据、合乎逻辑的思维习惯,形成实事求是的科学态度与理性精神
数据观念	数据观念主要是指对数据的意义和随机性有比较清晰的认识。知道数据蕴含着信息,需要根据问题的背景和所要研究的问题确定数据收集、整理和分析的方法;知道可以用定量的方法描述随机现象的变化趋势及随机事件发生的可能性大小。形成数据观念有助于理解和表达生活中随机现象发生的规律,感知大数据时代数据分析的重要性,养成重证据、讲道理的科学态度
模型观念	模型观念主要是指对运用数学模型解决实际问题有清晰的认识。知道数学建模是数学与现实联系的基本途径;初步感知数学建模的基本过程,从现实生活或具体情境中抽象出数学问题,用数学符号建立方程、不等式、函数等表示数学问题中的数量关系和变化规律,求出结果并讨论结果的意义。模型观念有助于开展跨学科主题学习,感悟数学应用的普遍性
应用意识	应用意识主要是指有意识地利用数学的概念、原理和方法解释现实世界中的现象与规律,解决现实世界中的问题。能够感悟现实生活中蕴含着大量的与数量和图形有关的问题,可以用数学的方法予以解决;初步了解数学作为一种通用的科学语言在其他学科中的应用,通过跨学科主题学习建立不同学科之间的联系。应用意识有助于用学过的知识和方法解决简单的实际问题,养成理论联系实际的习惯,发展实践能力
创新意识	创新意识主要是指主动尝试从日常生活、自然现象或科学情境中发现和提出有意义的数学问题。初步学会通过具体的实例,运用归纳和类比发现数学关系与规律,提出数学命题与猜想,并加以验证;勇于探索一些开放性的、非常规的实际问题与数学问题。创新意识有助于形成独立思考、敢于质疑的科学态度与理性精神

考点 2 总目标

通过义务教育阶段的数学学习,学生逐步会用数学的眼光观察现实世界,会用数学的思维思考现实世界,会用数学的语言表达现实世界(简称“三会”)。学生能:

(1)获得适应未来生活和进一步发展所必需的数学基础知识、基本技能、基本思想、基本活动经验。

(2)体会数学知识之间、数学与其他学科之间、数学与生活之间的联系,在探索真实情境所蕴含的关系中,发现问题和提出问题,运用数学和其他学科的知识与方法分析问题和解决问题。

(3)对数学具有好奇心和求知欲,了解数学的价值,欣赏数学美,提高学习数学的兴趣,建立学好数学的信心,养成良好的学习习惯,形成质疑问难、自我反思和勇于探索的科学精神。

考点3 学段目标

为体现义务教育数学课程的整体性与发展性，根据学生数学学习的心理特征和认知规律，将九年的学习时间划分为四个学段。其中，“六三”学制1～2年级为第一学段，3～4年级为第二学段，5～6年级为第三学段，7～9年级为第四学段。

根据“六三”学制四个学段学生发展的特征，描述总目标在各学段的表现和要求，将核心素养的表现体现在每个学段的具体目标之中。

第四学段(7～9年级)学段目标：

经历有理数、实数的形成过程，初步理解数域扩充；掌握数与式的运算，能够解释运算结果的意义；会用代数式、方程、不等式、函数等描述现实问题中的数量关系和变化规律，形成合适的运算思路解决问题；形成抽象能力、模型观念，进一步发展运算能力。经历探索图形特征的过程，建立基本的几何概念；通过尺规作图等直观操作的方法，理解平面图形的性质与关系；掌握基本的几何证明方法；知道平移、旋转和轴对称的基本特征，理解相关概念；认识平面直角坐标系，能够通过平面直角坐标系描述图形的位置与运动；形成推理能力，发展空间观念和几何直观。掌握数据收集与整理的基本方法，理解随机现象；探索利用统计图表表示数据的方法，理解各种统计图表的功能；经历利用样本推断总体的过程，能够计算平均数、方差、四分位数等基本统计量，了解频数、频率和概率的意义；形成数据观念、模型观念和推理能力。在项目学习中，综合运用数学和其他学科知识与方法解决问题，积累数学活动经验，发展核心素养。

探索在不同的情境中从数学的角度发现和提出问题，综合运用数学和其他学科的知识从不同的角度寻求分析问题和解决问题的方法，能运用几何直观、逻辑推理等方法解决问题，形成模型观念和数据观念。在与他人合作交流解决问题的过程中，能够严谨、准确地表达自己的观点，并能较好地理解他人的思考方法和结论。能够回顾解决问题的思考过程，反思解决问题的方法和结论，形成批判性思维和创新意识。

关注社会生活中与数学相关的信息，主动参与数学活动；在解决数学问题的过程中，能够克服困难，树立学好数学的信心，感受数学在实际生活中的应用，体会数学的价值，欣赏并尝试创造数学美；养成认真勤奋、独立思考、合作交流、反思质疑的学习习惯。

考点再拔高

有关行为动词的分类

本标准中有两类行为动词：一类是描述结果目标的行为动词，包括“了解”“理解”“掌握”“运用”等；另一类是描述过程目标的行为动词，包括“经历”“体验”“感悟”“探索”等。这些目标是形成核心素养的基础和条件，最终指向学生核心素养的形成和发展。在本标准中这些词的基本含义如下：

了解：从具体实例中知道或举例说明对象的有关特征；根据对象的特征，从具体情境中辨认或举例说明对象。

理解：描述对象的由来、内涵和特征，阐述此对象与相关对象之间的区别和联系。掌握：多角度理解和表征数学对象的本质，把对象用于新的情境。

运用:基于数学对象和对象之间的关系,选择或创造适当的方法解决问题。

经历:有意识地参与特定的数学活动,感受数学知识的发生发展过程,获得一些感性认识。

体验:有目的地参与特定的数学活动,验证对象的特征,获得一些具体经验。

感悟:在数学活动中,通过独立思考或合作交流,获得初步的理性认识。

探索:在特定的问题情境下,独立或合作参与数学活动,理解或提出数学问题,寻求解决问题的思路,获得确定结论。

	同类词
了解	知道,初步认识
理解	认识,会
掌握	能
运用	证明,应用
经历	感受,尝试
体验	体会

五、课程内容

义务教育阶段数学课程内容由数与代数、图形与几何、统计与概率、综合与实践四个学习领域组成。

数与代数、图形与几何、统计与概率以数学核心内容和基本思想为主线循序渐进,每个学段的主题有所不同。综合与实践以培养学生综合运用所学知识和方法解决实际问题的能力为目标,根据不同学段学生特点,以跨学科主题学习为主,适当采用主题式学习和项目式学习的方式,设计情境真实、较为复杂的问题,引导学生综合运用数学学科和跨学科的知识与方法解决问题。

根据学段目标的要求,四个学习领域的内容按学段逐步递进,不同学段主题有所不同。具体安排如表 2。

表 2　第四学段各领域的主题

领域	第四学段(7 ~ 9 年级)
数与代数	1. 数与式 2. 方程与不等式 3. 函数
图形与几何	1. 图形的性质 2. 图形的变化 3. 图形与坐标
统计与概率	1. 抽样与数据分析 2. 随机事件的概率

续表

领域	第四学段(7~9年级)
综合与实践	重在解决实际问题,以跨学科主题学习为主,主要包括主题活动和项目学习等。其中第四学段可采用项目式学习

考点1 数与代数

主题	内容要求
数与式	(1)有理数 ①理解负数的意义;理解有理数的意义,能用数轴上的点表示有理数,能比较有理数的大小。 ②借助数轴理解相反数和绝对值的意义,掌握求有理数的相反数和绝对值的方法。 ③理解乘方的意义。 ④掌握有理数的加、减、乘、除、乘方及简单的混合运算(以三步以内为主);理解有理数的运算律,能运用运算律简化运算。 ⑤能运用有理数的运算解决简单问题。 (2)实数 ①了解无理数和实数,知道实数由有理数和无理数组成,了解实数与数轴上的点一一对应。 ②能用数轴上的点表示实数,能比较实数的大小。 ③能借助数轴理解相反数和绝对值的意义,会求实数的相反数和绝对值。 ④了解平方根、算术平方根、立方根的概念,会用根号表示数的平方根、算术平方根、立方根。 ⑤了解乘方与开方互为逆运算,会用平方运算求百以内完全平方数的平方根,会用立方运算求千以内完全立方数(及对应的负整数)的立方根,会用计算器计算平方根和立方根。 ⑥能用有理数估计一个无理数的大致范围。 ⑦了解近似数,在解决实际问题中,能用计算器进行近似计算,会按问题的要求进行简单的近似计算。 ⑧了解二次根式、最简二次根式的概念,了解二次根式(根号下仅限于数)加、减、乘、除运算法则,会用它们进行简单的四则运算。 (3)代数式 ①借助现实情境了解代数式,进一步理解用字母表示数的意义。 ②能分析具体问题中的简单数量关系,并用代数式表示;能根据特定的问题查阅资料,找到所需的公式。 ③会把具体数代入代数式进行计算。 ④了解整数指数幂的意义和基本性质;会用科学记数法表示数(包括在计算器上表示)。 ⑤理解整式的概念,掌握合并同类项和去括号的法则;能进行简单的整式加减运算,能进行简单的整式乘法运算(多项式乘法仅限于一次式之间和一次式与二次式的乘法)。

续表

主题	内容要求
数与式	⑥理解乘法公式 $(a+b)(a-b)=a^2-b^2$，$(a\pm b)^2=a^2\pm 2ab+b^2$，了解公式的几何背景，能利用公式进行简单的计算和推理。 ⑦能用提公因式法、公式法(直接利用公式不超过二次)进行因式分解(指数为正整数)。 ⑧了解分式和最简分式的概念，能利用分式的基本性质进行约分和通分；能对简单的分式进行加、减、乘、除运算。 ⑨了解代数推理
方程与不等式	(1)方程与方程组 ①能根据现实情境理解方程的意义，能针对具体问题列出方程；理解方程解的意义，经历估计方程解的过程。 ②掌握等式的基本性质；能解一元一次方程和可化为一元一次方程的分式方程。 ③掌握消元法，能解二元一次方程组。 ④能解简单的三元一次方程组。 ⑤理解配方法，能用配方法、公式法、因式分解法解数字系数的一元二次方程。 ⑥会用一元二次方程根的判别式判别方程是否有实根及两个实根是否相等。 ⑦了解一元二次方程的根与系数的关系。 ⑧能根据具体问题的实际意义，检验方程解的合理性。 (2)不等式与不等式组 ①结合具体问题，了解不等式的意义，探索不等式的基本性质。 ②能解数字系数的一元一次不等式，并能在数轴上表示出解集；会用数轴确定两个一元一次不等式组成的不等式组的解集。 ③能根据具体问题中的数量关系，列出一元一次不等式，解决简单的问题
函数	(1)函数的概念 ①探索简单实例中的数量关系和变化规律，了解常量、变量的意义；了解函数的概念和表示法，能举出函数的实例。 ②能结合图象对简单实际问题中的函数关系进行分析。 ③能确定简单实际问题中函数自变量的取值范围，会求函数值。 ④能用适当的函数表示法刻画简单实际问题中变量之间的关系，理解函数值的意义。 ⑤结合对函数关系的分析，能对变量的变化情况进行初步讨论。 (2)一次函数 ①结合具体情境体会一次函数的意义，能根据已知条件确定一次函数的表达式；会运用待定系数法确定一次函数的表达式。

续表

主题	内容要求
函数	②能画一次函数的图象，根据图象和表达式 $y=kx+b(k\neq0)$ 探索并理解 $k>0$ 和 $k<0$ 时图象的变化情况；理解正比例函数。 ③体会一次函数与二元一次方程的关系。 ④能用一次函数解决简单实际问题。 (3)二次函数 ①通过对实际问题的分析，体会二次函数的意义。 ②能画二次函数的图象，通过图象了解二次函数的性质，知道二次函数系数与图象形状和对称轴的关系。 ③会求二次函数的最大值或最小值，并能确定相应自变量的值，能解决相应的实际问题。 ④知道二次函数和一元二次方程之间的关系，会利用二次函数的图象求一元二次方程的近似解。 (4)反比例函数 ①结合具体情境体会反比例函数的意义，能根据已知条件确定反比例函数的表达式。 ②能画反比例函数的图象，根据图象和表达式 $y=\frac{k}{x}(k\neq0)$ 探索并理解 $k>0$ 和 $k<0$ 时图象的变化情况。 ③能用反比例函数解决简单实际问题

考点 2 图形与几何

主题	内容要求
图形的性质	(1)点、线、面、角 ①通过实物和模型，了解从物体抽象出来的几何体、平面、直线和点等概念。 ②会比较线段的长短，理解线段的和、差，以及线段中点的意义。 ③掌握基本事实：两点确定一条直线。 ④掌握基本事实：两点之间线段最短。 ⑤理解两点间距离的意义，能度量和表达两点间的距离。 ⑥理解角的概念，能比较角的大小；认识度、分、秒等角的度量单位，能进行简单的单位换算，会计算角的和、差。 ⑦能用尺规作图：作一个角等于已知角；作一个角的平分线。 (2)相交线与平行线 ①理解对顶角、余角、补角等概念，探索并掌握对顶角相等、同角(或等角)的余角相等、同角(或等角)的补角相等的性质。 ②理解垂线、垂线段等概念，能用三角板或量角器过一点画已知直线的垂线。 ③能用尺规作图：作一条线段的垂直平分线；过一点作已知直线的垂线。 ④掌握基本事实：同一平面内，过一点有且只有一条直线与已知直线垂直。 ⑤理解点到直线的距离的意义，能度量点到直线的距离。

第三部分

续表

主题	内容要求
图形的性质	⑥识别同位角、内错角、同旁内角。 ⑦理解平行线的概念。 ⑧掌握平行线基本事实Ⅰ:过直线外一点有且只有一条直线与这条直线平行。 ⑨掌握平行线基本事实Ⅱ:两条直线被第三条直线所截,如果同位角相等,那么这两条直线平行。 ⑩探索并证明平行线的判定定理:两条直线被第三条直线所截,如果内错角相等(或同旁内角互补),那么这两条直线平行。 ⑪掌握平行线的性质定理Ⅰ:两条平行直线被第三条直线所截,同位角相等。了解定理的证明。 ⑫探索并证明平行线的性质定理Ⅱ:两条平行直线被第三条直线所截,内错角相等(或同旁内角互补)。 ⑬能用三角板和直尺过已知直线外一点画这条直线的平行线。 ⑭能用尺规作图:过直线外一点作这条直线的平行线。 ⑮了解平行于同一条直线的两条直线平行。 (3)三角形 ①理解三角形及其内角、外角、中线、高线、角平分线等概念,了解三角形的稳定性。 ②探索并证明三角形的内角和定理。掌握它的推论:三角形的外角等于与它不相邻的两个内角的和。 ③证明三角形的任意两边之和大于第三边。 ④理解全等三角形的概念,能识别全等三角形中的对应边、对应角。 ⑤掌握基本事实:两边及其夹角分别相等的两个三角形全等。 ⑥掌握基本事实:两角及其夹边分别相等的两个三角形全等。 ⑦掌握基本事实:三边分别相等的两个三角形全等。 ⑧证明定理:两角分别相等且其中一组等角的对边相等的两个三角形全等。 ⑨理解角平分线的概念,探索并证明角平分线的性质定理:角平分线上的点到角两边的距离相等;反之,角的内部到角两边距离相等的点在角的平分线上。 ⑩理解线段垂直平分线的概念,探索并证明线段垂直平分线的性质定理:线段垂直平分线上的点到线段两端的距离相等;反之,到线段两端距离相等的点在线段的垂直平分线上。 ⑪理解等腰三角形的概念,探索并证明等腰三角形的性质定理:等腰三角形的两个底角相等;底边上的高线、中线及顶角平分线重合。探索并掌握等腰三角形的判定定理:有两个角相等的三角形是等腰三角形。探索等边三角形的性质定理:等边三角形的各角都等于60°。探索等边三角形的判定定理:三个角都相等的三角形(或有一个角是60°的等腰三角形)是等边三角形。 ⑫理解直角三角形的概念,探索并掌握直角三角形的性质定理:直角三角形的两个锐角互余,直角三角形斜边上的中线等于斜边的一半。掌握有两个角互余的三角形是直角三角形。 ⑬探索勾股定理及其逆定理,并能运用它们解决一些简单的实际问题。 ⑭探索并掌握判定直角三角形全等的"斜边、直角边"定理。

续表

主题	内容要求
图形的性质	⑮了解三角形重心的概念。 ⑯能用尺规作图：已知三边、两边及其夹角、两角及其夹边作三角形；已知底边及底边上的高线作等腰三角形；已知一直角边和斜边作直角三角形。 (4)四边形 ①了解多边形的概念及多边形的顶点、边、内角、外角与对角线；探索并掌握多边形内角和与外角和公式。 ②理解平行四边形、矩形、菱形、正方形、梯形的概念，以及它们之间的关系；了解四边形的不稳定性。 ③探索并证明平行四边形的性质定理：平行四边形的对边相等、对角相等、对角线互相平分。探索并证明平行四边形的判定定理：一组对边平行且相等的四边形是平行四边形；两组对边分别相等的四边形是平行四边形；对角线互相平分的四边形是平行四边形。 ④理解两条平行线之间距离的概念，能度量两条平行线之间的距离。 ⑤探索并证明矩形、菱形的性质定理：矩形的四个角都是直角，对角线相等；菱形的四条边相等，对角线互相垂直。探索并证明矩形、菱形的判定定理：三个角是直角的四边形是矩形，对角线相等的平行四边形是矩形；四边相等的四边形是菱形，对角线互相垂直的平行四边形是菱形。正方形既是矩形，又是菱形；理解矩形、菱形、正方形之间的包含关系。 ⑥探索并证明三角形的中位线定理。 (5)圆 ①理解圆、弧、弦、圆心角、圆周角的概念，了解等圆、等弧的概念；探索并掌握点与圆的位置关系。 ②探索并证明垂径定理：垂直于弦的直径平分弦以及弦所对的两条弧。 ③探索圆周角与圆心角及其所对弧的关系，知道同弧(或等弧)所对的圆周角相等。了解并证明圆周角定理及其推论：圆周角等于它所对弧上的圆心角的一半；直径所对的圆周角是直角，90°的圆周角所对的弦是直径；圆内接四边形的对角互补。 ④了解三角形的内心与外心。 ⑤了解直线与圆的位置关系，掌握切线的概念。 ⑥能用尺规作图：过不在同一直线上的三点作圆；作三角形的外接圆、内切圆；作圆的内接正方形和内接正六边形。 ⑦能用尺规作图：过圆外一点作圆的切线。 ⑧探索并证明切线长定理：过圆外一点的两条切线长相等。 ⑨会计算圆的弧长、扇形的面积。 ⑩了解正多边形的概念及正多边形与圆的关系。 (6)定义、命题、定理 ①通过具体实例，了解定义、命题、定理、推论的意义。 ②结合具体实例，会区分命题的条件和结论，了解原命题及其逆命题的概念。会识别两个互逆的命题，知道原命题成立其逆命题不一定成立。

第三部分

续表

主题	内容要求
图形的性质	③知道证明的意义和证明的必要性，知道数学思维要合乎逻辑，知道可以用不同的形式表述证明的过程，会用综合法的证明格式。 ④了解反例的作用，知道利用反例可以判断一个命题是错误的。 ⑤通过实例体会反证法的含义
图形的变化	(1)图形的轴对称 ①通过具体实例理解轴对称的概念，探索它的基本性质：成轴对称的两个图形中对应点的连线被对称轴垂直平分。 ②能画出简单平面图形(点、线段、直线、三角形等)关于给定对称轴的对称图形。 ③理解轴对称图形的概念；探索等腰三角形、矩形、菱形、正多边形、圆的轴对称性质。 ④认识并欣赏自然界和现实生活中的轴对称图形。 (2)图形的旋转 ①通过具体实例认识平面图形关于旋转中心的旋转。探索它的基本性质：一个图形和旋转得到的图形中，对应点到旋转中心距离相等，两组对应点分别与旋转中心连线所成的角相等。 ②了解中心对称、中心对称图形的概念，探索它们的基本性质：成中心对称的两个图形中，对应点的连线经过对称中心，且被对称中心平分。 ③探索线段、平行四边形、正多边形、圆的中心对称性质。 ④认识并欣赏自然界和现实生活中的中心对称图形。 (3)图形的平移 ①通过具体实例认识平移，探索它的基本性质：一个图形和它经过平移所得的图形中，两组对应点的连线平行(或在同一条直线上)且相等。 ②认识并欣赏平移在自然界和现实生活中的应用。 ③运用图形的轴对称、旋转、平移进行图案设计。 (4)图形的相似 ①了解比例的基本性质、线段的比、成比例的线段；通过建筑、艺术上的实例了解黄金分割。 ②通过具体实例认识图形的相似。了解相似多边形和相似比。 ③掌握基本事实：两条直线被一组平行线所截，所得的对应线段成比例。 ④了解相似三角形的判定定理：两角分别相等的两个三角形相似；两边成比例且夹角相等的两个三角形相似；三边成比例的两个三角形相似。了解相似三角形判定定理的证明。 ⑤了解相似三角形的性质定理：相似三角形对应线段的比等于相似比；面积比等于相似比的平方。 ⑥了解图形的位似，知道利用位似可以将一个图形放大或缩小。 ⑦会利用图形的相似解决一些简单的实际问题。 ⑧利用相似的直角三角形，探索并认识锐角三角函数($\sin A$，$\cos A$，$\tan A$)，知道$30°$，$45°$，$60°$角的三角函数值。

续表

主题	内容要求
图形的变化	⑨会使用计算器由已知锐角求它的三角函数值,由已知三角函数值求它的对应锐角。 ⑩能用锐角三角函数解直角三角形,能用相关知识解决一些简单的实际问题。 (5)图形的投影 ①通过丰富的实例,了解中心投影和平行投影的概念。 ②会画直棱柱、圆柱、圆锥、球的主视图、左视图、俯视图,能判断简单物体的视图,并会根据视图描述简单的几何体。 ③了解直棱柱、圆锥的侧面展开图,根据展开图想象和制作模型。 ④通过实例,了解上述视图与展开图在现实生活中的应用
图形与坐标	(1)图形的位置与坐标 ①理解平面直角坐标系的有关概念,能画出平面直角坐标系;在给定的平面直角坐标系中,能根据坐标描出点的位置,由点的位置写出坐标。 ②在实际问题中,能建立适当的平面直角坐标系,描述物体的位置。 ③对给定的正方形,会选择合适的平面直角坐标系,写出它的顶点坐标,体会可以用坐标表达简单图形。 ④在平面上,运用方位角和距离刻画两个物体的相对位置。 (2)图形的运动与坐标 ①在平面直角坐标系中,以坐标轴为对称轴,能写出一个已知顶点坐标的多边形的对称图形的顶点坐标,知道对应顶点坐标之间的关系。 ②在平面直角坐标系中,能写出一个已知顶点坐标的多边形沿坐标轴方向平移一定距离后图形的顶点坐标,知道对应顶点坐标之间的关系。 ③在平面直角坐标系中,探索并了解将一个多边形依次沿两个坐标轴方向平移后所得到的图形和原来图形具有平移关系,体会图形顶点坐标的变化。 ④在平面直角坐标系中,探索并了解将一个多边形的顶点坐标(有一个顶点为原点)分别扩大或缩小相同倍数时所对应的图形与原图形是位似的

考点3 统计与概率

主题	内容要求
抽样与数据分析	(1)体会抽样的必要性,通过实例认识简单随机抽样。 (2)进一步经历收集、整理、描述、分析数据的活动,了解数据处理的过程;能用计算器处理较为复杂的数据。 (3)会制作扇形统计图,能用统计图直观、有效地描述数据。 (4)理解平均数、中位数、众数的意义,能计算中位数、众数、加权平均数,知道它们是对数据集中趋势的描述。

续表

主题	内容要求
抽样与数据分析	(5)体会刻画数据离散程度的意义,会计算一组简单数据的离差平方和、方差。 (6)经历数据分类的活动,知道按照组内离差平方和最小的原则对数据进行分类的方法。 (7)通过实例,了解频数和频数分布的意义,能画频数直方图,能利用频数直方图解释数据中蕴含的信息。 (8)体会样本与总体的关系,知道可以用样本平均数估计总体平均数,用样本方差估计总体方差。 (9)会计算四分位数,了解四分位数与箱线图的关系,感悟百分位数的意义。 (10)能解释数据分析的结果,能根据结果作出简单的判断和预测,并能进行交流。 (11)通过表格、折线图、趋势图等,感受随机现象的变化趋势
随机事件的概率	(1)能通过列表、画树状图等方法列出简单随机事件所有可能的结果,以及指定随机事件发生的所有可能结果,了解随机事件的概率。 (2)知道通过大量重复试验,可以用频率估计概率

考点4 综合与实践

(1)在社会生活和科学技术的真实情境中,结合方程与不等式、函数、图形的变化、图形与坐标、抽样与数据分析等内容,经历现实情境数学化,探索数学关系、性质与规律的过程,感悟如何从数学的角度发现问题和提出问题,逐步形成"会用数学的眼光观察现实世界"的核心素养。

(2)用数学的思维方法,运用数学与其他相关学科的知识,综合地、有逻辑地分析问题,经历分工合作、试验调查、建立模型、计算反思、解决问题的过程,提升思维能力,逐步形成"会用数学的思维思考现实世界"的核心素养。

(3)用数学的语言,将现实问题转化为数学问题,经历用数学方法解决问题的过程,感悟科学研究的过程与方法,感受数学在与其他学科融合中所彰显的功效,积累数学活动经验,逐步形成"会用数学的语言表达现实世界"的核心素养。

六、学业质量

考点1 学业质量内涵

学业质量是学生在完成课程阶段性学习后的学业成就表现,反映核心素养要求。学业质量标准是以核心素养为主要维度,结合课程内容,对学生学业成就具体表现特征的整体刻画。

数学课程学业质量标准是学业水平考试命题及评价的依据,同时对学生的学习活动、教师的教学活动、教材的编写等具有重要的指导作用。

考点2 学业质量描述

依据义务教育各阶段学生核心素养表现、各学段课程目标及学业要求,数学课程学业质量标准主要从以下三个方面来评估学生核心素养达成及发展情况。

(1)以结构化数学知识主题为载体，在形成与发展“四基”的过程中所形成的抽象能力、推理能力、运算能力、几何直观和空间观念等。

(2)从学生熟悉的生活与社会情境，以及符合学生认知发展规律的数学与科技情境中，在经历“用数学的眼光发现和提出问题，用数学的思维与数学的语言分析和解决问题”的过程中所形成的模型观念、数据观念、应用意识和创新意识等。

(3)学生经历数学的学习运用、实践探索活动的经验积累，逐步产生对数学的好奇心、求知欲，以及对数学学习的兴趣和自信心，初步养成独立思考、探究质疑、合作交流等学习习惯，初步形成自我反思的意识。

七、课程实施

考点 1 教学建议

1. 制订指向核心素养的教学目标

(1)教学目标要体现核心素养的主要表现

教学目标的确定要充分考虑核心素养在数学教学中的达成。每一个特定的学习内容都具有培养相关核心素养的作用，要注重建立具体内容与核心素养主要表现的关联，在制订教学目标时将核心素养的主要表现体现在教学要求中。

(2)处理好核心素养与“四基”“四能”的关系

核心素养导向的教学目标是对“四基”“四能”教学目标的继承和发展。“四基”“四能”是发展学生核心素养的有效载体，核心素养对“四基”“四能”教学目标提出了更高要求。

(3)教学目标的设定要体现整体性和阶段性

核心素养是在长期的教学过程中逐渐形成的，核心素养在不同学段的主要表现体现了核心素养的阶段性和各阶段之间的一致性。要依据核心素养的内涵和不同学段的主要表现，结合具体的教学内容，全面分析主题、单元和课时的特征，基于主题、单元整体设计教学目标，围绕单元目标细化具体课时的教学目标。充分发挥核心素养导向的教学目标对教学过程的指导作用，在实现知识进阶的同时，体现核心素养的进阶。

2. 整体把握教学内容

为实现核心素养导向的教学目标，不仅要整体把握教学内容之间的关联，还要把握教学内容主线与相应核心素养发展之间的关联。

(1)注重教学内容的结构化

教学内容是落实教学目标、发展学生核心素养的载体。在教学中要重视对教学内容的整体分析，帮助学生建立能体现数学学科本质、对未来学习有支撑意义的结构化的数学知识体系。一方面了解数学知识的产生与来源、结构与关联、价值与意义，了解课程内容和教学内容的安排意图；另一方面强化对数学本质的理解，关注数学概念的现实背景，引导学生从数学概念、原理及法则之间的联系出发，建立起有意义的知识结构。通过合适的主题整合教学内容，帮助学生学会用整体的、联系的、发展的眼光看问题，形成科学的思维习惯，发展核心素养。

(2) 注重教学内容与核心素养的关联

在教学过程中，不仅要注重具体内容与核心素养之间的关联，还要注重内容主线与核心素养发展之间的关联。

3. 选择能引发学生思考的教学方式

(1) 丰富教学方式

改变单一讲授式教学方式，注重启发式、探究式、参与式、互动式等，探索大单元教学，积极开展跨学科的主题式学习和项目式学习等综合性教学活动。根据不同的学习任务和学习对象，选择合适的教学方式或多种方式相结合，组织开展教学。通过丰富的教学方式，让学生在实践、探究、体验、反思、合作、交流等学习过程中感悟基本思想、积累基本活动经验，发挥每一种教学方式的育人价值，促进学生核心素养发展。

(2) 重视单元整体教学设计

改变过于注重以课时为单位的教学设计，推进单元整体教学设计，体现数学知识之间的内在逻辑关系，以及学习内容与核心素养表现的关联。

单元整体教学设计要整体分析数学内容本质和学生认知规律，合理整合教学内容，分析主题—单元—课时的数学知识和核心素养主要表现，确定单元教学目标，并落实到教学活动各个环节，整体设计，分步实施，促进学生对数学教学内容的整体理解与把握，逐步培养学生的核心素养。

(3) 强化情境设计与问题提出

注重发挥情境设计与问题提出对学生主动参与教学活动的促进作用，使学生在活动中逐步发展核心素养。

注重创设真实情境。真实情境创设可从社会生活、科学和学生已有数学经验等方面入手，围绕教学任务，选择贴近学生生活经验、符合学生年龄特点和认知加工特点的素材。注重情境素材的育人功能，如体现中国数学家贡献的素材，帮助学生了解和领悟中华民族独特的数学智慧，增强文化自信和民族自豪感。注重情境的多样化，让学生感受数学在现实世界的广泛应用，体会数学的价值。

重视设计合理问题。在真实情境中提出能引发学生思考的数学问题，也可以引导学生提出合理问题。问题提出应引发学生认知冲突，激发学生学习动机，促进学生积极探究，让学生经历数学观察、数学思考、数学表达、概括归纳、迁移运用等学习过程，体会数学是认识、理解、表达真实世界的工具、方法和语言，增强认识真实世界、解决真实问题的能力，树立学好数学的自信心，养成良好的学习习惯。

4. 进一步加强综合与实践

综合与实践领域的教学活动，以解决实际问题为重点，以跨学科主题学习为主，以真实问题为载体，适当采取主题活动或项目学习的方式呈现，通过综合运用数学和其他学科的知识与方法解决真实问题，着力培养学生的创新意识、实践能力、社会担当等综合品质。

(1) 明确教学目标

主题活动教学是跨学科背景下的数学内容学习，其目标是引导学生在跨学科背景下用数学的眼光观察现实世界，用数学的语言表达现实世界中事物的概念、关系和规律，帮助学生感悟数学与现实世界的联系，

培养学生实践精神。

项目学习教学以用数学方法解决现实问题为主，其目标是引导学生发现解决现实问题的关键要素，用数学的思维分析要素之间的关系并发现规律，培养模型观念，经历发现、提出、分析、解决问题的过程，培养应用意识和创新意识。

(2)设计教学活动

主题活动教学要设计出完整可行的活动方案，可以利用信息技术或制作教具的形式，展示跨学科主题的背景；参考学生个人经验和已有知识积累，从解决问题需要出发，明确所学数学知识与技能，提出相应学习任务，确定学习活动形式，明确学习成果的形式和要求等。

项目学习教学所涉及的问题主要是现实世界中具有开放性的问题，问题解决需将现实问题转化为数学问题。解决数学问题要引导学生提出合理假设、预测结果、选择合理的数学方法，对用数学模型表达条件与结果之间的关系有清晰的认识，并利用真实情境检验模型、修正模型，形成物化成果，包括项目产品、小论文或研究报告等。

(3)关注教学评价

主题活动评价以教学目标为依据，内容主要包括：学生对相关知识内容的理解，对现实情境与数学表达之间关系的把握；学习活动中操作、思考、交流、创意等方面的表现；学习过程中的作品、报告等物化成果的评价。

项目学习评价以教学目标为依据，内容主要包括：学生对真实情境中问题的理解，用数学语言表达问题的适切性，结果预测的合理性，关注解决问题的实施方案，解决问题过程中的思考、交流与创意表现；项目研究成果的质量。

5. 注重信息技术与数学教学的融合

重视大数据、人工智能等对数学教学改革的推动作用，改进教学方式，促进学生学习方式转变。

(1)改进教学方式

教师可以利用信息技术对文本、图像、声音、动画等进行综合处理，丰富教学场景，激发学生学习数学的兴趣和探究新知的欲望。利用数学专用软件等教学工具开展数学实验，将抽象的数学知识直观化，促进学生对数学概念的理解和数学知识的建构。利用技术支持平台将在线学习与课堂教学相结合，开展线上线下融合的混合式教学。

(2)促进自主学习

加强线上网络空间与线下物理空间的融合，突破传统数学教育的时空限制，丰富学习资源，为学生自主学习创造条件。指导学生做好时间管理，规划学习任务，利用数字化平台、工具与资源开展学习活动，加强自我监控、自我评价，提升自主学习能力；家校协同，建立监控、指导、评价、激励机制，适时交流和开展个性化指导，营造学生自主学习的良好环境。

考点 2 评价建议

发挥评价的育人导向作用，坚持以评促学、以评促教。主要分为教学评价和学业水平考试。

1. 教学评价

(1) 评价方式丰富

评价方式应包括书面测验、口头测验、活动报告、课堂观察、课后访谈、课内外作业、成长记录等，可以采用线上线下相结合的方式。每种评价方式各有特点，教师应结合学习内容、学生学习特点，选择适当的评价方式。例如，可以通过课堂观察了解学生的学习过程、学习态度和学习策略，从作业中了解学生基础知识和基本技能的掌握情况，从探究活动中了解学生独立思考的习惯和合作交流的意识，从成长记录中了解学生的发展变化。

(2) 评价维度多元

评价维度多元是指在评价过程中，在关注“四基”“四能”达成的同时，特别关注核心素养的相应表现。不仅要关注学生知识技能的掌握，还要关注学生对基本思想的把握、基本活动经验的积累；不仅要关注学生分析问题、解决问题的能力，还要关注学生发现问题、提出问题的能力。全面考核和评价学生核心素养的形成和发展。

(3) 评价主体多样

评价主体应包括教师、学生、家长等。综合运用教师评价、学生自我评价、学生相互评价、家长评价等方式，对学生的学习情况进行全方位的考查。如学习单元结束时，教师可以要求学生设计一个学习小结，对学生的学习情况进行评价，也可以组织学生在班级展示交流学习小结让学生互评，以及让学生自评总结自己的进步，反思自己的不足，汲取他人值得借鉴的经验。

(4) 评价结果的呈现与运用

根据学生的年龄特征，评价结果的呈现应采用定性与定量相结合的方式，关注每一名学生的学习过程。

第四学段可以采用等级评价和分数制评价相结合的方式。

评价结果的呈现应更多地关注学生的进步，关注学生已有的学业水平与提升空间，为后续的教学提供参考。评价结果的运用应有利于增强学生学习数学的自信心，提高学生学习数学的兴趣，使学生养成良好的学习习惯，促进学生核心素养的发展。

教师要注意分析全班学生评价结果的变化，了解自己教学的成绩和问题，分析、反思教学过程中影响学生能力发展和素质提高的原因，寻求改善教学的对策。同时，以适当的方式，将学生一些积极的变化及时反馈给学生。

2. 学业水平考试

(1) 考试性质和目的

学业水平考试由省级教育行政部门组织实施，依据学业质量标准，对学生学完本课程后课程目标达成度进行终结性评价。考试成绩是学生毕业和高一级学校招生录取的重要依据，为评价区域和学校教学质量、改进教学提供重要参考。

(2) 命题原则

坚持素养立意，凸显育人导向。以核心素养为导向的考试命题，要关注数学的本质，关注通性通法，综

合考查“四基”“四能”与核心素养。适当提高应用性、探究性和综合性试题的比例，题目设置要注重创设真实情境，提出有意义的问题，实现对核心素养导向的义务教育数学课程学业质量的全面考查。

遵循课标要求，严格依标命题。全面理解和体现课程标准要求，依据课程标准所规定的课程目标、内容要求、学业要求和学业质量命题，各领域考查内容所占比例与其在课程标准中所占比例大体一致，难易程度大体平衡，保证命题的科学性。

规范命题管理，加强质量监测。要重视命题人员选择，强化命题流程规范，严格试题质量评估，建立质量监测机制，确保命题框架合理、试题命制规范、内容准确无误、情境问题恰当、语言表达清晰、考试结果真实有效。

(3) 命题规划

考试形式以纸笔测试为主，可采用基于信息技术的考试方式，并与过程性评价、表现性评价等多样化的评价方式相结合。

纸笔测试应合理规划题目类型，关注客观题与主观题分值所占比例，原则上客观题分值要低于主观题分值；主观题要探索命制问题解决及多学科融合类试题；试卷呈现避免套路化。

合理确定试卷容量。适当精减题量，要着重减少单纯考查技能熟练性的题目，保证学生有充足的作答时间。

科学制订多维细目表。在内容要求、素养表现的基础上，确定题型题量、难易程度、分值比例等。多维细目表的编制具体翔实，指向明确，便于命题操作，关注试卷难度、合格率、区分度等指标。

(4) 试题命制

加强命题的标准化建设，逐渐完成题库建设，实现命题流程的标准化，建立试题质量监测与评估体系。

明确考查意图。根据学业质量标准要求，明确试卷和每道试题所要考查的数学知识和核心素养的相应表现。

创设合理情境。根据考查意图，结合学生认知水平和生活经验，设计合理的生活情境、数学情境、科学情境，关注情境的真实性，适当引入数学文化。

设置合理问题。问题的设置要有利于考查对数学概念、性质、关系、规律的理解、表达和应用，注重考查学生的思维过程，避免死记硬背、机械刷题。

科学制定评分标准。评分标准应具有科学性、可操作性。对开放性、综合性较强的试题，合理设计多层次任务的评分标准。

考点 3 教材编写建议

数学教材为学生的数学学习活动提供了学习主题、知识结构和基本线索，是实现数学课程目标、实施数学教学的重要资源。

1. 体现核心素养培养要求

(1) 教材内容结构要着重关注核心素养的整体性

“三会”的主要表现相对独立、相互影响，构成一个有机整体。

教材编写既要体现每种主要表现的内涵，又要关注主要表现之间的内在联系；构建内容结构既要关注数学内容之间的逻辑联系，又要关注核心素养整体性培养的要求。

(2)教材内容组织要着重关注核心素养发展的一致性

发展“三会”是不同学段核心素养培养的一致性要求。内容组织不仅要关注数学内容的主线，也要关注核心素养培养的一致性。

(3)教材内容要求要着重关注核心素养发展的阶段性

核心素养是逐渐形成的，不同阶段具有不同表现水平。教材编写应关注核心素养发展的阶段性，准确把握每个学段每个主题的内容要求和学业要求；遵循螺旋上升原则，使学生对数学知识的理解不断深入，使教材体现核心素养发展的阶段性。

2. 有利于引发学生思考

(1)注重来龙去脉，有利教师引导

教材正文的呈现应有利于教师引导学生主动学习。例如，新知识的学习，展现“知识背景—知识形成—揭示联系”的过程；运用数学知识解决问题，适当体现“问题情境—建立模型—求解验证”的过程，以利于教师在教学过程中帮助学生有效地理解知识与方法、积累活动经验、提高“四能”，开展素养导向的教学。

(2)激发学生兴趣，引导学生探索

教材应为学生提供丰富的问题情境、充分的思考空间，让学生经历观察、实验、猜测、推理、交流、反思等数学活动过程，帮助学生感悟基本思想，积累基本活动经验。教材应具备可读性，图文并茂，关注学生身边发生的事情，增加学习的趣味性，激发学生内在学习动机，促进学生主动学习。

(3)优化习题设计，注重发展素养

习题的设计要关注数学的本质，关注通性通法。设计丰富多样的习题，满足巩固、复习、应用、拓展的学习需要；满足不同学生的学习需要；满足不同学习阶段的学习需要；满足不同完成作业方式的需要，如综合与实践的习题可以包括查阅资料、校外调查、自主探索等。

3. 素材选取要贴近学生的现实、真实可信

教材素材的选取应尽可能地贴近学生的现实，以利于学生经历从现实情境中抽象出数学知识与方法的过程，发展抽象能力、推理能力等。

学生的现实主要包含以下三个方面：生活现实，即学生熟悉的事物，以及自然、社会中的现象和问题。数学现实，即学生已经积累的数学知识。例如，学习一次函数时具备的各种与“匀速变化”现象相关的知识。

源于学生现实的各种学习素材应当真实可信。例如，设计的问题情境客观存在，提供的数据可信且具有实际含义，需要研究或解决的问题确实存在。

4. 注重教材创新

深刻理解课程理念，细致分析课程性质、目标、内容等，着力在教材的内容结构、内容组织、内容呈现、栏目设置、习题编排等方面有所突破。

(1)科学论证

教材编修要总结以往教材编写经验，借鉴国外优秀教材案例，广泛听取教材使用者建议，明确思路，确定突破点。教材创新应精心设计、注重实践检验，基于证据分析，反复修改，凝练并形成教材的创新立意和重点。

(2)拓展视野

教材编修要勇于打破固有教材模式，为教材使用者提供广泛的素材资源和开放的使用空间。如教材中介绍数学文化、数学发展前沿等。内容设计要反映数学在自然与社会中的应用，展现数学发展史中伟大数学家，特别是中国古代与近现代著名数学家，以及他们的数学成果在人类文明发展中的作用，增强学生的爱国情怀和民族自豪感。

(3)强化功能

教材编修要注重强化教材的使用功能，关注学生发展差异，满足学生不同学习需求。在符合课程标准要求的前提下，教材内容选取可体现一定的弹性。所选内容应注重体现数学的本质。

考点 4 课程资源开发与利用

资源开发与利用要坚持育人为本，将促进学生身心健康发展作为首要任务，从促进学生核心素养形成和发展的内在规律出发，为教与学提供有效支撑。

1. 资源开发要丰富多样

课程资源开发要满足教与学的多样化需求，既要包括教材、教辅、教师教学用书、教学设计、教学案例、课外读物等纸质资源，也要包括音频、视频、数学软件等数字化资源；既要包括教师、教研员等教育专业人士开发的资源，也要包括科学家、企业家等社会人士提供的资源；既要包括用于巩固练习的资源，也要包括用于拓展视野的数学科普类资源。

2. 资源开发要注重精品化

学校和教师都要关注课程资源的收集，根据教师教学、学生学习需要，分门别类进行整理；在使用过程中不断优化改进，开发补充；围绕重点难点突破、专题活动开展，形成有利于学生核心素养培养的典型教学资源，构建相对系统的课程资源库。

3. 注重保护知识产权

课程资源的开发与使用应增强知识产权保护意识，合法合规。引用他人成果要明确标注出处、资源开发者信息，尊重其劳动成果。

考点 5 教学研究与教师培训

1. 教学研究建议

教学研究对于课程标准的有效实施具有不可或缺的作用。应注重区域教研和校本教研协同，整合各类资源，创新教研机制，高水平开展研究、指导和服务工作。

(1)区域教研建议

重视顶层设计。地方教研部门要统筹设计和规划区域教研活动，开展区域联动，加强校际合作，实现优势互补。通过确立项目、实验学校等方式开展教学改革实践探索，引领带动本地区义务教育数学课程的整体推进。

聚焦关键问题。树立研究意识，围绕课程实施中的重点难点问题，如单元整体教学设计、跨学科主题学习等，以主题教研的形式开展系统深入的研究，帮助教师提升课程实施水平。

优化教研方式。倡导参与式、体验式、研究式教研方式，利用现代信息技术提升教师参与的效果。根据教师学习特点，强化基于教学现场、走进真实课堂、解决教学实际问题的教学研究，利用行动研究和反思实践提升教学能力。探索信息技术支持下的教研方式改革，注重开展智慧教研和跨区域教研，促进教研资源和教研智慧的分享、协同建构与优化。

(2) 校本教研建议

加强组织建设。建强学校教研组、备课组，构建校级常态教研共同体，形成时间固定、主题聚焦、人人参与、研讨交流的教研机制，及时解决教师在教学实践中遇到的问题。

聚焦教学难点。基于本校学情，聚焦教学重点和难点问题，确定教研专题，以教学改进和师生共同发展为研究目的，开展校本教研活动，增强教研的针对性，引导教师持续进行核心素养导向的数学教学改进，实现教师从理念到课堂教学行为的转变。

创新教研方式。在集体备课、课堂观摩、交流研讨等教研活动基础上，积极开展"问题—研究—改进—实践"的校本教研，帮助教师解决教学中的问题。充分发挥各级骨干教师的作用，通过名师工作室、教学沙龙、工作坊和微论坛等，开展专题研讨，丰富教研形式，提升教师教学能力水平。

2. 培训建议

教师培训是落实课程改革要求、提升育人质量的关键。培训应面向全体教师，坚持"先培训后实施"。应充分发挥教研部门的作用，统筹课程专家、学科教育专家、教研员和一线骨干教师的力量，提升培训质量。

精心设计培训内容。培训内容的设计应着眼新理念，强化整体性，突出关键点，注重实践性。内容应包括：课程改革的背景和要求，课程改革的顶层设计意图和数学课程的理念等；数学课程性质、课程理念、核心素养、课程目标、课程内容、学业质量、教学与评价建议等各部分的核心要义及彼此间的关系；整体把握结构化课程内容体系、单元整体教学、跨学科主题学习、基于核心素养的学业质量标准与考试评价等关键问题专题研修；结合典型案例对数学教学中重点难点解析，教学实施路径和策略示范引领等。

采用多样化培训方式。注重研究型、参与式培训，采用专家报告与案例研究相结合、线上与线下相结合、集体学习与自我研修相结合等多种方式。探索新技术与教师培训有机融合的培训模式，运用移动互联网、人工智能、大数据等新技术，创新移动学习环境，充分发挥现代信息技术对教师培训的支持和服务功能。例如：课程标准解读可采取专家现场讲座、线上视频学习的方式；案例示范可采取工作坊方式，设置"案例分享—分组研讨—专家点评"等活动环节。

第二节 《义务教育数学课程标准》（2011 年版）（节选）

《义务教育数学课程标准》(2011 年版)

数学是研究数量关系和空间形式的科学。数学与人类发展和社会进步息息相关，随着现代信息技术的飞速发展，数学更加广泛应用于社会生产和日常生活的各个方面。数学作为对于客观现象抽象概括而逐渐形成的**科学语言与工具**，不仅是自然科学和技术科学的基础，而且在人文科学与社会科学中发挥着越来越大的作用。特别是 20 世纪中叶以来，数学与计算机技术的结合在许多方面直接为社会创造价值，推动着社会生产力的发展。

数学是人类文化的重要组成部分，数学素养是现代社会每一个公民应该具备的基本素养。作为促进学生全面发展教育的重要组成部分，数学教育既要使学生掌握现代生活和学习中所需要的数学知识与技能，更要发挥数学在培养人的思维能力和创新能力方面的不可替代的作用。

一、义务教育数学课程性质、基本理念与设计思路 ★★★

考点 1 课程性质 【单选】

义务教育阶段的数学课程是培养公民素质的基础课程，具有**基础性**、**普及性**和**发展性**。数学课程能使学生掌握必备的基础知识和基本技能，培养学生的抽象思维和推理能力，培养学生的创新意识和实践能力，促进学生在情感、态度与价值观等方面的发展。义务教育的数学课程能为学生未来生活、工作和学习奠定重要的基础。

真题面对面

[2020 江西初中，单，1 分]义务教育阶段的数学课程是培养公民素质的基础课程，具有基础性、普及性和(　　)

A. 连续性　　B. 应用性

C. 工具性　　D. 发展性

答案：D。

考点 2 课程基本理念 【单选】

(1)数学课程应致力于实现义务教育阶段的培养目标，要面向全体学生，适应学生个性发展的需要，使得：人人都能获得良好的数学教育，不同的人在数学上得到不同的发展。

(2)课程内容要反映社会的需要、数学的特点，要符合学生的认知规律。它不仅包括数学的结果，也包括数学结果的形成过程和蕴含的数学思想方法。课程内容的选择要贴近学生的实际，有利于学生体验与理解、思考与探索。课程内容的组织要重视过程，处理好过程与结果的关系；要重视直观，处理好直观与抽象的关系；要重视直接经验，处理好直接经验与间接经验的关系。课程内容的呈现应注意层次性和多样性。

(3)教学活动是师生积极参与、交往互动、共同发展的过程。有效的教学活动是学生学与教师教的统一，学生是学习的主体，教师是学习的组织者、引导者与合作者。

数学教学活动，特别是课堂教学应激发学生兴趣，调动学生积极性，引发学生的数学思考，鼓励学生的创造性思维；要注重培养学生良好的数学学习习惯，使学生掌握恰当的数学学习方法。

学生学习应当是一个生动活泼的、主动的和富有个性的过程。认真听讲、积极思考、动手实践、自主探索、合作交流等，都是学习数学的重要方式。学生应当有足够的时间和空间经历观察、实验、猜测、计算、推理、验证等活动过程。

教师教学应该以学生的认知发展水平和已有的经验为基础，面向全体学生，注重启发式和因材施教。教师要发挥主导作用，处理好讲授与学生自主学习的关系，引导学生独立思考、主动探索、合作交流，使学生理解和掌握基本的数学知识与技能，体会和运用数学思想与方法，获得基本的数学活动经验。

(4)学习评价的主要目的是全面了解学生数学学习的过程和结果，激励学生学习和改进教师教学。应建立目标多元、方法多样的评价体系。评价既要关注学生学习的结果，也要重视学习的过程；既要关注学生数学学习的水平，也要重视学生在数学活动中所表现出来的情感与态度，帮助学生认识自我、建立信心。

(5)信息技术的发展对数学教育的价值、目标、内容以及教学方式产生了很大的影响。数学课程的设计与实施应根据实际情况合理地运用现代信息技术，要注重信息技术与课程内容的整合，注重实效。要充分考虑信息技术对数学学习内容和方式的影响，开发并向学生提供丰富的学习资源，把现代信息技术作为学生学习数学和解决问题的有力工具，有效地改进教与学的方式，使学生乐意并有可能投入到现实的、探索性的数学活动中去。

第三部分

真题面对面

[2022 安徽统考，单，4 分]数学课程内容是实现课程目标的重要载体。《义务教育数学课程标准》(2011 年版)在课程理念中指出，课程内容的组织需要重视过程、直观以及(　　)

A. 直接经验　　B. 学生现实

C. 整体设计　　D. 知识关联

答案：A。《义务教育数学课程标准》(2011 年版)在课程理念中指出，课程内容的组织要重视过程，处理好过程与结果的关系；要重视直观，处理好直观与抽象的关系；要重视直接经验，处理好直接经验与间接经验的关系。

考点 3　课程设计思路　【单选、案例分析】

义务教育阶段数学课程的设计，充分考虑本阶段学生数学学习的特点，符合学生的认知规律和心理特征，有利于激发学生的学习兴趣，引发学生的数学思考；充分考虑数学本身的特点，体现数学的实质；在呈现作为知识与技能的数学结果的同时，重视学生已有的经验，使学生体验从实际背景中抽象出数学问题、构建数学模型、寻求结果、解决问题的过程。

按以上思路具体设计如下。

1. 学段划分

为了体现义务教育数学课程的整体性，本标准统筹考虑九年的课程内容。同时，根据学生发展的生理和心理特征，将九年的学习时间划分为三个学段：第一学段(1~3年级)、第二学段(4~6年级)、第三学段(7~9年级)。

2. 课程目标

义务教育阶段数学课程目标分为总目标和学段目标，从知识技能、数学思考、问题解决、情感态度四个方面加以阐述。

数学课程目标包括结果目标和过程目标。结果目标使用"了解""理解""掌握""运用"等行为动词表述，过程目标使用"经历""体验""探索"等行为动词表述。

考点 再拔高

▼ 有关行为动词的概念

了解：从具体实例中知道或举例说明对象的有关特征；根据对象的特征，从具体情境中辨认或者举例说明对象。同类词：知道，初步认识。

理解：描述对象的特征和由来，阐述此对象与相关对象之间的区别和联系。同类词：认识，会。

掌握：在理解的基础上，把对象用于新的情境。同类词：能。

运用：综合使用已掌握的对象，选择或创造适当的方法解决问题。同类词：证明。

经历：在特定的数学活动中，获得一些感性认识。同类词：感受，尝试。

体验：参与特定的数学活动，主动认识或验证对象的特征，获得一些经验。同类词：体会。

探索：独立或与他人合作参与特定的数学活动，理解或提出问题，寻求解决问题的思路，发现对象的特征及其与相关对象的区别和联系，获得一定的理性认识。

真题面对面

[2021 安徽统考，单，4分]《义务教育数学课程标准》(2011年版)把行为动词分成两类，一类是描述结果目标的行为动词，另一类是描述过程目标的行为动词是(　　)

A. 掌握　　B. 运用

C. 理解　　D. 探索

答案：D。《义务教育数学课程标准》(2011年版)中有两类行为动词，一类是描述结果目标的行为动词，包括"了解、理解、掌握、运用"等术语。另一类是描述过程目标的行为动词，包括"经历、体验、探索"等术语。

3. 课程内容

在各学段中，安排了四个部分的课程内容："数与代数""图形与几何""统计与概率""综合与实践"。其

第三部分

中,“综合与实践”内容设置的目的在于培养学生综合运用有关的知识与方法解决实际问题,培养学生的问题意识、应用意识和创新意识,积累学生的活动经验,提高学生解决现实问题的能力。

“数与代数”的主要内容有:数的认识,数的表示,数的大小,数的运算,数量的估计;字母表示数,代数式及其运算;方程、方程组、不等式、函数等。

“图形与几何”的主要内容有:空间和平面基本图形的认识,图形的性质、分类和度量;图形的平移、旋转、轴对称、相似和投影;平面图形基本性质的证明;运用坐标描述图形的位置和运动。

“统计与概率”的主要内容有:收集、整理和描述数据,包括简单抽样、整理调查数据、绘制统计图表等;处理数据,包括计算平均数、中位数、众数、方差等;从数据中提取信息并进行简单的推断;简单随机事件及其发生的概率。

“综合与实践”是一类以问题为载体、以学生自主参与为主的学习活动。在学习活动中,学生将综合运用“数与代数”“图形与几何”“统计与概率”等知识和方法解决问题。“综合与实践”的教学活动应当保证每学期至少一次,可以在课堂上完成,也可以课内外相结合。提倡把这种教学形式体现在日常教学活动中。

在数学课程中,应当注重发展学生的数感、符号意识、空间观念、几何直观、数据分析观念、运算能力、推理能力和模型思想。为了适应时代发展对人才培养的需要,数学课程还要特别注重发展学生的应用意识和创新意识。

数感主要是指关于数与数量、数量关系、运算结果估计等方面的感悟。建立数感有助于学生理解现实生活中数的意义,理解或表述具体情境中的数量关系。

符号意识主要是指能够理解并且运用符号表示数、数量关系和变化规律;知道使用符号可以进行运算和推理,得到的结论具有一般性。建立符号意识有助于学生理解符号的使用是数学表达和进行数学思考的重要形式。

空间观念主要是指根据物体特征抽象出几何图形,根据几何图形想象出所描述的实际物体;想象出物体的方位和相互之间的位置关系;描述图形的运动和变化;依据语言的描述画出图形等。

几何直观主要是指利用图形描述和分析问题。借助几何直观可以把复杂的数学问题变得简明、形象,有助于探索解决问题的思路,预测结果。几何直观可以帮助学生直观地理解数学,在整个数学学习过程中都发挥着重要作用。

数据分析观念包括:了解在现实生活中有许多问题应当先做调查研究,收集数据,通过分析作出判断,体会数据中蕴含着信息;了解对于同样的数据可以有多种分析的方法,需要根据问题的背景选择合适的方法;通过数据分析体验随机性,一方面对于同样的事情每次收集到的数据可能不同,另一方面只要有足够的数据就可能从中发现规律。数据分析是统计的核心。

运算能力主要是指能够根据法则和运算律正确地进行运算的能力。培养运算能力有助于学生理解运算的算理,寻求合理简洁的运算途径解决问题。

推理能力的发展应贯穿于整个数学学习过程中。推理是数学的基本思维方式,也是人们学习和生活中

经常使用的思维方式。推理一般包括合情推理和演绎推理,合情推理是从已有的事实出发,凭借经验和直觉,通过归纳和类比等推断某些结果;演绎推理是从已有的事实(包括定义、公理、定理等)和确定的规则(包括运算的定义、法则、顺序等)出发,按照逻辑推理的法则证明和计算。在解决问题的过程中,两种推理功能不同,相辅相成:合情推理用于探索思路,发现结论;演绎推理用于证明结论。

模型思想的建立是学生体会和理解数学与外部世界联系的基本途径。建立和求解模型的过程包括:从现实生活或具体情境中抽象出数学问题,用数学符号建立方程、不等式、函数等表示数学问题中的数量关系和变化规律,求出结果并讨论结果的意义。这些内容的学习有助于学生初步形成模型思想,提高学习数学的兴趣和应用意识。

应用意识有两个方面的含义:一方面,有意识利用数学的概念、原理和方法解释现实世界中的现象,解决现实世界中的问题;另一方面,认识到现实生活中蕴含着大量与数量和图形有关的问题,这些问题可以抽象成数学问题,用数学的方法予以解决。在整个数学教育的过程中都应该培养学生的应用意识,综合实践活动是培养应用意识很好的载体。

创新意识的培养是现代数学教育的基本任务,应体现在数学教与学的过程之中。学生自己发现和提出问题是创新的基础;独立思考、学会思考是创新的核心;归纳概括得到猜想和规律,并加以验证,是创新的重要方法。创新意识的培养应该从义务教育阶段做起,贯穿数学教育的始终。

二、课程目标 【单选】 ★★

考点 1 义务教育数学课程总目标

通过义务教育阶段的数学学习,学生能:

(1)获得适应社会生活和进一步发展所必需的数学的基础知识、基本技能、基本思想、基本活动经验。

(2)体会数学知识之间、数学与其他学科之间、数学与生活之间的联系,运用数学的思维方式进行思考,增强发现和提出问题的能力、分析和解决问题的能力。

(3)了解数学的价值,提高学习数学的兴趣,增强学好数学的信心,养成良好的学习习惯,具有初步的创新意识和科学态度。

总目标从以下四个方面具体阐述:

知识技能	• 经历数与代数的抽象、运算与建模等过程,掌握数与代数的基础知识和基本技能 • 经历图形的抽象、分类、性质探讨、运动、位置确定等过程,掌握图形与几何的基础知识和基本技能 • 经历在实际问题中收集和处理数据、利用数据分析问题、获取信息的过程,掌握统计与概率的基础知识和基本技能 • 参与综合实践活动,积累综合运用数学知识、技能和方法等解决简单问题的数学活动经验

数学思考	• 建立数感、符号意识和空间观念，初步形成几何直观和运算能力，发展形象思维与抽象思维 • 体会统计方法的意义，发展数据分析观念，感受随机现象 • 在参与观察、实验、猜想、证明、综合实践等数学活动中，发展合情推理和演绎推理能力，清晰地表达自己的想法 • 学会独立思考，体会数学的基本思想和思维方式
问题解决	• 初步学会从数学的角度发现问题和提出问题，综合运用数学知识解决简单的实际问题，增强应用意识，提高实践能力 • 获得分析问题和解决问题的一些基本方法，体验解决问题方法的多样性，发展创新意识 • 学会与他人合作交流 • 初步形成评价与反思的意识
情感态度	• 积极参与数学活动，对数学有好奇心和求知欲 • 在数学学习过程中，体验获得成功的乐趣，锻炼克服困难的意志，建立自信心 • 体会数学的特点，了解数学的价值 • 养成认真勤奋、独立思考、合作交流、反思质疑等学习习惯 • 形成坚持真理、修正错误、严谨求实的科学态度

总目标的这四个方面，不是相互独立和割裂的，而是一个密切联系、相互交融的有机整体。在课程设计和教学活动组织中，应同时兼顾这四个方面的目标。这些目标的整体实现，是学生受到良好数学教育的标志，它对学生的全面、持续、和谐发展有着重要的意义。数学思考、问题解决、情感态度的发展离不开知识技能的学习，知识技能的学习必须有利于其他三个目标的实现。

考点 2 第三学段（7～9 年级）目标

1. 知识技能

①体验从具体情境中抽象出数学符号的过程，理解有理数、实数、代数式、方程、不等式、函数；掌握必要的运算（包括估算）技能；探索具体问题中的数量关系和变化规律，掌握用代数式、方程、不等式、函数进行表述的方法。

②探索并掌握相交线、平行线、三角形、四边形和圆的基本性质与判定，掌握基本的证明方法和基本的作图技能；探索并理解平面图形的平移、旋转、轴对称；认识投影与视图；探索并理解平面直角坐标系及

其应用。

③体验数据收集、处理、分析和推断的过程，理解抽样方法，体验用样本估计总体的过程；进一步认识随机现象，能计算一些简单事件的概率。

2. 数学思考

①通过用代数式、方程、不等式、函数等表述数量关系的过程，体会模型的思想，建立符号意识；在研究图形性质和运动、确定物体位置等过程中，进一步发展空间观念；经历借助图形思考问题的过程，初步建立几何直观。

②了解利用数据可以进行统计推断，发展建立数据分析观念；感受随机现象的特点。

③体会通过合情推理探索数学结论，运用演绎推理加以证明的过程，在多种形式的数学活动中，发展合情推理与演绎推理的能力。

④能独立思考，体会数学的基本思想和思维方式。

3. 问题解决

①初步学会在具体的情境中从数学的角度发现问题和提出问题，并综合运用数学知识和方法等解决简单的实际问题，增强应用意识，提高实践能力。

②经历从不同角度寻求分析问题和解决问题的方法的过程，体验解决问题方法的多样性，掌握分析问题和解决问题的一些基本方法。

③在与他人合作和交流过程中，能较好地理解他人的思考方法和结论。

④能针对他人所提的问题进行反思，初步形成评价与反思的意识。

4. 情感态度

①积极参与数学活动，对数学有好奇心和求知欲。

②感受成功的快乐，体验独自克服困难、解决数学问题的过程，有克服困难的勇气，具备学好数学的信心。

③在运用数学表述和解决问题的过程中，认识数学具有抽象、严谨和应用广泛的特点，体会数学的价值。

④敢于发表自己的想法、勇于质疑、敢于创新，养成认真勤奋、独立思考、合作交流等学习习惯，形成严谨求实的科学态度。

三、实施建议 【单选、案例分析】

考点 1 教学建议 ★★★

教学活动是师生积极参与、交往互动、共同发展的过程。

数学教学应根据具体的教学内容，注意使学生在获得间接经验的同时也能够有机会获得直接经验，即从学生实际出发，创设有助于学生自主学习的问题情境，引导学生通过实践、思考、探索、交流等，获得数学的基础知识、基本技能、基本思想、基本活动经验，促使学生主动地、富有个性地学习，不断提高发现问题和提出问题的能力、分析问题和解决问题的能力。

1. 数学教学活动要注重课程目标的整体实现

为使每个学生都受到良好的数学教育，数学教学不仅要使学生获得数学的知识技能，而且要把知识技能、数学思考、问题解决、情感态度四个方面目标有机结合，整体实现课程目标。

2. 重视学生在学习活动中的主体地位

有效的数学教学活动是教师教与学生学的统一，应体现"以人为本"的理念，促进学生的全面发展。

(1)学生是数学学习的主体，在积极参与学习活动的过程中不断得到发展。

(2)教师应成为学生学习活动的组织者、引导者、合作者，为学生的发展提供良好的环境和条件。

(3)处理好学生主体地位和教师主导作用的关系。

好的教学活动，应是学生主体地位和教师主导作用的和谐统一。一方面，学生主体地位的真正落实，依赖于教师主导作用的有效发挥；另一方面，有效发挥教师主导作用的标志，是学生能够真正成为学习的主体，得到全面的发展。

3. 注重学生对基础知识、基本技能的理解和掌握

"知识技能"既是学生发展的基础性目标，又是落实"数学思考""问题解决""情感态度"目标的载体。

(1)数学知识的教学，应注重学生对所学知识的理解，体会数学知识之间的关联。

学生掌握数学知识，不能依赖死记硬背，而应以理解为基础，并在知识的应用中不断巩固和深化。为了帮助学生真正理解数学知识，教师应注重数学知识与学生生活经验的联系、与学生学科知识的联系，组织学生开展实验、操作、尝试等活动，引导学生进行观察、分析，抽象概括，运用知识进行判断。教师还应揭示知识的数学实质及其体现的数学思想，帮助学生理清相关知识之间的区别和联系等。

数学知识的教学，要注重知识的"生长点"与"延伸点"，把每堂课教学的知识置于整体知识的体系中，注重知识的结构和体系，处理好局部知识与整体知识的关系，引导学生感受数学的整体性，体会对于某些数学知识可以从不同的角度加以分析、从不同的层次进行理解。

(2)在基本技能的教学中，不仅要使学生掌握技能操作的程序和步骤，还要使学生理解程序和步骤的道理。

基本技能的形成，需要一定量的训练，但要适度，不能依赖机械地重复操作，要注重训练的实效性。教师应把握技能形成的阶段性，根据内容的要求和学生的实际，分层次地落实。

4. 感悟数学思想，积累数学活动经验

数学思想蕴含在数学知识形成、发展和应用的过程中，是数学知识和方法在更高层次上的抽象与概括，如抽象、分类、归纳、演绎、模型等。学生在积极参与教学活动的过程中，通过独立思考、合作交流，逐步感悟数学思想。

数学活动经验的积累是提高学生数学素养的重要标志。帮助学生积累数学活动经验是数学教学的重要目标，是学生不断经历、体验各种数学活动过程的结果。数学活动经验需要在"做"的过程和"思考"的过程中积淀，是在数学学习活动过程中逐步积累的。

5. **关注学生情感态度的发展**

根据课程目标，广大教师要把落实情感态度的目标作为己任，努力把情感态度目标有机地融合在数学教学过程之中。

在教育教学活动中，教师要尊重学生，以强烈的责任心、严谨的治学态度、健全的人格感染和影响学生；要不断提高自身的数学素养，善于挖掘教学内容的教育价值；要在教学实践中善于用本标准的理念分析各种现象，恰当地进行养成教育。

6. **合理把握“综合与实践”的实施**

“综合与实践”的实施是以问题为载体、以学生自主参与为主的学习活动。它有别于学习具体知识的探索活动，更有别于课堂上教师的直接讲授。它是教师通过问题引领、学生全程参与、实践过程相对完整的学习活动。

积累数学活动经验、培养学生的应用意识和创新意识是数学课程的重要目标，应贯穿整个数学课程之中。“综合与实践”是实现这些目标的重要和有效的载体。“综合与实践”的教学，重在实践、重在综合。重在实践是指在活动中，注重学生自主参与、全过程参与，重视学生积极动脑、动手、动口。重在综合是指在活动中，注重数学与生活实际、数学与其他学科、数学内部知识的联系和综合应用。

教师在教学设计和实施时应特别关注的几个环节是：问题的选择，问题的展开过程，学生参与的方式，学生的合作交流，活动过程和结果的展示与评价等。

7. **教学中应当注意的几个关系**

(1) 面向全体学生与关注学生个体差异的关系。

教学活动应努力使全体学生达到课程目标的基本要求，同时要关注学生的个体差异，促进每个学生在原有基础上的发展。

在教学活动中，要鼓励与提倡解决问题策略的多样化，恰当评价学生在解决问题过程中所表现出的不同水平；问题情境的设计、教学过程的展开、练习的安排等要尽可能地让所有学生都能主动参与，提出各自解决问题的策略，并引导学生通过与他人的交流选择合适的策略，丰富数学活动的经验，提高思维水平。

(2) “预设”与“生成”的关系。

教学方案是教师对教学过程的“预设”，教学方案的形成依赖于教师对教材的理解、钻研和再创造。理解和钻研教材，应以本标准为依据，把握好教材的编写意图和教学内容的教育价值；对教材的再创造，集中表现在：能根据所教班级学生的实际情况，选择贴切的教学素材和教学流程，准确地体现基本理念和课程内容规定的要求。

实施教学方案，是把“预设”转化为实际的教学活动。在这个过程中，师生双方的互动往往会“生成”一些新的教学资源，这就需要教师能够及时把握，因势利导，适时调整预案，使教学活动收到更好的效果。

(3)合情推理与演绎推理的关系。

推理贯穿于数学教学的始终，推理能力的形成和提高是一个长期的、循序渐进的过程。义务教育阶段要注重学生思考的条理性，不要过分强调推理的形式。

推理包括合情推理和演绎推理。教师在教学过程中，应该设计适当的学习活动，引导学生通过观察、尝试、估算、归纳、类比、画图等活动发现一些规律，猜测某些结论，发展合情推理能力；通过实例使学生逐步意识到，结论的正确性需要演绎推理的确认，可以根据学生的年龄特征提出不同程度的要求。

(4)使用现代信息技术与教学手段多样化的关系。

积极开发和有效利用各种课程资源，合理地应用现代信息技术，注重信息技术与课程内容的整合，能有效地改变教学方式，提高课堂教学的效益。有条件的地区，教学中要尽可能地使用计算器、计算机以及有关软件；暂时没有这种条件的地区，一方面要积极创造条件改善教学设施，另一方面广大教师应努力自制教具以弥补教学设施的不足。

在学生理解并能正确应用公式、法则进行计算的基础上，鼓励学生用计算器完成较为繁杂的计算。课堂教学、课外作业、实践活动中，应当根据课程内容的要求，允许学生使用计算器，还应当鼓励学生用计算器进行探索规律等活动。

现代信息技术的作用不能完全替代原有的教学手段，其真正价值在于实现原有的教学手段难以达到甚至达不到的效果。例如，利用计算机展示函数图象、几何图形的运动变化过程；从数据库中获得数据，绘制合适的统计图表；利用计算机的随机模拟结果，引导学生更好地理解随机事件以及随机事件发生的概率；等等。在应用现代信息技术的同时，教师还应注重课堂教学的板书设计。必要的板书有利于实现学生的思维与教学过程同步，有助于学生更好地把握教学内容的脉络。

第三部分

考点 2 评价建议 ★

评价的主要目的是全面了解学生数学学习的过程和结果，激励学生学习和改进教师教学。评价应以课程目标和课程内容为依据，体现数学课程的基本理念，全面评价学生在知识技能、数学思考、问题解决和情感态度等方面的表现。

评价不仅要关注学生的学习结果，更要关注学生在学习过程中的发展和变化。应采用多样化的评价方式，恰当呈现并合理利用评价结果，发挥评价的激励作用，保护学生的自尊心和自信心。通过评价得到的信息，可以了解学生数学学习达到的水平和存在的问题，帮助教师进行总结与反思，调整和改进教学内容与教学过程。

1. 基础知识和基本技能的评价

对基础知识和基本技能的评价，应以各学段的具体目标和要求为标准，考查学生对基础知识和基本技能的理解与掌握程度，以及在学习基础知识和基本技能过程中的表现。在对学生学习基础知识和基本技能的结果进行评价时，应该准确地把握“了解、理解、掌握、应用”不同层次的要求。在对学生学习过程进行评价时，应依据“经历、体验、探索”不同层次的要求，采取灵活多样的方法，定性与定量相结合，以定性评价为主。

2. 数学思考和问题解决的评价

数学思考和问题解决的评价要依据总目标和学段目标的要求，体现在整个数学学习过程中。

对数学思考和问题解决的评价应当采用多种形式和方法，特别要重视在平时教学和具体的问题情境中进行评价。

3. 情感态度的评价

情感态度的评价应依据课程目标的要求，采用适当的方法进行。主要方式有课堂观察、活动记录、课后访谈等。

情感态度的评价主要在平时教学过程中进行，注重考查和记录学生在不同方面的表现，了解学生情感态度的状况及变化。

教师可以根据实际情况采用灵活多样的方式记录学生情感态度的变化，用恰当的方式给学生以反馈和指导。

4. 注重对学生数学学习过程的评价

学生在数学学习过程中，知识技能、数学思考、问题解决和情感态度方面的表现不是孤立的，这些方面的发展综合体现在数学学习过程之中。在评价学生每一个方面表现的同时，要注重对学生学习过程的整体评价，分析学生在不同阶段的表现特征和发展变化。评价时应采用灵活的方式记录、保留和分析学生在不同方面的表现。还可以通过建立成长记录袋等方式，使学生记录和反思学习数学的情况与成长的历程。

第三部分

5. 体现评价主体的多元化和评价方式的多样性

评价主体的多元化是指教师、家长、同学及学生本人都可以作为评价者，可以综合运用教师评价、学生自我评价、学生相互评价、家长评价等方式，对学生的学习情况和教师的教学情况进行全面的考查。

评价方式多样化体现在多种评价方法的运用，包括书面测验、口头测验、开放式问题、活动报告、课堂观察、课后访谈、课内外作业、成长记录等。在条件允许的地方，也可以采用网上交流的方式进行评价。每种评价方式都具有各自的特点，教师应结合学习内容及学生学习的特点，选择适当的评价方式。例如，可以通过课堂观察了解学生学习的过程与学习态度，从作业中了解学生基础知识与基本技能掌握的情况，从探究活动中了解学生独立思考的习惯和合作交流的意识，从成长记录中了解学生的发展变化。

6. 恰当地呈现和利用评价结果

评价结果的呈现应采用定性与定量相结合的方式。第三学段可以采用描述性评价和等级（或百分制）评价相结合的方式。

评价结果的呈现和利用应有利于增强学生学习数学的自信心，提高学生学习数学的兴趣，使学生养成良好的学习习惯，促进学生的发展。评价结果的呈现，应该更多地关注学生的进步，关注学生已经掌握了什么，获得了哪些提高，具备了什么能力，还有什么潜能，在哪些方面还存在不足，等等。

7. 合理设计与实施书面测验

书面测验是考查学生课程目标达成状况的重要方式，合理地设计和实施书面测验有助于全面考查学生的数学学业成就，及时反馈教学成效，不断提高教学质量。

(1) 对于学生基础知识和基本技能达成情况的评价，必须准确把握课程内容中的要求。

(2) 在设计试题时，应该关注并且体现本标准的设计思路中提出的几个核心词：数感、符号意识、空间观念、几何直观、数据分析观念、运算能力、推理能力、模型思想，以及应用意识和创新意识。

(3) 根据评价的目的合理地设计试题的类型，有效地发挥各种类型题目的功能。

(4) 在书面测验中，积极探索可以考查学生学习过程的试题，了解学生的学习过程。

第三节 《普通高中数学课程标准》（2017 年版 2020 年修订）（节选）

一、课程性质与基本理念 【单选、简答】 ★★

《普通高中数学课程标准》（2017 年版 2020 年修订）

考点 1 课程性质

数学是研究数量关系和空间形式的一门科学。数学源于对现实世界的抽象，基于抽象结构，通过符号运算、形式推理、模型构建等，理解和表达现实世界中事物的本质、关系和规律。数学与人类生活和社会发展紧密关联。数学不仅是运算和推理的工具，还是表达和交流的语言。数学承载着思想和文化，是人类文明的重要组成部分。数学是自然科学的重要基础，并且在社会科学中发挥越来越大的作用，数学的应用已渗透到现代社会及人们日常生活的各个方面。随着现代科学技术特别是计算机科学、人工智能的迅猛发展，人们获取数据和处理数据的能力都得到很大的提升，伴随着大数据时代的到来，人们常常需要对网络、文本、声音、图像等反映的信息进行数字化处理，这使数学的研究领域与应用领域得到极大拓展。数学直接为社会创造价值，推动社会生产力的发展。

数学在形成人的理性思维、科学精神和促进个人智力发展的过程中发挥着不可替代的作用。数学素养是现代社会每一个人应该具备的基本素养。

数学教育承载着落实立德树人根本任务、发展素质教育的功能。数学教育帮助学生掌握现代生活和进一步学习所必需的数学知识、技能、思想和方法；提升学生的数学素养，引导学生会用数学眼光观察世界，会用数学思维思考世界，会用数学语言表达世界；促进学生思维能力、实践能力和创新意识的发展，探寻事物变化规律，增强社会责任感；在学生形成正确人生观、价值观、世界观等方面发挥独特作用。

高中数学课程是义务教育阶段后普通高级中学的主要课程，具有基础性、选择性和发展性。必修课程面向全体学生，构建共同基础；选择性必修课程、选修课程充分考虑学生的不同成长需求，提供多样性的课程供学生自主选择；高中数学课程为学生的可持续发展和终身学习创造条件。

真题面对面

[2021 安徽统考，单，4 分] 下列选项中，与《普通高中数学课程标准》(2017 年版 2020 年修订)中关于数学的表述不符合的是(　　)

A. 数学是研究数学关系和文字关系的一门科学

B. 数学和人类生活社会发展紧密关联

C. 数学不仅是运用和推理工具，还是表达和语言交流工具

D. 数学承载着思想和文化，是人类文明的重要组成部分

答案：A。《普通高中数学课程标准》(2017 年版 2020 年修订)指出，数学是研究数量关系和空间形式的科学，其他选项正确。

考点 2 基本理念

1. 学生发展为本，立德树人，提升素养

高中数学课程以学生发展为本，落实立德树人根本任务，培育科学精神和创新意识，提升数学学科核心素养。高中数学课程面向全体学生，实现：人人都能获得良好的数学教育，不同的人在数学上得到不同的发展。

2. 优化课程结构，突出主线，精选内容

高中数学课程体现社会发展的需求、数学学科的特征和学生的认知规律，发展学生数学学科核心素养。优化课程结构，为学生发展提供共同基础和多样化选择；突出数学主线，凸显数学的内在逻辑和思想方法；精选课程内容，处理好数学学科核心素养与知识技能之间的关系，强调数学与生活以及其他学科的联系，提升学生应用数学解决实际问题的能力，同时注重数学文化的渗透。

3. 把握数学本质，启发思考，改进教学

高中数学教学以发展学生数学学科核心素养为导向，创设合适的教学情境，启发学生思考，引导学生把握数学内容的本质。提倡独立思考、自主学习、合作交流等多种学习方式，激发学习数学的兴趣，养成良好的学习习惯，促进学生实践能力和创新意识的发展。注重信息技术与数学课程的深度融合，提高教学的实效性。不断引导学生感悟数学的科学价值、应用价值、文化价值和审美价值。

4. 重视过程评价，聚焦素养，提高质量

高中数学学习评价关注学生知识技能的掌握，更关注数学学科核心素养的形成和发展，制定科学合理的学业质量要求，促进学生在不同学习阶段数学学科核心素养水平的达成。评价既要关注学生学习的结果，更要重视学生学习的过程。开发合理的评价工具，将知识技能的掌握与数学学科核心素养的达成有机结合，建立目标多元、方式多样、重视过程的评价体系。通过评价，提高学生学习兴趣，帮助学生认识自我，增强自信；帮助教师改进教学，提高质量。

真题面对面

[2022 浙江杭州,简答,10 分]《普通高中数学课程标准》(2017 年版 2020 年修订)中的基本理念之一是"学生发展为本,立德树人,提升素养",请简述:

(1)你对这一基本理念的认识;

(2)在教学中如何实践这一基本理念。

参考答案:(1)高中数学课程以学生发展为本,落实立德树人根本任务,培养科学精神和创新意识,提升数学学科核心素养。高中数学课程面向全体学生,实现:人人都能获得良好的数学教育,不同的人在数学上得到不同的发展。选择性课程对不同学生提供了不同平台,体现数学学科的层次性,最终实现不同的人得到不同的发展。

(2)①教师认真践行教师的职业道德规范,要善于抓住学生的心理特征,对学生的个性品质加以正确引导,时刻关注学生知识、技能、情感、态度、价值观等多方面的融合,要培养每一名学生获得成功生活、适应个人终生发展和社会发展都需要的、不可或缺的数学学科核心素养。②教师进行教学活动的设计时要围绕数学学科核心素养的培养展开,在教学实施时要整体把握教学内容,不断探索和改进教学方法。③基于数学学科核心素养的教学活动要把握数学的本质,创设合适的教学情境、提出合适的教学问题,引发学生思考与交流。④在数学的教学活动中融入数学文化,适当介绍相关知识的背景文化,让学生了解数学思想方法、知识技能的产生过程,促进学生自觉地、主动地学习数学,让学生更加全面地理解数学知识。

二、学科核心素养与课程目标 【单选、填空、案例分析】★★★

考点 1 学科核心素养

学科核心素养是育人价值的集中体现,是学生通过学科学习而逐步形成的**正确价值观念、必备品格和关键能力**。数学学科核心素养是数学课程目标的集中体现,是具有数学基本特征的思维品质、关键能力以及情感、态度与价值观的综合体现,是在数学学习和应用的过程中逐步形成和发展的。数学学科核心素养包括:数学抽象、逻辑推理、数学建模、直观想象、数学运算和数据分析。这些数学学科核心素养既相对独立、又相互交融,是一个有机的整体。

1. 数学抽象

数学抽象是指通过对数量关系与空间形式的抽象,得到数学研究对象的素养。主要包括:从数量与数量关系、图形与图形关系中抽象出数学概念及概念之间的关系,从事物的具体背景中抽象出一般规律和结构,并用数学语言予以表征。

数学抽象是数学的基本思想,是形成理性思维的重要基础,反映了数学的本质特征,贯穿在数学产生、发展、应用的过程中。数学抽象使得数学成为高度概括、表达准确、结论一般、有序多级的系统。

数学抽象主要表现为：获得数学概念和规则，提出数学命题和模型，形成数学方法与思想，认识数学结构与体系。

通过高中数学课程的学习，学生能在情境中抽象出数学概念、命题、方法和体系，积累从具体到抽象的活动经验；养成在日常生活和实践中一般性思考问题的习惯，把握事物的本质，以简驭繁；运用数学抽象的思维方式思考并解决问题。

2. 逻辑推理

逻辑推理是指从一些事实和命题出发，依据规则推出其他命题的素养。主要包括两类：一类是从特殊到一般的推理，推理形式主要有归纳、类比；一类是从一般到特殊的推理，推理形式主要有演绎。

逻辑推理是得到数学结论、构建数学体系的重要方式，是数学严谨性的基本保证，是人们在数学活动中进行交流的基本思维品质。

逻辑推理主要表现为：掌握推理基本形式和规则，发现问题和提出命题，探索和表述论证过程，理解命题体系，有逻辑地表达与交流。

通过高中数学课程的学习，学生能掌握逻辑推理的基本形式，学会有逻辑地思考问题；能够在比较复杂的情境中把握事物之间的关联，把握事物发展的脉络；形成重论据、有条理、合乎逻辑的思维品质和理性精神，增强交流能力。

3. 数学建模

数学建模是对现实问题进行数学抽象，用数学语言表达问题、用数学方法构建模型解决问题的素养。数学建模过程主要包括：在实际情境中从数学的视角发现问题、提出问题，分析问题、建立模型，确定参数、计算求解，检验结果、改进模型，最终解决实际问题。

数学模型搭建了数学与外部世界联系的桥梁，是数学应用的重要形式。数学建模是应用数学解决实际问题的基本手段，也是推动数学发展的动力。

数学建模主要表现为：发现和提出问题，建立和求解模型，检验和完善模型，分析和解决问题。

通过高中数学课程的学习，学生能有意识地用数学语言表达现实世界，发现和提出问题，感悟数学与现实之间的关联；学会用数学模型解决实际问题，积累数学实践的经验；认识数学模型在科学、社会、工程技术诸多领域的作用，提升实践能力，增强创新意识和科学精神。

4. 直观想象

直观想象是指借助几何直观和空间想象感知事物的形态与变化，利用空间形式特别是图形，理解和解决数学问题的素养。主要包括：借助空间形式认识事物的位置关系、形态变化与运动规律；利用图形描述、分析数学问题；建立形与数的联系，构建数学问题的直观模型，探索解决问题的思路。

直观想象是发现和提出问题、分析和解决问题的重要手段，是探索和形成论证思路、进行数学推理、构建抽象结构的思维基础。

直观想象主要表现为：建立形与数的联系，利用几何图形描述问题，借助几何直观理解问题，运用空间想象认识事物。

通过高中数学课程的学习，学生能提升数形结合的能力，发展几何直观和空间想象能力；增强运用几何直观和空间想象思考问题的意识；形成数学直观，在具体的情境中感悟事物的本质。

5. 数学运算

数学运算是指在明晰运算对象的基础上，依据运算法则解决数学问题的素养。主要包括：理解运算对象，掌握运算法则，探究运算思路，选择运算方法，设计运算程序，求得运算结果等。

数学运算是解决数学问题的基本手段。数学运算是演绎推理，是计算机解决问题的基础。

数学运算主要表现为：理解运算对象，掌握运算法则，探究运算思路，求得运算结果。

通过高中数学课程的学习，学生能进一步发展数学运算能力；有效借助运算方法解决实际问题；通过运算促进数学思维发展，形成规范化思考问题的品质，养成一丝不苟、严谨求实的科学精神。

6. 数据分析

数据分析是指针对研究对象获取数据，运用数学方法对数据进行整理、分析和推断，形成关于研究对象知识的素养。数据分析过程主要包括：收集数据，整理数据，提取信息，构建模型，进行推断，获得结论。

数据分析是研究随机现象的重要数学技术，是大数据时代数学应用的主要方法，也是"互联网＋"相关领域的主要数学方法，数据分析已经深入到科学、技术、工程和现代社会生活的各个方面。

数据分析主要表现为：收集和整理数据，理解和处理数据，获得和解释结论，概括和形成知识。

通过高中数学课程的学习，学生能提升获取有价值信息并进行定量分析的意识和能力；适应数字化学习的需要，增强基于数据表达现实问题的意识，形成通过数据认识事物的思维品质；积累依托数据探索事物本质、关联和规律的活动经验。

第三部分

真题面对面

[2021 安徽统考，案例分析，10 分]以下素材选自高中数学必修 1 教材：

一般地，设函数 $f(x)$ 的定义域为 I：

如果对于定义域 I 内某个区间 D 上的任意两个自变量的值 x_1，x_2，当 $x_1<x_2$ 时，都有 $f(x_1)<f(x_2)$，那么就说函数 $f(x)$ 在区间 D 上是增函数（increasing function）（图(1)）；

如果对于定义域 I 内某个区间 D 上的任意两个自变量的值 x_1，x_2，当 $x_1<x_2$ 时，都有 $f(x_1)>f(x_2)$，那么就说函数 $f(x)$ 在区间 D 上是减函数（decreasing function）（图(2)）：

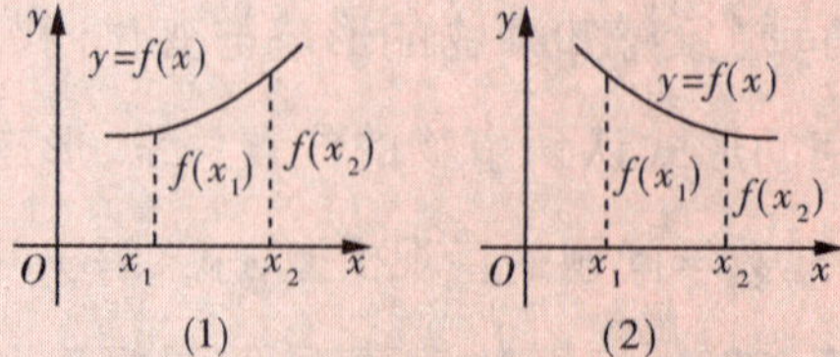

如果函数 $y=f(x)$ 在区间 D 上是增函数或减函数，那么就说函数 $y=f(x)$ 在这一区间具有（严格的）单调性，区间 D 叫作 $y=f(x)$ 的单调区间。

(1)理解"函数单调性"定义,你认为应该注意哪几点?

(2)在以上教学过程中,你认为应该重点发展学生数学学科的哪些核心素养?

参考答案:(1)理解函数的单调性,应该注意以下几点:①明确函数的单调性是对定义域某个区间而言的,在某个确定的点不谈单调性;②有的函数在整个定义域内单调(如一次函数),有的函数只在定义域内的某些区间单调(如二次函数),有的函数根本没有单调性(如常函数);③函数在定义域内的两个区间 A,B 上都是增(或减)函数,一般不认为函数在 $A\cup B$ 上是增(或减)函数。

(2)数学抽象、数学建模、数学运算、直观想象、逻辑推理与数据分析。

考点 2 课程目标

通过高中数学课程的学习,学生能获得进一步学习以及未来发展所必需的数学基础知识、基本技能、基本思想、基本活动经验(简称"四基");提高从数学角度发现和提出问题的能力、分析和解决问题的能力(简称"四能")。

在学习数学和应用数学的过程中,学生能发展数学抽象、逻辑推理、数学建模、直观想象、数学运算、数据分析等数学学科核心素养。

通过高中数学课程的学习,学生能提高学习数学的兴趣,增强学好数学的自信心,养成良好的数学学习习惯,发展自主学习的能力;树立敢于质疑、善于思考、严谨求实的科学精神;不断提高实践能力,提升创新意识;认识数学的科学价值、应用价值、文化价值和审美价值。

真题面对面

1. [2022 安徽统考,单,4 分]《普通高中数学课程标准》(2017 年版 2020 年修订)在基本理念中指出,高中数学教学以发展学生数学学科核心素养为导向,创设合适的教学情境,启发学生思考,引导学生把握数学内容的本质。不断引导学生感悟数学的科学价值、应用价值、文化价值和(　　)

A. 思想价值　　B. 育人价值　　C. 审美价值　　D. 创新价值

答案:C。高中数学教学以发展学生数学学科核心素养为导向,创设合适的教学情境,启发学生思考,引导学生把握数学内容的本质。不断引导学生感悟数学的科学价值、应用价值、文化价值和审美价值。

2. [2021 安徽统考,填空,4 分]《普通高中数学课程标准》(2017 年版 2020 年修订)明确指出:通过高中数学课程的学习,学生能获得进一步学习以及未来发展所必需的数学基础知识、基本技能、________、________(简称"四基")。

答案:基本思想;基本活动经验。《普通高中数学课程标准》(2017 年版 2020 年修订)明确指出:通过高中数学课程的学习,学生能获得进一步学习以及未来发展所必需的数学基础知识、基本技能、基本思想、基本活动经验(简称"四基")。

第三部分

三、课程结构

考点 1 设计依据

1. 依据高中数学课程理念，实现"人人都能获得良好的数学教育，不同的人在数学上得到不同的发展"，促进学生数学学科核心素养的形成和发展。

2. 依据高中课程方案，借鉴国际经验，体现课程改革成果，调整课程结构，改进学业质量评价。

3. 依据高中数学课程性质，体现课程的基础性、选择性和发展性，为全体学生提供共同基础，为满足学生的不同志趣和发展提供丰富多样的课程。

4. 依据数学学科特点，关注数学逻辑体系、内容主线、知识之间的关联，重视数学实践和数学文化。

考点 2 结构

高中数学课程分为必修课程、选择性必修课程和选修课程。高中数学课程内容突出函数、几何与代数、概率与统计、数学建模活动与数学探究活动四条主线，它们贯穿必修、选择性必修和选修课程。数学文化融入课程内容。高中数学课程结构如下：

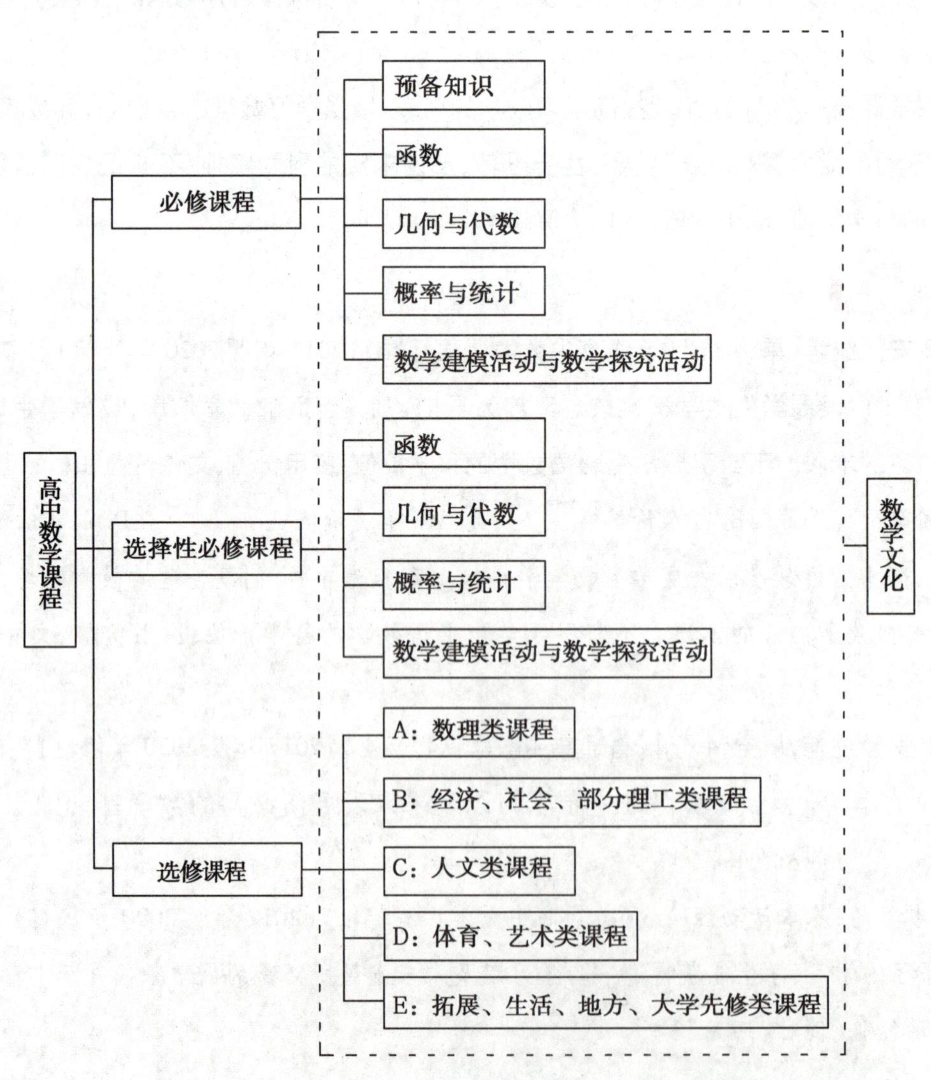

说明：数学文化是指数学的思想、精神、语言、方法、观点，以及它们的形成和发展；还包括数学在人类生活、科学技术、社会发展中的贡献和意义，以及与数学相关的人文活动。

考点 3 学分与选课

1. 学分设置

必修课程 8 学分，选择性必修课程 6 学分，选修课程 6 学分。

选修课程的分类、内容及学分如下：

A 类课程包括微积分、空间向量与代数、概率与统计三个专题，其中微积分 2.5 学分，空间向量与代数 2 学分，概率与统计 1.5 学分。供有志于学习数理类（如数学、物理、计算机、精密仪器等）专业的学生选择。

B 类课程包括微积分、空间向量与代数、应用统计、模型四个专题，其中微积分 2 学分，空间向量与代数 1 学分，应用统计 2 学分，模型 1 学分。供有志于学习经济、社会类（如数理经济、社会学等）和部分理工类（如化学、生物、机械等）专业的学生选择。

C 类课程包括逻辑推理初步、数学模型、社会调查与数据分析三个专题，每个专题 2 学分。供有志于学习人文类（如语言、历史等）专业的学生选择。

D 类课程包括美与数学、音乐中的数学、美术中的数学、体育运动中的数学四个专题，每个专题 1 学分。供有志于学习体育、艺术（包括音乐、美术）类等专业的学生选择。

E 类课程包括拓展视野、日常生活、地方特色的数学课程，还包括大学数学先修课程等。大学数学先修课程包括三个专题：微积分、解析几何与线性代数、概率论与数理统计，每个专题 6 学分。

2. 课程定位

必修课程为学生发展提供共同基础，是高中毕业的数学学业水平考试的内容要求，也是高考的内容要求。

选择性必修课程是供学生选择的课程，也是高考的内容要求。

选修课程为学生确定发展方向提供引导，为学生展示数学才能提供平台，为学生发展数学兴趣提供选择，为大学自主招生提供参考。

3. 选课说明

如果学生以高中毕业为目标，可以只学习必修课程，参加高中毕业的数学学业水平考试。

如果学生计划通过参加高考进入高等学校学习，必须学习必修课程和选择性必修课程，参加数学高考。

如果学生在上述选择的基础上，还希望多学习一些数学课程，可以在选择性必修课程或选修课程中，根据自身未来发展的需求进行选择。

在选修课程中可以选择某一类课程，例如，A 类课程；也可以选择某类课程中的某个专题，例如，E 类大学先修课程中的微积分；还可以选择某些专题的组合，例如，D 类课程中的美与数学、C 类课程中的社会调查与数据分析等。

四、课程内容【填空】★

考点 1 必修课程

必修课程包括五个主题，分别是预备知识、函数、几何与代数、概率与统计、数学建模活动与数学探究活动。数学文化融入课程内容。

必修课程共 8 学分 144 课时，下表给出了课时分配建议，教材编写、教学实施时可以根据实际作适当调整。

必修课程课时分配建议表

主题	单元	建议课时
主题一 预备知识	集合	18
	常用逻辑用语	
	相等关系与不等关系	
	从函数观点看一元二次方程和一元二次不等式	
主题二 函数	函数概念与性质	52
	幂函数、指数函数、对数函数	
	三角函数	
	函数应用	
主题三 几何与代数	平面向量及其应用	42
	复数	
	立体几何初步	
主题四 概率与统计	概率	20
	统计	
主题五 数学建模活动与数学探究活动	数学建模活动与数学探究活动	6
机动		6

真题面对面

[2022 安徽统考，填空，4 分]《普通高中数学课程标准》(2017 年版 2020 年修订)在预备知识“集合”的学业要求中明确指出：“初步学会用三种语言表达数学研究对象，并能进行转换”。上述论述中的“三种语言”分别为自然语言、________、符号语言。

答案：图形语言。《普通高中数学课程标准》(2017 年版 2020 年修订)在预备知识“集合”的学业要求中明确指出：初步学会用三种语言(自然语言、图形语言、符号语言)表达数学研究对象，并能进行转换。

考点 2 选择性必修课程

选择性必修课程包括四个主题，分别是函数、几何与代数、概率与统计、数学建模活动与数学探究活动。数学文化融入课程内容。

选择性必修课程共 6 学分 108 课时，下表给出了课时分配建议，教材编写、教学实施时可以根据实际作适当调整。

选择性必修课程课时分配表

主题	单元	建议课时
主题一 函数	数列	30
	一元函数导数及其应用	
主题二 几何与代数	空间向量与立体几何	44
	平面解析几何	
主题三 概率与统计	计数原理	26
	概率	
	统计	
主题四 数学建模活动与数学探究活动	数学建模活动与数学探究活动	4
机动		4

考点 3 选修课程

选修课程是由学校根据自身情况选择设置的课程，供学生依据个人志趣自主选择，分为 A、B、C、D、E 五类。

这些课程为学生确定发展方向提供引导，为学生展示数学才能提供平台，为学生发展数学兴趣提供选择，为大学自主招生提供参考。学生可以根据自己的志向和大学专业的要求选择学习其中的某些课程。

A 类课程是供有志于学习数理类（如数学、物理、计算机、精密仪器等）专业的学生选择的课程。

B 类课程是供有志于学习经济、社会类（如数理经济、社会学等）和部分理工类（如化学、生物、机械等）专业的学生选择的课程。

C 类课程是供有志于学习人文类（如语言、历史等）专业的学生选择的课程。

D 类课程是供有志于学习体育、艺术（包括音乐、美术）类专业的学生选择的课程。

E 类课程包括拓展视野、日常生活、地方特色的数学课程，还包括大学数学的先修课程等。大学数学先修课程包括：微积分、解析几何与线性代数、概率论与数理统计。

数学建模活动、数学探究活动、数学文化融入课程内容。

选修课程的修习情况应列为综合素质评价的内容。不同高等院校、不同专业的招生，根据需要可以对选修课程中某些内容提出要求。国家、地方政府、社会权威机构可以组织命题考试，考试成绩应存入学生个人学习档案，供高等院校自主招生参考。

五、学业质量

考点1 学业质量内涵

学业质量是学生在完成本学科课程学习后的学业成就表现。学业质量标准是以本学科核心素养及其表现水平为主要维度，结合课程内容，对学生学业成就表现的总体刻画。依据不同水平学业成就表现的关键特征，学业质量标准明确将学业质量划分为不同水平，并描述了不同水平学习结果的具体表现。数学学科学业质量是应该达成的数学学科核心素养的目标，是数学学科核心素养水平与课程内容的有机结合。学业质量是学生自主学习与评价、教师教学活动与评价、教材编写的指导性要求，也是相应考试命题的依据。

考点2 学业质量水平 【单选】

数学学业质量水平是六个数学学科核心素养水平的综合表现。每一个数学学科核心素养划分为三个水平，每一个水平是通过数学学科核心素养的具体表现和体现数学学科核心素养的四个方面进行表述的。数学学科核心素养的具体表现参见"学科核心素养与课程目标"，体现数学学科核心素养的四个方面如下：

情境与问题：情境主要是指现实情境、数学情境、科学情境，问题是指在情境中提出的数学问题；

知识与技能：主要是指能够帮助学生形成相应数学学科核心素养的知识与技能；

思维与表达：主要是指数学活动过程中反映的思维品质、表述的严谨性和准确性；

交流与反思：主要是指能够用数学语言直观地解释和交流数学的概念、结论、应用和思想方法，并能进行评价、总结与拓展。

第三部分

真题面对面

[2022 安徽统考，单，4 分]《普通高中数学课程标准》(2017 年版 2020 年修订)在学业质量水平中指出，"情境与问题"是体现数学学科核心素养的四个方面之一，其中情境主要包括(　　)

A. 社会情境、数学情境、其他学科情境　　B. 社会情境、数学情境、科学情境

C. 现实情境、数学情境、其他学科情境　　D. 现实情境、数学情境、科学情境

答案：D。《普通高中数学课程标准》(2017 年版 2020 年修订)在学业质量水平中指出，"情境与问题"是体现数学学科核心素养的四个方面之一，情境主要包括现实情境、数学情境、科学情境。

考点3 学业质量水平与考试评价的关系

数学学业质量水平一是高中毕业应当达到的要求，也是高中毕业的数学学业水平考试的命题依据；

数学学业质量水平二是高考的要求，也是数学高考的命题依据；

数学学业质量水平三是基于必修、选择性必修和选修课程的某些内容对数学学科核心素养的达成提出的要求，可以作为大学自主招生的参考。

关于教学与评价的具体要求可参照“教学与评价建议”，关于学业水平考试与高考命题的具体要求可参照“学业水平考试与高考命题建议”，关于教材编写的具体要求可参照“教材编写建议”。

六、实施建议

考点 1 教学与评价建议 ★

在教学活动中，教师应准确把握课程目标、课程内容、学业质量的要求，合理设计教学目标，并通过相应的教学实施，在学生掌握知识技能的同时，促进数学学科核心素养的提升及水平的达成。在教学与评价中，要关注学生对具体内容的掌握情况，更要关注学生数学学科核心素养水平的表现；要关注数学学科核心素养各要素的不同特征及要求，更要关注数学学科核心素养的综合性与整体性。教师应结合相应的教学内容，落实“四基”，培养“四能”，促进学生数学学科核心素养的形成和发展，达到相应水平的要求，部分学生可以达到更高水平的要求。

1. 教学建议

全面落实立德树人要求，深入挖掘数学学科的育人价值，树立以发展学生数学学科核心素养为导向的教学意识，将数学学科核心素养的培养贯穿于教学活动的全过程。在教学实践中，要不断探索和创新教学方式，不仅重视如何教，更要重视如何学，引导学生会学数学，养成良好的学习习惯；要努力激发学生数学学习的兴趣，促使更多的学生热爱数学。

(1) 教学目标制定要突出数学学科核心素养；

(2) 情境创设和问题设计要有利于发展数学学科核心素养；

(3) 整体把握教学内容，促进数学学科核心素养连续性和阶段性发展；

(4) 既要重视教，更要重视学，促进学生学会学习；

(5) 重视信息技术运用，实现信息技术与数学课程的深度融合。

2. 评价建议

教学评价是数学教学活动的重要组成部分。评价应以课程目标、课程内容和学业质量标准为基本依据。日常教学活动评价，要以教学目标的达成为依据。评价要关注学生数学知识技能的掌握，还要关注学生的学习态度、方法和习惯，更要关注学生数学学科核心素养水平的达成。教师要基于对学生的评价，反思教学过程，总结经验、发现问题，提出改进思路。因此，数学教学活动的评价目标，既包括对学生学习的评价，也包括对教师教学的评价。

考点 2 学业水平考试与高考命题建议

对高中毕业的数学学业水平考试、数学高考的命题提出以下建议。

1. 命题原则

命题应依据学业质量标准和课程内容，注重对学生数学学科核心素养的考查，处理好数学学科核心素养与知识技能的关系，要充分考虑对教学的积极引导作用。在传统评分的基础上，可以根据解题情况对学生的数学学科核心素养水平的达成进行评价。

考查内容应围绕数学内容主线，聚焦学生对重要数学概念、定理、方法、思想的理解和应用，强调基础性、综合性；注重数学本质、通性通法，淡化解题技巧；融入数学文化。

命题时，应有一定数量的应用问题，还应包括开放性问题和探究性问题，重点考查学生的思维过程、实践能力和创新意识，问题情境的设计应自然、合理。开放性问题和探究性问题的评分应遵循满意原则和加分原则，达到测试的基本要求视为满意，有所拓展或创新可以根据实际情况加分。在命制应用问题、开放性问题和探究性问题时，要注意公平性和阅卷的可操作性。

在高中毕业的数学学业水平考试与数学高考的考试命题中，要关注试卷的整体性。处理好考试时间和题量的关系，合理设置题量，给学生充足的思考时间；逐步减少选择题、填空题的题量；适度增加试题的思维量；关注内容与难度的分布、数学学科核心素养的比重与水平的分布；努力提高试卷的信度、效度和公平性。

除了上述要求外，数学高考命题还应依据人才选拔要求，发挥数学高考的选拔功能。

2. 考试命题路径

基于数学学科核心素养的考试命题，应注意以下几个重要环节。

(1) 构建数学学科核心素养的评价框架。依据数学学科核心素养的内涵、价值和行为表现的描述，参照学业质量的三个水平，构建基于数学学科核心素养测试的评价框架。评价框架包括三个维度：

第一个维度是反映数学学科核心素养的四个方面，它们分别为情境与问题、知识与技能、思维与表达、交流与反思；

第二个维度是四条内容主线，它们分别为函数、几何与代数、概率与统计、数学建模活动与数学探究活动；

第三个维度是数学学科核心素养的三个水平。

(2) 依据评价框架，统筹考虑上述三个维度，编制基于数学学科核心素养的试题，每道试题都有针对性的考查重点。

(3) 对于每道试题，除了给出传统评分标准外，还需要给出反映相关数学学科核心素养的水平划分依据。

3. 说明

在命题中，选择合适的问题情境是考查数学学科核心素养的重要载体。情境包括：现实情境、数学情境、科学情境，每种情境可以分为熟悉的、关联的、综合的；数学问题是指在情境中提出的问题，从学生认识的角度分为：简单问题、较复杂问题、复杂问题。这些层次是构成数学学科核心素养水平划分的基础，也是数学学科核心素养评价等级划分的基础。

对于知识与技能，要关注能够承载相应数学学科核心素养的知识、技能，层次可以分为了解、理解、掌握、运用以及经历、体验、探索。在命题中，需要突出内容主线和反应数学本质的核心概念、主要结论、通性通法、数学应用和实际应用。

在命题中，应特别关注数学学习过程中思维品质的形成，关注学生会学数学的能力。

考点3 教材编写建议

数学教材为“教”与“学”活动提供学习主题、基本线索和具体内容，是实现数学课程目标、发展学生数学学科核心素养重要的教学资源。

数学教材的编写要全面落实立德树人的基本要求，充分体现数学学科特有的育人价值与功能。要贯彻高中数学课程的基本理念与要求，贯穿发展学生数学学科核心素养的主线；要体现数学内容的逻辑体系，揭示数学内容的发生、发展过程；要遵从学生认知规律，合理安排学习内容，形成教材的编排体系以及相应的特色和风格，积极探索教材的多样化。教材应有利于教师创造性教学，有利于学生自主性学习。

(1)教材编写要以发展学生数学学科核心素养为宗旨。

①全面体现并落实课程标准提出的基本理念和目标要求；②促进学生数学学科核心素养的发展；③准确把握内容要求和学业质量标准。

(2)教材编写应体现整体性。

①凸显内容和数学学科核心素养的融合；②注重教材的整体结构；③体现内容之间的有机衔接；④落实数学建模活动与数学探究活动；⑤实现内容与数学文化的融合，体现时代性；⑥整体设计习题等课程资源。

(3)教材编写应遵循“教与学”的规律。

①教材编写要有利于教师的教。②教材编写要有利于学生的学。③要处理好几个关系：数学的科学形态与教育形态之间的关系；过程与结果的关系；直接经验与间接经验的关系。

(4)教材内容呈现方式应丰富多样。

(5)注重教材特色建设。

考点4 地方与学校实施课程标准的建议

1. 地方实施课程标准应注意的几个问题

①重视顶层设计，建立有效的数学教研体系；

②示范引领，整体推进数学课程的实施；

③集中力量研究解决课程标准实施中的关键问题；

④重视过程性评价。

2. 学校实施课程标准应注意的几个问题

①加强学校课程建设；

②形成有效的课程管理机制；

③加强数学教师的专业发展和团队建设；

④开展有针对性的数学教研活动。

3. 教师实施课程标准应注意的几个问题

①以教师专业标准的理念为指导，提升自身的专业水平；

②数学教师要努力提升通识素养;

③数学教师要努力提升数学专业素养;

④数学教师要努力提升数学教育理论素养;

⑤数学教师要努力提升教学实践能力。

达标测评

建议用时	实际用时	测评总分	实际得分
40 分钟	______分钟	120 分	______分

一、单项选择题(每小题 4 分,共 72 分)

根据《义务教育数学课程标准》(2022 年版)内容,完成 1 ~ 7 题;根据《义务教育数学课程标准》(2011 年版)内容,完成 8 ~ 16 题;根据《普通高中数学课程标准》(2017 年版 2020 年修订)内容,完成 17 ~ 18 题。

1.《义务教育数学课程标准》(2022 年版)中指出,问题提出应引发学生认知冲突,激发学生学习动机,促进学生积极探究,让学生经历数学观察、数学思考、数学表达、概括归纳、(　　)等学习过程。

A. 迁移应用　　B. 推理验证

C. 计算证明　　D. 实践应用

2.《义务教育数学课程标准》(2022 年版)指出:学生的学习是一个(　　)的过程。

A. 生动活泼　　B. 主动

C. 富有个性　　D. 被动

3. 课程目标以学生发展为本,以(　　)为导向,进一步强调学生获得"四基",发展运用"四能",形成正确的情感、态度和价值观。

A. 核心素养　　B. 课程理念

C. 课程内容　　D. 培养目标

4. 在义务教育阶段,数学眼光主要表现为:抽象能力、几何直观、(　　)与创新意识。

A. 数感　　B. 量感

C. 符号意识　　D. 空间观念

5. 在义务教育阶段,数学思维主要表现为:运算能力、推理意识或(　　)

A. 数据分析　　B. 推理能力

C. 符号意识　　D. 模型思想

6. 在义务教育阶段，数学语言主要表现为：数据意识或数据观念、模型意识或模型观念、(　　)

A. 数感　　B. 模型思想

C. 应用意识　　D. 符号意识

7. 数学为人们提供了对现实世界的观察、思考与(　　)方式。

A. 计算　　B. 描述

C. 解决问题　　D. 表达

8. 关于数学，下列说法不正确的是(　　)

A. 数学是人类文化的主要组成部分

B. 数学是自然科学和技术科学的基础

C. 数学在形成人类理性思维过程中发挥主要作用

D. 数学是研究空间形式和数量关系的科学，因而由几何和代数组成

9. 下列行为动词属于理解水平的是(　　)

A. 了解　　B. 说明

C. 推导　　D. 尝试

10. “体会统计方法的意义，发展数据分析观念，感受随机现象”属于《义务教育数学课程标准》(2011 年版)中的(　　)目标。

A. 知识技能　　B. 数学思考

C. 情感态度　　D. 问题解决

11. 评价结果的呈现应采用定性与定量相结合的方式。在义务教育第三学段可以采用(　　)的方式。

A. 以描述性评价为主

B. 描述性评价和等级评价相结合

C. 描述性评价和等级(或百分制)评价相结合

D. 等级评价和百分制相结合

12. 通过义务教育阶段的数学学习，学生应该具有实事求是的科学态度和初步的(　　)

A. 学习意识　　B. 反思意识

C. 推理意识　　D. 创新意识

13. 下列说法中不正确的是(　　)

A.《义务教育数学课程标准》(2011 年版)并不规定内容的呈现顺序和形式

B.《义务教育数学课程标准》(2011 年版)提倡以“问题情境—建立模型—解释、应用与拓展”的基本模式呈现知识内容

C.《义务教育数学课程标准》(2011 年版)努力体现义务教育的普及性、基础性和发展性

D. 教师无权更改课程，也无须思考问题，教师的任务是教学

14. 以下不属于空间观念内涵的是(　　)

A. 利用图形描述和分析问题

B. 根据物体特征抽象出几何图形

C. 描述图形的运动和变化

D. 想象出物体的方位和相互之间的位置关系

15. 下列关于《义务教育数学课程标准》(2011 年版)说法正确的是(　　)

A. 学生本人和家长不能作为评价者

B. 在利用信息技术进行教学时不用进行板书了

C. 在设计试题时应适当出一些偏题以考查学生知识的掌握面

D. 教材编写时所选择的学习素材应尽量与学生的生活现实、数学现实、其他学科现实相联系

16.《义务教育数学课程标准》(2011 年版)指出,数学课程资源是指应用于教与学活动中的各种资源,主要包括文本资源、信息技术资源、社会教育资源、(　　)、生成性资源。

A. 数学普及类读物

B. 网络资源

C. 环境与工具

D. 大型计算器

17.《普通高中数学课程标准》(2017 年版 2020 年修订)指出,数学学科核心素养包括:数学抽象、逻辑推理、数学建模、直观想象、数学运算和(　　)

A. 数学文化　　　　B. 数学探究

C. 数据处理　　　　D. 数据分析

18.《普通高中数学课程标准》(2017 年版 2020 年修订)指出,高中数学课程内容突出函数、(　　)、概率与统计、数学建模活动与数学探究活动四条主线。

A. 数列　　　　B. 图形与几何

C. 几何与代数　　　　D. 空间与图形

二、填空题(每小题 4 分,共 48 分)

根据《义务教育数学课程标准》(2022 年版)内容,完成 19 ~ 23 题;根据《义务教育数学课程标准》(2011 年版)内容,完成 24 ~ 28 题;根据《普通高中数学课程标准》(2017 年版 2020 年修订)内容,完成 29 ~ 30 题。

19. 为实现核心素养导向的教学目标,不仅要整体把握教学内容之间的关联,还要把握教学内容主线与相应________之间的关联。

20. 通过丰富的教学方式,让学生在实践、探究、体验、反思、合作、交流等学习过程中感悟________、积累________,发挥每一种教学方式的育人价值,促进学生核心素养发展。

21.《义务教育数学课程标准》(2022 年版)在评价建议中指出,可以通过________了解学生的学习过程、学

习态度和学习策略，从________中了解学生基础知识和基本技能的掌握情况，从________中了解学生独立思考的习惯和合作交流的意识，从________中了解学生的发展变化。

22.《义务教育数学课程标准》(2022 年版)的课程理念的主要内容有________。(写出所有正确结论的编号)

①确立核心素养导向的课程目标；

②实施促进学生发展的教学活动；

③探索激励学习和改进教学的评价；

④人人都能获得良好的数学教育，不同的人在数学上得到不同的发展；

⑤设计体现结构化特征的课程内容；

⑥促进信息技术与数学课程融合。

23. 下列属于《义务教育数学课程标准》(2022 年版)核心素养中抽象能力内涵内容的是________。(写出所有正确结论的编号)

①能够从实际情境或跨学科的问题中抽象出核心变量、变量的规律及变量之间的关系，并能够用数学符号予以表达；

②能够从具体的问题解决中概括出一般结论，形成数学的方法与策略；

③感悟数学抽象对于数学产生与发展的作用，感悟用数学的眼光观察现实世界的意义；

④能够明晰运算的对象和意义，理解算法与算理之间的关系；

⑤通过对现实世界中数量关系与空间形式的抽象，得到数学的研究对象，形成数学概念、性质、法则和方法。

24. 在描述目标的行为动词中________是指在理解的基础上，把对象用于新的情境。

25. ________是统计的核心。

26.《义务教育数学课程标准》(2011 年版)指出________的培养是现代数学教育的基本任务，应体现在数学教与学的过程之中。

27. “在参与观察、实验、猜想、证明、综合实践等数学活动中，发展合情推理和演绎推理能力，清晰地表达自己的想法”属于《义务教育数学课程标准》(2011 年版)中总目标的________方面的内涵。

28.《义务教育数学课程标准》(2011 年版)在教学建议中指出：________的形成，需要一定量的训练，但要适度，不能依赖机械地重复操作，要注重训练的实效性。

29.《普通高中数学课程标准》(2017 年版 2020 年修订)将高中数学课程分为________、________、________三方面。

30.《普通高中数学课程标准》(2017 年版 2020 年修订)指出，要开发合理的评价工具，将知识技能的掌握与数学学科核心素养的达成有机结合，建立________、________、________的评价体系。

第三部分

参考答案及解析

一、单项选择题

1. A [解析]见正文中《义务教育数学课程标准》(2022 年版)的"教学建议"内容。

2. B [解析]《义务教育数学课程标准》(2022 年版)指出:学生的学习应是一个主动的过程,认真听讲、独立思考、动手实践、自主探索、合作交流等是学习数学的重要方式。

3. A [解析]《义务教育数学课程标准》(2022 年版)指出,课程目标以学生发展为本,以核心素养为导向,进一步强调学生获得数学基础知识、基本技能、基本思想和基本活动经验(简称"四基"),发展运用数学知识与方法发现、提出、分析和解决问题的能力(简称"四能"),形成正确的情感、态度和价值观。

4. D [解析]《义务教育数学课程标准》(2022 年版)中指出,在义务教育阶段,数学眼光主要表现为:抽象能力(包括数感、量感、符号意识)、几何直观、空间观念与创新意识。

5. B [解析]《义务教育数学课程标准》(2022 年版)中指出,在义务教育阶段,数学思维主要表现为:运算能力、推理意识或推理能力。

6. C [解析]《义务教育数学课程标准》(2022 年版)中指出,在义务教育阶段,数学语言主要表现为:数据意识或数据观念、模型意识或模型观念、应用意识。

7. D [解析]根据《义务教育数学课程标准》(2022 年版)课程目标中的内容可知,数学为人们提供了一种认识与探究现实世界的观察方式,为人们提供了一种理解与解释现实世界的思考方式,为人们提供了一种描述与交流现实世界的表达方式。

第三部分

8. D [解析]数学是研究空间形式和数量关系的科学,是刻画自然规律和社会规律的科学语言和有效工具。从内容上说,现代数学在习惯上分数理逻辑、数论、代数学、几何学、拓扑学、函数论、泛函分析、微分方程、概率论与数理统计、计算数学等分支,同时也产生了一些边缘性学科,如运筹学、控制论等。所以 D 项描述不正确。

9. B [解析]了解是描述"知道/了解/模仿"水平的行为动词;说明是描述"理解/独立操作"水平的行为动词;推导是描述"掌握/应用/迁移"水平的行为动词;尝试是描述"经历/模仿"水平的行为动词。因此选 B。

10. B [解析]"体会统计方法的意义,发展数据分析观念,感受随机现象"属于《义务教育数学课程标准》(2011 年版)中的数学思考目标。

11. C [解析]略。

12. D [解析]通过义务教育阶段的数学学习,学生应该具有实事求是的科学态度和初步的创新意识。

13. D [解析]数学课程标准给出了数学内容和标准,提倡以"问题情境—建立模型—解释、应用与拓展"的基本模式呈现知识内容,但并没有规定内容的呈现顺序和形式;初中数学课程具有基础性、普及性和发展性，数学课程标准也努力体现这些特性；教师不仅是课程的执行者，更是课程的动态构建者、生成者。因此，A、B、C 三项正确，D 项错误。

14. A [解析]几何直观主要是指利用图形描述和分析问题，故 A 项不属于空间观念的内涵。

15. D [解析]学生本人和家长都能作为评价者，在评价时可以综合运用教师评价、学生自我评价、学生相互评价、家长评价等方式，对学生的学习情况和教师的教学情况进行全面的考查，A 错；在应用现代信息技术的同时，教师还应注重课堂教学的板书设计，必要的板书有利于实现学生的思维与教学过程同步，有助于学生更好地把握教学内容的脉络，B 错；课程标准指出在设计试题时，应淡化特殊的解题技巧，不出偏题、怪题，C 错。D 项正确。

16. C [解析]环境与工具主要是指日常生活环境中的数学信息，用于操作的学具或教具，数学实验室等。

17. D [解析]略。

18. C [解析]《普通高中数学课程标准》(2017 年版 2020 年修订)在课程结构中指出，高中数学课程分为必修课程、选择性必修课程和选修课程。高中数学课程内容突出函数、几何与代数、概率与统计、数学建模活动与数学探究活动四条主线，它们贯穿必修、选择性必修和选修课程。数学文化融入课程内容。

二、填空题

19. 核心素养发展 [解析]《义务教育数学课程标准》(2022 年版)在教学建议中"整体把握教学内容"时指出，为实现核心素养导向的教学目标，不仅要整体把握教学内容之间的关联，还要把握教学内容主线与相应核心素养发展之间的关联。

20. 基本思想；基本活动经验 [解析]《义务教育数学课程标准》(2022 年版)在教学建议中"选择能引发学生思考的教学方式"时指出，通过丰富的教学方式，让学生在实践、探究、体验、反思、合作、交流等学习过程中感悟基本思想、积累基本活动经验，发挥每一种教学方式的育人价值，促进学生核心素养发展。

21. 课堂观察；作业；探究活动；成长记录 [解析]见正文"评价建议"相关内容。

22. ①②③⑤⑥ [解析]"人人都能获得良好的数学教育，不同的人在数学上得到不同的发展"不属于《义务教育数学课程标准》(2022 年版)中课程基本理念的内容。

23. ①②③⑤ [解析]④属于运算能力内涵中的内容，①②③⑤都属于抽象能力的内涵内容。

24. 掌握

25. 数据分析

26. 创新意识

27. 数学思考

28. 基本技能

29. 必修课程；选择性必修课程；选修课程

30. 目标多元；方式多样；重视过程

第二章　中学数学教学知识

思维导图

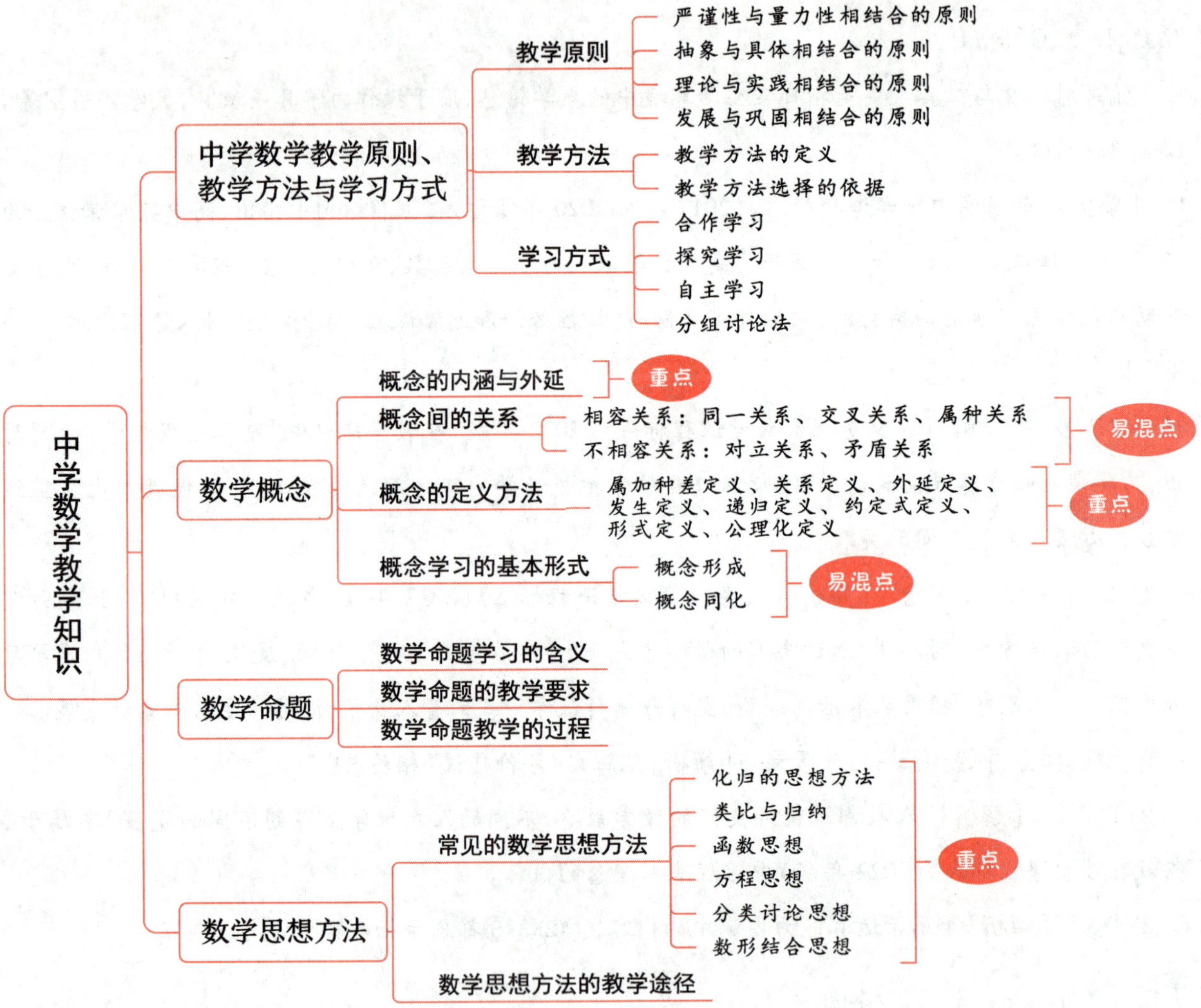

考向分析

本章属于数学教学知识的基础内容，也是部分省、市（如安徽等）数学教师招聘考试中的常考内容，内容繁琐，需要理解和应用的知识较多。现对本章考向分析如下：

高频考点	常考题型	能力要求	考查热度
教学原则	填空、论述	识记、理解	★

续表

高频考点	常考题型	能力要求	考查热度
教学方法	单选、填空、案例分析	识记、理解	★
学习方式	判断、案例分析	理解、应用	★
概念的内涵与外延	简答	识记、理解	★
概念间的关系	单选	识记	★★
概念学习的基本形式	案例分析	识记、应用	★
数学命题的教学要求	简答	应用	★
常见的数学思想方法	案例分析	识记、应用	★★★

核心考点

第一节　中学数学教学原则、教学方法与学习方式

一、教学原则【填空、论述】★

数学教学原则是依据数学教学目的和教学过程的客观规律而制订的指导数学教学工作的一般原理，它是数学教学经验的概括总结。它来自数学教学实践，反过来又指导数学教学实践。

数学教学的基本原则总体来说有四个方面：严谨性与量力性相结合的原则、抽象与具体相结合的原则、理论与实践相结合的原则、发展与巩固相结合的原则。

真题面对面

[2019 湖北，填空，3 分]在中学数学教学中，目前主要遵循如下基本原则：抽象与具体相结合的原则，严谨性与________相结合的原则，理论与________相结合的原则，巩固与________相结合的原则。

答案：量力性；实践；发展。

考点 1　严谨性与量力性相结合的原则

1. 对数学严谨性与量力性含义的理解

所谓数学的严谨性，就是指对数学结论的叙述必须精确，结论的论证必须严格、周密，整个数学内容被组织成一个严谨的逻辑系统。数学的逻辑系统一般都具有这样的模式：提出完备的公理体系，由此确定尽可能少的基本概念和公理。

所谓量力性，简而言之就是量力而行。这主要是针对数学教学对象的接受能力而提出的，它要求教师应充分考虑学生的思维发展水平、理解程度和已有的知识技能来组织教学，既不能要求过高，也不能要求过

低，要使所授的知识可以让学生接受。因此，在数学教学中，如何安排课程、处理教材、设计方法等都必须考虑学生的具体情况。

2. 严谨性与量力性相结合原则的贯彻要求

①认真了解学生的学业基础水平与认知水平。在教学中，要对学生的知识基础、年龄心理特征、认知水平、兴趣爱好等情况做到心中有数；对学生接受起来有困难的教学内容，即教学难点，要设法分散，将之转化为学生容易接受的知识，及时解决疑难，扫清障碍。

②根据数学课程标准制定恰当合理的课堂教学目标。一节课的教学内容的选择要恰当，例题、习题的难度与数量要符合学生的最近发展区，既适应学生的现有水平，又要有一定的智力挑战性，学生的课内外作业也要量力而行，不能对学生构成太重的心理与生理负担。

③螺旋式地处理教学内容。数学知识的发生不是按照逻辑方法建立的，而是由实验归纳、类比联想、直觉猜测得到的，严格的逻辑证明和演绎体系常常是后来补上的，这也是人类的认知规律。初步讲授某些数学知识时，可以用经验的验证来暂时使学生信服（但不能代替逻辑证明），**比如，关于“三角形内角和为180°”这一数学知识，在小学只要求通过实验获得结论，到初中就必须要求通过逻辑证明结论。**

④注重数学语言的要求。注重数学中的每一个名词、术语、公式、法则等都有精确的含义，学生能否准确地理解它们的含义是能否保证数学教学的严谨性的重要标志之一。而学生理解的程度如何，又常常反映在他们的数学语言表达之中，因此，应该要求学生逐步掌握精确的数学语言。

⑤周密思考，推理有据。推理有据是思维严谨性的核心要求。在要求学生做到推理有据时，有时可以借助于直观或猜想去探寻所需要的根据。归纳、猜想用于发现，逻辑用于证明，因此，推理有据并不排斥直观与猜想，强调思维的严谨性时，必须辩证地处理好推理有据与善于利用直观、归纳、猜想的关系。

真题面对面

［2019 云南特岗，论述，8 分］中学阶段，函数的概念有不同的阐述形式，请你用“严谨与量力相结合”的教学原则对这一问题加以解释。

参考答案：数学的严谨性是指数学具有很强的逻辑性和较高的精确性，即逻辑的严格性和结论的确定性。量力性是指学生的可接受性。

这一原则说明教学中数学知识的逻辑严谨性与学生的可接受性之间相适应的关系。理论知识的严谨程度要适合学生的一般知识结构与智力发展水平，随着学生知识结构的不断完善，心理发展水平的不断提高，逐渐增强理论的严谨程度；反过来，又要通过恰当的理论严谨性逐渐提高学生的接受能力。

我国中学的函数概念教学，初中采用“变量说”，函数的定义具有局限性，不要求严谨、深化函数概

念，重在感知。高中阶段采用“对应说”，不仅把函数看成变量之间的依赖关系，同时还用集合与对应的语言刻画函数，函数概念由数字到字母，从具体到抽象，从过程到集合，对数学符号和数学语言要求更高、更严格，这种安排基本上是遵循函数概念历史发展的基本顺序的。

在初中阶段，学生认知的特点是思维的抽象逻辑性占主要优势，但还属于经验型的逻辑思维阶段，在一定程度上还需要感性经验的直接支持。学生辩证思维还没有发展，还不能用辩证思维的方式思考函数概念，与函数概念的运动、变化、联系的特点不相适应。到了高中阶段，学生的认知迅速发展，认知结构不断完善，辩证逻辑思维和创造性思维有了大幅度的发展，已经能够用理论做指导来分析综合各种事实材料，从而不断扩大自己的知识领域。因此，这种安排也符合学生对于函数概念认识过程上的发展性、阶段性。

考点 2 抽象与具体相结合的原则

1. 对数学抽象性含义的理解

抽象性是数学的基本特点。所谓数学的抽象性，是指数学为了在比较纯粹的状态下研究客观事物的空间形式和数量关系，不得不把客观对象的所有其他特征抛开不管，而只抽象出它的空间形式和数量关系进行研究。因此，数学是以客观世界的空间形式和数量关系作为自己的研究对象，具有十分抽象的形式。一般来说，数学的抽象性至少表现在以下几个方面：

①数学的内容是高度抽象的，是抽象的、纯粹的形式结构和数量关系。

②数学方法也是高度抽象的。这不仅表现在数学使用了大量抽象的数学符号，而且还表现在它的思维方法上。数学思维以深入细致的观察为基础，以分析、综合、归纳、概括、类比等手段，充分运用逻辑推理的方法去进行思维。例如，反证法、数学归纳法、极限的方法、微积分的方法等，都充满了抽象性。因此，数学的思维以抽象思维为主。

③抽象还表现出逐层递进的特点。数学的每一次向更高层次的抽象必须在前一次抽象材料的基础上进行。

④数学的抽象可以达到人们感知所不能达到的领域。

2. 如何有效地运用具体与抽象相结合的原则进行教学

为了更有效地提高教学效果，教师在教学中应遵循从具体到抽象，再由抽象回到具体的教学模式进行教学，一般来说，应注意加强以下几个环节。

①通过运用生动、形象、具体直观的现实材料和数学语言来引入和阐明新的数学概念等内容。

②教师在运用生动、形象、具体直观的现实材料来引入和阐明新的数学概念时，应及时发挥教师的主导作用，引导学生归纳出抽象的、具有一般性的数学概念和结论。因为具体、直观只是手段，而培养抽象思维能力才是我们的重要目标。

③学习了有关的、抽象的数学理论之后，应将它再运用到具体的实践中去，解决具体的问题，解释具体

的现象，这便是从抽象到具体的过程。这个过程对学生深刻掌握有关的数学理论知识，培养学生解决问题的能力有重要的实践意义。

④从具体到抽象，再从抽象到具体的过程，往往不是一次完成的，有时要经过循环往复才能完成。只有在教学中时时注意坚持具体与抽象相结合的原则，才能取得最佳的教学效果。

考点 再拔高

▼ 抽象思维的意义

所谓抽象思维能力，是指脱离具体形象、运用概念、判断、推理等进行思维的能力。按抽象思维不同的程度，可分为经验型抽象思维和理论型抽象思维。在教学中，我们应着重发展理论型抽象思维，因为只有理论型抽象思维得到充分发展的人，才能很好地分析和综合各种事物，才有能力去解决问题。

考点 3 理论与实践相结合的原则

在数学教学中，贯彻理论与实践相结合的原则：一方面应提高理论水平，重视一般原理与方法的教学，充分发挥理论的指导作用，克服只注意算法不注意算理、片面强调技巧、搞题海战术等不良现象。另一方面，应注意联系实际，注意用实例说明数学的应用，通过实例培养学生运用数学知识的能力。因此，在引入实例时，应注意例子的典型性和简明性，不断更新联系实际的内容和处理手法，密切关注与物理、化学等学科知识之间的联系。总之，应用理论与实践相结合的原则，要求我们在数学教学中遵循"实践—认识—再实践—再认识"的规律，充分注意数学应用的广泛性，充分注意数学原理与数学应用的辩证关系，充分注意数学理论来源于实践又应用于实践。

考点 4 发展与巩固相结合的原则

数学学习过程是巩固与获取有关知识技能的不断向前发展的过程，巩固与发展不能截然分开，应在发展的过程中进行巩固，在巩固的基础上向前发展。

在数学教学中，贯彻发展与巩固相结合的原则：首先，要认识发展与巩固相结合的意义，将学习新知识，复习巩固旧知识贯穿教学的全过程，既要重视阶段性复习、总结性复习，更要重视日常课堂教学的复习巩固，将复习巩固作为一个重要的教学环节。其次，要重视对学生所学知识、技能和方法进行复习巩固工作的研究。同时，将所学知识在实际中予以应用，通过反复阅读教材，学会推理论证的方法。在教数学的思想和方法时，要有目的、有计划地安排一定的练习，让学生通过练习来加深理解。最后，在复习巩固过程中，要指导学生记忆，并通过适当途径予以检查，对数学中一些基本的概念、定理、公式、法则都必须在理解的基础上熟记。

二、教学方法 【单选、填空、案例分析】★

考点 1 教学方法的定义

教学方法是指在教学过程中师生双方为实现一定教学目的，完成一定教学任务而采取的教与学相互作用的活动方式的总称。活动方式的多样性决定了教学方法的多样化。在教学实践活动中，必须根据实际需要，灵活运用恰当的教学方法，以取得良好的教学效果。

	定义	特点	使用要求及适用情况
讲授法	教师通过口头语言向学生系统传授知识的一种方法	①能使学生在短时间内获得大量系统的科学知识；②有助于发展学生的智力；③有助于对学生进行思想教育	克服"满堂灌"，必须少讲、精讲，充分贯彻启发式教学原则，适时点拨。 一般适用于新授课和复习课
讨论法	在教师的指导下，学生以全班或者小组为单位，围绕中心问题，通过相互交流讨论，进一步完善和深化对问题的理解、评价或者判断而完成既定教学任务的一种方法	①有利于充分体现学生的主体性，能促进学生积极思考；②有利于培养学生的逻辑思维和语言表达能力；③有利于教师及时获得反馈信息进而调控教学过程	讨论的问题要有吸引力；要善于在讨论中对学生进行启发引导；做好讨论小结。 一般在高年级运用
发现法	又称问题教学法，是倡导让学生自己发现问题、主动获取知识的一种教学方法	①学生的学习主动性、积极性可得到充分发挥，学生常处于主动进取的学习状态之中；②有利于培养学生发现和探究问题的习惯，激发数学学习兴趣，增强自信心，使学生深刻而牢固地理解知识；③有利于培养学生掌握探索问题的方法与研究问题的能力，特别是自学能力	在学生有一定的学习经验和知识的基础上可使用此法
谈话法	也称问答法，它是教师按照一定的教学要求向学生提出问题，要求学生回答，并通过问答的形式来引导学生获取新知或巩固旧知的一种教学方法	①能够集中学生的注意力，促使学生积极思维、独立思考；②有利于发展学生的语言表达能力，并了解学生的学习程度，及时检验教学效果	问题要明确，有启发性，难易恰当；面向全体学生；对学生的回答有要明朗的态度
练习法	是学生在教师的指导下，为巩固知识和形成一定的技能、技巧而反复地完成一定动作或活动方式的一种教学方法	①有利于学生牢固掌握知识、形成技能技巧；②有利于培养学生顽强的意志与认真负责的品质	练习设计要有层次和坡度，设计要条理化，注意反馈调控、发展学生的能力，既要面向全体又要因材施教，同时要注意对学生学习方法的指导，合理安排练习时间

续表

	定义	特点	使用要求及适用情况
演示与实验法	演示法是教师通过展示实物和模型等直观教具，引导学生通过观察获得感性知识的方法。实验法是指在教师的指导下，学生运用某些具体材料或学具进行实验，找出对象的性质或问题的答案的一种教学方法	①直观性强，有利于学生得到具体、真实、生动、鲜明的观念和直接经验；②能提高学生的学习兴趣，集中学生的注意力；③有利于理论联系实际，发展学生的观察力、想象力和思维能力	进行演示和实验都要有目的性、针对性、科学性，在实验的选择、设计、安排、准备上要认真细致，避免主观原因导致的错误，同时尽量避免实验教学中的不利因素的影响，以便达到教学目的
自学辅导法	在教师的指导和辅导下，以学生自学为主的一种教学方法，这一方法是由原中科院心理所卢仲衡先生提出的	①调动学生学习的主动性，较好地发挥教师的主导作用；②有利于培养学生独立思考、独立学习的能力	主要适用于中高年级

考点 再拔高

启发式教学

启发式不是一种具体的教学方法，而是确定所用教学方法的指导思想。它是教师在教学工作中依据教学过程的客观规律，引导学生主动地、积极地、创造性地掌握知识的教学方式，旨在培养学生分析问题和解决问题的能力。可以看到，同样一种具体的教学方法，由于指导思想不同，可能是启发式的，也可能是注入式的。例如，引导发现，注重于探究，本应有较大的启发作用，可是如果在注入式的教育指导思想下，也可能是教师设框框，让学生往教师的思维框里“跳”，成为变相的填鸭式。

考点 2 教学方法选择的依据

教学方法选择的依据	依据的内容
教学目标	既要考虑整个学段的课程目标，也要考虑本节课的目标。例如，某个知识内容的学习目标定位在“掌握”或“灵活运用”的水平，针对全体学生，这就不太适合用自学辅导法进行教学
教学内容特点	要考虑选择适合突出重点、突破难点、抓住关键的教学方法。对于学生理解有困难易产生歧义的内容、比较重要且需要教师强调的内容、约定俗成的陈述性知识，通常需要教师讲述和点拨；对于一些学生能够通过自己的努力领会、学生之间相互交流、互相启发能够理解的内容，教师在教学时间允许的情况下应尽可能地创造机会鼓励学生独立思考、相互讨论、探索发现

续表

教学方法选择的依据	依据的内容
教学条件	考虑所在学校的教学条件，尤其是教学设备等硬件设施情况。发达城市教学资源丰富，可以选择的教学方法不受太大限制；在不发达地区可能就无法进行多媒体教学
学生的实际情况	选择符合学生的年龄特征、兴趣、需要和学习基础的教学方法
教师本身素质	教学方法要适应教师自身的条件，能为教师所理解和驾驭，才能更好地发挥作用，反之则不然

真题面对面

[2019 湖南特岗，单，3 分]在某个主题学习活动中，教师引导学生进行小组合作学习，先独立思考，再小组讨论，最后以小组为单位进行全班交流，该教师运用的教学方法是(　　)

A. 自学辅导法　　B. 讲授法　　C. 讨论法　　D. 启发法

答案：C。讨论法是根据教学的需要，学生在教师的指导下以小组为单位为解决某个问题而进行探讨、辨明是非真伪以获取知识的方法。

三、学习方式 【判断、案例分析】★

学习方式是指个体在学习过程中表现出来的相对稳定的行为方式。

考点 1 合作学习

1. 合作学习的含义

合作学习是指学生在小组或团体中为了完成共同的任务，在教师的引导和组织下，有明确的责任分工的互助性学习。它相对于个体学习、竞争学习而言，强调的是相互促进。而个体学习突出的是个体的互不相干，竞争学习突出的是学习者的相互对立。

2. 开展数学合作学习的基本要求

为确保数学合作学习能够顺利开展，应具备以下五个基本要素：

(1)丰富有趣的数学学习素材。

(2)齐心协力的学习群体。

(3)教师有效的学法指导。

(4)和谐的师生关系。

(5)根据合适的内容和时机组织学生进行数学合作学习。在教学内容的重点和难点处；在数学教学内容的易混淆处；在思维的交锋处，或学生思维受阻，个人不能完成任务时；在思维的发散处，或学生见解产生分歧，一题多解，或答案不唯一时；在规律的探索处；在遇到创新性的问题时，组织学生进行数学合作学习。

第三部分

3. 合作学习的实施

(1) 科学合理地设置小组

①小组成员的构成要科学。

常见的分组主要有两种方法:一种是“同质分组”,另一种是“异质分组”。同质分组是将年龄、背景、兴趣或能力相同的学生组成小组;异质分组则是将不同背景、文化和性别的学生分在一组。

②小组规模要合理。

根据数学学习任务的需要,一般可以分成4~6或6~8人的合作小组。另外,小组的规模也可根据该节课的内容合理分配。

③座位的安排也要合理。

(2) 注重合作学习的内容和过程,淡化形式

主要问题:对数学合作学习的关键要素理解不够深入,合作学习的形式比较单一,教师不了解合作学习的方法与技巧,合作学习的内容和过程流于形式。

对策:教师要做好课前的准备工作,在流程和细节上预测教学过程,选择有效的数学合作学习策略,正确处理形式和内容的关系。更为重要的是,在数学合作学习过程中,应最大限度地调动每一个学生参与的积极性,善于捕捉有利的时机,以保证数学合作学习有效实施,避免走形式,走过场。

(3) 注重数学合作学习技能与方法的指导

第一,合作学习讨论时教师要调动全员参与。在小组合作学习过程中,教师要到小组讨论中去,监控小组讨论过程,要让每一位学生都参与其中。

第二,展示合作学习结果时教师要指导学生全体参与。在合作学习中,小组就成了一个整体,在学习反馈交流时,教师要求小组成员全员参与,各抒己见,在发言时,各自扮演不同角色,一个都不能少。这样,学生不会产生侥幸心理,都有一定的压力,进而产生动力。

第三,教师要鼓励和引导小组间开展竞争。良好健康的竞争只会使人产生积极向上的动力,在竞争中,教师重视的是成员的参与、分工的不同及合作的协调。

(4) 发挥教师的促进作用

要实现有效的小组合作学习,教师必须承担好学习促进者这一角色,表现在以下四个方面:

①要培养和激发学生合作学习的态度和意愿,营造民主、平等、尊重的学习氛围,提出或生成合作学习的问题和任务;

②要对小组合作学习进行必要的组织和引导,要深入到小组合作学习中去,注重教给学生合作学习的技巧、组织讨论的要领,有针对性地提供具体的帮助;

③要禁止小组合作学习过程中的话语霸权,扩大学生的参与面,努力使合作成员的表达机会均等;

④要鼓励成员特别是小组发表独立见解,及时肯定和赞扬合作学习的共同成果,善于把个人或小组的创造性观点转化成全班同学集体的智慧。

考点 2 探究学习

1. 探究学习的定义

对于数学探究性学习的含义，有两方面的理解。从广义理解，探究性学习泛指学生探究问题的学习，可以贯穿在各类学习活动中。从狭义理解，探究性学习是一种以问题为载体、以主动探究为特征的学习活动，使学生在教师的指导下，在学习和社会生活中自主地发现问题、探究问题、获得结论；学生通过自主发现问题和解决问题等一系列活动，使知识技能、情感态度得到特别的发展，特别是探索精神和实践能力的发展。这里取后一种含义。

2. 探究学习应注意的问题

(1)面向全体学生，并关照个别差异。

(2)注重为学生提供相关的支持条件。

(3)注重发挥教师自身的指导作用。

(4)要注重探究分析中学生独特的感受、体验和理解。

(5)要强调学生之间的合作与交流。

(6)引导学生关注探究的连续性和艰巨性。

考点 3 自主学习

数学自主学习是与传统的数学接受学习相对应的一种现代化学习方式。它是以学生作为数学学习的主体，在教师的指导下，学生自觉地制订学习计划、确定学习目标、组织学习活动、自我监控学习过程与效果、自动选择学习策略、自我评价学习结果、积极创设最优的学习内部环境与外部环境、自我指导、自我强化来进行高效学习的一种学习方式。

自主学习的特征：主动性、独立性、有效性、相对性。

总之，合作学习是相对于个体学习、独自学习而言的，它是一种学习的组织形式；探究学习是相对于接受学习而言的，它是学生自主构建知识体系的一种学习方式。接受学习是有必要的，有价值的，但容易导致学生被动与产生依赖心理，盲目与机械的学习，从而不利于学生的发展，这是需要我们予以警觉的。高质量的合作学习与探究学习一定包含自主学习，但并不是所有的学习领域与学习主题都适合合作学习与探究学习，传统的学习方式如接受学习仍在某些方面适用。

真题面对面

[2018 湖北大冶，判断，1 分] 自主、合作、探究式学习是唯一的正确的学习方式。(　　)

答案：×。学生的学习方式是多种多样的，每一种学习方式都有其优缺点及侧重点，因此，自主、合作、探究式学习并不是唯一的正确的学习方式，传统的学习方式如接受学习，也是不可或缺的。

考点 4 分组讨论法

1. 分组讨论法的含义

分组讨论法是新课标所倡导的学习方式。它强调以小组为单位进行合作式学习,让学生真正成为学习的主体,通过同学之间的配合、交流,建构对问题内容的理解。

2. 分组讨论法实施过程中容易出现的问题

学生合作呈现被动状态;学生参与积极性不高;受课堂时间限制过多。

3. 解决分组讨论法实施过程中出现的问题的途径

(1)让有价值的问题成为分组讨论的核心。作为教师首先要学会根据教学目标去设计有价值的问题,设计的问题要有利于学生动脑思考,促使学生愿意主动探究数学知识,同时有利于集体探究,不能过于简单,有探究性、开放性,或是联系生活,具有趣味性。

(2)教学中分组讨论方式方法要灵活多样。

①根据不同的情境,不同的问题灵活分组。对于简单的问题,可以采取同桌式分组,同桌之间相互熟悉,讨论氛围更容易建立起来;根据座位灵活分组,对于几个平行并列的教学内容,教师可以采取按照班级座位来进行分组,让各小组负责一项内容开展,然后分别在课堂上汇报自己组的讨论情况,这种分组方式,能够达到一个全班讨论的目标。

②根据观点分组。这种辩论式的分组最能够激发学生的学习热情,课堂氛围往往更加活跃,学生能够积极投入,也可以促进学生之间的团队配合和情感交流,形成良好的团队意识。

(3)实施分组讨论中教师角色要及时转变。由单一课堂的主讲人、引领人,变为分组讨论的合作者,其中教师要把学生放在学习的主体位置。课堂应该是一个允许学生发生关于问题争论的地方,往往学生对于争论的问题记忆会更加深刻。

真题面对面

[**2018 江西统考,案例分析,14 分**]案例:以下是“直线、射线、线段”一课的教学片段。

师:同学们,你们在小学阶段已经学过了直线、射线和线段,现在回忆一下,再相互讨论一下它们的区别与联系。

学生们议论纷纷,3 分钟后,老师接着从头上拔下一根头发,学生惊奇地看着老师。

师:大家刚刚讨论了直线、射线、线段的区别与联系,那么这个是直线、射线、还是线段呢?

生 1:我们小组觉得是射线,毛囊的一端为端点,另一端可以无限延伸。

生 2:我们小组觉得是线段,因为从头上拔下来之后头发就停止了生长。

师:很好,从头发还能生长来看,是射线,从头发停止生长来看,是线段,还有别的回答吗?

生 3:我觉得是曲线,因为老师你没有把头发绷直。

全班哄堂大笑,老师微笑地看看。

问题:(3)在数学课堂教学中,如何更好地实施分组讨论教学?

参考答案:在实施分组讨论教学时:一要科学合理地设置小组,明确分工和要求;二要注重合作学习的内容和过程,淡化形式;三要注重数学合作学习技能与方法的指导,给学生足够的时间和空间;四要发挥教师的促进作用,营造民主、平等、尊重的学习氛围,对小组合作学习进行必要的组织和引导。

第二节 数学概念

一、概念的内涵与外延 【简答】 ★

考点1 内涵与外延的含义

概念的内涵与外延是概念的基本特征,是准确把握概念和系统掌握知识的基础。因此,对概念的内涵与外延应特别予以重视。

概念的内涵就是概念所反映的事物的**本质属性**的总和,概念的外延就是概念所反映的事物的总和(或范围)。概念的内涵与外延是分别对事物的质和量的规定。

考点2 内涵与外延之间的关系

概念的内涵与外延这两个方面是相互联系、相互制约的。当概念的内涵扩大时,概念的外延就缩小;当概念的内涵缩小时,概念的外延就扩大。内涵和外延之间的这种关系,称为反变关系。

例如,在四边形的内涵中,增加"两组对边分别平行"这个性质,就得到平行四边形的概念,而平行四边形的外延相比四边形的外延缩小了;在等腰三角形的内涵中减少"有两边相等"这个性质,就是三角形的内涵,而三角形的外延相比等腰三角形的外延扩大了。不过这里要注意,这种反变关系只能适用于外延间存在着包含和被包含关系的两个概念之间。

真题面对面

[2017 湖北,简答,6 分]什么是概念的内涵与外延,举例说明它们之间的关系。

参考答案:二者都是概念的属性。概念的内涵就是概念所反映的事物的本质属性的总和,即事物区别于其他事物的内在本质。概念的外延就是概念所反映的事物的总和(或范围),是指事物的范畴。概念的内涵与外延这两个方面是相互联系、相互制约的。当概念的内涵扩大时,概念的外延就缩小;当概念的内涵缩小时,概念的外延就扩大。内涵和外延之间的这种关系,称为反变关系。

例如,"平行四边形"这个概念,它的外延包含着一切正方形、菱形、矩形以及一般的平行四边形,而它的内涵包含着一切平行四边形所共有的"有四条边,两组对边互相平行"这两个本质属性。而"菱形"

第三部分

的内涵除了这两条本质属性外，还包含着“四边相等”这一本质属性，“菱形”的内涵比“平行四边形”的内涵广，而“菱形”的外延要比“平行四边形”的外延狭。

另外，概念的内涵与外延的这种依存性只适用于具有从属关系的那些概念，即只适用于一个概念的外延完全包含在另一个概念的外延中的那些概念，如菱形的外延包含在平行四边形的外延之中。

二、概念间的关系 【单选】 ★★

逻辑上所说的概念间的关系，通常指概念外延间的同异关系。在形式逻辑中，两个概念的外延之间，主要有以下几种关系。

考点 1 相容关系

如果两个概念的外延交集是非空集合，即外延至少有一部分是重合的，则二者具有相容关系。相容关系又分以下三种情形。

关系	定义	举例
同一关系	外延完全重合的两个概念 A 和 B 之间的关系称为同一关系	直线与一次曲线；等腰三角形底边上的中线与等腰三角形底边上的高；等边的矩形与直角的菱形；在同一个圆中的“直径”与“最大的弦”
交叉关系	外延只有一部分重合的两个概念 A 和 B 之间的关系，称为交叉关系	等腰三角形与直角三角形；负数与整数；菱形与矩形
属种关系（包含关系）	如果 A 概念的外延包含 B 概念的外延，那么这两个概念间的关系称为属种关系。其中 A 概念叫作 B 概念的属概念（或上位概念），B 概念叫作 A 概念的种概念（或下位概念）	有理数概念是实数概念的种概念，而实数概念是有理数概念的属概念

注：(1)在推理证明过程中，具有同一关系的两个概念可以相互代替使用，使得论证简明；

(2)具有交叉关系的两个概念是可以互相说明的，但是必须用“有些”两字来限制，否则就错了。例如，可以说“有些整数是负数”，却不能说“整数是负数”；

(3)属概念和种概念是相对的，同一个概念，相对于某一概念是属概念，相对于另一概念可以是种概念。例如，“矩形”相对于“平行四边形”来说是种概念，而“矩形”相对于“正方形”来说是属概念。同时还要注意，一个概念的属概念不是唯一的，例如，“矩形”这个概念的属概念有平行四边形、四边形。我们把一个概念的属概念中，内涵最多的概念称为这个概念邻近的属，给概念下定义时要找出其邻近的属。

真题面对面

[2018 福建统考,单,4 分]概念“底面为正方形的四棱柱”和“直四棱柱”之间的关系是(　　)

A. 同一关系　　B. 从属关系

C. 对立关系　　D. 交叉关系

答案:D。直四棱柱是侧棱与底面垂直的四棱柱,其底面可能为正方形,也可能是其他四边形;“底面为正方形的四棱柱”的侧棱可能与底面垂直,也可能不垂直。因此“底面为正方形的四棱柱”和“直四棱柱”之间的关系是交叉关系。

考点 2 不相容关系

如果两个概念是同一属概念下的种概念,并且它们的外延集合的交集为空集,那么称这两个概念间的关系是不相容关系或全异关系或排斥关系。不相容关系又分为对立关系和矛盾关系。

关系	定义	举例
对立关系(反对关系)	在同一属概念下的两个种概念,如果它们的外延之和小于属概念的外延,而且这两个种概念具有全异关系,那么,这两个种概念的关系为反对关系或者对立关系	“正实数”与“负实数”是具有对立关系的两个概念,因为它们的外延互相排斥,其外延之和小于它们最邻近的属概念“实数”的外延
矛盾关系	在同一属概念下的两个种概念,如果它们的外延之和等于属概念的外延,而且这两个种概念具有全异关系,那么,这两个种概念的关系为矛盾关系	负数与非负数;有理数与无理数;直角三角形与非直角三角形;相等与不相等

真题面对面

[2018 湖北,单,3 分]“锐角三角形”和“钝角三角形”概念之间的关系是(　　)

A. 同一关系　　B. 交叉关系

C. 矛盾关系　　D. 对立关系

答案:D。同一属概念下的两个种概念,如果它们外延的和小于属概念的外延,而且它们在外延上互相排斥,则称这两个种概念的关系为对立关系。如“正实数”与“负实数”、“质数”与“合数”、“锐角三角形”与“钝角三角形”、“等腰梯形”与“直角梯形”等概念之间的关系都是对立关系。故选 D。

三、概念的定义方法

定义是揭示概念的内涵的逻辑方法,它是明确概念的主要方法之一。

在数学中,常见的定义方法有下列几种:

1. 属加种差定义

这种方法是先确定被定义概念的最邻近的属概念，然后寻找这个属概念中诸种概念彼此间的本质差别（即“种差”）。例如，“平行四边形”最邻近的属概念是“四边形”，平行四边形区别于其他四边形的本质属性是“对边平行且相等”，于是得到平行四边形的定义：对边平行且相等的四边形叫作平行四边形。“属加种差”的定义可用公式表示为：被定义概念 = 最邻近的属概念 + 种差。

2. 关系定义

这种定义是以被定义概念与其他事物的关系作为种差的定义。例如，“整除”的定义是“如果存在整数 c，使得 $b=ac$，那么称 a 能整除 b”，这就是关系定义。类似地，“质数”的定义也是一种关系定义。

3. 外延定义

这是一种运用种概念给属概念下定义的方式，即指出属概念中所有的种概念。例如，“有理数与无理数统称为实数”“椭圆、双曲线和抛物线统称为圆锥曲线”，等等。

4. 发生定义

这种定义是通过被定义概念的形成过程来揭示概念内涵的。例如，在立体几何中，各种旋转体的定义就采用了发生定义的方法，圆锥曲线的第一定义也是发生定义。

5. 递归定义

如果被定义概念与自然数有关或者是构造性的，常采用递归定义的方式。例如，实数 a 的 n 次幂（n 是自然数）的递归定义如下：

$$\begin{cases} a^1 = a, \\ a^{n+1} = a^n \cdot a\,(n \in \mathbf{N})。\end{cases}$$

第三部分

6. 约定式定义

为了数学的某种需要，可以通过约定的方式下定义。这种定义方法，通常是利用意义已明确的表达式，去规定新引入的表达式的意义。例如，在自然数指数幂的基础上，约定 $a^0=1$，$a^{-n}=\frac{1}{a^n}(n \in \mathbf{N})$，$a^{\frac{m}{n}}=\sqrt[n]{a^m}$，给出零指数幂、负指数幂、分数指数幂的定义。这样的约定式定义，保证了原来的自然数指数幂的运算法则：$a^m \cdot a^n = a^{m+n}$，$(a^m)^n = a^{mn}$，$(ab)^m = a^m \cdot b^m$。对于有理指数幂依然成立，所以这种约定式定义是合理的。

7. 形式定义

在代数中，有一类概念是通过其形式结构下定义的，故称为形式定义。比如“形如$\sqrt{2}$，$\sqrt{x+y}$，$\sqrt{a+\frac{1}{b}}$等的式子叫作二次根式”“形如 $ax^2+bx+c=0(a \neq 0)$ 的方程叫作一元二次方程”等都是形式定义。可以看出，与式有关的概念常用形式定义。

8. 公理化定义

在近代数学中，常给出若干性质（称之为公理），只要满足这些性质，这一概念便定义了，这就是公理化定义。例如,自然数的皮亚诺公理系统给出了自然数的定义,"群""线性空间"概念的定义也是公理化定义。公理化定义是对概念本质属性的更严谨更抽象的规定。

四、概念学习的基本形式 【案例分析】 ★

数学概念的学习一般有两种基本形式:一是概念形成;二是概念同化。

	概念形成	概念同化
定义	所谓数学概念形成,是指在教学条件下,从大量的实际例子出发,经过比较、分类,从中找出一类事物的本质属性,然后再通过具体的例子对所发现的属性进行检验,最后通过概括得到定义并用符号表达出来	所谓数学概念同化,是指在课堂学习的条件下,利用学生认知结构中原有的知识经验,以定义的方式直接向学生揭示概念的本质属性,从而使学生获得新概念
依靠对象	对具体事物的抽象	新旧知识的联系
所需条件	学生必须辨别正反例证,外界要有反馈信息	学生认知结构中必须有同化新概念的有关概念,外界要有新概念的定义或对概念特征的描述
学习过程	①观察实例。观察数学概念的各种不同的肯定例证,可以是日常生活中的经验或事物,也可以是教师提供的典型实例。 ②分析共同属性。分析所观察实例的属性,通过比较得出各实例的共同属性。 ③抽象本质属性。从上面得出的共同属性中提出本质属性的假设。 ④确认本质属性。通过比较肯定例证和否定例证检验假设,确认本质属性。 ⑤概括定义。在验证假设的基础上,从具体实例中抽象出本质属性,推广到一切同类事物,概括出概念的定义。 ⑥符号表示。用习惯的形式符号表示概念。 ⑦具体运用。通过举出概念的实例,在一类事物中辨认出概念,或运用概念解答数学问题,使新概念与原有认知结构中的相关概念建立起牢固的实质性的联系,把所学的概念纳入相应的概念体系中	①揭示本质属性。给出概念的定义、名称和符号,揭示概念的本质属性。 ②讨论特例。对概念进行特殊分类,讨论各种特例,突出概念的本质属性。 ③新旧概念联系。使新概念与原有认知结构中有关概念建立联系,把新概念纳入相应的概念体系中,同化新概念。 ④实例辨认。辨认肯定例证和否定例证,确认新概念的本质属性,使新概念与原有认知结构中有关概念精确分化。 ⑤具体运用。通过各种形式运用概念,加深对新概念的理解,使有关概念融会贯通成整体结构
适用对象	原始概念和一些层次较低的概念	发展性概念

真题面对面

[2017 安徽统考,案例分析,10 分]直线倾斜角概念的教学片段。

师:对于平面直角坐标系中的一条直线,确定它的位置需要哪些条件?

生:给定直线上的任意两点可确定这条直线。

师:平面直角坐标系中,过一点 P 可以确定一条直线吗?

生:不能,过一点的直线有无数条。

师:这些直线有什么联系和区别吗?

生:这些直线都过同一点,但倾斜程度各不相同。

师:说得很对,那么如何刻画直线的倾斜程度呢?

生:可以用角。

师:对,这说明已知直线上一点和倾斜角也可以确定一条直线,那么,什么是直线的倾斜角呢?我们已经介绍过"x 轴的正方向"与"直线向上的方向"的概念,现在我们可以用这两个概念来定义"直线的倾斜角"。

师:(在黑板上板书)定义:x 轴正方向与一条直线向上的方向之间所成的角叫作这条直线的倾斜角,通常用 α 表示。

接下来,教师带领着学生讨论倾斜角的分类范围等问题,并举出一些反例让学生辨认,对倾斜角的概念予以强化。

第三部分

阅读以上材料,回答以下问题:

(1)数学概念教学通常有哪两种教学设计方式?分析该概念教学属于何种方式,试对这种概念教学方式进行描述。

(2)你认为直线倾斜角的概念应当如何教学,谈谈你的认识?

参考答案:(1)数学概念教学有概念形成和概念同化两种教学方式。该教学片段的概念教学属于概念同化。

所谓概念同化,是指在课堂学习的条件下,利用学生认知结构中原有的知识经验,以定义的方式直接向学生揭示概念的本质属性,从而使学生获得新概念。

(2)数学课程标准中对数学概念教学提出了明确而具体的要求:对于数学概念的教学设计,应根据学生已有的数学知识经验和实际生活经历,设计学生熟悉的、感兴趣的问题情境或事例,充分展现概念形成的过程。通过问题讨论、事例分析,引导学生在具体感知的基础上进行抽象概括,要深入剖析概念的本质,阐明概念之间的相互关系和区别,注意新旧概念之间的联系和比较;要重视对概念的多角度理解,从而使学生逐步形成新的数学概念。

在教学中，可以从大量的例子出发，从学生实际经验的肯定例证中，举例说明生活中遇到的需要表示倾斜程度的事物，如山坡、楼梯等，以概念形成的方式引入倾斜角的概念。而对概念的深入理解需要从不同的侧面、角度去挖掘它，以期达到全面、完整、准确地认识概念，这就需概念的同化，以定义的方式直接引导学生揭示概念的本质。

第三节　数学命题

一、数学命题学习的含义

数学中的公理、定理、公式、定律、性质和法则等都是数学命题，将学生对这些知识的学习称为数学命题的学习。命题学习的含义有四方面。一是发现命题。发现命题一般有两种方法：(1)用实验的方法，如"三角形的内角和是180°"这个命题的发现即可用此方法；(2)不用实验，而是应用已知的命题，通过推理而发现新命题的方法，如"四边形的内角和是360°""凸 n 边形的内角和是 $(n-2)\times180°$"等命题的发现即可应用"三角形的内角和是180°"通过推理而发现。二是理解其语句所表达的复合关系的意义。三是推导或论证命题。四是运用命题在其适应的各种情境中解决问题。

数学命题是由概念组成的，反映的是若干个数学概念之间的关系，因此数学命题的学习层次和复杂程度均高于数学概念的学习。要学好数学命题，必须以学好数学概念为基础。当然命题学习反过来又可以加深对概念的理解。可见二者互相联系，不能截然分开。

二、数学命题的教学要求 【简答】 ★

数学中的公理、定理、公式、定律、性质和法则等都是数学命题。数学命题教学的重点是公式、定理的教学。

公式、定理是进行正确推理证明的依据。它的教学要求：(1)注重定理的引入；(2)使学生必须切实认清它的条件和结论，理解、掌握具体内容和表达式；(3)使学生掌握公式、定理的证明方法，明确公式、定理的证明思路及其功能和应用范围；(4)使学生了解与公式、定理有关的命题的关系，掌握它们的内在联系，使知识系统性，并作适当的推广；(5)加强定理的应用，使学生能熟练地运用公式、定理进行推理证明及解决实际问题。

真题面对面

[2019 湖北，简答，6 分]简析数学命题教学的基本要求。

参考答案：(1)注重公式、定理的引入；(2)分清公式、定理的条件与结论，让学生掌握定理的内容和表达形式；(3)分析公式、定理的证明思路，使学生掌握定理的证明方法；(4)了解定理与其他知识之间的内在联系，使知识系统化；(5)加强公式、定理的应用，提高学生运用公式、定理解决问题的能力。

三、数学命题教学的过程

1. 公式、定理的引入

(1)发现式引入,即通过实践去发现。在教学过程中一般不要先提出命题的内容,可选用实验(设计实验)、演算(计算)、作图、设计问题等不同做法,引导学生动手、动脑独立思考,通过分析、归纳,估计出命题内容,然后再设法证明,获得定理。例如,平行线性质定理和判定定理,可以通过平行线的作图或者角的度量来发现;三角形内角和定理,可以通过剪纸法把三角形的三个内角拼成一个平角或通过对三内角的度量算出三内角和,从而发现定理;球的体积公式可通过细沙实验来导出;数的运算律和同底数幂的乘除法公式均可用计算结果来发现。

(2)过渡性引入。新公式常可通过旧公式过渡迁移而引入。如勾股定理表达了三角形三边的关系,由此联想到任意三角形三边之间的关系能否用公式表达,从而引出余弦定理的课题。这种引入,使学生感到新公式并不孤立,而是旧知识的拓延和发展,同时也能培养学生按知识系统和结构去探索新知识的能力。

2. 公式、定理的明确与理解

(1)分清定理的条件和结论。中学数学教材中,有些定理的条件和结论叙述得比较清楚,学生易于接受。但也有些定理的条件和结论写得比较简略,学生不易分清,教学时要引导学生分清条件和结论。例如,定理“对顶角相等”“等腰三角形两底角相等”均是简化式命题,可分别恢复成“如果两个角是对顶角,那么这两个角相等”“如果一个三角形是等腰三角形,那么它的两底角相等”。同时还要进一步结合图形,写出已知、求证。

(2)分清公式的外形与特点。例如,公式“$(a-b)^3=a^3-3a^2b+3ab^2-b^3$”的教学时指出:公式展开有4项;符号正负相间;系数为1,-3,3,-1;a的指数由3次降幂排列,b的指数由0次升幂排列,各项次数和为3。此外,还应指出a,b可代表数字、字母、代数式等。

(3)正确理解定理中关键词语的意义。数学中的每个定理都是用数学中的专有名词和词语组成的,教学时必须让学生懂得这些词语的意义。例如,“过直线外一点,有且仅有一条直线与已知直线平行”,其词语“有且仅有”指出存在性与唯一性。

(4)注意公式、定理的应用范围。公式、定理都是在某些条件或某个范围内的相对真理,条件和范围变了,公式就成为谬论。例如,算术根的运算法则是以各个算术根存在为前提,对数运算法则必须以各对数有意义为前提,均值不等式必须以非负数为前提等。此外,还要注意某些公式、定理的隐含条件。

3. 掌握公式、定理的证明与推导

公式、定理的教学重点在于让学生掌握证明的思路和方法,对那些在思路、方法和技巧上具有典型意义的要加以总结,以提高学生分析、解决问题的能力。教学时,教师应把重点放在思路的分析和方法的获得上。

4. 公式、定理的应用

公式、定理是求解和证明数学问题的工具，学习公式、定理的目的之一在于应用，而应用也是培养能力的重要环节。

在公式定理教学之后，首先可通过例题、习题的教学与习作，使学生初步认识所学公式、定理的应用；其次，要注意公式的正用、逆用及改变条件后的使用，培养学生灵活运用公式、定理的能力；再次，注意引导学生总结公式、定理的适用范围，明确应用时应注意的事项，归纳总结定理、公式所能解决的问题的类型，发挥思维定势的积极作用。

例如，通过归纳总结，帮助学生全面掌握韦达定理及其逆定理的应用，熟悉它所能解答问题的特点，提高解题能力。

5. 建立数学命题系统化体系

中学数学中的许多定理彼此联系紧密，教完这些定理之后，应注意及时揭示这些定理之间的内在联系，使学生的知识系统化，形成数学命题体系。

例如，学习了几何中的相交弦定理、切割线定理、切线长定理以后，可以通过运动变化的观点，生动巧妙地阐明它们之间的联系，并给以量化，统一成一个圆幂定理："过定点 P 向定圆引二割(切)线，设 A,B,C,D 分别是二割(切)线与该圆周的交点，则 $PA\cdot PB=PC\cdot PD$。"

另外，引导学生对某些定理做适当的不同方向上的推广，也是使学生认识定理之间关系的有效方法，同时也有利于培养学生的创造才能，在教学中应大力提倡。例如，二项式平方公式，既可以推广项数，将二项和推广到三项和以至 n 项和；又可以推广指数，将平方推广到立方以至 n 次方。

第四节　数学思想方法

一、常见的数学思想方法 【案例分析】 ★★★

在中学，就解决问题而言，化归方法是解决问题的基本思想方法；而类比、归纳、联想等合情推理的方法是数学发现、创造的重要方法；字母代数、函数与方程、数形结合、算法化等是中学数学学习中的主要思想方法；公理化思想方法则有助于培养学生严谨有序等良好的思维习惯。下面选择部分中学数学中常见的思想方法进行阐述。

考点 1 化归的思想方法

1. 化归的含义

所谓化归，就是把待解决的问题通过某种转化过程，归结到一类已经能解决或者比较容易解决的问题中去，借此来获得原问题的解决的一种思想方法。

一般地，化归的要素有：化归的对象、化归的目标和化归的途径。化归的本质就是转化——转化矛盾，变更问题。在中学数学解决问题中,化归一般表现为以下几个方面:化生为熟,化繁为简,化"正"为"反",化抽象为具体,数与形的互化,各学科知识间的互化等。

2. 中学数学中常用的化归方法

(1)特殊化法

对于一时难以入手的一般问题,我们常常通过将问题特殊化使问题获得简化。其中问题的简单情形与极端情形,是特殊化考查的两种基本类型。

(2)一般化法

一个特殊的问题一时难以入手时,我们可以将此问题放到一般情形中去,有可能反而使问题明朗化。此时运用一般问题的相关性质,问题可能获得解决。

(3)分解法

所谓分解法,就是把一个复杂的问题分成若干个有逻辑联系的、较简单或较熟悉的问题,从而使问题得以解决。当然,仅有"化整为零"的分解,化归过程未必能完全实现,往往还要通过"积零为整",将这些小问题的解重新组合起来,才能得到原问题的解。

中学数学中的分解法表现为图形分割、条件分割、外延分割、过程分割等方面。

(4)扩充法

所谓扩充法,就是通过对原问题进行"加倍"或"扩充",化归为一个新问题。如果这个问题是已经解决了的,或者是较为容易解决的,那么原问题也就会获解。

第三部分

考点2 类比与归纳

类比,就是根据两种事物在某些特征上的相似,得出它们在其他特征上也可能相似的结论的一种推理。类比推理是一种或然性的推理,其结论是否正确还有待证明。但也正是这种或然性,引导人们发现新思路,获取新知识,有可能获得创造发明。

类比在中学数学教学中的应用:第一,个别到一般的推广;第二,某种特性的推广使用;第三,低维到高维的类比;第四,方法上的类比。由形式上的类似,我们常常会想到方法上的类似,**如把解方程的方法类比到解不等式上去,等等。**

归纳可以帮助我们探寻规律,有助于提高我们的创造能力。在概念、命题、解题学习中,运用归纳法将有助于我们形成概念、发现规律,获得解题思路。对于数学学习,我们还应当运用归纳法来进行小结、复习,将相关的知识、方法加以归纳、整理,使获得的知识系统化、结构化。

考点3 函数思想

1. 函数思想的含义

所谓函数思想,就是用运动和变化的观点、集合与对应的思想,去分析和研究数学问题中的数量关系,建立函数关系或构造函数,运用函数的图象和性质去分析问题,转化问题,从而使问题获得解决。著名数学

家克莱因曾经说过，一般受教育者在数学课上应该学会的重要事情是用变量和函数的观点来思考。可见，函数思想与函数方法在中学数学教学中处于“统帅”的地位。

2. 函数思想的特征体现

①量与量之间的关系是运动变化中的关系，一个量的变化依赖于另一个量的变化。

②对应是函数思想的本质特征。对应是函数思想的本质，正是由于“对应”，我们所研究的量之间才建立起有机的联系，才使得彼此并不直接相关的事物或现象统一起来。

③自变量的变化处于主导地位。中学数学中涉及的函数通常研究的是两个变量之间的变化关系，而函数值的变化取决于自变量的取值变化，即是说，在运动变化过程中自变量的变化起着主导地位。

函数思想的运用，着重于运动变化的观念与映射的思想。

考点4 方程思想

方程思想就是分析数学问题中的变量间的等量关系，从而建立方程或方程组或者构造方程，通过解方程或方程组，或者运用方程的性质去分析、转化问题，使问题获解。方程思想体现了已知与未知之间的对立统一关系。用方程的思想解决数学问题是非常重要的。

方程思想的应用：方程思想除了用于解决有关方程问题外，还运用于其他一些问题的求解，*如将函数有关零点等问题转化为方程问题、构造方程求解问题、运用方程思想求参数的取值范围，以及解析几何中的曲线系方程、参数方程，几何作图中的交轨法，等等*。

函数与方程是两个有着密切联系的数学概念，它们之间相互渗透，很多方程的问题需要用函数的知识和方法解决，很多函数的问题也需要用方程方法的支援，函数与方程之间的辩证关系，形成了函数方程思想。

第三部分

考点5 分类讨论思想

1. 分类讨论思想的含义

分类讨论是一种重要的数学思想方法，当问题的对象不能进行统一研究时，就需要对研究的对象进行分类，然后对每一类分别研究，给出每一类的结果，最终综合各类结果得到整个问题的解答。

2. 引起分类讨论的原因

(1)涉及的数学概念是分类讨论的；

(2)运用的数学定理、公式或运算性质、法则是分类给出的；

(3)求解的数学问题的结论是有多种情况或多种可能性的；

(4)数学问题中含有参变量，这些参变量的不同取值导致不同的结果；

(5)较复杂或非常规的数学问题，需要采取分类讨论的解题策略来解决。

3. 分类的原则

根据不同标准可以有不同的分类方法，但分类必须从同一标准出发，做到不重复，不遗漏，包含各种情况,同时要有利于问题研究。

考点6 数形结合思想

对于所研究的代数问题,有时可研究其对应几何的性质使问题得以解决(以形助数);或者对于所研究的几何问题,可借助于对应图形的数量关系使问题得以解决(以数助形),这种解决问题的方法称之为数形结合。

数形结合与数形转化的目的是发挥“形”的生动性和直观性,发挥“数”的思路的规范性与严密性,两者相辅相成,扬长避短。

考点再拔高

数形结合的解题要领

(1)对于研究距离、角或面积的问题,直接从几何图形入手进行求解即可;

(2)对于研究函数、方程或不等式(最值)的问题,可通过函数的图象求解(函数的零点,顶点是关键点),做好知识的迁移与综合运用;

(3)可分别通过构造距离函数、斜率函数、截距函数、单位圆 $x^2+y^2=1$ 上的点及余弦定理进行转化达到解题目的。

第三部分

真题面对面

[2021 江西统考,案例分析,14 分]案例一:“一元一次方程的解法”教学片段

师:解 $0.5x=1$ 时,先两边除以 0.5,把左边变为 $1x$,即 x,这时右边变为 $1\div0.5=1\times2=2$,所以 $x=2$。

生1:两边同时乘2,马上得到 $x=2$,更简单。

师:结果是对的,但书上步骤是两边除以 0.5(一次项系数),要按书上的格式和要求来。

师:再看一个方程:$x+\frac{1}{3}=\frac{1}{3}x+1$ 如何解?(思考……)一个学生举手。

生2:老师,不用计算就看出 $x=1$。

师:光看不行,要按步骤进行计算。接着教师让另一名学生到黑板按书上要求完成了此题并表扬了这名学生。

案例二:探究“一元二次方程的求根公式”片段

师:对于一般的一元二次方程 $ax^2+bx+c=0(a\neq0)$,该如何求解,解的个数情况又是怎样?(学生想到了解方程的所有方法如开平方法、配方法等)

师:我们要研究这样的一元二次方程的求解方法和判断解的个数无从下手,该怎么办?

生：举具体例子。

师：非常好！请同桌互相写出一个一元二次方程，写出求解过程，并判断根的个数，然后小组交流。探究解方程的通用方法，挑选有代表的予以展示。

师生列出方程解的个数情况以及配方法的通用性，并请大家试着用配方法解一元二次方程 $ax^2+bx+c=0(a\neq0)$。

生：我利用配方法导出 $\left(x+\frac{b}{2a}\right)^2=\frac{b^2-4ac}{4a^2}$ 的形式，然后该怎么办？（陷入困境）

师：（展示另一个学生的做法）$x+\frac{b}{2a}=\sqrt{\frac{b^2-4ac}{4a^2}}$ 是否正确？

生：不对，应该是 $x+\frac{b}{2a}=\pm\sqrt{\frac{b^2-4ac}{4a^2}}$。

师：很好！还有不同的做法吗？问题的关键在哪？

……

师生共同归纳出一元二次方程解的一般情况）

师：请大家快速写出有两个不等实数解，两个相等实数解和无实数解的一元二次方程。

根据以上实例，回答下列问题：

(1)分析案例一中教师处理生 1 和生 2 的回答时哪些地方存在不足，面对这种情况你会如何处理？

(2)分析案例二，你认为接下来的重点是什么？难点是什么，体现了什么样的数学思想？

(3)分析案例二，结合新课程标准，阐述如何培养学生的数学创新意识。

参考答案：(1)①《义务教育数学课程标准》(2011 年版)指出："数学教学活动，特别是课堂教学应激发学生兴趣，调动学生积极性，引发学生的数学思考，鼓励学生的创造性思维。"案例一中教师处理生 1 的回答有以下不足：当生 1 提出更简单的解题方法时没有及时引导，没有做到鼓励学生解题方式的策略多样化，学生的创造性思维没有得到很好的肯定与发展。

因此，当我面对这种情况的时候，在学生回答出更简单方法时，我将组织全班学生一起分析讨论学生方法的可行性，以此来充分调动学生的潜力，经历数学的思考过程，培育学生的创造性思维，更好地营造一个师生互动、生生互动、生动活泼的课堂氛围。

②《义务教育数学课程标准》(2011 年版)指出："在教学活动中，教师要选择适当的教学方式，因势利导、适时调控，形成有效的学习活动。"案例一中教师处理生 2 的回答有以下不足：当生 2 提出不用计算直接能看出方程的解为 $x=1$ 时，教师直接否定的做法扼杀了学生思考想象的空间，同时没有做好正确的归纳示范，没能培养学生良好的数学学习习惯，另外紧接着让另外一名学生按书上要求完成此题

并表扬，严重影响生2的自信心与自尊心。因此当我面对这种情况的时候，我会给予学生肯定的评价，并让学生在班上分享他是如何看出结果的，鼓励他加以验证，充分发挥学生的主动性和积极性，让学生真正热爱数学。在学生分享之后，我再做出正确的总结归纳，给出完整规范的解题步骤，落实培养学生良好的数学学习习惯的目标要求。

(2)教学重点：一元二次方程求根公式的解法。

教学难点：用配方法推导求根公式。

案例二环节体现了转化、类比、分类讨论、推理等思想，具体体现在：

①用配方法得出一元二次方程求根公式的过程体现了转化思想；

②用直接开平方法解一元二次方程，类比平方根的概念和意义体现了类比思想；

③分析讨论一元二次方程解的一般情况体现了分类讨论思想；

④探索求根公式的整个过程体现了推理思想。

(3)《义务教育数学课程标准》(2011年版)指出："创新意识的培养是现代数学教育的基本任务，应体现在数学教与学的过程之中。"

学生的数学创新意识应在数学教学活动中得到培养。以数学问题启发学生思考并学会学习，学生不断地变"被动"为"主动"，使得学生的数学创新意识逐步形成。为此，教师应注重做好以下三点：

①激发学生的问题意识。案例二中教师在数学教学活动的整个过程中，以学生的视角设置问题情境，启发学生直观地提出问题，强化学生的问题意识。在设疑和解疑的过程中培养学生解决问题的能力。

②注重数学合情推理。案例二中教师在启发学生思考探究一元二次方程求根公式的过程，帮助学生通过观察、比较、类比、分析、归纳、抽象、概括出数学猜想和规律，并加以验证，逐步形成独立思考的习惯。

③发展学生的思维模式。案例二中教师组织学生用公式法推导的过程，引导学生学会思考数学，同时教师给学生留有思考的余地，让学生思考和反思数学知识和内在的思想方法，使其从中感受成功的体验和获得活动经验，最终形成"发展自己数学"的个性化思维模式。

二、数学思想方法的教学途径

1. 立足数学本源，挖掘并渗透数学思想

数学概念、命题、规律、定理、性质、公式、法则等都明显地写在教材中，是"有形"的知识，我们都看得见，而数学思想却隐藏在这些知识的背后，是"无形"的、"默会"的知识，这就需要将知识背后的数学思想挖掘出来，使其显性化、明朗化，并有效渗透到数学学习的过程中。

2. 在知识的发生过程中,体验数学思想

数学知识的发生过程,实际上就是数学思想的发生过程。概念的形成过程、结论的推导过程、方法的思考过程、问题的发现过程、规律的揭示过程等都蕴藏着数学思想及方法,在知识的发生过程中,让学生体验数学思想,是训练学生数学思维的极好机会。

3. 在问题解决的过程中,凸显数学思想

问题是数学的心脏,数学问题的解决过程,实质是命题的不断变换和数学思想反复运用的过程,数学问题的步步转化无不遵循数学思想指示的方向。在教学中应突出数学思想在解题中的指导作用,展示数学思想的应用过程。

4. 在知识的总结过程中,归纳数学思想

由于教材一般是按知识发展系统进行编排的,而数学思想则是采用蕴含的方式融于数学知识体系之中,所以,数学思想的教学是零散而不系统的。这就要求在课后小结、单元小结或总复习时及时归纳,使数学思想纳入已有系统网络,逐步完善,实现迁移。

5. 引导学生养成反思习惯,增强数学思想意识

学生在学习知识时,较少去挖掘知识背后隐藏的数学思想,在实际解题中,往往仅仅完成解题任务却很少考虑解题过程中蕴含的数学思想,因此,教师要引导学生经常反思在概念、定理、公式、法则、解题等的教学中所包含的数学思想,帮助学生理解基本概念、巩固基础知识、优化解题过程、感悟数学思想,进而培养数学思维能力。

达标测评

建议用时	实际用时	测评总分	实际得分
45 分钟	____分钟	42 分	____分

一、单项选择题(每小题 3 分,共 15 分)

1. 等腰三角形底边上的高线和底边的中线这两个概念(　　)

A. 内涵相同,外延也相同

B. 内涵不同,外延也不同

C. 内涵相同,外延不同

D. 内涵不同,外延相同

2. (　　)是在一定教学目的的指引下，在教师引导或鼓励下，学生通过类比、归纳、质疑、反思等思维活动，亲自去探索和发现数学的概念、定理、公式、解题方法等的一种教学方法。

A. 讲授法　　B. 讨论法

C. 发现法　　D. 自学辅导法

3. 概念的划分是从(　　)方面明确概念的逻辑方法。

A. 本质属性　　B. 外延和内涵

C. 外延　　D. 内涵

4. 学习过三角形的知识后，在研究四边形、五边形、六边形等多边形问题时，可以通过添加辅助线，利用三角形的知识解决问题，这个过程运用了(　　)的数学思想方法。

A. 分解　　B. 化归

C. 特殊与一般　　D. 先局部再整体

5. 在用反证法解题时使用了(　　)

A. 化归思想

B. 数形结合思想

C. 方程思想

D. 函数思想

第三部分

二、填空题(共3分)

6. ________是指在课堂学习的条件下，利用学生认知结构中原有的知识经验，以定义的方式直接向学生揭示概念的本质属性，从而使学生获得新概念。

三、简答题(共6分)

7. 什么是属加种差定义？举例说明。

四、论述题(共8分)

8. 在中学数学教学中，如何贯彻理论与实践相结合的原则？

五、案例分析题(共10分)

9. 阅读下列案例回答问题。

教师1：在学习"平行四边形性质"内容时，教师设计了这样的探究活动及问题：

师：拿出我们事先准备好的平行四边形纸片，并将此平行四边形沿一条对角线剪下，这样我们可以得到两个三角形，你能发现这两个三角形的关系吗？能重合吗？它们的边与角有什么关系？你能证明吗？

教师2：在学习"同类项"知识时，教师设计了这样的探究：

(1) $32t+19t=(\quad)t$；

(2) $9ab^2-6ab^2=(\quad)ab^2$。

师:请同学们完成上面两道小题,说说它们的特点,你能从中得出它们的规律吗?

问题:(1)请分析上述案例中两教师设计的探究活动的效果;

(2)在新课程的理念下,组织学生进行数学探究活动需要注意哪些事项?

参考答案及解析

一、单项选择题

1. D [解析]等腰三角形底边上的高线与中线的外延都是同一条线段,而内涵却不相同。

2. C [解析]题干所述属于发现法的定义。

3. C [解析]略。

4. B [解析]通过添加辅助线,将多边形问题转化为了三角形问题,进而解决问题,这个过程中运用了化归思想。

5. A [解析]反证法是把原命题化归为它的逆否命题来解,使用了化归思想。

二、填空题

6. 概念同化

三、简答题

7.【参考答案】属加种差定义是数学概念中最普遍和最常用的一种定义方式,其一般形式可用以下公式表示:被定义概念=最邻近的属概念+种差。例如,矩形可以用属加种差的方式定义为:有一个角是直角的平行四边形叫矩形。

四、论述题

8.【参考答案】一方面应提高理论水平,重视一般原理与方法的教学,充分发挥理论的指导作用,克服只注意算法不注意算理、片面强调技巧、搞题海战术等不良现象。另一方面应注意联系实际,注意用实例说明数学的应用,通过实例培养学生运用数学知识的能力。因此,在引入实例时,应注意例子的典型性和简明性,不断更新联系实际的内容和处理手法,密切关注与物理、化学等学科知识之间的联系。总之,应用理论与实践相结合的原则,要求我们在数学教学中遵循"实践—认识—再实践—再认识"的规律,充分注意数学应用的广泛性,充分注意数学原理与数学应用的辩证关系,充分注意数学理论来源于实践又应用于实践。

五、案例分析题

9.【参考答案】(1)教师1的设计看似没有问题,其实却错在提供了程序化的步骤,让学生的思维得不到锻炼,缺乏真实探究体验,也无法实现情感态度价值观的目标。

教师2的题目设计,我们发现不过是同类项合并的问题,在设计上没有多大的价值,学生很容易就可以看出,也没有探究的过程,这样的探究活动显然不符合学生的认知规律,太容易的问题没有探究的价值,达不到探究的目的；太难了学生又无法建立知识间的联系，超出了学生的认知范围，无法进行深入的探究。太难或太易的问题都不适合探究。作为教师，在设计探究活动时，活动一定要符合学生的认知规律，对探究过程有整体的把握。

(2)组织数学探究活动，需要注意以下事项：

①探究活动内容的选择要合适。要使探究活动更有效，探究内容的选择是否得当是很重要的。同时，探究内容要有激发性，也就是说，问题能激发学生的探究欲望，且问题的设置要在学生的“最近发展区”。

②探究活动的指导要合理。探究活动中，教师所扮演的应该是一个组织者、引导者和合作者的角色，要扮演好这个角色，首先，要给学生创设探究的情境，其次，要保证学生有探究的时间，再次，探究活动并不是让学生毫无节制的大谈论，而是精心编制的教学活动，教师不能孤立于学生之外，要及时对学生的探究活动进行指导，并在此之后要对学生的探究结果做出合理的评价。

③探究的过程中，正确处理教师的“引”和学生的“探”之间的关系。在探究式学习过程中，学生作为探究的主体，需要通过自己的探究去发现新事物。而为了顺利地完成这个任务，作为引导者的教师，要发挥指向灯的作用，既要在学生脱离主题的时候，适时地引导方向，不放任学生不着边际地乱探究，同时又不能过分地牵制学生的思想，造成“伪探究”的现象。成功的探究式教学离不开学生的主动参与，要注重全体参与，让每个学生体验成功的乐趣。

第三章　中学数学教学设计与技能

思维导图

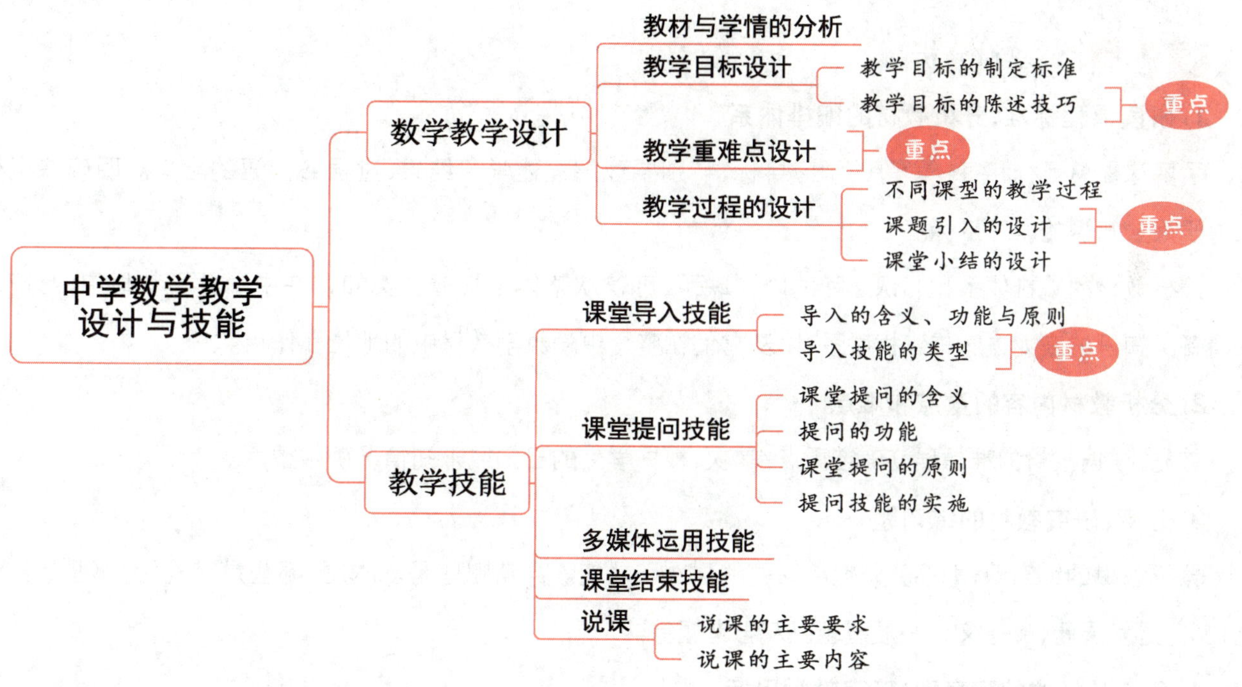

考向分析

本章介绍了中学数学教学设计与技能的主要内容，各省、市数学教师招聘考试中绝大多数会考查本章内容，整体难度较高，要求考生能够理解并掌握相关知识要点。现对本章考向分析如下：

高频考点	常考题型	能力要求	考查热度
教材与学情的分析	案例分析	掌握	★★★
教学目标与重难点的设计	案例分析、教学设计	掌握	★★★
教学过程的设计	教学设计	掌握	★★★
课堂导入技能	教学设计	掌握	★★
课堂提问技能	教学设计	掌握	★★

核心考点

第一节 数学教学设计

一、教材与学情的分析 【案例分析】 ★★★

考点1 教材分析

1. 研读课程标准，分析教材的编排体系

了解课程总目标和每一学段的学习目标，特别要理解描述学习结果、过程各用语的含义。明确课程标准关于某一知识的学习目标。

分析教材的编排体系和知识之间的内在联系，可以从整体上把握各类知识在中学数学教材中的分布，认清各类知识的来龙去脉与纵横联系，以及它们在整个中学数学教材中的地位和作用。

2. 分析教材内容的重点和难点

首先，根据教材的难易程度确定重点；其次，根据学生的已知或未知情况确定重点。

3. 分析、研究教材的练习题

分析教材的练习题，把握并研究练习题的层次和功能。弄清哪些是基本题，哪些是变式题，哪些是综合题，哪些是发展题，哪些又是开放型题以及思考题等。

4. 分析教材的编写意图，确定教学目标

分析教材时，要认真推敲教材的编写意图，明确通过教学应使学生认识或掌握哪些基础知识，达到什么要求；侧重培养哪些能力；可做哪些思想品德教育或渗透哪些数学思想方法等，并根据各部分知识及例题的安排顺序、难易程度与地位作用等来为制定教学目标提供依据。

5. 分析教材知识的发生过程及蕴含的思想方法

教师在分析教材时，必须揭示知识的发生过程。首先，要重视思维、思考的过程，比如问题是怎样发生、怎样发现、怎样提出的；怎样对问题进行观察、分析、研究、探索、推演，使问题得到解决；怎样由问题的解决得出结论等；其次，要充分启发、引导、组织学生积极参与这个过程，放手让他们提出问题，研究解决问题的方法，并进行概括，做出结论。

教师在分析教材时应对教学过程中涉及的数学方法和逻辑方法进行认真研究，分析这些方法的实质及应用，分析这些方法的适用范围，以及研究如何进行这些方法的教学等。

考点2 学情分析

(1)分析学生原有的认知基础；

(2)分析学生的个体差异;

(3)了解学生的生理、心理;

(4)了解学生对本学科学习方法的掌握情况;

(5)分析学生学习知识时可能遇到的困难。

二、教学目标设计 【案例分析、教学设计】 ★★★

考点1 教学目标的制定标准

教学目标是关于教学将使学生发生何种变化的明确表述,是指在教学活动中所期待得到的学生的学习结果。

教学目标在制定的过程中应该依据以下三个方面:

①在教学活动中,学生需要学习哪些知识与技能,学习到什么程度;

②在教学活动中,学生需要体验什么样的学习过程,提升什么能力;

③在一节课或一个单元教学活动中,学生需要形成或逐渐形成什么样的情感、态度与价值观。

考点2 教学目标的陈述技巧

教学目标的表述包括"四要素":行为主体(学生)、行为动词(可观察、可测量的具体行为)、行为条件(产生学习结果的特定的限制或范围)、表现程度(目标所应达到的最低表现水准)。行为动词通常可以省略。

模 板

目标	陈述技巧
目标①	知道(了解/掌握)……(概念、定理、公理、性质等)是什么;证明……(性质);理解……是如何推导形成的;应用……解决实际问题
目标②	(学生)通过……(观察、猜想、操作、探究、归纳、类比、讨论交流等)活动,提高……能力(如空间想象、抽象概括、推理论证、运算求解、数据处理,发现、提出、分析和解决问题)
目标③	通过这节课,感受到……(知识点)既来源于生活,又能解决生活中的实际问题

易错点提示

教学目标应集中在学生能做什么,说明的是教学结果而不是教学过程,应体现学生的主体性。如可以用"能解释……""能设计……""能写出……""对……做出评价"等,而不能用教师的教学行为,如"让/使学生……""提高/培养学生……"等描述。目标的设立应适当,陈述要明确,具有可操作性。

三、教学重难点设计 【案例分析、教学设计】★★★

教学中的重点:在学习中贯穿全局、带动全面、应用广泛、对学生认知结构起核心作用、在进一步学习中起基础作用和纽带作用的内容。

教学中的难点:学生接受起来比较困难的知识点。

	教学重点	教学难点
确定的依据	①教学内容是教材的核心; ②教学内容是今后学习其他内容的基础,或者有广泛的应用	①新知学习易受已有知识的干扰; ②在学习新的概念、原理时,缺少相应的已知概念、原理作基础; ③教学内容本身较为复杂、过分抽象、综合性较强等
确定的范围	通常教材中的定义、定理、公式、法则、数学思想方法等都是教学的重点	在数学中,概念课的难点通常是"对定义的理解";原理课的难点通常是相应原理的证明(推导)或原理的形成过程及其运用;应用题的教学难点是分析应用题的数量关系,掌握正确解法
答题模板	探究……(概念、性质、法则);理解/掌握……(定理/性质的推导过程);应用……解决实际问题	理解……(定理/性质的推导过程、概念);应用……解决实际问题

第三部分

四、教学过程的设计 【教学设计】★★★

教学过程是根据教学目标实施教学的一种活动程序,由教师、学生以及教学内容、方法和手段等若干要素构成。

教学过程设计的步骤:课前预习——课题导入——新课学习——巩固提高——总结拓展。其中,课前预习是教学进行前的准备工作,在撰写教学过程时不体现;课题导入目的是创设情境,引生入境,激发学生的学习热情;新课学习在于落实教学目标,抓住重点、化解疑点、突破难点;巩固提高目的是进一步内化知识、加深理解;总结拓展目的是交流互动、总结提高。

考点1 不同课型的教学过程

依据每节课的教学目的和任务,数学课分为以下几种:

类型	课程意义及流程结构
新授课	①主要任务:组织引导学生学习新知识,在传授基础知识的过程中促进学生思维的发展,培养学生的能力。 ②基本结构:导入新课、讲授新课、巩固练习、课堂小结、布置作业
练习课	①主要任务是巩固、运用所学知识,形成一定的技能、技巧。 ②基本结构:复习回顾、课堂练习、小结、布置作业

续表

类型	课程意义及流程结构
复习课	①主要任务：巩固和加深学生已学的基础知识，熟悉已有的技能和方法，提高学生运用知识的能力。 ②基本结构：系统复习基础知识、典型例题示范、总结、布置作业
讲评课	①主要任务：对某一阶段的作业情况或测验结果进行总结和分析。 ②基本结构：讲评、分析、总结、布置作业

注：上述介绍的几种课型只要求教师有个大体了解，并不是严格的程序。因此，这些并不妨碍教师在教学实践中创造性地劳动，而是更有助于教师去创造各具特色、各有风格的教学形式。

考点 2 课题引入的设计

课题引入一般有下列几种形式：

引入形式	含义	设计意图
复习提问式	通过复习旧知引入课题	通过复习旧知，唤醒学生的回忆，为新知的学习做铺垫
练习式	安排一组习题让学生练习，通过对习题或解答结果的讨论、引申、推广，引入课题	通过习题的练习，体现知识的发生过程
设疑式	提出问题让学生思考，使之百思不得其解后产生迫切了解结果的强烈欲望，在此基础上引入课题	通过设疑，引导学生合作学习，逐步启发学生的探究热情
类比对比式	通过新旧知识之间的某种相似性或联系引入课题	通过观察、思考、分析、比较，培养学生的归纳、概括与抽象能力
发现式	通过引导学生探究、发现数学知识和规律引入课题	充分让学生参与教学，在合作交流中，培养学生观察问题、发现问题、归纳问题的能力
情境式	教师利用幻灯片、实验、图画、故事、游戏等各种教学手段，创造出趣味横溢的情境，并在情境中巧妙融入数学知识或问题，引导学生通过情境联系课题	通过创设情境，巧设环节，引导学生积极思考，激发学生学习数学的热情，使学生的心理处于兴奋状态

考点 3 课堂小结的设计

课堂小结就是对一节课的教学要点进行概括、总结，使学生将所学知识、技能更好地纳入原有的认知结构，形成新的知识体系，促进学生知识的升华，培养学生初步的逻辑思维能力。

一般地，数学课堂小结的时间为 1～3 分钟。因此，教师在设计数学课堂小结时，应该注意以下两个方面：

①应讲究高效，既要抓住主要内容，又要做到简洁明了；

②注意升华，除了总结本堂课的知识、方法、技能层面上的目标达成度之外，还要对学生的能力发展、情感态度及价值观的获得做必要的总结，但要避免形式化。

考法大揭秘

教学过程设计模板

1. 复习思考

设计意图：纠正练习中的错误；巩固前面所学内容，为新知识的引入做准备。

方式：提问、板演、教师或学生小结。

2. 创设情境，新课引入

方式：由现实世界——生活、学习、生产、科学实验等情境导入，从数学内部——归纳式导入、演绎式导入、类比式导入、数学文化导入等。

设计意图：联系生活实际，为课题的引出提供了现实背景，同时激发了学生学习的兴趣，将数学知识与现实生活紧密联系在一起。

3. 合作交流，探究新知

第一步：提出问题，有次序地一步一步层层深入到课题的核心；

第二步：引导学生自主合作探究问题的解决方法；

第三步：揭示概念（公式、法则、定理）的来龙去脉，从而把握本质、理解数学思想方法、积累数学活动经验。

设计意图：让学生经历××的过程（或思维活动），培养学生××能力，得出××。

4. 运用新知，巩固新课

教师出示问题，学生解决、汇报，教师巡视指导。

设计意图：通过练习，让学生对新知进行巩固，对××形成系统化的认知。同时教师通过巡视，得到课堂教学效果的及时反馈，从而××（如调整后续环节）。

5. 反思小结，总结新课

设计意图：通过反思与总结，让学生将新知纳入已有认知结构或调整原认知结构以适应新知；获得××数学思想方法等。

6. 课外延伸，布置作业

设计意图：通过××的讲解（课外延伸），感受数学的意义、文化等；通过课后作业，使学生进一步加强对××的记忆、掌握，形成对××更深刻的认识。

注：在设计意图的撰写中，可围绕《义务教育数学课程标准》（2022 年版）给出的理念，写出自己这样设计能够符合课程标准中的哪些理念，达到培养学生什么能力、使学生获得什么知识等目的。

真题面对面

[2022 安徽统考,教学设计,10 分]阅读以下关于"余弦定理"(某教科书必修2)的教材节选。

11.1 余弦定理

许多实际问题都可以转化为三角形中边与角的计算问题,而边和角分别涉及长度和方向两个要素,这让我们想到数形结合的有力工具——向量.

在$\triangle ABC$中,有向量等式$\overrightarrow{BC}=\overrightarrow{BA}+\overrightarrow{AC}$. 从这个等式出发,我们来探索三角形中的边角关系.

● 如何将向量等式$\overrightarrow{BC}=\overrightarrow{BA}+\overrightarrow{AC}$数量化?

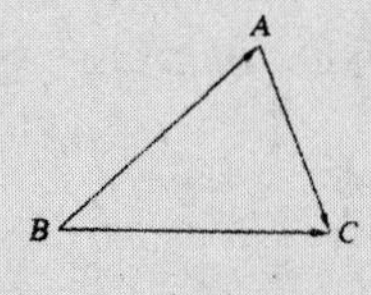

因为$\overrightarrow{BC}=\overrightarrow{BA}+\overrightarrow{AC}$(图 11-1-1),

所以
$$\begin{aligned}\overrightarrow{BC}\cdot\overrightarrow{BC}&=(\overrightarrow{BA}+\overrightarrow{AC})\cdot(\overrightarrow{BA}+\overrightarrow{AC})\\&=\overrightarrow{BA}^2+2\overrightarrow{BA}\cdot\overrightarrow{AC}+\overrightarrow{AC}^2\\&=|\overrightarrow{BA}|^2+2|\overrightarrow{BA}||\overrightarrow{AC}|\cos(180^\circ-A)+|\overrightarrow{AC}|^2\\&=c^2-2cb\cos A+b^2,\end{aligned}$$

即 $a^2=b^2+c^2-2bc\cos A.$

同理可得 $b^2=c^2+a^2-2ca\cos B,$

$c^2=a^2+b^2-2ab\cos C.$

上述等式表明,三角形任何一边的平方等于其他两边平方的和减去这两边与它们夹角的余弦的积的两倍. 这样,我们得到余弦定理(cosine theorem):

$$\boldsymbol{a^2=b^2+c^2-2bc\cos A,}$$
$$\boldsymbol{b^2=c^2+a^2-2ca\cos B,}$$
$$\boldsymbol{c^2=a^2+b^2-2ab\cos C.}$$

余弦定理可以看作勾股定理的推广,勾股定理是余弦定理的特例.

尝试用勾股定理证明余弦定理.

余弦定理也可以写成如下形式:

$$\cos A=\frac{b^2+c^2-a^2}{2bc},$$
$$\cos B=\frac{c^2+a^2-b^2}{2ca},$$
$$\cos C=\frac{a^2+b^2-c^2}{2ab}.$$

85

(1)依据上述教材,写出余弦定理和勾股定理的关系;

(2)撰写一份体现"凸显数学的内在逻辑和思想方法"的教案设计(只要求写出教学过程),设计中需融入余弦定理和勾股定理的关系。

参考答案:(1)当$\angle A=90^\circ$时,$\cos A=\dfrac{b^2+c^2-a^2}{2bc}=0$,所以$b^2+c^2-a^2=0$,即$a^2=b^2+c^2$。

同理,也可推出其他角为90°时,相应的公式成立,

所以勾股定理是余弦定理的特殊形式。

第三部分

(2)教学过程：

一、问题引入

教师先带领学生复习向量相关知识，并对学生提出以下问题：

问题1：已知两边和它们的夹角能否解三角形？

问题2：在 Rt$\triangle ABC$ 中，若$\angle C=90°$，则 $c^2=a^2+b^2$。那么，在非直角三角形中一边的平方与其余两边的平方和及其夹角会有什么关系呢？

二、讲授新知

1. 余弦定理的推导

问题：对于任意一个三角形来说，是否可以根据一个角和此夹角的两边，求出此角的对边？

教师出示以上问题，让学生进行小组讨论，并适时进行引导。

教师鼓励小组代表上台板书推导过程，再带领学生进行规范推导。

推导过程：如图，在$\triangle ABC$ 中，BC,AC,AB 的长分别为 a,b,c。

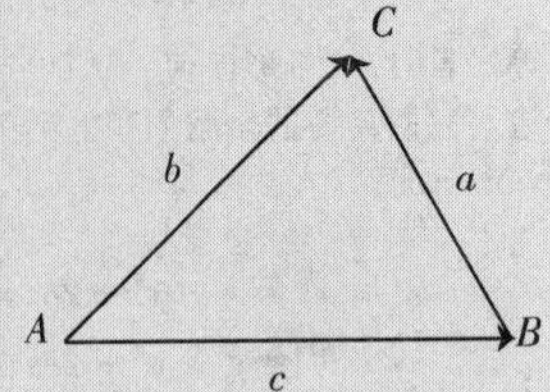

因为$\overrightarrow{AC}=\overrightarrow{AB}+\overrightarrow{BC}$，所以$\overrightarrow{AC}\cdot\overrightarrow{AC}=(\overrightarrow{AB}+\overrightarrow{BC})\cdot(\overrightarrow{AB}+\overrightarrow{BC})=\overrightarrow{AB}^2+2\overrightarrow{AB}\cdot\overrightarrow{BC}+\overrightarrow{BC}^2=|\overrightarrow{AB}|^2+2|\overrightarrow{AB}||\overrightarrow{BC}|\cos(180°-\angle B)+|\overrightarrow{BC}|^2=c^2-2ac\cos B+a^2$，即 $b^2=c^2+a^2-2ac\cos B$。

同理可证：$c^2=b^2+a^2-2ab\cos C$，$a^2=b^2+c^2-2bc\cos A$，即三角形任意一边的平方等于其他两边的平方和减去这两边与它们夹角的余弦值的积的两倍。

2. 讲授余弦定理需要注意的问题

教师在带领学生进行规范推导时，要着重强调以下几个方面：

①熟悉定理的结构，注意“平方”“夹角”“余弦”等关键词；

②知三求一；

③当夹角为90°时，即三角形为直角三角形时余弦定理即为勾股定理（特例）；

④余弦定理公式的变形：$a^2=b^2+c^2-2bc\cos A\Leftrightarrow\cos A=\dfrac{b^2+c^2-a^2}{2bc}$；$b^2=c^2+a^2-2ac\cos B\Leftrightarrow\cos B=\dfrac{a^2+c^2-b^2}{2ac}$；$c^2=b^2+a^2-2ab\cos C\Leftrightarrow\cos C=\dfrac{a^2+b^2-c^2}{2ab}$。

要求学生熟练掌握余弦定理及其变形公式。

3. 余弦定理的应用范围

教师多媒体出示关于余弦定理的题目让学生进行独立解答，并点名让部分学生进行板演。

学生板演后，教师针对题目进行简略分析，并通过题目让学生独立总结余弦定理可解决的问题类型，并进行小组交流。

小组代表发表该组的总结后，教师带领学生一起进行规范总结。

利用余弦定理，可以解决以下两类有关三角形的问题：

(1) 已知三边，求三个角；

(2) 已知两边和它们的夹角，求第三边和其他两个角。

三、运用新知

教师多媒体出示以下例题，并让学生独立解答。

例 1：在$\triangle ABC$中，

(1) 已知$b=3, c=1, \angle A=60°$，求a；

(2) 已知$a=4, b=5, c=6$，求$\angle A$。

例 2：用余弦定理证明：在$\triangle ABC$中，$\angle C$为锐角时，$a^2+b^2>c^2$；当$\angle C$为钝角时，$a^2+b^2<c^2$。

四、课堂小结

通过本节课的学习，我们的收获如下：

(1) 掌握余弦定理，并会熟练地运用它解决已知三角形两边和它们的夹角或三角形三边求其余的边和角的问题。

(2) 学会了用向量法证明余弦定理。

(3) 掌握了由特殊到一般的方法。

五、课后作业

课后研究题：已知三角形的两边和其中一边的对角，能不能利用余弦定理求出其余的边和角？如果可以，尝试写出证明过程；反之，也试着给出理由。

第二节　教学技能

数学课堂教学技能包括：导入技能、提问技能、创设情境技能、讲解技能、媒体演示技能、强化技能、激趣答疑技能、导学技能、板书技能、结束技能、评价技能，等等。以下介绍几种常用的数学课堂教学技能。

一、课堂导入技能 【教学设计】 ★★

考点 1 导入的含义、功能与原则

1. 导入的含义

导入是教师在一个新的教学内容和教学活动开始时，引导学生进入学习状态的行为方式，是课堂教学过程的第一个环节。

2. 导入的功能

(1)激发学习兴趣，引起学习动机；(2)引起学生对所学课题的关注，引导学生进入学习情境；(3)明确学习目的；(4)为学习新知识、新概念、新原理和新技能做引子和铺垫。

3. 导入要遵循的原则

(1)要具有针对性和目的性；(2)要具有科学系统性；(3)要具有启发趣味性；(4)要具有操作简洁性；(5)要有关联时效性。

考点 2 导入技能的类型

1. 直接导入法

直接导入就是开门见山，紧扣教学目标，要求直接给出本节课的教学目的，以引起学生的有意注意，诱发探求新知识的兴趣，使学生直接进入学习状态。这种导入能使学生迅速定向，对本节课的学习有一个总的概念和基本轮廓。它能提高学生自学的效率和质量，适合条理性强的教学内容。

【案例】弧度制概念的导入

师：以前我们研究角的度量时，规定周角的$\frac{1}{360}$为1度的角，这种度量角的制度叫作角度制。今天我们学习另一种度量角的常用制度——弧度制。本节主要要求是掌握1弧度角的概念；能够实现角度制与弧度制两种制度的换算；掌握弧度制下的弧长公式并能运用其进行解题。

2. 复习导入法

复习导入即所谓“温故而知新”，主要是利用新旧知识间的逻辑联系，即旧知识是新知识的基础，新知识是旧知识的发展与延伸，从而找出新旧知识联结的交点，由旧知识的复习迁移到新知识的学习上来导入新课。通过这种方法导入新课，可以淡化学生对新知识的陌生感，使学生迅速将新知识纳入原有的知识结构中，能有效降低学生对新知识的认知难度。使用这种导入方法，教师一定要摸清学生原有的认知水平；要精选复习、提问新旧知识联系的“交点”。

【案例】对数函数的性质课堂导入

师：前面学习了指数函数的图象与性质，请同学们回忆一下我们是从哪些方面来研究其性质的？

学生回答。

师：我们在研究指数函数时，从图象上观察到它的定义域、单调性、值域、特殊点等，进而说明函数的性

质，类似的学习方法，我们研究对数函数性质时是否也能这样来说明？

师：好，我们现在从这几个方面来看一下对数函数的性质。

3. 事例导入法

事例导入是选取与所授内容有关的生活实例或某种经历，通过对其分析、引申归纳出从特殊到一般、从具体到抽象的规律来导入新课。这种导入强调了实践性，能使学生产生亲切感，起到触类旁通的功效，同时让学生感觉到现实世界中处处充满数学。这种导入类型也是导入新课的常用方法，尤其对于抽象概念的讲解，采用这种方法更显得优越。

【案例】对数概念的导入

铃声刚落，一位教师面带微笑这样导入新课：请同学们思考这样一个问题，我国政府在1980年提出要使我国工农业生产总值到20世纪末翻两番，因此平均每年的增长率为7.2%，同学们，你们知道这个增长率是怎样算出来的吗？你们想知道其中的秘密吗？本节课我就来和大家共同讨论这个问题。

通过这样的实例导入很容易牵动学生思维，在他们不会解又急于解决的心理之间制造一种悬念，激起学生强烈的求知欲。

4. 趣味导入法

趣味导入就是把与课堂内容相关的趣味知识，如数学家的故事、数学典故、数学史、游戏、谜语等传授给学生来导入新课。趣味导入可以避免平铺直叙之弊，可以创设引人入胜的学习情境，有利于学生从无意注意迅速过渡到有意注意。

【案例】平方差公式课堂导入

上课伊始，教师向学生讲了一个故事：从前有一个狡猾的地主，他把一块长为 x 米的正方形的土地租给张老汉种植，有一天，他对张老汉说："我把这块地的一边减少5米，另一边增加5米，继续租给你，你也没有吃亏，你看如何？"张老汉一听觉得没有吃亏，就答应了，回到家中，他把这件事对邻居讲了，邻居一听，说："张老汉你吃亏了！"张老汉非常吃惊。同学们，你能告诉张老汉这是为什么吗？

5. 悬念导入法

悬念导入是教师从侧面不断巧设带有启发性的悬念问题，创设认知冲突，唤起学生的好奇心和求知欲，激起学生解决问题的愿望来导入新课。在悬念中既巧妙地提出了学习任务，又创造出探求知识的良好情境。这种导入类型能使学生由"要我学"转为"我要学"，使学生的思维活动和教师的讲课交融在一起，使师生之间产生共振。

【案例】对数概念的导入

师：上课开始，老师先给大家讲一个自己做的游戏：将一张厚0.1毫米的纸条一次又一次地对折，厚度越来越厚，那么这样对折14次，厚度可达同学们的身高；对折27次后，其厚度比喜马拉雅山还要高；对折42次后，厚度超过从地球到月球的距离。同学们，你们相信吗？如果要使厚度达到从地球到太阳的距离（1.5亿千米),需要对折多少次呢?

两则设疑,立即引起学生的积极思维,他们饶有兴趣地自己折纸条,折了几次后在教师的指导下,停下来开始动手计算。

这样设置悬念、提出疑问导入新课能充分调动学生的求知欲望,激起学生的学习兴趣,从而成功进入新课。

6. 类比导入法

类比导入是以已知的数学知识类比未知的数学新知识,以简单的数学现象类比复杂的数学现象,使抽象的问题形象化,引起学生丰富的联想,激发学生的思维活动。

例如,在学习分式这章时,关键是要用与分数类比的方法导出分式概念、分式的基本性质与分式的四则运算法则,有位教师是这样引入分式的概念,先复习分数的概念,一个分数由分子、分母和分数线构成,分子、分母都是数,但分母不能是零,为什么分母不能为零呢?因为零不能作除数,分数有正分数、负分数,如果分子等于零,只要分母不是零(不论是正数还是负数),这个分数的值就是零。把分数的概念引申到代数式来,问:这两个式子有什么特点?①分式由分子、分母与分数线构成;②分母中含有字母,这就是分式。

7. 设疑导入法

问题的提出都是由对现象产生疑问开始的,学生的学习也一样,学生对所学知识产生疑问,才会积极思考,进而解决问题,在实际教学活动中,教师应该努力营造氛围,引导学生对问题积极思考,主动体验知识的形成过程。

【案例】分段函数概念的导入

教师结合某气象研究中心观测到的沙尘暴中风速的变化过程设计的导入:

沙尘暴刚开始时风速平均每小时增加 2 千米,4 小时后,风速变为平均每小时增加 4 千米,经过 2 小时后,风速保持不变,又经过了 3 小时后,风速平均每小时减少 1 千米,最终停止。回答下列问题:

(1)你能根据上述描述画出风速 y 与时间 t 之间的图象吗?

(2)沙尘暴从开始到结束,共经历了几个小时?

(3)求出当 $t<25$ 时,风速 y 与时间 t 之间的函数表达式。

学生试着写出来后发现这个函数表达式是分段的。

二、课堂提问技能 【教学设计】 ★★

考点 1 课堂提问的含义

提问是指教师运用提出问题及针对学生的回答所做出的反应方式来促进学生主动参与学习,了解他们的学习状态,启发思维,使学生理解和掌握知识、发展能力的一类教学行为。这种教学行为是通过师生相互作用去实现教学目标的一种主要方式,是教师在课堂教学中进行师生相互交流的重要的教学技能。

考点 2 提问的功能

(1)激发学生参与的功能;(2)培养学生分析问题和推理论证能力的功能;(3)反馈调控功能;(4)巩固

强化功能;(5)为学生提供表现机会的功能;(6)评价功能。

考点3 课堂提问的原则

(1)目的性原则;(2)启发性原则;(3)适度性原则;(4)兴趣性原则;(5)循序渐进性原则;(6)全面性原则;(7)充分思考性原则;(8)及时评价性原则。

考点4 提问技能的实施

1. 精心组织问题

在教学前对问题进行精心的组织与安排是十分必要的。教师根据教学的内容和学生的认知水平,为教学目标的实现,以系列化问题的方式,提出一系列前后相关、由浅入深的问题,组织成一个连续的问题框架。这样做可使学生对教师的提问形成更适当的反应,通过连续不断地在所设置的问题框架中进行研讨,学生的注意力被保持在要解决的问题和这些问题彼此之间的关系及与教学目标的内在联系上。

2. 合理介入

为了有效地指导学生在教师设置的问题框架中进行思考、讨论,教师应合理介入。首先,教师介入要把握时机,一般是在学生回答问题受阻或遇到困难时,教师可以用不同方式提示、鼓励、诱导学生。其次,教师介入要注意措辞。

3. 注意引导

在学生初次回答教师的提问后,如果教师对他的回答不够满意,那么为帮助学生对最初的问题形成更适合的答案,教师可进行引导。

4. 评价

教师对学生回答问题后的评价,会对学生进一步参与数学活动起到重要的决定作用。当学生回答的问题基本正确时,教师应分析学生回答的正确程度,分析学生的回答思路。首先,肯定学生回答中的正确内容,有时可写在黑板上,这有助于指出学生的回答有多少是有价值的。而当学生的回答失败时,教师的反应仍应是和蔼热情,这会对学生进一步参与数学活动和影响其他学生参与数学活动起重要决定性作用。其次,教师必须帮助学生分析不能正确回答问题的原因,比如可能是学生对问题的措辞没有正确理解,这时教师可通过对同一问题以平行的方式重新措辞,这样可帮助学生避开困难的措辞而成功地完成回答任务。

另外,对于教师提出的问题,应鼓励学生间的直接交流。这是因为学生需要有机会表达自己的意见,也需要有机会学习其他学生的表述和对其他同学的回答进行评论和扩展。教师需要真诚地接受和支持学生对讨论的贡献,帮助学生组织讨论,促使学生投入到直接的意见交流之中。

三、多媒体运用技能

计算机辅助数学教学进入课堂,可使抽象的概念具体化、形象化,尤其计算机能进行动态的演示,弥补了传统教学方式在直观感、立体感和动态感等方面的不足。随着多媒体计算机技术的发展,多媒体课件辅助教学已经成为教师必须掌握的一门技能。

考点 1 在多媒体课件设计上,应着重解决的问题

(1)应善于利用多媒体计算机技术突破数学教学的难点。例如,我们利用计算机可以完成平移变换、旋转变换、对称变换,实现在运动变化中研究数学规律。

(2)要考虑教学内容的优化设计。教学媒体的设计讲究多样化、适应性、实用性和可操作性。从传统的教具、学具到计算器的运用,再到计算机等现代信息技术的使用,都要突出数学学科教学的特点和数学学习的需要,做到三者的有机配合。

(3)在形式上要符合学生的认知规律和心理特点,达到既增强知识的学习效果,又能调动学生的学习积极性,创造个性化学习环境的目的。那种一味追求多媒体效果的设计和做法,冲淡了数学的本质内容,分散了学生的注意力,教师的主导作用和学生的主体作用反而被削弱了,教学效果自然不佳。

(4)注重引导学生利用网络技术收集资料,获取有价值的信息,进而解决数学问题。

考点 2 多媒体运用技能要求

(1)充分利用多媒体技术将超文本、图形、动画、声音等信息结合在一起的优势,发挥多媒体技术的交互性,产生动静结合的画面和智能性启发诱导功能。

(2)掌握数学课件制作的基本规范和要求,配合教材优化课件内容。形式是为内容服务的,制作课件也一样,应该把教学内容的科学准确展现作为前提。

(3)操作运用时熟练得体。

(4)配合板书合理安排屏幕显示,在强调多媒体教学的同时,传统的课堂教学板书是不能抛弃的,必要的板书仍是教学的重要环节。

四、课堂结束技能

结束技能是教师在一个教学内容结束或一节课的教学任务终了时,有目的、有计划地通过归纳总结、重复强调、实践等活动使学生对所学的新知识、新技能进行及时地巩固、概括、运用,把新知识、新技能纳入原有的认知结构,使学生形成新的完整的认知结构,并为以后的教学做好过渡的教学行为方式。

1. 结束语的内容

一般包括:①重申所学知识的重要性和注意点;②概括本节课的知识结构,强调概念、定理、公式以及解题的关键;③引导学生总结分析自己探求解决问题的思维过程和所使用的数学思想方法;④布置思考题、练习题、作业题,对所学知识进行巩固等。

结束的一般程序为:简单回忆—提示要点—总结规律或拓展延伸。

2. 结束技能的要求

①及时巩固,强化记忆;②语言精练,突出重点;③建立联系,形成知识系统;④形式多样,引导探索。

真题面对面

[2019 江西高中,案例分析,14 分]已知 $a,b,c\in\mathbf{R},a+b+c=0,a+bc-1=0$,求 a 的取值范围。

(1)用“方程思想”方法、“函数思想”方法分别求解;

(2)以这题为例,说说“一题多解”的意义;

(3)你认为高中数学教师需要掌握的教学技能有哪些?

参考答案:(1)①方程思想:由题意可知 $b+c=-a,bc=1-a$,所以 b,c 是方程 $x^2+ax+1-a=0$ 的两根,所以 $\Delta=a^2-4(1-a)\geqslant0$,即 $\Delta=a^2+4a-4\geqslant0$,解得 $a\geqslant-2+2\sqrt{2}$ 或 $a\leqslant-2-2\sqrt{2}$。

②函数思想:由已知 $a+b+c=0,a+bc-1=0$,得 $b+c-bc+1=0$,如果 $c=1$,则 $b+1-b+1=0$,即 $2=0$,不成立,因此 $c\neq1$,继而可得 $b=\frac{c+1}{c-1}$,$a=\frac{1+c}{1-c}-c$,令 $f(c)=\frac{1+c}{1-c}-c=-2+(1-c)+\frac{2}{1-c}$,当 $1-c>0$ 时,$f(c)\geqslant-2+2\sqrt{(1-c)\cdot\frac{2}{1-c}}=-2+2\sqrt{2}$;当 $1-c<0$ 时,$f(c)\leqslant-2-2\sqrt{(c-1)\cdot\frac{2}{c-1}}=-2-2\sqrt{2}$,所以 a 的取值范围是 $a\geqslant-2+2\sqrt{2}$ 或 $a\leqslant-2-2\sqrt{2}$。

(2)通过用不同的方法解决同一道数学题,既可以让学生开拓解题思路,巩固所学知识,达到熟练运用知识的目的;又可激发学生学习数学的兴趣和积极性,达到开发潜能,发展智力,提高能力的目的,从而培养学生的创新精神和创造能力。

(3)高中数学教师应掌握课堂导入技能、提问技能、创设情境技能、讲解技能、媒体演示技能、强化技能、激趣答疑技能、导学技能、板书技能、结束技能、评价技能,等等。

五、说课

所谓说课,是指教师以教育教学理论为指导,在精心备课的基础上,面对同行、领导或教研人员,主要用口头和有关的辅助手段阐述某一学科课程或某一具体课程的教学设计,并与听者一起就课程目标的达成、教学流程的安排、重难点的把握及教学效果与质量的评价等方面进行预测或反思,共同研究进一步改进和优化教学设计的教学研究过程。

考点 1 说课的主要要求

1. 把握要求,容量适当

把握好程度分量,是上好一堂课的基本要求之一。要处理好提高教学效率与课堂教学要求、容量的关系问题。一方面,要充分利用课堂 45 分钟,提高课堂教学效率;另一方面,课堂教学作为学生学习的一个重要环节,步子应该迈实,对所讲的内容应能基本落实。实际上,学习是一个不断积累的过程,不可能“速成”。教师的素养体现在对课堂教学中程度、分量的“度”的准确把握上。

2. 立足于“课”,寓技于“课”

说课的侧重点主要是在对教学的设计和分析上。说课不同于教学基本功比赛,不同于教学技能表演,

它必须立足于“课”本身。

3. 掌握详略,突出重点

说课时,应在全面介绍情况的基础上,紧紧抓住那些教师较为关心、渴望了解的重点问题,展示出解决和处理问题的办法,以充分发挥说课的交流作用。

4. 避免空乏,力求实在

既要有明确的教学要求,又要有落实的措施,使人看得清、抓得住,发挥好说课的交流作用。

考点 2 说课的主要内容

说教材	重点说明课题内容在整个教材体系或本单元教材中的地位和作用;教材编排的意图和特点;课题涉及主要知识点及其与前后的联系;与教学内容有关的附件(如图片、资料等)处理要点;确定课题重点、难点及理由;进行教材处理的打算以及进行修改、增减的理由和依据
说学情	说明受教学生的基础,包括学生的学习态度、学习兴趣、多数学生的学习习惯甚至学习方法,由此说明对重难点知识决定采取的教学起点
说教法	说明课堂教学的具体策略,采取何种教学方法。在战术上介绍导入新课、难点突破设计、课堂提问设计、例题设计、课后小结和作业设计的目的、内容。说明对不同层次学生如何实行分层教学,使每节课每个学生都能达到相应目标
说教学程序	说清教学过程设计的总体框架和设想,说出教学过程的整体结构、教学内容的详略安排和教学板块的时间分配。说出主要环节的教学设计,重点如何突出,难点如何化简

达标测评

建议用时	实际用时	测评总分	实际得分
30 分钟	______分钟	30 分	______分

一、案例分析题(共 10 分)

1. 教学片段:“菱形的判定定理(对角线互相垂直平分的四边形是菱形)”

教师画出图形后,有一段对话:

师：四边形 $ABCD$ 中，AC 与 BD 互相垂直平分吗？

生：是！

师：你怎么知道？

生：这是已知条件！

师：那么四边形 $ABCD$ 是菱形吗？

生：是的！

师：能通过证三角形全等来证明结论吗？

生：能！

问题：

(1)请你对该教学片段中教师的教学行为进行评价；

(2)对该教学片段中教师的教学设计进行改进。

二、教学设计题(每小题 10 分，共 20 分)

2. 阅读以下材料，回答问题。

思考

我们知道，如果一个三角形有两条边相等，那么它们所对的角相等. 反过来，如果一个三角形有两个角相等，那么它们所对的边有什么关系？

如图 13.3-4，在 $\triangle ABC$ 中，$\angle B=\angle C$.
作 $\triangle ABC$ 的角平分线 AD.
在 $\triangle BAD$ 和 $\triangle CAD$ 中，

$$\begin{cases}\angle 1=\angle 2,\\ \angle B=\angle C,\\ AD=AD,\end{cases}$$

$\therefore$ $\triangle BAD\cong\triangle CAD$ (AAS).

$\therefore$ $AB=AC$.

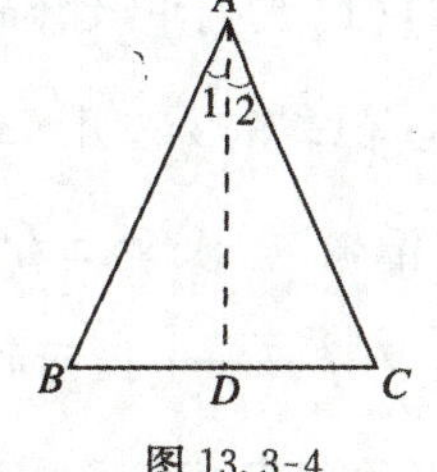

图 13.3-4

由上面推证，我们可以得到等腰三角形的判定方法：

如果一个三角形有两个角相等，那么这两个角所对的边也相等（简写成"等角对等边"）.

(1)写出该内容的教学目标及教学重难点；

(2)针对该内容设计相应的教学过程。

3. "函数的单调性"概念教学设计

阅读以下材料，回答问题。

对于二次函数 $f(x)=x^2$，我们可以这样描述“在区间 $(0,+\infty)$ 上，随着 x 的增大，相应的 $f(x)$ 也随着增大”：在区间 $(0,+\infty)$ 上，任取两个 x_1，x_2，得到 $f(x_1)=x_1^2, f(x_2)=x_2^2$，当 $x_1<x_2$ 时，有 $f(x_1)<f(x_2)$．这时，我们就说函数 $f(x)=x^2$ 在区间 $(0,+\infty)$ 上是增函数．

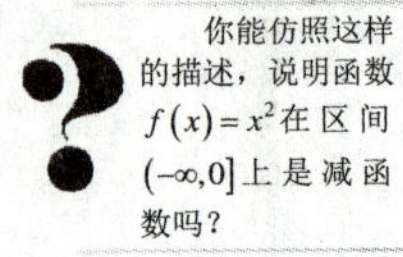

你能仿照这样的描述，说明函数 $f(x)=x^2$ 在区间 $(-\infty,0]$ 上是减函数吗？

一般地，设函数 $f(x)$ 的定义域为 I：

如果对于定义域 I 内某个区间 D 上的任意两个自变量的值 x_1，x_2，当 $x_1<x_2$ 时，都有 $f(x_1)<f(x_2)$，那么就说函数 $f(x)$ 在区间 D 上是增函数（increasing function）（图(1)）；

如果对于定义域 I 内某个区间 D 上的任意两个自变量的值 x_1，x_2，当 $x_1<x_2$ 时，都有 $f(x_1)>f(x_2)$，那么就说函数 $f(x)$ 在区间 D 上是减函数（decreasing function）（图(2)）：

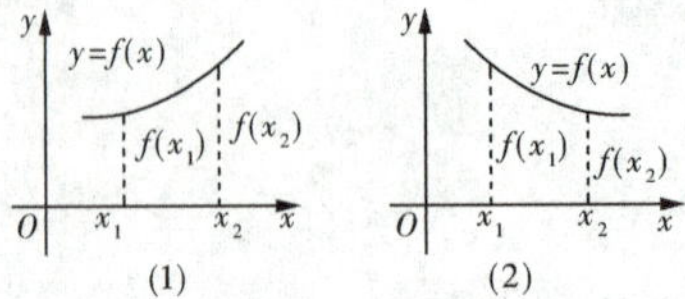

如果函数 $y=f(x)$ 在区间 D 上是增函数或减函数，那么就说函数 $y=f(x)$ 在这一区间具有（严格的）单调性，区间 D 叫作 $y=f(x)$ 的单调区间。

(1)给出该内容的教学目标、教学重难点及采用的教学方法；

(2)针对该内容设计相应的教学过程。

参考答案及解析

第三部分

一、案例分析题

1.【参考答案】(1)案例中教师的教学行为存在严重的问题，不能真正发挥教师的引导作用。实际上，教师已经指明用全等三角形证明四边形的边相等，学生几乎不怎么思考就开始证明了，所谓的“导学”实质上成了变相的“灌输”。表面上看似热闹活跃，实则流于形式，无益于学生积极思考。

(2)可以这样修正一下提问的设计：

①对于菱形的判定我们已学过哪些判定定理？

(a. 一组邻边相等的平行四边形是菱形；b. 四边相等的四边形是菱形)

②两种判定定理都可以利用吗？证明边相等有什么方法？

(a. 利用全等三角形的性质；b. 利用线段垂直平分线的性质)

③选择哪种方法更简捷？

二、教学设计题

2.【参考答案】(1)教学目标：

①掌握等腰三角形的基本判定方法，并能简单地运用。

②通过动手操作测量三角形的三边长度与三角形的对应内角大小的关系，观察计算机动图演示等，总结得出等腰三角形的判定定理，再加以证明、运用。

③培养逻辑思维能力;培养学习数学的兴趣,激励探索精神。

教学重点:等腰三角形的判定定理。

教学难点:用等腰三角形的判定定理解决一些较为复杂的问题。

(2)教学过程:

(一)复习提问

1. 师:上节课我们初步学习了等腰三角形的相关知识,你们还记得等腰三角形的定义及等腰三角形的性质吗?

谁能利用图形将等腰三角形性质定理的条件与结论分别用式子表示出来?

(学生回答)

电脑显示,在$\triangle ABC$中,因为$AB=AC$,所以$\angle C=\angle B$。

2. 复述等腰三角形性质定理的简写形式——等边对等角。

(二)操作讨论,发现定理

1. 操作1:出示任意的三个角都不相等的三角形纸片,不用任何辅助工具直接验证所给的三角形的三个角互不相等。

教师出示实物,引导学生讨论。

用刻度尺量三角形的边,可得:在一个三角形中,如果三个角互不相等,那么三条边也互不相等。

2. 师:我们已经知道,在一个三角形中,等边对等角,反过来,在一个三角形中,如果有两个角相等,那么它们所对的边是否也相等?

(学生猜想)

操作2:用剪刀只剪一刀,将刚才的三角形变成一个含有两个相等角的三角形。

(引导学生讨论并操作,对学生的交流做必要的说明,巡视和指导。电脑显示两种操作方法,得到$\triangle DBF$和$\triangle ACF$)

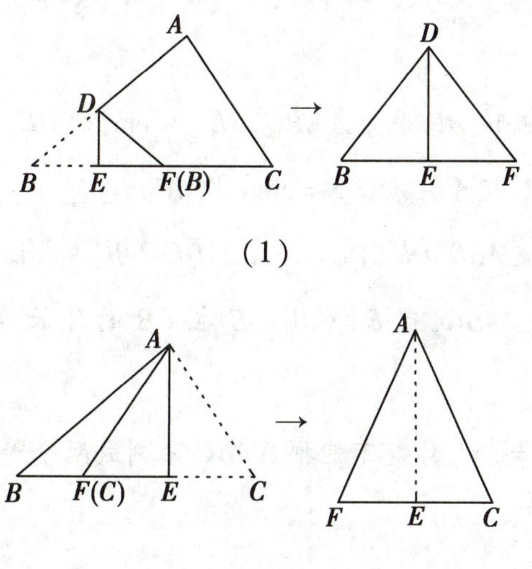

第三部分

操作3:在$\triangle BDF$中用刻度尺量DB,DF的长度(或在$\triangle AFC$中,用刻度尺量AF,AC的长度),它们是否相等?

(引导学生说理;学生操作并交流结果)

3. 学生猜想结论,根据操作过程说理。

等腰三角形的判定定理:在一个三角形中如果有两个角相等,那么它们所对的边也相等。

定理的简写形式——等角对等边。

4. 定理的辨析。

问题:在定理的条件中若去掉"在一个三角形中",即如果在两个三角形中分别有一个角,它们是相等的,那么这两个角所对的边是否相等?

(学生思考回答)

(三)计算说理,运用定理

例1:在$\triangle ABC$中,$\angle A=40°$,$\angle B=70°$,

(1)求$\angle C$等于多少度?

(2)$\triangle ABC$是什么三角形?为什么?

例2:在$\triangle ABC$中,已知点E在BA的延长线上,并且$\angle EAD=\angle DAC$,$BC\parallel AD$。问:$\triangle ABC$是什么三角形?为什么?

(学生猜想$\triangle ABC$的形状,并进行说理)

例3:已知$\triangle ABC$为等腰三角形,$AB=AC$,E在BA的延长线上,AD平分$\angle EAC$,且$AD\parallel BC$。问:$\angle EAD$和$\angle DAC$有什么关系?为什么?

提问:例2、例3所用的图形是同一个图形,它们说理过程中的主要依据有什么相同的地方和不同的地方?为什么会有这些相同之处和不同之处?

(组织学生讨论,对不同之处做详细说明。区分性质定理与判定定理)

(四)讨论练习,巩固定理

1. (1)若已知四边形$EBCD$为梯形,BD平分$\angle EBC$,$DE=4$ cm,则$BE=$________。

(2)在(1)的条件下延长BE,CD交于A点,$AE=5$cm,则$AB=$________。

2. 已知BI平分$\angle ABC$,CI平分$\angle ACB$,DE经过I点,且$DE\parallel BC$。求证:$\triangle ADE$的周长$=AB+AC$。

3. 在$\triangle ABC$中,已知BD平分$\angle ABC$,且$EA\parallel BD$,E在CB的延长线上,根据上述条件你能得到哪些结论?

4. 已知$\triangle ABC$中,$AB=AC$,$\angle A=36°$,你能不能把$\triangle ABC$分割成两个等腰三角形?能分成更多的等腰三角形吗?

(鼓励学生尽可能多地找到符合条件的结论)

(五)小结

(1)如果一个三角形有两个角相等,那么这两个角所对的边相等,这个三角形是等腰三角形。

(出示顶角为36°的等腰三角形纸片,引导学生讨论)

(2)比较:等腰三角形性质定理:等边对等角。因为$AB=AC$,所以$\angle C=\angle B$。

等腰三角形判定定理:等角对等边。因为$\angle B=\angle C$,所以$AC=AB$。

(六)作业(略)

3.【参考答案】(1)教学目标:

①从形与数两方面理解函数单调性的概念,掌握利用函数图象和定义判断、证明函数单调性的方法步骤。

②通过观察函数图象的变化趋势——上升或下降,初步体会函数的单调性,然后数形结合,尝试归纳函数单调性的定义,并能利用图象及定义解决单调性的证明。

③在对函数单调性的学习过程中,感知从具体到抽象,从特殊到一般,从感性到理性的认知过程,增强由现象猜想结论的能力。

教学重点:函数单调性的概念、判断。

教学难点:根据定义证明函数的单调性。

教学方法:教师启发讲授,学生探究学习。

(2)教学过程如下:

一、创设情境,引入课题

师:同学们刚刚从楼下走到了教室,如果把每一个楼梯的台阶都标上数字,我们一起来描述一下从楼下走到教室这一过程中,同学们的位置变化。

生:随着楼梯台阶标号的增大,我们所处的位置在不断地上升。

师:(积极反馈,全班鼓掌表扬)反之,我们下楼时,我们的位置显然是在下降的。

结合上下楼的问题,引导学生识图,捕捉信息,启发学生思考。

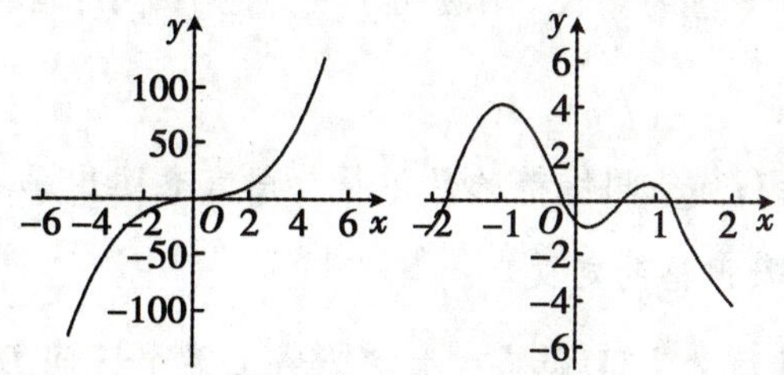

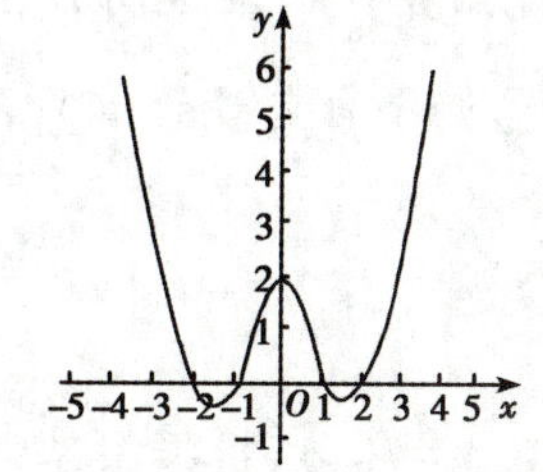

第三部分

观察图中的函数图象，随着函数自变量的增大（或减小），你能得到什么信息？

二、归纳探索，形成概念

我们在学习函数概念时，了解了函数的定义域及值域，本节内容其实就是针对自变量与函数值之间的变化关系进行的专题研究之一——函数单调性的研究。

同学们在初中已经对函数中随着自变量取值的变化函数值相应的变化情况有了一定的认识，但是没有严格的定义，今天我们的任务就是通过形象的函数图象变化情况，为函数单调性建立严格定义。

1. 借助图象，直观感知。

首先，我们来研究一次函数 $f(x)=x$ 和二次函数 $f(x)=x^2$ 的单调性。

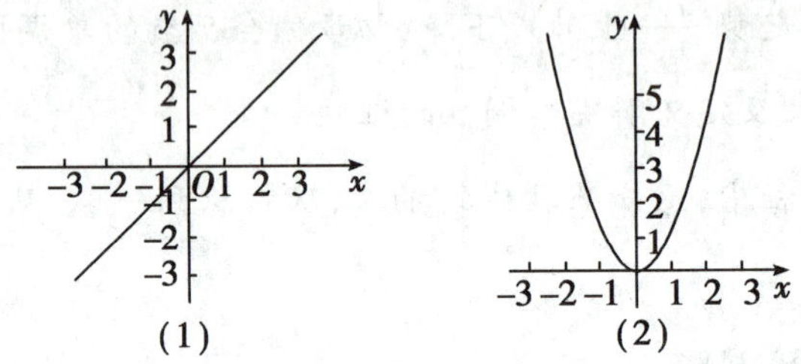

师：在没有学习函数单调性的严格定义之前，函数的单调性可以理解为，增函数等价于函数图象上升；减函数等价于函数图象下降。

师：根据图象，请同学们写出你对这两个函数单调性的描述。

学生独立完成，小组内互相检查，然后阅读教材，对比参照。

2. 抽象思维，形成概念。

函数的性质离不开函数的定义域，在研究函数单调性时，我们也必须充分考虑到这一点，在函数的定义区间上描述随着自变量 x 值的变化，函数值 $f(x)$ 的变化情况。

师：思考如何利用函数解析式 $f(x)=x^2$ 来描述随着自变量 x 值的变化函数值 $f(x)$ 的变化情况？（注意函数的定义区间）

生：在 $(-\infty,0]$ 上，随着自变量 x 值的增大，函数值 $f(x)$ 逐渐减小；在 $(0,+\infty)$ 上，随着自变量 x 值的增大，函数值 $f(x)$ 逐渐增大。

师：如果给出函数 $y=f(x)$，$x\in I$，你能用准确的数学符号语言表述出函数单调性的定义吗？

师生共同探究，得出增（减）函数严格的定义：

一般地，设函数 $y=f(x)$ 的定义域为 I：①如果对于定义域上某个区间 D 上的任意两个自变量的值 x_1，x_2，当 $x_1<x_2$ 时，都有 $f(x_1)<f(x_2)$，那么就说函数 $f(x)$ 在区间 D 上是增函数；

②如果对于定义域上某个区间 D 上的任意两个自变量的值 x_1，x_2，当 $x_1>x_2$ 时，都有 $f(x_1)<f(x_2)$，那么就说函数在区间 D 上是减函数。

三、掌握证法，适当延展

例 1：下图是定义在区间 $[-5,5]$ 上的函数 $y=f(x)$，根据图象说出函数的单调区间，以及在每一单调区间上，它是增函数还是减函数。

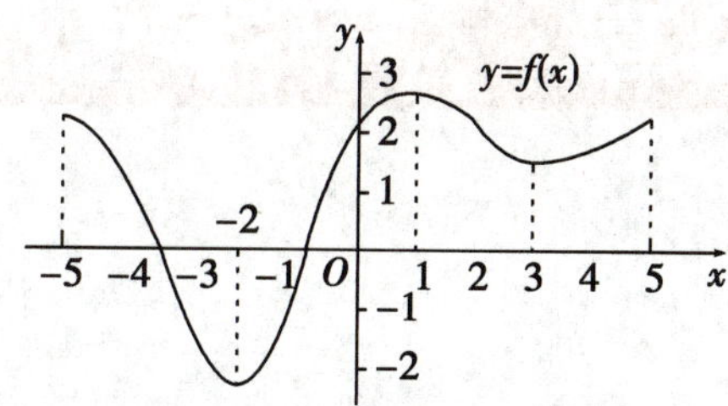

例 2：物理学中的玻意耳定律 $P=\frac{k}{V}$（k 为正常数）告诉我们，对于一定量的气体，当其体积 V 减小时，压强 P 将增大。试用函数的单调性证明之。

师：在解决完成这个例题后，根据解题步骤归纳总结用定义证明函数单调性的一般性算法步骤：设元、作差、变形、断号、定论。

四、归纳小结，提高认识

学生交流在本节课学习中的体会、收获，交流学习过程中的体验和感受，共同完成小结。

（1）利用图象判断函数单调性；

（2）利用定义判断函数单调性；

（3）证明方法和步骤：设元、作差、变形、断号、定论。

五、布置作业，拓展探究

课后探究：研究函数 $f(x)=x+\frac{a}{x}(a>0)$ 的单调性。

第四章　中学数学教学评价

思维导图

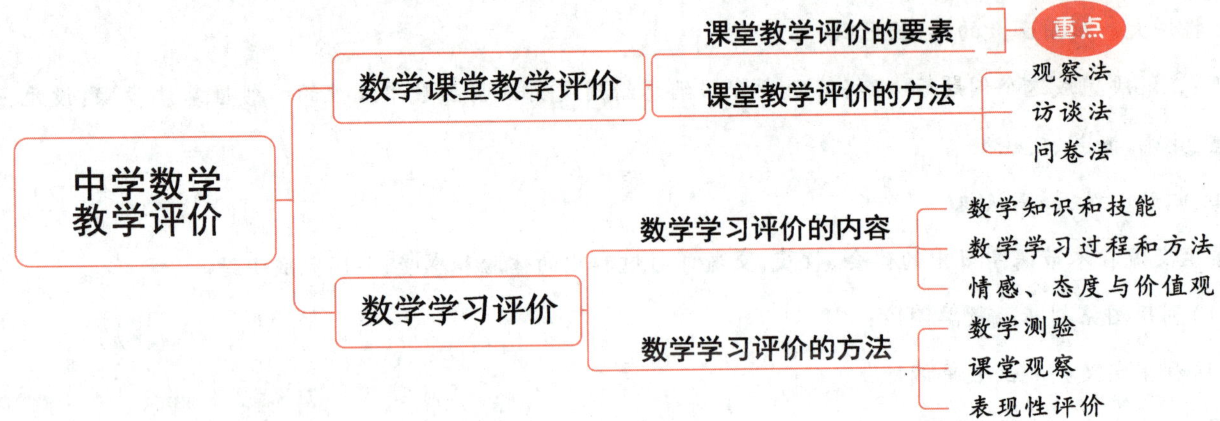

第三部分

考向分析

本章介绍了中学数学教学评价的基础内容，各省、市数学教师招聘考试中绝大多数会考查本章内容，整体难度较高，要求考生能够理解并掌握相关知识要点。现对本章考向分析如下：

高频考点	常考题型	能力要求	考查热度
课堂教学评价的要素	案例分析	掌握、应用	★★
课堂教学评价的方法	案例分析	掌握	★★
数学学习评价的方法	单选、案例分析	理解、掌握	★★

核心考点

第一节 数学课堂教学评价

一、课堂教学评价的要素【案例分析】★★

要素		要求
数学教学目标	教学目标明确、具体	在一节具体的数学课堂教学中，对学生要切实掌握哪些数学知识和技能，发展哪些能力、情感、态度，分别要达到何种水平层次，都需要明确地加以规定
	教学目标合理	首先，教学目标要能为学生所理解和接受，有利于他们的数学学习，符合学生的“最近发展区”；其次，所定的教学目标能顺利地实现，促进学生发展
	教学目标的落脚点科学	教学目标既要重视结果知识的获取，又要重视数学活动过程知识的获取，要明确表述让学生经历哪些数学知识的形成过程，参与探究哪些活动，获得哪些体验与感悟，等等
数学教学内容	教师呈现和讲解的数学教学内容要准确无误，学生的理解正确	数学教学内容的科学性、准确性是有效数学学习的基本保障，要求教师务必深谙数学教学内容及相关知识的内涵
	充分挖掘数学知识的背景材料，体现“数学学习内容应当是现实的、有意义的、富有挑战性的”新课程教学理念	数学知识的呈现要有利于学生主动地进行观察、实验、猜想、推理与交流等数学活动，教学中对数学知识背景材料的适当挖掘，不仅有利于增进学生对知识理解的深广度，还能使数学课堂教学变得丰富多彩
	教学内容的安排恰当	教学内容的组织设计能突出重点，分散难点；容量和难度符合学生的现有发展水平，在学生的最近发展区；呈现形式利于学生对数学知识的“再发现”学习；为学生的主动建构学习提供必要的“脚手架”，等等
数学教学过程	教学过程的各环节安排得当，各要素之间的关系处理得合理	例如，教师与学生在课堂教学中的角色地位及其关系理顺，教学目标、教学内容、教学方法的功能得到充分发挥，教学各环节的时间分配科学、合理。考查时，不仅要注意每一个教学环节在课堂教学中所产生的部分功能，还要关注各环节之间的配合与过渡，看它们有机组合起来所产生的整体功能

续表

要素		要求
数学教学过程	教学过程的组织有利于学生对数学知识的自主建构	为学生的建构学习提供环境条件及时间和空间上的保障，学生在教师的指导下积极主动地投入到学习中去，为学生创造自主探究与发现的空间
	教师与学生、学生与学生之间的多边互动关系有效	教师与学生、学生与学生多边互动的关系有效，信息交流流畅，信息反馈及时，能根据反馈的信息灵活、有效地调控，有对教学过程的整体驾驭能力
	符合新课程标准指出的学生与教师之间的关系	教学过程中“以学生为本”，体现“学生是数学学习的主体，教师是数学学习的组织者、引导者与合作者”的新课程理念，好的教学活动，应是学生主体地位和教师主导作用的和谐统一
数学教学方法	所选用的教学方法具有良好的实效性	教学方法的选择不仅要与具体的数学教学内容相适应，而且要能够推动数学教学目标的顺利实现，特别是，教学方法的使用要有利于学生学习方式的转变，有利于引导学生开展自主学习、合作学习和探究学习
	教学方法与学生的年龄特征和现有发展水平相适应	有效的教学方法要服从于学生认知发展的心理需要，具有较强的针对性，能很好地促进学生数学素质的发展
	教学方法具有良好的启发性	教学方法要能启发学生积极主动地思考问题，激发学生的求知欲，使学生带有明确的学习目标和强烈的学习动机，在良好内驱力的支配下主动参与、积极探究
	与现代化的教学手段有机整合，注意到各种教学方法的优化组合	评价中，要注重从总体上衡量各种数学教学方法的遴选和使用的质量，避免对单一数学教学方法的效果评价
数学教学效果	检查是否完成了本节课的教学任务，实现了课堂教学目标	检查教学目标达到的程度要从知识的掌握、能力的培养、数学思考的层次、个性心理品质及情感的发展等方面整体考虑
	看学生除了获得显在的结果知识外，还获得了哪些过程知识，学生是否积极主动地参与到数学学习的过程	比如，思考问题是否积极主动，对教师提出的问题能回答到什么程度，学生自己是否主动地提出问题和解决问题，后进生的思维活动情况如何，他们在教学过程中处于什么位置，能否较为顺利地完成课堂的基本任务，等等

续表

要素		要求
数学教学效果	注意考查学生的学习负担情况	学生要愉快地投入到学习中,能感到轻松、自如,教师和学生应以最少的时间和精力耗费去获得尽可能优的教学效果,向课堂要效益。同时,还要注意考查是否所有的学生都得到了发展,而不能以少数学生的学习效果来代替全班学生的学习效果

考法大揭秘

数学案例分析题的答题思路

1. 开门见山型

①表明自己的观点(赞同、值得学习、不妥、辩证对待等);结合课程标准的有关内容进行解释持有此观点的原因。

②结合案例分析为什么好或不好等,体现或违背了什么数学课程理念。

③总结、提升。对自己的观点、论据做一个概括,说明应该怎么做。

2. 隐晦曲折型

①确定理论依据(教育教学或数学课标的有关内容)。

②解释该理论依据。

③结合案例分析,谈谈自己对该理论依据的理解,或谈谈如果不这样做,该怎样做才会更好。

真题面对面

[2020 江西初中,案例分析,14 分]教学实录 1:

教师让每一个学生都在纸上画三边长分别为 5 cm,6 cm,8 cm 的三角形,然后把它剪下来,并和座位相邻的同学比较。

师:同学们,你们发现这些三角形之间有怎样的关系了吗?

学生集体回答:全等!

师:通过这个事实,你认为我们可以得到一个怎样的结论?

也就是说只要满足怎样的条件,两个三角形就全等了呢?

通过个别学生的回答,教师初步总结出:三条边对应相等的两个三角形全等。

师:我们只是通过一个给出边长的三角形就这样得到了结论,其他三角形也是如此吗?

生:我们可以按照三角形的分类,通过各类三角形都探究出此结论。

师生活动:师生分别作图,学生剪图,比较图,最终得到三角形全等的"边边边"判定方法。

教学实录2：

师：同学们，我们曾经做过这样的实验：将三根木条订成一个三角形木架，这个三角形木架大小就不变了，你能解释其中的道理吗？

学生自由讨论起来。

师：同学们，我们可不可以利用所学数学知识手动实践起来？

生：我可以任意画一个$\triangle ABC$，利用尺规作图，画一个$\triangle A'B'C'$，使$A'B'=AB$，$B'C'=BC$，$A'C'=AC$，把画好的$\triangle A'B'C'$剪下来，与$\triangle ABC$放在一起进行比较。

师生活动：师生共同尺规作图，学生剪图，比较图，发现两个三角形的形状、大小完全相同。

师：比较图的结果反映了什么规律？你能用文字语言和符号语言概括吗？

师生活动：学生回答问题，并互相补充，教师板书，得到三角形全等的“边边边”判定方法。

根据以上教学案例，请你回答下列问题：

(1)以上两个案例值得借鉴的方面有哪些？

(2)结合案例，有效运用动手实践进行教学须注意的要点有哪些？

参考答案：(1)体现了课程标准的基本理念。①《义务教育数学课程标准》(2011年版)在课程基本理念中指出：学生应当有足够的时间和空间经历观察、实验、猜测、计算、推理、验证等活动过程。案例一中教师引导学生在纸上画三角形进而推导三角形全等的判定定理；案例二中教师引导学生做实验以及尺规作图，并让学生全程、亲身参与其中。

②体现了教师的引导作用。《义务教育数学课程标准》(2011年版)在教学建议中指出，要通过恰当的问题，或者准确、清晰、富有启发性的讲授，引导学生积极思考、求知求真，激发学生的好奇心。案例中教师通过“其他三角形也是如此吗”“你能解释其中的道理吗”等这一类启发性的问题，引发学生思考，引导学生进一步探究验证。

③体现了数学思想方法的渗透。两个案例中，教师都积极引导学生思考，通过分类、归纳等方式培养学生的推理能力，并在其中着重渗透了特殊到一般、归纳的数学思想。

(2)①基于学生已有的知识经验与现有数学思想发展水平，设置有助于学生动手实践操作的活动；

②为学生提供充分的“做数学”的活动机会，让学生参与其中；

③要留给学生思考的空间，恰当引导，不让活动流于形式；

④教给学生数学活动的方法和策略，适当评价学生的活动。

二、课堂教学评价的方法 【案例分析】 ★★

1. 观察法

观察法是指研究者或观察者带着明确的目的，凭借自身感官及有关辅助工具，直接或间接从课堂情境中收集资料，并做相应研究的一种科学研究方法。实施这一方法应注意：观察者要确定观察目的和规划，保证观察不偏离主题；观察中对教学准备、教学内容、教学活动组织、教学评价运用、课堂气氛、教学效果等综合考查，形成总体印象；观察后最好在近期对所收集资料加以整理分析，避免时过境迁发生偏差；另外，要尽量克服观察者自身的偏见，了解误差来源。

2. 访谈法

访谈法是研究者通过与被调查者面对面的交谈来收集资料、了解情况的一种方法，一般运用于课后讨论中，作为一种信息反馈的手段。访谈的目的主要有以下几方面：了解教师的教学设计、教学目的、自己对本节课的评价、教学背景、教师和学生的基本情况等。

3. 问卷法

对教师和学生进行调查一般采用问卷调查的方法，在问卷上列出问题的清单，由教师本人、学生等根据他们对课堂教学过程和效果的主观印象来回答。教师自评内容包括：基本教学能力、教学过程中的创新、对教学内容的熟练程度、是否注重学法培养、课堂气氛、学生参与的积极性等；学生问卷的内容包括对自己掌握情况的反馈、对教师行为的评价等。

总之，课堂教学评价的最终目的是促进教学质量的提高。在评价方法上应注意评价方法与评价目的的契合。因此，课堂教学评价应采用多种方法收集课堂教学活动信息，同时要对各种评价方法的效果进行分析和比较，以提高评价的有用性和有效性为前提，促进课堂教学评价功能的正常发挥。

第三部分

第二节　数学学习评价

数学学习评价是指有计划、有目的地收集有关学生在数学知识、使用数学的能力和对数学的情感、态度与价值观等方面的材料，并根据这些材料对学生的数学学习状况或教学计划做出结论的过程。

一、数学学习评价的内容

考点 1　数学知识和技能

无论是对数学知识的评价，还是对数学技能的评价，很重要的一点是评价学生是否真正理解这些知识或技能操作背后所隐含的数学意义。

正确评价学生的数学基础知识和基本技能，要注重对数学本质的理解和思想方法的把握，避免片面强调机械记忆、模仿以及复杂技巧。

考点 2　数学学习过程和方法

数学学习过程和方法，包括解决问题、数学推理和交流的能力等。学生在数学学习过程中需要经历探索、推测或猜想以及有效的推理去解决有关的问题。

（1）对学生解决问题能力的评价应关注学生对数学概念、数学思想方法等的掌握；关注学生数学化地提出、分析、解决问题等过程；关注学生在解决问题的过程中表现出来的与他人合作、交流与表达的意识和探究的精神。将对能力的评价贯穿在学生数学知识的建构过程与问题解决的过程中。

(2)对学生数学推理能力的考查具体包括：使用归纳推理发现事物间和事物内部的规律、模式，并建立联系；能使用推理得出可靠的推论；使用比例推理和空间推理解决问题；感受证明的必要性，并能使用演绎推理证明结论；判断命题的正确性，或推导出正确的命题；对具体情境加以分析，确定共同的性质和结构；欣赏数学公理化的思想。

(3)对学生数学交流能力考查时，教师应该关注：学生是否能够通过说、写、形象演示和描述表达数学观点？是否能够理解、解释和评价以书面、口头或直观形式呈现的数学观念，初步形成评价与反思的意识？是否能够使用数学的术语、概念、结构表达数学的观点，描述关系以及模拟现实情境？

考点3 情感、态度与价值观

①具有运用数学解决问题、交流观点和推理的信心；

②具有探索数学观念的灵活性，愿意尝试各种解决问题的方法；

③面对富有挑战的数学任务时有坚持不懈的决心；

④对从事数学活动具有好奇心、探索欲，并富有一定的创造性；

⑤具有调节和反思自己思维过程和行为的意识，对于不懂的地方或观点敢于提出质疑；

⑥形成实事求是的态度和独立思考的习惯；

⑦体会到数学在解决来自其他领域和日常生活中的问题的应用价值；

⑧欣赏数学在促进社会进步和文化中的作用以及作为工具和语言的价值。

第三部分

二、数学学习评价的方法 【单选、案例分析】 ★★

考点1 数学测验

数学测验是根据评价的内容和目的，拟订一些题目、作业或操作性练习，让学生做出书面、口头回答或实际操作，旨在了解学生对教学内容的掌握情况，在知识、技能、能力等方面所达到的水平。数学测验一直是评价学生数学学习水平的重要手段，也是一种相对较为客观、准确地反映学生的知识掌握水平、能力发展情况的有效方法，属于形成性评价，但它不同于对学生进行的阶段性的形成性评价和总结性评价。

评价数学测验质量的统计指标有：

1. 效度

效度表示的是一个测验有效性的指标，也是该测验正确性的反映，它说明测验的结果在多大程度上反映了该测验所要达到的测验目的。

2. 信度

信度是描述测试结果稳定性和可靠性的数量指标，也就是测试对象所得分数与其真实水平的接近程

度。显然，测试中偶然因素越大，稳定性和可靠性越差，信度也就降低，测试就不可靠，反之，如果测试受偶然因素影响较小，则信度较大。像中考、高考这样正规的大型考试，信度一般都要求达到0.9以上。

3. 难度

难度即试题对被试者的难易程度的数量指标，一般记为 P。需要说明的是，上述难度 P 的值越大，表示试题越容易；P 值越小，表明试题越难，这和通常意义下的“难度”正相反。一般考试难度的选取以0.6~0.8为宜。

4. 区分度

区分度是反映试题对于学生实际学习水平的区别程度的指标。区分度高的试题，能把分数拉开；而区分度低的试题，分数都很接近，不能准确反映学生的学习水平。记区分度为 r_D，区分度一般用于常模参照测验，在常模测验中，区分度与试卷质量的关系如下：

r_D	0.4~1.0	0.3~0.4	0.2~0.3	<0.2
程度	好(优)	较好(良)	尚可(合格)	差

需要说明的是区分度低于0.3的试题都应当淘汰或改进。

考点2 课堂观察

课堂观察评价主要是教师对学生的评价。在评价的过程中既要注重对学生数学学习结果的评价，又要注重对学习过程的评价；既要注重对知识和技能的理解与掌握的评价，又要注重对发现问题、提出问题、解决问题和反思问题的能力的评价，还要注重对情感、态度与价值观的评价；既要注重对学生自主学习能力与水平的评价，又要注重与他人合作与交流能力的评价。

考点3 表现性评价

类型	内容
调查实验	调查实验提供了用于表现性评价的各种操作活动的形式。通过学生的调查实验可以加强学生对数学内部的整体把握以及促进学生加强数学与外部世界的联系
数学日记	数学日记提供了学生对自己所学的数学知识和方法进行总结、反思的一种认识自我的评价方式
成长记录袋	是指将显示学生学习成就信息的一系列表现、作品、评价结果以及其他相关记录和资料汇集起来，以了解学生学习和成长过程的评价方式。成长记录袋中主要是学生自己选定的资料的汇编，其基本成分是学生作品，同时包括学生对完成作品过程的描述或记录，还包括学生本人、教师、同伴和家长对作品的评价

[例]人教版《数学》(八年级下册)“数据的波动——方差”教学片段：

师：我们用平均数反映数据的平均水平，用极差反映数据的波动大小，这节课我们学习另外一个反映数据波动大小的数——方差。

什么是方差？顾名思义，方意味着平方，差就是两个数据之差，那么到底什么是“方差”呢？我们一起看

第三部分

一个例子。

看上面的两组数据(课件出示),大家把这两组数据中的每个数据分别减去它们的平均数得到差值如下:

甲:2,-1,0,0,-1,1,0,-1,0,0;

乙:0,1,-1.2,-2,-2,2,3,0,-3。

师:每个差值都反映每个数据偏离平均数的程度,差值绝对值越大,越偏离平均数,绝对值越小越靠近平均数。而方差就是要反映每个数据偏离平均数的平均偏离程度,如何求每个数据偏离平均数的平均偏离程度呢?

生1:$\frac{2+(-1)+0+0+(-1)+1+0+(-1)+0+0}{10}$。

师:我们认真分析发现,偏离有正负之分,正数与负数都是反映不同方向的偏离程度,但是这些差相加过程中会出现相互抵消情况,而无法将每个数据的偏离程度真实、准确地反映出来,为了避免出现相互抵消的情况,聪明的数学家们想出一个办法:“将每个反映偏离程度的数据都平方起来,然后进行相加。”这样既可反映每个数据偏离平均数的平均程度,又避免相互抵消的问题,于是我们就把这种计算得出的结果称为方差,从而得到:

$$s^2=\frac{(x_1-\bar{x})^2+(x_2-\bar{x})^2+\cdots+(x_n-\bar{x})^2}{n},$$

其中 $\bar{x}$ 是 $x_1,x_2,\cdots,x_n$ 的平均数,n 是数据个数。

师:请同学们根据方差公式尝试求出 $s_{甲}^2$,$s_{乙}^2$ 的值。

(接下来教师让学生做大量的求方差的习题)

【评析】“数据的波动”这节课的目的是结合实例研究方差的统计意义,让学生经历探索方差的应用过程,了解如何利用方差表示数据的离散情况,体会数据波动中的极差、方差的区别,积累统计经验。

上述教学片段中,尽管教师的教学目标比较清晰,让学生获得方差的知识,但教学中仍然存在一定的问题。

第一,教师忽略了统计量与实际生活的联系。上述教学片段中没有设计结合实际的问题情境,方差的概念的引入是比较突兀的,学生没有体会到学习方差的必要性。教师可以把问题中的两组数据设置在学生身边的实际问题中,比如“选拔赛”“成绩评比”等,通过这样的问题情境,不仅可以激活学生已有的生活经验,从数学的角度审视这些经验,使之升华为新的数学知识,还可以激发学生的学习兴趣,营造一个轻松的学习氛围。

第二,教师忽略了方差的意义、作用和价值。上述教学片段中,教师把方差的计算过程作为重点进行研究,但是学生在计算的过程当中一定会产生质疑:已经学习了极差来反映数据的波动,为什么还要学习方差?方差到底有什么作用?教师应该引导学生思考并研究这些问题,或者提出这样的问题让学生回答。在突出了方差的意义之后，再强化算法，这样学生更容易接受。

第三，学生缺少自主探索和合作交流。上述教学片段中，学生几乎成为教师的计算器，只是在教师的要求下进行数据的计算，发现的问题和进一步的探索大多是由教师来阐述的，学生缺少独立思考、自主探索的时间和空间。教学中，教师应将新课程的要求落实到课堂教学中，让学生真正成为学习的主体，而不要只停留在口头层面上。

达标测评

建议用时	实际用时	测评总分	实际得分
40 分钟	____分钟	36 分	____分

一、单项选择题（每小题 3 分，共 6 分）

1. 指测试对象所得分数与其真实水平的接近程度的指标是（　　）

A. 效度　　B. 信度　　C. 区分度　　D. 难度

2. 学年末时以覆盖面较大的数学考试方法进行的评价是（　　）

A. 诊断性评价　　B. 形成性评价

C. 总结性评价　　D. 过程性评价

二、案例分析题（每小题 10 分，共 30 分）

3. 案例：教授"特殊四边形"习题课时，某教师设计了如下习题：

题 1：（例题）顺次连结四边形各边的中点，所得的四边形是怎样的四边形？并证明你的结论。

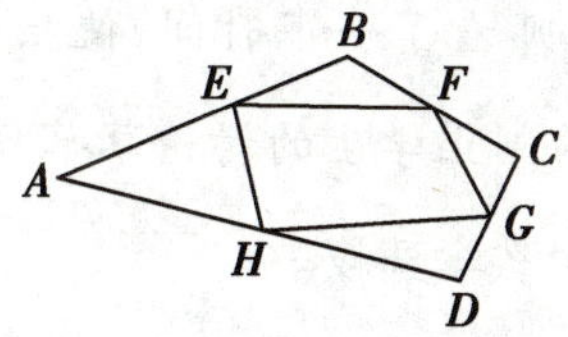

题 2：如图所示，$\triangle ABC$ 中，中线 BE，CF 交于 O，G，H 分别是 BO，CO 的中点。

（1）求证：$FG/\!/EH$；（2）求证：$OF=CH$。

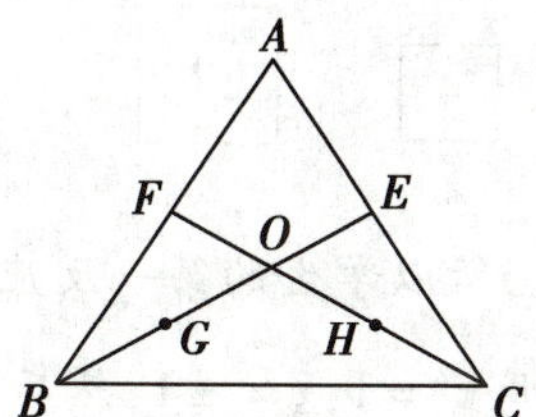

第三部分

题3:(拓展练习)当原四边形具有什么条件时,顺次连结四边的中点所得四边形为矩形、菱形、正方形?

题4:(课外作业)如图所示,DE是$\triangle ABC$的中位线,AF是边BC上的中线,DE,AF相交于点O。(1)求证:AF与DE互相平分;(2)当$\triangle ABC$具有什么条件时,$AF=DE$?(3)当$\triangle ABC$具有什么条件时,$AF\perp DE$?

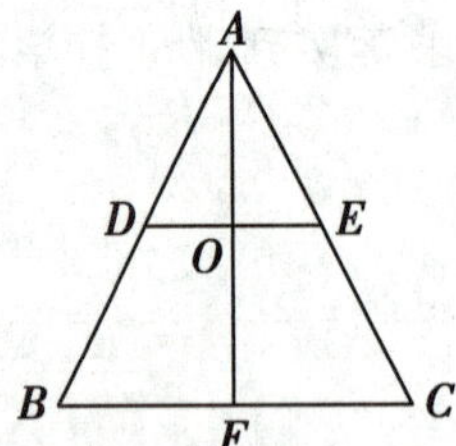

教师先让学生思考第一题(例题),引导学生画图、观察后,进入证明教学。

师:如图(课件出示),由条件E,F,G,H是各边的中点,可联想到三角形中位线定理,所以连结BD,可得EH,FG都平行且等于$\frac{1}{2}BD$,所以EH平行且等于FG,所以四边形$EFGH$是平行四边形,下面,请同学们写出证明过程。

只经过五六分钟,证明过程的教学就"顺利"完成了,学生也觉得不难。但让学生做题2,只有几个学生会做。题3对学生的困难更大,有的模仿例题,画图观察,但却得不到矩形等特殊的四边形;有的先画矩形,但矩形的顶点却不是原四边形各边的中点。

问题:(1)请对该教师的教学内容及教学过程的优缺点进行评析;

(2)结合此案例,试说明习题课教学的注意事项。

4. 阅读下列案例,回答问题:

"课题学习:镶嵌"教学片段:课前,学生已被分为几个小组,上课后,教师发给每组一袋事先准备好的不同颜色的正三角形、正方形、正六边形等精美硬纸板,让组内学生合作交流,探索正多边形能够镶嵌的条件。学生拿到纸板后十分兴奋,顿时兴致高昂,教室里一下子热闹起来,……,可听课老师发现,学生中有的在争抢精美纸片,有的拿着纸片漫无目的地乱摆,有的甚至在聊天,更有学生简直成了"观光客",混在里面"看热闹",……,任务布置下去不久,教师看了一下时间,便拍手示意停止讨论。此时学生还在你一言我一语的探讨中,尚未形成定论,因教师的制止学生的讨论草草作罢。

问题:请对该教学过程进行评价,并提出教学建议。

5. 案例:某教师关于"平方根"的概念教学课,上课开始,教师呈现一组面积不同的正方形,要求学生求边长x。

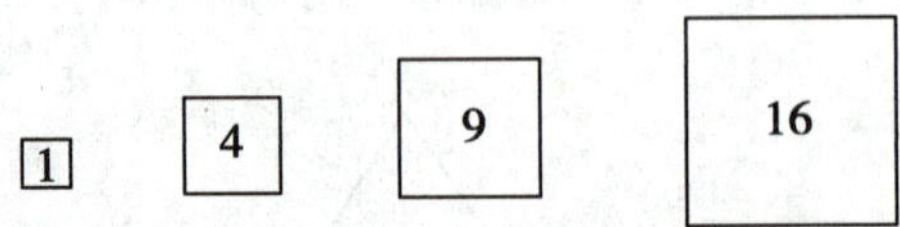

学生很快得到了答案。由于边长都非负,所以学生的第一反应说出的都是这组数的算术平方根。

之后教师要求学生写出计算过程,并强调$x^2=1$,$x=\pm1$,然后取正舍负,再由这四个例子进行抽象概括出平方根与算数平方根的定义：即 $x^2=a$ 时，我们把 x 叫作 a 的平方根，其中正值又叫作 a 的算术平方根。接下来就是根据定义求一些非负数的平方根与算术平方根的题组训练。

问题：请对该教学片段进行评析。

参考答案及解析

一、单项选择题

1. B　[解析]信度是描述测试结果稳定性和可靠性的数量指标，也就是测试对象所得分数与其真实水平的接近程度。

2. C　[解析]总结性评价通常是在计划完成后，并在一定范围内实施进行的。题干所述属于总结性评价。

二、案例分析题

3.【参考答案】(1)本课习题的选择设计比较好，涵盖了三角形中位线定理及特殊四边形的性质与判定定理等数学知识。优点：①让学生通过画图(实验)、观察、猜想、证明等活动，研究数学问题；②沟通条件与结论的联系，实现转化，学会添加辅助线；③由于习题具备了一定的开放性、解法的多样性，因此要求学生的思维也要具有一定的深广度。

主要存在这样三个问题：①学生思维没有形成。教师只讲怎么做，没有讲为什么这么做。教师把证明思路都说了出来，没有引导学生如何去分析，剥夺了学生的思维空间；②缺少数学思想、方法的归纳，没有揭示数学的本质。出现讲了这道题会做，换一道题不会做的状况；③题 3 是动态的条件开放题，相对于题 1 是逆向思维，思维要求高，学生难把握，教师缺少必要的指导与点拨。这些都致使部分学生仍然不会解题。

(2)在习题课教学中，教师要注意以下几方面：

①激活、检索学生头脑中与题相关的数学知识。知识的激活、检索缘于题目信息，如由条件联想知识，由结论联系知识。知识的激活和检索标志着思维开始运作。

②在学生思维的障碍处启迪思维。思维源于问题，数学思维是隐性的心理活动，教师要设法采取一定的形式，凸显思维过程，如设计相关的思考问题，分解题设障碍，启迪学生有效思维。

③要及时归纳思想方法与解题策略。从方法论的角度考虑，数学习题教学的意义不在习题本身，数学思想方法、策略的学习才是数学本质，习题仅是学习方法策略的载体，因此，方法策略的总结是很有必要的。

4.【参考答案】案例中，教师提出问题后，马上让学生进行合作交流，没有让学生先进行独立思考，学生没有自己的想法，就无法进行交流。这种情形下的合作交流注定难有成效。再加上教师发教具不合理，小组成员分工不明确，责任分散，课堂显得比较混乱，有的学生表面上在参与活动，实际上却做着与学习内容无关的事情，个别学生由于缺乏主动性甚至干脆袖手旁观。特别是，学生合作交流还未有定论时，教师发现时间不允许，便匆匆结束。当教师“拍手示意停止讨论”时，有的学生还未得到镶嵌的规律。这种流于形式的讨论，只会导致学生丧失真正的合作体验和讨论热情。

教师提出这节课的学习任务后，首先应留出一段时间让学生独立思考、自主探索镶嵌的条件，当学生有了自己的观点或疑问时，再组织学生合作交流，这样，学生才知道合作什么、交流什么，才能在有限的时间内发表自己的观点、聆听别人的想法，才能产生思维碰撞，实现合作交流的目的。另外，小组合作交流之前，应让所有学生明了学习目标，进行明确细致的分工，强化学生的角色意识，让学生人人有事做，人人有活干。再者，不管是自主探索还是合作交流，一定要保证让学生有充足的思考和研讨时间。此外，在整个教学过程中，教师要做好课堂教学的引导者和组织者，让课堂教学有一个清晰的路线，比如，可先探讨镶嵌的条件，然后再分单独镶嵌和混合镶嵌两种情形展开教学，把镶嵌的条件与二元一次方程的整数解的存在性问题相联系，使课堂教学逐步从动手操作、感性经验上升到理性经验和逻辑思维的高度。

5.【参考答案】表面上看，教师似乎让学生经历了从特殊到一般的抽象概括的过程，但实质上，教师的设计只是形式化的，并没有使学生真正地参与到平方根的发生与形成过程中，没有使学生真正弄清楚为什么 x 叫作 a 的平方根，所以可以想到学生只是机械地接受概念，在此基础上照猫画虎式进行解题练习，这种做法一定会造成学生后期将平方根与算术平方根混淆。

附录　数学公式与重要结论

1. 完全平方公式与立方公式

平方差公式：$(a+b)(a-b)=a^2-b^2$

完全平方公式：$(a\pm b)^2=a^2\pm 2ab+b^2$

立方和、立方差公式：$(a\pm b)(a^2\mp ab+b^2)=a^3\pm b^3$

完全立方公式：$(a+b)^3=a^3+3a^2b+3ab^2+b^3$；$(a-b)^3=a^3-3a^2b+3ab^2-b^3$

2. 一元二次方程 $ax^2+bx+c=0(a\neq 0)$ 的求根公式

$\Delta\geqslant 0$ 时，$x=\dfrac{-b\pm\sqrt{b^2-4ac}}{2a}$

韦达定理：$x_1+x_2=-\dfrac{b}{a}$，$x_1x_2=\dfrac{c}{a}$

3. 不等式

(1) $a^2+b^2\geqslant 2ab$，$\sqrt{\dfrac{a^2+b^2}{2}}\geqslant\dfrac{a+b}{2}\geqslant\sqrt{ab}\geqslant\dfrac{2}{\dfrac{1}{a}+\dfrac{1}{b}}(a>0,b>0)$

(2) $a^2+b^2+c^2\geqslant ab+bc+ac$，$(a^2+b^2)(c^2+d^2)\geqslant(ac+bd)^2$

(3) 当 $a,b,c\in\mathbf{R}_+$，$a^3+b^3+c^3\geqslant 3abc$

4. 三角函数

(1) 同角关系

①商的关系：$\tan\theta=\dfrac{y}{x}=\dfrac{\sin\theta}{\cos\theta}$

②倒数关系：$\sin\theta\cdot\csc\theta=\cos\theta\cdot\sec\theta=\tan\theta\cdot\cot\theta=1$

③平方关系：$\sin^2\theta+\cos^2\theta=1$

(2) 诱导公式

公式一	$\sin(\alpha+2k\pi)=\sin\alpha$，$\cos(\alpha+2k\pi)=\cos\alpha$，$\tan(\alpha+2k\pi)=\tan\alpha(k\in\mathbf{Z})$
公式二	$\sin(\pi+\alpha)=-\sin\alpha$，$\cos(\pi+\alpha)=-\cos\alpha$，$\tan(\pi+\alpha)=\tan\alpha$
公式三	$\sin(-\alpha)=-\sin\alpha$，$\cos(-\alpha)=\cos\alpha$，$\tan(-\alpha)=-\tan\alpha$
公式四	$\sin(\pi-\alpha)=\sin\alpha$，$\cos(\pi-\alpha)=-\cos\alpha$，$\tan(\pi-\alpha)=-\tan\alpha$
公式五	$\sin\left(\dfrac{\pi}{2}-\alpha\right)=\cos\alpha$，$\cos\left(\dfrac{\pi}{2}-\alpha\right)=\sin\alpha$，$\tan\left(\dfrac{\pi}{2}-\alpha\right)=\cot\alpha$
公式六	$\sin\left(\dfrac{\pi}{2}+\alpha\right)=\cos\alpha$，$\cos\left(\dfrac{\pi}{2}+\alpha\right)=-\sin\alpha$，$\tan\left(\dfrac{\pi}{2}+\alpha\right)=-\cot\alpha$

(3)和角与差角公式

①$\sin(\alpha\pm\beta)=\sin\alpha\cos\beta\pm\cos\alpha\sin\beta$

②$\cos(\alpha\pm\beta)=\cos\alpha\cos\beta\mp\sin\alpha\sin\beta$

③$\tan(\alpha\pm\beta)=\dfrac{\tan\alpha\pm\tan\beta}{1\mp\tan\alpha\tan\beta}$

(4)二倍角公式

①$\sin2\alpha=2\sin\alpha\cos\alpha$

②$\cos2\alpha=\cos^2\alpha-\sin^2\alpha=2\cos^2\alpha-1=1-2\sin^2\alpha$

③$\tan2\alpha=\dfrac{2\tan\alpha}{1-\tan^2\alpha}$

(5)半角公式

$\sin\dfrac{\theta}{2}=\pm\sqrt{\dfrac{1-\cos\theta}{2}}$，$\cos\dfrac{\theta}{2}=\pm\sqrt{\dfrac{1+\cos\theta}{2}}$，$\tan\dfrac{\theta}{2}=\pm\sqrt{\dfrac{1-\cos\theta}{1+\cos\theta}}=\dfrac{\sin\theta}{1+\cos\theta}=\dfrac{1-\cos\theta}{\sin\theta}$

(6)和差化积与积化和差

$\sin\alpha+\sin\beta=2\sin\dfrac{\alpha+\beta}{2}\cos\dfrac{\alpha-\beta}{2}$

$\sin\alpha-\sin\beta=2\cos\dfrac{\alpha+\beta}{2}\sin\dfrac{\alpha-\beta}{2}$

$\cos\alpha+\cos\beta=2\cos\dfrac{\alpha+\beta}{2}\cos\dfrac{\alpha-\beta}{2}$

$\cos\alpha-\cos\beta=-2\sin\dfrac{\alpha+\beta}{2}\sin\dfrac{\alpha-\beta}{2}$

$\sin\alpha\cos\beta=\dfrac{1}{2}[\sin(\alpha+\beta)+\sin(\alpha-\beta)]$

$\cos\alpha\sin\beta=\dfrac{1}{2}[\sin(\alpha+\beta)-\sin(\alpha-\beta)]$

$\cos\alpha\cos\beta=\dfrac{1}{2}[\cos(\alpha+\beta)+\cos(\alpha-\beta)]$

$\sin\alpha\sin\beta=-\dfrac{1}{2}[\cos(\alpha+\beta)-\cos(\alpha-\beta)]$

5. 等差数列

(1)通项公式：$a_n=a_1+(n-1)d$，其中 a_1 为首项，d 为公差，n 为项数，a_n 为末项

推广：$a_n=a_k+(n-k)d$

$a_n=S_n-S_{n-1}(n\geqslant2)$（注：该公式对任意数列都适用）

(2)前 n 项和：$S_n=\dfrac{n(a_1+a_n)}{2}$ 或 $S_n=na_1+\dfrac{n(n-1)}{2}d$

6. 等比数列

(1)通项公式：$a_n=a_1q^{n-1}(n\in\mathbf{N}^*)$，其中 a_1 为首项，n 为项数，q 为公比

推广：$a_n=a_k\cdot q^{n-k}$

$a_n=S_n-S_{n-1}(n\geqslant2)$（注：该公式对任意数列都适用）

(2)前 n 项和：$S_n=\begin{cases}na_1, q=1,\\ \dfrac{a_1(1-q^n)}{1-q}=\dfrac{a_1-a_nq}{1-q}, q\neq1\end{cases}$

7. 平面向量

(1)$\boldsymbol{a}$ 与 $\boldsymbol{b}$ 的数量积：$\boldsymbol{a}\cdot\boldsymbol{b}=|\boldsymbol{a}||\boldsymbol{b}|\cos\theta$

附录

(2)平面两向量的夹角公式：$\cos\theta=\frac{\boldsymbol{a}\cdot\boldsymbol{b}}{|\boldsymbol{a}|\cdot|\boldsymbol{b}|}=\frac{x_1x_2+y_1y_2}{\sqrt{x_1^2+y_1^2}\cdot\sqrt{x_2^2+y_2^2}}$

(3)平面两点间的距离公式：$d_{AB}=|\overrightarrow{AB}|=\sqrt{|\overrightarrow{AB}|^2}=\sqrt{(x_2-x_1)^2+(y_2-y_1)^2}$

(4)向量的平行与垂直：设$\boldsymbol{a}=(x_1,y_1)$，$\boldsymbol{b}=(x_2,y_2)$，且$\boldsymbol{b}\neq\boldsymbol{0}$，则

$\boldsymbol{a}/\!/\boldsymbol{b}\Leftrightarrow\boldsymbol{b}=\lambda\boldsymbol{a}\Leftrightarrow x_1y_2-x_2y_1=0$(交叉相乘差为零)

$\boldsymbol{a}\perp\boldsymbol{b}(\boldsymbol{a}\neq\boldsymbol{0})\Leftrightarrow\boldsymbol{a}\cdot\boldsymbol{b}=0\Leftrightarrow x_1x_2+y_1y_2=0$(对应相乘和为零)

8. 复数

(1)$a+b\mathrm{i}=c+d\mathrm{i}\Leftrightarrow a=c,b=d(a,b,c,d\in\mathbf{R})$

(2)$|z|=|a+b\mathrm{i}|=\sqrt{a^2+b^2}$

(3)复平面上的两点间的距离公式：$d=|z_1-z_2|=\sqrt{(x_2-x_1)^2+(y_2-y_1)^2}(z_1=x_1+y_1\mathrm{i},z_2=x_2+y_2\mathrm{i})$

(4)共轭复数的积：$z\cdot\bar{z}=|z|^2$

9. 几何

(1)三角形：①正弦定理：$\frac{a}{\sin A}=\frac{b}{\sin B}=\frac{c}{\sin C}$

②余弦定理：$a^2=b^2+c^2-2bc\cos A,b^2=c^2+a^2-2ac\cos B,c^2=a^2+b^2-2ab\cos C$

③面积定理：$S=\frac{1}{2}ab\sin C=\frac{1}{2}bc\sin A=\frac{1}{2}ac\sin B$

(2)菱形面积=对角线乘积的一半

(3)圆的周长$C=\pi D=2\pi R$，面积$S=\pi R^2$，弧长$l=\frac{n\pi R}{180}$，扇形面积$S=\frac{n\pi R^2}{360}=\frac{1}{2}lR$

10. 平面直线

(1)斜率公式：$k=\frac{y_2-y_1}{x_2-x_1}$

(2)直线的五种方程：

①点斜式：$y-y_1=k(x-x_1)$

②斜截式：$y=kx+b$

③两点式：$\frac{y-y_1}{y_2-y_1}=\frac{x-x_1}{x_2-x_1}(x_1\neq x_2,y_1\neq y_2)$

④截距式：$\frac{x}{a}+\frac{y}{b}=1$($a,b$分别为直线的横纵截距，$a\neq0,b\neq0$)

⑤一般式：$Ax+By+C=0$(其中A,B不同时为0)

(3)夹角公式：$\tan\alpha=\left|\frac{k_2-k_1}{1+k_2k_1}\right|(l_1:y=k_1x+b_1,l_2:y=k_2x+b_2,k_1k_2\neq-1)$

当$1+k_1k_2=0$时，直线$l_1\perp l_2$，l_1与l_2的夹角是$\frac{\pi}{2}$

附录

(4)点到直线的距离：$d=\dfrac{|Ax_0+By_0+C|}{\sqrt{A^2+B^2}}$

(5)两平行线 $Ax+By+C_1=0$ 与 $Ax+By+C_2=0$ 的距离：$d=\dfrac{|C_1-C_2|}{\sqrt{A^2+B^2}}$

11. 圆

(1)圆的三种方程：

①圆的标准方程：$(x-a)^2+(y-b)^2=r^2$

②圆的一般方程：$x^2+y^2+Dx+Ey+F=0(D^2+E^2-4F>0)$

③圆的参数方程：$\begin{cases}x=a+r\cos\theta,\\ y=b+r\sin\theta\end{cases}(\theta\in[0,2\pi))$

(2)点与圆的位置关系：

已知点 $P(x_0,y_0)$ 与圆 $(x-a)^2+(y-b)^2=r^2$，若 $d=\sqrt{(a-x_0)^2+(b-y_0)^2}$，则

$d>r\Leftrightarrow$点 P 在圆外；$d=r\Leftrightarrow$点 P 在圆上；$d<r\Leftrightarrow$点 P 在圆内

(3)直线与圆的位置关系：

已知直线 $Ax+By+C=0$ 与圆 $(x-a)^2+(y-b)^2=r^2$，若 $d=\dfrac{|Aa+Bb+C|}{\sqrt{A^2+B^2}}$，则

$d>r\Leftrightarrow$相离$\Leftrightarrow\Delta<0$；$d=r\Leftrightarrow$相切$\Leftrightarrow\Delta=0$；$d<r\Leftrightarrow$相交$\Leftrightarrow\Delta>0$

12. 排列组合、二项式定理

(1)排列数公式：$A_n^m=n(n-1)\cdots(n-m+1)=\dfrac{n!}{(n-m)!}(n,m\in\mathbf{N}$，且 $m\leqslant n)$

(2)规定 $0!=1$

(3)排列数性质：$A_n^m=nA_{n-1}^{m-1}$，$A_n^m=mA_{n-1}^{m-1}+A_{n-1}^m$

(4)组合数公式：$C_n^m=\dfrac{A_n^m}{A_m^m}=\dfrac{n!}{m!\cdot(n-m)!}(n,m\in\mathbf{N}$，且 $m\leqslant n)$

(5)组合数的性质：$C_n^m=C_n^{n-m}$；$C_n^0=1$

(6)二项式定理：$(a+b)^n=C_n^0a^n+C_n^1a^{n-1}b+C_n^2a^{n-2}b^2+\cdots+C_n^ra^{n-r}b^r+\cdots+C_n^nb^n$

二项展开式的通项公式 $T_{r+1}=C_n^ra^{n-r}b^r(r=0,1,2,\cdots,n)$

①$C_n^0+C_n^1+\cdots+C_n^n=2^n$

②$C_n^0+C_n^2+\cdots+C_n^{2m}+\cdots=C_n^1+C_n^3+\cdots+C_n^{2m-1}+\cdots=2^{n-1}$

13. 概率统计

(1)互斥事件 A,B 中有一个发生的概率：$P(A+B)=P(A)+P(B)$

(2)若事件 A,B 为对立事件，则 $P(A)+P(B)=1$；一般地，$P(\bar{A})=1-P(A)$

(3)独立事件 A,B 同时发生的概率：$P(AB)=P(A)\cdot P(B)$

n 个独立事件同时发生的概率：$P(A_1A_2\cdots A_n)=P(A_1)P(A_2)\cdots P(A_n)$

附录

(4) n 次独立重复试验中某事件恰好发生 k 次的概率：$P_n(k)=C_n^k p^k(1-p)^{n-k}$

(5) 若 $\xi \sim B(n,p)$，则 $E\xi=np, D\xi=np(1-p)$

(6) 若 ξ 服从几何分布，且 $P(\xi=k)=g(k,p)=q^{k-1}p$，则 $E\xi=\frac{1}{p}, D\xi=\frac{q}{p^2}$

14. 常用极限

(1) $\lim\limits_{n\to+\infty} q^n=0(0<|q|<1)$　　(2) $\lim\limits_{x\to 0}\frac{\sin x}{x}=1$　　(3) $\lim\limits_{x\to+\infty}\left(1+\frac{1}{x}\right)^x=\mathrm{e}$

15. 几种常见函数的导数

$(C)'=0$（C 为常数）　　$\left(\frac{1}{x}\right)'=-\frac{1}{x^2}$

$(x^a)'=ax^{a-1}$　　$(\sqrt{x})'=\frac{1}{2\sqrt{x}}$

$(\sin x)'=\cos x$　　$(\arcsin x)'=\frac{1}{\sqrt{1-x^2}}$

$(\cos x)'=-\sin x$　　$(\arccos x)'=-\frac{1}{\sqrt{1-x^2}}$

$(\tan x)'=\sec^2 x$　　$(\arctan x)'=\frac{1}{1+x^2}$

$(\cot x)'=-\csc^2 x$　　$(\operatorname{arccot} x)'=-\frac{1}{1+x^2}$

$(\log_a x)'=\frac{1}{x\ln a}(a>0$ 且 $a\neq 1)$　　$(a^x)'=a^x\ln a(a>0)$

$(\sec x)'=\sec x\cdot\tan x$　　$(\mathrm{e}^x)'=\mathrm{e}^x$

$(\csc x)'=-\csc x\cdot\cot x$　　$(\ln x)'=\frac{1}{x}$

16. 不定积分的运算法则

(1) $\int[f(x)\pm g(x)]\mathrm{d}x=\int f(x)\mathrm{d}x\pm\int g(x)\mathrm{d}x$

(2) $\int kf(x)\mathrm{d}x=k\int f(x)\mathrm{d}x$

17. 线性代数

(1) $|\boldsymbol{A}^{\mathrm{T}}|=|\boldsymbol{A}|$　　(2) $(\boldsymbol{A}^{-1})^*=(\boldsymbol{A}^*)^{-1}$

(3) $(\boldsymbol{A}^{-1})^{\mathrm{T}}=(\boldsymbol{A}^{\mathrm{T}})^{-1}$　　(4) $(\boldsymbol{A}^*)^{\mathrm{T}}=(\boldsymbol{A}^{\mathrm{T}})^*$

(5) $(\boldsymbol{AB})^{\mathrm{T}}=\boldsymbol{B}^{\mathrm{T}}\boldsymbol{A}^{\mathrm{T}}$　　(6) $(\boldsymbol{AB})^*=\boldsymbol{B}^*\boldsymbol{A}^*$

(7) $(\boldsymbol{AB})^{-1}=\boldsymbol{B}^{-1}\boldsymbol{A}^{-1}$　　(8) $\boldsymbol{AA}^*=\boldsymbol{A}^*\boldsymbol{A}=|\boldsymbol{A}|\boldsymbol{E}$

(9) $|\boldsymbol{A}^*|=|\boldsymbol{A}|^{n-1}$　　(10) $|k\boldsymbol{A}|=k^n|\boldsymbol{A}|$

附
录

图书反馈

重磅！真题重奖征集！

「凡提供当年度考试真题者，根据真题完整度，可获得0~500元现金奖励。」

具体请联系QQ:1831595423

（温馨提示：所提供真题须是当年度考试真题，且真实有效。最终解释权归山香教育所有）

亲爱的考生：

感谢您对山香教育的信任和支持，您的建议是我们前进的动力！为进一步提高图书质量，我们特向全国各地的考生开展有奖反馈活动。

1. **凡通过研发部QQ提供山香图书错题反馈者，均能获得价值99元的山香网课《高频考点》（基础版）大礼包1份。**
2. **凡通过图书反馈链接提供山香图书意见反馈者，可获得价值299元的山香网课《高频考点》（豪华版）超级大礼包1份。**

¥299
超级大礼包

联系方式：400-600-3363　　研发部QQ：1831595423

招教网
招考资讯抢先知晓

山香官网
一站式考编服务平台

山香网校
线上学习方便快捷

图书订正链接
全面勘误及时更新